LUST AN DER GESCHICHTE:
Amerika

SERIE PIPER
Band 472

Zu diesem Buch

Die Entdeckung der »Neuen Welt« durch Christoph Kolumbus im Jahre 1492 war der Auftakt zur Begegnung einander völlig fremder Kulturen: Spanier in Mexiko, Portugiesen in Brasilien, Engländer und Franzosen in Nordamerika. Für »Traumgesichte« hielten die ersten Conquistadoren den Glanz und die Pracht der altamerikanischen Hochkultur, der sie begegneten, und die Azteken deuteten die Ankunft der Fremdlinge als Herabkunft ihrer Götter vom Himmel. War es den europäischen und den indianischen Völkern überhaupt möglich, sich trotz der kulturellen Verschiedenheiten zu verständigen? Wie reagierten sie auf die Andersartigkeit und Fremdheit? Nicht nur zwischen Eroberern und Eroberten, Europäern und »Indianern«, gab es dabei unterschiedliche Sichtweisen dieser Kulturkontakte, sondern ebenso auch zwischen Spaniern und Franzosen, Inkas und Azteken.

Das vorliegende Lesebuch stellt zeitgenössische Texte vor, die einen Einblick geben, wie zu Beginn der Frühen Neuzeit Angehörige von Kulturen, die nie zuvor Kontakt gehabt hatten, auf ein Aufeinandertreffen reagierten.

Wolfgang Behringer, geboren 1956 in München, Dr. phil., lehrt derzeit an den Universitäten Augsburg und Bonn. Weitere Publikationen u. a.: »Hexenverfolgung in Bayern« (1987); »Mit dem Feuer vom Leben zum Tod« (1988); »Hexen und Hexenprozesse in Deutschland. dtv-dokumente« (1988); (zusammen mit C. Ott-Koptschalijski) »Märchen und Mythen vom Fliegen« (1989); »Der Traum vom Fliegen. Zwischen Mythos und Technik« (1991); im Piper Verlag: »Thurn und Taxis. Die Geschichte ihrer Post und ihrer Unternehmen« (1990).

LUST AN DER GESCHICHTE:

Amerika

Die Entdeckung und Entstehung
einer neuen Welt

Ein Lesebuch

Herausgegeben von
Wolfgang Behringer

Piper
München Zürich

In der Reihe »Lust an der Geschichte«
liegen in der Serie Piper bereits vor:
Leben im antiken Griechenland (850)
Französische Revolution (933)
Leben im Alten Rom (1005)
Leben im Mittelalter (1166)
Leben in Byzanz (1457)
Weitere Bände sind in Vorbereitung.

ISBN 3-492-10472-X
Originalausgabe
März 1992
© R. Piper GmbH & Co. KG, München 1992
Umschlag: Federico Luci,
unter Verwendung eines Kupferstiches aus Matthäus Merians
»Historia Antipodum«
Gesamtherstellung: Clausen & Bosse, Leck
Printed in Germany

*Der Amerikaner, der den Columbus zuerst entdeckte,
machte eine böse Entdeckung.*

Georg Christoph Lichtenberg

Inhalt

Vorwort des Herausgebers   13

I. Die »Westindischen Inseln«

1 »West-Indien«: Entdeckung und Besitzergreifung in Guanahaní 21 – 2 »Arme Leute, treffliche Diener«: Die Taxierung der Eingeborenen durch die Europäer 23 – 3 »Vom Himmel gekommen«: Die Einschätzung der Europäer durch die »Indianer« 26 – 4 Erste Tauschkontakte und die Suche nach Gold 28 – 5 »Völlig arglose und wenig kriegerische Leute« auf Kuba 35 – 6 »Dicht besiedelt und gut bestellt«: Die »Isla Española« 41 – 7 Rückkehr des Kolumbus nach Spanien und Vorbereitung der nächsten Reise nach »Westindien« (1493) 56 – 8 Übergriffe der Spanier und Widerstand der »Indios« gegen die geplante spanische Siedlung auf Española (1494) 58 – 9 Der Beginn der Versklavung der »Indios« auf den Inseln (1494/1510) 65

II. Mittelamerika

1 Die Perspektive der Spanier   71

10 Verlockende Nachrichten von der Terra Firma: Kolumbus und der Goldreichtum von Veragua (1503) 71 – 11 Der Vormarsch der »christlichen Eroberer«: Vasco Nuñez Balboa und seine Kampfhunde bei der Durchquerung von Panama (1513) 73 – 12 Niederlage der Spanier: Die Konfrontation mit der Hochkultur der Maya in Yukatan (1517) 77 – 13 Beginn der Conquista: Hernán Cortés' 1. Bericht an Kaiser Karl V. über das mexikanische Unternehmen (30.10.1520) 84 – 14 Die Begegnung zwischen Azteken-Herrscher Motecuhzoma und Cortés aus der Sicht des Chronisten Bernal Diaz del Castillo 110 – 15 Kulturkonflikt: Der Streit des Cortés mit Motecuhzoma auf der Spitze des Tempelbergs 115 – 16 Die Inhaftierung des Königs Motecuhzoma 121 – 17 Bewunderung des Siegers: Die Größe Tenochtitláns und die Herrlichkeit des Azteken-Herrschers aus Cortés' Sicht 125 – 18 »Das Land unter Dero kaiserliches Joch«: Cortés' Bericht an Kaiser Karl V. über den Beginn der Kolonialisierung Mexikos (15.10.1524) 132

2 Die Perspektive der Azteken 141

19 Religiöser Kontext: Böse Vorzeichen im Reiche Mexiko
141 – 20 Ängstliche Reaktionen: Der große König Motecuhzoma (1466–1520) befragt die Vorzeichendeuter 143 – 21 Erfüllung einer Prophezeiung? Die Ankunft der »schwimmen-
den Berge« im Golf von Mexiko 144 – 22 »Nun ist unser Fürst
Quetzalcoatl gekommen!«: Die Begrüßung der Fremden
durch die Abgesandten Motecuhzomas 145 – 23 Der Bericht
der aztekischen Gesandten über die Fremdlinge und die
Schwermut des Azteken-Herrschers 149 – 24 Brüchige
Reichsstruktur: Der »Verrat« der Tlaxcalteken 153 – 25 Das
Versagen der alten Götter in der Schlacht von Cholula 156 –
26 Kulturgefälle: Die Azteken verachten die Goldgier der
Spanier; das Erscheinen des Gottes Tezcatlipoca 157 – 27 Die
Taufe des Prinzen Ixtlilxochitl 160 – 28 Anhaltende Unsicher-
heit: Beratungen am Hofe Motecuhzomas über den Empfang
der Fremden 161 – 29 »Dies war geweissagt«: Motecuhzoma
empfängt die zurückgekehrten »Götter« in seiner Hauptstadt
Tenochtitlán (8.11.1519) 162 – 30 Bruch der Gastfreundschaft: Geiselnahme des Königs und Machtdemonstrationen
der Spanier 164 – 31 Machtkalkül und Blutrausch: Massaker
der Spanier beim Fest des Gottes Huitzilopochtli 166 – 32 Das
Ende von Motecuhzomas Beschwichtigungspolitik: Putsch
des Azteken-Adels und Volksaufstand gegen die spanische
Tyrannei 170 – 33 Ermordung Motecuhzomas (27.6.1520)
und Flucht der Spanier 171 – 34 Ausbruch der Seuche und
Rückkehr der Spanier (30.5.1521) 173 – 35 Militärische Niederlage: Der Fall der Hauptstadt (13.8.1521) 176 – 36 »Wir
sind zu Boden geschlagen...«: Mexikanische Klagegesänge
(1523) 183 – 37 »Nicht können wir uns zufrieden geben...«:
Die Antwort der Azteken auf Bekehrungsversuche (1524) 185

III. Südamerika

1 Die Perspektive der Portugiesen und Spanier 199

38 Warentausch und Kampf: Vicente Yañes Pinzón entdeckt
Brasilien bis zur Amazonasmündung (1500) 199 – 39 Die Inbesitznahme Brasiliens für die Portugiesen durch Pedro Alvares Cabral (1500) 202 – 40 Beschreibung der »Neuen Welt«
und ihrer Bewohner durch Amerigo Vespucci (1502) 204 –
41 Übergriffe der Spanier in Kolumbien (1509) 208 – 42 Pascual de Andagoya erhält in Panama erste Kunde vom sagen-

haften Reich »Peru« (1522) 212 – 43 Erkundungsfahrten an
der Westküste Südamerikas (1527) 213 – 44 Der Vormarsch
Francisco Pizarros auf »Peru« (1531) 214 – 45 Thronwirren im
Inka-Reich: Der Krieg zwischen den Reichserben Atahualpa
Inka und Huascar Inka (1532) 217 – 46 Das Zusammentreffen
Hernando Pizarros mit dem Inka Atahualpa in der Provinz-
hauptstadt Cajamarca (16. 11. 1532) 220 – 47 Charakterisie-
rung des Inka durch Pedro Pizarro (1533) 226 – 48 Spanisches
Machtkalkül: Der Mord an Atahualpa Inka 228 – 49 Conquista: Einzug der Spanier in der Reichshauptstadt Cuzco
(15. 11. 1533) und die Einsetzung Manko Inkas 229 – 50 Mord
und Raub: Die Chile-Expedition des Conquistadors Diego de
Almagro (1535–1537) aus der Sicht des Chronisten Cristóbal
de Molina 240 – 51 Ein Versuch zur Wiederherstellung des
Sonnenstaates: Der Volksaufstand unter Führung Manko Inkas (April 1536) 243 – 52 Kampf um die Inkafestung Ollantaytambo 244 – 53 Die Belagerung der Spanier in Cuzco 246 –
54 Der Höhepunkt des Aufstands: Die Belagerung von Lima,
der neu gegründeten Hauptstadt des spanischen Vizekönig-
reichs Peru 246 – 55 Pizarros Mord an den Inka-Königinnen
247 – 56 Bischof Vicente de Valverdes Lagebeschreibung von
Peru an den König von Spanien nach dem Ende des Aufstands
(1539) 249 – 57 Dienstpflicht der »Indios« im spanischen En-
comienda-System 255 – 58 Das Elend der »Indios« in den spanischen Bergwerken (1549) 258 – 59 Plötzlicher Tod des Vil-
cabamba-Königs Titu Cusi Yupanqui Inka (1530–1571) und
die Rache an seinem vermeintlichen Mörder 259 – 60 Das
Ende des letzten Inkastaates von Vilcabamba: Der Mord der
Spanier am Inka Tupac Amaru I. (1572) 262 – 61 Widersetz-
lichkeit der »Indios« und Zwangsumsiedlungen durch den
spanischen Vizekönig Francisco de Toledo (1569–1581) 263

2 Die Perspektive der Inkas 265

62 Der große Inka-Herrscher Huayna Capac (ca. 1480–1527)
erhält Kunde von der Ankunft der Fremden (1519) 265 –
63 »Mehr die Wirkung dieser Worte«: Der Tod Huayna Capacs (1527) und der Grund für die Eroberung Perus in der
Sicht des Chronisten Garcilaso de la Vega, el Inca 269 –
64 Tödlicher Kulturkontakt: Atahualpa Inka (1502–1533)
empfängt die Wiraqochas (1532) 272 – 65 Peruanische Geschichtsklitterung: Manko Inka aus der Sicht seines Sohnes
Titu Cusi Yupanqui Inka 276 – 66 »...uns diesen Alptraum
vom Leibe schaffen«: Der Aufstand des Manko Inka (1536)
289 – 67 Das Zurückweichen vor der Gewalt: Der Rückzug

des Manko Inka in das Reich der Wakas und Willkas 297 –
68 Fiktives Fortbestehen des Inka-Reichs: Das Vermächtnis
des Manko Inka an seinen Sohn (1544) 310 – 69 Das Verhalten der Spanier gegenüber den »Indios« gemäß der Chronik
des Häuptlingssohns Guaman Poma de Ayala (1567–1615) 311

IV. Nordamerika

1 Die Perspektive der Franzosen 315

70 Giovanni da Verrazzano sucht im Auftrag König François I.
den Seeweg nach Asien und erkundet die Ostküste Nordamerikas (1524) 315 – 71 Der Seefahrer Jacques Cartier (1491–1557)
erkundet Neufundland und nimmt Kanada für Frankreich in
Besitz (1534) 325 – 72 Der Jesuit Jacques Marquette
(1637–1675) erforscht den Mississippi von Wisconsin bis Ar-
kansas (1673) 332 – 73 Louis-Armand de Lahontan
(1666–1715) über die Vernunft der Irokesen und ihr Urteil
über die christliche Mission (1703) 335 – 74 Das Leben des
Claude le Beau mit Irokesen und Abenaken (1731) 343 – 75 La
Vérendrye bei den Mandans am Missouri (1738) 372

2 Die Perspektive der Engländer 378

76 »Nova Albion«: Die Besitzergreifung des Seefahrers Sir
Francis Drake (1540–1596) in Kalifornien (1578) 378 –
77 »Ein kleines Boot, das auf uns zuruderte...«: Die erste
Begegnung mit Indianern in Virginia (1584) 380 – 78 Beschreibung Virginias und seiner Bewohner (1585) 384 –
79 »Ganz in der Nähe erspähten wir sieben Indianer ...«:
Englische Siedler berichten über »ihr« Land (1602) 390 –
80 »Grimmige Wilde« und »anständige Indianerkönige«: Kapitän John Smiths Entdeckungsreise zum Potomac (1608) 392
– 81 Powhatan-Häuptling Wahunsonacock (ca. 1531–1618),
regionaler Anführer einiger Algonkin-Stämme (»34 Nationen«), für die Engländer der »Indianer-Kaiser Powhatan«
(1612) 393 – 82 Die Erkrankung der Indianer von Virginia in
der Beschreibung des Mathematikers Thomas Harriot
(ca. 1560–1621) 394 – 83 Die Indianermission des Puritaners
John Eliot (1604–1690) bei den Massachusetts-Indianern
(1655) 397 – 84 Die Delaware-Indianer als Vertragspartner
des Quäkers William Penn (1682) 401 – 85 Ursachen für den
Niedergang der Indianerkultur (1832) 404 – 86 George Catlin
über die Mißverständnisse beim Kulturkontakt 410

3 Die Perspektive der Indianer 414

87 Die Delawaren entdecken die englischen Seefahrer unter
Kapitän Henry Hudson (ca. 1550–1611) 414 – 88 Die Kriegsrede des Wampanoag-Häuptlings Metacomet, genannt King
Philip (1675) 418 – 89 Grundsätzliche Bemerkungen des
Onondaga-Irokesen-Häuptlings Garangula gegenüber französischen Diplomaten, die ihnen den Handel mit den Engländern verbieten wollten (1722) 419 – 90 Die Kriegsrede des Ot-
tawa-Häuptlings Pontiac (1720–1769) 420 – 91 Ansprache des
Seneca-Irokesen-Häuptlings Sagoyewatha (1742–1830), genannt Red Jacket, vor dem US-Senat (26.3.1792) 421 –
92 Der große Rat der »Fünf Nationen« berät über Krieg und
Frieden: Die Kriegsrede des Shawnee-Häuptlings Tecumseh
(1768–1813) 423 – 93 Die Gegenargumente des Choctaw-Iro-
kesen-Häuptlings Pushmataha (1764–1824) 424 – 94 Uner-
wartete Vorfälle beim Regenzauber der Mandan-Indianer 425
– 95 »Der größte Lügner in der ganzen Welt«: Ein Häupt-
lingssohn der Assiniboin berichtet von seiner Washington-
Reise (1832) 431 – 96 Die Sioux und der »Heilige Entstehungsort der Pfeife« 436 – 97 Das »Testament« des Sauk- and
Fox-Häuptlings Black Hawk (1767–1838) nach dem Ende seines Aufstands (1832) 441 – 98 Die Guerilla-Rede Osceolas
vor dem Rat der Seminolen (1835) 442 – 99 »Es war, als wäre
Jesus persönlich erschienen«: Der Methodistenpfarrer William Apes, ein Nachkomme Häuptling Metacomets, rechnet
mit den Verbrechen der Weißen ab (1836) 443 – 100 »Es gibt
wenig Gemeinsames zwischen uns«: Die Friedensrede des Su-
quamish-Häuptlings Seattle (1786–1866) von 1853 447

V. Anhang

1. Glossar 453
2. Textnachweis 459
3. Quellen 463
4. Literatur 466

Vorwort des Herausgebers

Kein Schriftsteller könnte eine groteskere Situation erfinden: Als der genuesische Seefahrer Kolumbus im Dienste Spaniens die Neue Welt entdeckte, glaubte er, in China (Catai), Japan (Cipangu) oder Indien gelandet zu sein – »Indianer« nannte er die Bevölkerung der entdeckten »Westindischen Inseln«. Die Tainos, ein mittlerweile ausgestorbenes Aruak-Volk auf Haiti, hingegen meinten, himmlische Wesen seien auf Wolkenschiffen zu ihnen herabgekommen. Göttern begegnet man naturgemäß mit Ehrerbietung, mit Hilfsbereitschaft und Entgegenkommen. So brachten die Eingeborenen den Spaniern Trinkwasser, Früchte, Edelmetalle und Frauen, entboten freiwillig ihre Dienste. Damit bahnten sich weitere Mißverständnisse an: Die Spanier klassifizierten die »Indianer« als »treffliche Diener«.

Eine der erstaunlichsten Tatsachen ist die, daß die Begegnung zwischen den europäischen und den indianischen Kulturen nicht wirklich mit einem Gefühl radikaler Fremdheit verbunden war. Die Spanier taxierten die jeweiligen lokalen Verhältnisse und nutzten sie geschickt. Wenn die Tainos sie für Götter hielten, bestärkten sie sie in diesem Glauben, um daraus Vorteile zu schlagen. Wenn die Tlaxcalteken in Mexiko sie für Befreier vom grausamen Joch der Azteken hielten, wenn die Anhänger des geschlagenen Inkas Huascar sie für Bündnispartner im Bürgerkrieg gegen Atahualpa Inka hielten, schlüpften sie in diese Rolle. Wie der französische Linguist Tzetvan Todorov bemerkt hat, verstanden es die Spanier besser, pragmatisch auf neue Situationen zu reagieren. Sie bildeten Dolmetscher aus und verschafften sich rasch die nötigen Informationen und Bündnispartner, während etwa die Azteken mit ihrer zunächst sicher überlegenen Infrastruktur viel Zeit damit versäumten, Orakel zu befragen, Vorzeichen zu deuten und Wahrsager zu konsultieren. Die religiöse Befangenheit der Indianer war vielleicht generell größer als die der Europäer, die sich an göttliche oder priesterliche Ratschläge meist nur dann hielten, wenn sie mit ihren Vernunftschlüssen übereinstimmten.

Auch wenn die Zeitgenossen anderer Ansicht waren: Aus heutiger Sicht ist vielleicht gerade interessant, wie Angehörige völlig fremder Kulturen einander begegneten, wie sie trotz größter Verständigungsschwierigkeiten durch Zeichen, Mimik und Gestik, Geschenke und Gabentausch, Essen und Trinken Kontakt aufnahmen. Der Grad des Verstehens, aber auch das Ausmaß des Mißverstehens und des Unverständnisses von Situationen und kulturellen Differenzen ist vielleicht für uns Menschen des 20. Jahrhunderts, die wir fast täglich – persönlich oder über die Medien – mit Kulturkontakten und Kulturzusammenstößen zu tun haben, besonders interessant. Im vorliegenden Buch möchte ich mich daher auf diesen Aspekt konzentrieren und Quellentexte präsentieren, die Aufschluß geben über eine kognitive Annäherung, über Wahrnehmungsweisen bei der Begegnung zwischen Angehörigen »unserer« europäischen Kultur und »Amerika« in der Frühen Neuzeit. Landschaftsbeschreibungen, Pamphlete, normative Texte, auch wenn sie wie der Vertrag von Tordesillas von 1493 oder die »Nuevas Leyes« von 1542 noch so wichtig waren, wurden in dieses Lesebuch nicht aufgenommen.

Daß die Kulturkontakte aus der Sicht der Europäer anders aussahen als aus der Perspektive der »Indianer«, auch daß sie in den verschiedenen Teilen Amerikas unterschiedlich abliefen, ist offensichtlich. Allein schon der Stil der europäischen Einwanderer unterschied sich sehr. Mason Wade schrieb 1988 im Handbook of North American Indians, Parkmans Verdikt, »Spanish civilization crushed the Indian, English civilization scorned and neglected him; French civilization embraced and cherished him«, sei immer noch im wesentlichen richtig. Aufgrund fehlender rassistischer Vorurteile seien die französischen Kolonisten zum Beispiel imstande gewesen, eine sehr viel engere Beziehung zu den Indianern zu entwickeln, als jegliche anderen Europäer. Bereits Michel de Montaigne, der in Rouen lange Gespräche mit brasilianischen Indianern geführt hatte, warnte in seinen »Essais« davor, die indianischen Kulturen mit falschen – nämlich europäischen – Maßstäben zu messen.

Um den Unterschieden der Perspektive sichtbaren Ausdruck zu verleihen, habe ich die Texte geographisch gegliedert (Westindische Inseln, Mittel-, Süd- und Nordamerika) und innerhalb dieser Kapitel insbesondere die Sichtweisen der Europäer von denen der

»Indianer« getrennt. Daß manchmal die gleichen Ereignisse – Ankunft der Europäer, Begegnung mit Motecuhzoma, Atahualpa, Manko Inka – aus verschiedener Perspektive beleuchtet werden, macht einen besonderen Reiz aus. Da die Hochkulturen in Mittel- und Südamerika über eine eigene schriftliche Überlieferung verfügten bzw. sich rasch diejenige der Europäer zunutze machen konnten, fehlt es nicht an geeigneten Texten.

Schwieriger war dies bei den nicht schriftführenden Kulturen, etwa in der Karibik oder bei den Indianern Nordamerikas. Dies kann an der berühmten Rede des Häuptlings Seattle aus dem Jahr 1853 deutlich gemacht werden, mit der dieser Band schließt: Seattle war berühmt wegen seiner Rednergabe und der philosophischen Tiefe seiner Gedanken. In den Verhandlungsprotokollen zur Umsiedlung des Suquamish-Volkes gibt es jedoch keinerlei Hinweise auf seine Rede, erst 1887 wurde sie von einem Dr. Smith veröffentlicht, der behauptete, die Rede auf englisch mitgeschrieben zu haben. 1932 wurde diese Rede neu und um einiges erweitert publiziert, 1984 erschien davon eine nochmals veränderte deutsche »Öko«-Version unter dem Titel »Wir sind ein Teil der Erde«, die der Diskussionslage der bundesdeutschen Innenpolitik entgegenkam. Die Überlieferungssituation ist so verworren, daß sogar an der Historizität der Rede überhaupt gezweifelt worden ist.

Mit Überlieferungsproblemen hat man jedoch nicht nur bei den Texten nordamerikanischer Indianer zu kämpfen. Nicht viel anders sieht es mit dem sogenannten »Bordbuch« des Christoph Kolumbus aus, dem Text, mit dem die vorliegende Sammlung beginnt. Dieses Bordbuch ist nämlich überhaupt nicht erhalten, es existieren lediglich mehr oder weniger gute Auszüge und Abschriften davon. Eberhard Schmitt hat in seinen »Dokumente(n) zur Geschichte der europäischen Expansion« dargelegt, warum die Überlieferung des Las Casas am verläßlichsten erscheint und welche von den zahlreichen Übersetzungen am textgetreusten ist. Las Casas edierte das Bordbuch, indem er langwierige Passagen zusammenfaßte und wichtige Passagen daraus wörtlich – oft mit dem Zusatz: »und das sind die Worte des Admirals« – wiedergibt. Dort, wo er den »Admiral« in wörtlicher Rede zitiert, wird sein Text dem ursprünglichen »Bordbuch« am nächsten kommen.

Texttreue ist für Historiker allemal ein Editionskriterium, ein anderes ist die Quellenkritik. Auch dieses Problem kann hier lediglich mit einem Beispiel angesprochen werden. Nimmt man die – von Martin Lienhard ins Deutsche übersetzte – »Relación de la conquista del Perú« des Inkaherrschers Titu Cusi Yupanqui, so wird man ebensowenig »Objektivität« erwarten dürfen wie bei den Berichten des Conquistadors Hernán Cortés: Hier sprechen die Beteiligten selbst, sie schildern nicht nur Fakten, sondern verfolgen dezidierte Eigeninteressen. Im Falle Titu Cusi Yupanquis ist die Geschichtsklitterung besonders ausgeprägt. Seine Rede ist an den spanischen König Philipp II. gerichtet, dem er, womöglich um einen spanischen Großangriff bis zur Verbesserung seiner Defension zu verzögern, Verhandlungen gegen angemessene Entschädigung anbietet. Dreh- und Angelpunkt der Argumentation ist die Legitimität seiner Herrschaft, die nachzuweisen nicht gerade einfach war. Denn erstens war das Inkareich bereits erobert, zweitens war Titu Cusis Vater Manko Capac von den Spaniern – zumindest in deren Augen – als Nachfolger Atahualpas eingesetzt worden, und drittens hatte sich Manko Inka seinen Herrschaftsbereich in Vilcabamba durch Rebellion gegen den spanischen Vizekönig von Peru, Francisco Pizarro, geschaffen. Titu Cusi Yupanqui stilisiert dagegen seinen Vater zum legitimen und direkt eingesetzten Nachfolger des großen Huayna Capac. Aber selbst wenn sämtliche Ansprachen Manko Inkas frei erfunden sein sollten: Ein beeindruckendes Dokument für Mentalität und Selbstbehauptungswillen der Inka-Dynastie bleibt Titu Cusis Chronik dennoch.

Für die Spanier bot sie ein wenig von der Umwertung aller Werte. Nicht die Spanier hatten Peru »entdeckt«, sondern Huayna Capac die Spanier; nicht wegen ihrer militärischen Überlegenheit hatten die Spanier Peru erobert, sondern weil Huayna Capac es den Fremden, die er fälschlich für Wiraqochas (Götter) hielt, überlassen hatte. Nicht Karl V. oder Philipp II. waren unermeßlich reich, sondern die Inkas verfügten über größere Reichtümer, als jene sich träumen ließen. Noch im Niedergang demonstrierte der Inka den Spaniern kulturelle Überlegenheit: Die Spanier waren Barbaren, goldgierig, grausam, grob, dumm, rüpelhaft, scheinheilig – der Inka hingegen war überlegen, klug, erhaben, rhetorisch begabt, in die Tradition eingebettet und mit den Göttern im Einklang stehend.

Daß die abfällige Kennzeichnung der Europäer nicht nur eine

Angelegenheit interessierter indianischer Autoren war, wurde bereits den Zeitgenossen durch Fray Bartholomé de Las Casas »Brevísima relación de la destrucción de las Indias occidentales« vor Augen gestellt: Er hatte die spanische Soldateska am Ende schlicht als »das Höllenheer« bezeichnet. Kaum weniger drastisch urteilten Historiker unseres Jahrhunderts: »Immer wieder gemahnen diese Europäer an Wolfsrudel, wie sie nach langen, erschöpfenden Märschen plötzlich in Städten und Dörfern auftauchten, stets ausgehungert, schlecht gekleidet und oft verwundet – mitunter wurden sie zu Kannibalen und verzehrten sich sogar gegenseitig.« Mit den Greueltaten der Eroberer scheint sich das sarkastische Urteil des Aphoristikers Georg Christoph Lichtenberg zu bestätigen, der formulierte: »Der Amerikaner, der den Columbus zuerst entdeckte, machte eine böse Entdeckung.«

In der vorliegenden Sammlung soll es jedoch nicht um moralische Urteile gehen. Es geht nicht um die Neuschaffung des »guten Wilden«, der lange genug seine Funktion in der europäischen Kulturgeschichte erfüllt hat. Die altamerikanische Lebensform wies gravierende Schattenseiten auf – vom Menschenraub der »Kariben« bis zu rituellen Menschenopfern der aztekischen Religion – wie aus den präsentierten Texten zur Genüge hervorgeht. Der Völkermord der Irokesen an den Huronen, deren Überlebende bei den französischen Kolonisten Schutz suchten, ist ebenso historische Tatsache wie die Ausrottung in Kauf nehmende Politik der Spanier gegen die Aruaks oder der englischen Kolonisten gegen die Algonkin-Stämme der nordamerikanischen Ostküste. Im Vergleich zu den Bevölkerungsverlusten durch Krankheiten und die Veränderung der Lebensverhältnisse spielten direkte militärische Einwirkungen zudem meist eine vergleichsweise geringe Rolle. Nicht um Schuldsprüche soll es also gehen, sondern um Beobachtung dessen, wie die damals Beteiligten das Außerordentliche wahrgenommen haben, dessen Zeugen sie wurden. Zwei Kulturkreise trafen aufeinander, die über Jahrtausende keinen nennenswerten Kontakt gehabt hatten. Eine »Neue Welt« tat sich für beide Seiten auf. Und der Ausgang dieses Abenteuers war zunächst einmal, auch wenn man sich in falscher Sicherheit wiegte, ungewiß.

München   Wolfgang Behringer

I. Die »Westindischen Inseln«

1 »West-Indien«: Entdeckung und Besitzergreifung in Guanahaní

Mittwoch, 10. Oktober [1492]

Er segelte nach Westsüdwest, sie legten etwa zehn Seemeilen pro Stunde zurück, manchmal auch zwölf und eine Weile sieben; in den ganzen vierundzwanzig Stunden brachten sie neunundfünfzig Meilen hinter sich: Er sagte den Leuten allerdings nur vierundvierzig. An diesem Punkt konnten es die Leute nicht länger aushalten. Sie beklagten sich über die lange Reise; aber der Admiral ermutigte sie, so sehr er konnte, und weckte bei ihnen Hoffnung auf die Vorteile, die ihnen zufallen könnten. Und er fügte hinzu, es sei zwecklos, sich zu beklagen, denn er habe den Weg nach Indien einmal eingeschlagen und müsse ihn nun fortsetzen, bis er das Land mit Hilfe unseres Herrn gefunden habe.

Donnerstag, 11. Oktober

Er segelte in Richtung Westsüdwest, und sie hatten hohen Seegang, der stärker war, als sie ihn auf der ganzen Reise erlebt hatten. Sie sahen Sturmschwalben und eine frische grüne Binse, die nahe am Schiff vorübertrieb. Die Leute von der Pinta sahen ein Schilfrohr und einen Stock, und sie fischten aus dem Wasser einen anderen kleinen Stock auf, der anscheinend mit einem Eisenwerkzeug bearbeitet worden war, und noch ein Stück Rohr und anderes Grünzeug, das auf der Erde wächst, und ein kleines Brett. Die Männer von der Karavelle Niña entdeckten noch andere Anzeichen nahen Landes und dazu einen Zweig, an dem Hagebutten hingen oder etwas Ähnliches. Bei diesen Anzeichen atmeten sie auf, und alle waren voll Freude. Sie fuhren an diesem Tag bis zum Sonnenuntergang siebenundzwanzig Meilen.

Nach Sonnenuntergang segelte er weiter auf seinem ursprünglichen Kurs nach Westen: Sie fuhren etwa zwölf Seemeilen die Stunde, und bis zwei Uhr morgens legten sie neunzig Seemeilen zurück, was zweiundzwanzigeinhalb Meilen entspricht. Und da die Karavelle Pinta am schnellsten von allen segelte und vor dem Admiral fuhr, bekam sie Land in Sicht und gab die Signale ab, die der Admiral angeordnet hatte. Als erster sah dieses Land ein Matrose namens Rodrigo de Triana; denn auch der Admiral hatte, als er um zehn Uhr nachts auf dem Hinterkastell stand, Licht gesehen, wiewohl es so undeutlich war, daß er sich nicht dafür verbürgen wollte, es handle sich um Land; doch er rief Pedro Gutiérrez, den königlichen Truchseß, und sagte ihm, er glaube Licht zu erkennen, er solle doch auch einmal nachsehen, und dieser tat es und gewahrte das Licht. Er sagte es auch Rodrigo Sánchez de Segovia, den der König und die Königin der Flotte als Beobachter beigegeben hatten, doch der sah nichts, weil er nicht an der Stelle stand, wo etwas zu sehen war. Nachdem der Admiral auf das Licht hingewiesen hatte, sah man es noch ein- oder zweimal, es war wie eine Wachskerze, die sich senkte und hob, und das schien wenigen von ihnen auf Land hinzudeuten. Aber der Admiral hielt es für sicher, daß man dem Land nahe sei. Als sie dann das *Salve* gebetet hatten, das alle Seeleute auf ihre Weise zu sprechen oder zu singen pflegen und zu dem sich alle an Deck versammeln, bat sie der Admiral und vermahnte sie, am Vorderkastell sorgsam Wache zu halten und genau nach dem Land Ausschau zu halten, und dem, der ihm als erster melde, daß er Land sähe, würde er sogleich ein seidenes Wams zum Geschenk machen, unbeschadet der sonstigen Gnaden, die die Könige verheißen hatten, nämlich zehntausend Maravedí Jahresrente für jenen, der zuerst Land erblickte. Um zwei Uhr früh tauchte das Land vor ihnen auf, sie waren etwa zwei Meilen davon entfernt. Sie holten alle Segel ein und behielten nur die Brefock am Mast, das ist ein Großsegel ohne Nebensegel, und drehten bei; so ließen sie die Zeit bis zum Freitag verstreichen, an dem sie eine kleine Insel der Bahamas erreichten, die in der Sprache der Indios *Guanahaní* genannt wurde. Bald sahen sie dort nackte Leute am Strand, und der Admiral fuhr in einem mit Waffen ausgerüsteten Boot an Land; Martín Alonso Pinzón und Vicente Anes, sein Bruder, der Kapitän auf der Niña war, begleiteten ihn. Der Admiral entfaltete das königliche Banner und die beiden Kapitäne zwei Fahnen mit dem grünen Kreuz; dieses führte der Admiral zur Kennzeichnung auf allen seinen Schiffen mit den Lettern F und Y: Jeder Buchstabe trug eine Krone, der eine stand links, der andere rechts vom waagrechten Kreuzesbalken. Als sie an Land stiegen, sahen sie sehr grüne Bäume und viele

Gewässer und zahlreiche Früchte verschiedener Art. Der Admiral
rief die beiden Kapitäne und die anderen, die an Land gesprungen
waren, zu sich, und auch Rodrigo Descovedo, den Schreiber der
Flotte, und Rodrigo Sánchez de Segovia, und sagte, sie sollten ge-
treulich bezeugen, daß er vor aller Augen für den König und die
Königin, ihre Herren, von der Insel Besitz ergriff, und so tat er es
auch und gab die erforderlichen Erklärungen ab, wie es ausführlicher in den Zeugnissen enthalten ist, die dort schriftlich angefertigt wurden.

2 »Arme Leute, treffliche Diener«:
Die Taxierung der Eingeborenen durch die Europäer

Alsbald versammelten sich dortselbst zahlreiche Inselbewohner.
Das Folgende sind wortwörtlich die Äußerungen des Admirals in
seinem Buch über die erste Seereise und die Entdeckung dieser
Indien.

»Da sie uns große Freundschaft erwiesen und ich erkannte, daß
es Leute waren, die sich besser mit Liebe zu unserem heiligen
Glauben befreien und bekehren würden als mit Gewalt, gab ich
einigen von ihnen ein paar bunte Mützen und etliche Glaskugeln,
die sie sich um den Hals hängten, und allerhand andere Dinge von
geringem Wert, an denen sie großes Vergnügen fanden, und sie
waren uns derart zugetan, daß es ein Wunder war. Hernach kamen
sie zu den Booten geschwommen, in denen wir saßen, und brachten uns Papageien und Knäuel mit Baumwollfäden, Wurfspieße
und viele andere Dinge und tauschten sie gegen Dinge ein, die wir
ihnen gaben, zum Beispiel Glaskügelchen und Glöckchen. Kurz
gesagt, sie nahmen alles und gaben sehr bereitwillig von dem, was
sie hatten. Aber mir schien, als seien die Leute sehr arm an allem.
Sie gehen allesamt nackt herum, wie sie ihre Mutter zur Welt gebracht hat, auch die Frauen, obwohl ich nur eine sah, die noch sehr
jung war; und alle Männer, die ich sah, waren Jünglinge, denn ich
bemerkte keinen, der älter als dreißig Jahre gewesen wäre: sehr
gut gebaut, von sehr schöner Gestalt und sehr angenehmen Ge-
sichtszügen; ihr Haar war fast so dick wie das von Pferdeschwän-
zen und kurz geschnitten: Sie lassen es vorn nur bis zu den Augen-

brauen wachsen, aber hinten lassen sie einige Strähne länger wachsen und schneiden sie niemals ab. Manche von ihnen malen sich dunkelgrau an, sie sehen aus wie die Kanarier, weder schwarz noch weiß, und andere von ihnen malen sich weiß an, andere rot und wieder andere mit dem, was sie gerade finden, einige bemalen sich die Gesichter, andere den ganzen Körper, andere nur die Gegend um die Augen und wieder andere nur die Nase. Sie tragen keine Waffen und kennen sie auch nicht, denn ich zeigte ihnen Schwerter, und sie faßten sie an der Schneide und schnitten sich aus Unwissenheit. Sie haben überhaupt kein Eisen: Ihre Wurfspieße sind Stöcke ohne Eisenspitze, und an manchen von ihnen ist vorne ein Fischzahn befestigt oder etwas anderes. Sie sind durchweg von großer Statur und gut gebaut, ihre Bewegungen sind anmutig; ich sah einige, deren Körper Spuren von Verletzungen aufwiesen; durch Gebärden fragte ich, was es damit auf sich habe, und sie bedeuteten mir, von anderen nahe gelegenen Inseln kämen Leute, die sie mitnehmen wollten, und sie leisteten Widerstand; aber ich glaubte und glaube auch jetzt noch, daß jene vom Festland dorthin kommen, um sie gefangenzunehmen. Sie müssen treffliche Diener sein und von gutem Verstand, denn ich sah, daß sie sehr schnell alles nachsagen konnten, was ich ihnen vorsprach, und ich glaube, man könnte sie leicht zum Christentum bekehren, denn mir schien, daß sie keiner Sekte angehören. Wenn es unserem Herrn gefällt, werde ich bei meiner Abfahrt von hier sechs Leute für Eure Hoheit mitnehmen, auf daß sie die spanische Sprache erlernen. Ich sah auf dieser Insel gar keine Tiere, von keiner Spezies, außer Papageien.« All das sind Worte des Admirals.

Samstag, 13. Oktober

»Gleich nach Tagesanbruch kamen viele von diesen Männern an den Strand, alles Jünglinge, wie ich schon sagte, und alle von vortrefflicher Statur, sehr schöne Menschen: Ihr Haar war nicht kraus, sondern glatt und dick wie Pferdehaar, und bei allen waren Stirn und Kopf viel breiter, als ich es bis jetzt bei anderen Völkern gesehen habe, und sie hatten sehr schöne, gar nicht kleine Augen, und keiner von ihnen war schwarz, sondern alle von der Farbe der Kanarier, und man kann auch nichts anderes erwarten, denn die

Insel liegt auf derselben Ostwestlinie wie die Insel Hierro, die zu den Kanaren gehört. Die Beine waren sehr gerade gewachsen bei allen von ihnen, und sie hatten keinen Bauch, sondern einen sehr wohlgeformten Leib. Zum Schiff kamen sie mit Kähnen, die aus einem Baumstamm gefertigt werden, sie gleichen einem langen Boot, aber alles ist aus einem Stück gemacht und wunderbar gearbeitet für die Verhältnisse dieses Landes und so groß, daß in manchen vierzig oder fünfundvierzig Männer Platz hatten, andere waren kleiner, und es gab sogar welche, in denen ein Mann allein fuhr. Sie ruderten mit einer Art Schaufel, die der eines Bäckers gleicht, und es geht damit ausgezeichnet; und wenn ein Boot umkippt, fangen alle an zu schwimmen, richten es wieder auf, und mit hohlen Kürbissen, die sie bei sich haben, schöpfen sie es aus. Sie brachten Knäuel gesponnener Baumwolle und Papageien und Wurfspieße und anderen Krimskrams, den zu beschreiben langweilig wäre, sie gaben alles hin und waren mit dem zufrieden, was man ihnen dafür bot. Ich war aufmerksam und bemühte mich, in Erfahrung zu bringen, ob es Gold gäbe, und ich sah, daß ein paar von ihnen ein Stückchen in einer Öffnung trugen, die sie in die Nasenwand gebohrt hatten, und durch Zeichensprache konnte ich folgendes herausfinden: Wenn man nach Süden gehe oder die Insel nach Süden zu umfahre, so sei dort ein König, der große Gefäße aus Gold habe und der sehr, sehr viel davon habe. Ich versuchte ihnen begreiflich zu machen, daß sie dorthin gehen sollten, aber dann sah ich, daß sie meinen Gedanken nicht begriffen. Ich beschloß, bis morgen abend zu warten und dann nach Südwesten aufzubrechen, denn viele von ihnen zeigten mir und sagten mir auf diese Weise, daß im Süden, im Südwesten und im Nordwesten Land sei und daß die Leute aus dem Nordwesten häufig herkämen, um sie anzugreifen – und also im Südwesten nach dem Gold und den Edelsteinen zu suchen. Diese Insel ist sehr groß und flach und hat sehr grüne Bäume und viele Gewässer und in der Mitte eine breite Lagune, keine Erhebung ist zu erkennen, und sie ist ganz grün, so daß es ein Vergnügen ist, sie zu betrachten; die Menschen sind sehr sanft, und weil sie darauf brennen, etwas von unseren Sachen zu haben, und ihnen nichts gegeben werden darf, ohne daß auch sie etwas dafür geben, sie aber nichts haben, nehmen sie, was sie eben bekommen können, und schwimmen dann fort; aber alles, was sie haben, geben sie her, damit man ihnen irgend etwas gibt, selbst die Scherben der Suppennäpfe und die zerbrochenen Glastassen haben sie eingetauscht, ja ich sah sie sogar sechzehn Baumwollknäuel für drei portugiesische Ceutis geben, das entspricht einer kastilischen Blanca, und es war sicher mehr als eine Arroba gesponnener Baumwolle darauf. Das verbot ich und ließ es niemand nehmen, nur daß ich alles für Eure Hoheit zu nehmen befahl, falls es große Mengen davon gäbe. Die Baumwolle wächst hier auf dieser Insel, aber weil die Zeit drängte, konnte ich mich nicht genau davon überzeugen, und auch das Gold, das sie an der Nase befestigt haben, stammt hier von der Insel; um keine Zeit zu verlieren, will ich jedoch sehen, ob ich die Insel *Cipango* [Japan] finden kann. Jetzt fuhren alle wie gestern abend mit ihren Einbäumen an Land zurück.«

3 »Vom Himmel gekommen«: Die Einschätzung der Europäer durch die »Indianer«

Sonntag, 14. Oktober

»Beim Morgengrauen befahl ich, das Boot meines Schiffes und die kleinen Boote der Karavellen herzurichten, und fuhr in nordnordöstlicher Richtung an der Insel entlang, um jenen Teil zu sehen, der die andere Seite der Ostküste der Insel bildet, und auch, um die Ortschaften in Augenschein zu nehmen, und ich sah bald darauf zwei oder drei, und die Menschen kamen alle an den Strand gelaufen und riefen uns zu und dankten Gott; die einen brachten uns Wasser, andere etwas zu essen; als sie sahen, daß ich keine Anstalten machte, an Land zu gehen, begannen einige, zu uns hinauszuschwimmen, sie erreichten uns, und wir begriffen, daß sie uns fragten, ob wir vom Himmel gekommen seien; und ein Alter stieg zu uns ins Boot, und andere riefen mit lauter Stimme alle Männer und Frauen herbei: Kommt und seht die Männer, die vom Himmel herabgestiegen sind! Bringt ihnen zu essen und zu trinken! Es kamen viele Männer und viele Frauen, jeder brachte etwas mit, und sie dankten Gott, sie warfen sich zu Boden und erhoben die Hände zum Himmel, und danach riefen sie laut, wir sollten an

Land kommen; doch ich fürchtete, weiter heranzufahren, weil ich sah, daß die ganze Insel von einem großen Ring aus Riffen eingeschlossen war, aber zwischen ihm und dem Land ist ein tiefes Bekken und ein Hafen, in dem alle Schiffe der ganzen Christenheit Platz finden könnten, die Einfahrt ist allerdings sehr eng. Es gibt innerhalb dieses Gürtels zwar einige seichte Stellen, aber das Meer bewegt sich nicht stärker als in einem Brunnen. Um all das zu sehen, fuhr ich an diesem Vormittag herum, auf daß ich Euren Hoheiten von allem berichten könnte und auch um zu sehen, wo ich ein Fort errichten könnte, und ich sah ein Stück Land, das wie eine Insel anmutet, obwohl es keine ist, sechs Häuser standen darauf, man könnte es in zwei Tagen in eine Insel verwandeln; indessen glaube ich nicht, daß es nötig ist, denn diese Leute sind ganz unerfahren im Gebrauch von Waffen, wie es Eure Hoheiten an den sieben Männern sehen werden, die ich an Bord holen ließ, um sie mitzunehmen und sie unsere Sprache zu lehren und sie danach zurückzubringen, unbeschadet dessen, daß Eure Hoheiten, wenn sie es nur befehlen, sie alle nach Kastilien bringen lassen oder sie auf der Insel selbst gefangenhalten können, denn mit fünfzig Mann kann man sie alle in Botmäßigkeit halten und alles mit ihnen machen, was man will; an die besagte kleine Insel schließt sich eine Gartenlandschaft an mit den schönsten Bäumen, die ich jemals gesehen habe, sie sind so grün, und ihre Blätter gleichen denen der Bäume Kastiliens in den Monaten April und Mai, und viel Wasser gibt es dort. Ich nahm den natürlichen Hafen gründlich in Augenschein, kehrte danach zum Schiff zurück und setzte die Segel, und ich sah so viele Inseln, daß ich unschlüssig war, wohin ich zuerst fahren sollte, und die Männer, die ich mitgenommen hatte, gaben mir durch Zeichen zu verstehen, es seien so viele und immer noch mehr, so daß man sie gar nicht zählen könne, und sie nannten über hundert beim Namen. Deshalb versuchte ich zu ergründen, welche die größte sei, und nach jener beschloß ich zu fahren, und so tue ich es jetzt, sie mag von *San Salvador* fünf Meilen entfernt sein, und die anderen sind mehr oder weniger ebenso weit entfernt: Alle Inseln sind sehr flach, ganz ohne Berge und äußerst fruchtbar, alle sind bewohnt, und ihre Einwohner liegen miteinander in Fehde, wenn es auch sehr einfache, harmlose Leute sind, die einen sehr schönen Körperbau haben.«

4 Erste Tauschkontakte und die Suche nach Gold

Montag, 15. Oktober

»Die ganze Nacht war ich auf einer Stelle umhergefahren, aus Angst, daß noch vor Tagesanbruch Land auftauchen könnte, denn ich wußte nicht, ob die Küste von Untiefen frei war, und beim Morgengrauen zog ich die Segel ein. Doch da die Insel mehr als fünf Meilen entfernt war, es mochten eher sieben sein, und mich die Ebbe aufhielt, war es gegen Mittag, als ich die erwähnte Insel erreichte, und ich fand heraus, daß die der Insel *San Salvador* gegenüberliegende Seite in Nordsüdrichtung verläuft und fünf Meilen lang ist, doch die andere, der ich folgte, verlief in ostwestlicher Richtung und war mehr als zehn Meilen lang. Und da ich von dieser Insel aus im Westen eine weitere, noch größere sah, hißte ich die Segel, um den ganzen Tag bis in die Nacht hinein zu fahren, weil ich das Westkap dieser Insel, der ich den Namen *Santa María de la Concepción* gab, noch nicht erreicht hatte, und kurz vor Sonnenuntergang ging ich bei dem Kap vor Anker, um herauszufinden, ob es dort Gold gäbe, denn die Männer, die ich von der Insel *San Salvador* hatte mitnehmen lassen, sagten mir, die Leute dort trügen sehr große Goldreife an den Beinen und Armen. Ich glaubte aber, daß alles, was sie erzählten, Betrügereien seien, die ihnen die Flucht ermöglichen sollten. Es war indessen mein Vorsatz, an keiner Insel vorüberzufahren, ohne von ihr Besitz zu ergreifen, obwohl man hier sagen kann, man hat alle in Besitz genommen, wenn man eine hat; und ich ging vor Anker und blieb dort bis heute, Dienstag. Morgens fuhr ich mit den bewaffneten Booten zum Strand und ging an Land; die Leute, die zahlreich waren und nackt und von der gleichen Beschaffenheit wie die auf *San Salvador*, ließen uns auf der Insel umhergehen und gaben uns, was ich von ihnen verlangte. Doch da der Wind in südöstlicher Richtung zunahm, wollte ich mich nicht länger aufhalten und kehrte zum Schiff zurück; ein großer Einbaum hatte sich längsseits neben die Karavelle Niña gelegt, und einer der Männer von der Insel *San Salvador*, der sich darauf befand, sprang ins Meer und fuhr mit dem Einbaum davon, die Nacht zuvor um Mitternacht war schon ein anderer ins Meer gesprungen, und der Einbaum fuhr zurück, und er entfloh so schnell, daß ihn kein Boot eingeholt hätte, denn sie hatten großen Vorsprung. Trotz unserer Bemühungen erreichten sie das Land, sie sprangen aus dem Boot, und ein paar von meinen Leuten sprangen hinter ihnen an Land, während sie fortrannten wie aufgescheuchte Hühner. Den Einbaum, den sie zurückgelassen hatten, brachten wir an Bord der Karavelle Niña, bei der im gleichen Augenblick von einer anderen Stelle her ein kleines Boot mit einem Mann eintraf, der ein Baumwollknäuel eintauschen kam, und weil er nicht auf die Karavelle kommen wollte, sprangen ein paar Matrosen ins Meer und ergriffen ihn; und ich, der ich am Bug des Schiffes stand, sah alles, ich ließ ihn zu mir bringen und gab ihm eine bunte Mütze und ein paar kleine grüne Glaskugeln, die ich ihm um den Arm legte, und zwei Glöckchen, die ich ihm an die Ohren hängte; ich befahl, ihm seinen Kahn, den unsere Leute in das große Boot gehoben hatten, zurückzugeben, und schickte ihn wieder an Land; dann setzte ich die Segel, um nach der anderen großen Insel zu fahren, die ich im Westen gesehen hatte, und ich befahl, auch den anderen Einbaum loszumachen, den die Karavelle Niña am Heck mitschleppte, und als ich zum Land zurücksah, wo eben der andere eintraf, dem ich die erwähnten Dinge geschenkt hatte und dem ich das Baumwollknäuel nicht abnehmen wollte, obwohl er es mir anbot, kamen alle anderen zu ihm gelaufen, und er war über die Maßen erstaunt, er hatte wohl den Eindruck, daß wir gute Leute seien und daß der andere, der geflohen war, uns Schaden zugefügt hätte und wir ihn deshalb mitnahmen, und aus ebendiesem Grund hatte ich mich ja entschlossen, ihn freizulassen, und ihm besagte Dinge gegeben, auf daß sie uns zu schätzen wüßten, damit sie beim nächsten Mal, wenn Eure Hoheiten wieder Leute hierherschickten, nichts Böses anrichteten; alles, was ich ihm gab, war nicht mehr wert als vier Maravedís. Und so brach ich gegen zehn Uhr auf, bei Südostwind, der mitunter bis nach Süd drehte, um nach der anderen Insel zu gelangen, die sehr groß ist und wo es, wie mir all jene Männer, die ich von *San Salvador* mitführte, durch Zeichen bedeuten, sehr viel Gold gibt, so daß man es als Spangen um die Arme, die Beine, in den Ohren und der Nase und um den Hals trägt. Von der Insel *Santa María* bis zu dieser anderen waren es neun Meilen in Ostwestrichtung, und die ganze diesseitige Küste der Insel verläuft von Nordwest nach Südost, und es scheint, als sei sie hier gut und gern achtundzwanzig Meilen lang, und sie ist sehr flach, ohne Berge, genauso wie die Inseln *San Salvador* und *Santa María*, und der Strand ist überall ohne Klippen, abgesehen davon, daß es nahe am Land auf allen Seiten ein paar Felsenriffe unter dem Wasser gibt, so daß man die Augen offenhalten muß, wenn man vor Anker gehen will, und nicht so nah an der Küste ankern darf, obwohl das Wasser stets ganz klar ist und man den Grund sehen kann: Aber zwei Kanonenschuß vom Land ist das Wasser vor allen diesen Inseln so tief, daß man nicht auf Grund stößt. Die Inseln sind sehr grün und fruchtbar, und das Klima ist sanft, und es kann dort viele Dinge geben, von denen ich nichts weiß, denn ich will mich nicht aufhalten, weil ich viele Inseln besuchen und erforschen will, um Gold ausfindig zu machen. Und sie geben mir immer wieder zu verstehen, daß es die Leute an den Armen und Beinen tragen, und es ist Gold, denn ich zeigte ihnen ein paar Stücke von dem, das ich selbst bei mir habe; mit der Hilfe unseres Herrn kann ich nicht fehlgehen, und ich werde es finden, wo es anzutreffen ist. Und mitten in dem Golf zwischen diesen beiden Inseln, nämlich der *Santa María* und der großen, der ich den Namen *Fernandina* gab, traf ich einen einzelnen Mann in einem Einbaum, der von der Insel *Santa María* zur *Fernandina* fuhr; bei sich hatte er ein bißchen von seinem Brot, etwa eine Handvoll, eine Kürbisflasche mit Wasser und ein wenig rote Erde, die er zu Pulver zerrieben und danach zu einem Teig geknetet hatte, und ein paar trockene Blätter – das muß eine große Delikatesse bei ihnen sein, denn sie brachten mir schon auf *San Salvador* ein paar davon als Geschenk, er hatte auch ein Körbchen nach ihrer Art bei sich, in dem ein Kettchen mit Glasperlen und zwei Blancas waren, woran ich erkannte, daß er von der Insel *San Salvador* kam und nach der *Santa María* gefahren war und von dort aus nach der *Fernandina* wollte. Als er am Schiff anlangte, ließ ich ihn heraufkommen, wie er es begehrte, und hieß ihn sein Boot an Deck holen, und alles, was er bei sich hatte, gab ich in Verwahrung; und ich befahl, ihm Brot und Honig zu essen und etwas zu trinken zu geben; und so werde ich ihn zur *Fernandina* bringen und ihm alles, was ihm ge-

hört, wieder aushändigen, damit er gute Kunde von uns gebe, auf
daß, wenn Eure Hoheiten, wie es unserem Herrn gefallen möge,
wieder Leute hierher schicken werden, jene, die kommen, in Ehren empfangen werden und die Einwohner uns von allem geben,
was sie haben.«

Dienstag, 16. Oktober

»Kurz vor Mittag brach ich von der Insel *Santa María de la Concepción* nach der Insel *Fernandina* auf, die von Westen her sehr groß
zu sein scheint, und ich fuhr den ganzen Tag bei Windstille; ich
konnte sie aber nicht rechtzeitig erreichen, um zu sehen, ob der
Grund zum Ankern geeignet war, denn es ist unabdingbar, daß
man dabei große Sorgfalt an den Tag legt, damit man nicht seine
Anker verliert; und so kreuzte ich fast die ganze Nacht auf einer
Stelle, und als es Tag geworden war, kam ich zu einer Ansiedlung,
wo ich vor Anker ging und wo ich auch den Mann wiedersah, den
ich gestern mit seinem Einbaum mitten auf dem Golf angetroffen
hatte; er hatte so viele gute Nachrichten von uns gebracht, daß es
den ganzen Abend über nicht an Booten gefehlt hatte, die dicht an
unser Schiff herankamen und uns Wasser und von allem übrigen
brachten, was sie hatten. Ich befahl, jedem der Leute etwas zu
geben, nämlich ein paar Glasperlen, je zehn oder zwölf davon auf
einen Faden gereiht, und ein paar Messingschellen von jener
Sorte, die in Kastilien einen Maravedí kostet, und auch ein paar
Schnürbänder, was sie samt und sonders für ganz vortrefflich hielten, und ich befahl, sie auch Melasse kosten zu lassen, wenn sie an
Bord kamen. Um neun Uhr vormittags schickte ich das große Boot
meines Schiffes zum Wasserholen an Land, und sie zeigten meinen
Leuten mit großer Bereitwilligkeit, wo das Wasser zu finden war,
ja, sie schleppten selbst die vollen Fässer zum Boot, und sie hatten
großes Vergnügen daran, uns gefällig zu sein. Die Insel ist sehr
groß, und ich habe die Absicht, sie zu umsegeln, weil sich, wie ich
zu verstehen glaube, auf ihr oder in ihrer Nähe eine Goldmine
befindet. Diese Insel ist, annähernd in Ostwestrichtung verlau-
fend, acht Meilen von der Insel *Santa María* entfernt, und das Kap,
an dem ich gelandet bin, und die ganze Küste hier verläuft von
Nordnordwest nach Südsüdost. Und ich habe gut und gern zwan-

zig Meilen von ihr gesehen, aber sie war noch länger. Eben da ich dies schrieb, stach ich mit Südwind in See, um zu versuchen, die ganze Insel zu umsegeln und keine Mühe zu scheuen, bis ich *Samaot* entdeckt habe, die Insel oder die Stadt, wo man das Gold findet, denn das behaupten alle, die hier aufs Schiff kommen, und das haben uns auch die Leute von *San Salvador* und *Santa María* gesagt. Die Menschen hier ähneln denen von den beiden genannten Inseln, und sie haben eine und dieselbe Sprache und die gleichen Sitten, abgesehen davon, daß mir diese hier schon etwas sanfter vorkommen, umgänglicher und gewitzter, denn ich sehe, daß sie Baumwolle aufs Schiff gebracht haben und andere Dinge und daß sie besser zu handeln verstehen als die anderen; und dann habe ich auf dieser Insel Baumwolltücher gesehen, die Umhängen ähneln, und die stattlicheren Männer und Frauen tragen vorn am Körper einen Baumwollfetzen, der ihnen notdürftig die Scham verhüllt. Es ist eine sehr grüne, flache und äußerst fruchtbare Insel, und ich hege keinen Zweifel, daß sie das ganze Jahr über Hirse und alles mögliche andere säen und ernten; und ich sah viele Bäume, die sich in ihrer Gestalt sehr von den unseren unterscheiden, und viele davon, die ganz verschiedenartige Äste hatten, und all das an ein und demselben Stamm; ein Zweig ist von dieser Art, der andere von jener und völlig anders, so daß es das größte Wunder von der Welt ist, wie sehr sich die eine Art von der andern unterscheidet; ein Ast hatte zum Beispiel Blätter in der Art des Zuckerrohrs und ein anderer Blätter in der Art des Mastixbaums; und so findet man auf einem einzigen Baum an die fünf, sechs solcher Arten; und sie sind völlig verschieden voneinander: Sie sind auch nicht gepfropft worden, denn man könnte einwenden, daß sie durch Aufpfropfen entstanden sind; im Gegenteil, man findet sie in den Wäldern, und niemand kümmert sich darum. Ich habe nicht bemerkt, daß die Leute einer Sekte angehören, und ich glaube, daß sie sich sehr schnell zum Christentum bekehren lassen würden, denn sie sind äußerst verständig. Die Fische hier sind in ihrer Form so abweichend von den unseren, daß man staunen muß. Es gibt einige, die wie Hähne in den schönsten Farben der Welt erstrahlen, in Blau, Gelb, Rot und in allen Farben, und andere sind auf tausenderlei Art gesprenkelt; die Farben sind so schön, daß sich jeder darüber verwundert und höchst entzückt ist, wenn er sie erblickt. Es gibt auch Wale, Landtiere habe ich dagegen so gut wie gar nicht gesehen, nur Papageien und Eidechsen; ein Schiffsjunge sagte mir, er habe eine große Schlange gesehen. Weder Schafe noch Ziegen, noch irgendeinen anderen Vierfüßer sah ich; allerdings war ich nur sehr kurze Zeit auf der Insel, einen halben Tag, aber wenn es sie gegeben hätte, hätte ich unfehlbar den einen oder anderen erblickt. Die Gestalt der Insel werde ich beschreiben, wenn ich sie umsegelt habe.«

Mittwoch, 17. Oktober

»Um Mittag fuhr ich ab von der Ansiedlung, wo ich vor Anker gegangen war und wo ich Wasser geholt hatte, um die Insel *Fernandina* zu umfahren; der Wind kam aus Südwest und Süd; und meine Absicht war es, der Küste dieser Insel zu folgen, an deren Südostende ich mich befand, denn sie verläuft direkt von Nordnordwest nach Südsüdost, und ich wollte den erwähnten Süd- und Südostkurs einschlagen, in dieser südlichen Richtung nämlich gelangt man, wie ich aus den Zeichen aller mitgeführten Indios und denen eines anderen, den ich hier auf diesem Südteil der Insel traf, entnehme, nach jener Insel, die sie *Samoet* nennen und auf der das Gold zu finden ist; Martín Alonso Pinzón, der Kapitän der Karavelle Pinta, auf die ich drei von den Indios geschickt hatte, kam zu mir und berichtete mir, einer von ihnen habe ihm sehr deutlich zu verstehen gegeben, daß man die Insel am nordnordwestlichen Teil weitaus schneller umsegeln könne. Ich sah, daß mir der Wind bei dem Kurs, den ich einschlagen wollte, nicht behilflich war, daß er aber für den anderen günstig stand. Deshalb segelte ich nach Nordnordwest, und als ich mich bis auf zwei Meilen dem Ende der Insel genähert hatte, fand ich einen wunderbaren Hafen mit einer Einfahrt, obwohl man eigentlich von zwei Einfahrten sprechen muß, denn sie wird in der Mitte von einer kleinen Insel geteilt, beide sind sehr schmal, aber drinnen ist Platz genug für hundert Schiffe, wenn es tief genug wäre und frei von Riffen und auch die Einfahrt tiefer wäre: Es schien mir notwendig, den Hafen gründlich in Augenschein zu nehmen und die Tiefe zu messen, daher ankerte ich draußen vor dem Hafen und fuhr mit allen Booten von den drei Schiffen hinein, und wir sahen, daß es nicht tief genug war. Und weil ich, als ich das Wasserbecken erblickte, den Eindruck hatte, daß es die Mündung eines Flusses sein könne, hatte ich Fässer mitnehmen lassen, um Wasser zu holen, und an Land traf ich acht bis zehn Männer, die sogleich auf uns zukamen und uns ganz in der Nähe ihre Ansiedlung zeigten, wohin ich meine Leute nach Wasser schickte, einen Teil von ihnen bewaffnet, die anderen schleppten die Fässer, und so holten sie es; weil es ein ziemlich weiter Weg war, mußte ich etwa zwei Stunden auf ihre Rückkehr warten. In dieser Zeit ging ich unter den Bäumen umher, denn das war der allerschönste Anblick von der Welt; das Grün war so reich und üppig, wie es im Monat Mai in Andalusien ist, und die Bäume unterschieden sich in der Form so sehr von den unseren wie der Tag von der Nacht; und ebenso die Früchte, auch die Gräser und die Steine und alles übrige. Wenn manche Bäume auch von der gleichen Art waren wie einige, die es in Kastilien gibt, so bestand dennoch ein sehr großer Unterschied zu unseren, und die anderen fremdartigen Bäume waren so zahlreich, daß sie keiner mit Namen zu nennen noch sie mit irgendwelchen aus Kastilien in Verbindung zu bringen vermöchte. Die Leute waren alle wie die zuvor erwähnten von der gleichen Beschaffenheit, ebenso nackt und von der gleichen Größe, und sie gaben das, was sie hatten, für alle Dinge hin, die man ihnen bot; ich bemerkte, daß ein paar Schiffsjungen von unseren Karavellen Wurfspieße für ein paar Stücke von zerbrochenen Suppennäpfen und Glasscherben eintauschten, und die anderen, die Wasser geholt hatten, sagten mir, daß sie in ihren Häusern gewesen seien, und drinnen sei es sehr reinlich und gut gefegt, ihre Betten und Decken sähen aus wie Netze von Baumwolle [Hängematten]; die Häuser sehen Zelten ähnlich, und sie haben sehr hohe, gute Schornsteine; aber ich habe unter den vielen Ansiedlungen, die ich sah, keine entdeckt, die mehr als zwölf bis fünfzehn Häuser gehabt hätte. Sie sahen hier, daß die verheirateten Frauen Baumwollhosen trugen, die Mädchen aber nicht, außer einigen, die schon das achtzehnte Jahr erreicht hatten. Es gab Schäferhunde und kleine weiße Spürhunde, und sie sahen einen Mann, der ein Goldstück an der Nase trug, das die Größe eines halben Castellano haben mochte und auf dem man Buchstaben erkennen konnte: Ich schalt sie, weil sie es nicht eingetauscht und so viel gegeben hatten, wie er forderte, so daß man sehen könnte, was es war und woher die Münze stammte; sie antworteten aber, daß sie sie niemals einzutauschen gewagt hätten. Als das Wasser geholt war, kehrte ich aufs Schiff zurück und segelte auf Nordwestkurs, so lange, bis ich den ganzen Teil der Insel bis zu der gegenüberliegenden Küste entdeckte, die in Ostwestrichtung verläuft, und dann behaupteten alle Indios wieder, diese Insel sei kleiner als die Insel *Samoet*, und es sei besser, umzukehren, wenn man schneller zu ihr gelangen wolle. Der Wind flaute bald ab und begann von Westnordwest her zu wehen, also unserer Fahrtrichtung entgegengesetzt, und deshalb drehte ich und bin die ganze vorige Nacht nach Ostsüdost und manchmal direkt nach Osten und hin und wieder nach Südosten gesegelt; dies tat ich, um mich vom Land zu entfernen, weil der Himmel dicht von Wolken verhängt und das Wetter sehr schwül war: Der Wind ließ bald nach, erlaubte mir aber nicht, das Land zu erreichen und vor Anker zu gehen. Es regnete in dieser Nacht sehr stark, kurz nach Mitternacht begann es und dauerte fast bis Tagesanbruch, und es ist noch immer bewölkt, als ob es wieder regnen will; wir befinden uns an der Südostspitze der Insel, wo ich vor Anker zu gehen hoffe, bis es aufklart und ich die anderen Inseln sehen kann, nach denen ich fahren muß; jeden Tag, seit ich in diesem Indien bin, hat es mehr oder weniger stark geregnet. Eure Hoheiten können mir glauben, daß dieses Land das beste und fruchtbarste und mildeste und flachste und schönste ist, das es auf der Welt gibt.«

5 »Völlig arglose und wenig kriegerische Leute« auf Kuba

Dienstag, 6. November

Gestern nacht, sagt der Admiral, kamen die beiden Männer zurück, die er ausgesandt hatte, um das Landesinnere in Augenschein zu nehmen, und sie sagten ihm, sie seien zwölf Meilen weit gegangen, wo es sogar einen Ort mit fünfzig Häusern gäbe, in denen, wie er sagt, wohl tausend Einwohner lebten, weil immer sehr viele in einem Haus zusammen wohnen. Diese Häuser sehen riesigen Zelten ähnlich. Sie berichteten, sie seien nach der Sitte jener mit großer Feierlichkeit empfangen worden: Sowohl die Männer als auch die Frauen, alle kamen, sie anzustaunen, und luden sie in die besten Häuser; sie berührten sie und küßten ihnen Hände und Füße, verwunderten sich und glaubten, daß sie vom Himmel kämen, und solches gaben sie ihnen auch zu verstehen. Sie boten ihnen zu essen an, von allem, was sie hatten. Sie sagten, daß sie bei ihrer Ankunft von den Würdigsten des Ortes am Arm zu dem vornehmsten der Häuser geleitet worden seien, und man habe sie auf Stühlen Platz nehmen lassen, und alle anderen hätten sich um sie herum auf den Erdboden gesetzt. Der Indio, der mit ihnen gegangen war, berichtete ihnen von der Lebensweise der Christen und sagte, daß sie gute Leute seien. Danach gingen die Männer hinaus, und die Frauen traten ein, sie setzten sich ebenfalls im Kreis um sie nieder, küßten ihnen die Hände und Füße und berührten sie, um zu sehen, ob sie von Fleisch und Blut waren wie sie selbst.

Sie wurden von den Indios gebeten, mindestens fünf Tage bei ihnen zu verweilen. Sie wiesen den Zimt und den Pfeffer und andere Gewürze vor, die ihnen der Admiral mitgegeben hatte, und die Indios bedeuteten ihnen durch Zeichen, daß es in der Umgebung, nach Südosten zu, viel davon gäbe; sie wüßten aber nicht, ob es gleich hier bei ihnen etwas davon gäbe. Da sie sich überzeugt hatten, daß die Indios keine sichere Kenntnis von Städten in dieser Gegend hatten, waren sie wieder aufgebrochen, und wenn sie allen Leuten willfahrt hätten, die mit ihnen kommen wollten, dann wären mehr als fünfhundert Männer und Frauen mitgegangen, denn sie dachten, daß sie in den Himmel zurückkehrten. Mit ihnen kam aber ein Anführer jenes Ortes und ein Sohn von ihm und einer seiner Bediensteten: Der Admiral sprach mit ihnen, er erwies ihnen große Ehre, er nannte ihm viele Länder und Inseln, die es in diesen Breiten gab, er gedachte, sie auch zu den Königen mitzunehmen; und er sagt, er habe nicht begriffen, was jenen angefochten: Er wollte, offenbar aus Furcht und da die Nacht so dunkel war, vom Schiff gehen. Und der Admiral sagt, er habe ihn, weil das Schiff auf den Strand gezogen war und er ihn nicht verärgern wollte, gehen lassen und ihm gesagt, er solle am andern Morgen wiederkommen, doch jener sei nicht zurückgekehrt. Die beiden Christen trafen auf ihrem Weg viele Leute, die durch ihre Dörfer zogen, Frauen und Männer, die glühende Scheite und Kräuter trugen, mit denen sie die bei ihnen üblichen Räucherungen vornahmen. Sie fanden auf dem Weg keine Ansiedlung mit mehr als fünf Häusern, und überall erwies man ihnen die gleiche Ehrfurcht. Sie sahen viele Arten von Bäumen und Gräsern und duftenden Blumen. Sie sahen Vögel verschiedenster Art, die ganz anders aussahen als die spanischen, abgesehen von Rebhühnern und schlagenden Nachtigallen und Wildgänsen, und von letzteren gibt es mehr als genug; doch Vierfüßer sahen sie überhaupt nicht, außer Hunden, die nicht bellen können. Der Boden war ungewöhnlich fruchtbar und reich bebaut mit besagten Mames und Bohnen, die ganz anders sind als unsere, ebenso fanden sie Hirse und eine große Menge gepflückter, gesponnener und verarbeiteter Baumwolle, und in einem Haus hätten sie schon mehr als fünfhundert Arrobas davon gesehen, und man könne dort jährlich viertausend Zentner ernten. Der Admiral sagt, er hätte den Eindruck, daß sie die Baumwolle gar nicht zu säen brauchten und daß sie das ganze Jahr über Frucht trüge: Sie ist sehr fein und hat eine sehr große Kapsel.

Alles, was diese Leute hatten, sagt er, ließen sie uns zu einem äußerst niedrigen Preis ab, und sie gaben einen großen Korb Baumwolle für ein Endchen Schnürband oder etwas anderes, was man ihnen bot. Es sind völlig arglose und wenig kriegerische Leute, sagt der Admiral: Alle Männer und Frauen gehen nackt einher, wie ihre Mütter sie zur Welt gebracht haben. Allerdings tragen die Frauen ein Stück Baumwolle, das aber allenfalls so groß ist, daß es die Scham verdeckt. Sie sind von großer Ehrerbietigkeit, und sie sind auch nicht sehr dunkel, nicht einmal so dunkel wie die Kanarier.

»Ich verbürge mich, erlauchteste Fürsten« (sagt der Admiral), »wenn fromme Kirchenmänner hierherkämen, die zu ihnen in ihrer Sprache reden könnten, dann würden sie alle auf der Stelle Christen werden; und so hoffe ich auf unsern Herrn, daß Eure Hoheiten sich mit großer Eile dazu entschließen werden, um diese großen Völker in den Schoß der Kirche heimzuholen, und sie werden sie bekehren, ebenso wie sie jene niedergeworfen haben, die den Vater und den Sohn und den Heiligen Geist nicht bekennen wollten; und nach ihren Erdentagen – wie wir denn alle sterblich sind – werden Eure Hoheiten ihre Reiche im friedlichsten Zustand hinterlassen, frei von Ketzerei und Missetat, und wohl empfangen werden vor dem Ewigen Schöpfer, dem es gefallen möge, Euren Hoheiten ein langes Leben und weitere große Reiche und Herrschaften zu schenken und den Willen und die Entschlossenheit, die heilige christliche Religion zu stärken, so, wie sie es bis jetzt getan haben, amen.

Heute habe ich das Schiff wieder zu Wasser gelassen, und ich beeile mich, um nach Gottes Willen am Donnerstag aufzubrechen und nach Südosten zu fahren, denn ich will mich auf die Suche nach dem Gold und den Gewürzen begeben und neues Land entdecken.« Dies alles sind die Worte des Admirals, der am Donnerstag aufzubrechen gedachte; aber da Gegenwind wehte, konnte er nicht vor dem 12. November abfahren.

Montag, 12. November

Er fuhr in den ersten Morgenstunden vom Hafen am *Río de Mares* ab, um nach einer Insel zu segeln, die, wie die mitgeführten Indios immer wieder beteuerten, *Babeque* heißt, wo die Leute das Gold angeblich unter Fackelbeleuchtung vom nächtlichen Strand auflesen und dann, wie er sagt, durch langes Hämmern Ruten daraus machen; um zu ihr zu kommen, mußten sie den Bug nach Ost-zu-Süd richten. Nachdem er acht Meilen an der Küste entlanggefahren war, fand er einen Fluß, und als er von da aus weitere vier zurückgelegt hatte, sah er einen weiteren Fluß, der ihm sehr wasserreich schien und größer als alle anderen, die er bisher gefunden hatte. Er wollte sich aber nicht aufhalten oder in einen der Flüsse hineinfahren, aus zweierlei Erwägungen: Erstens und vor allem waren Wind und Wetter günstig, um sich auf die Suche nach der erwähnten Insel *Babeque* zu machen, und zweitens, wenn es an dem Fluß in Meeresnähe eine volkreiche, bedeutende Stadt gegeben hätte, dann würde man sie gesehen haben, und um den Fluß hinaufzufahren, benötigte man kleine Schiffe, die seinigen waren aber zu groß; und er würde auch viel Zeit verlieren, denn solche Flüsse zu erkunden ist ein Unternehmen für sich. Diese ganze Küste war am dichtesten besiedelt in der Nähe des Flusses, den er *Río del Sol* [Sonnenfluß] taufte. Er sagte, daß er es am Sonntag vorher, am 11. November, für richtig gehalten habe, ein paar Leute von jenem Fluß mitzunehmen und sie den Königen zu bringen, damit sie unsere Sprache lernten und erführen, was es auf der Erde zu sehen gibt, und damit sie bei ihrer Rückkehr Dolmetscher der Christen würden und unsere Glaubenssätze und Sitten übernähmen, »denn ich habe bemerkt und weiß genau« (sagt der Admiral), »daß diese Leute keiner Sekte angehören und keine Götzen verehren, vielmehr sind sie sehr sanft und wissen nicht, was böse ist, noch töten sie andere oder nehmen sie gefangen, sie tragen keinerlei Waffe und sind so furchtsam, daß hundert von ihnen vor einem der unseren Reißaus nehmen, selbst wenn man nur seinen Spaß mit ihnen treibt; sie neigen zur Gläubigkeit und wissen, daß Gott im Himmel ist; sie sind davon überzeugt, daß auch wir vom Himmel gekommen sind, und sehr schnell bereit zu jedem Gebet, das wir ihnen vorsprechen, sie sagen es nach und schlagen dabei das Kreuz. Und so sollten sich Eure Hoheiten entschließen, sie zu Christen zu machen, denn ich glaube, wenn man damit beginnt, wird man nach kurzer Zeit eine Vielzahl von Völkern vollends zu unserem heiligen Glauben bekehrt haben und so große Herrschaften und Reichtümer und alle diese Völker für Spanien gewinnen, denn zweifellos gibt es in diesen Gebieten riesige Mengen Goldes, und nicht ohne Grund sagen die Indios, die ich mitführe, daß es auf diesen Inseln Orte gibt, wo man das Gold aus der Erde gräbt und die Leute es am Hals, an den Ohren, den Armen und Beinen tragen, und es sind sehr dicke Ringe; es gibt auch Edelsteine und kostbare Perlen und unendlich viele Gewürze; und am *Río de Mares*, von dem ich heute nacht abgefahren bin, gibt es zweifellos große Mengen Mastix, und es gäbe noch mehr, wenn man die Sache besser anfinge, denn diese Bäume wachsen sehr schnell, wenn man sie anpflanzt, und es gibt viele und sehr große, und ihre Blätter ähneln denen des Terpentinbaums und auch die Frucht, abgesehen davon, daß sowohl die Bäume als auch die Blätter größer sind, als sie Plinius beschreibt; ich habe die gleichen schon auf der Insel *Chios* in der Ägäis gesehen, und ich habe eine ganze Reihe dieser Bäume anzapfen lassen, um zu sehen, ob sie Harz abscheiden, und um es mitzubringen; aber da es in der Zeit, als ich mich an besagtem Fluß aufhielt, dauernd geregnet hat, konnte ich keines bekommen oder doch nur sehr wenig, das ich Euren Hoheiten mitbringe; und es kann auch sein, daß es nicht die rechte Zeit zum Anzapfen ist, denn ich glaube, am günstigsten ist es in der Zeit, wenn die Bäume den Winter überstanden haben und Blüten treiben; aber hier sind die Früchte schon fast reif. Man könnte auf dieser Insel auch eine große Menge Baumwolle ernten, und ich glaube, daß sie sich sehr gut in der Gegend verkaufen lassen würde, so daß man sie gar nicht nach Spanien zu bringen brauchte, vor allem auch in den großen Städten des Großen Khans, die man zweifellos bald entdecken wird, und zahlreichen weiteren Städten anderer Fürsten, die es als ein Glück ansehen werden, Euren Hoheiten dienen zu dürfen, und man wird ihnen auch andere Dinge aus Spanien und den Ländern des Ostens liefern können, denn jene Länder liegen, von uns aus gesehen, im Westen. Desgleichen gibt es hier unendlich viel Aloe, wiewohl man daraus keinen großen Nutzen ziehen kann, aber der Mastix ist nicht hoch genug zu schätzen, denn es gibt ihn sonst nirgends außer auf der erwähnten Insel *Chios*, und ich glaube, man kann hier eine Ernte erzielen, die gut fünfzigtausend Dukaten wert ist, wenn ich mich recht entsinne; und hier in der Mündung des erwähnten Flusses liegt der beste Hafen, den ich überhaupt bis zum heutigen Tag gesehen habe, er ist klar, breit und tief und ohne flache Stellen, und es ist ein sehr günstig gelegener Platz für die Gründung einer Stadt und eines Forts, und Schiffe beliebiger Größe können direkt bis zu den Mauern der Stadt gelangen; das Land ist hochgelegen, hat ein sehr mildes Klima und ausgezeichnetes Wasser.

Gestern kam zu meinem Schiff ein Einbaum mit sechs Jünglingen, und fünf von ihnen stiegen an Bord; ich befahl, sie festzuhalten, und bringe sie mit. Und danach schickte ich nach einem Haus, das an der Westseite des Flusses liegt, und meine Leute holten sieben teils jüngere, teils ältere Frauen und drei Kinder aufs Schiff. Das tat ich, damit sich die Männer in Spanien besser aufführen, wenn sie Frauen aus ihrem Land haben, als wenn sie allein sind, denn es ist schon häufig vorgekommen, daß man Männer aus Guinea mitgebracht hat, um sie die portugiesische Sprache zu lehren, und hernach, wenn man wieder nach Guinea fuhr und dachte, daß man sie in ihrem Land verwenden könne, wegen der guten Gesellschaft, die man ihnen gehalten, und der Geschenke, die man ihnen gemacht hatte, verschwanden sie bei der Ankunft im Land für immer. Es gab aber auch glücklichere Fälle. Und so werden unsere Indios, da sie ihre Frauen bei sich haben, bereitwillig alles tun, was man ihnen aufträgt, und auch diese Frauen werden die unseren viel von ihrer Sprache lehren, welche auf allen diesen Inseln Indiens dieselbe ist, und alle verstehen einander, und alle suchen einander mit Hilfe ihrer Einbäume auf; in Guinea gibt es das nicht, denn dort hat man tausenderlei verschiedene Sprachen, so daß einer den andern nicht verstehen kann.

In dieser Nacht kam der Ehemann einer dieser Frauen, ein Vater von drei Kindern, einem Knaben und zwei Mädchen, mit einem Kahn zum Schiff; er sagte, ich solle ihn mit jenen fahren lassen, und er gefiel mir sehr, und jetzt sind sie seinetwegen alle getröstet, denn sie scheinen samt und sonders verwandt zu sein; er ist schon etwa fünfundvierzig Jahre alt.« Alle diese Worte stammen von dem Admiral selbst.

6 »Dicht besiedelt und gut bestellt«:
   Die »Isla Española«

Sonntag, 9. Dezember

An diesem Tag regnete es, es war winterliches Wetter wie im Oktober in Kastilien. Am *Puerto de San Nicolás* hatte er keine Ortschaft gesehen, sondern nur ein sehr schönes Haus, besser gebaut als alle, die er vorher gesehen hatte. Die Insel ist sehr groß, und der Admiral sagt, es sei sicher nicht übertrieben, wenn er ihren Umfang auf zweihundert Meilen schätze: Er habe gesehen, daß es überall gutbestellte Felder gäbe; er glaube, die großen Orte seien weiter vom Meer entfernt; von dort könnten sie ihn kommen sehen, und dann flöhen sie und schleppten alle ihre Habe mit, und sie gäben Rauchzeichen an der Küste wie Soldaten im Krieg. Die Bucht hat an ihrer Mündung eine Breite von tausend Schritt, also einer Viertelmeile: Es sind weder Sandbänke noch Untiefen darin, ja, man stößt, bis man ans Ufer kommt, kaum auf Grund;

die Bucht dehnt sich dreitausend Schritt weit nach innen, hat überall Schlammgrund und keine Klippen, so daß jedes Schiff ohne Furcht und völlig gefahrlos darin vor Anker gehen kann: Am äußersten Ende münden zwei Flüsse ein, die aber wenig Wasser führen: Hinter der Bucht sieht man ganz herrliche Auen, die beinahe den Ländereien Kastiliens vergleichbar sind und sie sogar übertreffen; deshalb gab er dieser Insel den Namen *Isla Española* [Spanische Insel].

Montag, 10. Dezember

Der Nordostwind war stark und ließ das verankerte Schiff eine halbe Kabellänge treiben, was den Admiral verwunderte; er führte es auf den Umstand zurück, daß die Anker sehr nahe am Ufer ausgeworfen waren und sie der Wind erreichte. Da der Wind der Fahrtrichtung, die er einschlagen wollte, entgegenblies, schickte er sechs gutbewaffnete Männer an Land, sie sollten zwei oder drei Meilen ins Landesinnere vordringen und sehen, ob sie mit Indios sprechen könnten. Sie gingen fort, kehrten aber bald zurück, denn sie hatten weder Menschen noch Häuser vorgefunden: Dagegen entdeckten sie ein paar Feldhütten und ziemlich breite Wege und auch Stellen, an denen viele Menschen Feuer gemacht hatten; sie sahen die besten Ländereien, die man sich vorstellen kann, und fanden viele Mastixbäume, etwas von dem Mastix brachten sie mit und sagten, es gäbe sehr viel, nur sei jetzt nicht die Zeit, ihn abzuzapfen, da er noch nicht gerinne.

Dienstag, 11. Dezember

Er fuhr nicht ab, weil der Wind noch auf Ost und Nordost stand. Der Bucht gegenüber liegt, wie gesagt, die *Isla de la Tortuga*, die ziemlich groß sein muß, ihre Küste verläuft fast wie die der *Española*, und eine wird von der andern höchstens zehn Meilen entfernt sein, das heißt vom *Cabo de Cinquín* bis zum Kopf der *Tortuga*, da deren Küste weiter in südlicher Richtung verläuft. Er sagt, er wolle den Zwischenraum zwischen diesen beiden Inseln sehen, um die *Isla Española* zu betrachten, die etwas ganz Wunderbares ist und weil man, wie ihm die mitgeführten Indios sagten, hier entlang zur *Insel Babeque* fahren müsse, und das sei, sagten sie, eine sehr große Insel mit sehr großen Bergen und Flüssen und Tälern, und sie versicherten, die *Isla de Bohío* sei größer als die *Juana*, die sie *Cuba* nennen, und sie sei nicht von Wasser umgeben; und das scheint darauf hinzudeuten, daß hinter dieser *Isla Española* Festland liegt, und sie nennen es *Caritaba*, und es ist unendlich groß, und es ist wohl in der Tat so, daß sie von arglistigen Menschen heimgesucht werden, denn alle diese Inseln leben in großer Furcht vor den Männern aus *Caniba*, und so wiederhole ich, was ich schon mehrmals gesagt habe, sagt er, *Caniba* ist nichts anderes als das Volk des Großen Khan, das nicht sehr weit von hier leben muß; sie werden Schiffe haben und kommen, um die Leute von hier gefangenzunehmen, und da sie nicht zurückkehren, glaubt man, daß sie gefressen worden sind. Von Tag zu Tag verstehen wir diese Indios besser und sie uns, wenn sie auch häufig das eine mit dem andern verwechselt haben (sagt der Admiral). Er schickte Männer an Land, sie fanden viel Mastix, der aber nicht gerann; er sagt, es müsse erst darauf regnen; auf Chios werde er im März geerntet, aber in diesen Gegenden werde man ihn wohl im Januar ernten, da das Klima so mild sei. Sie fingen viele Fische, die denen Kastiliens glichen, Weißlinge, Lachse, Kabeljau, Seehähne, Goldstriemen, Meeräschen, Garnelen, und sie sahen auch Sardinen. Sie fanden viel Aloe.

Mittwoch, 12. Dezember

Er fuhr an diesem Tag noch nicht ab, weil immer noch Gegenwind war. Er stellte ein großes Kreuz an der Einfahrt des Hafens auf, es war auf der Westseite, an einer sehr gut sichtbaren Anhöhe, »zum Zeichen« (sagt er), »daß Eure Hoheiten dieses Land in Besitz genommen haben, und vor allem, um von Jesus Christus unserem Herrn zu zeugen, und zum Ruhme der Christenheit«; als das Kreuz aufgerichtet war, stiegen drei Seeleute in den Wald hinauf, um die Bäume und Pflanzen in Augenschein zu nehmen; auf einmal hörten sie eine große Menschenmenge, alle waren nackt wie die zuvor Gesehenen; die Seeleute riefen nach ihnen und liefen hinterher, aber die Indios rannten davon. Schließlich ergriffen sie eine Frau, denn andere konnten sie nicht einholen; ich hatte ihnen nämlich befohlen (sagt er), ein paar von ihnen mitzunehmen, um ihnen Ehre zu erweisen und ihnen die Furcht vor uns zu nehmen; sie sollten auch sehen, ob es etwas Brauchbares gäbe, wie es nach der Schönheit des Landes zu urteilen sicher der Fall sein muß, und so brachten sie diese sehr junge und schöne Frau aufs Schiff, sie sprach mit den mitgeführten Indios, denn alle haben einerlei Sprache. Der Admiral ließ sie ankleiden und gab ihr Glasperlen und Glöckchen und Messingringe, und dann schickte er sie wieder an Land, dies mit allen Ehrenbezeigungen, wie es seine Gewohnheit war: Er gab ihr ein paar Männer vom Schiff als Begleitung mit, dazu auch drei von den mitgebrachten Indios, die mit jenen Leuten sprechen sollten. Die Matrosen, die sie mit dem Boot an Land brachten, erzählten dem Admiral, sie hätte das Schiff nicht mehr verlassen wollen, sondern den Wunsch gehabt, bei den anderen Indiofrauen zu bleiben, die er im *Puerto de Mares* der Insel *Juana de Cuba* an Bord genommen hatte. Alle Indios, die mit jener Indiofrau gekommen seien, sagt er, hätten ein Kanu benutzt, das ihre Karavelle sei; mit ihm seien sie von irgendwoher gekommen, und als sie an der Einfahrt der Bucht aufgetaucht waren und die Schiffe erblickt hätten, seien sie umgekehrt und hätten das Kanu dort irgendwo liegenlassen, und dann seien sie zu ihrem Dorf zurückgerannt. Die Frau zeigte den Männern die Gegend, wo das Dorf lag. Sie trug ein Goldstückchen an der Nase, das ist ein Zeichen, daß es Gold auf der Insel gab.

Donnerstag, 13. Dezember

Die drei Männer, die der Admiral mit der Frau fortgeschickt hatte, kamen um drei Uhr nachts zurück, sie waren nicht mit ihr bis zum Dorf gegangen, weil es ihnen zu weit vorkam oder weil sie Angst hatten. Sie sagten, am nächsten Tag würden viele Indios zu den Schiffen kommen, da sie schon von den Nachrichten, die sie von der Frau bekämen, beruhigt sein müßten. Den Admiral verlangte es danach zu erfahren, ob es in diesem Land etwas Nützliches gab; und um sich mit den Indios zu unterhalten – denn das Land war sehr schön und fruchtbar – und um sie zu bewegen, den Königen mit Freuden zu dienen, beschloß er, noch einmal ein paar Männer nach der Siedlung zu schicken; er vertraute dabei auf die Nachrichten, die die Indiofrau zweifellos von den Christen gebracht hatte, nämlich, daß die Christen gute Menschen seien. Daher wählte er neun wohlbewaffnete Männer aus, die zu einer solchen Unternehmung befähigt schienen, und mit ihnen ging einer von seinen Indios. Sie begaben sich zu der Ortschaft, die viereinhalb Meilen im Südosten lag, und fanden sie in einem sehr großen, verlassenen Tal, denn als die Indios die Christen kommen hörten, ergriffen sie sämtlich die Flucht und schleppten alles, was sie hatten, mit ins Landesinnere. Der Ort bestand aus tausend Häusern, es wohnten mehr als dreitausend Menschen darin. Der Indio, den die Christen mitgebracht hatten, rannte hinter den Dorfbewohnern her und rief, sie sollten keine Angst haben, die Christen kämen nicht aus *Cariba*, sie kämen vielmehr vom Himmel und schenkten allen, die sie träfen, viele schöne Dinge. Was er rief, beeindruckte sie dergestalt, daß sie sich sicherer fühlten und zweitausend von ihnen zusammenströmten, und alle kamen zu den Christen und legten ihnen die Hände auf den Kopf – denn das war ein Zeichen großer Ehrerbietung und Freundschaft –, aber sie zitterten vor Furcht, bis man sie vollends beruhigt hatte. Die Christen sagten, nachdem sie die Furcht völlig verloren hätten, seien sie alle in ihre Häuser gelaufen, und jeder habe etwas von dem gebracht, was er zu essen hatte, zum Beispiel Brot aus Yamswurzeln, die wie große Rettiche aussehen und die sie auf allen ihren Feldern säen und pflanzen und gedeihen lassen; es ist ihr Grundnahrungsmittel; und sie machen daraus Brot und kochen und rösten die Wurzeln; ihr Geschmack erinnert an Kastanien, und jeder, der sie ißt, meint, es seien Kastanien. Sie gaben ihnen Brot und Fisch und von allem, was sie hatten. Die Indios, die er auf dem Schiff mitführte, hatten begriffen, daß der Admiral einen Papagei zu haben wünschte, und es scheint, daß der Indio, der mit den Christen in das Dorf kam, den Bewohnern etwas davon gesagt hatte, und so brachten sie den Seeleuten Papageien und gaben ihnen, soviel sie wollten, ohne etwas als Gegengabe zu fordern. Sie baten die Seeleute, am Abend nicht fortzugehen, sie wollten ihnen noch viele andere Dinge geben, die sie im Gebirge hätten. Während alle diese Indios mit den Christen zusammen waren, sahen sie eine Menschenansammlung oder eine große Menschenmenge daherkommen, darunter den Mann jener Indiofrau, die der Admiral geehrt und danach zurückgeschickt hatte; sie trugen sie rittlings auf den Schultern herbei und wollten den Christen Dank sagen für die Ehre, die der Admiral ihr erwiesen hatte, und für die Geschenke, die er ihr gemacht hatte. Die Christen sagten dem Admiral, diese Menschen seien schöner und besser veranlagt als alle anderen, die sie bis jetzt gesehen hätten; doch der Admiral sagt, er könne sich nicht vorstellen, wie sie noch besser veranlagt sein könnten als jene andern, und er gibt zu verstehen, daß alle, die sie auf den anderen Inseln getroffen hätten, von sehr guter Veranlagung gewesen seien. Was die Schönheit anginge, sagten die Christen, so sei sie sowohl bei den Männern als auch bei den Frauen unvergleichlich, und sie sähen heller aus als die anderen Indios, und sie hätten zwei junge Frauen gesehen, die so hell waren, daß man sie für Spanierinnen halten könnte. Auch von der Schönheit der Landschaften, die sie gesehen hatten, sagten sie, daß sich selbst die schönsten und besten Kastiliens keineswegs damit messen könnten, und auch der Admiral war dieser Meinung angesichts dessen, was er bisher gesehen hatte und was er nun zu Gesicht bekam; und die Seeleute versicherten, die Gegenden, die er gesehen habe, stünden in keinem Vergleich zu jener in dem Tal dort, und nicht einmal die Gefilde von Córdoba kämen ihr gleich, es sei ein Unterschied wie Tag und Nacht. Sie sagten, alle diese Ländereien seien bestellt, und mitten durch das Tal ergieße sich ein sehr breiter, großer Fluß, der ausreiche, um alle Felder zu bewässern. Die Bäume seien sämtlich grün und von Früchten prangend, und alle Gräser und Blumen stünden in voller Blüte und wüchsen sehr üppig; die Wege seien recht gut und breit, die Lüfte lau wie im April in Kastilien, die Nachtigall sänge und auch andere kleine Vögel, wie in diesem Monat in Spanien, und sie sängen so schön, daß man sich nichts Lieblicheres auf Erden vorstellen könne. In den Nächten hörte man den zarten Gesang mehrerer kleiner Vögel, auch viele Grillen und Frösche; die Fische waren wie die in Spanien. Sie sahen viele Mastixbäume und Aloe und auch Baumwollstauden. Gold fanden sie nicht, und das ist kein

Wunder, denn in so kurzer Zeit kann man es nicht finden. Jetzt prüfte der Admiral nach, wie lange Tag und Nacht dauerten und wie lange es dauerte vom Aufgang bis zum Untergang der Sonne; er fand, daß zwanzig Sanduhrzeiten verstrichen waren, wobei eine Sanduhrzeit einer halben Stunde entspricht; allerdings, so räumt er ein, könne hierbei ein Fehler unterlaufen sein, denn entweder drehen sie die Uhr nicht schnell genug um, oder sie lassen sie nicht ganz auslaufen. Er sagt des weiteren, mit dem Quadranten habe er errechnet, daß er sich vierunddreißig Grad vom Äquator befinde.

Freitag, 14. Dezember

Er verließ den *Puerto de la Concepción* mit Landwind, der jedoch bald darauf abflaute, und solange er hier war, machte er jeden Tag die gleiche Erfahrung. Dann kam Ostwind auf; er segelte damit nach Nordnordost, erreichte die *Isla de la Tortuga* und sah eine Landspitze, die er *Punta Pierna* [Beinspitze] nannte, sie lag ostnordöstlich vom Kopf der Insel und etwa zwölf Seemeilen von ihm entfernt, und von dort aus entdeckte er in der gleichen Nordostrichtung eine andere Spitze, die er *Punta Lanzada* [Lanzenspitze] nannte, sie war etwa sechzehn Seemeilen entfernt. Und so waren es vom Kopf der *Tortuga* bis zur *Punta Aguda* [Scharfe Spitze] etwa vierundvierzig Seemeilen, also elf Landmeilen in ostnordöstlicher Richtung. Auf diesem Weg kam man an einigen großen Strandgebieten vorüber. Die *Isla de la Tortuga* ist sehr hoch gelegen, aber nicht gebirgig, und sie ist sehr schön und dicht mit Menschen besiedelt, ebenso wie die *Isla Española*, und auch das Land ist überall bestellt, so daß man glauben konnte, man habe die Gefilde von Córdoba vor Augen. Da Gegenwind war, und er nicht zu der Insel *Baneque* fahren konnte, beschloß er, zum *Puerto de la Concepción* zurückzukehren, von wo er losgefahren war; es gelang ihm nicht, in einen Fluß einzufahren, der zwei Meilen östlich von dem erwähnten Hafen ins Meer einmündet.

Samstag, 15. Dezember

Er verließ den *Puerto de la Concepción* und begab sich wieder auf seinen Kurs, aber als er aus der Bucht kam, hatte er auf einmal starken Gegenwind von Osten her, und so nahm er Kurs auf die *Tortuga*, und von dort fuhr er zurück, um den Fluß in Augenschein zu nehmen, den er gestern ansehen wollte, was ihm aber nicht gelungen war; und auch diesmal konnte er nicht einfahren; immerhin ging er eine halbe Meile gegen Lee an einem Strand vor Anker, es war ein guter, klippenreiner Ankerplatz. Als die Schiffe vertäut waren, fuhr er mit den Booten aus, um sich den Fluß anzusehen, er drang durch einen Meeresarm ein, den man eine halbe Meile vorher erreicht, aber es war nicht die Mündung. Er kehrte um und fand die Mündung, die nicht einmal einen Faden tief war und sehr starke Strömung aufwies: Er fuhr mit den Booten hinein, um jene Siedlungen zu erreichen, die seine vorgestern ausgeschickten Männer gesehen hatten, er ließ das Schlepptau aufs Land werfen, und die Matrosen zogen die Boote zwei Kanonenschuß weit flußaufwärts, doch kam er nicht weiter, da die Strömung zu stark war. Er sah ein paar Häuser und das große Tal, in dem die Dörfer liegen, und er sagt, etwas Schöneres habe er noch nicht gesehen, und mitten durch das Tal kommt der Fluß. Er sah auch Indios an der Einfahrt des Flusses, aber alle ergriffen die Flucht. Dazu äußert er, diese Menschen lebten offensichtlich in ständiger Verfolgung, da sie solche Furcht hätten, denn wenn die Christen irgendwo ankämen, gäben sie an vielen Stellen zugleich Rauchzeichen mit ihren Wachfeuern, und dies geschähe häufiger auf der *Isla Española* und auf der *Tortuga*, die auch eine große Insel ist, als auf den anderen, die er hinter sich gelassen habe. Er gab dem Tal den Namen *Valle del Paraíso* [Tal des Paradieses], und den Fluß nannte er *Guadalquivir*, denn er versichert, er sei ebenso groß wie der Guadalquivir bei Córdoba und seine Ufer mit wunderschönen Steinen übersät, und überall sei er schiffbar.

Sonntag, 16. Dezember

Um Mitternacht, als ein leichter Landwind wehte, setzte er die Segel, um den Golf zu verlassen, und als er – mit dem Wind fahrend – von der Küste der *Isla Española* abkam, da es um neun Uhr morgens von Osten her zu wehen begann, traf er mitten auf dem Golf ein Kanu mit einem einzigen Indio, und der Admiral wunderte sich, daß es sich bei dem starken Wind über Wasser halten konnte. Er ließ ihn zu sich aufs Schiff kommen, das Kanu wurde heraufgehoben, und nachdem er ihn freundlich begrüßt hatte, schenkte er ihm Glasperlen, Glöckchen und Messingringe und brachte ihn mit dem Schiff an Land, bei einer Ortschaft, die sechzehn Seemeilen entfernt am Meer lag; der Admiral ging dort vor Anker, er fand guten Ankergrund an dem Strand unweit des Dorfes, das erst kürzlich errichtet schien, denn alle Häuser waren neu. Der Indio fuhr sofort mit seinem Kanu an Land und gab Nachricht von dem Admiral und den Christen, daß sie gute Leute seien; man wußte von ihnen auch schon von den anderen Dörfern, wohin die sechs Seeleute gegangen waren; und dann kamen mehr als fünfhundert Männer und bald danach auch ihr König, alle standen am Strand nahe bei den Schiffen, denn sie waren sehr dicht am Land vor Anker gegangen. Dann kamen die Indios einer nach dem andern und schließlich sogar in Scharen aufs Schiff, ohne etwas mitzubringen, allerdings trugen manche von ihnen Körner feinsten Goldes an den Ohren und der Nase, die sie dann bereitwillig hergaben. Der Admiral ließ allen Ehre erweisen, und er sagt, »sie sind die besten Menschen von der Welt und überaus sanft; und vor allem setze ich große Hoffnung auf unseren Herrn und Heiland, daß Eure Hoheiten sie alle zu Christen machen werden, und alle werden Eure Untertanen sein, denn für die Euren halte ich sie«. Er sah auch, daß der König am Strand war und daß alle ihm Hochachtung erwiesen. Der Admiral sandte ihm ein Geschenk, und er sagt, jener habe es mit großer Würde entgegengenommen; er sei ein junger Mann von höchstens einundzwanzig Jahren gewesen, der einen alten Hofmeister und andere Ratgeber bei sich hatte, die ihn berieten und ihm antworteten; er selbst habe sehr wenig gesprochen. Einer der Indios, die der Admiral auf dem Schiff mitführte, sprach mit dem König; er sagte, die Christen kämen vom

Himmel, und der Admiral sei auf der Suche nach Gold, und er wolle nach der Insel *Baneque* fahren; und der König antwortete, das sei gut, denn auf jener Insel gäbe es viel Gold; er zeigte dem Aufseher des Admirals, der ihm das Geschenk überbracht hatte, welchen Weg er einschlagen mußte, man gelange in zwei Tagen dorthin, und wenn sie aus seinem Lande etwas brauchten, würde er es ihnen mit Freuden geben. Der König und alle andern gingen nackt, wie ihre Mütter sie geboren hatten, auch die Frauen, und sie waren nicht im geringsten verlegen deshalb, es waren die schönsten Männer und Frauen, die sie bis dahin gesehen hatten: von ziemlich heller Hautfarbe, so daß sie, wenn sie Kleider trügen und sich vor Luft und Sonne schützten, fast so weiß wären wie die Spanier, denn das Land ist ziemlich kalt und so gut, daß man es kaum beschreiben kann: Es liegt sehr hoch, aber selbst auf dem höchsten Berg könnte man mit Ochsen pflügen, und es besteht ganz aus Ebenen und aus Tälern. In ganz Kastilien gibt es keine Landschaft, die ihm an Schönheit und Fruchtbarkeit gleichkäme. Diese ganze Insel und ebenso die *Tortuga* sind überall bestellt wie die Gefilde von Córdoba. Sie haben darauf *Ajes* [Bataten] gesät, das sind kleine Stengel, die sie einpflanzen, und an ihrem Fuß bilden sich Wurzeln, die Mohrrüben ähneln und die sie als Brot verwenden; sie reiben und kneten sie und machen Brot daraus; dann pflanzen sie den gleichen Zweig wieder an anderer Stelle ein, und wieder bringt er vier oder fünf von jenen Wurzeln hervor, die sehr schmackhaft sind und so ähnlich schmecken wie Kastanien. Hier gab es die dicksten und besten, die er jemals gesehen hatte, denn er sagt, man fände sie auch auf Guinea. Auf dieser Insel waren sie dick wie ein Bein; und er sagt, alle Leute dort seien groß und kräftig gewesen, nicht so schwach wie die anderen, die er vorher getroffen hatte; der Umgang mit ihnen sei sehr angenehm, auch hingen sie keinem Götzendienst an. Und die Bäume, sagt er, seien so üppig, daß die Blätter nicht mehr grün aussähen, sondern schwärzlich von der Fülle des Pflanzensaftes. Wunderbar war es, die Täler und die Flüsse und das schöne Wasser zu sehen und das Land, wo Brotgetreide wachsen konnte und wo man Vieh von beliebiger Sorte züchten konnte, das sie aber gar nicht kennen; wo man Gärten anlegen und alles anpflanzen konnte, was sich der Mensch zu wünschen vermag. Danach, gegen Abend, kam der König aufs

Schiff; der Admiral erwies ihm die gebührende Ehre und ließ ihm sagen, daß er von den Königen Kastiliens, den mächtigsten Fürsten der Welt, käme. Aber weder die Indios, die der Admiral auf dem Schiff mitführte und die als Dolmetscher dienten, noch der König schenkten ihm Glauben, denn sie meinten, die Seeleute kämen vom Himmel, und die Reiche der Könige von Kastilien lägen im Himmel und nicht auf dieser Erde. Man setzte dem König ein paar kastilische Gerichte vor, er aß einen Bissen davon, aber dann gab er alles seinen Ratgebern und dem Hofmeister und den anderen, die er mitgebracht hatte.

»Eure Hoheiten können mir glauben, daß die Ländereien so zahlreich und so gut und fruchtbar sind, besonders die auf der *Isla Española*, daß man es nicht hoch genug rühmen kann, und keiner kann es glauben, wenn er es nicht mit eigenen Augen sieht. Und Eure Hoheiten mögen mir glauben, daß diese Insel und alle anderen Euch ebenso untertan sind wie Kastilien, denn hier fehlt nichts an eine feste Niederlassung und daß Ihr ihnen befehlt, was immer Ihr mögt, denn mit den Männern, die ich bei mir habe – und das sind nicht sehr viele –, würde ich alle diese Inseln ohne die geringste Gefahr durchqueren, ja, ich habe gesehen, wie drei meiner Seeleute an Land gegangen sind und wie ein ganzer Haufen Indios vor ihnen die Flucht ergriffen hat, ohne daß man ihnen etwas zuleide tun wollte. Sie tragen keine Waffen, gehen alle nackt herum und wissen gar nichts vom Waffengebrauch, ja, sie sind sogar ziemlich feige; wohl tausend von ihnen könnten drei Männern von uns nicht standhalten, und deshalb sind sie dazu geeignet, daß ihnen befohlen wird und daß man sie arbeiten, das Feld bestellen und alles andere tun läßt, was notwendig ist, daß sie Siedlungen anlegen, daß sie lernen, in Kleidern zu gehen, und daß sie unsere Sitten übernehmen.«

Montag, 17. Dezember

In der Nacht blies ein starker Wind aus Ostnordost, aber das Meer hatte keinen starken Seegang, weil es die *Isla de la Tortuga* verhindert, die der Küste vorgelagert ist und ihr Schutz bietet: So blieb er an diesem Tag dort. Er schickte die Matrosen mit Netzen zum Fischen aus. Die Indios ergötzten sich sehr an dem, was die Christen taten, und brachten ihnen Pfeile, die von den Leuten aus *Caniba* oder den Kannibalen stammten; sie sind aus Schilfrohr gemacht, und sie zeigten ihnen auch ein paar sehr lange, im Feuer gehärtete und zugespitzte Wurfspieße. Zwei Männer zeigten ihnen, daß sie tiefe Narben am Körper hatten, und gaben ihnen zu verstehen, die Kannibalen hätten ihnen Stücke vom Körper geschnitten und sie verzehrt: Aber der Admiral glaubte es nicht. Er schickte wieder mehrere Christen zur Siedlung, und diese handelten im Austausch gegen Glasperlchen ein paar Goldstücke ein, die zu feinen Plättchen verarbeitet waren. Bei einem, den der Admiral für den Gouverneur der Provinz hielt und den die Indios *Kazike* nannten, sahen sie ein solches Goldplättchen von der Größe einer Handfläche, und es schien, als wolle er es eintauschen; er ging in sein Haus, während die anderen auf dem Platz zurückblieben; dort ließ er das Plättchen in kleine Stücke zerschlagen, dann brachte er immer ein Stückchen und tauschte es ein. Als er nichts mehr hatte, gab er durch Zeichen zu verstehen, daß er nach weiterem Gold geschickt habe, und man werde es anderntags herbringen. Alle diese Vorgänge, ihre Art und Weise, ihre Sitten, ihr sanftes Gemüt und ihr Einfallsreichtum bewiesen, daß sie aufgeweckter und verständiger sind als andere, denen er bis hierher begegnet ist, sagt der Admiral.

Dienstag, 18. Dezember

An diesem Tag blieb er am Strand vor Anker liegen, weil es windstill war und auch, weil der Kazike gesagt hatte, er lasse Gold herbeischaffen; nicht etwa (sagt der Admiral), daß ihm so viel an dem Gold gelegen hätte, das jener herbeischaffen konnte, denn es gab dort keine Gruben, doch gedachte er genauer herauszufinden, woher sie es holten. Als es Tag wurde, befahl er, das Schiff und die Karavelle festlich mit Waffen und Fahnen zu schmücken, denn es war der Tag der Heiligen Maria vom O, also das Fest zum Gedächtnis von Mariä Verkündigung: Es wurden viele Lombardenschüsse abgefeuert, und der König der *Isla Española* (so sagt der Admiral) war früh von seinem Haus aufgebrochen, das seiner

Schätzung nach fünf Meilen entfernt sein mußte, um neun Uhr vormittags kam er im Dorf an, wo sich schon mehrere Männer vom Schiff aufhielten, die der Admiral hingeschickt hatte, damit sie sähen, ob Gold gebracht würde; die Seeleute erzählten, mit dem König seien mehr als zweihundert Indios gekommen, vier Männer hätten ihn in einer Sänfte getragen, und er war, wie schon oben erwähnt wurde, ein junger Mann; jetzt, als der Admiral beim Essen im Hinterkastell saß, kam er mit allen seinen Leuten aufs Schiff. Und der Admiral sagt zu den Königen: »Zweifellos hätten Eure Hoheiten an seinem würdigen Auftreten und an der Ehrfurcht, die ihm alle erwiesen, Wohlgefallen gefunden, wenn sie auch alle nackt sind. Als er also aufs Schiff kam, erfuhr er, daß ich im Hinterkastell am Tisch saß und speiste; mit würdevollem Gang ging er auf mich zu, setzte sich neben mich und wollte nicht zulassen, daß ich mich vor ihm verbeugte und mich während des Essens erhöbe. Ich meinte, daß es ihm Spaß machen würde, von unseren Speisen zu kosten: Deshalb befahl ich, ihm einiges zu essen zu bringen. Als er das Kastell betrat, gab er seinen Leuten durch Zeichen zu verstehen, daß sie draußen bleiben sollten, und sie befolgten diesen Befehl mit der größten Eile und dem größten Gehorsam, den man sich vorstellen kann; sie setzten sich alle aufs Deck, außer zwei Männern reiferen Alters, die ich für seine Ratgeber und den Hofmeister hielt, diese kamen herbei und setzten sich zu seinen Füßen nieder; von den Speisen, die ich ihm vorlegte, nahm er jeweils nur so viel, wie man es tut, wenn man das Essen verkostet, und dann schickte er das übrige sofort seinen Männern, und sie aßen alle davon; ebenso machte er es mit den Getränken, die er nur mit den Lippen berührte und dann an die andern weitergab, und alles tat er mit einer wunderbaren Würde und ohne viel zu sprechen, und was er sagte, war, soweit ich es verstehen konnte, höchst vernünftig und wohlgesetzt; die anderen beiden sahen auf seinen Mund, sie sprachen für ihn und mit ihm, und das immer mit großer Ehrfurcht. Nach dem Essen brachte ein Bedienter des Königs einen Gürtel, der genauso gefertigt ist wie die kastilischen, nur daß er andere Verzierungen hat; der König nahm ihn und schenkte ihn mir, außerdem noch zwei bearbeitete Goldstücke, die sehr dünn waren; deshalb glaube ich, daß sie hier wenig Gold bekommen, wenn ich auch der Ansicht bin, daß die Gegend, wo man es findet und wo es viel davon gibt, in unmittelbarer Nähe ist. Ich sah, daß eine Tapetenleinwand, die über meinem Bett hing, sein Wohlgefallen erregte; ich schenkte sie ihm und gab ihm ferner eine Kette mit sehr schönen Bernsteinkugeln, die ich am Hals trug, rote Schuhe und ein Sprengfläschchen mit Orangenblütenwasser; er freute sich über diese Dinge so sehr, daß es ein Wunder war; er und sein Hofmeister und die Ratgeber waren tief betrübt, weil sie mich nicht verstanden und ich sie auch nicht. Trotzdem begriff ich, daß er mir sagte, wenn ich von hier irgend etwas brauchte, so stünde die ganze Insel zu meiner Verfügung. Ich ließ eine Kette von mir holen, ich habe daran als Erkennungszeichen einen Goldexzellenten, auf dem das Bildnis Eurer Hoheiten eingraviert ist; das zeigte ich ihm und sagte ihm wiederum, wie ich schon gestern getan hatte, daß Eure Hoheiten den größten und besten Teil von der Welt regierten und beherrschten und daß es keine mächtigeren Fürsten gäbe; ich zeigte ihm die königliche Flagge und die andere mit dem Kreuz, die ihm sehr gefielen; welch mächtige Herrscher müßten Eure Hoheiten sein, sagte er zu seinen Ratgebern, daß sie mich von so weit her und vom Himmel ohne Furcht zu ihnen geschickt hätten; und er sagte noch vieles andere, was ich nicht verstand, abgesehen davon, daß er sich, wie ich wohl merkte, über alles das höchlichst verwunderte.« Als es Abend wurde und er gehen wollte, verabschiedete ihn der Admiral unter allen Ehrenbezeigungen und ließ ihn mit dem Boot zurückbringen; er ließ zahlreiche Lombardenschüsse abfeuern, und als er das Land erreichte, stieg er in seine Sänfte und entfernte sich mit seinen mehr als zweihundert Begleitern; seinen Sohn trug ein Indio, ein sehr ehrenhafter Mann, auf den Schultern hinterdrein. Allen Seeleuten und der ganzen Schiffsbesatzung ließ er, wo immer er sie antraf, stets zu essen geben und ihnen große Ehre erweisen. Ein Matrose sagte, er sei ihm auf dem Weg begegnet und habe bei ihm alle Dinge gesehen, die ihm der Admiral geschenkt hatte; jeder Gegenstand wurde von je einem Mann vor dem König einhergetragen, offensichtlich taten dies die vornehmsten Männer des Königs. Erst ein ganzes Stück hinter ihm kam sein Sohn, der ebensoviel Leute zur Begleitung hatte wie er selbst, und dann ein Bruder des Königs, nur daß der Bruder zu Fuß ging und von zwei vornehmen Männern am Arm geführt wurde. Dieser war nach dem König aufs

Schiff gekommen, und der Admiral gab ihm ein paar von den erwähnten Tauschgegenständen; bei dieser Gelegenheit erfuhr er, daß sie den König in ihrer Sprache *Kazike* nennen. Der Admiral sagt, er habe an diesem Tag nur wenig Gold eingetauscht; aber von einem alten Mann hörte er, daß es in der Nachbarschaft viele Inseln gäbe, soweit er verstehen konnte, hundert Meilen und weiter entfernt, auf denen sehr viel Gold gefunden werde und auch auf anderen; ja, er sprach sogar davon, daß eine der Inseln ganz aus Gold sei, und auf den anderen gäbe es Gold in solchen Mengen, daß es geradezu mit Sieben eingesammelt werde, worauf es geschmolzen und zu Stangen und unzähligen Schmuckgegenständen verarbeitet werde. Die Indios erläutern die Fertigungsweise durch Zeichensprache. Der gleiche Alte erklärte dem Admiral durch Zeichen den einzuschlagenden Kurs und die Meeresgegend, wo es sich befand: Der Admiral entschloß sich, dorthin zu fahren, und er sagte, wenn der Alte nicht so ein bedeutender Würdenträger des Königs gewesen sei, hätte er ihn zurückgehalten und mitgenommen, oder er hätte ihn, wenn er seine Sprache gekannt hätte, darum gebeten; und er glaubte, der Alte wäre sehr gern mit ihm gefahren, da er sich gut mit ihm und den Seeleuten verstand; aber weil er diese Menschen schon als Untertanen der Könige von Kastilien betrachtete und es nicht recht schien, ihnen einen Schimpf anzutun, beschloß er, ihn gehen zu lassen. Er ließ ein gewaltiges Kreuz mitten auf dem Platz des Dorfes aufstellen, und die Indios halfen ihm eifrig; wie er berichtet, sie sprachen Gebete dabei und verehrten das Kreuz, und dies nahm er zum Zeichen, daß alle diese Inseln mit Gottes Hilfe zum Christentum bekehrt werden sollen.

7 Rückkehr des Kolumbus nach Spanien und Vorbereitung der nächsten Reise nach »Westindien« (1493)

Kolumbus gab sich mit den Beweisen zufrieden, welche die Entdeckung eines neuen Landes und der bis dahin unbekannten Erdhälfte bezeugten. Deshalb beschloß er zurückzukehren, da die für die Heimfahrt günstigen Westwinde wehten und bei uns der Frühling nah war. Achtunddreißig Männer ließ er bei jenem Häuptling zurück, den wir oben erwähnten. Sie sollten die Gegend und das Klima erkunden, bis er selbst wiederkäme. Der Häuptling hieß bei den Eingeborenen Guaccanarillo. Mit ihm schloß Kolumbus einen Freundschaftsvertrag über das Leben, den Schutz und die Sicherheit jener Matrosen, die auf der Insel blieben. Man sah, wie der Häuptling, gerührt von Mitgefühl um jene Spanier, die im fremden Lande zurückgelassen wurden, Tränen vergoß und ihnen jede Hilfe versprach. Nachdem die beiden Führer einander umarmt hatten, befahl Kolumbus, die Segel zur Heimfahrt zu setzen. Zehn Eingeborene nahm er mit, von denen die Sprache aller jener Inseln aufgeschrieben werden sollte, was – wie er festgestellt hatte – in lateinischen Buchstaben ohne Schwierigkeit möglich war. Sie nennen nämlich den Himmel »tureí«, das Haus »bóa«, das Gold »caúni«, einen guten Mann »tayno«, nichts »mayáni«. Und auch die übrigen Wörter sprechen sie ebenso deutlich aus wie wir die lateinischen.

Hiermit weißt Du alles, was ich von des Kolumbus erster Reise der Erzählung wert erachte. Der König und die Königin wurden von dem Bericht des Entdeckers stark beeindruckt; denn ihre ganzen Gedanken sind Tag und Nacht auf die Ausbreitung unserer Religion gerichtet und von der Hoffnung erfüllt, daß so viele Völker und unverdorbene Menschen leicht zur Lehre Christi bekehrt werden können. Die Herrscher behandelten Kolumbus bei seiner Ankunft so ehrenvoll, wie er es für sein wagemutiges Unternehmen verdiente. In aller Öffentlichkeit ließen sie ihn neben sich Platz nehmen, was bei den spanischen Königen der besondere Ausdruck höchster Liebe, Dankbarkeit und Geneigtheit ist. Sie ernannten Kolumbus zum Befehlshaber zur See. Bei den Spaniern wird dieser Rang »Admiral« genannt. Seinen Bruder Bartolome, der auch ein erfahrener Seemann ist, zeichneten sie mit der Statthalterschaft über die Insel Española aus; diese Stellung heißt spanisch »Adelantad«. (Die Titel Admiral und Adelantad sowie die heutigen Bezeichnungen von Schiffen und anderen derartigen Dingen werde ich absichtlich in der volkstümlichen Ausdrucksweise verwenden, damit ich besser verstanden werde.) Kommen wir jetzt wieder zum Thema zurück!

Es herrschte in Spanien damals die Meinung, wie sie Kolumbus, nunmehr zum Admiral ernannt, anfangs selbst voller Hoffnung vertrat, man könne aus jenen Inseln großen Nutzen ziehen an solchen Dingen, nach deren Erwerb die Menschen mit ganzen Kräften trachten. Aus diesen Gründen befahlen die beiden erhabenen Könige, siebzehn Fahrzeuge für die nächste Fahrt zu rüsten: drei große Frachtschiffe mit Mastkorb, zwölf Schiffe der Art, welche die Spanier – wie oben gesagt – Karavellen nennen ohne Mastkorb, und zwei etwas größere Schiffe derselben Art, die aber wegen der Stärke ihrer Masten auch einen Ausguck tragen können. Die Verantwortung für die Ausrüstung dieser Flotte übertrugen sie dem Juan Fonseca, einem klugen und energischen Mann aus dem Adel, der Dekan von Sevilla war. Über eintausendzweihundert Soldaten warb man für die Fahrt an, darunter viele, die als Handwerker und Techniker ausgebildet waren; diese Männer ergänzte man noch durch einige Berittene. Zur Aufzucht von Vieh ließ der Admiral auch Stuten, Mutterschafe und Kühe mit den männlichen Tieren derselben Art auf die Schiffe bringen. Er besorgte Gemüse, Weizen, Gerste und ähnliche Pflanzen, nicht allein zur Ernährung, sondern auch zum Aussäen. Ferner nahmen die Spanier Weinreben und Schößlinge heimischer Bäume mit, die jenes Land nicht besitzt. Sie hatten nämlich auf den Inseln nur fremdartige Bäume angetroffen, abgesehen von Nadelhölzern und Palmen; diese allerdings wuchsen dort wegen des guten Bodens sehr hoch und gerade; ihr Holz besaß eine wunderbare Härte. Dazu gab es manche andere Pflanzen, die unbekannte Früchte trugen. Man versichert, jenes Land sei von allen, über welchen die Sterne kreisen, das fruchtbarste.
Kolumbus befahl jedem Handwerker, alle Werkzeuge seines Berufs und all die Dinge mitzunehmen, die zur Gründung einer

Niederlassung im fremden Land nötig sind. An dieser Fahrt beteiligten sich aus freien Stücken auch mehrere dem König treu ergebene Höflinge, entweder aus Neugier oder wegen der glaubwürdigen Berichte des Admirals. Am 25. September im Jahre des Heils 1493 stach Kolumbus bei günstigem Wind von Cadiz aus in See. Die Kanaren erreichte man am 1. Oktober. Die letzte dieser Inseln heißt bei den Spaniern Hiero; auf ihr findet man kein anderes Trinkwasser außer dem Naß, das von einem einzigen Baum auf der höchsten Erhebung der Insel ständig herabtropft und in eine von Menschenhand geschaffene Zisterne fließt. Von dieser Insel aus fuhr der Admiral am 13. Oktober aufs hohe Meer.

Die Nachricht wurde uns wenige Tage nach seiner Abfahrt von Hiero gemeldet. Von den weiteren Ereignissen wirst Du später hören. Lebe wohl! Vom spanischen Hof am 13. November 1493.

8 Übergriffe der Spanier und Widerstand der »Indios« gegen die geplante spanische Siedlung auf Española (1494)

Kurz will ich aber noch berichten, was Kolumbus vor seiner Abreise nach Spanien unternahm. Die Häuptlinge der Insel, die bis dahin genügsam, ruhig und friedlich gelebt hatten, wurden erbost, als sie sahen, wie die Spanier auf ihrem heimatlichen Boden Fuß zu fassen begannen. Sie wünschten nichts sehnlicher, als die Fremden ganz herauszudrängen, sie völlig zu vernichten und jede Erinnerung an ihre Anwesenheit zu tilgen. Denn das Schiffsvolk, das den Admiral auf seiner zweiten Reise begleitet hatte, war zum größten Teil undiszipliniert, unstet und rücksichtslos; es beanspruchte jede denkbare Freiheit und verübte jede mögliche Gewalttat. So raubten und schändeten sie vor den Augen der Eltern, Brüder und Männer die Frauen, gingen auf Diebstahl aus und versetzten so die Einwohner in größte Unruhe. Deshalb hatten die Indios an verschiedenen Stellen einzelne Spanier, die sie überraschen konnten, gewaltsam getötet und sie gleichsam als Opfer ihren Göttern dargebracht. Kolumbus hielt es für richtig, vor seiner Abreise die erregten Einwohner zu beruhigen und die unter ihnen, welche an Spanier Hand angelegt hatten, zu bestrafen. Deshalb ließ er den Häuptling jenes Tales, das am Fuß der Berge von Cibao liegt – wie wir im vorigen Kapitel schrieben –, zu einer Unterredung zu sich kommen. Er hieß Guarionex. Dieser hatte beschlossen, dem Diego Kolumbus, der seit seiner Jugend vom Admiral erzogen worden war und ihm als Dolmetscher bei der Kuba-Fahrt gedient hatte, seine Schwester zur Frau zu geben. Damit wollte er die besondere Freundschaft des Admirals gewinnen. Kolumbus schickte ferner zu Caunaboa, dem Gebieter der Berge von Cibao, d. h. des Goldlandes, einen Offizier namens Hojeda als Unterhändler. Die Untertanen des Caunaboa hatten kürzlich Hojeda mit fünfzig Bewaffneten in der Burg von San Tomas dreißig Tage eingeschlossen und die Belagerung nicht eher aufgegeben, als bis sie hörten, der Admiral sei selbst mit einer großen Abteilung im Anzug. Während Hojeda sich weiterhin im Gebiet Caunaboas aufhielt, kamen von verschiedenen Häuptlingen Boten zu Caunaboa, die ihn zu überreden versuchten, er solle die Ansiedlung der Christen auf der Insel nicht länger hinnehmen – es sei denn, er wolle lieber Knecht als Herr sein. Wenn man nämlich die Christen nicht bis zum letzten Mann vertilge, würden bald alle Inselbewohner deren Sklaven sein. Andrerseits legte Hojeda dem Caunaboa nahe, er solle seinerseits zum Admiral gehen und mit ihm ein Freundschaftsbündnis schließen. Die Boten der anderen Häuptlinge sicherten dem Caunaboa ihre volle Unterstützung für den Plan zu, die Insel wieder in den Besitz der Eingeborenen zu bringen. Hojeda dagegen drohte ihm mit Tod und Vernichtung für den Fall, daß er den Krieg gegen die Christen dem Frieden vorziehe. Caunaboa also sah sich von der einen und der anderen Partei bedrängt wie ein Fels im Meer, der von verschiedenen Seiten von den Fluten umbrandet wird. Außerdem hatte er ein schlechtes Gewissen, weil er zwanzig Spanier, die unvorsichtig vorgegangen waren, hinterhältigerweise getötet hatte. Obwohl er offenbar den Frieden vorzog, hatte er wegen dieses Vorfalls Angst, den Admiral aufzusuchen.

Schließlich plante er eine List, um unter Vorspiegelung friedlicher Absichten den Admiral und die übrigen Spanier zu vernichten, wenn sich die Gelegenheit dazu biete. Er brach jedenfalls mit seiner ganzen Familie und mehreren Anhängern, die nach Landessitte bewaffnet waren, zu dem Admiral auf. Auf die Frage, warum er eine solche Menge Menschen mit sich nehme, antwortete er, ein so mächtiger Gebieter wie er dürfe nicht ohne Begleitung reisen und sein Land verlassen. Aber es kam ganz anders, als er es geplant hatte. Er geriet selbst in das Netz, in das er andere hatte locken wollen. Schon auf dem Marsch bereute er den falschen Entschluß, sein Gebiet verlassen zu haben. Aber Hojeda brachte es durch Schmeichelreden und Versprechungen fertig, den Häuptling zum Admiral zu führen; hier wurde er festgesetzt und in Fesseln gelegt. So blieben jene Spanier, die ihr Leben verloren hatten, nicht lange ungerächt.

Nachdem Caunaboa mit seiner ganzen Familie in Haft genommen war, beschloß der Admiral, eine Besichtigungsreise über die Insel zu unternehmen. Denn es war ihm gemeldet worden, die Bewohner litten an einer solchen Hungersnot, daß schon mehr als 50000 Menschen zu Tode gekommen seien und Tag für Tag allenthalben weitere Eingeborene wie kranke Tiere einer Herde vor Schwäche umfielen. Es ist bekannt, daß an diesem Mißgeschick die eigene Halsstarrigkeit der Bewohner Españolas schuld war. Als sie nämlich sahen, wie die Spanier auf der Insel seßhaft wurden, glaubten sie, jene durch den Mangel an heimischen Lebensmitteln von dort vertreiben zu können. Sie beschlossen nicht nur, nichts mehr zu säen und anzupflanzen, sondern sie begannen – jeder Stamm in seinem Gebiet – die gepflanzten Brotfrüchte beider Arten, über die wir im ersten Buch sprachen, auszureißen und zu vernichten. Das machten sie besonders arg in den Bergländern von Cibao oder Cipango, da sie erkannten, daß vor allem der Goldreichtum dieser Gebiete die Spanier auf der Insel festhalte. Daraufhin schickte Kolumbus einen Offizier mit einem Trupp Bewaffneter aus, um die Zustände auf der Südseite der Insel zu erkunden. Der berichtete dann, alle Gebiete, die er durchzogen hatte, litten so sehr unter Mangel an Brot, daß seine Leute in der Zeit von sechzehn Tagen nichts anderes zu essen gefunden hätten als Wurzeln von Gräsern und Palmen oder Früchte von Bäumen, die in den Gebirgen wachsen. Nur Guarionex, dessen Gebiet nicht in gleicher Weise wie die übrigen unter dem Hunger litt, stellte den Spaniern einige Lebensmittel zur Verfügung.

Wenige Tage danach veranlaßte Kolumbus, daß auf dem Wege,

der von der Stadt Isabela zur Festung San Tomas führte, innerhalb der Grenzen von Cibao im Machtbereich des Guarionex eine weitere Festung erbaut wurde, die er Concepcion nannte. Sie lag auf einem Hügel, der bekannt war durch das klare Wasser, das dort entspringt. Der Admiral wollte damit erreichen, daß die Marschstrecke von Station zu Station kürzer wurde und die Spanier mehr Zufluchtsorte hätten, wenn einmal die Eingeborenen sich erheben sollten. Als die Insulaner sahen, wie sich täglich neue Zwingburgen in ihrem Land erhoben und wie die Spanier sich nicht mehr um ihre Schiffe im Hafen kümmerten und sie verkommen ließen, begannen sie jede Hoffnung auf Befreiung aufzugeben. Traurig fragten sie sich, ob die Christen jemals von den Inseln weggehen würden.

Als einmal einige Spanier von der Burg Concepcion aus das Innere der Berge von Cibao durchstreiften, kamen sie in den Besitz eines rohen Brockens Gold, der wie ein natürlicher Kiesel gewölbt und größer war als eine Faust; er wog zwanzig Unzen. Der Fund war von einem Häuptling nicht am Ufer eines Flusses, sondern im trockenen Hügelland gemacht worden. Diesen Goldklumpen habe ich selbst in der Handelsstadt Medina del Campo in Altkastilien gesehen, wo zu der Zeit der Hof den Winter verbrachte, habe ihn staunend in die Hand genommen, gewogen und abgetastet. Ebenda sah ich auch einen Brocken von reinem Zinn, woraus Glocken, Mörser für die Apotheker und ähnliche Geräte wie aus Kupfer gegossen werden können. Dieser Brocken hatte ein so großes Gewicht, daß ich ihn mit beiden Händen weder vom Boden aufheben noch nach rechts oder links bewegen konnte. Man sagte mir, er wiege mehr als dreihundert Pfund, das Pfund zu je acht Unzen gerechnet. Man hatte ihn in der Halle eines Häuptlings als Erbstück aus alter Zeit gefunden. Obwohl dieses Metall nicht mehr zu Lebzeiten der jetzigen Insulaner abgebaut wird, wußten diese doch noch, wo die Fundstelle lag. Aber sie waren schon so von Unwillen gegen die Spanier erfüllt, daß man ihnen die Angabe des Platzes nur mühsam abnötigen konnte. Schließlich zeigten sie die Erzgrube, aber sie war zerstört und durch nachgerutschte Steine und Erdmassen verschüttet. Dennoch könnte hier Zinn leichter wieder gewonnen werden als anderswo in Gruben Eisen. Wenn geeignete Techniker und Bergleute zu der Erzader geschickt würden, könnte diese, wie man glaubt, ohne Schwierigkeit wieder ausgebeutet werden. In denselben Bergen, nicht weit von der erwähnten Festung Concepcion, fanden die Spanier beträchtliche Mengen Harz, anderswo entdeckten sie in Höhlen von der Decke herabtropfend einen wertvollen grau-grünen Farbstoff, den die Maler gebrauchen. Als sie die Forsten durchstreiften, stießen sie auf weite Wälder, die nur Bäume aus rotem Holz enthielten, das die italienischen Kaufleute »Verzino«, die spanischen »Brasil« nennen.

Hier, erhabener Fürst, werden Dir über den Ertrag der Kolonie vielleicht Zweifel kommen, und Du wirst Dir selbst die Frage stellen: »Weshalb konnten die Spanier, die beispielsweise ganze Frachtschiffe mit rotem Holz, etwas Gold, ein wenig Baumwolle, etwas Baumharz und einigen Spezereien heimsandten, nicht auch Gold und andere Waren in so großen Mengen nach Europa exportieren, wie jenes Land sie anzubieten scheint?« Darauf werde ich Dir die Antwort erteilen, die mir die Entdecker gaben. Der Admiral Kolumbus selbst erwiderte auf meine gleiche Frage: Die Spanier, die er mit sich führte, seien mehr auf Müßiggang und Nichtstun bedacht gewesen als auf Arbeiten, hätten mehr an Aufstand und Unruhen gedacht als an Frieden und ruhiges Wirken. Der größere Teil der Leute habe ihn im Stich gelassen. Außerdem, so erzählte er, habe er keine unbestrittene Herrschaft über die Insel ausüben können, bevor nicht die Eingeborenen besiegt, unterworfen und ihre Widerstandskräfte gebrochen worden seien. Andere Spanier gaben an, sie hätten die strengen und ungerechten Befehle des Admirals nicht ertragen können; dazu brachten sie noch viele andere Beschuldigungen gegen ihn vor. Wegen dieser Schwierigkeiten, so wollte man wissen, deckten die Erträge aus Española bisher kaum die Ausgaben. Im laufenden Jahr 1501 jedoch, in dem ich dies auf Dein Geheiß niederschreibe, hat das spanische Mutterland innerhalb von zwei Monaten mehr als eintausenzweihundert Pfund (das Pfund zu je acht Unzen gerechnet) an Gold von dort erhalten. Aber wir wollen zu meiner Aufgabe zurückkehren. Das, was ich eben nur nebenbei berührt habe, werde ich an geeigneter Stelle eingehender erklären.

Als der Admiral sah, daß die Einwohner voller Angst und Miß-
stimmung waren, und da er die Spanier nicht von Gewalttätigkei-
ten und Räubereien zurückhalten konnte, wenn sie mit jenen in
Berührung kamen, berief er einige Häuptlinge der benachbarten
Gebiete zur Beratung zusammen. Man traf die Übereinkunft, der
Admiral solle seine Leute in Zukunft davon abhalten, zügellos
durch die Insel zu streifen. Unter dem Vorwand nämlich, Gold
und andere einheimische Produkte zu suchen, ließen solche Spanier bislang nichts unberührt und unbeschädigt. Die Einwohner
ihrerseits versprachen, jeder einzelne von ihnen vom 14. bis zum
70. Lebensjahr werde von den Erträgnissen des Landes die Abgaben leisten, die Kolumbus wünsche, und sie würden seine Verordnungen beachten. So lautete der Vertrag: »Die Einwohner der
Gebirgslandschaft Cibao sollen alle drei Monate – sie nennen die
Monate nach dem Mond ›Monde‹ – ein festgelegtes Maß an Gold
in der Hauptstadt abliefern. Die übrigen Eingeborenen, die Land
bebauen, auf dem Gewürze und Baumwolle wachsen, sollen davon je Kopf eine bestimmte Menge abgeben.« Dieser Vertrag
wurde vereinbart. Es wäre auch erreicht worden, daß jede Seite
ihre Zusicherung hielt, wenn nicht die schreckliche Hungersnot
dies alles zunichte gemacht hätte. Denn Menschen, die lange Zeit
nur mit Wurzeln und Früchten der Bäume als Nahrung hatten auskommen müssen, besaßen kaum genug Kräfte, weiterhin ihren
Lebensunterhalt in den Waldgebieten zu suchen. Manche Häuptlinge und ihre Untertanen brachten trotz der großen Not einen
Teil der versprochenen Abgaben und baten den Admiral kniefäl-
lig, er möge sich ihres Elends erbarmen und Nachsicht üben, bis
die Insel ihre alte Blüte wiedergewonnen habe; dann würden sie
das, was jetzt fehle, doppelt nachliefern. Von den Bewohnern von
Cibao aber hielten nur wenige das Abkommen ein; sie litten nämlich stärker unter der Hungersnot als die anderen. Die Einwohner
dieser Landschaft unterscheiden sich in Sitten und Sprache
ebensosehr von den Bewohnern des Flachlandes, wie in anderen
Gebieten die Bergbewohner von den feinen Höflingen verschieden sind. Denn obwohl alle Eingeborenen gleicherweise in roher,
einfältiger und bäurischer Art leben, besteht doch ein erheblicher
Unterschied zwischen den Bewohnern der einzelnen Landschaften.

Wenden wir uns wieder dem gefangenen Caunaboa zu. Als er sich festgenommen sah, überlegte er Tag und Nacht, vor Ingrimm mit den Zähnen knirschend wie ein afrikanischer Löwe, wie er sich aus seiner Lage befreien könne. Er riet deshalb dem Admiral, in das Gebiet von Cipango, das ja in spanischer Gewalt sei, eine christliche Besatzung zu schicken, die das Land vor den Einfällen seiner alten Feinde in der Nachbarschaft beschützen solle. Ihm sei nämlich gemeldet worden, gab er an, daß täglich Räuber das Gebiet heimsuchten und das Eigentum seiner Untertanen als Beute fortschleppten. Diesen Vorschlag hatte er sich als List ausgedacht. Er hoffte nämlich, sein Bruder, der noch im Land weilte, werde im Bunde mit den übrigen Verwandten durch Gewalt oder Hinterhalt so viele Angehörige der spanischen Besatzung gefangennehmen, wie als Lösesumme für seinen Freikauf ausreichten. Der Admiral aber durchschaute den Betrug und schickte Hojeda mit einer stärkeren Abteilung Bewaffneter dorthin, um die Bewohner von Cibao niederzuhalten, wenn sie zu den Waffen greifen sollten. Kaum waren die Spanier in das Gebiet gekommen, als der Bruder des Caunaboa ungefähr fünftausend Mann, die nach Landessitte ausgerüstet waren, zu den Waffen rief. (Sie führen ihre Fehden unbekleidet, allein mit Pfeilen ohne Eisenspitze, mit Speeren und Keulen bewaffnet.) Der Bruder Caunaboas schloß Hojeda mit seinen Leuten in einem festen Platz ein und belagerte sie. Als kriegserfahrener Mann teilte der Führer der Ciboaner, zweihundert Meter vom Feinde entfernt, sein Heer in fünf Gruppen. Jeder Kolonne wies er ihren Platz im gleichen Abstand von der nächsten an und bildete eine kreisförmige Einschließung der Festung. Seine eigene Abteilung stellte er gerade vor die Front der Spanier. Als er alles genau angeordnet hatte, gab er von seiner Gruppe aus allen den Befehl, sich gleichzeitig in Bewegung zu setzen, langsam vorzurücken, mit lautem Geschrei überall den Kampf zu beginnen und sich auf die Spanier zu stürzen. Allen Kolonnen hatte er den Befehl hinterlassen, daß keiner von den Eingekesselten entkommen dürfe. Aber die Spanier hielten es für richtiger, ihrerseits den Kampf gegen nur eine Kolonne zu eröffnen, als den allgemeinen Angriff abzuwarten. So stürzten sie sich auf die größte Abteilung, die über offenes Gelände heranrückte; denn dieser Kampfabschnitt war für eine Kavallerieschlacht günstiger. Die spanischen

Reiter galoppierten also gegen diese Angreifer vor und ritten sie mit ihren Pferden nieder. Leicht wurden die Wilden zurückgeschlagen; wer stehenblieb, wurde niedergetrampelt. Die übrigen wandten sich von Furcht erfüllt zur Flucht, verließen ihre Hütten und zogen sich in die unzugänglichen Berge zurück. Nach dieser Niederlage baten die Männer von Cibao um Verzeihung und erklärten sich bereit, jede Anordnung gerne auszuführen, wenn man sie bei ihren Angehörigen wohnen lasse. Als man den Bruder des Caunaboa endlich gefaßt hatte, ließ man die übrigen Stammesangehörigen in ihre Hütten zurückkehren.

Nach diesem Ereignis war jene Gegend befriedet. Innerhalb der Gebirgslandschaft von Cibao, in der Caunaboa zu Hause war, liegt ein Tal, das Magona heißt. Es ist reich an goldführenden Flüssen und Bächen sowie in besonderem Maße fruchtbar.

9 Der Beginn der Versklavung der »Indios« auf den Inseln (1494/1510)

Für die Arbeit des Goldschürfers gilt folgende Ordnung. Jedem fleißigen und angesehenen Spanier werden ein oder mehrere Kaziken – du weißt, das sind Häuptlinge – mit ihren Untertanen zugewiesen. Vertragsgemäß hat der Kazike zu gewissen Jahreszeiten mit einer Kolonne Eingeborener zur Goldmine des Besitzers zu kommen, dem er zugeteilt ist. Dort werden die Werkzeuge zum Graben ausgeteilt. Ein bestimmter Arbeitslohn ist für den Kaziken und die Eingeborenen zu ihrem Unterhalt festgesetzt. Wenn sie von den Goldminen zur Feldarbeit zurückkehren, die sie zur entsprechenden Jahreszeit betreiben müssen, um einer Hungersnot vorzubeugen, empfangen sie ihr Entgelt: Der eine ein Hemd, der andere ein Untergewand, der dritte einen Mantel oder einen Hut. Denn an den Sachen haben sie ihre Freude, und sie gehen auch nicht mehr nackt einher. So beschäftigen die Spanier die Eingeborenen ähnlich wie Hörige mit Goldgewinnung und Feldbestellung. Diese eingeborenen Lohnarbeiter ertragen das Joch zwar ungern, aber sie nehmen es hin; man hat ihnen die Bezeichnung »anaborias« gegeben. Der König wünscht jedoch nicht, daß diese Indios als Sklaven gelten. Nach seinem Willen werden sie nur auf

Frist zugeteilt und dann wieder freigestellt. In der Jahreszeit, in der die Eingeborenen von ihren Häuptlingen, den Kaziken, – ähnlich wie Soldaten oder Troßknechte von ihren Hauptleuten – zur Arbeit einberufen werden, entlaufen viele in die Wälder und Berge, wenn sie die Gelegenheit dazu finden. Dort verstecken sie sich und geben sich mit den Früchten des Waldes als Nahrung zufrieden, um nicht die Zwangsarbeit ausführen zu müssen.

Die Einwohner Españolas sind gelehrig: sie haben ihre alten Riten schon ganz vergessen, bekennen sich mit Frömmigkeit zur Lehre Christi und sprechen nach, was ihnen von unserem Glauben beigebracht wird. Die angesehensten der spanischen Siedler erziehen in ihren Häusern Söhne der Häuptlinge. Die Kinder fassen leicht einfache Lehren auf und nehmen schnell feinere Sitten an. Wenn sie älter geworden sind, besonders nach dem Tod ihrer Väter, schickt man sie zu ihren Familien zurück, damit sie über ihre Stammesgenossen herrschen. Diese spanisch erzogenen Söhne der Häuptlinge sind im Glauben an Christus schon gefestigt und beweisen sowohl ihre Liebe zu den Spaniern wie zu ihren eigenen Untertanen. Mit sanfter Überredung gelingt es ihnen, ihre Stammesgenossen gutgelaunt zur Arbeit in die Goldminen zu führen.

Die Goldminen befinden sich in zwei Gebieten der Insel: die einen ungefähr dreißig Meilen von der Stadt San Domingo entfernt in San Christobal; die anderen etwa neunzig Meilen von dort in der Landschaft Cibao; hier liegt Puerto Real. Die Minendistrikte haben eine große Ausdehnung. Gold wird allenthalben an der Erdoberfläche und auch im Felsgestein gefunden. Es bildet Brocken oder Plättchen, manchmal von kleinerem, an verschiedenen Stellen aber auch von größerem Gewicht bis zu Klumpen von dreihundert Münzpfund und mehr. Einmal wurde ein Brocken Gold gefunden, der dreihundertzehn Münzpfund wog. Dieser sollte, wie du schon hörtest, unzerschlagen zu den spanischen Königen gebracht werden in dem Schiff, mit dem der Gouverneur Bobadilla nach Spanien zurückkehren wollte. Wegen der großen Belastung mit Menschen und Gold sank es aber mitsamt der ganzen Mannschaft. Jenen Klumpen haben mehr als tausend Menschen gesehen und angefaßt. Die Bezeichnung Münzpfund, die von mir gebraucht wurde, bedeutet nicht ein gewöhnliches Pfund, sondern

Münzpfund entspricht dem Wert von eineindrittel Dukaten. Die Goldgräber nennen dieses Gewicht einen Peso, die Spanier gewöhnlich einen Kastellano. Alles Gold, das man in den Bergen von Cibao und Puerto Real schürft, wird nach der Stadt Concepcion gebracht. In den dort bestehenden Münzstätten wird es abgeliefert und zu Barren umgeschmolzen. Man behält hier die Steuer für den König ein, die ein Fünftel beträgt, und zahlt jedem Spanier den Anteil aus, der ihm für seine Arbeit zusteht. Das Gold, das in der Gegend von San Christobal gewonnen wird, kommt in die Münzstätte von Buenaventura. Über dreihunderttausend Münzpfund werden jährlich in diesen zwei Münzstätten eingeschmolzen. Wenn jemand Gold zu unterschlagen versucht, indem er es zurückhält und den königlichen Behörden nicht angibt, dann wird ihm, falls er gefaßt wird, nach dem Gesetz alles abgenommen, was man bei ihm findet.

II. Mittelamerika

1 Die Perspektive der Spanier

10 Verlockende Nachrichten von der Terra Firma: Kolumbus und der Goldreichtum von Veragua (1503)

Als ich die indischen Lande entdeckte, sagte ich, sie seien das reichste Gebiet, das es in der Welt gibt. Ich sagte, daß dort Gold, Perlen, Edelsteine, Gewürze zu finden seien, daß es Handel und Märkte gebe. Doch weil alles nicht so schnell zum Vorschein kam, erfand man Verleumdungen gegen mich. Diese schlechte Behandlung zwingt mich jetzt zur Vorsicht, und ich sage nur das, was ich von den Einwohnern des Landes erfuhr. Eines allerdings wage ich bestimmt zu sagen, denn darüber gibt es viele Zeugen, und das ist, daß ich in diesem Lande Veragua in den ersten zwei Tagen mehr Zeichen von Gold sah, als in La Española während vier Jahren. Auch steht fest, daß das Ackerland in diesen Gegenden nicht schöner sein könnte, daß es aufs beste bestellt ist und daß die Bewohner sehr feige sind, daß es einen guten Hafen gibt, mit schönem Fluß und gegen alle Welt sehr leicht zu verteidigen. Alles dieses fällt mit Sicherheit den Christen anheim, und ihre Herrschaft darüber ist gewiß. Große Hoffnung darf man haben, daß die Ehre der Christenheit erhöhet werde und daß die christliche Religion weit ausgebreitet wird. Und die Reise hierhin ist nicht weiter als die nach La Española, denn sie geht mit günstigem Winde. Eure Hoheiten sind jetzt schon gewiß die Herrscher über diese Länder, wie sie es über Jerez und Toledo sind. Wenn Eure Schiffe dorthin fahren, so kommen sie in ihr eigenes Haus. Von dort werdet Ihr Gold herausholen. Auch das, was es in anderen Ländern gibt, soll man mitnehmen, damit die Schiffe nicht leer zurückkehren. Und wenn man im Lande ist, so muß man sich beim Umgang mit den Wilden vorsehen. Alles andere, was ich nicht mehr sage, verschweige ich aus den wohlbekannten Gründen. Ich schweige darüber und will auch nicht alles, was ich jemals sagte oder schrieb, dreifach betonen. Genuesen, Venezianer und alle Leute, die Perlen, Edelsteine und andere wertvolle Dinge haben, tragen sie vom Ende der Welt her und sie tauschen sie und verwandeln sie zu Golde. Das Gold ist überaus vortrefflich. Aus Gold sammelt man Schätze und wer es hat, der macht damit alles, was er in der Welt nur will. Er kann selbst die armen Seelen ins Paradies bringen. Die Herrscher über jenes Land in der Gegend von Veragua begraben, wenn sie sterben, das Gold, das sie besitzen, zusammen mit dem Körper. Es steht geschrieben: Dem Salomon brachte man in einer Ladung sechshundertundsechsundsechzig Zentner Gold, abgesehen von dem, was Kaufleute und Seefahrer mit sich führten und abgesehen von dem, was man ihm aus Arabien bezahlte. Aus diesem Gold machte er zweihundert Lanzen und dreihundert Schilde und obendrein schmückte er alles mit Edelsteinen. Auch viel andere Dinge ließ er aus Gold arbeiten, viele Gefäße, von herrlicher Größe und reich mit Steinen besetzt. Das beschreibt Josephus in seiner Chronik de Antiquitatibus. Auch im Paralipomenon und im Buch der Könige wird davon berichtet. Josephus behauptet, daß dies Gold aus dem Lande Aurea gekommen sei. Wenn dem aber so ist, dann sage ich, daß jene Gruben des Goldlandes ein und dieselben sind und mit denen von Veragua übereinstimmen. Wie ich oben schon sagte, erstreckt sich dies Land zwanzig Tagesreisen in Richtung zum Sonnenuntergang, und seine Entfernung vom Pol und von der Linie ist gleich groß. Salomon kaufte alles dies, das Gold, die Edelsteine und das Silber. Aber Ihr könnt einfach dorthin ausschicken und Befehle geben, daß man es zusammentrage, wenn es Euch gut scheint. Als David sein Testament machte, hinterließ er Salomon dreitausend Zentner indischen Goldes, um ihm zu helfen, den Tempel zu bauen, und so wie Josephus sagt, kam das Gold genau aus dem Land, das ich hier beschreibe. Jerusalem und der Berg Zion wird von den Christen einst wieder aufgebaut werden. Wer das vollbringen wird, das sagt Gott durch den Mund des Propheten im vierzehnten Psalm. Der Abt Joachim sagte, daß es einer sein werde, der aus Spanien kommt. Dem Heiligen Hieronymus zeigte Unsere Liebe Frau den Weg, wie es zu vollbringen sei. Es ist erst Tage her, seitdem der Kaiser von Catayo [China] wünschte, daß gelehrte Männer kämen, auf daß sie ihn im Glauben an Christus unterwiesen. Wer wird sich dafür anbieten? Wenn Gott der Herr mich nach Spanien zurückbringt, dann verpflichte ich mich, einen solchen Mann mit Gottes Hilfe wohlbehalten dorthin zu bringen.

Diese Leute, die mit mir fuhren, haben unglaubliche Mühsal und Gefahren bestanden. Ich bitte Euer Hoheiten inständig, daß diesen armen Männern alsbald ihr Geld ausbezahlt werde und daß Ihr ihnen Geschenke und Gunstbeweise gebet, jedem wie es ihm gebührt. Ich bestätige, daß sie die besten Nachrichten mitbringen, die jemals nach Spanien gelangten. Der Quibián von Veragua und andere Häuptlinge dieser Gegend haben viel Gold, doch es schien mir weder wohlgetan noch förderlich für den Dienst an Euren Hoheiten, daß man es ihnen mit Gewalt wegnehmen sollte. Halten wir dort gute Ordnung, so vermeiden wir unliebsames Aufsehen und einen schlechten Leumund. Dann wird auch alles, was man dort findet, dem Staatsschatz zugute kommen, und kein Gramm wird umkommen. Wenn ich einen Monat lang schönes Wetter habe, dann bringe ich diese Reise zu gutem Ende.

11 Der Vormarsch der »christlichen Eroberer«: Vasco Nuñez Balboa und seine Kampfhunde bei der Durchquerung von Panama (1513)

Mit Hilfe der Leute Ponchas und der eigenen Wegebauer überwand Vasco die schaurigen Berge; auch führte er seine Truppe unversehrt über mehrere gewaltige Flüsse, die dem Vormarsch im Wege lagen, indem er Brücken bauen ließ oder aus Pfählen einen behelfsmäßigen Übergang schuf. Ich sehe davon ab, eingehender zu berichten, was seine Leute an Entbehrungen und gewaltigen Anstrengungen durchmachten, um nicht durch Darstellung der Einzelheiten zu langweilen. Aber was mit den Stammesführern geschah, auf die man unterwegs traf, glaube ich nicht übergehen zu dürfen.

Bevor Vasco Balboa die Gipfel der Berge erreichte, kam er in ein Gebiet namens Quarequa. Dessen Häuptling mit dem gleichen Namen trat dem spanischen Vormarsch entgegen. Er war nach Landessitte bewaffnet mit Bogen, Pfeilen und Machanen, d. h. mit breiten, langen Holzschwertern, die mit beiden Händen gefaßt werden, ferner mit Spießen, die im Feuer gehärtet waren, und mit Wurfspeeren, die die Eingeborenen sehr sicher schleudern. Dieser Häuptling, von einer großen Schar seiner Untertanen umgeben, empfing die Spanier hochmütig und feindlich; er wollte ihnen den Durchzug verwehren. Wo sie hingingen und was sie dort wollten, fragte er die Fremden und ließ sie dann mit drohender Miene durch Dolmetscher zur Umkehr auffordern, wenn sie nicht bis auf den letzten Mann getötet werden wollten. Bei diesen Worten trat er allen sichtbar weiter vor. Er selbst und seine Höflinge waren bekleidet, die übrigen hingegen nackt.

Als die Spanier sich weigerten umzukehren, schritt Quarequa zum Kampf. Der aber war rasch beendet. Den Pfeilen der Armbrüste und den Musketenkugeln hielten die Wilden nicht lange stand; als sie die Abschüsse der Feuerwaffen hörten, meinten sie, die Spanier hätten Blitz und Donner bei sich, und wandten sich zur Flucht. Wie die Fleischer in Metzgerläden Ochsen- und Hammelfleisch in Stücke zerlegen, so rissen die Spanier vielen Wilden wie stumpfem Vieh mit einem Schuß die Glieder ab; diesem zerschmetterten sie die Hinterbacken, jenem einen Schenkel, einem anderen die Schultern. Sechshundert Menschen kamen zusammen mit ihrem Häuptling um.

Im Hause des Herrschers stellte Vasco dann ein schreckliches Laster fest. Man fand den Bruder des Häuptlings und mehrere andere Höflinge in Frauenkleidern; diese alle waren nach dem Zeugnis der Nachbarstämme der Unzucht ergeben. Vierzig von ihnen ließ Vasco durch Hunde zerfleischen. Solche Kriegshunde setzen die Spanier in den Kämpfen gegen die Wilden oft ein. Die Tiere springen auf Menschen mit gleicher Wut los wie auf Wildeber und flüchtige Hirsche. In Gefahren konnten sich die Spanier ebensogut auf die Hunde verlassen wie einst die Kolophonier oder die Kastabalenser auf die ihren. Sie stellten ganze Rudel davon so zum Gefecht auf, daß diese die erste Kampfreihe bildeten; und die Tiere waren immer zum Anspringen bereit.

Als die Menschen im Lande Quarequa von dem strengen Vorgehen der Spanier gegen jene Rotte unzüchtiger Menschen hörten, strömten sie zu Vasco, wie wenn er ein Herkules wäre. Sie schleppten alle herbei, die sie als von dem gleichen Laster befallen ansahen, spuckten sie an und verlangten laut deren Beseitigung. Das Laster war aber nur unter den Höflingen verbreitet, noch nicht in der Masse des Volkes. Viele Eingeborene bekundeten mit erhobenen Händen und gen Himmel gerichteten Blicken, daß

Gott ihnen wegen dieses Verbrechens zürne und deshalb Donner und Blitz auf sie niederschicke. (Tatsächlich werden sie häufig von Gewittern heimgesucht.) Auch die vielen Überschwemmungen, die ihnen die Saaten zerstörten, Hungersnöte und Krankheiten rührten ebendaher, so klagten sie.

Als Gottheit wird von diesen Indios nur die Sonne verehrt. Sie allein, so glauben sie, schenke und nehme ihnen alles. Dabei sind diese Wilden gelehrig und werden leicht zu unserer Religion bekehrt werden, wenn die richtigen Prediger zu ihnen kommen. Auch folgendes stellten die Spanier fest. Ihre Sprache hat nichts so Ungewöhnliches noch so schwer aussprechbare Laute, als daß nicht alle ihre Wörter in lateinischen Buchstaben aufgeschrieben und ausgedrückt werden könnten. Solches sagten wir früher schon von der Sprache Españolas. Die Quarequaner führen gern Fehden und bedrängten bisher oft ihre Nachbarn; ihr Gebiet ist weder reich an Gold noch an ertragreichen Äckern, sondern gebirgig, unfruchtbar und wegen der rauhen Berge kalt. Deshalb ziehen auch die Gefolgsleute des Häuptlings Kleider an, soweit sie sich solche leisten können; aber die Masse des Volkes geht im Naturzustand.

Als Sklaven fanden die Spanier in diesem Land Neger; diese stammten aus einem Gebiet, das nur zwei Tagesmärsche von Quarequa entfernt liegt und allein Neger als Bewohner hat. Diese sind wild und trotzig. Man nimmt an, daß sie einst von Afrika als Seeräuber herübergekommen sind, Schiffbruch erlitten und sich in jenen Bergen niedergelassen haben. Mit diesen Schwarzen leben die Quarequaner in heftiger Feindschaft, und jedes der beiden Völker macht im Gebiet des anderen Gefangene oder tötet die Gegner.

Vasco Balboa ließ in Quarequa mehrere Kameraden zurück, die sich den Anstrengungen und dem Hunger nicht gewachsen zeigten und deshalb krank waren. Er selbst zog zu den Gipfeln der Berge weiter, wobei er Quarequaner als Führer mitnahm. Von der Residenz des Poncha beträgt die Entfernung bis zu der Stelle, von der aus das andere Meer sichtbar ist, sechs kurze Tagesmärsche. Wegen mannigfacher Schwierigkeiten konnte Vasco die Strecke unter größten Entbehrungen aber erst in fünfundzwanzig Tagen zurücklegen. Am 26. September wurden ihm von den quarequanischen Führern die hohen Bergspitzen gezeigt, von denen aus man das andere Meer sehen konnte. Mit angespannten Blicken hielt Balboa

Ausschau. Er ließ seine Kolonne halten, ging selbst voraus und erreichte als erster den Gipfel. Zur Erde niederkniend und die Hände zum Himmel erhebend, begrüßte er das Südmeer. Er berichtet selbst, unendlichen Dank habe er Gott und allen Heiligen dafür ausgesprochen, daß sie eine solche Auszeichnung gerade ihm erwiesen hätten, einem Mann mit einfachem Verstande, der keine Bildung besitze und nicht adelig sei.

Nachdem er in militärisch knapper Art ein Gebet gesprochen hatte, winkte er mit der Rechten die Kameraden herbei und zeigte ihnen das ersehnte Meer. Wieder fiel er nieder, bat die Heiligen und besonders die Gottesmutter, daß sie sein Unternehmen glücklich sowie erfolgreich ausgehen ließen und es ihm vergönnten, die Länder zu betreten, die er zu seinen Füßen liegen sah. Dasselbe taten mit lauter und freudiger Stimme alle seine Kameraden. Stolzer als Hannibal, der seinen Soldaten Italien und die Vorberge der Alpen zeigte, stellte er den Seinen gewaltige Schätze in Aussicht: »Genossen so vieler Gefahren, seht das ersehnte Meer, von dem der Sohn des Comogrus und die anderen Eingeborenen uns so viel Rühmliches erzählt haben!« Nach diesen Worten errichtete er zum Zeichen der Besitznahme einen Steinhaufen anstatt eines Altars.

Beim Abstieg vom Gipfel der Berge ließ er rechts und links vom Pfade den Namen des spanischen Königs in die Rinde der Bäume einkerben, damit die Nachwelt die Entdecker nicht der Lüge bezichtigen könne. Auch errichtete er auf dem Wege verschiedene Steinmale, bis sie zu der Residenz eines Häuptlings am Südmeer kamen, der Chiapes hieß. Dieser griff zu den Waffen und rückte mit einer gewaltigen Menge Krieger Vasco entgegen, um ihn nicht nur am Durchmarsch, sondern auch am Betreten seines Landes zu hindern. Trotz ihrer geringen Anzahl stellten sich die Spanier zum Kampf auf und drangen gegen die Gegner vor. Zunächst entboten sie mit Musketenschüssen, dann mit einem Rudel Molosserhunde – die man auch Alanen nennt – dem Chiapes ihren Gruß. Als die Eingeborenen das Echo der Schüsse aus den Bergen hörten, den Pulverrauch und das Feuer sahen sowie den Schwefelgeruch in die Nase bekamen – denn der Wind wehte auf sie zu –, stürzten sie nieder und meinten in ihrem Schrecken, Blitze würden gegen sie geschleudert. Während sie so auf dem Boden lagen oder sich zur

Flucht wandten, griffen die Spanier an, zunächst in geschlossener Kolonne und geordneten Abteilungen, danach stießen sie in aufgelöster Formation auf die Masse der Feinde, machten einige nieder, nahmen aber die meisten gefangen. Sie hatten nämlich beschlossen, nachsichtig zu verfahren und in friedlicher Weise jene Länder zu erforschen.

12 Niederlage der Spanier: Die Konfrontation mit der Hochkultur der Maya in Yukatan (1517)

Am 8. Februar 1517 gingen wir unter Segel. Zwölf Tage später passierten wir das Kap San Anton und waren nun in der offenen See. Wir steuerten auf gut Glück immer gegen Sonnenuntergang, ohne die Untiefen, die Ströme und die Winde in diesen Breiten zu kennen. Das war ein großes Wagstück für uns. Wir wurden auch bald von einem mächtigen Sturm überrascht, der zwei Tage und zwei Nächte tobte und der uns fast die Schiffe und das Leben gekostet hätte. Aber das Wetter beruhigte sich wieder.

Wir segelten nun in einer anderen Richtung. Am einundzwanzigsten Tag nach unserer Abfahrt von Kuba sahen wir Land, das noch nicht entdeckt war, von dem vorher niemand wußte. Das erfüllte uns mit großer Freude und Dank gegen Gott. Von unseren Schiffen aus sahen wir eine große Ortschaft, die etwa zwei Stunden Wegs landeinwärts lag und die größer war als irgendeine auf der Insel Kuba, so daß wir sie Groß-Kairo nannten. Wir beschlossen, unser kleinstes Schiff gen Land zu schicken, um die Bodenbeschaffenheit, vor allem den Ankergrund zu prüfen.

Da kamen eines Morgens – es war der 4. März – zehn große Kanus, die man dort Pirogen nennt, auf uns zugerudert. Die Eingeborenen standen dicht an dicht in diesen Kanus, die wie die Backtröge aus großen, schweren, besonders harten Baumstämmen gehöhlt werden. Sie sind oft so groß, daß vierzig bis fünfzig Indianer in ihnen aufrecht stehen können. Wir machten ihnen Friedenszeichen, winkten mit den Händen und den Mänteln und baten sie so, näherzukommen, damit wir uns miteinander verständigen könnten; denn wir hatten damals noch niemand unter uns, der die Sprache von Yucatan oder Mexiko beherrschte.

Sie kamen auch ohne Arg, und mehr als dreißig bestiegen unser Kommandoschiff. Wir bewirteten sie mit Kassavebrot und Speck und schenkten jedem eine Schnur mit grünen Glasperlen. Sie betrachteten und betasteten unsere Schiffe in aller Ruhe. Erst nach einer langen Weile gab uns ihr Anführer, ein Kazike, mit Zeichen zu verstehen, daß er wieder in sein Kanu steigen und nach Hause fahren wolle; er wolle aber am nächsten Tag mit mehr Kanus zurückkehren, um uns dann an Land zu führen.

Diese Indianer trugen ein kurzes baumwollenes Hemd, das wie eine Weste aussah, und Lendenschürzen, die sie masteles nannten. Wir hielten sie deshalb für kultivierter als die Indianer auf Kuba, bei denen nur die Weiber die Scham mit baumwollenen Lappen verhüllen, die sie dort naguas nennen.

Am frühen Morgen des nächsten Tages kam der gleiche Kazike wieder zu uns, diesmal mit zwölf großen Kanus und zahlreichen Ruderern. Freundlich lächelnd gab er unserem Hauptmann Zeichen und bat uns, an Land und in seinen Ort zu gehen, wo er uns zu essen und alles geben werde, was wir brauchten. Wir sollten nur in den zwölf Kanus übersetzen. Dazu rief er immerzu: »Cones cotoche, cones cotoche!«, was soviel heißen sollte wie »Kommt mit in mein Haus!« Aus diesem Grund nannten wir den Landeplatz Kap Catoche, ein Name, der heute noch auf allen Seekarten zu finden ist.

Wir berieten lange mit unserem Hauptmann und beschlossen dann, unsere eigenen Boote zu Wasser zu lassen, um in dem kleinsten Schiff und in den zwölf Kanus alle auf einmal an Land zu gehen. Die Küste wimmelte von Indianern, die aus der Ortschaft gekommen waren. Als der Kazike sah, daß wir an Land waren, aber keine Anstalten machten, aufzubrechen, gab er uns nochmals freundliche Zeichen, mit denen er uns zu sich einlud und mit denen er uns zugleich seiner Friedfertigkeit versicherte. Wir hielten erneut Rat mit unserem Hauptmann. Fast alle stimmten darin überein, daß wir auf der Hut sein müßten und nur schwer bewaffnet und in geschlossener Ordnung marschieren könnten. Wir nahmen deshalb fünfzehn Armbrüste und zehn Musketen mit und folgten dem Kaziken auf dem Weg, den er uns zusammen mit seinen zahllosen Indianern zeigte.

Auf diese Weise kamen wir unbehelligt bis in die Nähe einer

Felsenschlucht. Da erhob der Kazike seine Stimme und befahl seinen im Hinterhalt liegenden Kriegsleuten, uns zu überfallen. Auf seinen Ruf stürmten die Indianer in dichten Haufen auf uns zu und überschütteten uns mit einem wohlgezielten Hagel von Pfeilen, in dem fünfzehn von unseren Soldaten verwundet wurden. Sie griffen mit Pfeil und Bogen, mit Lanzen und Schleudern an. Zu ihrem eigenen Schutz trugen sie eine Art Baumwollpanzer und Schilde. Zum Zeichen des Kampfes hatten sie ihre Federbüsche aufgesteckt. Nachdem sie ihre Pfeile verschossen hatten, rückten sie uns dicht auf den Leib und kämpften Mann gegen Mann mit ihren Spießen, die sie mit beiden Händen führten. Als sie aber die guten Schneiden unserer Degen spürten und die Verluste sahen, die unsere Armbrüste und Musketen unter ihnen anrichteten, räumten sie das Feld. Fünfzehn Indianer ließen sie auf dem Kampfplatz liegen.

Ganz in der Nähe fanden wir übrigens drei Steinhäuser, drei Tempel, mit zahlreichen, zum Teil sehr großen Götzenbildern aus Ton, die Teufelsfratzen und Frauengesichter trugen. Andere waren noch ungestalter. Es waren die Abbilder von Indianern, die unnatürliche Lust miteinander trieben. In den Tempeln fanden wir Holzkästchen, in denen wieder Götzen mit Teufelsfratzen lagen, ferner kleine Schalen, drei Kronen und vielerlei Schmuck in Gestalt von kleinen Fischen und Enten, alles aus schlechtem Gold. Trotzdem machte uns die Entdeckung dieses Landes mit den gutgebauten Tempeln und dem goldenen Schmuck große Freude; denn Peru wurde erst im Laufe der nächsten zwanzig Jahre entdeckt.

Während wir uns mit den Indianern herumschlugen, ließ unser Priester Gonzalez die Tempelschätze durch zwei Indianer, die wir aus Kuba mitgebracht hatten, auf die Schiffe bringen. Auch nahmen wir zwei unserer Gegner gefangen, die sich später taufen ließen und Christen wurden. Sie erhielten die Namen Melchior und Julian. Beide hatten bemalte Gesichter.

Das Scharmützel war noch einmal gut ausgegangen. Wir beschlossen, uns wieder einzuschiffen und unsere Entdeckungsfahrt an der Küste entlang gegen Westen fortzusetzen. Wir versorgten unsere Verwundeten und gingen wieder unter Segel.

Auf unserer Fahrt entdeckten wir viele Landspitzen, Untiefen, Baien und Riffe. Wir hielten das Land nach wie vor für eine Insel, weil unser Erster Steuermann das fest behauptete. Wir segelten bei Tag mit aller Vorsicht und gingen nachts vor Anker. Nach vierzehn Tagen sahen wir wieder eine große Ortschaft, die an einer Bucht lag. Es sah so aus, als ob dort auch ein Fluß sei, in dem wir Wasser fassen könnten. Unser Vorrat ging nämlich in den schlecht ausgebesserten Tonnen schnell zu Ende. Unsere Männer hatten alle nur geringe Mittel und hatten darum keine guten Fässer kaufen können. Es war gerade der Festtag des heiligen Lazarus (21. Februar), als wir von Bord gingen. Darum gaben wir dem Platz den Namen San Lazaro, obgleich wir wußten, daß die Indianer ihn Campeche nennen.

Um nur einmal fahren zu müssen, setzten wir in unserem kleinsten Schiff und in den drei Booten über, wohl versehen mit Waffen. Aber es war dort sehr seicht, und wir mußten die Schiffe eine ganze Stunde vom Land entfernt vor Anker liegen lassen. Außerdem gab es keinen Bach in dieser Gegend, und wir mußten bis zur Wasserstelle der Eingeborenen noch einen ziemlich weiten Weg zurücklegen.

Wir brachten also unsere Fässer an Land und füllten sie mit Wasser. Als wir uns wieder einschiffen wollten, kamen etwa fünfzig Indianer in prächtigen Mänteln aus der Ortschaft. Wir hielten sie für Kaziken. Sie gingen ganz friedlich auf uns zu und fragten durch Zeichen, was wir denn da machten. Wir gaben ihnen zu verstehen, daß wir nur Wasser geholt hätten und uns nun wieder einschiffen wollten. Da fragten sie uns, ob wir von Sonnenaufgang her kämen, und wiederholten dabei immer wieder das Wort »Castilan, Castilan«. Wir verstanden aber nicht, was sie damit meinten. Als sie uns einluden, mit in die Ortschaft zu kommen, folgten wir ihnen schließlich nach langem Hin und Her, sehr vorsichtig und in geschlossener Ordnung.

Sie führten uns zu einigen sehr großen und gut gebauten Tempeln, an deren Wänden ganze Gruppen von Schlangen und viele Götzen abgebildet waren. Um eine Art Altar herum fanden wir Tropfen von frischem Blut, an den Wänden aber Zeichen, die wie Kreuze aussahen, und Gemälde mit Gruppen von Indianern. Wir standen starr vor Erstaunen; denn wir hatten bis jetzt dergleichen nicht gesehen oder gehört. Es sah so aus, als hätten die Eingeborenen kurz zuvor ihren Götzen einige Indianer geopfert, damit sie ihnen daraufhin den Sieg über uns verleihen möchten.

Die Zahl der Indianer und ihrer Weiber wurde immer größer. Sie lachten uns zu und gaben sich ganz friedlich. Als es aber nach und nach immer mehr wurden, überkam uns langsam die Sorge, es könne wieder zu einem Treffen kommen wie in Catoche. In diesem Augenblick kamen von einer anderen Seite viele Indianer in zerrissenen Mänteln, die Bündel mit dürrem Schilf niederlegten. Unter ihnen waren auch Bogenschützen in ihren Baumwollpanzern, die mit Lanzen, Schilden, Schleudern und Steinen ausgerüstet waren. Hauptleute standen an ihrer Spitze. Fast gleichzeitig stürzten aus einem Tempel zehn Indianer in langen weißen baumwollenen Gewändern. Ihre dichten, struppigen Haare waren so mit Blut verklebt, daß man sie nicht mehr kämmen, daß man sie höchstens abschneiden konnte. Es waren Götzenpriester, die man in Neuspanien gewöhnlich Papas nennt. Sie hatten Becken aus Ton mit Räucherwerk, das wie Harz aussah und das sie Kopal nennen. Damit beräucherten sie uns und gaben uns gleichzeitig zu verstehen, daß wir ihr Land verlassen sollten, ehe die Schilfbündel abgebrannt seien, die sie gleich anzünden würden. Sie würden uns sonst angreifen und umbringen. Dann ließen sie die Bündel anzünden. Die Priester sprachen kein Wort mehr. Dafür fingen die Bogenschützen an zu pfeifen, auf ihren Trompetenmuscheln zu blasen und die Pauken zu rühren.

Als wir nun sahen, was sie vorhatten, mußten wir an die Wunden denken, die wir uns in Kap Catoche geholt hatten und die noch nicht geheilt waren. Zwei Soldaten waren an ihren Folgen gestorben. Wir mußten sie ins Meer werfen. Die Scharen der Indianer wurden immer dichter, und wir beschlossen, uns in guter Ordnung zurückzuziehen. Wir marschierten bis zu der Stelle, an der die Boote und das kleine Schiff mit den Wasserfässern lagen. Ein Felsen stand dort mitten im Meer. Wir brachten unser Wasser glücklich an Bord und segelten bei gutem Wetter sechs Tage und sechs Nächte durch. Dann kam plötzlich ein Nordwind auf, der ein schweres Unwetter brachte, das viermal vierundzwanzig Stunden dauerte. Wieder waren wir unserem Verderben nah. Wir mußten dicht unter der Küste Anker werfen. Unser Schiff hing nur an zwei

Tauen. Rissen sie, dann mußte es an der Küste zerschellen. Aber nach Gottes Willen überstanden wir auch diese Not. Die alten Taue hielten fest. Wir segelten dicht unter der Küste weiter, um keine Wasserstelle zu versäumen; denn unsere Fässer waren leck und unsere Männer gingen nicht sehr sparsam mit dem Wasser um. Als wir deshalb wieder eine Ortschaft und eine Stunde später einen natürlichen Binnenhafen sahen, entschlossen wir uns sehr schnell, an Land zu gehen. Wir bestiegen wieder unser kleinstes Schiff und alle unsere Boote und nahmen die Fässer und unsere Waffen, vor allem die Armbrüste und die Musketen mit. In der Mittagszeit stiegen wir an einer Stelle an Land, die etwa eine Stunde von der Ortschaft Potonchan entfernt war. Wir fanden dort einige Brunnen, Maisfelder und steinerne Gebäude. Wir füllten unsere Wasserfässer, konnten sie aber nicht mehr zu den Booten bringen, weil eine große Menge Volks über uns herfiel.

Während wir nämlich das Wasser einnahmen, kamen große Scharen von Indianern aus dem Ort Potonchan, schwer bewaffnet, in ihren Baumwollpanzern, die Federbüsche auf dem Haupt und die ganzen Leiber mit weißer, schwarzer und brauner Farbe bemalt. Sie zogen in tiefem Schweigen auf uns zu, als ob sie in friedlicher Absicht kämen, und fragten uns durch Zeichen, ob wir von Sonnenaufgang her kämen. Dazu sprachen sie dieselben Worte wie die Eingeborenen von San Lazaro: »Castilan, Castilan«. Wir wußten nicht, was sie damit wollten. Aber die Wiederholung derselben Anrede von uns gänzlich unbekannten Fremden machte uns stutzig. Wir antworteten ihnen, daß wir von Sonnenaufgang herkämen. Das alles spielte sich gegen Abend ab. Wir stellten Wachen aus und waren überhaupt sehr auf der Hut. Plötzlich hörten wir neue Scharen von Indianern, die mit großem Lärm und viel Geschrei aus ihren Ortschaften kamen. Auch sie waren schwer bewaffnet, und es gab keinen Zweifel, daß sie Böses im Schilde führten. In der Beratung mit unserem Hauptmann schlugen die einen vor, daß wir uns sofort einschiffen sollten; andere meinten dagegen, das sei die beste Gelegenheit für die Eingeborenen, uns zu überfallen und zu vernichten; wieder andere – zu denen auch ich gehörte – wollten die Feinde noch in der Nacht angreifen, nach dem alten Grundsatz: Wer zuerst angreift, bleibt Meister des

Schlachtfelds. Freilich hätte dann jeder von uns dreißig Indianer auf sich nehmen müssen.

Darüber brach der Tag an. Die Zahl der Feinde hatte sich inzwischen vervielfacht. Sie hatten uns völlig eingeschlossen. Wir sprachen uns gegenseitig Mut zu, empfahlen uns selbst dem Schutz des Allmächtigen und nahmen uns vor, unser Leben so teuer wie möglich zu verkaufen. Die Indianer überschütteten uns mit einem Regen von Pfeilen, Speeren und Steinen, durch den über achtzig Mann von uns verwundet wurden. Dann rückten sie uns näher auf den Leib und kämpften mit Lanzen und Schwertern Mann gegen Mann. Aber auch wir setzten ihnen mit Hieb und Stich, mit Armbrüsten und Musketen nicht wenig zu. Sie wichen aber nur so weit zurück, wie es zweckmäßig war, um uns wieder beschießen zu können. Dazu riefen sie in ihrer Sprache immer wieder: »Al calachuni, calachuni«, was soviel heißt wie: »Schlagt den Hauptmann tot!« Und wirklich trafen ihn zwölf Pfeilschüsse, mich nur drei, von denen einer sehr gefährlich war, weil der Pfeil bis auf den Knochen drang. Zwei unserer Leute wurden lebendig fortgeschleppt.

Als unser Hauptmann sah, daß wir gegen diese Übermacht nicht bestehen könnten, zumal die Feinde immer wieder frische Kräfte in den Kampf schickten und den anderen Speise und Trank und frische Pfeile zutrugen, als wir alle verwundet und fünfzig von uns tot waren, da befahl er uns, die feindlichen Massen mutig zu durchbrechen und uns auf die nahen Boote zurückzuziehen. Das Unternehmen gelang, obwohl die Indianer nun mit doppeltem Mut auf uns einschrien und einschlugen und schossen. Aber es wartete noch ein schwerer Schicksalsschlag auf uns: Als wir uns alle auf die Boote stürzten, wurde den Fahrzeugen die Last zu schwer, und sie sanken. Wir konnten uns nur schwimmend auf das kleine Schiff retten, das uns so weit wie möglich entgegenkam. Aber die Indianer setzten uns mit ihren Kanus nach und verwundeten beim Einschiffen noch viele von uns, vor allem diejenigen, die sich am Rand des Fahrzeuges festhalten mußten. Als wir an Bord kamen, fehlten uns siebenundfünfzig Kameraden, außer den zweien, welche die Indianer lebend fortgeschleppt hatten, und außer fünfen, die ihren schweren Wunden erlagen, so daß wir sie ins Meer werfen mußten. Das ganze Gefecht hatte eine halbe Stunde gedauert. Die Seeleute nannten Potonchan nach diesem schweren Tag La Costa de Mala

Pelea, die Bai des unglücklichen Gefechts. Wir Überlebenden dankten Gott dem Allmächtigen für unsere Rettung. Die Verletzten hatten freilich noch große Schmerzen auszustehen, weil ihre Wunden nur mit Salzwasser ausgewaschen werden konnten und dadurch schlimm aufschwollen. Ein einziger Soldat war mit heiler Haut davongekommen.

13 Beginn der Conquista: Hernán Cortés' 1. Bericht an Kaiser Karl V. über das mexikanische Unternehmen (30. 10. 1520)

I

Allerhöchster, Großmächtigster,
Sehr Katholischer Fürst,
Unüberwindlicher Kaiser und Herr!

Mit einem Schiffe, das ich aus diesem neuspanischen Reiche Eurer Majestät am 16. Juli 1519 abgefertigt habe, übersandte ich einen langen und eingehenden Bericht über alle Begebenheiten, die sich seit meiner Ankunft in diesem Lande ereignet hatten. Überbringer dieses Berichtes waren Alonso Hernández Puertocarrero und Francisco de Montejo, Prokuratoren der Villa rica de la Vera Cruz, die ich im Namen Eurer Hoheit gegründet hatte. Seitdem habe ich, weil Mangel an Schiffen war und weil ich mit der Eroberung und Pazifizierung dieser Länder außerordentlich in Anspruch genommen wurde und nichts von den abgesandten Prokuratoren gehört hatte, keinen weiteren Bericht an Eure Majestät darüber geschrieben, was fernerhin gesehen ist, und Gott weiß, welches Ungemach ich dabei erduldet habe.

Nun wünsche ich, daß Eure Hoheit jetzt die Verhältnisse dieses Landes kennenlernen, die so zahlreich und solcherart sind, daß Eure Majestät sich noch einmal Kaiser nennen könnte und daß dieser Titel nicht weniger Wert haben würde als der von Deutschland, den Eure Majestät durch die Gnade Gottes besitzen. Von diesen Ländern und Reichen aber alle Einzelheiten und Dinge berichten zu wollen, das würde heißen, sich gleichsam in die

Unendlichkeit zu begeben. Wenn ich daher nicht über alles so ausführlichen Bericht erstatte, wie ich wohl sollte, so bitte ich um Vergebung, weil weder meine Fähigkeiten dazu ausreichen noch die Zeitumstände, in denen ich mich befinde, mir günstig sind. Dennoch werde ich mich bemühen, so gut ich es vermag, die Wahrheit über alles zu berichten, was Eurer Majestät zu wissen nottut.

II

Im vorigen Bericht habe ich die Städte und Dörfer genannt, die sich bis dahin zum königlichen Dienst erboten hatten und die ich in Unterwerfung und Untertänigkeit hielt. Ich habe auch bereits berichtet, wie ich von einem großen Herrn Kunde erhielt, der sich Motecuhzoma nennt und nach den Angaben der Eingeborenen neunzig bis hundert Leguas von unserem Hafen entfernt im Innern des Landes wohnt, weiter, daß ich ihn im Vertrauen auf die Größe Gottes und die Macht des Königs aufzusuchen gedächte. Ich entsinne mich auch, daß ich Eurer Majestät versichert habe, ihn gefangen oder tot oder als Untertan der königlichen Krone zu sehen.

Mit diesem Entschluß und in dieser Absicht rückte ich am 16. August 1519 mit fünfzehn Reitern und dreihundert Mann Fußvolk aus der Stadt Cempoal aus. In Vera Cruz ließ ich eine Besatzung von einhundertfünfzig Mann und zwei Reitern zurück, die dort die Festung bauen sollten, die fast vollendet war. Die ganze Provinz Cempoal mit etwa fünfzigtausend Kriegern in fünfzig Städten und Flecken, alle friedlich und zuverlässig und treue Vasallen Eurer Majestät, unterstellte ich der Besatzung von Veracruz. Sie waren mit Gewalt und erst seit kurzem Untertanen jenes Herrn Motecuhzoma geworden, aber als sie durch mich Kenntnis von Eurer Majestät und Dero großer Macht erhielten, verlangten sie, Vasallen Eurer Hoheit und meine Freunde zu werden. Sie baten mich um Schutz gegen jenen großen Herrn, der sie mit Gewalt und Tyrannei unterdrücke und ihre Kinder raube, um sie zu schlachten und seinen Götzen zu opfern. Nun sind sie sehr zuverlässig und treu, und ich glaube, sie werden es immer sein, weil ich sie von der Tyrannei befreit habe. Zur größeren Sicherheit der Spanier, die ich in der Stadt zurückließ, führte ich einige ihrer Vornehmen mit mir fort, dazu anderes Volk, das sich auf meinem Marsch recht nützlich erwies.

[...]

IV.

Ich rückte nun drei Tagereisen im Gebiet von Cempoal weiter, wo ich von den Eingeborenen sehr gut empfangen und bewirtet wurde. Am vierten Tage gelangte ich in die Provinz Xicochimalco, in der eine wohlbefestigte Stadt lag. Sie war am Abhang eines sehr steilen Gebirges erbaut, und eine schmale Treppe führte hinauf, die nur von Fußgängern begangen werden konnte, aber auch für sie noch schwierig genug war, wenn die Einwohner ihre Stadt (Naulinco) verteidigen wollten. Im Tal liegen viele Dörfer und Landgüter von je zweihundert, dreihundert oder fünfhundert Landwirten, was im ganzen fünf- bis sechstausend waffenfähige Männer ausmachen kann. All dies steht unter der Herrschaft Motecuhzomas. Hier wurde ich sehr gut aufgenommen, und ich bekam reichlich Proviant für meinen Marsch. Sie sagten mir, sie wüßten wohl, daß ich ihren Herrn Motecuhzoma besuchen wolle, der gewiß mein Freund sei, da er ihnen den Befehl gegeben habe, mir in allen Städten den besten Empfang zu bereiten. Ich erwiderte ihnen, daß Eure Majestät bereits Kunde von ihrem Herrn besitze und ihn zu besuchen mir befohlen habe, und einzig um ihn zu besuchen, ginge ich zu ihm.

Nun gelangte ich durch den Gebirgspaß am Ende der Provinz, den wir Nombre de Dios (später Paso des Obispo) nannten. Er war der erste, den wir in diesem Lande überschritten. Er ist so steil und hoch, daß es in Spanien keinen von gleicher Schwierigkeit gibt. Ich passierte ihn sicher und ohne Widerstand zu finden. Beim Abstieg trifft man auf viele Bauernhöfe, die zu der Festung Ceyconacan gehören, auch diese Eigentum des Motecuhzoma. Wir wurden recht freundlich empfangen, und ich erklärte ihnen wieder den Zweck meiner Reise.

Von hier aus marschierte ich drei Tage durch eine öde Wüste, unbewohnbar durch Unfruchtbarkeit, Wassermangel und große Kälte. Gott aber weiß, welches Ungemach hier das Volk durch Hunger und Durst erduldete, besonders aber durch einen Wirbelsturm mit Hagel und Platzregen, der uns in dieser Wüste packte, so daß ich dachte, es würden viele meiner Leute vor Kälte umkommen. Wirklich starben auch einige Indianer von der Insel Fernandina (Kuba), weil sie zu leicht bekleidet waren.

Am Ende dieser drei Tagereisen passierten wir eine andere Gebirgsenge, nicht so steil wie die erste (Sierra del Agua). Auf der höchsten Spitze stand ein kleiner Turm wie ein Bethaus, wo Götzenbilder aufbewahrt wurden. Um den Turm herum lagen mehr als tausend Fuder geschlagenes Holz, gut aufgeschichtet. Beim Herabsteigen aus diesem Paß fanden wir zwischen einigen sehr steilen Bergrücken ein stark bevölkertes Tal, aber dem Anschein nach von einer recht armen Bevölkerung bewohnt. Nach einem Marsch von zwei Stunden gelangte ich an einen ansprechenderen Wohnsitz, der anscheinend dem Herrn dieses Tales gehörte. Es waren die größten und bestgebauten Häuser, die wir bis hierher gesehen hatten. Sie waren aus behauenen Steinen gebaut und hatten viele große Säle und Zimmer. Tal und Ortschaft führten den Namen Caltamni (Tlantlanquitepec).

Der Kazike (Olintetl) nahm mich sehr freundlich auf. Nachdem ich ihm den Grund meiner Ankunft eröffnet hatte, fragte ich ihn, ob er Vasall von Motecuhzoma sei oder irgendeinem anderen Verbande angehöre. Darauf antwortete er verwundert: »Gibt es denn jemand, der nicht Vasall des Motecuhzoma ist?« Nun begann ich, von Eurer Majestät großer Macht und Herrlichkeit zu erzählen und wie viele größere Herren als Motecuhzoma Eure Vasallen seien und die Gnade, es zu sein, nicht geringschätzten. Dazu solle auch Motecuhzoma aufgefordert werden und damit hochgeehrt sein, aber er müsse bestraft werden, wenn er sich weigere, zu gehorchen.

Ich ersuchte ihn, mir einiges Gold zu geben, um es Eurer Majestät zu übersenden. Darauf antwortete er, Gold habe er wohl, aber er werde es mir nicht geben, bis Motecuhzoma dies befehlen würde, dann aber solle seine Person und seine ganze Habe zu meinen Diensten sein. Ich zeigte gute Miene dazu, um ihn nicht stutzig zu machen, und sagte ihm nur, daß der Befehl Motecuhzomas, mir das Gold und alles übrige zu geben, sehr bald eintreffen werde.

V

In diesem Tal besuchten mich zwei andere Herren, die hier ihre Güter hatten. Sie schenkten mir goldene Halsbänder von geringem Gewicht und Wert und sieben oder acht Sklavinnen. Nach einem Aufenthalt von fünf oder sechs Tagen begab ich mich nach dem Wohnsitz eines anderen Herrn, der zwei Leguas talaufwärts liegt und Ystacmestitan genannt wird. Diese Herrschaft erstreckt sich über drei bis vier Leguas bebauten Grundes, Haus an Haus, am Ufer eines kleinen Flusses, der das Tal durchschneidet. Auf einem hohen Hügel liegt das Herrenhaus mit einer Festung, besser mit Mauern und Graben umgeben, als man sie in halb Spanien findet. Oben auf dem Hügel befindet sich eine Ortschaft mit vier- bis fünftausend Einwohnern. Hier wurde ich gleichfalls freundlich aufgenommen, und auch hier sagte mir der Gutsherr, daß er ein Vasall Motecuhzomas sei.

Hier verbrachte ich drei Tage, sowohl zur Erholung meiner Leute von den Strapazen, die sie in der Wüste erlitten hatten, als auch um auf die vier Cempoal-Indianer zu warten, die ich nach dem Lande Tlaxcala geschickt hatte. Die Cempoaler sagten, daß die Tlaxcateken ihre Freunde seien, aber Todfeinde des Motecuhzoma. Da ihr Land überall an das Reich Motecuhzomas grenze, wünschten sie sich mit mir zu verbünden. Ich glaubte, sie würden sich über mein Bündnisangebot freuen und mir beistehen, wenn etwa jener Motecuhzoma Lust hätte, mit mir anzubinden. Da die Rückkehr der Boten sich verzögerte, setzte ich mich in Marsch. Im Ausgang des Tales fand ich eine Mauer aus Backsteinen, etwa anderthalb Mannslängen hoch und zwanzig Fuß breit, die das ganze Tal von einem Berge zum anderen durchschnitt. Sie hatte in ihrer ganzen Länge eine Brustwehr, eineinhalb Fuß breit, um von oben herab fechten zu können, und nur einen einzigen, etwa zehn Schritte breiten Durchgang, der aber nicht geradeaus, sondern in Krümmungen verlief.

Die Eingeborenen des Tales baten mich nun, da ich doch ihren Herrn Motecuhzoma besuchen wolle, nicht durch das Land seiner Feinde zu ziehen, denn diese könnten mir vielleicht Schaden zufügen. Sie aber wollten mich durch das Land Motecuhzomas führen, in dem ich überall freundlich empfangen würde. Die von Cempoal rieten mir aber, dies nicht zu tun, sondern nach Tlaxcala zu gehen, denn was jene mir gesagt hätten, sei nur, um mich der Freundschaft dieser Provinz zu entfremden. Alle Anhänger Motecuhzoma seien Bösewichte und Verräter und würden mich ins Verderben führen.

Ich folgte nun dem Rat der Cempoaler, indem ich den Weg nach Tlaxcala einschlug und den Zug meiner Leute so vorsichtig wie nur möglich ordnete. Ich selbst ritt mit sechs Reitern etwa eine halbe Legua voraus, um das Land zu erkunden und meine Truppe, sollte etwas vorfallen, sofort in Bereitschaft setzen zu können. Als wir einen Hügel hinaufgeritten waren, erblickten die zwei Reiter, die ich vorausgeschickt hatte, eine Anzahl Indianer mit Federbüschen, ihrem Kriegsschmuck, und mit Schwertern und Schilden, die jedoch die Flucht ergriffen. Unterdessen war ich herangekommen und ließ ihnen zurufen, sie sollten näher kommen und keine Furcht haben. Ich ritt zu ihnen hin, worauf sie, es mochten etwa fünfzehn sein, nach ihren versteckt stehenden Landsleuten riefen und gleich so ungestüm mit uns fochten, daß sie uns zwei Pferde töteten und drei verwundeten, ebenso zwei Reiter. Nun aber kam auch das übrige Volk heran, es mochten vier- bis fünftausend Indianer sein. Unterdessen waren noch acht Reiter herangekommen, und wir griffen die Feinde immer wieder an, um Zeit bis zur Ankunft der Spanier zu gewinnen. Dabei töteten wir wohl fünfzig oder sechzig, ohne selber Verluste zu erleiden. Als sie nun sahen, daß die Unsrigen herannahten, zogen sie sich zurück und überließen uns das Feld.

Nach ihrem Abzug kamen Abgesandte der Kaziken dieser Provinz, die mir sagten, daß ihre Herren nichts von dem wüßten, was vorgefallen sei. Es seien nur einige Gemeinden gewesen, die uns ohne Erlaubnis angegriffen hätten. Ich möchte dreist vorangehen, dann würde ich von ihnen freundlich aufgenommen werden. Ich erwiderte, daß ich ihnen dankbar sei und also weitermarschieren werde.

Da es aber später geworden und meine Leute sehr ermüdet waren, lagerte ich in der nächsten Nacht an einem Bach. (Wir verbanden unsere Wunden in Ermangelung von Öl mit dem Fett eines feisten Indianers, den wir getötet hatten. Unser Nachtessen bestand aus jungen Hunden, die hier in Menge gezogen wurden. Die

Eingeborenen hatten zwar die Hunde mitgenommen, aber in der Nacht waren die Tiere nach ihren Ställen zurückgekehrt, so daß wir viele einfangen konnten und damit einen schmackhaften Braten gewannen.) Bei Tagesanbruch brach ich auf, selbst meine Vorhut und die Streifen befehligend, die Plänkler voran.

Als ich bei Sonnenaufgang ein kleines Dorf erreichte, kamen meine beiden Boten und berichteten weinend, daß man sie gebunden habe, um sie abzuschlachten, daß sie aber in der Nacht entronnen seien. Und kaum zwei Steinwürfe hinter ihnen zeigte sich eine große Menge Indianer, die mit wildem Geschrei das Gefecht begannen, indem sie ihre Wurfspieße und Pfeile auf uns abschossen. Ich begann nun, ihnen meine friedlichen Absichten in aller Form durch meine Dolmetscher und in Gegenwart eines Notars darzulegen. Je mehr ich sie aber ermahnte, desto eiliger hatten sie es, uns zu schaden, und als ich nun sah, daß mit Ermahnungen und Protesten wenig auszurichten war, begannen wir unsererseits, uns zu verteidigen. So führte uns der Kampf allmählich bis in die Mitte von mehr als hunderttausend Streitern, die uns von allen Seiten eingeschlossen hielten. Wir kämpften mit ihnen bis eine Stunde vor Sonnenuntergang, wo sie sich zurückzogen. Mit einem halben Dutzend Feuerschlünden, fünf bis sechs Büchsenschützen, vierzig Armbrustschützen und dreizehn Reitern tat ich ihnen vielen Schaden, ohne anderen zu erleiden als die Arbeit und Abmattung des Kampfes und etwa den Hunger. Und es wurde wohl offenbar, daß Gott es war, der für uns kämpfte, da inmitten solcher Menge Volkes, solch tapferer und geschickter und mit mannigfache Trutzwaffen versehener Streiter wir dennoch so frei ausgingen.

In der folgenden Nacht verschanzte ich mich in einem Tempelturm, der auf einem kleinen Hügel stand. Als es Tag geworden war, ließ ich zweihundert Mann mit allen Geschützen als Besatzung in dieser meiner Burg zurück, ich selbst aber brach, um der angreifende Teil zu sein, mit den Reitern, hundert Fußsoldaten, vierhundert Indianern aus Cempoal und dreihundert aus Ystacamatitlan auf, und ehe der Feind Gelegenheit fand, sich zu sammeln, verbrannte ich ihm fünf oder sechs kleine Ortschaften mit etwa hundert Einwohnern und machte ungefähr vierhundert Gefangene, Männer wie Weiber. Dann zog ich mich auf mein Hauptquartier zurück, stets fechtend, aber ohne Verluste.

Am nächsten Tage wurde ich in der Morgenfrühe in meiner Festung angegriffen, von mehr als hundertneunundvierzigtausend Mann, so daß das ganze Feld weithin von ihnen bedeckt war. Der Angriff war so heftig, daß einige von ihnen wirklich eindrangen und mit Spaniern Schwerthiebe tauschten. Darauf aber machten wir einen Ausfall, und Gott dem Herrn gefiel es, uns so zu kräftigen, daß wir in vierstündiger Arbeit hinlänglich Platz schufen, um wenigstens in unserer Burg nicht weiter gefährdet zu sein, wenn auch noch einige Angriffe darauf gewagt wurden. Erst gegen Abend zogen sich die Feinde zurück.

Am Tage darauf rückte ich, vom Feinde unbemerkt, noch vor Tagesanbruch mit der Reiterei, hundert Mann Fußvolk und meinen indianischen Freunden nach einer anderen Gegend aus und verbrannte mehr als zehn Dörfer, darunter eins von mehr als dreitausend Häusern. Dort kämpften nur die Dorfbewohner mit mir, anderes Kriegsvolk war nicht zugegen. Und da wir die Fahne des Kreuzes mit uns führten und für unseren Glauben und für Eure Majestät stritten, hat Gott uns einen so großen Sieg verliehen, daß wir viele Feinde töteten und selber keinen Schaden erlitten. Kurz nach Mittag aber, als die Hauptmacht des Feindes von allen Seiten anrückte, waren wir wieder in unsere Burg gerückt.

Am nächsten Tage kamen Abgesandte der Oberhäupter, um uns zu melden, daß sie Vasallen Eurer Majestät zu sein wünschten und Verzeihung ihrer begangenen Fehler erbäten. Und sie brachten mir Lebensmittel und einige Sächelchen von Federschmuck, die sie für wertvoll halten. Ich sagte ihnen, daß sie freilich sehr übel gehandelt hätten, daß ich aber dennoch gewillt sei, ihr Freund zu werden und das Geschehene zu vergeben. Am folgenden Tage erschienen etwa fünfzig Indianer, darunter dem Anschein nach einige Männer von Rang, die sagten, sie kämen, um uns Lebensmittel zu bringen. Sie begannen aber eifrig, die Ein- und Ausgänge unserer Burg zu betrachten, und die von Cempoal kamen zu mir und sagten, daß es Bösewichter seien, nur gekommen, um uns auszukundschaften und zu sehen, wo wir anzugreifen wären.

Ich ließ darauf einen von ihnen heimlich ergreifen, nahm ihn nebst dem Dolmetscher beiseite und setzte ihn in Furcht, daß er mir die Wahrheit sagen solle. Er bekannte nun, daß Xicotencatl, ihr Oberfeldherr, hinter einigen Hügeln mit einer großen Zahl von

Kriegern versteckt stehe, um in der kommenden Nacht über uns herzufallen. Sie wollten es jetzt bei Nacht versuchen, weil ihre Krieger dann vor den Pferden, den Geschützen und unseren Schwertern weniger Furcht haben würden. Er habe sie hergesandt, um zu erkunden, wie man bei uns eindringen und unsere Hütten in Brand stecken könne. Sofort ließ ich nun einen anderen Indianer ergreifen und befragte ihn in gleicher Weise, und als auch er bekannte, ergriff ich noch fünf oder sechs, und sie alle stimmten in ihrer Aussage überein. Darauf ließ ich alle fünfzig verhaften und ihnen die Hände abhauen. Dann entließ ich sie, um ihrem Herrn zu melden, daß er bei Tag oder Nacht beliebig kommen möge, um zu sehen, wer wir wären.

Ich ließ jetzt meine Burg befestigen und meine Leute in den Räumen verteilen, und so war ich auf der Hut, bis sich die Sonne neigte. Kaum war es aber dunkel geworden, da begann das Volk gegenüber durch zwei Schluchten herabzusteigen. Sie glaubten, sich unbemerkt in unserer Nähe aufstellen zu können, aber ich rückte ihnen mit meiner ganzen Reiterei entgegen. Als sie uns ungestüm und ohne Schlachtgeschrei heranjagen hörten, flohen sie in die Maisfelder und warfen ihre Lebensmittel fort, die sie mitgebracht hatten, um ihr Festmahl über uns zu halten. So verschwanden sie für diese Nacht, und wir blieben ungefährdet. Nach diesem Vorfall aber verließ ich einige Tage die Burg nicht weiter, als um einige anrennende Indianer abzuwehren, die uns anzubrüllen oder mit uns zu scharmützeln kamen.

In der Nacht rückte ich mit der Reiterei, hundert Fußsoldaten und den Indianern wieder aus. Eine Legua von der Burg entfernt stürzten fünf unserer Pferde, und ich ließ sie umkehren. Und obschon mir die ganze Kameradschaft zusetzte, das gleiche zu tun, da es eine böse Vorbedeutung sei, verfolgte ich meinen Weg weiter in der Erwägung, daß Gott über der Natur steht. Ehe der Tag begann, fiel ich über zwei Dörfer her und tötete viele Einwohner. Ich unterließ es aber, die Häuser zu verbrennen, um nicht die umliegenden Ortschaften zu alarmieren. Als es tagte, überfiel ich ein großes Dorf mit über zwanzigtausend Häusern darin. Die überrumpelten Einwohner stürzten unbewaffnet aus den Häusern, und nackend rannten ihre Weiber und Kindlein durch die Straßen. Ich begann, ihnen einigen Schaden zuzufügen, aber während ich sah, daß sie keinen Widerstand leisteten, kamen einige Standespersonen zu mir, die mich baten, ihnen nichts Übles mehr zuzufügen, denn sie wollten Vasallen Eurer Majestät und meine Freunde sein. Sie sähen wohl ein, daß es ihre Schuld sei, mir nicht zu glauben, von jetzt an aber sollte ich sehen, daß sie meinen Befehlen folgen würden. Und sofort gingen viertausend von ihnen friedlich mit mir und brachten gutes Essen an eine Quelle vor dem Dorfe.

Darauf kehrte ich nach unserer Burg zurück, wo die Zurückgebliebenen in großer Sorge waren, da sie glaubten, ein Unstern habe mich befallen, weil sie in der Nacht die zurückkehrenden Pferde gesehen hatten. Als sie aber von unserem Sieg erfuhren, waren sie hocherfreut, denn keiner war unter uns, der nicht große Furcht darüber empfand, daß wir so tief in Feindesland geraten waren, und ich selber hatte in den Quartieren sagen hören, ich sei der wahrhaftige Peter Kohlenbrenner (Pedro Carbonaro – der Gottseibeiuns), der sie hingeführt, wo sie nimmer wieder herauskommen würden. Einmal hörte ich sogar aus einer Hütte, wenn ich der Narr sei, mich hinzubegeben, wo ich nimmer wieder heraus könne, so wollten sie es keineswegs sein, sondern ans Meer zurückkehren, und wenn ich nicht mit ihnen zurückkehren wolle, so würden sie mich verlassen. Ich wurde auch mehr als einmal deswegen angegangen, aber ich ermutigte sie und sagte, sie möchten bedenken, daß sie Vasallen Eurer Hoheit seien und daß in allen Erdteilen die Spanier sich stets untadelig bewährt hätten, daß wir im Begriff seien, die größten Königreiche und Herrlichkeiten der Welt zu gewinnen, außerdem seien wir als Christen verpflichtet, uns im Kampfe gegen die Feinde unseres Glaubens die Glorie jener Welt zu gewinnen, in dieser Welt aber größeren Ruhm und Preis, als bis auf unsere Zeit jemals ein Geschlecht erworben habe. Auch möchten sie bedenken, daß wir uns an Gott halten müßten und daß bei Gott kein Ding unmöglich sei, wie sie bei den großen Siegen gesehen, die wir erfochten hätten. Noch mehr sagte ich ihnen, bis sie wieder Mut faßten, und so gewann ich sie für meinen Vorsatz, der nichts anderes bedeutete, als glücklich zu Ende zu bringen, was ich angefangen hatte.

Am nächsten Tage gegen zehn Uhr besuchte mich Xicotencatl, der Oberbefehlshaber von Tlaxcala, mit fünfzig Würdenträgern und bat mich im Namen des Landesoberhauptes, ich möchte sie zum Königlichen Dienst und zu meiner Freundschaft annehmen und ihnen die begangenen Fehler verzeihen. Sie hätten bei Tag und Nacht gegen uns gekämpft, um nicht irgend jemandem untertan zu werden. Sie seien seit undenklichen Zeiten unabhängig gewesen und hätten sich stets gegen die Macht des Motecuhzoma und seiner Vorfahren verteidigt. Sie seien auch niemals unterworfen worden, obschon ihr Land ohne irgendeinen Ausgang rundum eingeschlossen sei. Sie hätten weder Salz noch Baumwolle, weil es in ihrem Land nichts davon gebe, und noch viele andere Dinge müßten sie wegen der Abgeschlossenheit ihres Landes entbehren, aber sie erduldeten dies, um unabhängig zu bleiben. Ebenso hätten sie es nun mit mir machen wollen, aber da weder ihre Kräfte noch ihre Listen ihnen geholfen hätten, wollten sie nun lieber Vasallen Eurer Hoheit sein, als ihre Häuser, Weiber und Kinder zu verlieren und zu sterben.

Darauf erwiderte ich, sie müßten erkennen, daß sie allein die Schuld an allem trügen, was sie erlitten hätten. Ich sei in dem Glauben in ihr Land gekommen, darin Freunde zu finden, weil die Leute von Cempoal mir dies versichert hätten. So rief ich ihnen noch mehr ins Gedächtnis zurück, was sie gegen mich getan hatten, aber sie beharrten bei ihrem Entschluß, Untertanen und Vasallen Eurer Majestät zu werden. Sie boten mir ihre Person und ihre Habe an. So haben sie bis heute getan und werden, wie ich glaube, es immer tun, wie Eure Majestät in meinen Berichten sehen werden.

VI

Ich blieb noch sechs oder sieben Tage in meiner Festung, denn noch traute ich ihnen nicht, obschon sie mich inständig baten, in ihre große Stadt zu kommen, wo alle ihre Herren wohnten. Endlich kamen diese Herren selber, um mich in ihre Stadt einzuladen, wo ich weit besser aufgehoben sein würde als in meinem Lager. So gab ich endlich ihrer Bitte nach und begab mich nach der Hauptstadt, die sechs Leguas von meiner Burg entfernt lag. Diese Stadt ist aber so groß und bewundernswert, daß schon das wenige, was ich darüber sagen kann, kaum glaublich erscheinen muß. Sie ist viel größer und stärker befestigt als Granada, ist auch viel besser versorgt mit Brot, Vögeln, Wild, Fischen, Gemüsen und anderen Waren. Es gibt hier einen Markt, auf dem täglich über dreißigtausend Käufer und Verkäufer zusammenkommen, außerdem viele kleinere Märkte in den einzelnen Stadtteilen. Außer Lebensmitteln und Kleidungsstücken findet man hier Kleinodien von Gold, Silber und edlen Steinen und eine Art Federschmuck, wie man auf keinem Markt der Welt finden kann. Fayencen gibt es von allen Arten und den besten spanischen gleich. Man verkauft viel Holz und Kohlen und Kräuter als Medizin. Es gibt Barbierläden, wo man sich den Kopf waschen und scheren läßt, und auch Bäder. Man findet bei ihnen jegliche Art guter Ordnung und Polizei. Es ist ein praktisches und verständiges Volk, so daß das beste in Afrika ihm nicht gleichkommt.

Das Land hat viele Täler, die bis auf den letzten Flecken besät und bebaut sind. Es mißt im Umfang neunzig Leguas und mehr und hat eine Regierung etwa wie Venedig, Genua und Pisa, es hat also keinen eigentlichen Oberherrn, sondern viele Herren, die alle in der Hauptstadt wohnen. Die Dorfbewohner treiben Ackerbau und sind Vasallen jener großen Herren, jeder besitzt sein Grundstück für sich, einige haben mehr als andere. Über Krieg und Frieden beschließt eine Versammlung aller. Vermutlich besitzen sie auch eine Art von Justiz, denn als ein Eingeborener einem Spanier etwas Gold entwendet hatte und ich dies dem Magiscazin sagte, dem größten unter den großen Herren, wurde der Dieb bis in die nahe gelegene Stadt Churultecal verfolgt. Von dort brachte man ihn mir mit dem Golde, damit ich ihn bestrafe. Ich sagte aber, da ich mich in ihrem Land befände, möchten sie ihn in herkömmlicher Weise abstrafen. Sie nahmen den Kerl und führten ihn mit einem Herold, der sein Verbrechen ausrief, zum großen Marktplatz. Dort verkündete der Herold noch einmal mit lauter Stimme seine Missetat, dann schlugen sie ihn angesichts aller mit Knüppeln auf den Kopf, bis sie ihn getötet hatten. Wir haben aber auch andere Übeltäter in Gefängnissen gesehen.

Während ich in der Burg verweilte, die mein Hauptquartier gewesen war, kamen sechs vornehme Gesandte Motecuhzomas zu mir, von zweihundert Dienern begleitet. Sie sagten mir, sie kämen im Auftrage Motecuhzomas, um mir zu eröffnen, daß er Vasall Eurer Hoheit und mein Freund sein wolle. Ich möchte überlegen, wieviel jährlicher Tribut an Gold, Silber, Edelsteinen, Sklaven, Baumwollstoffen und anderen Dingen, die er besitze, an mich gerichtet werden solle. Er wolle alles geben, allerdings unter der Bedingung, daß ich nicht in sein Land komme. Sein Land sei sehr unfruchtbar und arm an Lebensmitteln, und es würde ihm leid tun, wenn ich mit meiner Mannschaft Hunger leiden müßte. Zugleich ließ er mir Gold und Baumwollstoffe im Wert von etwa tausend Pesos überreichen.

Die Gesandten sahen mit unbehaglichen Gefühlen, was die Spanier in diesem Lande vermocht hatten und wie die großen Herren sich zum Dienst Eurer Majestät erboten. Sie versuchten, mich auf manchen Wegen mit jenen wieder zu verhetzen. Die Tlaxcalteken aber sagten mir, ich möge den Vasallen des Motecuhzoma nicht trauen, denn sie seien Verräter und hätten ihr ganzes Land mit List und Gewalt zu unterjochen versucht. Als ich aber die Zwietracht und Uneinigkeit der beiden Parteien sah, empfand ich nicht geringes Vergnügen darüber, weil mir das für meine Zwecke recht förderlich erschien. So manövrierte ich denn mit der einen und der anderen Partei, dankte insgeheim jeder für ihre Ratschläge und schien ihr mehr als der anderen mein Vertrauen und meine Freundschaft zu erweisen.

VII

Drei Wochen später sagten mir die immer noch anwesenden Gesandten Motecuhzomas, ich möge nach der Stadt Cholula gehen, die sechs Leguas von Tlaxcala entfernt liegt. Die Einwohner seien Freunde ihres Herrn Motecuhzoma, und dort werde ich auch den Willen ihres Herrn erfahren, ob ich in sein Reich einmarschieren solle oder nicht. Einige von ihnen würden unterdessen zu Motecuhzoma gehen, um ihm zu berichten und seine Antwort nach Cholula zu bringen. Als nun die Tlaxcalteken erfuhren, daß ich den Gesandten zugesagt hatte, nach Cholula zu ziehen, kamen die Oberhäupter sehr bekümmert zu mir und sagten, man habe Verrat geplant und wolle mich in jener Stadt mit allen meinen Leuten ermorden. Zu diesem Zweck habe Motecuhzoma fünfzigtausend Mann ausgesandt, die in der Nähe der Stadt in Quartier lägen. Die große Landstraße sei gesperrt, dagegen eine neue eröffnet mit vielen Einschnitten und verdeckten spitzen Pfählen, damit die Pferde stürzen und sich verletzen sollten. Außerdem hätten sie viele Straßen mit Lehm überschüttet und unpassierbar gemacht, ferner Steine auf die Dächer gebracht, um uns, wenn wir in die Stadt eingerückt sein würden, zu überwältigen und dann mit uns nach Willkür zu verfahren. Wenn ich mich überzeugen wolle, daß dies die Wahrheit sei, dann möchte ich bedenken, daß die Gebieter jener Stadt noch nicht gekommen seien, mich zu sehen und zu sprechen, obgleich sie mir so nahe wären. Ich möchte sie nur einmal rufen lassen, dann würde ich sehen, daß sie nicht die geringste Lust hätten, zu mir zu kommen.

Ich dankte ihnen für den Rat und bat sie, mir einige Personen zu nennen, die in meinem Auftrag dorthin gehen könnten. Das taten sie, und ich sandte sie an die Häuptlinge jener Stadt mit der Einladung, mich zu besuchen. Meine Botschafter entledigten sich meines Auftrags, und bei der Rückkehr wurden sie von zwei oder drei Personen geringeren Standes begleitet, die mir sagten, sie kämen im Auftrag der Oberhäupter, die selber nicht kommen könnten, da sie krank seien. Ich möchte ihnen sagen, was ich zu sagen hätte. Die Tlaxcalteken aber sagten mir, die Abgesandten seien Leute von geringem Stand, und ich möchte keinesfalls dorthin gehen, wenn nicht die Oberhäupter zuvor hierhergekommen seien.

Ich sagte nun den Abgesandten, Aufträge eines so erhabenen Fürsten wie des unsrigen könnten nicht an Personen ihrer Art übergeben werden, sogar ihre Oberhäupter seien noch zu gering, sie zu vernehmen. Doch hätten sie binnen drei Tagen vor mir zu erscheinen, Eurer Hoheit Gehorsam zu leisten und sich zu Dero Vasallen zu erklären. Sollten sie aber nach Ablauf der gesetzten Frist nicht gekommen sein, dann würde ich ihnen über den Hals kommen und mit ihnen als Rebellen verfahren. Und zu Urkund dessen übergab ich ihnen ein Schreiben, von mir und einem Notarius unterzeichnet, in dem ich ihnen eröffnete, daß alle diese Länder Eurer Hoheit gehörten und daß diejenigen, die Eure Vasallen sein wollten, sich geehrt und begünstigt finden, Rebellen aber nach den Geboten der Gerechtigkeit gezüchtigt würden.

Am folgenden Tage kamen nun einige Häuptlinge jener Stadt und sagten mir, sie seien nicht schon früher gekommen, weil die Bewohner dieser Provinz ihre Feinde seien, und sie wüßten wohl, daß mir einiges gesagt und ich vor ihnen gewarnt worden sei. Das sei aber eitel Falschheit, und die Wahrheit sei, daß sie Vasallen Eurer Hoheit sein und tun wollten, was ihnen befohlen werde. So schrieb es ein Notarius nun mit Hilfe der Dolmetscher nieder, und ich beschloß, mit ihnen zu gehen, einmal, um keine Furcht zu zeigen, dann aber auch, um von dort aus meine Verhandlungen mit Motecuhzoma besser führen zu können.

Als aber die Tlaxcalteken meinen Entschluß vernahmen, waren sie sehr bekümmert, doch da sie nun einmal meine Freunde seien, wollten sie mit mir gehen und mir in allem beistehen, was auch kommen möge. Und obwohl ich sie bat, nicht mitzugehen, weil es gar nicht not tue, folgten sie mir doch mit etwa hunderttausend wohlgerüsteten Kriegern und begleiteten mich bis etwa zwei Leguas vor jener Stadt. Hier kehrten viele auf mein dringendes Bitten um, aber fünf- bis sechstausend blieben dennoch in meinem Gefolge. Ich brachte die Nacht an einem Bach zu, um das Indianervolk zu entlassen, damit es in der Stadt nicht irgendeinen Skandal anrichtete, außerdem war es zu spät geworden, in Cholula einzurücken.

Am folgenden Morgen aber kamen sie aus der Stadt, mich mit Pauken und Trompeten zu empfangen, darunter viele Papas in ihrer üblichen Tracht, die ihre Gesänge anstimmten, wie sie es in den Tempeln zu tun pflegen. Wir wurden feierlich in ein gutes Quartier geleitet, und sie brachten mir zu essen, wenn auch nicht sehr reichlich. Unterwegs aber hatten wir manche Anzeichen gefunden, die die Warnungen der Tlaxcalteken bestätigten. Wir fanden die große Heerstraße wirklich gesperrt und einen anderen Weg hergerichtet, der einige Löcher aufwies, wenn auch nicht viele. Und einige Stadtstraßen waren mit klebrigem Lehm beschüttet, und auf den Azoteen (Flachdächern) lagen viele Steine. Das veranlaßte uns zu größter Vorsicht.

Hier fand ich einige Abgesandte des Motecuhzoma, die aber nur gekommen zu sein schienen, um mit denen zu sprechen, die bereits bei mir waren. Sie reisten wieder ab, als sie mit ihnen gesprochen hatten, begleitet von dem vornehmsten Gesandten der ersten Abordnung. Während der nächsten drei Tage wurde ich nur sehr schlecht mit Nahrungsmitteln versorgt, und die Standespersonen der Stadt kamen recht selten, um mich zu besuchen. Und als ich mich deshalb in einiger Besorgtheit befand, erfuhr ich durch eine Dolmetscherin, eine Indianerin, die ich in Tabasco bekommen und über die ich bereits berichtete (Doña Marina), daß sie von einer Einwohnerin gehört habe, ganz nahe bei der Stadt stehe viel Kriegsvolk des Motecuhzoma aufgestellt, und die Bewohner von Cholula hätten Weiber, Kinder und ihre ganze Habe fortgeschickt, da sie beabsichtigten, uns zu überfallen und uns alle niederzumetzeln. Und wenn sie sich retten wolle, möge sie mit ihr gehen, sie wolle sie beschützen. Marina aber hinterbrachte dies dem Geronimo de Aguilar, dem Dolmetscher, der in Yucatan zu uns gekommen war, und dieser brachte es zu meiner Kenntnis. Ich ließ darauf einen sich beim Hause herumtreibenden Eingeborenen einfangen, ohne daß jemand es bemerkte, und befragte ihn. Er bestätigte, was die Indianerin gesagt hatte. Ich beschloß deshalb und auch wegen der Anzeichen, die ich schon besaß, dem Feinde zuvorzukommen.

Ich ließ einige Häuptlinge zu mir rufen, weil ich mit ihnen zu reden hätte, und sperrte sie dann in einen Saal. Unterdessen hatte ich unseren Leuten befohlen, sich in Bereitschaft zu halten und auf das Signal eines Büchsenschusses über die Indianer herzufallen, die sich sehr zahlreich im Quartier und in der Nähe versammelt hatten. Und also geschah es, denn als ich die Häuptlinge im Saal hatte, ließ ich sie fesseln, stieg zu Pferde und ließ den Büchsenschuß abfeuern. Und wir führten eine solche Hand, daß in zwei Stunden mehr als dreitausend Menschen zu Tode kamen.

Und wie vorbereitet sie waren, geht daraus hervor, daß sie, noch ehe ich aus meinem Quartier hervorbrach, schon alle Straßen besetzt und ihr ganzes Volk aufgestellt hatten. Nichtsdestoweniger waren sie leicht zu zerstreuen, da ihre Anführer fehlten, die ich bereits gefangengenommen hatte. Ich ließ einige Türme und feste Häuser in Brand stecken, von denen aus sie sich noch verteidigten. So durchzog ich kämpfend die Stadt, mehr als fünf Stunden lang. Ich trieb das ganze Volk aus der Stadt, wobei die Tlaxcalteken und Cempoaler mir gute Hilfe leisteten.

Nachdem ich ins Quartier zurückgekehrt war, redete ich mit den gefangenen Oberhäuptern und fragte sie, warum sie mich in so verräterischer Weise hätten ermorden wollen. Sie antworteten, daß sie nicht schuld daran seien, sondern die von Culúa (Mexiko) hätten sie dazu verleitet. Motecuhzoma halte hier, etwa andert-halb Legua entfernt, eine Besatzung von fünfzigtausend Mann be-reit, um es zu vollbringen. Da sie aber jetzt einsähen, daß sie betro-gen worden seien, möchte ich einen oder zwei von ihnen freilas-sen, die sollten dann das Volk der Stadt wieder zusammenbringen und die Weiber und Kinder und alle Habseligkeiten zurückkom-men lassen. Sie versicherten mir, von nun an solle niemand sie wieder überlisten und sie würden zuverlässige und treue Vasallen Eurer Hoheit sein.

Ich befreite zwei von ihnen, und am nächsten Tage war die Stadt wieder bevölkert und voll von Weibern und Kindern, als wäre überhaupt nichts vorgefallen. Jetzt gab ich auch die übrigen Ge-fangenen frei, und während ich dort noch verweilte, blieben Stadt und Land so friedlich und belebt, daß nichts zu fehlen schien, und alle Märkte wurden in gewohnter Weise abgehalten. Ich brachte es auch dahin, daß die von Cholula und von Tlaxcala wieder Freunde wurden, wie sie es vorher gewesen waren, während Motecuhzoma jene erst vor kurzer Zeit mit Geschenken zu seiner Freundschaft verlockt und beide untereinander verfeindet hatte.

Die Stadt besitzt viel fruchtbares Land, das zum größten Teil bewässert werden kann. In ihrem Aussehen ist sie schöner als irgendeine Stadt in Spanien und so reich an Türmen, daß ich von einem Turm aus vierhundert andere gesehen habe, alle zu Tem-peln gehörig. Von allen Städten, die ich bisher sah, ist diese am meisten geeignet, auf spanische Weise darin zu leben, denn es gibt hier Gemeindehudungen und Wasser für die Viehzucht, wie wir dies noch bei keiner Stadt gesehen haben. Die hier wohnende Menschenmenge ist aber so groß, daß es keine Handbreit Erde gibt, die nicht bebaut wäre. Aber dennoch leiden sie in einigen Gegenden an Brotmangel, und man sieht viel armes Volk auf den Straßen, Märkten und in den Häusern die Reichen anbetteln, ge-radeso wie es die Armut in Spanien und in anderen von vernünfti-gen Völkern bewohnten Ländern macht.

VIII

Nun redete ich zu den Gesandten des Motecuhzoma, die sich bei mir befanden, von dem Verrat, den sie nach Aussage der Häuptlinge angestiftet hätten. Es scheine mir keineswegs eines großen Herrn würdig, mir durch seine Gesandten zu sagen, daß er mein Freund sei, während er anderswo Mittel suche, mich durch fremde Hand zu verletzen, um sich reinwaschen zu können, wenn der Plan nicht seiner Absicht gemäß ausfalle. Da er mir also weder Wort halte noch die Wahrheit sage, wolle auch ich mein Vorhaben ändern und nicht als Freund, sondern nach Kriegsweise in sein Land einrücken und ihm als einem Feinde so viel Schaden tun, als ich nur vermöchte.

Die Gesandten erwiderten, sie wüßten nichts von einem Anschlag, sondern nur, was hier in der Stadt vorgefallen sei. Sie könnten nicht glauben, daß dies auf Befehl Motecuhzomas geschehen sei, und sie bäten mich, einen von ihnen zu beurlauben, um zu ihm zu gehen und die Wahrheit zu erforschen. Ich war damit einverstanden und ließ einen der Gesandten abreisen. Nach sechs Tagen kehrte er zurück und mit ihm auch der andere, der schon früher abgegangen war. Sie brachten mir zehn goldene Schüsseln und eintausendfünfhundert Stück Gewebe, ferner einen großen Vorrat an Hühnern und *panicap*, einem bei ihnen sehr beliebten Getränk (aus gegorenem Maissyrup). Sie berichteten mir, Motecuhzoma sei äußerst betrübt gewesen über den schlimmen Anschlag, der in Cholula habe ausgeführt werden sollen, ich möge aber nicht glauben, daß er durch Rat oder Befehl daran beteiligt gewesen sei. Die Kriegsleute, die in der nahe gelegenen Garnison lägen, seien ohne Befehl ausgerückt, nur auf Verlockung derer von Cholula. In Zukunft werde ich aus seinem Verhalten erkennen, ob es Wahrheit sei, was er jetzt sage. Nichtsdestoweniger aber bitte er mich noch immer, nicht in sein Land zu kommen, denn ich würde Not darin leiden.

Ich erwiderte, daß der Zug in sein Land nun einmal nicht vermieden werden könne, denn ich sei verpflichtet, darüber Bericht an Eure Majestät zu erstatten. Da ich also meinen Besuch nicht unterlassen dürfe, möge er es gutheißen und sich nicht in Dinge einlassen, die ihm zu großem Schaden gereichen müßten. Als ihm nun klargeworden war, daß es mein fester Entschluß war, ihn und sein Land zu besuchen, ließ er mir sagen, es möge zu einer glücklichen Stunde geschehen, und er werde mich in seiner großen Residenzstadt erwarten. Er schickte mir viele seiner Leute entgegen, da ich jetzt sein Land betreten mußte. Sie wollten mich nun eine Straße führen (über Calpulalpa), wo es viele Brücken und gefährliche Pässe gab und wahrscheinlich irgendein Anschlag gegen uns geplant war. Gott aber zeigte uns einen anderen, zwar etwas schwierigen, aber nicht so gefährlichen Weg. Damit verhielt es sich folgendermaßen.

Acht Leguas von Cholula entfernt befinden sich zwei Berge (der Popocatepetl und der Ixtaccihuatl), sehr hoch und wunderbar. Ende August tragen sie noch so viel Schnee, daß von ihren Gipfeln nichts anderes als eben Schnee sichtbar ist. Aus dem einen, der der höchste ist (Popocatepetl), stieg eine Dampfwolke empor, einem großen Hause gleich, und so groß ist anscheinend die Gewalt, mit der sie hervordringt, daß nicht einmal der starke Wind, der dort ständig weht, sie zu beugen vermag. Da ich dies Geheimnis erkunden wollte, um darüber Bericht erstatten zu können, schickte ich zehn tüchtige Leute mit einigen Eingeborenen als Pfadfinder aus, den Berg zu besteigen. Sie versuchten den Berg zu erklimmen, mußten es aber zuletzt wegen des vielen Schnees und wegen des Wirbelwindes, der die Asche umhertreibt, vor allem aber wegen der großen Kälte aufgeben. Sie kamen jedoch ganz in die Nähe des Kegels, und gerade als sie oben standen, begann der Dampf hervorzubrechen. Er fuhr, wie sie sagten, mit solcher Gewalt und einem solchen Getöse heraus, als wollte der ganze Berg einstürzen. So stiegen sie wieder herab und brachten Schnee und Eisstücke mit, damit wir selber sehen möchten, was uns in diesem Erdstrich ungewöhnlich schien, besonders da diese Gegend auf dem zwanzigsten Grad, etwa in der Höhe von Española, liegt, wo ständig eine große Hitze herrscht.

Unterwegs stießen sie auf eine Landstraße, und sie fragten die Eingeborenen, wohin sie führe. Die Indianer sagten, dies sei eine gute Straße nach Culúa, die andere aber, auf der man uns dorthin führen wolle, sei nicht gut. Meine Spanier verfolgten die Straße nun bis zum Abhang beider Berge, zwischen denen sie hinunterführt, und sie erblickten das Tal von Culúa und die große Stadt

Tenochtitlán (Mexiko) mitten in den Lagunen, worüber ich später noch berichten werde. Sie kehrten zurück und waren sehr froh darüber, eine gute Straße entdeckt zu haben, und Gott weiß, wie sehr auch ich mich freute. Ich sagte nun den Gesandten Motecuhzomas, ich wolle auf dieser Straße ziehen und nicht auf jener, die sie mir vorgeschlagen hätten, diese sei viel kürzer. Sie erwiderten, darin habe ich recht, aber ich müsse dann einen Tagesmarsch durch das Gebiet von Guaxocingo ziehen, das ihnen feindlich sei, so daß ich dort nicht versorgt sein werde. Wolle ich aber durchaus diesen Weg einschlagen, so würden sie Proviant dorthin schaffen.

So brachen wir auf, immer noch in der Furcht, daß sie uns einen Streich spielen könnten. Sie sollten aber auch nicht glauben, es fehle uns an Mut, diese Straße zu marschieren. Am ersten Tage gelangte ich an einige Weiler der Stadt Guaxocingo, wo ich von den Eingeborenen gut aufgenommen wurde. Sie schenkten mir einige Sklavinnen und kleine Goldstückchen, im ganzen aber recht wenig, da sie selber keins haben, weil sie Bundesgenossen der Tlaxcateken und wie diese von den Azteken eingeschlossen sind und in großer Armut leben müssen.

Am folgenden Tage stieg ich den Engpaß zwischen den beiden Bergen hinan, und beim Hinabsteigen, als wir schon das Reich des Moteczuma vor uns liegen sahen, fand ich ein sehr gutes Quartier, erst kürzlich eingerichtet und so groß, daß ich mit allen meinen Truppen darin herbergen konnte, obgleich ich mehr als viertausend Indianer – Eingeborene der Länder Tlaxcala, Guaxocingo, Cholula und Cempoal – bei mir hatte. Für alle war reichlich zu essen da, und in den Häusern gab es genug Holz und Feuer, denn es war in der Nähe der schneebedeckten Berge sehr kalt.

IX

Es kamen nun wieder einige Gesandte, unter ihnen einer, von dem man mir sagte, daß er ein Bruder Motecuhzomas sei. Sie brachten mir Gold im Werte von dreitausend Pesos und sagten mir, ihr Herr lasse mich bitten, nicht darauf zu bestehen, in seine Stadt zu kommen, weil sein Land sehr arm an Lebensmitteln sei. Außerdem würde ich den Weg schlecht finden, da er ganz unter Wasser stände, so daß ich nur in Kähnen weitergelangen könne. Ich möge überlegen, was Motecuhzoma mir geben solle, er sei auch bereit, mir jährlich eine Abgabe zu leisten und sie ans Meer und wohin ich sonst verlange zu bringen. Ich empfing die Herren recht freundlich und schenkte ihnen, besonders dem Bruder Motecuh-zomas, einiges von unseren spanischen Sachen, worauf sie großen Wert legen. Auf ihre Botschaft aber antwortete ich, ich würde umkehren, wenn dies in meiner Hand läge, um mich Motecuh-zoma gefällig zu erweisen, aber ich sei auf Befehl Eurer Majestät in dieses Land gekommen, und die Hauptsache, worüber ich Be-richt erstatten müsse, sei eben Motecuhzoma und seine große Stadt, von denen Eure Hoheit schon seit langem Kenntnis habe. Sie möchten ihrem Herrscher deshalb sagen, ich bäte ihn, meinen Besuch anzunehmen, da ihm daraus keinerlei Schaden, wohl aber Nutzen entstehen könne. Wenn ich ihn gesehen habe und es dann noch sein Wille sei, mich nicht in seiner Gesellschaft zu lassen, dann würde ich umkehren. Wir würden aber besser unter uns die Art und Weise festlegen, wie er sich im Dienste Eurer Hoheit zu benehmen habe, als durch dritte Personen, selbst wenn sie unser volles Vertrauen hätten. Mit dieser Antwort zogen die Gesand-ten wieder ab. Sie hatten, wie wir an verschiedenen Anzeichen bemerkten, die Absicht gehabt, uns in der Nacht angreifen zu las-sen. Als ich dies aber merkte, ergriff ich solche Maßnahmen, daß sie ihren Plan aufgaben. Sie ließen nun viel Kriegsvolk, das in den nahegelegenen Bergen versammelt war, ganz heimlich wieder ab-marschieren, wie uns von unseren Streifen und Horchposten ge-meldet wurde.

Gleich nach Tagesanbruch rückte ich nach dem zwei Leguas entfernten Dorf Amecameca vor, das zur Provinz Chalco gehört und mit den umliegenden Weilern zwanzigtausend Einwohner zählen mag. Wir wurden in einigen guten, dem Kaziken gehören-den Häusern einquartiert. Hier fanden sich auch einige vornehme Personen ein, die mir sagten, sie seien von Motecuhzoma ge-schickt worden, um mich hier zu erwarten und mit allem Nötigen zu versehen. Der Kazike des Dorfes schenkte mir dreitausend Castellanos (Goldpesos) und vierzig Sklavinnen und versorgte uns zwei Tage hindurch reichlich mit allem Notwendigen. Tags darauf zog ich weiter und brachte die nächste Nacht in einem kleinen Dorfe zu, das an einer großen Lagune lag und fast zur

Hälfte über dem Wasser erbaut war, während an der Landseite ein felsiger Berghang aufragte.

Und auch hier hatten sie noch einmal Lust, ihre Kräfte mit uns zu messen, nur daß sie uns zur Nachtzeit unvorbereitet überfallen wollten. Wir hielten aber so gute Wacht, daß von ihren Kundschaftern, die in Kähnen übers Wasser kamen oder vom Berge herabstiegen, fünfzehn bis zwanzig von uns ergriffen und getötet wurden, so daß nur wenige entkamen. Da sie uns nun solchermaßen auf der Hut sahen, beschlossen sie, ihr Vorhaben aufzugeben und sich mit uns zu vertragen.

Am folgenden Morgen kamen zwölf Gesandte, unter ihnen ein besonders vornehmer Herr von etwa fünfundzwanzig Jahren. Die anderen erwiesen ihm so großen Respekt, daß sie, als er seine Sänfte verließ, den Boden vor seinen Füßen von Steinen und Strohhalmen reinigten. (Es war Cacama, Herrscher von Tetzcoco, der mächtigste Vasall Motecuhzomas.) Sie sagten, sie kämen im Auftrage Motecuhzomas, um mich zu begrüßen, ihr Herr lasse sich entschuldigen, da er sich nicht wohl fühle. Seine Residenz liege ganz in der Nähe, und da ich noch immer entschlossen sei, mich dorthin zu begeben, würde ich ihn dort sehen und von ihm erfahren, welche Neigung er für den Dienst Eurer Hoheit gefaßt habe. Nichtsdestoweniger bitte er mich noch immer, wenn es irgend möglich sei, nicht zu kommen, da ich viel Not und Ungemach ausstehen würde, und daß es für ihn sehr beschämend sei, mich nicht nach meinen Wünschen versorgen zu können. Auch die Gesandten bestanden darauf so hartnäckig, daß nur noch fehlte, sie verböten mir den Weitermarsch, wenn ich darauf beharren würde. Ich besänftigte sie aber, so gut es ging, indem ich ihnen erklärte, meine Ankunft könne ihnen niemals zum Schaden gereichen, wohl aber zu großem Vorteil. Darauf empfahlen sie sich, nachdem ich ihnen noch einige meiner mitgebrachten Sachen geschenkt hatte.

Unmittelbar nach ihnen setzte ich mich in Marsch, begleitet von vielen Eingeborenen, die in großem Ansehen zu stehen schienen. Ich verfolgte die Straße am Ufer der großen Lagune. Nach einem Marsch von einer Legua gewahrte ich im See, etwa zwei Armbrustschüsse vom Ufer entfernt, eine kleine Stadt, die wohl zweitausend Einwohner haben konnte, ganz im Wasser erbaut, mit vielen Türmen, aber ohne einen äußerlich sichtbaren Eingang. Eine Legua weiter betraten wir einen Damm, nicht breiter als eine Lanzenlänge, der in den See hineinführte. Auf ihm erreichten wir wieder eine kleine Stadt (Cuitlahuac), die die schönste von allen bisher gesehenen Städten war, sowohl wegen ihrer wohlgebauten Häuser und Türme als auch wegen der guten Anlage ihres Fundaments, da sie ganz über dem Wasser erbaut war.

Der Kazike der Stadt und viele Standespersonen besuchten mich und baten mich, bei ihnen Nachtquartier zu nehmen. Die Beauftragten Motecuhzomas aber sagten mir, ich möchte nach der drei Leguas entfernten Stadt Iztapalapa weiterziehen, die einem Bruder Motecuhzomas gehöre. Ich befolgte den Rat, und als wir die Stadt erreichten, kam uns der Kazike mit vielen anderen Herren entgegen, um uns zu begrüßen. Sie schenkten mir Gold im Werte von drei- bis viertausend Pesos, einige Sklavinnen und Stoffe.

Zwölf- bis fünfzehntausend Einwohner kann die Stadt Iztapalapa haben, die am Ufer einer großen Lagune von Salzwasser liegt, die eine Hälfte im Wasser, die andere auf dem Festland. Der Herr dieser Stadt besitzt neue Häuser, so gut wie die besten in Spanien, sowohl im Mauer- und Zimmerwerk wie in Fußböden und Bequemlichkeiten aller Art, aber ohne Stuckarbeiten und anderen Luxus, wie man sie in spanischen Häusern sieht. In vielen Gemächern, sowohl zu ebener Erde als auch darüber, findet man frische Ziergärten mit vielen Bäumen und duftenden Blumen, auch Bassins mit süßem Wasser. Neben dem Hause liegt ein großer Wirtschaftsgarten und auf dem Hause ein Obergeschoß mit schönen Sälen und weiter Aussicht. Im Garten befindet sich ein sehr großes Bassin, vierhundert Schritte im Quadrat, mit einem gepflasterten Weg rundherum. Der Garten ist mit Mais bestellt und mit Gebüschen, aber auch mit wohlriechenden Kräutern und Stauden bepflanzt. In dem Bassin tummeln sich viele Fische und Wasservögel in solcher Menge, daß sie zuweilen das ganze Wasser bedecken.

Am nächsten Tage brach ich wieder auf, und nach halbstündigem Marsche betraten wir einen Damm, der sich zwei Stunden weit durch die Lagune bis zur Hauptstadt Tenochtitlán (so nannten die Azteken ihre Hauptstadt) erstreckt, die mitten in der Lagune gegründet ist. Der Damm ist fest gebaut und zwei Lanzen breit, so daß acht Reiter in Front darauf marschieren können. Auf dieser Strecke von zwei Leguas liegen auf beiden Seiten des Dammes drei Städte, die eine, Mexicalcingo genannt, ist größtenteils in den See hineingebaut, die beiden anderen aber liegen am Ufer, obwohl auch von ihren Häusern noch viele im Wasser stehen. In allen dreien gibt es sehr gute Gebäude, Häuser wie Türme, besonders die Wohnhäuser der Vornehmen, sowie die Tempel und Bethäuser, in denen sie ihre Götzen halten. In diesen Städten wird starker Handel mit Salz getrieben, das sie aus dem Wasser der Lagune und aus der Kruste des von ihr bespülten Erdreichs gewinnen. Sie kochen es auf eine bestimmte Weise und verkaufen es in Stücken an Eingeborene als auch über die Grenze.

So zog ich denn auf diesem Damm fürbaß. Etwa eine halbe Legua vor der Stadt Tenochtitlán befand sich an der Einmündung eines anderen Dammes, der vom Festland her sich mit unserem Damm verband, ein sehr festes Bollwerk, von einer zweistöckigen Mauer mit zwei Türmen und die Mauer ringsum von einer Brustwehr umgeben. Es beherrscht beide Dämme und hat nur zwei Tore zum Eingang und zum Ausgang. Hier kamen mir etwa tausend Standesherren entgegen, um mich zu sehen und zu sprechen, Einwohner der Hauptstadt, alle in der gleichen und nach Landessitte sehr reichen Tracht. Bevor sie mich aber anredeten, vollbrachte jeder von ihnen, sobald er in meine Nähe gelangte, eine bei ihnen gebräuchliche Zeremonie, indem er mit der Hand die Erde berührte und sie küßte. Ich mußte mich eine Stunde damit aufhalten, bis mich alle begrüßt und geehrt hatten. Dicht vor der Stadt befindet sich nun eine hölzerne Brücke von zehn Schritt Breite, unter der das Wasser herfließt, wenn es steigt und fällt, die aber auch zum Schutze der Stadt geöffnet werden kann, denn die sehr langen und breiten Balken, aus denen die Brücke besteht, können fortgenommen und wieder hingelegt werden. Solche Brücken gibt es viele in der Stadt, worüber ich noch berichten werde.

X

Als wir die Brücke überschritten hatten, kam uns der große Motecuhzoma mit etwa zweihundert Gefolgsleuten entgegen, alle barfuß und in der gleichen Tracht, aber noch reicher als die vorigen gekleidet. Sie kamen zu beiden Seiten der Straße heran, Motecuhzoma ging in ihrer Mitte mit zwei Herren zur Rechten und zur Linken. Der eine war jener große Herr (Cacama), der in der Sänfte zu mir gekommen und über den ich bereits berichtet habe, der andere der Kazike von Iztapalapa, ein Bruder des Herrschers. Alle drei waren in gleicher Weise gekleidet, nur daß Motecuhzoma eine Fußbekleidung trug, die beiden anderen aber barfuß gingen. Beide unterstützten ihn mit dem Arm. Als wir zusammentrafen, stieg ich vom Pferde und ging allein auf ihn zu, um ihn zu umarmen, aber seine Begleiter hielten mir die Hände vor, so daß ich ihn nicht berühren konnte, und sie sowohl als er machten mir die beschriebene Zeremonie, indem sie die Erde küßten.

Darauf näherte ich mich Motecuhzoma, nahm mein Halsband aus Perlen und Glasdiamanten ab und legte es ihm um den Hals. Darauf kam einer seiner Diener mit zwei in einem Korbe verpackten Hummerhalsbändern, aus roten Muscheln hergestellt, die sie sehr schätzen. An jedem Halsband hingen acht goldene Hummer von vortrefflicher Arbeit, etwa einen halben Fuß hoch. Er wandte sich zu mir und legte sie mir um den Hals. Dann verfolgte er wieder seinen Weg die Straße entlang, bis wir an ein sehr großes und schönes Haus kamen, das er zu unserem Quartier bestimmt hatte.

Motecuhzoma nahm mich bei der Hand und führte mich in einen großen Saal dem Hofe gegenüber, durch den wir eingetreten waren. Hier bot er mir Platz auf einer Estrade, die er für sich hatte machen lassen, und bat mich, ihn hier zu erwarten, worauf er sich entfernte. Kurze Zeit nachher, als meine Leute schon einquartiert waren, kehrte er zurück mit vielen Kleinodien aus Gold und Silber, mit Federbüschen und sechstausend Stück Baumwollzeug, sehr reich und verschieden gearbeitet. Nachdem er mir die Geschenke überreicht hatte, setzte er sich auf eine andere Erhöhung, die schnell für ihn hergerichtet worden war, und begann folgende Rede:

»Seit langer Zeit schon besitzen wir durch unsere Voreltern Kenntnis davon, daß weder ich noch alle jetzigen Bewohner des Landes Eingeborene sind, sondern vielmehr Fremde, die aus sehr entfernten Gegenden stammen. Wir wissen auch, daß unser Volk durch einen Herrscher hierhergeführt worden ist, dessen Untertanen sie alle waren. Er kehrte nach seinem Geburtslande zurück und kam erst nach so langer Zeit wieder, daß die Zurückgebliebe-

108

nen sich unterdessen mit eingeborenen Weibern verheiratet, viele Kinder gezeugt und neue Ortschaften gegründet hatten, in denen sie lebten. Als er sie nun wieder hinwegzuführen gedachte, wollten sie ihm nicht folgen und ihn nicht einmal als ihren Herrn anerkennen, und so entfernte er sich wieder.

Wir haben stets geglaubt, daß seine Nachkommen dereinst erscheinen würden, um dies Land zu unterjochen und uns wieder zu ihren Untertanen zu machen. Nach der Gegend, aus der Ihr gekommen seid, das heißt, vom Sonnenaufgang her, und nach Euren Berichten von jenem großen König, der Euch entsendet hat, glauben wir und halten es für gewiß, daß er unser angestammter Herrscher sei, besonders da Ihr sagt, daß er schon seit langer Zeit Kunde von uns erhalten hat. Seid deshalb überzeugt, wir werden Euch gehorchen und Euch als Statthalter jenes großen Herrn anerkennen. Ihr mögt daher in meinem ganzen Lande nach Willkür befehlen, denn es wird befolgt werden, und über alles, was wir besitzen, mag Euch zu verfügen gefällig sein.

Da Ihr Euch nun in Eurer Heimat befindet und im eigenen Hause, so ruhet aus von der Mühseligkeit des Weges und von den Kriegen, die Ihr geführt habt, denn ich kenne sehr wohl alles, was Euch solcherart bis hier begegnet ist. Ich weiß auch wohl, daß die von Cempoal und Tlaxcala viel Übles über mich gesagt haben, glaubt aber nicht mehr davon, als Ihr mit eigenen Augen sehen werdet, besonders denen nicht, die meine Feinde sind und bei Eurer Ankunft gegen mich rebelliert haben.

Ich weiß auch, daß sie Euch gesagt haben, ich besäße Häuser mit Wänden aus Gold, und der Belag meiner Fußböden und andere Gegenstände des häuslichen Bedarfs seien gleichfalls aus Gold, und ich sei ein Gott oder erhöbe mich zum Gott und dergleichen mehr.« Darauf lüftete er seine Gewänder, zeigte mir seinen bloßen Leib und fuhr fort: »Hier seht Ihr auch, daß ich von Fleisch und Blut bin wie Ihr und jeder andere und daß ich sterblich und antastbar bin –« wobei er sich an den Leib und an die Arme griff – »seht also, daß sie Euch belogen haben. Wahr ist freilich, daß ich einige Sachen von Gold besitze, die mir von meinen Ahnen hinterlassen worden sind, aber alles, was ich besitze, wird Euer sein, sobald Ihr es wünschen werdet. Jetzt gehe ich in ein anderes Haus, in dem ich wohne. Ihr werdet hier mit allem Nötigen für Euch und

Eure Leute versorgt werden. Ihr braucht Euch um nichts zu sorgen, denn Ihr befindet Euch in Eurem Hause und in Eurer Heimat.«

Ich antwortete nun auf alles, was er gesagt hatte, ihn in allem zufriedenstellend, wo es mir ratsam erschien, besonders ihn in seinem Glauben bestärkend, daß Eure Majestät wirklich der längst von ihnen Erwartete sei. Darauf empfahl er sich, und als er fort war, wurden wir sehr gut mit Hühnern, Brot, Früchten und anderem versorgt, besonders auch mit allem Notwendigen zur Einrichtung unseres Quartiers. So vergingen sechs Tage, an denen wir wohl versorgt waren und vielen Besuch erhielten.

14 Die Begegnung zwischen Azteken-Herrscher Motecuhzoma und Cortés aus der Sicht des Chronisten Bernal Diaz del Castillo

Wie der mächtige Motecuhzoma und unser Generalkapitän sich gegenseitig besuchten

Als Motecuhzoma gespeist hatte, ließ er sich melden, ob wir auch soweit wären, und kam dann mit großem Gefolge und mit großem Pomp in unser Quartier. Cortés ging ihm bis zur Mitte des Saales entgegen. Man brachte einen mit reichen Goldarbeiten verzierten, kostbaren Sessel, der Herrscher nahm Cortés bei der Hand und bat ihn, neben ihm Platz zu nehmen. Dann hielt Motecuhzoma eine lange, wohl durchdachte Rede. Er sagte, er freue sich, in seinem Reich und in seinem Haus so tapfere Kavaliere beherbergen zu dürfen wie unseren Generalkapitän und seine Männer. Man habe ihm schon vor zwei Jahren von einem anderen Hauptmann berichtet, der sich in Champoton gezeigt habe, und ein Jahr später von einem zweiten, der mit vier Schiffen an der Küste erschienen sei. Er habe sich schon lange gewünscht, Cortés persönlich kennenzulernen. Nun da dieser Wunsch erfüllt sei, sei er zu jedem Dienst für uns bereit. Er habe inzwischen die Überzeugung gewonnen, daß wir die Männer seien, deren Kommen seine Vorfahren angekündigt hätten; sie hätten vorausgesagt, daß Fremde vom Sonnenaufgang her kommen und eines Tages diese Länder beherrschen würden. Wir hätten uns überall so tapfer geschlagen, daß darüber gar kein Zweifel mehr sei. Er habe sich die Bilder von unseren Kämpfen vorlegen lassen.

Cortés erwiderte ihm, daß wir nicht in der Lage seien, die großen Geschenke und Freundlichkeiten, mit denen er uns täglich überschütte, zu vergelten. Wir kämen freilich von Sonnenaufgang her und seien Diener und Untertanen eines mächtigen Monarchen, des Kaisers Don Carlos, dem eine Menge großer Fürsten als Vasallen untergeben seien. Unser Kaiser habe von ihm, von Motecuhzoma und von seinem mächtigen Reich, gehört und uns befohlen, dieses Land aufzusuchen, um ihm und seinen Untertanen den wahren, den christlichen Glauben zu bringen. Die Botschafter hätten ihm sicher von den ausführlichen Gesprächen berichtet, die er mit ihnen über unsere heilige Religion gehabt habe. Er werde hier Gelegenheit haben, ihn noch viel ausführlicher und eingehender zu unterrichten; denn nur der eine, wahre Gott könne uns alle vor dem ewigen Verderben retten.

Nach dieser Unterredung beschenkte Motecuhzoma Cortés, die Offiziere und uns einfache Soldaten sehr reich mit Gold und mit baumwollenem Zeug. Er zeigte sich wahrhaft als großer Herr, und wir hatten den Eindruck, daß er recht vergnügt und befriedigt war. Er fragte Cortés, ob wir alle ohne Ausnahme Brüder und Untertanen unseres großen Kaisers seien. Cortés versicherte, daß wir alle wie Brüder in Liebe und Freundschaft verbunden seien und daß wir angesehene Männer im Reiche unseres Kaisers seien. Motecuhzoma brach bald auf, um uns am ersten Tag nicht lästig zu fallen. Zuvor veranlaßte er noch, daß wir und unsere Pferde die gewohnte Verpflegung bekamen. Cortés gab ihm das Geleit bis auf die Straße. Dann befahl er uns, das Quartier nicht zu verlassen. Wir wollten erst wissen, wie die Dinge hier in Mexiko weiterliefen.

Am nächsten Tag machte Cortés dem Motecuhzoma einen Gegenbesuch. Er ließ anfragen, ob es dem Herrscher gut gehe und ob ihm jetzt ein Besuch recht sei. Er nahm vier Hauptleute und fünf Soldaten mit, unter denen auch ich war. Motecuhzoma begrüßte uns in der Mitte eines großen Saales, nur von seinem Neffen begleitet. Andere Große wurden nur bei außergewöhnlichen Gelegenheiten in seine Räume eingelassen. Die beiden Herren begrüßten sich gegenseitig mit großer Ehrerbietung. Motecuhzoma führte Cortés zu einem erhöhten Sitz und bat ihn, zu seiner Rechten Platz zu nehmen. Für uns andere wurden einfache Sitze gebracht. Dann setzte Cortés zu einer langen Rede an. Er sagte: »Alle meine Wünsche und die Wünsche meiner Kameraden sind nun erfüllt. Wir haben unser Reiseziel erreicht und damit den Befehl unseres Herrn und Kaisers ausgeführt. Es bleibt uns nur noch die Pflicht, auch die Befehle unseres Gottes zu übermitteln. Deine verschiedenen Botschafter haben dir sicher schon das Wesentliche mitgeteilt. Ich darf mich deshalb kurzfassen: Wir sind Christen und glauben nur an einen wahren Gott, an Jesus Christus, der für uns gelitten hat und für uns gestorben ist, um uns zu erlösen. Das Kreuz ist für uns das Symbol für seinen Martertod, durch den das ganze Menschengeschlecht vor dem ewigen Verderben bewahrt wurde. Christus ist nach drei Tagen wieder aus dem Grab auferstanden und in den Himmel gefahren. Von ihm ist alles erschaffen worden: Himmel, Erde und Meer, alle lebendigen Wesen und die leblosen Steine. Nichts geschieht ohne seinen Willen. Wir glauben an ihn allein, und darum verehren wir auch nur ihn allein. Die Wesen aber, die ihr für Götter haltet, sind keine Götter. Sie sind böse Geister, sie sind Teufel, die in Wahrheit viel schlimmer sind als ihre abscheulichen Abbilder. Ihre Erbärmlichkeit und Machtlosigkeit ist unabstreitbar. Ihr werdet euch ebenso wie eure Botschafter bald davon überzeugen, daß eure Götzen nicht mehr zu erscheinen wagen, sobald wir in einem eurer Tempel ein Kreuz errichtet haben. Jetzt bitte ich euch aber, ganz besonders aufmerksam anzuhören, was ich euch noch sagen möchte.«

Cortés gab dann eine sehr klare Darstellung der Schöpfungsgeschichte, er betonte vor allem, daß wir alle Brüder und Söhne eines Vaters und einer Mutter seien. Er führte aus, daß unser kaiserlicher Herr den Gedanken nicht länger ertragen könne, daß so viele Menschenseelen für ewig verloren sein sollten, weil falsche Götzen sie in die Hölle stürzten, in das unauslöschliche Feuer. Deshalb habe er uns in diese Länder gesandt. Wir sollten dem Elend ein Ende machen, die Völker mahnen, den Götzendienst aufzugeben, keine Menschen mehr zu rauben und zu opfern und die Sodomiterei zu unterlassen. Unser Kaiser werde demnächst heiligmäßige Männer hierherschicken, die alles dies noch viel ausführlicher und anschaulicher darstellten könnten als er. Wir seien nur die ersten Boten. Er bitte Motecuhzoma mitzuhelfen, das begonnene Werk fortzuführen und zu vollenden. Als Cortés sah, daß Motecuhzoma antworten wollte, brach er seine Rede ab und sagte nur noch: »Wahrlich, das soll vollbracht werden! Was hier und jetzt geschieht, soll nur der erste Anfang sein!«

Nun nahm Motecuhzoma das Wort und sagte: »Malinche! Was du soeben über deinen Gott gesagt hast, habe ich allerdings schon früher durch meine Diener erfahren, die dich seinerzeit an der Küste aufgesucht haben. Ich weiß auch, was du in allen Ortschaften gepredigt hast, durch die du gekommen bist, und warum ihr überall das Kreuz errichtet. Wir haben dazu geschwiegen. Die Götter, die wir anbeten, werden seit Urzeiten von unseren Völkern angebetet. Wir halten sie für gute Götter. Wir sind überzeugt, daß auch eure Götter gute Götter sind. Darum laß uns nicht weiter darüber reden! Auch wir sind überzeugt, daß die Welt vor undenklichen Zeiten geschaffen worden ist. Wir sind außerdem überzeugt, daß ihr die Männer seid, deren Kommen unsere Vorfahren angekündigt haben; denn ihr kommt ja vom Sonnenaufgang her. Ich fühle mich deinem großen Kaiser gegenüber sehr verpflichtet. Deshalb werde ich ihm die kostbarsten Dinge senden, die ich habe. Schon vor zwei Jahren habe ich von ihm gehört. Damals landeten mehrere Schiffe an unserer Küste, und die Männer der Besatzung erklärten auch, sie seien alle Untertanen eures Kaisers. Sage mir, gehört ihr wirklich alle zusammen?«

Cortés versicherte Motecuhzoma, daß wir alle Diener unseres großen Kaisers seien. Die Schiffe seien damals vorausgeschickt worden, um die Fahrstraße, die Meere und die Häfen zu erkunden und auf diese Weise unsere Reise vorzubereiten. Motecuhzoma sagte dazu, er habe damals schon die Absicht gehabt, einige dieser Männer zu sich zu bitten und angemessen zu ehren. Nun hätten die Götter alle seine Wünsche erfüllt, und wir wären hier in diesem Palast, den wir als unser Eigentum betrachten sollten. Es wäre jetzt an der Zeit für uns, auszuruhen und es uns gutgehen zu lassen. Er habe uns des öfteren bitten lassen, nicht in seine Hauptstadt zu kommen. Das sei nicht gern geschehen. Er habe dies mit Rücksicht auf seine Untertanen tun müssen, die große Furcht vor uns gehabt hätten. Sie glaubten nämlich, daß wir Teules seien, unbändige und wilde Teules, die Feuer und Blitze schleudern und mit ihren Pferden alle Menschen töten, die ihnen in den Weg kommen. Nun habe er uns persönlich kennengelernt und gefunden, daß wir verständige Menschen aus Fleisch und Blut seien, sehr besonnene und überaus tapfere Männer. Er achte uns deshalb nur um so höher und wolle alles mit uns teilen, was er habe.

Cortés dankte Motecuhzoma für diese überaus freundliche Gesinnung und versicherte ihm, daß wir alle uns ihm sehr verpflichtet fühlten. Motecuhzoma erwiderte ihm mit liebenswürdigem Lächeln: »Ich weiß sehr wohl, Malinche, was dir die Leute aus Tlaxcala, mit denen du dich eng verbunden hast, erzählt haben. Ich soll eine Art Teule sein, und meine Paläste sollen bis oben hin mit Gold und Silber und mit Juwelen gefüllt sein. Aber ihr seid ja verständige Männer und habt dieses Gerede nicht geglaubt. Inzwischen wirst du dich ja auch überzeugt haben, Malinche, daß ich aus Fleisch und Blut bin wie du und daß meine Paläste aus Stein, Holz und Kalk bestehen. Sicher, ich bin ein mächtiger Herrscher. Es ist wahr, ich habe von meinen Vorfahren große Schätze geerbt. Aber was man sonst alles von mir erzählt, ist Unsinn. Ihr werdet an diese Schnurren ebensowenig glauben wie wir an eure Schleuderblitze.«

Cortés erwiderte lachend: »Es ist eine alte Erfahrung, daß Feinde nie Gutes und nie Wahres von Feinden berichten. Ich habe mich inzwischen längst überzeugt, daß es in diesen Landen keinen hochherzigen und glanzvollen Herrscher gibt, der sich mit dir messen kann. Das große Ansehen, das du bei unserem Kaiser genießt, ist wohlbegründet.« Motecuhzoma hatte inzwischen feine Goldarbeiten und außergewöhnlich schöne Stoffe bringen lassen, die er nach dem Gespräch an Cortés und die vier Offiziere verteilte. Wir Soldaten bekamen jeder zwei goldene Halsketten im Wert von zehn Piastern und zwei Packen baumwollenes Zeug. Motecuhzoma verteilte diese Geschenke mit der Würde eines großen und überragenden Fürsten.

15 Kulturkonflikt: Der Streit des Cortés mit Motecuhzoma auf der Spitze des Tempelbergs

*Wie Cortés den Hauptplatz der Stadt und den größten
Tempel besuchte, und von dem Streit, den er dort
mit Motecuhzoma hatte*

Wir waren schon vier Tage in Mexiko, und niemand von uns hatte bis jetzt das Quartier verlassen. Cortés wollte aber den großen Marktplatz der Stadt und den Haupttempel besichtigen. Er schickte deshalb seine Dolmetscher, die Doña Marina und Aguilar und einen seiner Pagen, den Ortega, der schon etwas Mexikanisch gelernt hatte, zu Motecuhzoma und ließ ihn um sein Einverständnis bitten. Der Fürst antwortete zwar, daß wir überall willkommen seien, hatte aber doch Sorge, daß wir seine Götzen in irgendeiner Form beleidigen könnten, und begleitete uns daher, zusammen mit vielen seiner Großen. Es war ein prachtvoller Aufzug. Auf halbem Weg stieg er aus der Sänfte; denn er hielt es für unehrerbietig, sich den Götzen anders als zu Fuß zu nahen. Die ersten Männer seines Hofes führten ihn unter den Armen; andere gingen vor ihm her und trugen zwei Stöcke, die wie Szepter aussahen und die Nähe des Fürsten ankündigten. In der Sänfte trug er immer einen kleinen Stab, halb Gold, halb Holz, der wie ein Richterstab aussah. Er bestieg den Tempel in Begleitung von vielen Papas und brachte dem Huitzilopochtli, dem Kriegsgott, Rauchopfer dar. Unser Generalkapitän aber und wir anderen Berittenen waren wie üblich bewaffnet. Wir ritten, begleitet von zahlreichen Kaziken, über den großen Marktplatz von Tlatelolco.

Dort fanden wir eine unerwartet große Menge Menschen, zahlreiche Verkaufsstände und eine ausgezeichnete Ordnungspolizei. Die Kaziken machten uns auf alle Besonderheiten aufmerksam. Jede Warengattung hatte ihre Plätze. Da gab es Gold- und Silberarbeiten, Juwelen, Stoffe aller Art, Federn, Baumwolle und Sklaven. Der Sklavenmarkt war hier genauso groß wie der Negermarkt der Portugiesen in Guinea. Damit sie nicht fliehen konnten, waren sie mit Halsbändern an lange Stangen geschnallt. Nur wenige durften frei herumgehen.

Dann kamen die Stände mit einfacheren Waren, mit grobem

Zeug, mit Zwirn und Kakao zum Beispiel. Ganz Neuspanien bot hier seine Erzeugnisse an. Ich kam mir vor wie auf der großen Messe zu Hause, in meinem Geburtsort Medina del Campo, wo auch jede Ware ihre eigene Straße hat. Da gab es Sisalstoffe, Seile und Strickschuhe. Dort wurden gekochte süße Yucawurzeln und andere aus dieser Pflanze gewonnene Produkte angeboten. Es gab rohe und gegerbte Häute von Tigern, Löwen, Schakalen, Fischottern, Rotwild, wilden Katzen und anderen Raubtieren. Wir fanden aber auch Stände, an denen Bohnen, Salbei und vielerlei andere Gemüse und Gewürze verkauft wurden. Es gab einen besonderen Geflügel- und Wildbretmarkt, einen für die Kuchenbäcker und einen für die Wursthändler. In den Ständen der Töpfer fanden wir von großen Gefäßen bis zum kleinsten Nachttopf alles. Wir gingen an Verkäufern von Honig, Honigkuchen und anderen Leckereien vorbei, an Möbel-, Holz- und Kohlenhändlern. Ganze Kähne mit menschlichen Fäkalien lagen am Ufer. Die Mexikaner brauchten sie zum Gerben. Ich finde kein Ende mit dieser Aufzählung, und doch habe ich das Papier, die Röhren mit dem flüssigen Eukalyptusöl und mit dem Tabak, die wohlriechenden Salben und die Hallen mit den Sämereien noch gar nicht genannt, ganz zu schweigen von den Heilkräutern. Und nun hätte ich doch fast die Handwerker vergessen, welche die Feuersteinmesser machen, das Salz, den Fischmarkt und die Brote, die aus getrocknetem Schlamm gemacht werden, den man in den Seen fischt. Sie schmecken wie Käse. Schließlich gab es noch Instrumente aus Messing, Kupfer und Zinn, handgemalte Tassen und Krüge aus Holz, kurz so vielerlei Waren, daß mein Papier nicht ausreicht, sie alle zu nennen. Es gab übrigens auch eine Art Marktgericht mit drei Richtern und mehreren Gehilfen, die für die Warenschau verantwortlich waren.

Wir wollten aber den großen Cue besteigen. Als wir auf dem Weg dorthin an den Vorhöfen des Marktes vorbeikamen, sahen wir noch Kaufleute, welche die Goldkörner aus den Bergwerken verkauften. Sie schütteten ihre wertvolle Ware in große Gänseknochen, deren Wände sie so lange bearbeiteten, bis das Gold durchschien. Je nach der Länge und Dicke dieser Röhren konnte man dafür soundso viele Packen Zeug oder Kakaobohnen (die heute noch als kleine Münze verwendet werden) oder Sklaven oder andere Waren eintauschen.

Vom Markt aus kamen wir bald in die großen Höfe, die den Haupttempel der Hauptstadt Mexiko umgaben. Sie waren größer als der Marktplatz von Salamanka. Um den riesigen Hof lief eine doppelte Mauer aus Kalk und Stein. Er war durchweg mit weißen, sehr glatten Platten gepflastert, die in einem bestimmten Wechsel von einem bräunlichen Estrich unterbrochen wurden. Alles war so sauber, daß man nirgends einen Strohhalm oder ein Stäubchen sah.

Motecuhzoma war bei seinen Opferzeremonien hoch oben auf dem Tempel. Er schickte uns über die vielen Stufen sechs Papas und zwei vornehme Staatsbeamte entgegen, die Cortés hinaufführen sollten. Es waren einhundertundvierzehn hohe Stufen. Die Mexikaner fürchteten, daß der Aufstieg unserem Cortés ebenso schwerfallen werde wie ihrem Motecuhzoma. Sie wollten ihm deshalb den Arm reichen. Er lehnte aber jede Hilfe ab. Die stumpfe Spitze des Cue war eine breite Plattform mit großen Steinen, auf welche die armen Opfer gelegt wurden. Darüber stand ein großes Götzenbild, ein Drache, umgeben von anderen abscheulichen Figuren. Überall sahen wir Spuren von frischem Menschenblut. Motecuhzoma trat mit zwei Papas aus einer Art Kapelle, in der seine verfluchten Götzen standen, und empfing Cortés mit großer Höflichkeit. Er sagte: »Der Aufstieg wird dich wohl ermüdet haben, Malinche?« Cortes antwortete, daß uns nichts ermüden könne. Daraufhin nahm der Fürst ihn an der Hand und forderte ihn auf, von hier oben aus seine Hauptstadt, die anderen in den See gebauten Städte und die zahlreichen Ortschaften ringsherum zu betrachten, nicht zuletzt auch den großen Marktplatz, den man von hier aus besonders gut übersehen konnte.

Dieser Teufelstempel beherrschte wirklich die ganze Gegend. Wir sahen die drei Dammstraßen, die nach Mexiko führten: die von Iztapalapa, über die wir eingezogen waren, die von Tacuba, über die wir acht Monate später unter großen Verlusten fliehen mußten, und die von Tepeaquilla. Wir sahen die große Wasserleitung, die von Chapultepec kommt und die ganze Stadt mit süßem Wasser versorgt, und die langen hölzernen Brücken, von denen die Dammstraßen unterbrochen waren, um die Verbindung zwischen den vielen Teilen des Sees zu ermöglichen. Auf dem See wimmelte es von Fahrzeugen, die Waren und Lebensmittel aller

Art geladen hatten. Wir stellten einwandfrei fest, daß man Mexiko nur über die Zugbrücken oder in Kähnen erreichen konnte. Aus allen Orten ragten die weißen Opfertempel wie Burgen über die Häuser mit ihren Söllern, über kleinere kapellenartige Bauten und über die Befestigungstürme hinaus. Es war ein einmaliger Blick.

Lange staunten wir dieses herrliche Gebäude unter uns an. Dann besahen wir uns von hier oben aus noch einmal den Marktplatz mit seinem Gewimmel von Menschen, die einen Lärm machten, den man über eine Stunde weit hören konnte. Leute, die Konstantinopel und Rom gesehen hatten, erzählten, daß sie noch nirgendwo einen so großen und volkreichen Marktplatz gefunden hätten.

Bei dieser Gelegenheit fragte Cortés Pater Bartolome, ob er nicht auch finde, daß man jetzt den Motecuhzoma um die Erlaubnis zum Bau einer Kirche bitten solle. Der Pater meinte, es sei wohl jetzt noch etwas zu früh, so schön dieser Plan wäre. Er glaubte nicht, daß der Fürst darauf eingehen werde. Daraufhin sagte Cortés zu Motecuhzoma: »Ihr seid fürwahr ein großer Monarch, und es käme Euch zu, ein noch größerer zu sein! Es war für uns eine ganz besondere Freude, all Eure Städte von hier oben aus betrachten zu dürfen. Nachdem wir nun schon einmal hier sind, habe ich aber noch eine Bitte: Zeigt uns auch Eure Götter und Teules!« Der Fürst besprach sich erst mit seinen Papas. Dann führte er uns in einen Turm. Dort war ein großer Saal mit zwei altarähnlichen Postamenten und einer reichgeschmückten Decke. Auf diesen Postamenten standen zwei riesige, dicke Figuren. Die eine stellte den Kriegsgott dar, den Huitzilopochtli. Das Götzenbild zeigte ein breites Gesicht, mißgestaltete grausige Augen und war über und über mit Edelsteinen, Gold und Perlen bedeckt, die mit einem Kleister befestigt waren, den die Indianer aus einer besonderen Wurzel gewinnen. Riesige goldene, juwelengeschmückte Schlangen wanden sich um den Leib des Ungeheuers, das in der einen Hand einen Bogen, in der anderen Pfeile trug. Ein kleiner Götze stand neben ihm und trug ihm einen kurzen Spieß und einen goldenen, mit Edelsteinen besetzten Schild. Mit blauen Steinen verzierte Masken und Herzen aus Gold und Silber hingen dem Kriegsgott um den Hals. Vor ihm standen mehrere Kohlenbecken mit Kopal, dem uns schon bekannten Weihrauch des Landes, und mit drei Herzen von Indianern, die an diesem Tag für ihn geschlachtet worden waren und nun hier als Opfer verbrannt wurden. Die Wände und der Boden waren schwarz von Menschenblut. Es stank abscheulich in diesem Tempelraum.

Auf dem anderen Postament stand der Gott der Hölle mit einem Bärengesicht und mit leuchtenden Augen, die aus einem Spiegelglas gemacht waren, das sie in Mexiko Tezcat nennen. Auch dieser Huichilobos war über und über mit Juwelen bedeckt. Um seinen Leib wand sich ein Kreis von Figuren, die wie Teufel aussahen und lange nackte Schwänze hatten. Dem Ungeheuer waren an diesem Tag schon fünf Menschenherzen geopfert worden. Auf der höchsten Spitze des Opfertempels stand wieder ein kapellenartiger Bau aus Holz, der ganz besonders schön und kostbar war. Er war der Fruchtbarkeitsgöttin gewidmet. Auch sie saß erhaben da, halb Mensch, halb Eidechse. Die untere Hälfte mit den Samen aller Pflanzen der Erde war vor den Augen der Besucher verhüllt. In dem Raum war ein Gestank, schlimmer wie in jedem schlechtgelüfteten Schlachthaus. Wir konnten es kaum erwarten, wieder an die frische Luft zu kommen. Dort stand auch die Höllenpauke, eine ungeheure Trommel, die einen sehr schwermütigen Ton von sich gab, den man zwei Stunden weit hörte. Das Trommelfell war aus der Haut einer Riesenschlange. Es gab dort oben auf der Plattform noch mehr Hölleninstrumente: große und kleine Höllentrompeten, riesige Schlachtmesser und die Reste von verbrannten Menschenherzen. Unser Generalkapitän sagte lächelnd zu Motecuhzoma: »In der Tat, ich kann nicht begreifen, wie ein so großer und weiser Herrscher wie Ihr an diese Götzen glauben kann, die doch keine Gottheiten sein können, sondern böse Geister, Teufel. Erlaubt uns, auf die Spitze dieses Tempels ein Kreuz und in einem Raum neben Eurem Kriegs- und Höllengott ein Muttergottesbild zu setzen. Ihr und Eure Papas, ihr werdet sehr bald sehen, welche Angst diese Götzen ergreifen wird.«

Motecuhzoma kannte das Madonnenbild. Er antwortete Cortés in Gegenwart von zwei Papas, die sehr böse dreinblickten, mit nur schlecht verhaltenem Zorn: »Malinche! Hätte ich gewußt, welche Schmähreden du hier halten würdest, ich hätte dir meine Götter keineswegs gezeigt! In unseren Augen sind es gute Götter. Sie schenken uns Leben und Gedeihen, Wasser und gute Ernten, gesundes und fruchtbares Wetter, und wenn wir sie darum bitten, auch Siege. Deshalb beten wir zu ihnen, und deshalb opfern wir ihnen. Ich muß dich bitten, kein unehrerbietiges Wort mehr gegen sie zu sagen!« Cortés hörte die zornigen Worte und sah die Erregung, in der sie gesprochen wurden. Darum erwiderte er nichts, sondern sagte nur: »Ich glaube, es ist für uns beide Zeit zu gehen.«

Motecuhzoma antwortete, daß er ihn nicht länger aufhalten wolle. Er müsse nun hierbleiben und seine Götter wieder versöhnen; denn er habe uns auf den Tempel geführt und sei mit schuld an diesen Beleidigungen. Cortés erwiderte: »Wenn es so steht, dann bitte ich um Verzeihung.« Dann stiegen wir die einhundertvierzehn Stufen wieder hinunter, was einigen unserer Leute sehr schwerfiel, denn sie hatten geschwollene Leistendrüsen [Syphilis].

Die Ausmaße des Tempels waren ungeheuer. Ich kann sie aber nicht mehr genau angeben. Zu der Zeit, in der wir in Mexiko waren, dachte ich an ganz andere Dinge als an das Bücherschreiben. Ich weiß aber noch, daß er über tausend Jahre alt war und daß die Einwohner Gold, Silber und Edelsteine abliefern mußten, die in die Fundamente eingemauert wurden. Der Baugrund wurde mit dem Blut von zahllosen Kriegsgefangenen gedüngt und mit den Samen aller Pflanzen des Landes bestreut; denn die Götter sollten dem Land Siege, Reichtum und ergiebige Ernten schenken. Als wir später an der Stelle des Tempels eine Kirche errichteten, fanden wir dort die vor vielen hundert Jahren eingemauerten Kostbarkeiten. Ein spanischer Bürger von Mexiko, dem auch ein Teil des Baugrundes zugesprochen war, fand auch dort Gold, Silber und Edelsteine. Es gab noch einen Prozeß deswegen; denn die Rentbeamten sprachen diese Funde der Krone zu.

In der Nähe des Haupttempels stand ein kleiner Turm, ein Götzen-, nein, ein Höllentempel. Über dem einen Tor öffnete sich ein mit riesigen Hauzähnen bewaffneter Rachen, ein Höllenrachen, der die Seelen verschlang; Teufels- und Schlangengestalten standen um einen dick mit Blut verkrusteten Altar, der wie alle diese Opferstellen mit frischem Blut bedeckt war. In einem Haus daneben standen viele große Töpfe und Gefäße, in denen das Fleisch der unglücklichen Opfer für die Papas gekocht wurde. Auf zahlreichen Fleischbänken lagen Dolche und Haumesser bereit. Das notwendige Feuerholz war abseits aufgestapelt, das Wasser aber floß aus einer verborgenen Röhre in einen großen Behälter. Ich kann dieses Haus nur das Haus des Satans nennen.

Es gab noch viele andere Tempel in Mexiko. Jeder war einer anderen Gottheit gewidmet, die Tore und die Teufelsgestalten waren dementsprechend auch verschieden. Die Opfer waren überall gleich abscheulich, und die Opferpriester trugen überall lange schwarze Mäntel mit Kapuzen wie unsere Dominikaner; sie hatten alle durchbohrte Ohren und lange, struppige, mit Blut verklebte Haare. Sie wohnten in Häusern um den großen Tempelplatz. Dort standen auch Gebäude, in denen die Töchter der Eingeborenen, ähnlich wie unsere Nonnen, bis zu ihrer Verheiratung in Klausur lebten. Sie hatten ihre eigenen weiblichen Götzen, die man um gute Männer bitten mußte.

Nur in Cholula habe ich einen größeren Tempel gesehen, zu dem die Indianer von weither Wallfahrten machten. Er hatte einhundertundzwanzig Stufen. Jede Stadt hatte ihren eigenen Götzen, und kein Götze kümmerte sich um den anderen, und allen wurden Menschenopfer gebracht. Wir hatten bald genug von diesen scheußlichen Opferstätten und kehrten in Begleitung zahlreicher Kaziken wieder in unser Quartier zurück.

16 Die Inhaftierung des Königs Motecuhzoma

Schon zu Anfang dieses Berichts habe ich erwähnt, daß ich bei meinem Abmarsch hundertfünfzig Mann in Vera Cruz zurückließ, die die angefangene Festung vollenden sollten. Ich habe auch erwähnt, daß ich dort viele Städte und die Eingeborenen als treue Untertanen Eurer Majestät verließ. Während meines Aufenthaltes in Cholula aber bekam ich bereits Briefe von meinem in Vera Cruz zurückgelassenen Hauptmann (Juan de Escalante), worin er mir mitteilte, daß Qualpopoca, der Kazike von Almeria (Nauhtla), ihm durch Abgesandte habe sagen lassen, er wolle Vasall Eurer Hoheit werden. Er sei bis jetzt nicht gekommen, weil er durch das Gebiet seiner Feinde ziehen müsse. Wenn ihm aber vier Spanier zu seiner Begleitung zugeordnet würden, wolle er sofort kommen. Der Hauptmann habe ihm die vier Spanier geschickt, doch als sie in seinem Hause angelangt waren, befahl er, sie zu töten, aber auf solche Weise, daß er selber nicht in Verdacht kam. Zwei Spanier wurden dann auch getötet, die beiden anderen aber nur verwundet, und sie entwischten in die Wälder. Der Hauptmann sei darauf mit fünfzig Spaniern, seinen zwei Reitern, zwei Geschützen und zehntausend verbündeten Indianern nach Almeria gezogen. Dort habe er viele Einwohner getötet, die übrigen hinausgejagt und die Stadt verbrannt und zerstört. Jener Qualpopoca, der Kazike der Stadt, habe sich aber durch die Flucht gerettet.

Von einigen Gefangenen konnte er erfahren, daß Moteczuma dem Kaziken Qualpopoca und dessen Verbündeten befohlen habe, daß sie, sobald ich Vera Cruz verlassen haben würde, auf jede mögliche Art die von mir zurückgelassenen Spanier umbringen sollten, auf keinen Fall ihnen aber Hilfe leisten oder sie sonstwie begünstigen. Deshalb hätten sie es getan.

Danach schien es mir, daß es dem Königlichen Dienst und unserer Sicherheit nützlich sei, wenn ihr Herrscher sich in meiner Gewalt befände und nicht in völliger Freiheit, damit er nicht etwa in seinem Entschluß, Eurer Hoheit zu dienen, wankend werde, besonders da wir Spanier ziemlich unverträglich und ungestüm sind, was ihn vielleicht einmal verdrießen würde, worauf er uns großen Schaden zufügen könnte, so daß bei seiner großen Macht nicht einmal das Gedächtnis an uns übrigbleiben würde. Ich bedachte auch, wenn ich ihn in meinem Gewahrsam hätte, dann würden alle von ihm unterworfenen Länder leichter zu Vasallen Eurer Majestät werden, was nachher auch wirklich geschah. Ich beschloß also, ihn gefangenzunehmen und in mein Quartier zu bringen, das wohlbefestigt war. Um aber bei seiner Verhaftung jeden Skandal oder Aufruhr zu vermeiden, überlegte ich mir alle Möglichkeiten, wie ich sie vollziehen könnte. Da erinnerte ich mich dessen, was mir der in Vera Cruz gebliebene Hauptmann über die Vorfälle in Almeria berichtet hatte, insbesondere daß man in Erfahrung gebracht, alles dort Vorgefallene sei auf Veranlassung Motecuhzomas geschehen.

Ich stellte also starke Wachtposten an allen Straßenkreuzungen auf und begab mich zum Hause Motecuhzomas, wie ich auch sonst schon getan hatte. Nachdem ich mich freundlich und gefällig mit ihm einige Zeit unterhalten und er mir goldene Kleinodien, eine seiner Töchter und andere Frauen vornehmer Herkunft für meine Offiziere geschenkt hatte, sagte ich ihm, ich wisse nun von dem, was sich in der Stadt Almeria oder Nauhtla begeben habe, auch von den Spaniern, die man dort ermordet, und Qualpopoca führe zu seiner Entschuldigung an, daß alles auf Befehl Motecuhzomas geschehen sei. Weil ich aber glaube, daß Qualpopoca es nur so darstelle, um sich zu entschuldigen, so scheine mir, er müsse ihn hierherholen lassen, damit man die Wahrheit erführe und die Schuldigen bestrafen könne. Ich sei aber vollkommen überzeugt, daß die Wahrheit sicher das Gegenteil von jener Aussage sein müsse.

Darauf ließ Motecuhzoma sofort einige seiner Gefolgsleute kommen, gab ihnen eine kleine Figur aus Stein nach Art eines Siegels und befahl ihnen, sich nach Almeria zu begeben, Qualpopoca herzubringen und nachzuforschen, wer sich sonst an der Ermordung der Spanier beteiligt habe, die ebenfalls zu verhaften seien. Sollten sie sich der Verhaftung widersetzen, so müßten angrenzende Gemeinden aufgeboten werden, um sie mit bewaffneter Hand zu fangen. Die Beauftragten machten sich sofort auf den Weg, worauf ich Motecuhzoma für den Eifer dankte, mit dem er die Sache betriebe. Jetzt bleibe nur noch übrig, daß er sich zu mir in mein Quartier begebe, bis sich die Wahrheit aufgeklärt habe und man wisse, daß er ohne Schuld sei. Er solle aber keineswegs als Gefangener, sondern in voller Freiheit bei mir sein. Im Dienst und in der Verwaltung seines Landes solle er nicht behindert werden, er möge die Räume zu seinem Aufenthalt beliebig auswählen, er werde ganz nach Belieben leben können, und es solle ihm weder Verdruß noch Leid zugefügt werden. Außer seinem Hofgesinde sollten ihm alle meine Leute zu Diensten sein, wo immer er es befehlen werde.

Wir wechselten viele Gründe und Gegengründe, die alle niederzuschreiben zu weitläufig sein würde. Ich begnüge mich damit, daß er endlich einwilligte, mit mir zu gehen. Er befahl, das Zimmer, das er bewohnen wollte, in Bereitschaft zu setzen. Als dies geschehen war, kamen viele Herren seines Gefolges, rissen sich die Kleider vom Leibe, die sie unter den Arm nahmen, brachten eine Sänfte herbei und hoben ihn weinend hinein. So begaben wir uns nach dem Quartier, in dem ich wohnte, ohne daß es in der Stadt Tumult gab, wenn auch einige Bewegung erkennbar wurde. Motecuhzoma befahl, daß nichts dergleichen geschehen solle, und so verblieb alles in völliger Ruhe, auch die ganze Zeit hindurch, in der ich ihn gefangenhielt. Er lebte ganz nach seinen Wünschen, mit seiner ganzen Bedienung, wie er sie in seinem Palast gehabt hatte. Ich aber und meine Gefährten erzeigten ihm alle Gefälligkeiten, die uns nur irgend möglich waren.

Drei Wochen nach der Verhaftung Motecuhzomas kehrten seine Leute zurück, die er nach Qualpopoca und den übrigen Mördern der Spanier ausgesandt hatte. Sie brachten den Kaziken Qualpopoca und seinen Sohn und fünfzehn andere Indianer mit, die angeblich an dem Morde teilgenommen hatten. Qualpopoca wurde als großer Herr in einer Sänfte getragen. Die Gefangenen wurden mir übergeben, und ich ließ sie in gute Verwahrung bringen. Nachdem sie den Mord an den Spaniern eingestanden hatten, ließ ich sie fragen, ob sie Vasallen Motecuhzomas seien. Qualpopoca antwortete darauf, ob es denn einen anderen Herrn gäbe, dessen Vasall er sein könne. Dann fragte ich sie, ob die Untat auf Motecuhzoma Befehl geschehen sei, was sie zwar verneinten, aber später, als das Urteil, das sie zum Feuertode verdammte, vollzogen wurde, sagten sie alle wie aus einem Munde, es sei wahr, auf Motecuhzomas Befehl hätten sie es getan.

So wurden sie denn auf einem großen Platz öffentlich verbrannt, ohne daß es dabei zu einem Aufruhr kam. Am gleichen Tage ließ ich Motecuhzoma, der nach den Geständnissen die Morde befohlen hatte, Fußfesseln anlegen, worüber er sich nicht wenig entsetzte. Ich ließ sie aber am Abend wieder abnehmen, worauf er recht zufrieden war. Seitdem strebte ich immer danach, ihm gefällig zu sein, soweit es mir möglich war. Ich ließ bekanntmachen und erklärte auch allen Eingeborenen, daß Motecuhzoma in seinem Herrscheramt verbleibe, da er die Oberhoheit Eurer Majestät anerkannt habe. Seine Untertanen würden also den Willen Eurer Hoheit tun, wenn sie ihm gehorchten, wie sie es vor meiner Ankunft getan hätten.

17 Bewunderung des Siegers:
Die Größe Tenochtitláns und die Herrlichkeit
des Azteken-Herrschers aus Cortés' Sicht

Um nun eine Beschreibung der großen Stadt Tenochtitlán und der
Herrlichkeit des Motecuhzoma, von den Sitten und Gebräuchen
dieses Volkes und von der Ordnung und Regierung dieses Landes
zu geben, würde es eines erfahreneren Berichterstatters bedürfen,
da ich nicht den hundertsten Teil dessen zu sagen weiß, was gesagt
werden könnte. Ich will aber doch einiges von dem erzählen, was
ich gesehen habe, wenn ich auch überzeugt bin, daß man es nicht
glauben wird, da wir ja selbst, die wir es mit eigenen Augen gesehen haben, es mit unserer Vernunft nicht begreifen können. Wo
aber ein Fehler in meiner Berichterstattung vorkommen sollte,
wird es mehr daran liegen, daß ich eher zuwenig als zuviel gesagt
habe. Ich werde aber die Wahrheit sagen, ohne Dinge einzuschie-
ben, die sie verringern oder vergrößern könnten.

Zuerst muß etwas über die Lage des Landes Mexiko gesagt werden. Es ist rundum von hohen, rauhen Bergen umgeben. Das in
der Mitte liegende Tal hat etwa siebzig Leguas im Umkreis. Dieses
Tal wird von zwei Landseen fast völlig eingenommen. Eine dieser
beiden Lagunen hat süßes Wasser, die andere aber Salzwasser.
Beide sind durch eine Hügelkette getrennt, vereinigen sich jedoch
endlich wieder in einem engen Tale. Zwischen beiden Lagunen
und den daran gelegenen Städten und Dörfern verkehren die Bewohner in Booten, ohne eines Landweges zu bedürfen. Und weil
die große, salzige Lagune regelmäßig steigt und fällt wie das Meer,
so treten bei jeder Flut ihre Gewässer zu der anderen süßen hinüber und folglich bei jeder Ebbe die süße zu der salzigen.

Die Hauptstadt Tenochtitlán liegt in diesem salzigen Landsee,
und von jedem Punkte des Festlandes, von welcher Seite man auch
kommen möge, sind es zwei Leguas. Sie hat vier Zugänge, alle
über Steindämme führend, die von Menschenhand erbaut und
etwa zwei Reiterlanzen breit sind. Die Stadt ist so groß wie Sevilla
und Córdoba. Ihre Hauptstraßen sind sehr breit und gerade,
einige sind zur Hälfte fester Boden, zur anderen Hälfte aber Wasser, auf dem die Boote fahren. Alle Straßen sind in größeren
Zwischenräumen durchschnitten, so daß zwischen ihnen eine

Wasserverbindung besteht. Alle diese Durchschnitte, wovon einige sehr breit sind, haben ihre Brücken aus starken, zusammenfügbaren Balken, so daß zehn Reiter in Front hinüberziehen können. Da ich aber einsah, daß die Eingeborenen dieser Stadt, wenn sie Verrat gegen uns üben wollten, nur die Brücken abzuwerfen brauchten, um uns Hungers sterben zu lassen, ohne daß es uns möglich gewesen wäre, ans Festland zu gelangen, ließ ich gleich nach unserem Einmarsch vier Brigantinen bauen, die in kurzer Zeit fertiggestellt wurden, so daß damit, sooft es uns gefiel, dreihundert Mann und alle Pferde zum Festland übergesetzt werden konnten.

Die Stadt hat viele öffentliche Plätze, auf denen ständig Markt gehalten wird. Dann hat sie noch einen anderen Platz, so groß wie zweimal ganz Salamanca, der rundum mit Säulenhallen umgeben ist, wo sich täglich mehr als sechzigtausend Einwohner treffen, Käufer und Verkäufer von Lebensmitteln, von Kleinodien aus Gold und Silber, Blech, Messing, Knochen, Muscheln, Hummerschalen und Federn. Außerdem verkauft man behauene und unbehauene Steine, Kalk- und Ziegelsteine und Bauholz. Dort ist auch eine Jägerstraße, wo alle Vogelarten feilgehalten werden, die es im Lande gibt: Hühner, Rebhühner, Wachteln, Enten, Fliegenschnäpper, Wasserhühner, Tauben, Rohrvögel, Papageien, Geier, Adler, Falken, Sperber und Weihen. Man verkauft Kaninchen, Hasen, Hirsche und kleine Hunde, die verschnitten und gemästet worden sind. Es gibt eine Gärtnerstraße, wo alle im Lande erzeugten heilkräftigen Wurzeln und Kräuter beisammen sind. Es gibt Apotheken, in denen man Arzneien verkauft, und Barbierstuben, wo die Köpfe gewaschen und geschoren werden. Es gibt Häuser, wo man für Geld essen und trinken kann. Es gibt Leute wie die, die man in Kastilien Ganapanes nennt, zum Lastentragen. Man verkauft viel Holz, Kohlen, tönerne Kohlenpfannen und Matten von verschiedener Art als Schlafmatten, ferner als feinere Sitz- und Fußdecken.

Es gibt dort alle Arten von Gartengewächsen, besonders Zwiebeln, Porree, Knoblauch, Kresse, Borretsch, Ampfer, Karden und Artischocken, dazu Früchte verschiedener Art, wie Kirschen und Pflaumen, den spanischen ähnlich. Man verkauft Bienenhonig und Wachs, Sirup aus der Maisstaude, honigartig und süß, auch den süßen Saft einer Pflanze [Agave], den man Maguey nennt. Auch steht mannigfaltiges Baumwollzeug in allen Farben zum Verkauf – man glaubt sich auf den Seidenmarkt von Granada versetzt. Man verkauft Wildhäute mit und ohne Haar, Töpferwaren aus einem besonderen Ton, die meisten glasiert und bemalt. Man handelt mit Mais in Körnern und Broten, mit Pasteten von Geflügel und Torten von Fischen, mit frischen Fischen, Hühnereiern und Eierkuchen.

Kurz, man verkauft auf diesen Märkten alles, was sich irgendwie auf der ganzen Erde findet. Ich will nicht alles aufzählen, um nicht zu weitschweifig zu sein. Jede Warengattung hat ihre besondere Straße, und es wird darin scharfe Ordnung gehalten. Alles wird nach Zahl und Maß verkauft, aber nach Gewicht bis jetzt noch nicht. Auf dem Marktplatz steht ein schönes Haus, wo stets zehn bis zwölf Richter sitzen, die alle auf dem Markt vorkommenden Fälle entscheiden und die Verbrecher bestrafen lassen. Dann gibt es noch Ordner auf dem Markt, die unter dem Volk umhergehen und auf alles achtgeben, was verkauft wird, und auf das Maß, womit man verkauft. Manches sah ich sie zerbrechen, weil es als falsch befunden wurde.

Es gibt in dieser großen Stadt viele Götzentempel von sehr schöner Bauart für die verschiedenen Stadtteile. In den vornehmsten befinden sich Priester, für die schöne Räume eingerichtet sind. Sie gehen schwarzgekleidet und schneiden weder ihr Haar noch kämmen sie es, bis sie wieder herauskommen. Alle Söhne angesehener Familien treten in den Priesterberuf ein und tragen dessen Tracht vom siebten oder achten Jahre an, bis man sie wieder herausnimmt und verheiratet. Keine Gemeinschaft mit Weibern ist ihnen gestattet, und kein Weib darf den Tempel betreten. Sie müssen sich auch bestimmter Speisen enthalten, besonders zu gewissen Jahreszeiten.

Einer dieser Tempel, der bedeutendste unter ihnen, ist so groß, daß innerhalb seiner hohen Mauern an die fünfhundert Menschen wohnen können. Er hat wohl vierzig Türme, in deren größtem man fünfzig Stufen hinaufsteigen muß. Der Hauptturm ist höher als der Turm der Kathedrale von Sevilla. Die Wände im Innern der Kapellen, wo die Götzenbilder stehen, sind mit Arabesken und Stuckarbeiten verziert, und alles Holzwerk ist mit Ungeheuern und sonstigen Gestalten bemalt. Die Türme sind Begräbnisplätze großer Herren, und die darin befindlichen Kapellen sind je einem bestimmten Götzen geweiht. Im Innern des Tempels befinden sich drei große Säle, wo die Hauptgötzen aufgestellt sind, und innerhalb dieser Säle befinden sich andere Kapellen mit kleinen Eingangstüren und innen ganz ohne Licht, in denen sich nur die Religiösesten aufhalten dürfen.

Die vornehmsten Götzenbilder, auf die sie am meisten Glauben und Vertrauen setzten, warf ich von ihren Postamenten, ließ sie die Treppen hinabstürzen und darauf die Kapellen reinigen, in denen sie gestanden hatten, denn sie waren alle voll des bei den Opfern vergossenen Blutes.

Ich ließ die Bilder unserer Lieben Frau und anderer Heiligen im Tempel aufstellen, worüber Motecuhzoma und die Eingeborenen nicht wenig betrübt waren. Zuerst sagten sie mir, ich möge das unterlassen, denn wenn das Volk es erführe, würde es gegen mich aufstehen, weil sie glaubten, daß die Götzen ihnen die Früchte auf dem Felde verdorren lassen würden, so daß sie vor Hunger sterben müßten. Ich aber ließ ihnen durch die Dolmetscher sagen, wie falsch es sei, ihre Hoffnung auf solche Götzenbilder, das Werk ihrer eigenen Hände, zu setzen. Sie müßten wissen, daß es einen einzigen Gott gebe, den Herrn über uns alle, der den Himmel geschaffen habe und die Erde und alle Dinge und sie und uns. Ihn müßten sie anbeten und an ihn glauben, nicht aber an irgendein Geschöpf oder Ding.

Sie alle, vornehmlich aber Motecuhzoma, antworteten darauf, sie hätten mir bereits gesagt, daß sie nicht Kinder dieses Landes seien und sich in einigen Dingen irren könnten, weil sie so lange von ihrem Ursprungsland entfernt seien. Ich möge vielleicht mehr über die Dinge wissen, die sie annehmen und glauben sollten. Ich möchte sie ihnen daher verständlich machen, dann wollten sie tun, wie ich Ihnen gesagt hätte und wie es ohne Zweifel am besten sei.

Motecuhzoma und viele vornehme Herren der Stadt begleiteten mich nachher, als ich die Götzenbilder hinauswerfen, die Kapelle reinigen und unsere Heiligenbilder dort aufstellen ließ, und sie machten ein ganz vergnügliches Gesicht zu alledem. Ich verbot ihnen nun, weiter kleine Kinder den Götzen zu opfern, da dies ein Greuel vor Gott sei und Eure Majestät es durch Gesetz verboten und befohlen habe, daß, wer töte, auch des Todes sterben solle. Wirklich unterließen sie es jetzt, und während ich in dieser Stadt verweilte, sah man niemals, daß ein Kind geschlachtet und geopfert wurde.

Die Büsten und Statuen der Götzen, an die diese Leute glauben, sind weit über Menschengröße. Sie werden aus einer gemahlenen und gekneteten Masse aller Sämereien und Gemüse verfertigt, angefeuchtet mit dem Herzblut menschlicher Schlachtopfer, denen sie lebendig die Brust öffnen und das Herz herausreißen. Mit dem herausströmenden Blut mengen sie den Teig an und fahren damit fort, bis eine Masse beisammen ist, die für die Verfertigung einer so großen Bildsäule reicht. Dann wurden dem fertigen Bildwerk noch mehr Herzen geopfert, und mit dem Blute wurde ihnen das Gesicht verschmiert. Für jede Sache haben sie ein eigenes Götzenbild, so haben sie einen Götzen, dessen Beistand sie im Kriege erflehen, einen anderen für den Ackerbau, und so haben sie für jegliche Sache, von der sie wollen, daß sie gut vonstatten geht, ihre Götzen, die sie verehren und denen sie Opfer darbringen.

Es gibt so viele große Häuser in dieser Stadt, weil alle Vasallen des Motecuhzoma alljährlich eine Zeitlang in Tenochtitlán residieren, außerdem wohnen hier reiche Bürger, die gleichfalls prächtige Häuser besitzen. Alle Häuser haben schöne, große Gemächer und Blumengärten in den unteren und oberen Stockwerken.

An einem der in die Stadt führenden Dämme laufen zwei Röhren aus Mörtelwerk entlang, jede etwa zwei Schritte breit und eine Mannslänge hoch. Durch eine der Röhren kommt ein Strom guten, süßen Wassers bis mitten in die Stadt, und alle nehmen davon und trinken es. Die andere Röhre wird nur benutzt, wenn die erste gereinigt werden muß. Man fährt in Booten das Wasser zum Verkauf durch alle Straßen. Wo das Wasser ausgegeben wird, sind Wächter angestellt, die eine Abgabe einnehmen. Auf allen Märkten und Plätzen der Stadt sind täglich viele Arbeitsleute und Handwerker zu finden, die darauf warten, daß man sie in Tagelohn verdinge. Das Volk dieser Stadt ist manierlicher und geschickter in Kleidung und Dienstleistungen als in anderen Städten und Landschaften, weil Motecuhzoma hier ständig residiert und deshalb mehr auf Ordnung und Gesittung geachtet wird. Um nicht zu weitschweifig zu werden, will ich nur noch sagen, daß dieses Volk etwa dieselbe Lebensart besitzt wie in Spanien, die gleiche Zweckmäßigkeit und Ordnung. Und wenn man bedenkt, daß diese Leute Barbaren sind und so weit entfernt von der Erkenntnis Gottes und vom Verkehr mit anderen zivilisierten Völkern, so ist es bewundernswert, wie sie es in allen Dingen halten.

Die Größe der Herrschaft Motecuhzomas war man noch nicht zu ermessen imstande, aber zweihundert Leguas weit nach jeder Richtung hin schickte er seine Boten, und seinen Befehlen wurde gehorcht, obwohl einzelne Länder dazwischenlagen, mit denen er sich im Kriege befand. Nach dem aber, was ich feststellen konnte, war sein Gebiet ungefähr so groß wie Spanien. Alle großen Herren residierten, wie ich schon gesagt habe, einen Teil des Jahres in der Hauptstadt, und die meisten ihrer erstgeborenen Söhne standen im Dienst Motecuhzomas. In allen Gebieten dieser Herren besaß er Festungen für seine Statthalter und Steuereinnehmer. Sie haben für die Abgaben Listen in ihrer Figurenschrift aufgestellt, und jede Provinz liefert je nach Beschaffenheit des Landes, so daß Motecuhzoma von allen Produkten seinen Teil bekam. Er war aber so gefürchtet, wie niemals ein Fürst dieser Welt es gewesen ist.

Motecuhzoma besaß viele Lusthäuser, jedes für eine besondere Art des Zeitvertreibs eingerichtet. Innerhalb der Stadt gehörten ihm so wunderbare Wohnhäuser, daß es mir unmöglich erscheint, sie zu beschreiben. Bei einem der Häuser befand sich ein sehr schöner Garten mit darüber aufsteigenden Türmen, deren Säulen und Platten vortrefflich aus Jaspis gearbeitet waren. In diesem Hause waren hinreichend Zimmer, um zwei große Fürsten mit ihrem ganzen Hofstaat aufzunehmen. Im Garten befanden sich zehn große Weiher mit allen im Lande vorkommenden Wasservögeln. Jede Art bekam das ihrer Natur angemessene Futter, Fische, Würmer, Mais oder anderes. Die Fischfresser bekamen täglich zweihundertfünfzig Pfund, die in der salzigen Lagune gefangen wurden. Die Aufsicht wurde von dreihundert Wärtern ausgeübt, die sich sonst um nichts zu kümmern hatten.

In einem Raum des Hauses wurden Männer, Frauen und Kinder gehalten, sämtlich weiß geboren und weiß von Angesicht, Leib,

Haupthaar, Brauen und Wimpern. Er hatte auch einen Hof, der mit sehr hübschen Quadratplatten gepflastert war, ganz nach Art eines Schachfeldes. Alle Felder waren Käfige, anderthalb Mannslängen hoch und mit einem sehr sauber geflochtenen Rohrnetz überzogen. In jedem dieser Käfige befand sich ein Raubvogel, vom Turmfalken bis zum Adler, und alle in großer Zahl. Allen diesen Vögeln gab man nichts anderes als Hühner zu fressen. Unten im Hause befanden sich große Säle mit Käfigen aus starkem Bauholz, in denen sich Löwen, Tiger, Wölfe, Füchse und Katzen in großer Zahl befanden. Auch für diese Tiere waren dreihundert Wärter angestellt.

In einem anderen Hause hielt er viele mißgestaltete Männer und Weiber. Es gab da Zwerge, Bucklige und andere Mißgeburten, und jede Art dieser Ungeheuer hatte ihr eigenes Zimmer. Auch für sie waren besondere Pfleger bestimmt. Ich übergehe nun aber die vielen anderen Belustigungsmittel, die er in der Stadt besaß. Seine Hofhaltung begann täglich bei Sonnenaufgang damit, daß etwa sechshundert Standespersonen in sein Haus kamen, wo sie sich niedersetzten oder umhergingen, sich unterhielten und die Zeit vertrieben, ohne dorthin zu kommen, wo er sich aufhielt. Ihre Dienerschaft und ihr Gefolge füllten zwei große Räume und dazu die Straße. Dort blieben sie den ganzen Tag bis zum Sonnenuntergang. Wenn man dem Motecuhzoma sein Mittagsmahl brachte, erhielten auch sie zu essen. Speisekammer und Keller standen aber immer offen für die, welche essen oder trinken wollten.

Die Art, das Essen aufzutragen, war folgende: Drei- bis vierhundert Jünglinge brachten die Gerichte, die zahllos waren, denn bei jeder Mittags- und Abendmahlzeit trug man ihm alle Arten von Speisen auf – Fleisch, Fisch, Früchte und Kräuter –, wie sie das Land nur liefern mochte. Weil aber das Land ziemlich kalt ist, standen alle Schüsseln auf Wärmpfannen mit glühenden Kohlen, damit die Speisen nicht erkalteten. Alle Gerichte wurden zusammen aufgetragen, so daß der ganze Eßsaal davon angefüllt schien. Motecuhzoma saß auf einem kleinen Lederpolster, während fünf oder sechs alte Würdenträger ihn umstanden, denen er von seinen Speisen zuteilte. Zu Anfang und Ende der Mahlzeit wurde ihm stets Wasser zum Händewaschen gereicht, und das Handtuch, das er dabei benutzte, gebrauchte er nie wieder. Auch die Schüsseln und Schalen und die Wärmpfannen wurden nicht wieder aufgesetzt.

Er kleidete sich täglich viermal auf verschiedene Art, immer in ganz neue Gewänder, die er nur einmal trug. Die Herren, die zu ihm kamen, mußten barfuß gehen, und wenn sie vor ihm erschienen, beugten sie den Körper, hielten Kopf und Augen gesenkt und schauten ihm nie ins Angesicht. Ich weiß, daß einige dieser Herren den Spaniern Vorwürfe machten und sagten, sie stünden ja gerade und schauten mir ins Gesicht, wenn sie mit mir redeten, das sähe aber unehrerbietig und unverschämt aus. Wenn – was nur selten geschah – Motecuhzoma ausging, so senkten alle, die ihn begleiteten oder ihm begegneten, das Antlitz und hüteten sich, ihn anzuschauen. Alle übrigen warfen sich nieder, bis er vorüber war. Er ließ immer drei dünne Stäbe vor sich hertragen, ich glaube, damit man wußte, daß er gegenwärtig sei. Wenn er aus der Sänfte stieg, nahm er einen dieser Stäbe in die Hand und trug ihn bis zu dem Ort, wohin er wollte. Keiner der Sultane oder sonstigen ungläubigen Herrscher, von denen man bis jetzt Kunde hat, läßt so viele Zeremonien bei seiner Bedienung verrichten.

Dies ist nun die große Stadt, in der ich jene Angelegenheiten besorgte, die mir dem Dienst Eurer Majestät zu entsprechen schienen, nämlich Frieden zu stiften, große Länder mit sehr großen Städten und Flecken zu gewinnen, Minen zu entdecken und viele Geheimnisse der Länder unter der Herrschaft Motecuhzoma und anderer, die daran grenzen und die so groß und wunderbar sind, daß es fast unglaublich ist; und alles mit so viel Willfährigkeit und Zufriedenheit des Motecuhzoma und aller Eingeborenen, als hätten sie von Anbeginn Eure Majestät als König und Herrn erkannt, und nicht weniger verrichteten sie gutwillig alle Dinge, die ich ihnen in Dero Namen auftrug.

18 »Das Land unter Dero kaiserliches Joch«: Cortés' Bericht an Kaiser Karl V. über den Beginn der Kolonialisierung Mexikos (15. 10. 1524)

Die Beamten sind angekommen, denen Eure Majestät befohlen hat, sich hierher zu begeben, um die hiesigen königlichen Einkünfte und Domänen zu revidieren. Sie haben bereits angefangen, den Spaniern die Rechnungen abzunehmen, die bisher damit beauftragt und von mir im Namen Eurer Hoheit für dieses Geschäft bestellt waren. Da nun die Beamten über die ganze bisher aktenmäßig stattgefundene Behandlung dieser Angelegenheit an Eure Majestät selbst ihren Bericht erstatten werden, enthalte ich mich jeder ins einzelne gehenden Rechenschaft und beziehe mich lediglich auf die ihrige, die sicher von solcher Art sein wird, daß Eure Hoheit daraus gewiß die stets von mir geübte Sorgfalt und Gewissenhaftigkeit erkennen möge, aber auch, daß meine Geschäfte bei der Kriegführung und Friedensherstellung in diesem Lande so groß waren, wie der wirkliche Erfolg sie offenbart hat, daß ich aber dennoch nie vergessen habe, für die Aufbewahrung und klare Anrechnung alles dessen besondere Sorge zu tragen, was dabei Eurer Majestät gebührte und meinerseits zugewiesen werden konnte.

Da aber aus der durch die Beamten zu erfolgenden Schlußrechnung hervorgehen wird, daß ich in Angelegenheiten der Pazifizierung dieser Länder und damit bei der Erweiterung der Besitztümer Eurer Majestät zweiundsechzigtausend Pesos in Gold aus den königlichen Einkünften entnommen habe, so wird es gut sein, Eure Majestät wissen zu lassen, daß die Sache sich durchaus nicht mehr umgehen ließ. Ich habe erst damit angefangen, aus Dero Kasse zu entnehmen, als aus der meinigen schon nichts mehr zu nehmen, und ich bereits mit mehr als dreißigtausend Pesos in Gold verschuldet war, die ich von einigen Privatleuten geborgt hatte. Ich war aber gezwungen, im Dienst Eurer Hoheit die Ausgaben zu machen, und ich glaube auch, daß der daraus erwachsene und fernerhin noch erwachsende Nutzen so groß sein wird, daß mehr als tausend Prozent dabei gewonnen werden dürften.

Allerdings haben die Beamten meinen Antrag, mir diese Ausgaben nicht in Rechnung zu stellen, zu bewilligen Bedenken gehabt, da sie dazu, wie sie angeben, weder Auftrag noch Vollmacht von Eurer Majestät hätten. Deshalb bitte ich, Eure Majestät wollen befehlen, daß ich mit den genannten Ausgaben, weil sie zweckmäßig gemacht erscheinen, nicht belastet werde, daß mir aber außerdem fünfzigtausend Pesos in Gold erstattet werden, die ich teils aus meinem Privatvermögen zugesetzt, teils von Freunden geborgt habe. Andernfalls würde ich unfähig sein, meine Verbindlichkeit gegen die Darlehnsgeber zu erfüllen, und in große Not geraten.

Ich denke aber nicht an die Möglichkeit, daß Eure Hoheit solches zulassen könnte, hoffe vielmehr, daß ich außer der genannten Summe noch viele Gnadenerweise bekommen werde. Meine geleisteten Dienste und die Früchte, die sie getragen haben, lassen dies nicht unverdient.

Durch die Beamten und andere in ihrer Gesellschaft angekommene Personen erfuhr ich, daß die Sachen, die ich Eurer Majestät durch die Prokuratoren Antonio de Quiñones und Alonso de Avila gesandt habe, nicht in Dero Besitz gelangt sind, weil sie wegen der schlechten, von der Handelskompagnie zu Sevilla für den Weg von der Azoreninsel dorthin gesandten Begleitschiffe von den Franzosen gekapert worden sind. Da nun alle jene Sachen so kostbar und seltsam waren, daß ich sehr wünschte, Eure Majestät hätte sie gesehen, und da auch meine Dienste dadurch sichtbarer werden mußten, hat mir der Verlust ungemein leid getan. Zugleich habe ich mich aber auch gefreut, daß sie weggenommen wurden, denn Eure Majestät soll nichts dabei verlieren, und ich werde, da ich Leute genug dazu habe, mich bestreben, bald schon noch reichere und seltsamere Dinge zu senden, sobald sie mir nur zukommen aus den Ländern, deren Eroberung ich jetzt betreiben lasse, oder auch aus den übrigen. Die Franzosen aber und die anderen Fürsten, denen jetzt die Schätze bekannt geworden sind, werden einen guten Grund erkennen müssen, sich der Kaiserlichen Krone unterzuordnen, die so viele große Königreiche in diesem entlegenen Erdteil schon besitzt, und da ich, der kleinste von Dero Vasallen, so große Dienste zu leisten imstande gewesen bin.

Auf Abschlag der Erfüllung meiner obigen Zusage übersende ich jetzt durch meinen Diener Diego de Soto (er war Haushofmeister) einige Sächelchen, die früher auseinandergenommen und nicht würdig erachtet waren, den übrigen beigefügt zu werden. Ich habe sie zum Teil wieder zusammensetzen lassen, so daß sie jetzt einige Figur machen mögen, daneben übersende ich eine Feldschlange aus Silber, zu deren Guß vierundzwanzig Zentner und zweiundzwanzig Pfund verwendet wurden, wovon jedoch etwas im Ofen verblieben sein mag, weil der Guß zweimal vorgenommen werden mußte. Sie ist mir ziemlich kostbar geworden, denn außer dem Metallwert, der vierundzwanzigtausendfünfhundert Pesos in

Gold betrug, die Mark zu fünf Pesos Gold gerechnet, kosteten Guß, Gravierung und Transport nach dem Hafen mich noch über dreitausend Pesos. Da es indessen eine so reiche, sehenswerte und für einen so hohen Fürsten würdige Sache geworden ist, so reuen mich weder Mühe noch Kosten. Ich bitte daher Eure Majestät, diese kleine Verehrung anzunehmen und so hoch zu achten, als der gute Wille verdienen mag, nachdem ich sie gern noch größer gesendet hätte. Denn obgleich schon in Schulden steckend, habe ich dennoch noch tiefer darin stecken wollen, um nur den Wunsch erfüllt zu sehen, daß Eure Majestät endlich erfahre, wie eifrig ich Eurer Hoheit zu dienen begehre, zumal ich bis jetzt so viele Widersacher fand, die mir zur Kundgebung dieses Begehrens jegliche Gelegenheit abschnitten.

Desgleichen sende ich eurer Majestät sechzigtausend Pesos in Gold aus Dero hiesigen Einkünften nach Ausweis der von den Beamten und mir gemeinschaftlich überreichten Rechnungen. Wir wagen eine so große Summe auf einmal zu senden, einmal wegen des großen Bedarfs, der Eurer Hoheit durch Kriegs- und andere Ausgaben erwachsen mag, teils damit Eure Majestät sich aus dem Verlust der vorigen Sendung weniger machen möge. Künftig soll bei jeder sich bietenden Gelegenheit geschickt werden, soviel nur möglich ist. Eure Majestät mag mir glauben, daß nach der Art, wie sich die Sachen hier anlassen und die Königreiche sich erweitern, die Einkünfte größer und sicherer werden als in irgendeinem der übrigen Reiche und Fürstentümer – versteht sich, wenn wir nicht abermals in Schwierigkeiten der Art verwickelt werden, wie sie uns bisher entgegenstanden.

Ich sage dies mit Absicht, denn vor ein paar Tagen landete Gonzalo de Salazar, Verwalter Eurer Hoheit, im Hafen von San Juan, und von ihm erfuhr ich, auf der Insel Kuba, wo er angelegt hatte, habe man ihm gesagt, daß Diego Velázquez Intrigen mit dem Hauptmann Christóbal de Olid angesponnen habe, den ich zur Kolonisation nach dem Kap Hibueras (Honduras) ausgesandt hatte, und daß sie verabredet hätten, Olid solle sich dort gegen mich empören und sich auf die Seite des Gouverneurs stellen. Nun würde zwar dieser Streich so schändlich sein und so sehr zum Schaden Eurer Majestät gereichen, daß ich nicht daran glauben mag, dennoch halte ich ihn wiederum für möglich, weil ich so gut alle

Listen kenne, die Diego Velázquez angewandt hat, mir zu schaden. Wenn er nichts Schlimmeres bewirken kann, sucht er wenigstens zu bewirken, daß keine Leute zu mir kommen. Als Befehlshaber der Insel Kuba verhaftet er alle, die von hier kommend dort anlegen. Er setzt sie unter Druck, nimmt ihnen viel von ihrem Besitz ab und macht ihnen allerlei Bedingungen für ihre Freilassung, und sie tun und sagen, was er will, nur um von ihm loszukommen. Ich werde nun Untersuchungen anstellen, und finde ich die Aussagen bestätigt, dann werde ich nach dem Gouverneur Diego Velázquez aussenden, ihn verhaften lassen und ihn vor Eure Majestät bringen. Denn mit dem Abhauen der Wurzel allen Übels, die dieser Mensch ist, werden die übrigen Verzweigungen schon dürre werden, und ich werde mit größerer Freiheit meine bereits begonnenen und geplanten Aufgaben durchführen können.

IX

In meinen Berichten habe ich jedesmal die Neigung erwähnt, die bei den Eingeborenen dieses Landes besteht, sich zu unserem heiligen katholischen Glauben zu bekehren und Christen zu werden, und ich habe auch Eure Majestät bereits bitten lassen, die Entsendung geistlicher Personen von gutem und beispielhaftem Lebenswandel anzuordnen. Da aber jetzt nur sehr wenige oder so gut wie gar keine gekommen sind, bringe ich dies in Erinnerung und bitte, in aller Kürze die nötigen Befehle zu erlassen. Wenn übrigens die Stadträte von Neuspanien und ich durch die Prokuratoren Antonio de Quiñones und Alonso de Avila Eure Majestät bitten ließen, daß für Bischöfe und Prälaten zur Verwaltung der geistlichen Ämter gesorgt werden möge, da uns dies damals zweckmäßig erschien, so sind wir jetzt nach reiflicher Überlegung zu der Meinung gekommen, daß zu einer schnelleren Bekehrung der Eingeborenen recht viele feuereifrige Priester entsendet werden müßten, die hier provinzweise in geistlichen Häusern und Klöstern zu versammeln sind, und zwar an Orten, wo es uns angemessen schiene.

Es müßte dann der Zehnte eingeführt werden, um den Hausbau und den Unterhalt zu bestreiten, und was übrigbliebe, könnte für Kirchen und Kirchenmusik in den von Spaniern bewohnten Dörfern verwandt werden. Dieser Zehnte müßte von königlichen Beamten verwaltet und den Klöstern und Kirchen zugewiesen werden, wozu der Ertrag nicht nur ausreichen, sondern noch ein ansehnlicher Teil übrigbleiben würde, dessen Eure Majestät sich alsdann bedienen möge. Eure Hoheit würde dann nur Seine Heiligkeit zu bitten haben, den Zehnten für die Bekehrung dieses Volkes zu überlassen, die aber nicht anders als auf diesem Wege zu bewerkstelligen ist. Denn wenn wir Bischöfe und Prälaten bekämen, dann würden sie zur Strafe für unsere Sünden ihrer Gewohnheit folgen, wonach sie über die Kirchengüter verfügen, das heißt, sie in Pomp und anderen Lastern verschwenden und Majorate für ihre Söhne und Vettern errichten. Dabei wäre aber noch ein anderer großer Übelstand, denn auch die hiesigen Eingeborenen hatten zu ihrer Zeit ihre geistlichen, in allen Zeremonien erfahrenen Personen, die so eingezogen in Ehrbarkeit und Keuschheit leben mußten, daß jede ans Tageslicht gekommene Abweichung davon mit der Todesstrafe belegt wurde. Wenn sie nun unsere kirchlichen Angelegenheiten und unseren Gottesdienst in den Händen jener Canonici und anderer Würdenträger sähen und erführen, daß diese Diener Gottes seien, und sie alle die Laster und Profanitäten sähen, die sie wirklich in den Königreichen üben, dann würden sie verleitet werden, unseren Glauben geringzuschätzen und ihn für ein Possenspiel zu halten.

Da nun hierauf so viel beruht und da es die Hauptabsicht Eurer Majestät ist und sein muß, daß diese Heiden bekehrt werden, und wir als Christen besondere Sorge dafür zu tragen verpflichtet sind, habe ich geglaubt, in dieser Sache meinen Rat erteilen und meine Meinung sagen zu müssen. Weil es nun aber, wenn keine Bischöfe hier sind, schwierig sein dürfte, für die Ordinationen und Weihen der Kirchen, Kirchengerätschaften, des Salböls und anderer Sachen Hilfe zu finden, würde Eure Majestät gleichzeitig Seine Heiligkeit um die nötige Vollmacht bitten, ferner die beiden vornehmsten Geistlichen zu Subdelegaten des Heiligen Stuhles zu ernennen, den einen vom Orden des heiligen Franziskus, den anderen von dem des heiligen Dominikus. Da aber diese Länder vom Sitz der römischen Kirche so weit entfernt sind, wir dadurch von den Mitteln der Gewissensberuhigung so weit getrennt, dennoch aber als Menschen so sehr der Sünde unterworfen, ist es notwendig, daß Seine Heiligkeit durch Bewilligung ausgedehnter Vollmachten für jene Personen ein übriges tue, und zwar für solche, die wirklich hier ihren Wohnsitz haben werden, sei es nun der General oder Provinzial der erwähnten Orden.

Die Zehnten sind in diesem Lande bereits in einigen Städten an den Meistbietenden verpachtet und in anderen dazu ausgeboten worden. Die Verpachtung beginnt mit dem Jahre 1523, weiter zurückzugreifen schien mir nicht zweckmäßig, weil die Steuerpflichtigen während der damaligen Kriege stets mehr Ausgaben als Einnahmen hatten. Geruhen Eure Majestät jedoch etwas anderes zu befehlen, so wird es geschehen, was Dero Dienst am angemessensten sein wird. Die Zehnten der Hauptstadt sind für jährlich fünftausendfünfhundertfünfzig Pesos in Gold vergeben, die von Medellín und Vera Cruz für tausend Pesos in Gold noch nicht verpachtet und werden, wie ich glaube, höher zu veranschlagen sein. Von den anderen Städten weiß ich noch nichts, da sie weit entfernt liegen. Die Einnahmen sollen verwendet werden, um Kirchen zu bauen, Pfarrer und Sakristane zu besolden, Kirchengerätschaften zu bezahlen und andere Ausgaben für die Kirchen zu bestreiten.

X

Durch kürzlich von den Inseln gekommene Schiffe habe ich Nachricht erhalten, daß die Richter und Beamten auf Española verordnet und durch öffentlichen Ausruf bekanntgemacht hätten, es sei bei Todesstrafe verboten, Stuten oder sonstige sich fortpflanzende Dinge nach Neuspanien auszuführen. Sie haben dies getan, um uns in dem ständigen Zwang zu erhalten, ihnen das Schlachtvieh und die Lasttiere abzukaufen, und zwar zu unmäßigen Preisen. Sie hätten dies aber nicht tun sollen, denn ganz offenbar müssen für Eure Majestät große Nachteile daraus erwachsen, wenn auf solche Weise die Kolonisation dieses Landes gehemmt wird. Sie wissen sehr gut, wie sehr wir dessen, was sie uns jetzt versagen wollen, für die Entwicklung dieses Landes bedürfen. Sie hätten es auch nicht tun sollen wegen der vielen Werke und der edelmütigen Behandlung, die sie immer von Neuspanien erfahren haben, und weil sie selber der Gegenstände ihres Ausfuhrverbotes nur wenig bedürfen. Ich bitte daher, eine Königliche Verfügung zu erlassen, die das Verbot und die damit verbundene Strafe aufhebt, denn auf den Inseln wird durch die Ausfuhr kein Mangel entstehen, wir aber würden durch das Verbot nicht mehr imstande sein, neue Eroberungen zu machen und auch nur die gemachten zu behaupten.

Ich könnte mir sehr leicht selber helfen, und zwar auf eine Weise, daß sie froh wären, ihr Verbot wieder zurücknehmen zu können. Ich hätte nur ein ähnliches Verbot zu erlassen brauchen, daß überhaupt keine anderen Ausfuhrartikel der Inseln als gerade die verbotenen hier in diesem Lande ausgeladen werden dürften, dann würden sie gerne aufhören, das eine zu untersagen, um nur das andere loszuwerden. Sie haben ja kein anderes Mittel, etwas zu gewinnen, als durch den Handel mit diesem Lande, und ehe er in Gang kam, konnten die Bewohner der Insel unter sich keine tausend Pesos in Gold zusammenbringen, und jetzt haben sie mehr, als sie jemals gehabt haben. Um jedoch denjenigen, die gern Übles reden, keine Gelegenheit zu geben, ihre Zunge auszustrekken, habe ich mir bis jetzt nichts anmerken lassen, um es erst Eurer Majestät zu melden, damit in dieser Sache verordnet werden kann, was Dero königlichem Dienst zusagen wird.

Ich meldete auch bereits, welche Notwendigkeit besteht, daß Pflanzen aller Art nach diesem Lande geschafft werden. Da aber bis jetzt noch nichts geschehen ist, bitte ich Eure Majestät, der Handelskompagnie zu Sevilla zu befehlen, daß künftig von jedem hierher bestimmten Schiff eine bestimmte Menge Pflanzen mitgenommen werde, da dies für unsere Kolonisation von größter Wichtigkeit ist.

Wie es mir zukommt, nach guter Ordnung in der Kolonisation dieses Landes zu trachten, nach der Erhaltung der spanischen Kolonisten wie der Eingeborenen und nach der Festigung unseres heiligen Glaubens, nachdem Eure Majestät geruht hat, dies alles unter meine Fürsorge zu stellen, und Gott der Herr sich meiner Vermittlung bedient, um dies Land unter Dero kaiserliches Joch zu bringen, habe ich verschiedene Verordnungen durch öffentlichen Ausruf verkünden lassen, deren Abschriften ich für Eure Majestät beifüge. Ich halte es für notwendig, daß diese Verordnungen beachtet werden, von einigen derselben sind aber die hiesigen Spanier nicht sehr erbaut, namentlich von denjenigen, die sie zur festen Ansiedlung auf ihren Landgütern verpflichten. Die meisten von ihnen dachten es hier so zu machen, wie sie es auf den früher kolonisierten Inseln gemacht hatten, nämlich ihre Ländereien abzuernten, auszusaugen und dann zu verlassen. Mir aber scheint es, daß von uns, die wir die Erfahrung der Vergangenheit besitzen, kein größerer Fehler gemacht werden könnte, als sie nicht für die Gegenwart und die Zukunft anzuwenden. Ich bitte Eure Majestät daher, diese Verordnungen durchzusehen und mir Dero Befehle über das Verfahren zugehen zu lassen, sei es in Ausführung dieser Verordnung oder anderer Maßregeln, die ich zu beobachten haben werde. Stets aber wird man mich besorgt finden, das jeweils Angemessene hinzuzufügen, denn bei der Größe und Mannigfaltigkeit der Länder, die täglich entdeckt werden, bei den vielen Geheimnissen, die täglich in den schon entdeckten Ländern erkundet werden, tut es not, für neue Begebenheiten auch neue Ansichten und Ratschläge zu haben. Und wenn etwa in diesem oder jenem, das ich bisher gesagt habe oder künftig sagen werde, scheinbare Widersprüche zu früheren Äußerungen enthalten sein werden, so wolle Eure Exzellenz annehmen, daß mir durch eine Wandlung der Sache eine neue Ansicht aufgezwungen worden ist.

Unüberwindlicher Kaiser! Möge Gott der Herr Eure Majestät bewahren und mit Zuwachs vieler Königreiche in seinem Dienste fördern und erhalten, nebst allem, was Eure Hoheit sich sonst noch wünschen mag. Eurer Majestät untertänigster Knecht und Vasall

Hauptstadt Tenochtitlán   Hernán Cortés
in Neuspanien

2 Die Perspektive der Azteken

19 Religiöser Kontext: Böse Vorzeichen im Reiche Mexiko

Das erste böse Omen: Zehn Jahre bevor die Spanier in dieses Land kamen, erschien nachts ein böses Vorzeichen am Himmel. Es war wie die Glut der Morgenröte, wie eine Feuerflamme, wie eine lodernde Feuergarbe. Die Flamme brannte breit und schoß spitz in die Höhe, mitten hinein in das Herz des Himmels, und blutiges Feuer fiel wie aus einer Wunde in Tropfen herab.

Die Flamme zeigte sich im Osten und erhob sich zu voller Höhe um Mitternacht. Bis der Tag kam, züngelte sie gierig empor. Erst die Sonne besiegte sie mit der Morgenröte. Ein ganzes Jahr lang schien diese Flamme; im Jahr ›Zwölf Haus‹ erschien sie uns Nacht für Nacht. Und als sie zuerst gesehen wurde, schrien die Leute vor Angst. Sie schlugen sich auf den Mund, waren bestürzt und verwirrt und fragten: »Was kann das bedeuten?«

Das zweite böse Omen: Der Tempel des Gottes Huitzilopochtli stand plötzlich in Flammen. Er brannte von selbst herab, niemand hatte ihn angezündet. Tlacateccan – Haus der Macht – hieß der heilige Platz, auf dem er gebaut war. Und nun steht er in Flammen, seine hölzernen Säulen brennen. Die Feuerzungen schießen heraus bis hoch in den Himmel. Schnell haben sie alle hölzernen Pfeiler des Tempels verzehrt.

Als das Feuer zuerst gesehen wurde, schrien die Leute: »Mexikaner, kommt, lauft, wir können es löschen! Bringt Wasserkrüge!« Aber als sie Wasser in die lodernde Glut gossen, flammte das Feuer noch höher auf. Sie konnten es nicht ersticken, und der Tempel brannte nieder bis auf den Grund.

Das dritte böse Omen: Ein Blitzstrahl traf den Tempel Xiuhtecuhtlis, des Feuergottes. Er war aus Stroh gebaut und stand in Tzonmolco. Nur ein feiner Regen fiel an jenem Tage, und kein Donner war zu hören. Darum nahmen wir den Blitzstrahl als böses Zeichen und sagten: »Die Sonne selbst hat den Tempel getroffen.«

Das vierte böse Omen: Feuer zog über den Himmel, als die

Sonne noch schien. Es flog in drei Streifen dahin, von Westen nach Osten, und schüttete einen roten, heißen Funkenregen aus. Als die Leute den langen Schweif durch die Lüfte fegen sahen, schrien ihre angstvollen Stimmen wie tausend rasselnde Schellen.

Das fünfte böse Omen: Der Wind peitschte das Wasser, bis es aufschäumte. Es kochte vor Zorn, es zerkochte sich selbst in Raserei. Es rollte von weither heran, stieg hoch in die Luft und schmetterte gegen die Mauern der Häuser, riß sie weg in die Fluten. Das geschah an unserem See, in Mexiko.

Das sechste böse Omen: Nacht für Nacht hörte man eine weinende Frau. Um Mitternacht irrte sie umher und weinte und schrie laut und klagend: »Meine lieben Kinder, wir müssen fliehen aus dieser Stadt, ins Elend!« Und manchmal schluchzte sie: »Meine Kinder, wohin soll ich Euch bringen?«

Das siebte böse Omen: Ein seltsamer Vogel wurde in den Netzen gefangen. Die Männer, die in den Seen fischten, fingen einen Vogel mit aschgrauem Gefieder. Er glich einem Kranich. Sie brachten ihn zu Motecuhzoma in das Schwarze Haus. Der Vogel trug einen Spiegel in der Federkrone seines Kopfes. Der Spiegel war in der Mitte durchbohrt wie der Wirtel am Spinnrad, und der Nachthimmel spiegelte sich darin wider. Es war erst Mittag, aber die Sterne und *mamalhuatzli*, der Feuerbohrer, schienen doch in dem Spiegel. Als Motecuhzoma die Sternbilder sah, deutete er das als großes, unheilvolles Vorzeichen. Doch als er zum zweiten Male in den Spiegel blickte, sah er in der Ferne ein Schlachtfeld. Männer, in Reihen ausgerichtet wie Rohrschäfte, kamen eilig heran. Sie waren zum Kriege gerüstet und ritten auf den Rücken von Hirschen.

Motecuhzoma berief seine Zeichendeuter und Weisen und fragte: »Könnt Ihr erklären, was ich gesehen habe? Geschöpfe wie menschliche Wesen, sie liefen und fochten...!«

Aber als sie in den Spiegel sahen, um das Bild zu deuten, war alles verschwunden, und sie sahen nichts.

Das achte böse Omen: Mißgestaltete Wesen erschienen auf den Straßen der Stadt, Menschen mit zwei Köpfen auf einem Leib. Man brachte sie in das Schwarze Haus zu Motecuhzoma. Doch als er sie ansah, verschwanden sie spurlos.

20 Ängstliche Reaktionen: Der große König Motecuhzoma (1466–1520) befragt die Vorzeichendeuter

Motecuhzoma berief die Provinzstatthalter zu sich. Er befahl ihnen, die Dörfer nach Magiern zu durchsuchen und alle zu ihm zu bringen, die sie fänden. Die Beamten kehrten mit vielen Zauberern zurück, die angemeldet und dann vor das Angesicht des Königs geführt wurden.

Sie knieten vor ihm nieder, ein Knie auf den Boden gestützt, und erwiesen ihm höchste Ehrerbietung. Er fragte sie: »Habt Ihr seltsame Zeichen gesehen, am Himmel oder auf der Erde, in den Höhlen unter der Erde, in den Seen oder Flüssen? Eine weinende Frau oder seltsame Männer? Erscheinungen, Trugbilder oder ähnliches?«

Aber die Zauberer hatten die Omen nicht gesehen, die Motecuhzoma zu begreifen suchte, und konnten ihn deshalb nicht beraten. Er sagte zu seinem *petlacálcatl*: »Schaff diese Schurken weg, sperr sie im Cuauhcalco-Gefängnis ein. Sie werden sprechen müssen, auch gegen ihren Willen.«

Am nächsten Tag befahl er seinen *petlacálcatl* und sprach: »Bring diese Zauberer zum Sprechen! Sie sollen sagen, ob wir mit Krankheit geschlagen werden, mit Hungersnot, mit Heuschreckenplagen, mit Stürmen auf dem See, mit Dürrezeiten, ob der Regen ausbleiben wird oder nicht. Ob Mexiko Krieg droht, ob ein großes Sterben kommt, ob wilde Tiere uns Tod bringen. Mir hat man nichts zu verheimlichen. Sie sollen mir auch sagen, ob sie Cihuacóatls Stimme gehört haben, denn sie zeigt zuerst alle bösen Ereignisse an, lange bevor sie eintreten.«

Die Magier antworteten: »Was können wir sagen? Die Zukunft ist schon im Himmel bestimmt und verfügt. Motecuhzoma wird das große Wunder erleben, das über sein Land fällt. Er wird es erleiden, und wenn unser König mehr davon wissen will, er wird es bald genug sehen, denn es kommt schnell. Da er forderte, daß wir sprechen: Dies ist es, was wir voraussagen. Und da es sicher bald geschieht, kann er nur darauf warten.«

Der *petlacálcatl* kam zurück und offenbarte Motecuhzoma, was sie gesagt hatten und daß das, was geschähe, schnell kommen würde. Motecuhzoma war bestürzt. Dies stimmte zusammen mit der Vorhersage Nezahualpillis, des Königs von Tezcoco. Er sprach zu dem *petlacálcatl*: »Frag sie noch einmal nach diesem Geheimnis aus! Suche zu erfahren, ob es vom Himmel oder von der Erde kommen wird, und aus welcher Richtung oder von welchem Ort es kommen wird, und wann es geschehen wird.«

Der *petlacálcatl* ging nach dem Gefängnis zurück, um die Zauberer wieder auszuforschen, aber als er eingetreten war und die Türen aufschloß, entdeckte er voller Entsetzen, daß niemand mehr da war. Er eilte zu Motecuhzoma und sagte zu ihm: »O Herr, befiehl, daß man mich in Stücke schneidet oder was sonst Dir gefällt; denn Du mußt erfahren, mein Herr, als ich ankam und die Türen öffnete, war niemand mehr da. Ich habe zuverlässige Wächter an dem Gefängnis, vertrauenswürdige Männer, die mir seit Jahren dienen. Keiner hörte, daß sie entkamen. Ich selbst glaube, sie hoben sich durch die Lüfte davon, denn sie wissen, wie man sich unsichtbar macht. Das tun sie jeden Abend und fliegen an die Grenzen der Erde. Auch jetzt müssen sie das getan haben.«

21 Erfüllung einer Prophezeiung? Die Ankunft der »schwimmenden Berge« im Golf von Mexiko

Einige Tage später kam ein *macehual*, ein einfacher Mann, aus Mictlancuauhtla in die Stadt. Niemand hatte ihn geschickt, keiner von den Beamten. Er kam aus eigenem Antrieb. Er ging geradewegs zu Motecuhzomas Palast und sagte zu ihm: »Herr und König, vergib mir meine Kühnheit. Ich bin aus Mictlancuauhtla. Als ich an die Küste des großen Meeres ging, schwamm da eine Reihe von Bergen mitten auf dem Wasser und bewegte sich hierhin und dorthin, ohne ans Ufer zu kommen. Mein Herr, wir haben nie vorher so etwas gesehen, obwohl wir die Küste beobachten und immer wachsam sind.« Motecuhzoma dankte ihm und sagte: »Du kannst dich jetzt ausruhen.«

Der Mann, der diese Nachricht brachte, hatte keine Ohren und keine Zehen, sie waren ihm abgeschnitten worden.

Motecuhzoma sagte zu seinem *petlacálcatl*: »Bringe ihn in das Gefängnis und bewache ihn gut!«

Dann ließ er einen der klügsten Priester kommen und ernannte ihn zu seinem Großkundschafter.

Er befahl ihm: »Geh nach Cuetlaxtlan und berichte dem Statthalter dieser Provinz: Es ist wahr, seltsame Dinge sind auf dem großen Meer erschienen. Befiehl ihm, diese Dinge selbst zu untersuchen, damit er erfährt, was sie bedeuten mögen. Befiehl ihm, seinen Auftrag so schnell wie möglich auszuführen, und nimm den Gesandten Cuitlalpítoc zu Deiner Begleitung mit.«

Als die Gesandten in Cuetlaxtlan ankamen, sprachen sie mit dem Statthalter, einem Mann namens Pínotl. Er hörte ihnen sehr aufmerksam zu und sagte dann: »Ihr Herren, ruht Euch bei mir aus und sendet Eure Diener nach der Küste.« Die Diener brachen auf und kamen schon bald in großer Hast zurück, um zu berichten, daß es wahr wäre, was man gehört hatte. Sie hatten zwei Türme oder kleine Berge gesehen, die auf den Wellen des Meeres schwammen.

22 »Nun ist unser Fürst Quetzalcoatl gekommen!«: Die Begrüßung der Fremden durch die Abgesandten Motecuhzomas

Motecuhzoma gab Pínotl, dem Statthalter von Cuetlaxtlan, und den anderen Beamten Befehle. Er sagte: »Gebt Anweisung: Wachen sind an den Küsten des Meeres aufzustellen, bei Nauhtla, Tuztlan, Mictlancuauhtla, überall, wo die Fremden erscheinen!« Die Beamten machten sich auf und gaben sofort die Befehle. Darauf berief Motecuhzoma die Großen seines Reiches: den königlichen Ratgeber, Cihuacoátl Tlilpotonqui, die Schlangenfrau, den Tlacochcálcatl Cuappiaztzin, den Häuptling des Hauses der Pfeile, den Tizociahuácatl Quetzalaztatzin, den Hüter des Kalks, und den Huiznahuatlailótlac Hecateupatiltzin, den Häuptling der Flüchtlinge aus dem Süden.

Er gab ihnen die Neuigkeiten bekannt, die sich ereignet hatten, und zeigte ihnen die Gaben, die von den Fremden stammten. Er sagte: »Wir alle bewundern diese blauen Türkise, sie müssen gut gehütet werden. Den gesamten Schatz soll man gut verschließen. Wenn nur eine Perle davonrollt, sollen Eure Häuser zerstört, Eure

Kinder getötet werden, selbst die, die noch der Mutterleib schützt.«

Als das Jahr ›Dreizehn Kaninchen‹ sich seinem Ende näherte, als es sich fast mit dem nächsten berührte, erschienen sie wieder. Sie wurden wieder gesehen. Sogleich brachte man Motecuhzoma die Kunde, und er sandte sofort Boten aus, denn er dachte: »Nun ist unser Fürst Quetzalcoatl gekommen!«

In seinem Herzen fühlte er: Er ist erschienen, er ist zurückgekommen. Nun wird er wieder seinen Thron einnehmen, wie er versprochen hat, ehe er uns verließ.

Motecuhzoma schickte fünf hohe Gesandte aus, die die Fremden begrüßen und ihnen Willkommensgeschenke bringen sollten.

Der Anführer der Gesandtschaft war der Priesterfürst von Yohualichan, der zweite war von Tepoztlan, der dritte von Tizatlan, der vierte von Huehuetlan und der fünfte von dem großen Mictlan.

Motecuhzoma sagte zu ihnen: »Kommt näher, meine Jaguarkrieger, kommt näher! Man sagt, daß unser Herr in sein Land zurückgekehrt ist. Geht, ihn würdig zu empfangen. Hört seine Botschaft! Merkt genau auf das, was er sagt, und behaltet es gut im Gedächtnis!« Dann sagte Motecuhzoma zu seinen Gesandten: »Hier, nehmt nun entgegen, was Ihr unserm Herrn überreichen sollt. Dies ist der Schatz Quetzalcoatls, der ihm gebührt.«

Das erste Geschenk: die Tracht des Gottes Xiuhtecuhtli. Die Schlangenmaske, mit Türkisen besetzt, der grüne Brustschmuck aus Quetzalfedern, der Halsschmuck im *petatillo*-Stil mit der Goldscheibe in der Mitte, einen Schild, mit Gold und Perlmutter geschmückt, mit ausgebreiteten Quetzalfedern am Rande und einem Federbusch verziert. Auch ein Kreuzspiegel, wie er den Tänzern an heiligen Festen auf dem Rücken hüpft, auf der einen Seite mit einem Türkismosaik aus kunstvoll gelegten Steinen. Das Speerwurfbrett, ganz aus Türkisen, der Handgelenkriemen aus *chalchihuites*, mit kleinen goldenen Glocken behangen, und die obsidianschwarzen Sandalen.

Das zweite Geschenk gab ihnen Motecuhzoma: die Tracht Tezcatlipocas. Der gelbe kegelförmige Helm, mit goldenen Sternen besät, der Ohrpflock mit vielen goldenen Schellen, das bemalte Gewand, mit Fransen verziert, am Saum mit wallenden, schaumzarten Federn besetzt, und die blaue geknüpfte Decke Tzitzilli, die ›läutende Glocke‹, mit den Zipfeln wird sie geknotet und reicht bis an die Ohren. Und ein Wams als Schmuck für die Brust mit den feinsten weißen Schneckengehäusen, die steil von den Rändern abstehn. Auch ein Kreuzspiegel gehört dazu und kleine goldene Schellen als Schmuck für die Knöchel und ein Paar weißer Sandalen.

Das dritte Geschenk gab ihnen Motecuhzoma: die Tracht Tlalocs. Die Krone, ganz aus Quetzal- und Reiherfedern, so grün, als ob sie noch wüchsen, in Ornamenten besetzt mit Gold und Meerschneckengehäusen. Seinen Schlangenohrpflock aus grünen Edelsteinen, sein Wams, auch mit *chalchihuites* verziert, und seinen Kragen, gewoben im *petatillo*-Stil, mit der großen goldenen Scheibe. Seinen Schlangenstab aus Türkisen geschnitten, den Kreuzspiegel mit kleinen Glocken, seinen Mantel, mit roten Ringen umrandet, den Tlaloc sich an der Schulter knüpft.

Das vierte Geschenk gab ihnen Motecuhzoma: die Tracht Quetzalcoatls selbst. Das Diadem aus Jaguarfell und Fasanenfedern mit dem großen grünen Stein über der Stirn. Den runden Türkisohrpflock mit goldenen Ringen und Muschelgehängen, die Halsschmuckplatte aus *chalchihuites*, die auch eine sehr große goldene Scheibe hat. Und den Mantel mit rotem Saum, den er sich über der Schulter bindet, und die kleinen goldenen Glocken für die Füße. Einen goldenen Schild, in der Mitte durchbohrt, mit Quetzalfedern am Rand und einem Quetzalbusch, und den gekrümmten Stab von Ehécatl, dem Windgott, der an der Krücke die Traube aus weißen Steinen hat, und seine feinen, schaumweichen Gummisandalen.

Diese Trachten, den ›großen göttlichen Schmuck‹ und dazu noch anderen Kopfschmuck, goldene Schneckengehäuse und Diademe, nahmen die Abgesandten als Gaben mit. Man packte alles in große Körbe, und die Träger luden sie sich auf den Rücken für die lange Reise.

Dann erteilte Motecuhzoma seinen Gesandten die letzten Befehle. Er sagte zu ihnen: »Jetzt geht, haltet Euch nirgends auf. Erweist unserm Herrn, dem Gott, höchste Ehren. Sagt ihm: ›Dein Stellvertreter Motecuhzoma hat uns zu Dir gesandt. Hier sind die Gaben, mit denen er Dich in Deinem Lande Mexiko begrüßt.‹«

Als die Gesandten an der Küste angekommen waren, brachte man sie in Kanus nach Xicalanco. Auch die Geschenke für die Fremden ließen sie in die Boote verladen, um sie nie aus den Augen zu verlieren.

Von Xicalanco fuhren sie an der Küste entlang, bis die Schiffe der Fremden gesichtet wurden. Als sie heranruderten, riefen die Fremden: »Wer seid Ihr? Woher kommt Ihr?«

Da antworteten sie ihnen: »Wir kommen aus Mexiko.«

Die Fremden erwiderten: »Wer weiß, ob das wahr ist? Vielleicht erfindet Ihr das nur und wollt uns verspotten!« Aber im Herzen waren sie überzeugt, im Herzen waren sie befriedigt. Und so warfen sie von Bord ihres Schiffes einen Haken herab, zogen das Kanu damit heran, ließen eine Leiter herunter, und die Abgesandten stiegen hinauf.

Sie erwiesen dem Kapitän große Ehrerbietung. Sie aßen den Staub vor seinen Füßen, einer nach dem anderen, dann redeten sie ihn an: »Möge der Gott geruhen, uns anzuhören! Dein Stellvertreter Motecuhzoma hat uns geschickt, Dir zu huldigen. Er hat Deine Stadt Mexiko in seiner Obhut. Er spricht: ›Der Gott ist müde!‹«

Dann schmückten sie den Kapitän mit den Kostbarkeiten, die sie als Geschenke bei sich führten. Mit großer Sorgfalt befestigten sie die Schlangenmaske vor seinem Gesicht, die Türkismaske mit den Kreuzbändern aus Quetzalfedern, daran hingen sie die goldenen Schlangenohrpflöcke. Sie zogen ihm das kostbare Wams an. Sie legten ihm den gewebten *petatillo*-Kragen um, den Brustschmuck aus grünen Edelsteinen, mit der Goldscheibe in der Mitte.

Dann befestigten sie den Kreuzspiegel an seinen Hüften, hüllten ihn in den Mantel Tzitzilli, die ›läutende Glocke‹. Um seine Beine legten sie huaxtekische Schienen, mit kostbaren *chalchihuites* besetzt und mit goldenen Schellen behängt. In die Hand gaben sie ihm den Schild mit dem Saum und dem Busch aus Quetzalfedern, mit dem Schmuck aus Gold und Perlmutter. Und endlich stellten sie ihm die schwarzen Sandalen zu Füßen. Und die anderen göttlichen Trachten legten sie in gebührender Ordnung vor ihm aus, damit er sie sähe.

Der Kapitän fragte sie: »Und das ist alles? Ist dies Eure Willkommensgabe? Begrüßt Ihr so die Leute?«

Und sie antworteten: »Das ist alles, Gebieter. Dies haben wir für Dich gebracht.«

Darauf befahl der Kapitän, sie zu binden, ihnen Ketten um die Füße und um den Hals zu legen. Als das geschehen war, wurde das große Geschütz abgefeuert. Den Gesandten schwanden die Sinne, sie fielen zu Boden und blieben bewußtlos liegen.

23 Der Bericht der aztekischen Gesandten über die Fremdlinge und die Schwermut des Azteken-Herrschers

Während er seine Gesandten erwartete, konnte Motecuhzoma weder schlafen noch essen. Man durfte nicht mit ihm sprechen. Seufzend ging er umher, erschöpft und niedergeschlagen, alles schien ihm nichtig. Er hatte sich verloren in Verzweiflung, in tiefster Schwermut und Sorge. Nichts konnte ihn trösten, nichts ihn beruhigen, nichts ihm Vergnügen bereiten.

Er sagte: »Was wird mit uns geschehen? Wer wird es mit starkem Herzen ertragen? Ach, früher war ich stark, nun sitzt der Tod mir im Herzen. Es brennt und zuckt im Pfefferwasser der Angst. Wird unser Herr hierher kommen?« Er gab seinen Palastwachen den Befehl: »Sagt mir, selbst wenn ich schlafe: ›Die Gesandten sind vom Meer zurück!‹« Aber als sie dann kamen und es ihm sagten, rief er: »Sie sollen mir nicht hier berichten. Ich will sie im ›Haus der Schlange‹ empfangen. Dorthin sollen sie gehen! Und man soll zwei Gefangene mit Kalk bestreichen.«

Die Gesandten begaben sich in das ›Haus der Schlange‹, und Motecuhzoma kam. Vor seinen Augen wurden die beiden Gefangenen geopfert. Man schnitt ihnen die Brust auf und besprengte die Gesandten mit ihrem Blut; denn sie hatten einen gefährlichen Auftrag gehabt: sie hatten die Götter gesehen, ihre Augen hatten ihnen ins Antlitz geblickt. Sie hatten sogar mit den Göttern geredet. Darum wurde das Opfer so vollzogen.

Als das Opfer beendigt war, berichteten die Gesandten dem König. Sie erzählten ihm, wie sie die Reise gemacht, welche Wunderdinge sie gesehen hatten und welch seltsame Speisen die Fremden äßen.

Motecuhzoma war sehr erstaunt und bestürzt über ihren Bericht, und die Beschreibung der göttlichen Speise entsetzte ihn mehr als alles andere. Sie nährten sich nicht von Blut und menschlichen Herzen!

Erschrocken hörte er auch davon, wie die Kanone brüllt, wie ihr Donner trifft, daß man taub und ohnmächtig wird. Die Gesandten sagten: »Ein Ding wie ein Ball aus Stein fliegt aus ihrem Bauch heraus, sprüht Funken und regnet Feuer. Der Rauch stinkt wie Schwefel oder fauliger Schlamm. Er macht den Kopf benommen, denn er dringt bis ins Gehirn. Wenn die Kugel den Berg trifft, spaltet er sich und birst in Stücke. Wenn sie den Baum trifft, verweht er in Splittern, als ob ein Zauberer in seinem Innern ihn fortgeblasen hätte.«

Und die Gesandten berichteten weiter: »Ihre Kriegstracht und ihre Waffen sind ganz aus Eisen gemacht. Sie kleiden sich ganz in Eisen, mit Eisen bedecken sie ihren Kopf, aus Eisen sind ihre Schwerter, ihre Bogen, ihre Schilde und Lanzen. Sie werden von Hirschen auf dem Rücken getragen, wohin sie wollen. Herr, auf diesen Hirschen sind sie so hoch wie Dächer.

Ihr Körper ist ganz verborgen, nur ihre Gesichter sind nicht bedeckt. Ihre Haut ist weiß, wie aus Kalk gemacht. Ihr Haar ist gelb, nur bei einigen schwarz. Sie haben auch lange gelbe Bärte, auch die Backenbärte sind gelb. Ihr Haar ist gelockt, in glänzenden Strähnen.

Ihre Speise ist menschlich, wie die von Fürsten. Sie ist groß, weiß und nicht schwer, wie Spreu, wie Maisstengel. Sie schmeckt wie gemahlene Maisstengel, wie das Mark des Maisstengels, süß, wie mit Honig versetzt.

Ihre Hunde sind große Ungeheuer mit flachen Ohren und langen, hängenden Zungen. Sie haben feurige gelbe Augen, die Funken sprühen und blitzen. Ihre Bäuche sind flach wie Löffel, ihre Flanken sind lang und schmal. Sie sind wild und unermüdlich, sie springen hierhin und dahin, keuchen immer und lassen die Zunge hängen. Sie sind gefleckt wie der Jaguar.«

Als Motecuhzoma diesen Bericht gehört hatte, griff die Furcht ihn an. Sie schwächte sein Herz bis zur Ohnmacht, es schrumpfte zusammen. Und die Verzweiflung eroberte ihn.

Doch dann sandte er wieder Abgeordnete aus, er schickte seine klügsten Leute, die begabtesten Wahrsager und Zauberer, die er nur finden konnte, und die edelsten und tapfersten Krieger. Sie nahmen Vorräte mit auf die Reise, Hühner, Eier, weiße Maisfladen, und was die Fremden sonst noch benötigen mochten oder was ihnen vielleicht gefallen könnte, trugen sie mit sich.

Motecuhzoma schickte auch Gefangene mit. Sie waren für Opfer bestimmt, wenn es die Götter nach Menschenblut gelüstete. Die Gefangenen wurden vor den Fremden geopfert, doch als die Weißen das sahen, schüttelten sie sich vor Abscheu und Ekel. Sie spien auf den Boden, wischten sich Tränen ab, schlossen schaudernd die Augen, wandten den Kopf vor Entsetzen. Die mit köstlichem Blut besprengten Speisen mochten sie nicht! Sie sahen sie dampfen, das machte sie krank, wie der Genuß von verdorbenem Blut.

Motecuhzoma befahl das Opfer, weil er die Fremden für Götter hielt, er betete sie an, er glaubte an sie. Sie wurden ›Götter‹ genannt, ›die vom Himmel gekommen sind‹, und die Schwarzen nannte man die ›beschmutzten Götter‹.

Doch die Fremden aßen die Maisfladen, die Eier, die Hühner und Früchte von allen Sorten, süße und saure: Guaven, Avocados, stachlige Birnen und viele andere Arten, die hier gedeihen. Auch für die ›Hirsche‹ fand man schmackhaftes Futter, Riedschößlinge und grüne Gräser.

Motecuhzoma hatte die Magier beauftragt, auszuforschen, wer die Fremden wären. Zugleich sollten sie trachten, sie zu verzaubern, irgendein Unheil auf sie herabzuziehen: Den bösen Wind gegen sie lenken, schlimme Geschwüre und Wunden aufbrechen lassen oder mit einem Zauberspruch Krankheit, Tod oder Umkehr der Fremden beschwören.

Die Zauberer taten ihr Werk, sie besprachen die Fremden, aber die Wirkung blieb aus. Die Sprüche versagten, sie hexten den Fremden nichts an.

Da kehrten die Zauberer eilig zurück und berichteten Motecuhzoma, wie stark und unverwundbar die Fremden wären. Sie sagten: »O Herr, wir sind ihnen nicht gewachsen. Vor ihnen sind wir wie nichts.«

Darauf erließ der König Motecuhzoma strenge Befehle: »Die Statthalter, Fürsten, Häuptlinge haben dafür zu sorgen, daß die

Fremden alles erhalten, was sie nur fordern! Sind sie lässig, soll Todesstrafe sie treffen!«

Als die Spanier die Schiffe verließen, auf das Festland kamen und ihren großen Zug begannen, diente und half man ihnen, wenn sie kamen, und große Ehrungen wurden ihnen zuteil. Unter beständigem Schutz marschierten sie vorwärts, und alles wurde getan, was ihnen erwünscht war.

Doch Motecuhzoma war angsterfüllt und verwirrt; von Schrekken gepeinigt, verzweifelte er an der Zukunft seiner Stadt. Sein Volk war verwirrt wie er, beriet, besprach die Berichte. Man kam auf den Straßen zusammen, bildete Gruppen, Gerüchte verbreiteten Schrecken. Man weinte und klagte. Die Leute waren niedergeschlagen, sie schlichen umher mit gesenkten Köpfen, sie begrüßten einander mit Tränen.

Doch einige suchten die anderen zu ermutigen. Und die Kinder wurden getröstet, man streichelte ihnen die kleinen Köpfe. Väter und Mütter verwöhnten sie unter Liebkosungen.

Die Häuptlinge gingen zu Motecuhzoma. Sie sagten, um ihm das Herz zu stärken: »Eine Frau aus unserem Volk führt die Fremden hierher. Sie spricht unsere Sprache. Ihr Name ist Malintzin, und sie stammt aus Teticpac. Sie fanden sie dort an der Küste.«

Die Spanier aber begannen nun, nach Motecuhzoma zu fragen. Sie fragten die Leute in vielen Dörfern: »Ist er noch ein Jüngling? Ist er ein Mann oder schon ein Greis? Ist er noch kräftig, oder fühlt er schon seine Kräfte vor Alter erlahmen? Wird sein Haar vor Alter schon weiß?« Und die Dorfbewohner erwiderten ihnen: »Er ist im besten Mannesalter, nicht dick, sondern schlank, fast hager. Nicht dünn, sondern zart und von ranker Gestalt.«

Als Motecuhzoma hörte, daß sie sich nach ihm erkundigten, als er erfuhr, daß die Götter ihn von Angesicht zu Angesicht zu sehen wünschten, zog sein Herz sich zitternd zusammen. Nur noch Angst erfüllte ihn.

Er wollte fortlaufen, sich verbergen, er wollte den Göttern ausweichen, ihnen entkommen, sich in einer Höhle verstecken.

Er sprach mit vertrauten Ratgebern, die nicht kleinmütig waren, die noch große entschlossene Herzen hatten.

Sie sagten: »Da ist der Weg, der nach Norden führt, ins Totenreich, oder der Weg nach Osten, zum Hause der Sonne, oder der Weg nach Süden, ins Reich des Regengottes, oder der Weg nach Westen, der Dich in Cintlis Maishaus bringt. Alle diese Wege stehen Dir offen. Dort überall kannst Du Dich verbergen – wo es Dir am liebsten ist.« Und Motecuhzoma entschied sich: Er wollte zu Cintli, der Korngöttin gehen. Ihren Schutz wollte er suchen. Und sein Wunsch wurde bekannt gemacht; er wurde dem Volk verkündet.

Aber – er konnte es nicht tun. Er konnte nicht weglaufen, nicht in ein Versteck gehen. Er hatte seine Kraft verloren und seinen Mut. Er konnte gar nichts tun. Die Worte der Magier hatten sein Herz überwältigt, sie hatten ihn in Verzweiflung gestürzt. Er war nun schwach und schlaff und unsicher. Er konnte keinen Entschluß fassen. Darum tat er nichts. Er wartete. Er tat nichts. Er ergab sich und wartete. Er wartete darauf, daß sie kämen.

Doch zuletzt bezwang er sein Herz. Und dann erwartete er ruhig, was geschehen sollte.

24 Brüchige Reichsstruktur: Der »Verrat« der Tlaxcalteken

Und endlich kamen sie. Auf dem Festland begannen sie ihren langen Marsch nach Mexiko.

Ein Mann aus Cempoala, ein Tlacochcalcatl, ein ›Häuptling des Hauses der Pfeile‹, hieß sie als erster willkommen, als sie das Land betraten. Er sprach Náhuatl und diente ihnen als Führer und Dolmetsch. Er beriet sie, er zeigte ihnen die besten Straßen und wies ihnen die kürzesten Wege. Er reiste mit ihnen an der Spitze des Zuges. Als sie nach Tecoac kamen, in das Land der Tlaxcalteken, trafen sie auf einen Stamm der Otomí, die dort ihre Wohnsitze hatten.

Die Otomí hatten sich in Schlachtordnung aufgestellt, sie grüßten die Fremden mit ihren Schilden und lieferten ihnen den ersten Kampf.

Doch die Fremden besiegten die Otomí aus Tecoac, sie ritten sie nieder, zerteilten ihre geordneten Reihen, feuerten die Geschütze auf sie ab, griffen sie mit dem Schwert und der Armbrust an. Und

r einige, alle wurden in dieser Schlacht vernichtet. Tecoac
z zugrunde.

ls das die Tlaxcalteken hörten, als sie erfuhren, daß niemand entkommen war, griff die Todesangst auch nach ihnen, und die entsetzlichsten Vorahnungen überwältigen sie.

Deshalb versammelten sich die Häuptlinge und die Anführer der Krieger und berieten über das Ereignis.

Sie sagten: »Was sollen wir tun? Sollen wir sie freundlich empfangen? Der Otomí ist ein großer, tapferer Krieger, und doch war er hilflos, sie achteten ihn für nichts. Sie löschten den armen *macehual* mit einem einzigen Blick, mit dem Blitz ihrer Augen löschten sie ihn aus. Wir sollten sie nicht erzürnen, wir sollten sie freundlich empfangen und ihre Verbündeten werden, sie würden auch uns sonst vernichten.«

Deshalb gingen die Fürsten der Tlaxcalteken ihnen entgegen und empfingen sie freundlich. Sie brachten Begrüßungsgeschenke: Hühner, Eier und die besten Maisfladen, und sie sprachen: »Ihr seid müde, Gebieter!«

Die Fremden erwiderten: »Wo lebt Ihr? Woher kommt Ihr?« Sie sagten: »Wir sind aus Tlaxcala, und Ihr seid hierhergekommen und habt Euer Land erreicht, Eure Stadt Tlaxcala, die Adlerstadt.«

In alter Zeit hieß sie Texcala, die ›Stadt der vielen Felsen‹, und ihre Bewohner die Texcalteken.

Darauf führten sie die Fremden in die Stadt hinein, ließen sie in den Palast eintreten und erwiesen ihnen die größten Ehren. Sie erfüllten ihnen alle Wünsche, wurden ihre Verbündeten und gaben ihnen sogar ihre Töchter.

Die Spanier aber fragten: »Und wo liegt die Hauptstadt Mexiko? Liegt sie noch weit von hier?«

Sie erwiderten: »Nein, nicht sehr weit, nur drei Tagesreisen. Und es ist eine große Stadt. Die Azteken sind tapfere Krieger, große Häuptlinge und Eroberer, alle ihre Nachbarn haben sie unterworfen.«

Zu dieser Zeit waren die Tlaxcalteken Cholula sehr feindlich gesinnt. Sie fürchteten die Cholulteken, sie beneideten sie, sie waren erbittert, und ihre Seelen brannten vor Haß gegen Cholula. Deshalb spannen sie Ränke und trugen den Fremden böse Ge-

154

rüchte zu, damit der Kapitän die Stadt unterwerfe. Sie flüsterten ihm ein: »Cholula ist uns feindlich gesinnt. Es ist eine böse Stadt. Die Cholulteken sind stark, so tapfer wie die Azteken, und sie sind mit ihnen verbündet.«

Als dies die Spanier hörten, zogen sie gegen Cholula. Und mit ihnen zogen die Tlaxcalteken und die Häuptlinge von Cempoala und wiesen ihnen den Weg. Und sie marschierten in großem Schmuck und zum Kriege gerüstet.

Als sie angekommen waren, tauschten die Tlaxcalteken und Cholulteken Zurufe und Grüße aus. Im Tempelhof hielt man große Versammlung, doch als alle gekommen waren, die Fürsten, die Führer, die Häuptlinge und das Volk, schloß man die Eingänge zu, damit keiner entkäme.

Und dann begann das Schlachten: Messerstiche, Schwertschläge, Tod. Das Volk von Cholula war ohne Argwohn gekommen, die Krieger waren ohne Waffen. Ohne Schwerter und ohne Schilde standen sie vor den Spaniern. Durch hinterlistigen Verrat kam es zu diesem Blutbad, und durch die Lügen der Tlaxcalteken geblendet, starben sie, ohne zu wissen warum. Und als das Blutbad zu Ende war, brachte man Motecuhzoma die Nachricht. Boten kamen und gingen, eilten von Tenochtitlán nach Cholula und hasteten wieder zurück. Und das einfache Volk war bestürzt durch die Kunde und konnte nichts anderes mehr tun, als zittern in Furcht und Entsetzen. Ein Aufruhr erhob sich, als ob die Erde erbebe. Die Welt schien sich wirbelnd zu drehen, so wie im Schwindel die Dinge an ihren Plätzen kreisen.

Nachdem die Fremden Cholula vernichtet hatten, machten sie sich auf den Weg nach der Hauptstadt Mexiko. Sie kamen in Schlachtordnung, als Eroberer, und der Staub stieg in Wirbeln über den Landstraßen auf. Ihre eisernen Stäbe glitzerten böse in der Sonne, und die Fähnchen daran flatterten wie Fledermäuse. Großer Lärm erhob sich, wenn sie marschierten, ihre Eisenhemden, ihre Eisenschwerter, ihre Eisenhelme, all ihre Waffen klapperten laut wie Rasseln. Einige waren von Kopf bis Fuß in blitzendes Eisen gekleidet. Diese glänzenden Eisenmänner erschreckten jeden, der sie sah.

25 Das Versagen der alten Götter in der Schlacht von Cholula

Ihr [Cholulteken] Glaube an ihren Götzen [Quetzalcoatl] war so stark, daß sie dachten, er würde unter ihren Feinden mit dem Feuer und Donner des Himmels Verheerung anrichten und sie in einer ungeheuren Wasserflut ertränken.

Daran glaubten sie und riefen es mit lauter Stimme: »Laßt die Fremden nur kommen! Wir werden sehen, ob sie so mächtig sind! Unser Gott Quetzalcoatl ist hier bei uns, und ihn können sie niemals schlagen! Laßt sie nur kommen, die Schwächlinge! Wir warten auf sie, wir lachen vor Hohn über ihren einfältigen Wahn! Sie sind Narren oder Tolle, wenn sie auf diese Sodomiten von Tlaxcala bauen, die nichts sind und ihnen nachlaufen wie hörige Weiber. Laßt auch diese Mietlinge nur kommen, die sich in ihrer Angst verkauft haben! Seht auf diesen Abschaum von Tlaxcala, diese Feiglinge von Tlaxcala, diese Sträflinge! Sie sind von der Hauptstadt Mexiko unterworfen, und nun schleppen sie diese Fremden hierher und wollen sich verteidigen lassen. Wie konntet Ihr Euch so rasch verwandeln? Wie konntet Ihr Euch in die Hände dieser fremden Wilden geben? Oh, Ihr feigen Bettler, Ihr habt den unsterblichen Ruhm verspielt, den einst Eure Helden gewannen! Die hatten noch Blut in den Adern, reines Blut, von den alten Teochichimeken, den Stammvätern Eures Volkes! Was wird aus Euch werden, Ihr Verräter? Wir warten, und Ihr werdet sehen, wie unser Gott Quetzalcoatl seine Feinde bestraft!«

Sie schrien solche und ähnliche Beschimpfungen, weil sie fest daran glaubten, daß ihre Feinde, die Tlaxcalteken und die Spanier, durch Blitzstrahlen vom Himmel und durch Wasserströme aus den Tempeln ihrer Götzen vernichtet würden. Den Tlaxcalteken erregte das Angst und Schrecken, was die Cholulteken voraussagten und was die Priester vom Tempel Quetzalcoatls so laut sie konnten verkündeten. Sie dachten, es möchte doch eintreten.

Aber als dann die Tlaxcalteken hörten, wie die Spanier St. Jakob anriefen, und als sie sahen, wie sie die Tempel anzündeten, die Götzenbilder auf den Boden schleuderten und sie mit Eifer und Entschlossenheit entweihten, und als sie sahen, daß die Götzen machtlos waren, daß keine Blitze niederfuhren und keine Ströme sich ergossen, da kamen sie zu der Einsicht, daß sie irregeleitet waren und an Täuschungen und Lügen geglaubt hatten.

[...]

Die meisten, die während der Schlacht in Cholula starben, stürzten sich in Verzweiflung von der Tempelpyramide. Auch das Bild ihres Götzen Quetzalcoatl warfen sie, mit dem Kopf voran, von dort oben herab. Diese Form des Selbstmords war immer Brauch bei ihnen gewesen. Sie waren so rebellisch und unverschämt, wie irgendein steifnackiges und unregierbares Volk nur sein kann, und so war auch ihre Form zu sterben der anderer Völker gerade entgegengesetzt, sie starben kopfüber. So tötete am Ende der größte Teil von ihnen sich selbst in Verzweiflung.

Als die Schlacht von Cholula vorüber war, wußten und glaubten die Cholulteken, daß der Gott der weißen Männer, seiner mächtigsten Söhne, mehr Macht als ihre eigenen Götter hatte.

Wenn unsere Freunde, die Tlaxcalteken, einander im dicksten Gewühl der Schlacht und des Gemetzels sahen, riefen sie St. Jakob, den Apostel, an und schrien mit lauter Stimme seinen Namen: »Santiago!«

Von diesem Tag an bis heute rufen die Tlaxcalteken, wenn ihnen irgendeine Schwierigkeit oder Gefahr droht, diesen Heiligen an.

26 Kulturgefälle: Die Azteken verachten die Goldgier der Spanier; das Erscheinen des Gottes Tezcatlipoca

Motecuhzoma sandte noch einmal verschiedene Fürsten aus. Tzihuacpopocatzin hatte die Führung dieser Gesandtschaft. Er nahm viele große Vasallen mit. Sie zogen aus, um die Spanier zwischen dem Popocatépetl und dem Iztactépetl zu treffen, dort auf dem Adlerpaß.

Sie schenkten den Göttern goldene Banner und Fahnen aus Quetzalfedern und goldene Halsketten. Als sie das Gold in ihren Händen hatten, brach Lachen aus den Gesichtern der Spanier hervor, ihre Augen funkelten vor Vergnügen, sie waren entzückt. Wie Affen griffen sie nach dem Gold und befingerten es, sie waren hingerissen vor Freude, auch ihre Herzen waren angesteckt von den Strahlen des Goldes.

Nur nach Gold hungerten und dürsteten sie, es ist wahr! Sie schwollen an vor Gier und Verlangen nach Gold. Gefräßig wurden sie in ihrem Hunger nach Gold, sie wühlten wie hungrige Schweine nach Gold. Sie rissen die goldenen Banner an sich, prüften sie Zoll für Zoll, schwenkten sie hin und her, und auf das unverständliche fremde Rauschen im Wind antworteten sie mit ihren wilden, barbarischen Reden.

Als sie Tzihuacpopocatzin sahen, fragten sie: »Ist das vielleicht dieser Motecuhzoma?« Sie fragten die Lügner aus Tlaxcala und Cempoala, ihre bösen, hinterlistigen Verbündeten.

Die antworteten: »Das ist nicht Motecuhzoma, Ihr Gebieter. Das ist sein Abgesandter Tzihuacpopocatzin.«

Die Spanier fragten ihn: »Bist Du vielleicht Motecuhzoma?«

»Ja«, sagte er, »ich bin Euer Vasall, ich bin Motecuhzoma.«

Doch die Verbündeten schrien: »Du Narr! Warum versuchst Du, uns zu täuschen? Für wen hältst Du uns? Du kannst uns nicht betrügen. Du kannst uns nicht zum Narren halten! Du kannst uns nicht erschrecken, Du kannst uns nicht die Augen blenden! Du zwingst unsere Augen nicht zu Boden, von Dir wenden wir sie nicht ab! Du kannst unsere Augen nicht behexen, daß wir sie beiseite wenden! Du kannst unsere Augen nicht trüben und ohnmächtig machen! Du kannst sie nicht mit Staub füllen oder mit Lehm verschmieren! Du bist nicht Motecuhzoma!

Er ist dort in der Stadt. Er kann sich nicht vor uns verbergen! Wohin soll er gehen? Ist er ein Vogel, kann er wegfliegen? Kann er in die Erde kriechen? Kann er sich in einem Berg vergraben?

Wir kommen und werden ihn sehen, von Angesicht zu Angesicht! Wir kommen, um seine Worte selbst zu hören, von seinen eigenen Lippen!«

So schmähten und verhöhnten sie die Abgesandten, und die Begrüßung und die Willkommensgaben waren unnütz verschwendet. Darum eilten die Abgesandten zurück in die Stadt.

Doch noch einmal schickte Motecuhzoma Gesandte: Wahrsager, Zauberer und Räucherpriester. Sie verließen die Stadt, um die Fremden durch Zauber aufzuhalten. Aber sie waren hilflos, konnten ihnen die Augen nicht blenden, ihnen nichts antun.

Sie trafen sich nicht einmal und konnten die Götter nicht sprechen. Denn ein Betrunkener stolperte quer über ihren Weg. Er war wie ein Mann aus Chalco gekleidet und gebärdete sich wie ein Chalca. Acht Grasstricke hatte er sich um die Brust gebunden. Er schien sehr betrunken zu sein, er heuchelte Trunkenheit, gab vor, ein Berauschter zu sein.

Er stieß mit ihnen zusammen, gerade bevor sie die Spanier erreichten. Er stürzte sich auf die Mexikaner und schrie: »Was kommt Ihr noch einmal hierher? Was soll es noch nützen? Was wollt Ihr noch? Was will Motecuhzoma noch tun? Ist er denn noch nicht Herr seiner Sinne? Zittert er noch und bettelt? Er hat viele Fehler gemacht und viele Menschen gemordet. Manche wurden erschlagen und manche in Leichentücher gehüllt. Manche wurden betrogen, manche vernarrt und verhöhnt.«

Als die Magier diese Worte hörten, warfen sie sich vor ihm in den Staub. Sie wollten seine Hilfe erflehen, und sie errichteten ihm rasch eine kleine Opferstätte, eine Erdpyramide und einen Thronsitz aus Gras.

Aber da sahen sie ihn eine Weile nicht mehr. Ganz vergeblich mühten sie sich ab, errrichteten seinen Tempel umsonst. Denn er sprach nur in Orakeln. Er erschreckte sie mit einem bitteren Tadel. Wie aus weiter Ferne sprach er noch einmal zu ihnen: »Wozu seid Ihr hierher gekommen? Es ist nutzlos! Mexiko wird zugrunde gehen! Nur Trümmer werden von Mexiko bleiben. Geht zurück, kehrt um! Schaut hin nach Mexiko! Seht, welches Geschick der Stadt bestimmt ist. Dort sind die Zeichen!«

Da blickten sie hinüber nach Tenochtitlán. Alle Tempel standen in Flammen, die Gemeindetempel, die Priesterhäuser, alle Häuser in Mexiko. Eine große Schlacht schien in der Stadt zu toben.

Als das die Magier sahen, verloren sie allen Mut, aus ihren Kehlen preßten sie kaum noch Worte, sie stammelten wie Berauschte: »Es war nicht geziemend für uns, diese Gesichte zu haben. Motecuhzoma selbst hätte sie sehen müssen. Das war kein Sterblicher, dem wir begegneten. Tezcatlipoca selbst ist uns in Jünglingsgestalt erschienen!«

Plötzlich verschwand der Gott, und sie sahen ihn nicht mehr.

27 Die Taufe des Prinzen Ixtlilxochitl

Auf die Bitte Ixtlilxochitls stärkten sich Cortés und seine Männer zuerst an den Speisen, die als Willkommensgaben aus Tezcoco mitgebracht worden waren. Dann begaben sie sich mit ihren neuen Freunden in die Stadt, und das Volk kam ihnen entgegen und hieß sie mit freudigen Zurufen willkommen. Die Indianer knieten nieder und beteten die Spanier als ihre Götter, als Söhne der Sonne an. Sie glaubten, daß nun die Zeit gekommen wäre, von welcher ihr geliebter König Nezahualpilli so oft gesprochen hatte. Die Spanier betraten die Stadt, und der königliche Palast wurde ihnen als Wohnstatt zugewiesen.

Die Nachricht von diesen Ereignissen wurde dem König Motecuhzoma überbracht, der mit dem Empfang zufrieden war, den seine Neffen Cortés bereitet hatten. Er war auch über das erfreut, was Cohuamacotzin und Ixtlilxochitl dem Kapitän gesagt hatten, weil er glaubte, daß Ixtlilxochitl nun die Besatzungen abziehen würde, die an den Grenzen aufgestellt waren.

Aber Gott fügte es anders.

Cortés war sehr dankbar für die Aufmerksamkeiten, die ihm Ixtlilxochitl und seine Brüder erwiesen, er wünschte ihre Güte zu erwidern, indem er sie mit Hilfe des Dolmetschers Aguilar in den Gesetzen Gottes unterrichtete. Die Brüder und eine Gruppe anderer Adliger versammelten sich, um dem Kapitän zuzuhören, und er erzählte ihnen, daß der Kaiser der Christen ihn hierher in dieses ferne Land geschickt hätte, damit er sie das Gesetz Christi lehre. Er erklärte ihnen das Mysterium der Schöpfung und des Sündenfalls, das Mysterium der Dreieinigkeit, der Menschwerdung Gottes, der Passion und der Auferstehung. Dann zog er ein Kruzifix heraus und hielt es hoch. Die Christen knieten alle nieder, und Ixtlilxochitl und die anderen Fürsten beugten mit ihnen die Knie. Dann erklärte Cortés ihnen auch das Mysterium der Taufe. Er beschloß die Unterweisung damit, daß er ihnen erzählte, wie sehr Kaiser Karl darüber bekümmert wäre, daß sie noch nicht in der Gnade Gottes lebten und daß er ihn nur hierher gesandt hätte, damit er auch ihre Seelen rette. Er bat sie, willige Untertanen des Kaisers zu werden, weil das auch der Wille des Papstes sei, in dessen Namen er gesprochen hätte.

Als Cortés nun um ihre Antwort bat, brach Ixtlilxochitl in Tränen aus und erwiderte, daß er und seine Brüder die Mysterien wohl verstanden hätten. Er danke Gott, daß seine Seele erleuchtet wäre, er wünsche, Christ zu werden und dem Kaiser zu dienen. Er bat um das Kruzifix, damit er und seine Brüder es anbeten könnten, und die Spanier weinten vor Freude, als sie diese Hingebung sahen. Dann baten die Prinzen um die Taufe. Cortés und die Priester, die mit ihm gezogen waren, sagten, zuerst müßten sie noch mehr über die christliche Region erfahren, aber man würde Leute senden, die sie unterrichten sollten. Ixtlilxochitl drückte seine Dankbarkeit aus, bat aber doch darum, das Sakrament sofort empfangen zu dürfen, weil er jetzt allen Götzendienst hasse und nur die Mysterien des wahren Glaubens verehre.

Obwohl einige der Spanier Einwände machten, entschied Cortés, daß Ixtlilxochitl sofort getauft werden solle. Cortés selbst wurde sein Taufzeuge, und man gab dem Prinzen den Namen Hernando, weil das der Name seines Gevatters war. Sein Bruder Cohuamacotzin wurde Pedro getauft, weil Pedro de Alvarado sein Taufzeuge wurde, und Tecocoltzin hieß ebenfalls Hernando, auch bei ihm stand Cortés Pate. Die übrigen Christen wurden Paten der anderen Adligen, und die Taufen wurden mit der größten Feierlichkeit begangen. Wenn es nur möglich gewesen wäre, hätten sich noch an demselben Tage mehr als zwanzigtausend Personen taufen lassen, und ein großer Teil empfing tatsächlich das Sakrament.

28 Anhaltende Unsicherheit: Beratungen am Hofe Motecuhzomas über den Empfang der Fremden

Als Motecuhzoma erfuhr, was sich in Tezcoco zugetragen hatte, berief er seinen Neffen Cacama, seinen Bruder Cuitlahuacatzin und die anderen Fürsten zu sich. Er schlug vor, in einer gemeinsamen Beratung zu entscheiden, ob man die Christen willkommen heißen sollte, wenn sie ankämen, und in welcher Weise man das tun solle, wenn man sich dazu entschlösse. Cuitlahuacatzin antwortete, sie sollten sie keinesfalls willkommen heißen, aber Cacama stimmte dem nicht zu, sondern wandte ein, es bewiese Mangel an Mut, ihnen den Eintritt zu verwehren, jetzt, da sie schon vor den Toren wären. Er fügte hinzu, daß es sich für einen so großen Herrscher wie seinen Onkel nicht gezieme, die Gesandten eines anderen großen Fürsten zurückzuweisen. Wenn die Besucher irgendwelche Forderungen stellten, die Motecuhzoma mißfielen, dann könne er ihre Unverschämtheit bestrafen und seine tapferen Kriegerscharen angreifen lassen.

Ehe sonst jemand sprechen konnte, verkündete Motecuhzoma, daß er mit seinem Neffen übereinstimme. Cuitlahuacatzin warnte ihn dringend: »Ich bete zu unseren Göttern, daß Du die Fremden nicht in Dein Haus läßt. Sie werden Dich hinauswerfen und Deine Herrschaft zuschanden machen, und wenn Du versuchst, wiederzuerlangen, was Du verloren hast, dann wird es zu spät sein!«

Doch damit war die Beratung beendet. Die anderen Fürsten deuteten zwar durch Gesten an, daß sie diesen letzten Worten zustimmten, aber Motecuhzoma war entschlossen, die Christen als Freunde zu empfangen.

Seinen Neffen Cacama schickte er ihnen entgegen, um sie zu begrüßen, und seinen Bruder Cuitlahuacatzin hieß er, sie im Palast in Ixtapalapan zu erwarten.

29 »Dies war geweissagt«: Motecuhzoma empfängt die zurückgekehrten »Götter« in seiner Hauptstadt Tenochtitlán (8. 11. 1519)

Die Spanier kamen in Xoloco an, am Eingang von Tenochtitlán. Das war das Ende ihres Marsches, denn sie hatten ihr Ziel erreicht.

Da legte Motecuhzoma seinen glänzendsten Schmuck an und bereitete sich darauf vor, ihnen zu begegnen. Auch die anderen großen Fürsten schmückten sich und die Edlen und die Häuptlinge und die Krieger. Und sie alle zusammen gingen hinaus, um die Fremden zu empfangen.

Sie trugen bemalte Becken, gefüllt mit den schönsten Blumen: der Sonnenblume, die dem Schilde gleicht, der Magnolie, die wie das Herz geformt ist; in der Mitte war die Kakaoblüte mit dem süßesten Duft und die wohlriechende gelbe Tabakblume, die köstlichste von allen. Sie nahmen auch Blumengewinde mit und Brust-schmuck und goldene Halsketten, Halsketten, an denen kostbare Edelsteine hingen, Halsketten wie geflochtene Matten, mit dicht aneinandergereihten Perlen.

So ging Motecuhzoma aus, um sie zu treffen, dort in Huitzilan.

Er brachte dem Kapitän und seinen Anführern viele Geschenke, ihnen, die gekommen waren, den Krieg zu bringen. Er überschüt-tete sie mit Gaben, er hängte ihnen Blumen um den Hals, er gab ihnen Halsketten aus Blumen, er legte ihnen Fesseln aus Blumen um die Brust, er setzte ihnen Blumenkränze auf den Kopf.

Dann schmückte er sie mit goldenen Halsketten und gab ihnen Geschenke von allen Arten als Willkommensgaben.

Als Motecuhzoma jedem Halsketten gegeben hatte, fragte Cor-tés ihn: »Bist Du Motecuhzoma? Bist Du der König? Ist es richtig, daß Du der König Motecuhzoma bist?« Und Motecuhzoma sagte: »Ja, ich bin es.«

Dann stand er auf, um Cortés willkommen zu heißen. Er ging auf ihn zu, beugte den Kopf tief herab und redete ihn mit diesen Worten an: »Herr, Du bist müde! Die Reise hat Dich erschöpft, aber nun bist Du auf der Erde angekommen. Du bist gekommen, in Deine Stadt, nach Mexiko. Du bist hierhergekommen, um auf Deinem Thron zu sitzen, um unter Deinem Thron-Himmel zu sit-zen. Die Könige, die schon dahingegangen sind, Deine Stellvertre-ter, haben ihn geschützt und bewahrt für Deine Ankunft. Die Kö-nige Itzcóatl, Motecuhzoma der Ältere, Axayácatl, Tízoc und Ahuítzotl haben für Dich geherrscht in der Stadt Mexiko. Das Volk wurde geschützt durch ihre Schwerter und beschirmt durch ihre Schilde.

Kennen die Könige des Schicksal derer, die sie zurückgelassen haben, ihrer Nachkommen? Wenn sie doch zusähen! Wenn sie nur sehen könnten, was ich sehe!

Nein, es ist kein Traum. Ich gehe nicht im Schlaf. Ich sehe Dich nicht in meinen Träumen... ich endlich habe Dich gesehen. Ich sehe Dich von Angesicht zu Angesicht. Ich war in Todesfurcht, fünf Tage lang, zehn Tage lang, meine Augen starrten in das Reich des Wunders.

Und nun bist Du gekommen, aus den Wolken und Nebeln, um wieder auf Deinem Thron zu sitzen.

Dies war geweissagt von den Königen, die Deine Stadt verwalteten. Und nun ist es eingetreten. Du bist zu uns zurückgekommen, Du bist aus dem Himmel herabgekommen. Ruhe Dich nun aus. Nimm Besitz von Deinen königlichen Schlössern.

Willkommen in Eurem Land, meine Götter!«

Als Motecuhzoma geendet hatte, übersetzte Malintzin seine Rede ins Spanische, so daß der Kapitän sie verstehen konnte. Cortés antwortete in seiner seltsamen und wilden Sprache. Zuerst sagte er zu Malintzin: »Sag Motecuhzoma, daß wir seine Freunde sind. Es gibt nichts zu fürchten. Schon seit langer Zeit wollten wir ihn gern sehen, und nun haben wir ihn gesehen und seine Worte gehört. Sag ihm, daß wir ihn schätzen und daß wir zufrieden sind.«

Dann sagte er zu Motecuhzoma: »Wir sind als Freunde zu Deinem Schloß in Mexiko gekommen. Du hast nichts zu befürchten.«

Malintzin übersetzte diese Rede. Und die Spanier griffen nach Motecuhzomas Händen und klopften ihm auf den Rücken, um ihm ihre Zuneigung zu zeigen.

Dann untersuchten die Spanier alles genau, was sie sahen. Sie stiegen von ihren Pferden herab, bestiegen sie wieder und stiegen wieder herab, um sich nichts von all dem Neuen entgehen zu lassen.

30 Bruch der Gastfreundschaft: Geiselnahme des Königs und Machtdemonstrationen der Spanier

Als die Spanier den königlichen Palast betreten hatten, ergriffen sie Motecuhzoma, nahmen ihn in Gewahrsam, stellten ihn unter Aufsicht. Auch Itzcuauhtzin stellten sie unter Bewachung, den anderen Fürsten wurde erlaubt, sich zu entfernen.

Dann feuerten sie ein Geschütz ab, und große Verwirrung entstand in der Stadt. Das Volk stob auseinander, es floh ohne Sinn und Verstand, es rannte davon wie gejagt, als ob giftige Pilze oder Wundererscheinungen die Sinne verwirrten. Alle waren von Angst überwältigt, hatten feige Herzen. Und als die Nacht niederfiel, brütete Furcht über der Stadt, kroch in die Häuser und lauerte noch in den Träumen.

Am Morgen teilten die Spanier Motecuhzoma mit, was sie an

Verpflegung und Vorrat benötigten: weiße Maiskuchen, gebratene Truthühner, Eier, frisches Wasser, Feuerholz, Kohlen, dazu große saubere Kochtöpfe, Wasserkrüge, kleine Krüge, Schüsseln und anderes Tongerät.

Motecuhzoma befahl, daß man es ihnen gäbe. Die Häuptlinge, die diese Befehle entgegennahmen, waren zornig auf den König. Sie gehorchten ihm nicht und achteten ihn nicht länger.

Aber die Spanier wurden trotzdem mit allem Nötigen versorgt, sie erhielten Speisen, Getränke und Wasser und Futter für ihre Pferde.

Als die Spanier sich im Palast eingerichtet hatten, fragten sie Motecuhzoma nach dem Staatsschatz aus, nach den Rangabzeichen der Krieger, nach den Schilden. Sie bedrängten ihn hart und dann verlangten sie: Gold! Motecuhzoma willigte ein, sie zu den Schätzen zu führen. Sie umdrängten ihn, kamen nahe an ihn heran mit ihren Waffen. Er ging in der Mitte, sie schlossen ihn ein, in einem dichten Kreis.

Als sie am Teucalco, dem großen Schatzhaus waren, wurden die Reichtümer ihnen gezeigt: der Goldschmuck, die Federn, der Federschmuck, die reichverzierten Schilde, die goldenen Brustscheiben, die Geschmeide der Götterbilder, die goldenen Nasenpflöcke, die goldenen Beinschienen, die goldenen Handgelenkriemen und die kostbaren Kronen. Die Spanier rissen sofort die wertvollen Federn von allen goldenen Schilden und Abzeichen weg. Alles Gold rafften sie zu einem Haufen. An die anderen Kostbarkeiten legten sie Feuer, und alles verbrannte. Das Gold schmolzen sie ein zu Barren, und von den wertvollen grünen Edelsteinen nahmen sie nur die besten, die anderen stahlen die Tlaxcalteken. Das ganze Schatzhaus durchwühlten die Spanier, sie drängten und fragten und griffen nach allem, was ihnen gefiel.

Dann gingen sie nach Totocalco, dem Platz des Vogelpalastes, in Motecuhzomas Schatzhaus, in dem seine eigenen Reichtümer waren. Vor Vergnügen fletschten die Spanier die Zähne wie Tiere und beklopften einander vor Freude. Sie glaubten in ihrem Paradiese zu sein, als sie die Schatzhalle sahen. Sie durchsuchten alles und verlangten nach allem, sie waren Sklaven ihrer eigenen Gier. Alle Besitztümer Motecuhzomas wurden hervorgeholt: die Halsketten mit den großen Gehängen, die kostbaren Oberarmringe, die Knöchelringe mit den goldenen Schellen, die Krone aus Türkismosaik mit dem dreieckig aufragenden Stirnblatt, die Königstracht und all der andere Schmuck, der dem König gehört und den nur er allein tragen darf.

31 Machtkalkül und Blutrausch: Massaker der Spanier beim Fest des Gottes Huitzilopochtli

Die Azteken erbaten von Motecuhzoma Erlaubnis, dem Gott Huitzilopochtli sein Fest auszurichten. Die Spanier wünschten, dieses Fest anzusehen, sie wollten betrachten, wie es gefeiert würde. Eine Abordnung der Priester kam zu dem Palast, in dem Motecuhzoma gefangen war, und ihr Sprecher bat ihn, nun seine Zustimmung zu geben. Er gewährte sie ihnen.

Sobald die Abgesandten wieder zurück waren, begannen die Weiber, die ein Jahr lang zum Fasten verpflichtet waren, Samen des Stachelmohns zu mahlen. Sie zerrieben die Samen im Tempelhof.

Die Spanier kamen alle zusammen aus dem Palast, sie waren wohlgerüstet in ihren Panzern und trugen Waffen. Stolz schritten sie mitten unter die Weiber, betrachteten sie, eins nach dem andern. Sie starrten ihnen frech ins Gesicht, diesen Weibern, die die Samen mahlten. Nach dieser kaltblütigen Prüfung kehrten sie in den Palast zurück. Wie man jetzt weiß, planten sie, die Festteilnehmer erst dann zu töten, wenn die Männer den Innenhof betreten hätten.

Am Abend vor dem Tóxcatl-Fest begannen die Priester, die Gestalt Huitzilopochtlis zu bilden. So echte Züge liehen sie ihm, daß er dem Leib eines lebendigen Menschen glich. Auf einem Gerüst aus Zweigen bildeten sie seinen Leib aus den gemahlenen Samen des Mohnkrautes.

Als er geboren, sein Leib erstanden war, beklebten sie ihn mit kostbaren Federn, bemalten ihm das Gesicht mit blauer und gelber Farbe, mit Querstreifen über und unter den Augen. Und seinen Schlangenohrpflock hängten sie ihm an, aus Türkismosaik gefügt, mit den herunterhängenden goldenen Zehen, und sein Nasengehänge, einen Pfeil, aus Gold dünn gehämmert und mit eingelegten Steinen verziert. Den Zauberkopfputz, die Verkleidung aus Kolibrifedern, steckten sie ihm auf den Kopf und schmückten ihn dann mit dem *anecúyotl*, dem Kopfschmuck mit dem Federgewinde, das sich am Rücken zuspitzt. Dann legten sie ihm den dicken Halsschmuck um, aus gelben Papageienfedern, mit dem Nackenschopf, der in gestuften Fransen hängt wie die Haare der Knaben. Und seinen schwarzgefärbten Brennesselumhang warfen sie ihm über; er ist mit fünf Büschen aus Adlerdaunen besteckt.

Dann hüllten sie ihn in den Mantel, der mit Schädeln und mit gekreuzten Totenknochen bemalt ist. Und darüber befestigten sie sein Wams, bestickt mit zerstückelten menschlichen Gliedmaßen, mit Schädeln, Ohren, Herzen, Gedärmen, Rümpfen, Brüsten, Händen und Füßen. Sie legten ihm dann die *máxtlatl* um, die Schambinde, die sehr kostbar ist. Auch ihr Muster zeigte zerstückelte menschliche Glieder, sehr kunstvoll eingewebt. Und ein langes Stück Rindenpapier, mit strahlendblauen Querstreifen bemalt, flatterte von ihr herab. Seine Blutfahne aus Papier, mit roter Farbe bemalt, legten sie ihm über die Schulter. An ihrer Spitze trug sie das Abbild seines steinernen Opfermessers, das auch aus rotem Rindenpapier gemacht war und strahlte, als sei es in frisches Blut getaucht.

Und er trug seinen Schild, er heißt *tehuehuelli*, den Bambusschild, mit vier Büschen aus Adlerdaunen besteckt, und die Schildfahne ist so rot wie die Blutfahne und das Opfermesser. Und zusammen mit seinem Schild hielt er vier Pfeile.

Zuletzt streiften sie ihm seine Bänder über die Oberarme, Bänder aus Coyotefell, mit vielen Papierstreifen besetzt.

Am nächsten Morgen, als kaum der Tag angebrochen war, enthüllten die das Bild, die sich dem Gott durch Gelübde verpflichtet hatten. Sie stellten sich vor ihm in einer Reihe auf und legten ihre Opfer vor ihm nieder. Fastenspeisen, runde Kuchen aus zerquetschten schwarzen Meldesamen oder auch Menschenfleisch. Aber sie trugen den Gott nicht auf die Spitze der Tempelpyramide.

Alle Häuptlinge der jungen Kriegsmannschaft brannten vor Verlangen, das Fest zu begehen. Sie hatten geschworen, mit ihrer besten Kraft zu tanzen und zu singen, damit die Spanier die Schönheit dieses Festes bewundern könnten. Der Zug setzte sich in Be-

wegung. Und die Sänger und Tänzer des Schlangentanzes drängten sich nacheinander hinein in den Tempelhof. Als alle versammelt waren, begann der Gesang und der Tanz. Und die zwanzig
Tage gefastet haben und die ein volles Jahr gefastet haben, führten
die andern an. Ihre Kiefernstäbe hielten die Reihen der Tänzer
geschlossen. Wenn jemand Wasser lassen wollte, hörte er nicht auf
zu tanzen, er öffnete nur seinen Kriegermantel an den Hüften und
legte seinen Kopfschmuck aus Reiherfedern ab. Wer den Anführern nicht gehorchte oder nicht auf seinem Platz blieb, den schlugen sie auf Hüften und Schultern. Dann zerrten sie ihn aus dem
Innenhof, hieben auf ihn ein und stießen ihn mit Gewalt hinaus.
Oft züchtigten sie ihn so hart, daß er zu Boden fiel und sie ihn an
den Ohren hinauszerren mußten. Aber niemand wagte ein Wort
zu solcher Bestrafung zu sagen, denn die, die ein Jahr gefastet hatten, wurden gefürchtet und sehr verehrt als die ›älteren Brüder
Huitzilopochtlis‹.

Die größten Häuptlinge, die tapfersten Krieger, tanzten an der
Spitze und führten die andern an. Die jüngeren folgten ihnen, aber
sie hielten den gehörigen Abstand. Einige trugen ihr Haar noch im
langen Schopf der Knaben, sie hatten noch keinen Gefangenen
heimgebracht. Andere trugen das Haar krugförmig geschnitten,
nur bis zu den Schultern, sie hatten Gefangene heimgebracht, aber
mit Hilfe anderer. Die Anführer der jungen Mannschaft, die
›junge Krieger‹ heißen, kamen dann; jeder von ihnen hatte einen
Feind heimgebracht oder zwei. Die Großen riefen ihnen zu: »Ihr
müßt noch beweisen, wie tapfer Ihr seid. Zeigt uns, was Ihr könnt,
tanzt mit aller Kraft!«

Als der Reigentanz sich zu den schönsten Figuren fügte und Gesang sich an Gesang schloß, an diesem Höhepunkt des Festes ergriff Mordlust die Spanier. Sie stürmten vor, bewaffnet und wie
zum Kriege gerüstet. Sie verschlossen alle Ausgänge und Tore des
Innenhofes, die Adlerpforte am Kleinen Palast, das Tor an der
Rohrspitze und das an der Spiegelschlange. Sie stellten Wachen
auf, so daß niemand entkommen konnte. Und dann stürzten sie in
den geheiligten Innenhof, um die Feiernden zu schlachten. Sie kamen zu Fuß, sie trugen ihre Eisenschwerter in den Händen und
ihre Holzschilde und ihre Eisenschilde. So stürmten sie mitten unter die Tänzer und erzwangen sich einen Weg dorthin, wo die Pau-

ken geschlagen wurden. Sie griffen den Mann an, der trommelte, und schlugen ihm die Arme ab. Dann schlugen sie ihm den Kopf ab, und er rollte weithin über den Boden. Dann griffen sie die Tanzenden an, erstachen sie, spießten sie auf, erschlugen sie mit ihren Schwertern. Einige durchbohrten sie von hinten, die fielen mit heraushängenden Eingeweiden zu Boden. Andere enthaupteten sie; erst spalteten sie ihnen den Kopf und schlugen ihn dann in kleine Stücke. Andere trafen sie an den Schultern, in klaffenden Wunden öffnete sich ihr Rücken. Einigen rissen sie die Arme vom Körper. Einige stachen sie in die Schenkel und in die Waden. Anderen schlitzten sie den Bauch auf, und die Eingeweide flossen auf den Boden. Manche versuchten vergeblich, noch wegzurennen, doch ihre Gedärme schleiften vor ihnen, und mit ihren eigenen Füßen verfingen sie sich darin. Auf welche Weise sie sich auch zu retten suchten, sie konnten nicht entkommen.

Einige versuchten, sich einen Weg nach draußen zu erzwingen, aber die Spanier ermordeten sie an den Toren. Andere kletterten an den Wänden hoch, aber die Spanier spießten sie auf, und sie konnten sich doch nicht retten. Einige flüchteten in die Priesterhäuser und waren dort eine Weile in Sicherheit. Auch die sich zwischen die Toten legten, sich unter ihnen versteckten, als ob sie auch Leichen wären, fanden dort Schutz. Aber sobald sie sich wieder aufrichteten, sich nur ein wenig rührten, stachen die Spanier zu und ermordeten sie auch.

Das Blut der Häuptlinge floß wie Wasser und sammelte sich in Pfützen. Die Pfützen flossen zusammen und machten den ganzen Tempelhof zu einer großen, schlüpfrigen Fläche. Der Gestank des Blutes und der Gedärme füllte die Luft. Und die Spanier rannten nun in die Priesterhäuser und töteten alle, die sich dort noch verbargen. Sie liefen überall hin und durchsuchten alles, in alle Räume drangen sie ein, jagten und mordeten.

32 Das Ende von Motecuhzomas
Beschwichtigungspolitik: Putsch des Azteken-Adels und Volksaufstand gegen die spanische Tyrannei

Als die Nachricht von diesem Gemetzel aus dem geheiligten Tempelhof hinausdrang, stieg ein Entsetzensschrei auf: »Mexikaner, eilt herbei! Wappnet Euch, nehmt Eure Speere und Schilde! Die Fremden haben unsere tanzenden Krieger ermordet!«

Dieser Schrei weckte ein Schmerz- und Zorngebrüll. Das Volk klagte und schrie, schlug sich die Hände gegen den Mund. Die Häuptlinge sammelten sich so schnell wie zu einer im voraus bestimmten Stunde. Alle waren zum Kampf entschlossen, sie trugen Speere und Schilde. Dann begann der Kampf. Die Azteken griffen mit ihren Wurfspeeren an und mit ihren Pfeilen, sogar mit den leichten dreizackigen Speeren, die zur Vogeljagd dienten. Sie schleuderten ihre Wurfspeere mit aller Macht. Und die Rohrpfeile breiteten sich über den Spaniern aus wie ein weiter, gelber Mantel.

Die Spanier zogen sich in den Palast zurück und verschanzten sich dort. Sie beschossen die Mexikaner mit ihren eisernen Pfeilen und warfen Feuer aus ihren Gewehren und Geschützen.

Und Motecuhzoma legten sie in eiserne Ketten.

Und als die Sonne sich neigte, stieg Itzcuauhtzin auf das flache Dach des Palastes und erhob seine Stimme, um Motecuhzomas letzte Botschaft zu verkünden.

Er rief: »O Mexikaner, o Tlatelolca! Euer König, unser Herr Motecuhzoma hat mich beauftragt, für ihn zu sprechen.

Mexikaner, hört mich an, denn dies ist es, was er Euch sagt: ›Wir dürfen nicht gegen sie kämpfen! Unsere Waffen gleichen nicht ihren! Wir sind ihnen unterlegen. Legt nieder die Schilde und Speere!‹

Dies ist sein Befehl. Denn das größte Leid wird die Alten treffen, das ärmste Volk und die unverständigen Kinder, die noch am Boden kriechen und in ihren Tragen schlafen. Habt mit ihnen Erbarmen! Darum spricht Euer Herr: ›Wir sind nicht stark genug, sie zu vernichten. Steht vom Kampfe ab! Geht in die Häuser zurück!‹ Mexikaner, sie haben Euren König Motecuhzoma in Ketten gelegt! Seine Füße haben sie mit Eisenketten gebunden!«

Als Itzcuauhtzin geendet hatte, erhob sich ein Aufruhr unter dem Volk. Die Krieger in ihrem Zorn schrien ihm Beschimpfungen zu. Und sie schrien: »Wer ist dieser Motecuhzoma, um uns zu befehlen! Der Feigling! Seine Sklaven sind wir nicht länger!«

Und sie stießen ihre Kriegsschreie aus, und ihre Pfeile suchten das Dach. Doch die Spanier traten vor mit erhobenen Schilden. Sie verbargen den armen Motecuhzoma und Itzcuauhtzin, damit die Pfeile sie nicht fänden.

Die Mexikaner waren zornig. So verräterisch hatte der Angriff ihre Häuptlinge überfallen. Hinterrücks hatte man sie ermordet, ohne die leiseste Warnung. Nun verweigerten sie den Rückzug. Nun legten sie ihre Waffen nicht nieder.

Der königliche Palast wurde belagert.

33 Ermordung Motecuhzomas (27. 6. 1520) und Flucht der Spanier

Und die Spanier warfen den toten Motecuhzoma und Itzcuauhtzin vor die Tür des Palastes. Am Ufer des Kanals, an der Stelle, die Teoayoc heißt, am Schildkrötenstein, fand man die Leichen.

Sie hoben den armen Motecuhzoma auf und trugen ihn nach Copolco. Dort übergaben sie ihn dem Scheiterhaufen. Das Feuer begann zu prasseln. Gierig leckten die Feuerzungen an Motecuhzomas Körper.

Und der Leib des großen Königs Motecuhzoma roch nach verbranntem Menschenfleisch, er stank beim Verbrennen.

Während noch die Feuergarbe aufstieg, schmähten sie ihn: »Dieser große König! Die ganze Welt hat vor dem Schurken in Furcht gezittert! Wer ihn beleidigte, mußte sterben. Allen Verleumdungen, allen Lügen lieh er sein Ohr, Unschuldige büßten mit ihrem Leben für nie begangene Taten!«

Und mit verbissenen Gesichtern murrten sie weiter und schüttelten ihre Köpfe.

Den toten Itzcuauhtzin aber führten sie im Boot nach Tlatelolco. Sie waren traurig, ihre Herzen waren verwaist. Sie weinten um ihn, niemand hätte ihn schelten oder verhöhnen mögen. Sie sprachen: »Er hat Leiden erduldet, der Herr des Speerhauses, Itzcuauhtzin. Für uns hat er alles erduldet. Mit Motecuhzoma hat er gelitten, mit ihm alle Pein ertragen!«

Und sie schmückten ihn mit der Königsfahne und dem anderen Schmuck und brachten ihm ihre Totengaben. Dann trugen sie ihn in den Tempelhof. Unter großen Ehren wurde sein Leib ›an der Adlerschale‹ verbrannt.

Und eines Nachts, um Mitternacht, schlichen die Spanier und die Tlaxcalteken aus dem Palast. Sie kamen in einem dichten Zug, an der Spitze gingen die Spanier, und die Verbündeten dicht dahinter bildeten einen Wall um sie herum. Der Himmel war bewölkt, und Regen fiel herab während der ganzen Nacht, ein feiner Regen, wie Tau.

Die Spanier trugen hölzerne Brücken mit sich, die legten sie über die Kanäle, die sie überqueren mußten. Sie setzten die Brücken nieder, gingen darüber und hoben sie dann wieder auf. Die ersten drei Kanäle überschritten sie ungesehen, ungehindert kamen sie über den Tecpantzinco, den Tzapotlan und den Atenchicalco. Aber als sie den vierten erreichten, den Mixcoatechialtitlan, wurde ihr Rückzug entdeckt.

Ein Weib, das Wasser schöpfte an diesem Kanal, sah sie und schrie: »Mexikaner, kommt schnell herbei! Eure Feinde fliehen! Heimlich fliehen sie über den Kanal!«

Dann schrie ein Priester Huitzilopochtlis. Hoch von der Tempelpyramide aus rief er sie zu den Waffen. Seine Stimme gellte weit über die Stadt: »Häuptlinge, Krieger, Mexikaner! Unsere Feinde fliehen! Folgt ihnen in den Kriegsbooten! Schneidet ihnen den Weg ab, erschlagt sie!«

Auf diesen Ruf antwortete zorniges Kriegsgeschrei. Die Krieger sprangen in ihre Boote, verfolgten die Feinde mit kräftigen Ruderschlägen. Die Kriegsboote aus Tenochtitlán stießen mit denen aus Tlatelolco zusammen, bemannt mit vielen tapferen Kriegern, und gemeinsam nahmen sie dann die Verfolgung auf. Zielsicher steuerten sie die Boote, schlugen die Ruder so schnell sie konnten, peitschten das Wasser des Sees bis es kochte. Andere Krieger eilten zu Fuß nach Nonohualco und dann nach Tlacopan, um den Spaniern den Weg abzuschneiden.

Von beiden Seiten des Dammes stießen die Boote auf die Spanier zu. Wie ein Sturm fielen die Speere nieder auf das fliehende Heer. Aber auch die Spanier hielten an und schossen auf die Azteken, sie schossen ihre Eisenbolzen und Feuergewehre ab. Die Spanier und Tlaxcalteken hatten große Verluste, aber auch viele aztekische Krieger wurden getötet oder verwundet.

Als die Spanier Tlaltecayohuacan erreichten und den Toltekenkanal, stürzten sie sich kopfüber ins Wasser, wie von einem Felsen sprangen sie hinab. Die Tlaxcalteken, die Verbündeten aus Tliliuhquitepec, das spanische Fußvolk, die Reiter, die wenigen Frauen, die das Heer begleiteten, alle kamen an das steile Ufer und sprangen hinab. Bald war der Kanal vollgestopft von den Körpern der Menschen und Pferde; die Ertrunkenen füllten die Löcher im Damm mit ihren Leibern aus. Und die nach ihnen kamen, gingen über die Leichen an das andere Ufer.

Als sie den nächsten Kanal bei Petlacalco erreichten, kamen sie ungehindert von den Azteken auf das Balkengerüst. Dort hielten sie eine kurze Rast, erholten sich, schöpften Atem, ermannten sich wieder. Und dann marschierten sie weiter nach Popotla.

Die Morgendämmerung kam, als sie in die Stadt einzogen. Das strahlende Licht des neuen Tages ermutigte ihre Herzen, sie glaubten, die traurige Nacht sei vorbei, die Schrecken des nächtlichen Rückzuges lägen nun hinter ihnen. Doch plötzlich hörten sie Kriegsschreie, Azteken schwärmten durch die Straßen und kreisten sie ein. Sie waren gekommen, um Tlaxcalteken für ihre Opferungen zu fangen. Und sie wollten die Rache an den Spaniern vollenden.

Die Azteken verfolgten das spanische Heer auf dem ganzen Weg nach Tlacopan. Und als sie die Spanier aus Tlilyuhcan vertrieben, wurde Chimalpopoca, der Sohn Motecuhzomas, im Kampf getötet.

34 Ausbruch der Seuche und Rückkehr der Spanier (30.5.1521)

Und als die Spanier so aus Tenochtitlán geflohen waren, dachten die Azteken, sie wären für immer gegangen und würden nie mehr zurückkehren. Darum richteten sie den Tempel ihres Gottes wieder her, fegten ihn gründlich aus, entfernten alle Trümmer und allen Schmutz und schmückten ihn.

Dann kam der achte Monat, den die Azteken immer gefeiert hatten. Da legten sie den Bildern, die bei den Festlichkeiten die Götter verkörperten, wieder die Halsketten und Geschmeide an und bekleideten sie mit den Türkismasken und den Göttergewändern aus grünen Quetzalfedern, aus schwarzen Adlerfedern oder aus gelben Papageienfedern. Diese reichen Göttertrachten hatten die großen Häuptlinge aufbewahrt.

Im dreizehnten Monat, während die Spanier in Tlaxcala verborgen blieben, brach hier in Tenochtitlán die große Seuche aus. Sie verbreitete sich rasch und wütete siebzig Tage. Sie legte sich auf die Menschen, schlug sie nieder, überall in der Stadt, und tötete unzählige aus unserem Volk. Geschwüre brachen in unseren Gesichtern auf, an unseren Brüsten, an unseren Leibern, mit schwärenden Wunden waren wir verkrustet von Kopf bis Fuß. So schrecklich war die Krankheit, daß niemand mehr stehen und gehen konnte. Die Kranken lagen wie Leichen hilflos auf ihren Betten, sie konnten die Glieder nicht rühren, den Kopf nicht heben. Auf ihren Lagern konnten sie sich nicht wenden, sich nicht auf die Seite drehen, nicht mit dem Gesicht nach unten legen. Wenn sie versuchten, sich zu bewegen, schrien sie vor Schmerz.

Sehr viele starben an dieser Seuche, andere starben vor Hunger. Niemand konnte die Kranken versorgen, sie konnten nicht aufstehen, sich keine Speisen holen, und so starben sie, alleingelassen auf ihren Schlafstätten. Einige hatten den Ausschlag nicht am ganzen Körper, nur an einigen Stellen bildeten sich Pusteln, sie litten weniger, und manche wurden wieder gesund. Aber auch sie waren für ihr Leben geschlagen, denn ihre Gesichter blieben entstellt und verwüstet. Wo eine Wunde geschwärt hatte, quetschte sie eine Grube in die Haut, so tief, daß sie nie mehr verwuchs. Einige verloren so auch die Nase oder ein Auge, andere erblindeten ganz.

Die ersten erkrankten in Cuatlan. Als man die Gefahr erkannte, hatte die Seuche sich schon so an den Menschen festgefressen, daß nichts sie mehr aufhielt. Schließlich raste sie überall, selbst in Chalco. Dann verzehrte sich langsam ihre Wut und erlahmte, aber immer noch schlug die Krankheit einzelne nieder, noch Monate später.

Die ersten Opfer gab es beim Fest Teotloco, und die Gesichter unserer Krieger waren nicht eher sauber und frei von Ausschlag bis das Fest Panquetzaliztli anbrach.

Und dann kamen die Spanier wieder zurück. Aus Tezcoco marschierten sie heran und schlugen in Tlacopan ihr Lager auf. Dort teilten sie sich. Pedro de Alvarado erhielt den Oberbefehl über die Truppen, die nach Tlatelolco marschieren sollten. Cortés selbst übernahm es, den Coyoacanbezirk und die Straße von Acachinanco nach Tenochtitlán zu besetzen. Er wußte, daß der Häuptling von Tenochtitlán ein sehr tapferer Mann war.

Das erste Gefecht begann vor Tlatelolco, bei Nextlatilolco oder bei Iliacac. Dann flackerte es wieder in Nonohualco auf. Unsere Krieger schlugen den Feind in die Flucht, und nicht ein einziger Azteke wurde getötet. Die Spanier versuchten einen zweiten Vorstoß, aber unsere Krieger griffen sie von den Booten aus an, und ein solcher Speerregen ergoß sich über die Spanier, daß sie wieder zum Rückzug gezwungen wurden.

Cortés jedoch setzte sich nach Acachinanco in Marsch und erreichte sein Ziel. Er verlegte sein Hauptlager dorthin, direkt vor die Stadt. Heftige Kämpfe entwickelten sich, doch die Azteken konnten ihn nicht vertreiben.

Schließlich kamen die Schiffe, zwölf an der Zahl, von Tezcoco kamen sie und ankerten bei Acachinanco. Cortés untersuchte die Kanäle, um den besten Einfahrtsweg für seine Flotte zu finden. Er wollte wissen, welcher der geradeste, kürzeste, tiefste und beste wäre, damit seine Schiffe nicht auf den Grund gerieten oder stekkenblieben. Einer der Kanäle bei der Xoloco-Durchfahrt war so gekrümmt und eng, daß nur zwei der kleineren Schiffe ihn befahren konnten.

Nun beschlossen die Spanier endgültig, Tenochtitlán anzugreifen und die Bevölkerung auszurotten.

Die Geschütze wurden in die Schiffe gehoben, die Segel wurden aufgezogen, und die Flotte trieb auf den See hinaus. Das Schiff mit der großen Fahne aus Leinen, die das Wappen des Kapitäns zeigte, führte die anderen an. Die Soldaten schlugen die Trommeln und bliesen die Hörner, die Holzflöten, Chirimias und Pfeifen.

Als die Schiffe sich dem Zoquiapanbezirk näherten, erschrak

das Volk bei dem Anblick. Die einfachen Leute, die dort wohnten, griffen nach den Kindern, hoben sie in die Boote und flohen. Aus Leibeskräften ruderten sie über den See, kopflos vor Furcht. Alle ihre Habe ließen sie zurück, stürzten aus ihren kleinen Häusern, ohne sich umzusehen.

Unsere Feinde begannen unser Besitztum zu plündern. Sie nahmen alles weg, was sie fanden. Große Bündel schleppten sie auf die Schiffe. Sie stahlen unsere Mäntel und Decken, Kriegsschmuck, Trommeln und Pauken. Alles schleppten sie weg. Die Tlatelolca verfolgten sie mit ihren Kriegsbooten und griffen die Spanier an, aber sie konnten von dem Geraubten nichts mehr retten.

Als die Spanier Xoloco erreichten, den Eingang Tenochtitláns, sahen sie, daß die Azteken eine Mauer errichtet hatten, die mitten über den Weg führte und ihn versperrte. Mit vier Schüssen aus ihrem größten Geschütz zerstörten sie diese Mauer. Der erste Schuß tat ihr noch nicht viel an, aber der zweite ließ Splitter fliegen und der dritte öffnete ein großes Loch. Mit dem vierten Schuß wurde die Mauer in Trümmern zu Boden geschleudert.

Die beiden Schiffe, die auf die andere Seite des Dammes gebracht worden waren, hatten beide schwere Geschütze im Bug. Sie griffen eine Flotte unserer Kriegsboote an. Wo sich die Boote am dichtesten drängten, mitten in unsere Flotte, warfen die Geschütze ihr Feuer. Viele unserer Krieger starben, andere ertranken. Sie waren verwundet und konnten nicht mehr schwimmen mit ihren zerfetzten Gliedern. Vom Blut der Sterbenden und Toten wurde das Wasser rot. Die von den eisernen Pfeilen aufgespießt wurden, waren auch verloren. Sie starben sofort und sanken tot auf den Grund des Sees.

35 Militärische Niederlage: Der Fall der Hauptstadt (13. 8. 1521)

Die Spanier sammelten sich nun alle und marschierten bis zur Adlerpforte. Dort stellten sie ihre Geschütze auf.

Die Adlerpforte schützte der große, mannshohe, steinerne Adler. Ihm zur Seite standen der steinerne Jaguar und der Wickelbär, auch aus Stein gehauen. Zwei Reihen hoher, steinerner Säulen führten von der Pforte in die Stadt. Azteken verbargen sich hinter den Säulen, als sie die Spanier und die Geschütze sahen, andere kletterten auf die Dächer der Gemeinschaftshäuser. Keiner der Krieger wagte mehr, dem Feind sein Gesicht zu zeigen, ihm offen entgegenzutreten.

Die Spanier verloren keine Zeit, sie luden, und ihre Geschütze spien Feuer aus. Der Rauch brach in schwarzen Wolken hervor, die den Himmel verdunkelten. Nacht schien herabzufallen. Die Krieger, die sich hinter den Säulen verbargen, verließen ihr Versteck und flohen, die auf den Dächern sprangen entsetzt herab und rannten davon. Und als der Rauch sich hob, konnten die Spanier nicht einen einzigen Azteken erblicken.

Da schoben sie ihr größtes Geschütz weiter vor und stellten es auf dem geheiligten Opferstein auf. Die Priester Huitzilopochtlis riefen vergeblich den Gott zu Hilfe. Sie begannen sofort auf der Spitze der Pyramide die großen heiligen Holzpauken zu schlagen. Der tiefe, pochende Herzschlag der Pauken hallte über die Stadt, rief verzweifelt die Krieger auf, das Heiligtum ihres Gottes zu verteidigen.

Doch zwei spanische Soldaten stiegen die Treppe zu der Tempelplattform empor, schlugen die Priester mit ihren Schwertern nieder und warfen sie, mit dem Kopf voran, in den Abgrund.

Die großen Krieger und Häuptlinge, die in den Kriegsbooten gekämpft hatten, kamen aber nun zurück und landeten. Die Jünglinge und die jüngsten Krieger führten die Ruder, und die Kämpfer sprangen ans Ufer, liefen durch die Straßen, jagten die Feinde und schrien: »Mexikaner, kommt, sucht sie!«

Die Spanier, bedroht durch den plötzlichen Angriff, schlossen sich zusammen, umklammerten die Griffe ihrer Schwerter fester. Dann prallten die Gegner aufeinander, über dem Kampfgewühl stiegen die Kriegsschreie auf. Die Azteken griffen von allen Seiten den Platz an, die Luft war schwarz vom Gewehrrauch und von den Pfeilen. So wütend war der Kampf, daß sich alle zurückziehen mußten. Die Azteken gingen nach Xoloco. Dort schöpften sie Atem, dort pflegten sie ihre Wunden. Die Spanier flohen in ihr Lager nach Acachinanco. Sie ließen das große Geschütz auf dem geheiligten Stein zurück. Später schleppten die Krieger der Mexikaner es weg, schoben es an den Rand des Kanals und versenkten es dort im Wasser. Am Platz der ›Steinernen Kröte‹ versank es.

Inzwischen suchte das Volk Zuflucht im Tlatelolcobezirk. Tenochtitlán wurde von seinen Bewohnern verlassen. An diesem Tage zogen sie alle davon und weinten und klagten wie Weiber. Männer suchten nach ihren Frauen, Väter trugen ihre kleinen Kinder auf den Schultern. So viele Tränen flossen aus Verzweiflung und Kummer.

Kein Feind und keiner unserer eigenen Krieger blieb unverwundet. Große Verluste gab es auf beiden Seiten, der Tod hielt reiche Ernte. Den ganzen Tag bis in die Nacht hinein wurde gekämpft.

Nur drei große Häuptlinge wandten das Gesicht niemals ab, achteten ihre Feinde für nichts, verachteten ihren eigenen Leib.

Der erste war Tzoyectzin, der zweite Temoctzin und der dritte der große Tzilacatzin.

Zuletzt waren die Spanier zu erschöpft, um noch weiter zu kämpfen. Nach einem letzten, vergeblichen Versuch, die Reihen der Mexikaner zu durchbrechen, zogen sie sich in ihr Lager zurück, um sich auszuruhen und zu erholen. Und mit ihnen schleppten sich ihre Verbündeten.

[...]

Nach einigen Tagen kamen wieder zwei Schiffe in der Morgendämmerung. Und die Spanier sprangen auf das trockene Land und schossen ihre Kugeln und Eisenbolzen ab. Aber die mexikanischen Krieger duckten sich noch hinter den Mauern, verbargen sich hinter den Häusern und warteten auf den Ruf ihres Spähers. Erst beim Ton der Muscheltrompeten stürzten unsere Krieger vorwärts. Sie stießen ihre Kampfschreie aus und schlugen gegen ihre Schilde. Sie verfolgten die Spanier, vertrieben sie, warfen sie zu Boden und machten fünfzehn Gefangene. Die übrigen Spanier flohen auf die Schiffe und segelten mitten auf den See.

Die Gefangenen wurden nach dem Tlacochcalco-Platz gebracht, zum Speerhaus, wo sie sterben sollten. Unsere Krieger plünderten sie, nahmen ihnen schnell die Waffen weg, ihre Baumwollpanzer, ihre Kriegsrüstungen, bis sie nackt dastanden. Darauf brachte man sie dem Gott zum Opfer. Ihre Freunde auf dem See mußten zusehen, wie man sie tötete.

[...]

Die Belagerung der Spanier drückte schwer auf die Stadt. Große Not litt das Volk. Sie hungerten, viele starben vor Hunger. Sie hatten nicht mehr das gute, reine Wasser, sondern nur abgestandenes und die Sole aus dem See. Viele starben an Blutruhr. Es gab nur noch Eidechsen, Schwalben, grüne Maiskolben oder das bittere Seegras zu essen. Sie aßen auch Wasserlilien, die Früchte der Paternosterbohnen und kauten vor Hunger Hirschhautfetzen und Leder. Sie brieten, backten, rösteten, brannten, was immer sie fanden, und aßen es. Sie aßen die bittersten Unkräuter, sie kauten Lehm.

Größer kann kein Leid sein, als sie es erduldeten. So furchtbar waren sie eingeriegelt, und der Hungertod mähte sie nieder.

Und allmählich drückten sie uns an die Mauern. So geschwächt waren wir vom Hunger! Schritt um Schritt zwang uns der Feind zurück. Er kreiste uns ein.

Und einmal geschah es, daß vier Feinde zu Pferd bis zum Marktplatz kamen. Sie ritten in einem großen Kreis herum, erstachen und töteten viele unserer Krieger, und ihre Pferde zertrampelten alles, was ihnen unter die Hufe geriet.

Das war das erste Mal, daß sie bis zum Marktplatz kamen. Sie hatten unsere Krieger überrascht. Aber als die Reiter wendeten, hatten die Häuptlinge sich schon gefaßt und verfolgten sie, bis sie verjagt waren. Zur gleichen Zeit zündeten sie den Tempel an, und er brannte nieder bis auf den Grund. Flammen und Rauch sprangen hoch in die Luft, und das grausame Knistern und Krachen erschreckte das Volk. Die Leute weinten, als der Tempel so niederbrannte, sie schrien auf unter Tränen aus Furcht vor der Plünderung.

Der Kampf dauerte viele Stunden und breitete sich fast an allen Ecken des Marktplatzes aus. An der Mauer des Kalkmarktes gab es keine Kämpfe, aber das Gefecht tobte zwischen den Blumenhäusern und am Kopalmarkt und dort, wo die Wasserschnecken angeboten wurden.

Viele mexikanische Krieger stellten sich auf die flachen Dächer im Quecholanbezirk, der am Eingang des Marktplatzes liegt. Von dort aus schleuderten sie Steine und Speere auf die Feinde herab. Andere brachen Löcher in die Rückwände aller Häuser in Quecholan, gerade so groß, daß ein Mann hindurchschlüpfen konnte.

Wenn die Reiterei angriff, unsere Krieger aufspießen oder nieder-
trampeln oder ihnen den Rückzug abschneiden wollte, entwichen
sie durch die Mauern, und die haushohen Reiter konnten ihnen
nicht folgen.

[...]

Unsere Krieger vereinigten sich, um die Stadt zu verteidigen. Sie
waren stark und mutig, niemand zeigte Furcht oder Schwäche.
Niemand benahm sich wie ein Weib. Sie schrien: »Mexikaner,
kommt her, stoßt zu uns! Wer sind diese elenden Barbaren? Ein
lärmender Pöbelhaufen aus dem Süden!«

Und die mexikanischen Krieger stellten sich nicht mehr in Reihen auf. Sie gingen hierhin und dorthin, duckten sich immer, richteten sich nicht mehr gerade auf.

[...]

Aber Fuß um Fuß gewannen die Spanier an Boden und besetzten
die Häuser. Sie zwangen uns zurück an die Amáxacstraße mit ihren Eisenspeeren und Eisenschilden.

Cuauhtémoc hielt eine Beratung ab mit einer Gruppe seiner
großen Häuptlinge. Dann berief man einen großen Häuptling mit
Namen Opochtzin, der ein Färber war. Sie legten ihm den kost-
baren Schmuck an, der dem König Ahuítzotl gehört hatte, die
›Quetzalfeder-Eule‹. Dann sagte Cuauhtémoc zu ihm: »Dieses
Rangabzeichen trug mein Vater, der große Kriegshäuptling
Ahuítzotl. Nun trägst Du es. Erschrecke unsere Feinde damit!
Vernichte unsere Feinde damit! Unsere Feinde sollen es sehen
und erzittern!«

Und der König befahl vier Häuptlingen, Opochtzin als Begleiter zu folgen. Dann legte er den Zauberspeer, den Wurfspeer mit
der Obsidianspitze, in die Hand des Häuptlings.

Der Kanzler Tlacotzin sagte: »Mexikaner, die Stärke Huitzilopochtlis liegt in diesem Schmuck. Schleudert den geheiligten
Speer auf unsere Feinde, denn er ist die Feuerschlange, der Pfeil,
der das Feuer durchdringt. Schleudert ihn auf die Eindringlinge,
vertreibt sie mit der Macht Huitzilopochtlis. Aber schleudert ihn
gerade und gut, denn er darf nicht auf die Erde fallen. Wenn er
einen oder zwei unserer Feinde trifft, dann ist das ein Zeichen.

Dann gönnt man uns noch eine kleine Zeit, dann will der Gott, daß wir sie besiegen. Nun laßt uns erwarten, wie der Gott entscheidet.«

Dann brach die ›Quetzalfeder-Eule‹ mit den vier Häuptlingen auf. Die Quetzalfedern strahlten weit aus und machten den großen Opochtzin noch größer und schrecklicher. Als unsere Feinde ihn kommen sahen, bebten sie und dachten, ein Berg stürze auf sie herab. Sie zitterten vor Entsetzen, als ob sie wüßten, daß nun ein Zauberwerk begänne.

Die ›Quetzalfeder-Eule‹ bestieg ein flaches Dach. Als die Feinde das sahen, kamen sie näher, wollten angreifen, aber er trieb sie davon. Dann stieg er wieder vom Dach herab mit seinen strahlenden Quetzalfedern und all seinem Goldschmuck. Er wurde nicht getötet in diesem Kampf, und unsere Feinde konnten die Federn und das Gold nicht rauben. Aber drei feindliche Soldaten wurden gefangen.

Plötzlich hörte der Kampf auf. Alles wurde still. Nichts geschah mehr. Niemand griff mehr den anderen an. Die Nacht war ruhig und still. Auch am folgenden Tag herrschte das Schweigen, niemand sprach mehr, weder die Spanier noch die Azteken. Das Volk lag versteckt hinter den Verteidigungsmauern am Boden. Die Spanier warteten in ihren Lagern. Jeder beobachtete nur den anderen.

Es gab keine Angriffspläne mehr. Alle verbrachten den Tag, wachten und warteten.

[...]

Die aztekischen Fürsten versammelten sich in Tolmayecan und berieten, was nun noch zu tun wäre. Cuauhtémoc und die anderen Edlen wollten entscheiden, welchen Tribut sie anbieten sollten und wie man sich am würdigsten den Fremden ergäbe.

Dann nötigten die Fürsten Cuauhtémoc in ein Kriegsboot. Nur drei Männer begleiteten ihn auf dieser Fahrt, der Häuptling Teputztitóloc, der Leibdiener Iaztachímal und der Ruderer Cenyáutl.

Als das Volk seinen letzten König abfahren sah, weinte es. »Unser jüngster Herrscher verläßt uns! Er wird sich den Spaniern ergeben! Er unterwirft sich den Göttern!«

Die Spanier gingen Cuauhtémoc entgegen. Sie faßten ihn an.

Sie ergriffen ihn an den Händen und führten ihn auf das Dach vor das Angesicht des Kapitäns Cortés. Lange starrte der Kapitän ihn an. Dann tätschelte er ihm den Kopf. Er wies auf einen Sessel, und sie setzten sich beide.

Die Spanier feuerten ihr Geschütz ab, aber sie zielten nicht mehr. Sie luden nur und schossen, und die Kugeln flogen über die Köpfe der Leute hinweg. Später trugen sie eins der Geschütze in ein Boot und brachten es zu dem Hause Coyohuehuetzins, dort zogen sie es hoch auf das Dach.

Noch einmal fingen die Spanier an zu morden, und viele Azteken starben. Die Flucht aus der Stadt begann. Der Krieg war nun zu Ende. Das Volk schrie: »Wir haben genug gelitten. Laßt uns fortziehen aus unserer Stadt. Von armseligen Kräutern wollen wir nun leben!«

Viele flohen über den See, andere auf den großen Dammstraßen und auch da wurden noch viele getötet.

[...]

An den Straßenrändern standen die spanischen Soldaten und durchsuchten die Flüchtenden. Sie wollten nur Gold. Jade, Türkise und Quetzalfedern waren wertlos für sie. Die aztekischen Frauen versteckten ihr Gold unter den Röcken, die Männer trugen es im Mund oder in der Schambinde.

Einige Weiber fürchteten, daß sie durchsucht würden, weil sie helle Haut hatten. Sie verschmierten sich das Gesicht mit Lehm und kleideten sich in schmutzige Lumpen. Zerrissene Decken trugen sie als Hemden und alte Lumpen als Röcke. Nur mit Fetzen bedeckten sie sich. Aber die Spanier durchsuchten sie trotzdem, griffen ihnen unter die Röcke und zwischen die Brüste. Sie durchsuchten alle, die mit heller und die mit dunkler Haut.

Einige Männer wurden ausgesucht, man trennte sie von den anderen. Das waren die stärksten und tapfersten Krieger, die männliche Herzen hatten. Aber auch jüngere, die ihnen als Diener nützlich sein konnten, suchten sie aus. Die Spanier zeichneten sie sofort. Mit heißen Eisen drückten sie ihnen Brandmale auf die Wangen oder die Lippen.

Am Tage ›Eins Schlange‹ unter dem Jahreszeichen ›Drei Haus‹ legten wir unsere Schilde nieder und waren besiegt.

36 »Wir sind zu Boden geschlagen…«:
   Mexikanische Klagegesänge (1523)

I

Der Krieg würgt die Tenochca
Der Krieg würgt die Tlatelolca.

Die Mauern sind schwarz
Rauch schwärzt die Luft
Nur das tödliche Feuer blitzt im Dunkel.

Sie haben Cuauhtémoc gefangen
Die Fürsten von Mexiko sind Gefangene.

Der Krieg würgt die Tenochca
Der Krieg würgt die Tlatelolca.

Man bringt sie nach Coyoacan, neun Tage später
Cuauhtémoc, Coanacoch, Tetlepanquetzaltzin
Die einst Könige waren, sind nun Gefangene.

Tlacotzin möchte sie trösten
Meine Neffen, faßt Mut
Geschlagene Könige legt man in goldene Ketten.

Der König Cuauhtémoc spricht
Mein Neffe, Du bist ein Gefangener
Mit Eisen binden sie Dich!

Und wer ist das dort, neben dem Kapitän?
Ah, es ist Doña Isabel, meine kleine Nichte.

Ach, es ist wahr
Die einst Könige waren, sind nun Gefangene.

Ein Sklave bist Du, gehörst einem andern
Einen Halsschmuck gab man Dir in Coyoacan
Der ist nicht aus Quetzalfedern gewoben.

Und wer ist das dort, neben dem Kapitän?
Ah, es ist Donã Isabel, meine kleine Nichte.

Ach, es ist wahr
Die einst Könige waren, sind nun Gefangene.

II

Unsere Klageschreie gellen auf
Unsere Tränen fallen herab
Tlatelolco ist verloren
Die Azteken fliehen über den See
Sie laufen davon wie Weiber.

Was bleibt noch zu tun, meine Freunde?
Die Azteken verlassen die Stadt
Rauch deckt das Grauen
Unsere Stadt steht in Flammen.

Motelhuihtzin, der sie verteidigt'
Oquihtzin, der große Häuptling
Tlacotzin, des Königs Kanzler
Sie werden mit Tränen begrüßt.

Weint, meine Freunde, seht ein
Das mexikanische Reich ist verloren
Das Wasser ist bitter geworden
Die Nahrung ist bitter geworden
Das sind die Taten Ipalnemohuanis
Er gibt das Leben
Und nimmt es.

III

Nur Blumen und Trauergesänge blieben noch
In Mexiko und Tlatelolco
Wo wir einst Krieger und Weise sahen.

Wir müssen zugrunde gehen
Wir wissen es
Denn wir sind sterbliche Menschen
Du, der Du das Leben gibst
Hast es verfügt.

Wir wandern hierhin und dorthin
In unserer elenden Armut
Wir sind sterbliche Menschen
Wir haben Blutvergießen und Schmerz gesehen
Wo es einst Schönheit und Mut gab.

Wir sind zu Boden geschlagen
Wir liegen in Trümmern
Nur Kummer und Leiden blieben noch
In Mexiko und Tlatelolco
Wo es einst Schönheit und Mut gab.

Bist Du Deiner Diener überdrüssig
Bist Du zornig auf Deine Diener
Du, der Du das Leben gibst?

37 »Nicht können wir uns zufrieden geben...«:
Die Antwort der Azteken auf Bekehrungsversuche
(1524)

Sechstes Kapitel: Dort wird gesagt
in welcher Weise antworteten die Fürsten, die Könige

Als fertig, zu Ende war
die Rede der zwölf Padres,

darauf sie, die Fürsten, die Könige,
erhoben sich, begrüßten die Priester.
Und ein wenig eine Lippe, zwei Lippen
damit wendete er zurück ihren Atem, ihre Rede,
er sagte:

A

O unsere Herren! Ihr habt Mühen erduldet,
an Land seid ihr gelangt,
ihr seid gekommen zu regieren eure Stadt.

Wo,
in welcher Weise von der Stätte unserer Herren,
seid ihr von dort gekommen?
Zwischen den Wolken, zwischen den Nebeln
seid ihr herausgekommen.
Hier vor euch, auf euch
sehen wir wieder und wieder,
schauen verwundert die Bürger.
Hier nehmen wir, empfangen wir
das neue Wort
wie ein Himmlisches,
das ihr sprecht.
Und hier war uns gezeigt, uns geöffnet
das Behältnis, die Petaca
des Herrn, unseres Fürsten,
des Besitzers des Himmels und der Erde.
Und auf diese Weise entsendet euch
der Herr, der große König [d. i. der Kaiser],
wo sein Atem sich kundtut,
wo unsere Herren weilen, der Heilige Vater
und der Kaiser.
Denn hier vor uns legt ihr nieder
den echten Türkis, das Armband [d. h. den Schatz],
hier bewundern wir es gleichsam wie
einen runden grünen Edelstein [Jade],
ganz glänzend,

ohne Schatten, ohne Fehler,
und gleichsam wie breite Quetzalfedern,
ganz grüne.
Dahingegangen sind, es vernichtete sie,
es verbrannte sie der Herr, unser Fürst,
die Könige, die zu sein gekommen,
die zu leben gekommen waren auf Erden,
und die gekommen waren zu hüten, zu verwalten
eure Matte, euren Sitz
ein Täglein, eine kurze Spanne Zeit
hier in Mexico-Tenochtitlán
und hier in Acolhuacan-Tetzcoco,
hier in Tlacopan:
Motecuhzoma,
Auitzotl,
Axaiacatl,
Tiçoc
und Itzcoatl,
der alte Motecuhzoma;
und Nezahualcoyotl,
Nezahualpilli,
Totoquiuaztli,
und der alte Tezozomoc.
Wenn es zu ihren Lebzeiten sich ereignete,
sie würden umwenden
euren Hauch, eure Rede [antworten].
Dieselben würden euch eine Rede halten,
wegen eurer Liebe,
die wir hier bewundern.
Aber wir
was sollen wir danach noch sagen?
Obgleich wir Gastgeber sind,
wir Mütter, wir Väter,
vielleicht dann wir hier vor euch
sollen wir preisgeben die alte Sitte,
die hochschätzten
unsere Großväter, unsere Großmütter,
die begünstigten,

die in Ehren hielten
die Fürsten, die Könige?

B

Und dieses aber, o unsere Herren!
Vorhanden sind, die auch uns noch führen,
die uns tragen, uns regieren
wegen des Kultes
unserer Götter, deren Untertanen
das geringe Volk ist:
Priester, Räucherpriester
und »Federschlangen« heißen sie,
Wisser des Wortes,
und ihre Pflicht, mit der sie sich befassen,
nachts und jeden einzelnen Tag,
ist das Niederlegen von Kopal [Harz],
das Räuchern,
der Agaveblattdorn, der grüne Fichtenzweig,
das sich Blutabzapfen.
Sie beobachten, sie sorgen sich um
die Bahn, den weisen Lauf des Himmels,
so wie die Nacht eingeteilt wird.
Und sie forschen,
sie zählen,
sie legen auf die Bücher,
die Schrift,
die Bildermalereien, die sie mit sich führen.
Sie sind es, die uns tragen,
uns führen, uns den Weg angeben.
Sie sind es, die ordnen,
so wie fällt ein Jahr,
so wie verläuft die Tageszählung
und die Zählung nach einzelnen Einheiten von 20 [Tagen].
Das ist es, was sie besorgen.
Sie sind die Beauftragten, ihnen ist es anvertraut,
sie sind die Träger der Göttergeschichten.
Und was uns betrifft,

einzig und allein unsere Aufgabe
ist Speerwerfen und Brand [Krieg].
Und das begünstigen wir,
wir kümmern uns um den Tribut des Volkes.
So nimmt es seinen Reiher [Kriegsfahne], seinen
Strickwams
und seine Hacke, sein Stirntragband,
mit dem niedergelegt wird [die Last] an des Herdes Stirnseite,
so wird man jemandes Sklave.
Lasset uns nunmehr versammeln
die Priester, die »Federschlangen«,
lasset uns ihnen geben
den Hauch, die Rede
des Herrn, unseres Fürsten,
derart, daß sie es umwenden,
es umkehren.
Nachdem wir es ergriffen, erfaßt haben,
eure Brust, euren Kopf
werden wir erheben, o unsere Herren!
Möget ihr ausruhen
euer Herz, euer Fleisch!
Heil eurer Matte, eurem Sitz!

C

Nachdem gesprochen worden war,
da gingen fort insgesamt die Könige,
sie beriefen, sie versammelten,
sie suchten zusammen insgesamt
die Priester, die Räucherpriester,
die »Federschlangen«.
Darauf wird beraten,
sehr lange sorgfältig behandelt die Rede,
zweimal, dreimal wurde zu Gehör gebracht die Rede
den Räucherpriestern,
so wie zu ihnen gesprochen hatten die Geistlichen.
Aber als sie es hörten,
waren sie sehr verwirrt,

sehr traurig,
gleichsam unglücklich,
und sie fürchteten sich,
sie erschraken,
jedoch hernach wurden viele Reden geboren,
und als die Reden geeinigt waren,
vereinbarte man, daß in der Morgenfrühe
jedermann zusammen ginge,
sie in Scharen gingen vor das Angesicht
der zwölf Geistlichen.
Nachdem es Tag geworden war,
da kam man zusammen jeder Mann,
darauf ging man dorthin,
wo die Padres sich aufhielten.
Es begrüßten sie die Könige
und die Priester, sie sagten:

D

O unsere Herren! Gekommen sind
unsere Frommen,
und sie haben ergriffen, erfaßt
euren Hauch, euer Wort,
sie sind angekommen.
Mögen sie euch antworten!
Und mögen sie abermals befriedigt werden,
möget ihr abermals von Anfang an hören
insgesamt das, was wir hörten!
Euren Kopf, eure Brust
werden wir kräftig erheben.

Und die zwölf Padres
als sie es hörten,
da einer von ihnen nochmals
genau von Anfang an zählte er ihnen alles auf,
teilte er den Räucherpriestern mit
die gesamte Rede, die gehalten worden war.
Der Dolmetscher übersetzte sie,

so wie gestern
es mitgeteilt worden war den Königen.
Und als das soweit war,
nachdem zu Ende gegangen war die Rede,
da erhob sich ein Mann von den »Federschlangen«,
begrüßte die Geistlichen, hielt eine Rede.
Etwas lang wurde seine Rede,
in der er ihnen antwortete,
in der er erwiderte das Wort, er sagte:

Siebentes Kapitel: Dort wird gesagt,
in welcher Weise antworteten, entgegneten die Priester.

O unsere Herren, o Fürsten, o angesehene Herren!
Ihr habt Mühen erduldet,
ans Land seid ihr gelangt.
Hier vor euch, auf euch
blicken wir, die Untertanen.
Euch hat ankommen lassen der Herr, unser Fürst,
ihr seid gekommen zu regieren eure Stadt.
Wo, in welcher Weise
haben sie sich herbegeben
von der Stätte unserer Fürsten, der Götter ihrer Heimat?
Zwischen Wolken, zwischen Nebeln,
vom Innern des Meeres her seid ihr herausgekommen.
Euch sich zum Auge, euch sich zum Ohr,
euch sich zum Munde macht der Herr des Mit und Bei.
Hier gewissermaßen leibhaftig sehen wir,
hier leibhaftig sprechen wir
mit dem, durch den alles lebt,
mit der Nacht, dem Winde.
Ihr seid seine Abbilder, ihr seine Vertreter.
Wir ergriffen, wir erfaßten
den Hauch, das Wort unseres Fürsten,
des Herrn der unmittelbaren Nähe,
den ihr ginget mitzubringen.
Der in der ganzen Welt, auf Erden Herrscher ist,

unseretwegen entsandte er euch.
Hier staunen wir es an.
Ihr ginget mitzubringen
sein Buch, seine Schrift,
das Himmelswort, das Gotteswort.

A

Und jetzt was ist es, wie verhält es sich?
Was ist es, das wir sagen,
was wir auf eure Ohren richten sollen?
Sind wir denn überhaupt etwas?
Nur kleine Untertanen sind wir,
voll Erde, voll Kot,
wir Räudigen, wir Armseligen,
wir Bedürftigen, wir Beladenen,
uns bloß hat zurückgesetzt der Herr, unser Fürst,
dadurch daß er an die Ecken der Matte, des Sitzes
uns stellte.
Mit einer, mit zwei Lippen kehren wir um,
wenden wir den Hauch, die Rede
des Herrn des Mit und Bei [Papst]
dadurch riskieren wir,
dadurch stürzen wir uns in einen Fluß, in einen Abgrund,
dadurch verursachen, dadurch gewinnen wir
seinen Zorn, seine Wut
vielleicht zu unserem Untergang,
vielleicht zu unserem Verderben,
oder etwa wir werden träge.
Wohin sollen wir denn vielleicht noch gehen?
Wir [sind] Untertanen,
wir [sind] vergänglich, wir [sind] sterblich,
wohlan, laßt uns denn sterben,
wohlan, laßt uns denn zugrunde gehen!
Sind doch die Götter [auch] gestorben.
Es empfange nicht Schmerz euer Herz, euer Fleisch
[o unsere Fürsten]!
Denn ein wenig zerteilen wir,

jetzt ein bißchen öffnen wir,
das Behältnis, die Schatzkiste des Herrn, unseres Fürsten.

B

Ihr sagtet,
daß wir nicht kennen
den Herrn des Mit und Bei,
den Herrn Himmels [und] der Erden.
Ihr sagtet,
daß nicht wahre Götter unsere Götter [sind].
Es ist ein neues [unerhörtes] Wort,
was ihr sprachet,
und darüber sind wir bestürzt,
daran nehmen wir Anstoß.
Denn unsere Erzeuger,
die zu sein, die zu leben gekommen waren auf Erden,
nicht so sprachen sie.
Sie gaben uns
ihre Sitte,
sie glaubten an sie,
sie dienten,
sie erwiesen Ehrfurcht den Göttern.
Sie lehrten uns
insgesamt das, womit gedient wird,
was in Ehren zu halten ist:
so essen wir vor ihnen Erde,
so zapfen wir uns Blut ab,
so büßen wir,
so legen wir Kopalharz nieder,
und so veranstalten wir Opfer.
Sie sagten:
Es sind sie die Götter, durch die alles lebt,
sie erwiesen uns Gnade.
Wann? wo? Noch die Zeit der Nacht war es.
Und sie sagten:
Es sind sie, die uns geben
unseren Unterhalt,

und insgesamt Trank [und] Speise,
die Lebensmittel, Maiskörner, Bohnen,
Melden, Salbei.
Sie sind, die wir bitten um
Wasser, um Regen,
wodurch es gedeiht auf Erden.

C

Dieselben sind reich,
gesegnet,
im Besitz der Güter, der Habe.
Immerdar, ewig
sprießen die Bäume, im Grün prangend
[ist] ihr Heim.
Wo? wie? Im Reich des Regengottes Tlalocan.
Nie etwas von Hungersnot herrscht dort,
nichts von Krankheit,
nichts von Armut.
Nur dieselben geben den Leuten
Heldentum, Häuptlingstum,
das Gefangennehmen, und den Lippenhalm,
den wallenden Schmuck, die Schambinde, den Mantel,
Blumen, Tabak,
grüne Edelsteine, Quetzalfedern,
Edelmetall.

D

Und wann? wo? Als er angerufen wurde,
als zu ihm gebetet, als er göttlich verehrt wurde,
als ihm Ehrfurcht gezollt wurde.
Das ist sehr lange schon her.
Wann (war) Tollan?
wann »der Ort des Balkenhauses«?
wann »brach die Blüte«?
wann »das allgemeine Ende der Heimat,
die »Heimat der Nacht«?

wann Teotihuacan?
Sie [die Bewohner dieses toltekischen Reiches] waren es,
die überall im ganzen Anahuac [Mexiko]
begründeten
ihre Herrschaft,
sie waren es, die den Leuten gaben
die Fürstenschaft, das Königstum,
die Ehre, den Ruhm.

E

Und etwa nun
sollen wir zerstören
das alte Gesetz?
das Gesetz der Chichimeken,
das Gesetz der Tolteken,
das Gesetz derer von Colhuacan,
das Gesetz der Tepaneken?
Wir verstehen uns auf das,
worin man lebt,
worin man geboren wird,
wodurch man aufgezogen wird,
wodurch man großgezogen wird,
[nämlich] wodurch sie [die Götter] angerufen,
wodurch sie angebetet werden.

F

Hört! o meine Herren!
Tut nicht etwas
eurem Volke,
was um so mehr Unheil bringen,
um so mehr vernichten wird
das, worin auch der alte Mann, die alte Frau erzogen,
großgeworden sind.
Laßt uns nicht erzürnen die Götter,
ihrem Zorne,
ihrem Grimme laßt uns nicht anheimfallen!

Und daß nicht deshalb vor uns, über uns
sich erhebe das Volk!
Mögen nicht deswegen wir es beunruhigen,
mögen nicht deswegen wir es verwirren,
durch das, was wir sagten:
Es möge nicht mehr sie [die alten Götter] anrufen,
es möge nicht mehr sie anbeten.

G

Nunmehr ruhig [und] friedlich
betrachtet, o unsere Herren,
das was nötig ist!
Nicht können wir uns zufrieden geben,
und zwar glauben wir noch nicht,
noch nicht nehmen wir das Fremde als Scherz:
Wir werden euch beleidigen.
Hier befinden sich
die Bürger,
die Fürsten, die Könige,
die tragen, die regieren
die ganze Welt.
Genug allein mit dem, daß wir einbüßten,
daß wir verloren, daß uns weggenommen wurden,
daß uns verboten wurden
die Matte [und] der Sitz [die Herrschaft].
Werden wir am selben Orte wohnen bleiben,
nur eingeschlossen werden wir sein.
Möget ihr mit uns machen,
was ihr wollt!
Das ist alles, womit wir erwidern,
womit wir antworten
eurem Hauch,
eurer Rede,
o unsere Herren!

III. Südamerika

1 Die Perspektive der Portugiesen und Spanier

38 Warentausch und Kampf: Vicente Yañes Pinzón entdeckt Brasilien bis zur Amazonasmündung (1500)

Vicente Yañes mit dem Beinamen Pinzón und Arias Pinzón, sein Neffe, hatten den Admiral Kolumbus auf seiner ersten Fahrt begleitet. Sie waren von ihm als Kapitäne der zwei kleineren Schiffe, die – wie oben gesagt – Karavellen heißen, angeworben worden. Die Größe der neuentdeckten Räume und Länder lockte sie erneut; sie erbauten auf eigene Kosten vier Karavellen in der Hafenstadt, wo sie geboren waren, die von den Spaniern Palos genannt wird. Sie liegt an der Küste des Westmeeres.

Nachdem die Pinzóns von den Königen die Erlaubnis zur Fahrt erhalten hatten, stachen sie um den 1. Dezember des Jahres 1499 in See. [...]

Am 20. Januar 1500 sichteten die Seefahrer endlich in der Ferne Land. [...] Sie fuhren näher zur Küste, gingen an Land und blieben dort zwei Tage. Während dieser Zeit sahen sie aber keinen Menschen, obwohl menschliche Spuren am Strand wahrzunehmen waren. Nachdem die Pinzóns in die Bäume und Felsen am Ufer die Namen ihres Königs und ihre eigenen sowie die Nachricht von ihrer Landung eingeritzt hatten, stachen sie wieder in See. Nicht weit von diesem Rastplatz hielten sie nachts auf ein Feuer zu und entdeckten Angehörige eines Volksstammes, welche die Nacht in einem Lager unter freiem Himmel verbrachten. Die Seefahrer beschlossen, diese Leute nicht vor Sonnenaufgang zu stören. Bei Tagesanbruch rückten vierzig Spanier bewaffnet gegen jene vor. Ihnen traten zweiunddreißig Eingeborene entgegen, die Bogen und Pfeile trugen und zum Kampf entschlossen waren. Weitere, in gleicher Weise ausgerüstet, folgten ihnen. Die Menschen dieser Rasse waren, wie die Spanier berichteten, größer als Deutsche oder Ungarn. Zunächst musterten die Eingeborenen mit drohenden und finsteren Blicken die Ankömmlinge. Diese meinten, man dürfe es nicht zu einem Kampf kommen lassen; ich weiß nicht, ob sie Furcht davor hatten oder die Absicht hegten, jene am Davonlaufen zu hindern. Jedenfalls suchten sie die Wilden durch schmeichelnde Worte und Anbieten von Geschenken heranzulocken. Diese wollten sich aber mit den Spaniern auf keinen Handel einlassen und wiesen, immer kampfbereit, jede Unterhaltung ab. Gleichgültig nahmen sie die Reden und Winke der Unsrigen hin.

So zogen sich beide Parteien zurück. Mitten in der Nacht aber räumten die Eingeborenen den Platz, den sie besetzt gehabt hatten, und machten sich davon. Man nahm an, es sei ein Nomadenstamm gewesen wie die Skythen, die mit ihren Frauen und Kindern ohne feste Wohnsitze umherziehen und von den natürlichen Erträgen des Landes leben. Einige Spanier, die die Fußspuren jener auf dem Boden gemessen hatten, versicherten unter Eid, diese seien doppelt so groß gewesen wie die ihrer Landsleute mittlerer Größe.

Auf der Weiterfahrt entdeckten die Pinzóns einen Fluß, der aber nicht so tief war, daß die Karavellen hätten einfahren können. Die Kapitäne schickten also Bewaffnete in vier Ruderbooten auf Kundschaft zum Lande. Diese erblickten auf dem Hügel nahe dem Ufer eine Schar Eingeborener. Die Spanier luden die Wilden durch einen Abgesandten, der sich an Land begab, zum Warentausch ein. Jene wollten offenbar den Boten ergreifen und fortführen. Da dieser ein Glöckchen zu ihnen hinwarf, um sie anzulocken, schleuderten jene aus der Ferne einen Barren Gold, der eine Elle lang war, zu dem Spanier. Als dieser sich vornüberbeugte und das Gold aufheben wollte, umzingelten ihn die Eingeborenen überraschend und wollten ihn festnehmen. Der aber schützte sich mit seinem Schild und seinem Schwert, die er bei sich trug, gegen die Angreifer, bis seine Kameraden von den Booten ihm zu Hilfe kamen.

Ich muß mich hier kurz fassen, weil Du mir besorgt Deine Abreise als bevorstehend mitteilst. Die Eingeborenen töteten mit ihren Pfeilen und Wurfspeeren acht Spanier und verwundeten mehrere andere. Sie umringten dann die Boote an der Flußmündung, stürmten verwegen zum Nahkampf vor und packten vom Ufer aus die Bootswände. Zwar machten unsere Leute mit ihren Lanzen und Schwertern einige Angreifer gleich Schafen nieder; die Eingeborenen waren nämlich nackt wie Tiere. Trotzdem wichen sie nicht zurück. Eines der Boote entrissen sie sogar den Unsrigen. Es war zwar bis auf den Steuermann unbesetzt; der aber war von den Angreifern mit einem Speer durchbohrt und getötet worden. Die übrigen Fahrzeuge entkamen zu den Schiffen. So verließen die Spanier jene kriegerischen Männer.

Betrübt über die Toten fuhren die Entdecker nach Nordwesten entlang der Küste weiter. Sie hatten ungefähr vierzig Leugen zurückgelegt, als sie in einen Meeresteil mit so süßem Wasser kamen, daß sie darin die Krüge frisch füllen konnten. Auf der Suche nach dem Ursprung des süßen Wassers entdeckten sie einige reißende Flußläufe, die mit großem Wogenschwall von gewaltigen Bergen herabströmten. In diesem Meerarm lagen zahlreiche Inseln mit fruchtbarem Boden und dichter Besiedlung. Die Einwohner waren freundlich und umgänglich, konnten aber den Fremden wenig Brauchbares liefern, denn sie besitzen keines der ersehnten Erzeugnisse wie Gold und Edelsteine. Die Spanier nahmen sechsunddreißig Gefangene von dort mit.

Der einheimische Name für die ganze Gegend ist Maraitambal, für das Gebiet im Osten des Flusses Camomorus, für das im Westen Paricora. Die Einwohner erklärten, weiter landeinwärts fänden sich große Mengen Gold. Die Pinzóns fuhren dann nördlich von diesem Fluß in gerader Richtung weiter, soweit es die Biegungen der Meeresküste zuließen. Schließlich sahen sie auch den Polarstern wieder. Dieses Gebiet am Ozean hängt mit dem perlenreichen Paria zusammen, das schon Kolumbus, der Anreger all der Entdeckungen – wie wir sagten – gefunden hatte. Die ganze Küste steht mit der Drachenmündung in Verbindung, über die wir früher sprachen, und mit den Gebieten von Cumana, Mancapana, Curiana, Cauchieta und Cauchibachoa. Man glaubte deshalb, dies sei der asiatische Kontinent mit Indien und dem Gangesgebiet. Denn die weite Ausdehnung verbietet offensichtlich, dieses Land für eine Insel zu halten, es sei denn, daß man die gesamte Festlandmasse im weiteren Sinn als Insel bezeichnen darf.

Von der Landspitze an, wo man den Polarstern aus den Augen verliert, fuhren die Spanier in einem fort in westlicher Richtung etwa dreihundert Leugen auf Paria zu. In der Mitte ihrer Küstenfahrt trafen sie auf den Fluß Maragnon [Amazonas], der so breit sein soll, daß ich die Angabe für übertrieben halte. Als ich später die Kapitäne fragte, ob das nicht ein Meer gewesen sei, das zwei Länder trenne, antworteten sie mir, das Wasser in der Mündung sei süß gewesen, und je weiter flußaufwärts man gekommen sei, um so süßer sei es geworden. Auch Inseln habe es in dem Strom gegeben und Süßwasserfische. Kühn behaupteten sie, der Fluß sei über dreißig Leugen breit gewesen, und in so gewaltigem Lauf ergieße er sich ins Meer, daß dieses vor seiner Strömung zurückweiche. Wenn wir bedenken, wie groß der nördliche und südliche Mündungsarm der Donau sein sollen und wie weit beide noch die Meeresflut beeinflussen und den Seefahrern süßes Wasser bieten, dann werden wir uns über die Angabe der Pinzóns nicht mehr wundern, mag auch die Größe des Flusses von ihnen übertrieben worden sein. Welche Macht sollte die Natur daran hindern können, einen Fluß zu erschaffen, der noch mächtiger ist als die Donau?

39 Die Inbesitznahme Brasiliens für die Portugiesen durch Pedro Alvares Cabral (1500)

Am Morgen des folgenden Mittwochs [22.4.1500] sahen wir Vögel, die man Seemöven nennt, und in den Abendstunden desselben Tages war Land in Sicht. Zuerst sahen wir einen großen Berg, sehr hoch und rund; dann erblickten wir südlich von ihm niedrigere Hügel und flaches Land mit großen Wäldern. Diesem hohen Berg gab der Kapitän den Namen Monte Pascoal [Osterberg] und dem Land den Namen Terra de Vera Cruz. Dann befahl er, das Lot auszuwerfen. Fünfundzwanzig Faden wurden gemessen. Gegen Sonnenuntergang, vielleicht sechs Meilen vom Festland, bei neunzehn Faden Tiefe, warfen wir Anker auf gutem Ankergrund. Dort lagen wir die ganze Nacht. Am Morgen des Donnerstages [23.4.] setzten wir Segel und fuhren auf das Land zu, die kleinen Schiffe an der Spitze, [...] bis auf eine halbe Meile vom Festland, wo wir alle gegenüber der Mündung eines Flusses [...] Anker warfen. Von Bord aus konnten wir Menschen am Strande erkennen, vielleicht sieben oder acht, wie man von den kleineren Schiffen mitteilte, die zuerst ankamen. Boote und Kähne wurden nun zu Wasser gelassen. Bald darauf kamen alle Kapitäne an Bord des

Führerschiffes zur Besprechung. Der Kapitän befahl Nicolao Coelho, den Fluß mit einem Boot zu erkunden. Als dieser sich dem Lande näherte, liefen Eingeborene zu zweit und zu dritt zum Strand, so daß sich dort, als das Boot zur Mündung des Flusses kam, schon achtzehn bis zwanzig aufhielten.

Braun, nackt, ohne irgendwie ihre Scham zu bedecken, hielten sie in den Händen Bogen und Pfeile. So liefen sie geradewegs auf das Boot zu. Nicolao Coelho bedeutete ihnen durch Zeichen, die Bogen niederzulegen. Sie taten es. Eine Verständigung mit ihnen war bei der starken Brandung des Meeres unmöglich. Coelho schleuderte ihnen ein rotes Barett, eine leinene Pudelmütze, die er trug, und einen schwarzen Hut zu. Einer von ihnen warf darauf eine Kopfbedeckung aus langen Vogelfedern zurück, mit einer Spitze aus roten und grauen Federn, wie die der Papageien. Ein anderer schenkte eine große Schnur mit kleinen weißen Muscheln, die aus Perlmutt zu bestehen scheinen. Diese Sachen sendet, wie ich glaube, der Kapitän Eurer Hoheit. Darauf kehrte Coelho zum Schiff zurück, da es schon spät war und das Rauschen des Meeres jede Verständigung verhinderte. [...]

Für den Morgen des Sonntags [26.4.] nach Ostern ordnete der Kapitän Messe und Predigt auf jener Insel an. Er befahl allen Kapitänen der Schiffe, sich zu versammeln und ihm mit den Booten zu folgen. So geschah es. Auf der Insel ließ er einen Thronhimmel und unter ihm einen wohlgerüsteten Altar errichten. Und hier in unser aller Gegenwart ließ er eine Messe lesen, die der Pater Frei Henrique intonierte, begleitet von den übrigen ministrierenden Patres und Geistlichen. Nach meinem Eindruck wurde die Messe von allen mit großer Freude und Andacht gehört. Hoch neben dem Kapitän wehte die Fahne Christi, mit der er Belém verlassen hatte [...].

Und heute am Freitag, dem 1. Mai, gingen wir gegen Morgen mit unserer Fahne an Land. Wir landeten oberhalb des Flusses, nach Süden zu, wo es uns günstiger schien, das Kreuz aufzupflanzen, da es dort besser gesehen werden kann [...]. Wir fanden schon siebzig oder achtzig Eingeborene vor. Als sie uns kommen sahen, sprangen einige unter das Kreuz, um uns zu helfen [...]. Nachdem das Kreuz errichtet war, an das wir vorher Eurer Hoheit Wappen und Spruch geschlagen hatten, errichteten wir zu seinen

Füßen einen Altar. Hier las Pater Frei Henrique die Messe, bei der die schon erwähnten Geistlichen sangen und ministrierten. Bei uns befanden sich fünfzig oder sechzig Eingeborene, kniend wie wir alle. Als wir an das Evangelium kamen und uns alle mit emporgestreckten Händen aufrichteten, taten sie es mit uns, erhoben die Hände und blieben so bis gegen Ende, um sich dann wieder mit uns zu setzen. Als wir Gott dankten und uns hinknieten, taten sie wie wir und verhielten sich mit erhobenen Händen derart ruhig, daß es uns – ich versichere es Eurer Hoheit – mit großer Rührung erfüllte. [...] Wie mir und allen erschien, fehlt diesem Volk, um völlig christlich zu sein, nichts weiter als die Kenntnis unserer Sprache, denn sie faßten all unser Tun wie wir selbst auf [...].

Bis jetzt konnten wir noch nicht erfahren, ob es Gold oder Silber, Metallsachen oder Eisen gibt; wir sahen auch nichts dergleichen. Immerhin hat das Land an und für sich ein sehr gutes Klima, frisch und gemäßigt wie in Entre Douro und Minho. Zu dieser Jahreszeit fanden wir es wie dort. Gewässer sind unzählige dort. Und das Land ist derart lieblich, daß in ihm, wenn man es ausnutzen will, dank seines Wasserreichtums alles gedeihen wird. Aber der größte Gewinn, den man von ihm haben kann, ist meiner Meinung nach die Bekehrung der Eingeborenen. Und sie muß der wichtigste Samen sein, den Eure Hoheit hier ausstreuen sollten. Und wenn man an dem Lande nichts weiter als einen Zwischenlandungsplatz auf dem Seeweg nach Calicut haben sollte, würde es genügen. Ganz abgesehen einmal von der Gelegenheit, den innigen Wunsch Eurer Hoheit zu erfüllen: die Verbreitung unseres heiligen Glaubens.

40 Beschreibung der »Neuen Welt« und ihrer Bewohner durch Amerigo Vespucci (1502)

Die wichtigsten Dinge, die mir auf dieser Reise begegneten, habe ich in einem kleinen Werk [Mundus novus; 1504] gesammelt, mit dem ich mich erst, wenn ich Muße habe, befassen kann, um eine Erinnerung an mich nach meinem Tode zurückzulassen. Ich wollte Euch einen Auszug schicken, aber der Durchlauchtigste König selbst hat die Aufzeichnungen an sich genommen; wenn ich sie wiederhabe, werde ich es nachholen. In der Tat bin ich bei den Antipoden gewesen, ich habe ein Viertel der Erde umsegelt; mein Zenit bildete mit dem vierzigsten Breitengrad der Bewohner der nördlichen Hälfte einen sphärischen rechten Winkel, und das genügt.

Nun zur Beschreibung des Landes, der Bewohner, der Tiere und Pflanzen und der anderen dem Menschenleben dienenden, von ihm geschaffenen Dinge, die wir an diesen Orten fanden. Dieses Land ist sehr anmutig; es ist von zahllosen grünen und gewaltigen Bäumen bewachsen, die nie ihr Laub abwerfen, einen sehr süßen und aromatischen Duft verbreiten und zahllose Früchte hervorbringen, von denen viele wohlschmeckend und gesund sind; das offene Land ist voller Kräuter und Blumen und Wurzeln, die sehr süß und wohlschmeckend sind, so daß ich mich manchmal über den süßen Duft von Kräutern und Blumen, den Geschmack von Früchten und Wurzeln so sehr wunderte, daß ich dachte, in der Nähe des irdischen Paradieses zu sein. Wie sollen wir die zahllosen Vögel schildern, ihre verschiedenen Gefieder, Farben, Gesänge, die Vielfalt von Art und Schönheit: ich will mich darüber nicht verbreiten, weil ich zweifle, ob mir geglaubt würde. Wer könnte die Waldtiere zählen, die Menge der Löwen, Panther, Katzen – nicht wie in Spanien, sondern bei den Antipoden –, so viele Luchse, Affen und Meerkatzen verschiedenster Art, und viele von gewaltigen Körpermaßen, und so viele andere Tiere sahen wir, daß ich glaube, so viele Arten hätten kaum in der Arche Noahs Platz gefunden, und so viele Wildschweine und Böcke und Hirsche und Damhirsche und Hasen und Kaninchen; aber Haustiere sahen wir keine.

Kommen wir zu den vernünftigen Wesen. Wir fanden das Land von Menschen bewohnt, die völlig nackt gingen, Männer und Frauen, ohne darüber die geringste Scham zu empfinden. Ihre Körper sind wohlgeformt und die Körperteile stehen im richtigen Verhältnis, die Farbe ist weiß, die Haare sind schwarz, der Bartwuchs dünn oder nicht vorhanden. Ich unternahm einiges, ihr Leben und ihre Bräuche kennenzulernen, weshalb ich siebenundzwanzig Tage unter ihnen aß und schlief, und folgendes erfuhr ich bei ihnen.

Sie haben keine Gesetze und keinen Glauben, sie leben der Natur gemäß. Sie haben keinen Begriff von der Unsterblichkeit der

Seele, es gibt unter ihnen kein persönliches Eigentum, weil alles gemeinsam ist; sie kennen keine Bezeichnung für Reich und Provinz; sie haben keinen König: sie gehorchen niemandem, jeder ist sein eigener Herr, sie kennen keine Freundschaft, kein Recht, dessen sie nicht bedürfen, weil sie nichts bekommen; sie wohnen gemeinsam in Häusern, welche nach Art sehr großer Strohhütten gebaut sind, und bei Menschen, die weder Eisen noch ein anderes Metall kennen, sind diese Hütten wohl als bewundernswerte Häuser zu bezeichnen, denn ich habe welche gesehen, die zweihundertzwanzig Schritt lang und dreißig Schritt breit waren, und hervorragend gebaut, und in einem von ihnen wohnten fünfhundert, ja sogar sechshundert Menschen. Sie schlafen in frei aufgehängten Baumwollnetzen, ohne jede Bedeckung; beim Essen sitzen sie auf der Erde; sie essen Kräuterwurzeln und die besten Früchte, Fisch unbegrenzt, große Mengen Schellfisch, und Krabben, Austern, Heuschrecken und Krebse und vieles andere, was das Meer hervorbringt. Das Fleisch, das sie essen, vor allem in Gemeinschaft, ist Menschenfleisch. Ich werde das näher schildern. Können sie Fleisch von Landtieren und Vögeln bekommen, essen sie es, aber sie erbeuten, weil sie keine Hunde halten, wenig davon, und die Erde ist mit dichten Wäldern voll wilder Tiere bedeckt, so daß sie sich kaum in sie wagen, wenn sie nicht in großer Anzahl sind.

Die Männer haben die Sitte, sich Lippen und Wangen zu durchbohren und in die Löcher dann Knochen oder Steine, und keine kleinen, zu stecken, und die meisten von ihnen bringen sich drei Löcher bei, manche sieben und manche neun, in die sie Steine aus grünem und weißem Alabaster schieben, lang und breit wie eine Katalanische Pflaume, es scheint mir wider die Natur; sie sagen, sie täten es, um wilder auszusehen; es ist letztlich ein roher Brauch.

Sie heiraten nicht nur eine Frau, sondern so viele, wie sie wollen, und ohne großes Zeremoniell; wir haben nämlich einen Mann kennengelernt, der zehn Frauen hat; sie wachen sehr eifersüchtig über sie, und läßt eine von ihnen sich etwas zuschulden kommen, züchtigt er sie, wie er es für richtig hält, und verstößt sie, und damit ist sie geächtet.

Diese Menschen sind sehr fruchtbar; Erben gibt es nicht, weil es keinen persönlichen Besitz gibt; sind ihre Kinder, das heißt die Mädchen, geschlechtsreif, dann ist der erste, der sie besitzen darf, der nächste Verwandte, den sie haben, der Vater ist ausgenommen; dann werden sie verheiratet. Ihre Frauen entbinden ohne jede Zeremonie, es ist nicht wie bei den unsrigen; sie essen alles, gehen am selben Tag aufs Feld, waschen sich selbst, sie scheinen ihre Entbindung kaum zu fühlen.

Die Menschen werden sehr alt, denn wir haben Männer kennengelernt, die in ihrer Abstammungslinie bis zu vier lebende Generationen aufweisen konnten. Sie zählen nicht nach Tagen, Jahren oder Monaten, sondern messen die Zeit nur nach Monden, und um die Dauer einer Sache anzugeben, nehmen sie Steine, für jeden Mond einen Stein, und der älteste Mann, den ich fand, zeigte mir mit Steinen, daß er eintausendsiebenhundert Monde alt sei, das sind ungefähr einhundertzweiunddreißig Jahre, dreizehn Monde für ein Jahr genommen.

Des weiteren sind sie kriegerisch und grausam gegeneinander. Alle ihre Waffen sind, wie Petrarca sagt, *commessi al vento*, also Pfeil und Bogen, Wurfspieße und Steine, und sie schützen ihre Körper nicht, weil sie so nackt gehen wie sie geboren wurden, sie verfolgen im Krieg keine Taktik, außer daß sie den Ratschlägen ihrer Ältesten gehorchen, und wenn sie kämpfen, töten sie sich sehr grausam, und die den Platz behauptende Partei begräbt ihre Toten, die toten Feinde werden zerstückelt und verspeist. Ihre Gefangenen führen sie als Sklaven ab, mit den Frauen schlafen sie und die jungen Männer verheiraten sie mit ihren Töchtern, und zu gewissen Zeiten, wenn sie eine teuflische Raserei überfällt, rufen sie die Verwandten und das ganze Volk zusammen, stellen die Mutter mit ihren Kindern, die sie von dem jungen Mann hat, vor alle hin, töten sie unter gewissen Zeremonien mit Pfeilen, und verspeisen sie, und das gleiche machen sie mit den oben genannten Sklaven und den Kindern, die von ihnen geboren wurden. Das alles ist sicher, denn wir fanden in ihren Häusern viel zum Räuchern aufgehängtes Menschenfleisch, und zehn arme Kreaturen kauften wir ihnen ab, Männer und Frauen, die für dieses Opfer, oder besser für dieses Verbrechen bestimmt waren. Wir tadelten sie heftig dafür, aber ich weiß nicht, ob sie sich besserten, und das für mich Verwunderlichste an ihren Kriegen und ihrer Grausamkeit ist, daß ich von ihnen nicht erfahren konnte, warum sie miteinander Krieg führen, denn sie haben keinen Besitz, weder Imperien noch Königreiche, sie wissen nicht, was Erbschaft ist, das heißt Eigentum, oder Herrschsucht, nach meiner Meinung die einzigen Gründe für Kriege und alle Arten von Unordnung. Fragte man sie nach dem Grund, wußten sie keinen anderen anzugeben, als daß der Krieg zwischen ihnen schon vor ihnen begonnen habe und sie nur den Tod ihrer Vorväter rächen wollten. Ich kann nur sagen, es ist unmenschlich; einer von ihnen hat mir gestanden, das Fleisch von über zweihundert Menschen gegessen zu haben, und ich glaube das und damit genug.

41 Übergriffe der Spanier in Kolumbien (1509)

Nachdem Kolumbus nunmehr gestorben ist, entstand für unseren König die schwierige Aufgabe, dafür zu sorgen, daß jene neuentdeckten Gebiete von Christen besiedelt und zur Ausbreitung unseres Glaubens fest in Besitz genommen wurden.

Daher gab der König allen, die sich daran beteiligen wollten, durch Handschreiben die ehrenvolle Erlaubnis zu solchen Unternehmungen. Darunter sind zwei Männer besonders erwähnenswert: Diego Nicuesa von Baeca, ein Andalusier, und Alonso Hojeda von Concha. Beide wohnten in Española, wo – wie gesagt – die Spanier eine Stadt und andere Siedlungen erbaut hatten. Alonso Hojeda brach von dort als erster am 13. Dezember 1509 mit ungefähr dreihundert Mann auf, fuhr geradewegs nach Süden und lief von den bislang bekannten Häfen jenen an, dem Kolumbus den Namen Cartagena gegeben hatte. Eine Insel schützt ihn vor den anbrandenden Fluten, und auch durch die Größe des Hafenbeckens und durch die vorspringenden Landzungen ähnelt er dem Hafen von Cartagena in Spanien. Die vorgelagerte Insel heißt bei den Eingeborenen Codego, wie die Einwohner von Cartagena in Spanien die ihre Escombrera nennen. Die Gegend dort trägt den Namen Caramaíra. Männer und Frauen dieser Landschaft sollen einen sehr schönen Wuchs haben; sie gehen unbekleidet. Die Männer tragen die Haare bis zum Ohr abgeschnitten, die Frauen lang herabhängend. Die Angehörigen beider Geschlechter vermögen gut Bogen zu schießen. Um Cartagena fanden die Spanier wildwachsende Bäume mit süßen Früchten, die aber sehr schädlich sind. Ihr Genuß erzeugt Würmer. Aber besonders ist der Schatten der Bäume gefährlich; wer unter den Zweigen eine Zeitlang sich ausruht, wacht mit benommenem Kopf und fast ohne Sehkraft auf. Falls man sich dann umlegt, verliert sich nach einigen Tagen die Schwächung des Augenlichts.

Der Hafen Cartagena ist vierhundertsechsundfünfzig Meilen von dem Teil Españolas entfernt, den die Spanier Beata nennen. Hier pflegen nämlich die Seeleute, die in die neuentdeckten Länder hinüberwollen, ihre Vorbereitungen zur Weiterfahrt zu treffen.

Als Hojeda im Hafen Cartagena angelegt hatte, ging er gegen die Eingeborenen, die einzeln und waffenlos herumstreiften, gewaltsam vor und griff sie an. Aufgrund einer königlichen Urkunde waren ihm alle Gefangenen als Beute zugesprochen, weil die Landesbewohner sich jüngst gegen die Christen sehr grausam gezeigt hatten und nicht dazu gebracht werden konnten, Fremde friedlich in ihrem Land aufzunehmen. An Gold fanden die Spanier nur eine geringe Menge, und dies war nicht einmal rein. Die Eingeborenen schmieden daraus Plättchen und Medaillons, die sie sich zur Zierde an die Brust heften.

Mit diesem Raubzug und der Beute nicht zufrieden, überfiel Hojeda ein Dorf, das im Landesinneren, zwölf Meilen von der Küste entfernt, lag; hier hatten die aus der meeresnahen Siedlung Entflohenen Aufnahme gefunden. Die Gefangenen, die er vorher gemacht hatte, dienten ihm auf dem Weg als Führer. Er fand einen Stamm, der zwar unbekleidet, aber sehr kriegstüchtig war. Im Kampf führen diese Wilden runde Schilde, lange hölzerne Schwerter, Bogen und Pfeile mit Spitzen, die entweder im Feuer gehärtet sind oder aus Knochen bestehen. In Todesverzweiflung stürzten sich die Stammesangehörigen mit den bei ihnen Aufgenommenen auf die Spanier; denn sie hatten ja von dem Unglück der Menschen gehört, denen sie Zuflucht gewährt hatten: von dem Raub der Kinder und Frauen, von der Ausplünderung und von dem Morden gegen die Männer. Die Spanier wurden geschlagen. Die Eingeborenen töteten siebzig Mann von ihnen, darunter den Stellvertreter des Anführers Hojeda, Juan La Cosa, der zuerst im Sand von Uraba Gold gefunden hatte: Diesen Erfolg errangen sie, weil sie ihre Pfeile mit dem tödlichen Saft einer Pflanze getränkt hatten. Die übrigen Spanier räumten das Feld und kehrten unter Führung Hojedas, der selbst die Flucht ergriff, zu den Schiffen zurück.

Während die Leute Hojedas, erschüttert über ihre Niederlage, noch im Hafen von Cartagena lagen, traf ein anderer Flottenkommandant mit fünf Schiffen dort ein; es war dies Diego Nicuesa. Ihn hatten Hojeda und La Cosa im Hafen von Beata auf Spañola verlassen, als er sich zur Abfahrt rüstete. Er brachte siebenhundertfünfundachtzig Mann mit. Da es jedem Spanier freistand, sich nach eigener Wahl einem der Führer auf den Entdeckungsfahrten anzuschließen, waren dem Nicuesa mehr Freiwillige gefolgt als Hojeda. Denn er genoß wegen seines Alters ein höheres Ansehen, und es hieß allgemein, Veragua [Panama], das aufgrund einer königlichen Urkunde von Nicuesa ausgebeutet werden sollte, sei reicher an Gold als Uraba, das dem Alonso Hojeda zugesprochen war. Nachdem Nicuesa in Cartagena gelandet war, hielten die Flottenkommandanten gemeinsam darüber Rat, was zu tun sei. Mit Zustimmung aller beschloß man, zunächst die gefallenen Kameraden zu rächen. In der Nacht zogen die Spanier in geordneter Kolonne gegen die Eingeborenen, die La Cosa und seine siebzig Kameraden getötet hatten. Um drei Uhr morgens begann überraschend der Angriff. Man umstellte das Dorf so, daß keiner entkommen konnte. Die Eingeborenen wohnten nämlich in einer geschlossenen Siedlung; diese bestand aus mehr als hundert Hütten, die im Augenblick außer den eigenen Bewohnern die dreifache Anzahl Menschen aus dem Nachbardorf beherbergten. Die Angreifer legten Feuer an die Hütten und brannten sie nieder. Diese sind aus Holz gebaut, und das Dach ist mit Palmblättern bedeckt. Von den zahlreichen männlichen und weiblichen Einwohnern fanden nur sechs Kinder bei den Siegern Gnade. Die übrigen wurden mitsamt dem Hausrat durch Feuer und Schwert vernichtet, da sie nicht hatten entfliehen können.

Von den geretteten Kindern erfuhren die Spanier, La Cosa und die übrigen Gefallenen seien von den Eingeborenen in Stücke geschnitten und dann verzehrt worden. Man nahm an, die Einwohner von Caramaíra seien Abkömmlinge der menschenfressenden Kariben oder Kannibalen. Gold fand man nur wenig in der Asche. Die Gier danach und das Verlangen nach Landbesitz veranlaßte die Spanier, alle diese Mühsalen und Gefahren auf sich zu nehmen. Nachdem sie mit diesem Unternehmen den Tod La Cosas und der anderen Kameraden gerächt hatten, kehrten sie zum Hafen zurück. Darauf brach Hojeda, der als erster angekommen war, auch wieder als erster mit seiner Mannschaft auf, um Uraba anzusteuern, das ihm zur Verwaltung zugewiesen war.

Auf der Fahrt kam er zu einer Insel, die Fuerte heißt. Sie liegt in der Mitte zwischen Uraba und dem Hafen von Cartagena. Als er dort landete, merkte er, daß dies die Heimat der wilden Kannibalen war. Von den Einwohnern führte er zwei Männer und sieben Frauen als Gefangene fort; die anderen entkamen. Er erbeutete Gold im Wert von einhundertneunzig Drachmen, das zu mannigfachen Schmuckstücken verarbeitet war. Dann erreichte Hojeda die Ostküste von Uraba, die die Eingeborenen Caribana nennen. Von dort sollen die auf den Inseln wohnenden Kariben stammen und deshalb ihren Namen tragen. Hojeda machte sich daran, hier eine Siedlung und nahebei eine Festung anzulegen, in die man sich im Notfall zurückziehen könne. Von den Gefangenen erfuhr er, zwölf Meilen landeinwärts liege ein Dorf Tirufi, das wegen einer ergiebigen Goldmine bekannt sei. Er faßte den Entschluß, den Platz zu erobern. Beim Vormarsch stieß er auf die Dorfbewohner, die entschlossen waren, ihr Recht zu verteidigen. Die Spanier wurden zu ihrer Schande mit erheblichen Verlusten zurückgeschlagen; denn auch diese Wilden führten mit vergifteten Pfeilen Krieg. Als Hojeda einige Tage später, vom Mangel an Lebensmitteln dazu genötigt, einen Angriff auf ein anderes Dorf unternahm, wurde er selbst durch einen Pfeil am Schenkel verletzt.

Einige seiner Kameraden erzählten es allerdings anders: Hojeda sei von einem Eingeborenen verwundet worden, weil er dessen Frau als seine Gefangene fortführen wollte. Der Ehegatte soll erst freundlich über den Rückkauf seiner Gefährtin mit Hojeda verhandelt und sich mit ihm geeinigt haben, für die Frau eine bestimmte, von jenem geforderte Goldsumme zu zahlen. Am festgesetzten Tag sei der Eingeborene auch gekommen, aber nicht mit Gold, sondern mit Speeren und Pfeilen bewaffnet sowie in Begleitung von acht Stammesgenossen, die zum Äußersten entschlossen waren. Sie hatten nämlich die Gewalttaten miterlebt, die den Einwohnern Cartagenas angetan worden waren, und danach das Niederbrennen ihres Dorfes. Der eingeborene Ehemann wurde zwar im Kampf von den Leuten Hojedas getötet und hatte nichts mehr von seiner geliebten Frau, Hojeda aber verfiel unter der Wirkung des Pfeilgiftes von Tag zu Tag mehr.

42 Pascual de Andagoya erhält in Panama erste Kunde vom sagenhaften Reich »Peru« (1522)

Im Jahre 1522, als ich *Visitador general* der Indianer war, brach ich von Panama zu einer Inspektion des östlich gelegenen Landes auf; ich kam zum Golf von San Miguel und besuchte von dort aus eine Provinz namens Chochama, die von *cueva*sprechenden Indianern dicht besiedelt war. Hier erfuhr ich, daß immer zur Vollmondzeit fremde Leute in Kanus übers Meer kämen, die Bewohner überfielen und in solche Angst versetzten, daß sie sich nicht mehr zum Fischen aufs Meer hinaustrauten. Jene Fremden stammten aus einer Provinz namens *Birú*, von dem der Name [...] Pirú [Peru] herkommt. Das ganze Land vor uns wies eine starke und kriegerische Bevölkerung auf, und die Leute von Chochama baten mich, ihnen gegen die Fremden beizustehen. Da sandte ich nach Panama und erbat Verstärkung, um die bis dahin unentdeckten Landstrek-ken zu erkunden.

Ich nahm den Häuptling und seine Kundschafter und Dolmet-scher mit und marschierte sechs bis sieben Tagereisen bis zu jener Provinz Birú und dort zwanzig Meilen einen großen Fluß aufwärts, wo ich viele Häuptlinge und Ortschaften und an einer Flußgabelung eine starke Grenzfestung mit Garnison vorfand, die sich hartnäckig verteidigte. Ihre Weiber und ihre Habe hatten sie in Sicherheit gebracht [...]. In jener Provinz erfuhr ich durch Berichte der Häuptlinge, auch durch Händler und ihre Dolmetscher Näheres über die ganze Küste und über alles, was man später bis nach Cuzco hin zu sehen bekam, selbst Einzelheiten über die verschiedenen Provinzen und deren Bewohner; denn durch den Handel kamen sie weit herum in viele Länder.

43 Erkundungsfahrten an der Westküste Südamerikas (1527)

In den Gewässern von Santa Cruz [...] kam ihnen Alonso de Molina [von einem Landbesuch] mit einigen Indios auf einer Balsa entgegen. Sie luden Francisco Pizarro im Namen einer Señora, die Capullana hieß, ein, an Land zu kommen, in einem Hafen etwas mehr gegen Norden zu. [...] Molina erzählte große Dinge über das, was er gesehen hatte: das Land sei sehr fruchtbar, es regne dort nie, große Strecken an der Küste würden künstlich bewässert, und die Indios berichteten Großartiges von Cuzco und seinem König Huayna Capac. Sie kamen zu dem besagten Hafen; viele Balsas fuhren ihnen entgegen mit Lebensmitteln und fünf Schafen als Willkomm der Häuptlingsfrau, die sich ihrerseits bereit erklärte, damit der fremde Capitán Vertrauen fasse [...], als erste selbst auf sein Schiff zu kommen [...]. Francisco Pizarro war ganz glücklich über den guten Empfang und [...] hieß Nicolás de Ribera, Francisco de Cuéllar, Alonso de Molina und Alcón an Land gehen. Letzterer trug eine Kappe mit Goldbesatz, ein Medaillon, ein samtenes Wams, schwarze Strumpfhosen, am Gürtel Schwert und Dolch; diejenigen, die dabei waren, sagten, er habe mehr wie ein kühner und verdienter Italienkämpfer ausgesehen denn wie ein abgerissener Entdecker der Mangrovensümpfe [...]. Die Fürstin selbst bot ihnen persönlich in einem Gefäß den Trank; Alcón begann ein Auge auf sie zu werfen; sie wollte aber auf jeden Fall den »Capitán« sehen [...]. Alcón aber, je länger er sie anschaute, entflammte desto mehr. Auf dem Schiff empfing Francisco Pizarro die Fürstin und ihre Begleitung mit ausgesuchter Höflichkeit; ebenso hielten es alle Spanier; denn sie waren angehalten worden, beste Erziehung und Gesittung zu zeigen. [...] Alcón aber wandte nicht die Augen von der Capullana; er war schon so weit, daß er nur noch seufzte [...]. An einem Morgen noch vor Sonnenaufgang umrundeten mehr als fünfzig Balsas das Schiff. [...] Zwölf Indios von vornehmem Stand kamen an Bord und blieben [als freiwillige Geiseln]. Pizarro ging an Land, und auf dem Schiff bei den Indios blieben nur die Matrosen, sonst kein Spanier. Die Fürstin ging ihnen zum Willkomm mit großem Gefolge in strenger Ordnung entgegen. Die Indios hielten grüne Zweige und Maiskolben in den Händen. Sie hatten eine Halle aus Ästen errichtet und innen Sitze für die Spanier und etwas abseits für die Indios. Es gab Fleisch und Fisch, auf verschiedene Arten zubereitet, viele Früchte, Wein und Brot nach Art des Landes. Während der Mahlzeit tanzten und sangen die vornehmen Indios zusammen mit ihren Frauen, um die Gäste zu ehren, und die Spanier waren sehr erstaunt, wie gesittet jene sich benahmen.

Als das Fest zu Ende war, sprach Francisco Pizarro zu ihnen mit Hilfe der Dolmetscher. [Er dankt zunächst für die Gastfreundschaft und hält eine Rede im Sinne des Requerimientos.] Er weist hin auf den Wahnsinn des Blutopfers von Menschen und Tieren, denn die Sonne, die sie anbeteten, sei nur geschaffen zur Erhaltung der Welt [...]. Er versprach, er werde in Kürze wiederkommen zusammen mit Geistlichen, die predigten und tauften. Alle müßten nun den König von Kastilien, den jetzigen Kaiser der Christenheit und mächtigsten Herrscher, als Herrn anerkennen. Er reichte ihnen eine Fahne hin und bedeutete ihnen, sie möchten diese als Zeichen des Gehorsams erheben. Die Indios nahmen die Fahne und erhoben sie dreimal [...]. Auf der Rückfahrt zum Schiff kenterte die Balsa, und es hätte nicht viel gefehlt, und alle Spanier wären ertrunken.

Als Alcón die Häuptlingsfrau entschwinden sah, bat er den Capitán, daß er ihn in jenem Lande lasse. Aber die anderen hielten ihn nicht für ganz klar, und so weigerte sich Pizarro; denn er befürchtete, er werde Unruhe unter die Indios bringen.

44 Der Vormarsch Francisco Pizarros auf »Peru« (1531)

In diesem Landstrich [Ekuadorküste] herrschte Mangel an Süßwasser und wir hatten sehr darunter zu leiden; auch fehlte es uns an [indianischen] Führern, die uns hätten sagen können, wohin wir gehen und lagern sollten. So schickte der Gobernador [Francisco Pizarro] den Hauptmann Escobar landeinwärts in die Berge, um zu sehen, ob man einen Indio auftreiben könne. Ich ging mit ihm. Wir kamen zu einer trockenen Schlucht ohne Wasser und sahen Rauch; wir blieben in der Schlucht bis kurz vor Morgengrauen und wollten dann die Behausungen überfallen. Es regnete so stark in dieser Nacht, daß ein großer Wasserschwall die Schlucht herunterkam und ein Soldat ertrank und andere nur schwimmend sich retten konnten. Wir fielen über die Ansiedlung her; es waren drei oder vier Indios da; sie hatten ihre Betten oben auf hohen Bäumen wie Storchennester und schrien wie Katzen und Affen; wir ergriffen einen Indio, aber weder konnten wir ihn verstehen noch er uns; dann brachten wir ihn ins Lager, und er gab uns durch Zeichen zu verstehen, daß erst nach fünfzehn Tagesreisen besiedeltes Land komme, wo es zu essen gebe, und etwas anderes wollten wir ja gar nicht.

Wir bewegten uns weiter entlang der Küste und trafen schließlich an einem Steilufer auf einen Wasserfall mit Süßwasser, worüber große Freude herrschte, weil wir ja alle so an Wassernot litten. Von dort gingen wir zu Fuß bis zu den Flüssen von Cojemíes, wo Flöße angefertigt wurden, um sie zu überqueren. Dort litten wir wieder unter großem Hunger und Wassermangel, weil die Flüsse erst viel weiter oben Süßwasser führten. Da kam Bartolomé Ruiz mit dem Schiff und der Barke, und wir erhielten eine Ration Maismehl, für jeden ein Viertelpfund. Als wir die zwei Flüsse hinter uns hatten, deren jeder eine Viertelmeile [1,5 km] breit war, fanden wir viele Camotes [Süßkartoffeln] und viel Yukka, aus der wir Kassava machten; auch gab es reichlich Guayabas und andere Früchte, und so konnten die Leute sich wieder stärken.

Dann kam noch ein weiterer Fluß, der noch breiter war als die vorherigen; dort wie schon vorher trieb man eine Stute ins Wasser, band sie an das Floß und ließ die übrigen Pferde frei schwimmen; so brachten wir diejenigen, die nicht schwimmen konnten, und die Pferdesättel auf dem Floß hinüber; Gepäck gab es so wenig, daß es jeder noch in der Hand halten konnte.

Nach dieser Überquerung zogen wir weiter der Küste entlang und kamen in ein Sumpfgebiet, wo es viele Krebse gab. Diese hatten sich von Manzanillo [giftige Oliven] ernährt, und jene Nacht war die ganze Mannschaft nahe am Sterben, weil sie von den giftigen Krebsen gegessen hatten.

Wir hatten bereits Nachrichten über Coaque, eine große Ortschaft, reich an Gold, Silber, Smaragden und vielen anderen Steinen verschiedener Farbe, Chaquira [Perlenschmuck] aus Gold, Silber und Knochen, und mit einer starken Bevölkerung. Wie gesagt, befanden sich unsere Leute in einer desolaten Verfassung, und so blies man die Trompeten zum Sturm auf diese Ortschaft Coaque und überfiel sie. Dabei wurde der Ortskazike gefangen und lange in Gewahrsam gehalten. Man fand große Mengen weißer Baumwollware vor. Es war ein Ort mit großen Häusern, mit zahlreichen Kultgegenständen und Trommeln; es gab große Vorräte an Mais, Früchten, Basilikum wie in Kastilien, und Pfeffer; die Indios waren stark und kriegerisch, die Ortschaft bestand aus dreihundert sehr großen Buhíos [Hütten]. In dem Land regnet und donnert es viel; es wimmelt von großen Schlangen und Kröten. Das Land ist sehr feucht. Als nichts mehr zu essen da war, aßen drei Soldaten eine Schlange; zwei starben, der dritte blieb am Leben, weil er die Schlange mit Knoblauch eingerieben hatte; dafür schälte sich seine Haut, und er blieb lange bewußtlos.

In dieser Ortschaft wurden achtzehntausend Goldpesos und etwas geringwertiges Silber erbeutet. Der Gobernador schickte Bartolomé Ruiz und Quintero mit den beiden Schiffen nach Nicaragua und Panamá, um mit dem Gold Leute anzuwerben. Wir blieben in Coaque über acht Monate. In diesem Zeitraum starben viele Leute an verschiedenen Krankheiten, wie an einem schweren Ausschlag, der dort unter den Spaniern ausbrach.

Nachdem das Schiff nach Panamá gesegelt war, kam zu uns nach Coaque Pedro Gregorio, ein Kaufmann, und brachte Geräuchertes, Schinken und Käse von den Kanarischen Inseln und neue Leute. Von diesen leben heute [1571] nur noch Pedro Díaz – der von Huamanga –, Juan de la Torre – der von Arequipa – und Isasaga, der in Lima wohnt, die anderen sind alle tot. [Hier folgt eine Aufzählung von Namen später eintreffender Conquistadoren.]

Dort in Coaque kannte niemand die Smaragde, außer Bruder Reginaldo. Er sammelte hundert und noch gut etwas darüber, nähte sie in sein Unterkleid und fuhr gleich mit dem Schiff des Pedro Gregorio nach Panamá zurück, wo er starb. Man fand die Smaragde bei ihm und schickte sie Seiner Majestät dem Kaiser als Präsent. In jener Zeit setzte der Gobernador den Kaziken von Coaque wieder in Freiheit, und dieser erhob sich mit allen seinen Leuten und brannte uns die ganze Siedlung ab, so daß uns nur noch ein Buhío verblieb, wo wir uns alle zurückzogen und verteidigten, damit er uns nicht auch das noch verbrannte. Es wurde bekannt, daß der Kazike sich mit seinen Leuten in den Urwald verzogen hatte. Man bekam einen Indio in die Hand, der wußte, wo sie sich befanden; daraufhin brach der Gobernador mit ein paar Leuten zu Fuß zur Suche auf, denn mit Pferden war nicht durchzukommen, und sie nahmen den Indio als Führer mit. Als sie einen Fluß mit einer Balsa überquerten, sprang der Führer ins Wasser und ertrank. So kehrten der Gobernador und seine Leute unverrichteter Dinge zurück.

Inzwischen waren die Schiffe von Panamá und Nicaragua zurückgekehrt, und wir brachen von Coaque auf, die meisten Leute krank, und fuhren bis zum Kap Pascio [Pasado], kamen aber nicht um die Landspitze herum. So brachen wir uns einen Weg durch den Urwald und kamen zu der Ortschaft Padao [Pasado?] und weiter bis zur Bucht von Caraques, immer unter großem Trinkwassermangel. Dort brachte man alle Kranken auf ein Schiff und fuhr damit zu dem Dorf Charapoto in der Provinz Puerto Viejo. Drei Gesunde begleiteten sie, um sie zu pflegen; der Gobernador zog mit den übrigen Leuten stromaufwärts bis zu einer Ortschaft namens Tocagua [Tosagua], und von dort ging er weiter bis zu einer Ortschaft in der gleichen Provinz von Puerto Viejo, dessen Herrin eine reiche Witwe war.

45 Thronwirren im Inka-Reich: Der Krieg zwischen den Reichserben Atahualpa Inka und Huascar Inka (1532)

Als der Gobernador ankam, erfuhr er von einer Ortschaft Caxas, drei Tagereisen weiter, in der viele Indiokrieger lagerten; sie hätten große Tribute für die Versorgung von Atahualpas Heerlager eingetrieben. Hernando Pizarro wollte dorthin, und der Gobernador wollte ihm die Erlaubnis nicht geben; er schickte den Hauptmann Hernando de Soto voller Besorgnis wegen der wenigen Leute, die sie hatten, gab ihm fünfzig oder sechzig Männer mit und sagte ihm, daß er ihn in einer Ortschaft namens Çará [Serrán] erwarte; dort solle er innerhalb von zehn Tagen wieder mit ihm zusammentreffen oder Botschaft schicken. Der Hauptmann Hernando de Soto brach mit seinen Leuten nach Caxas auf. Als sie sich der Ortschaft näherten, erfuhren sie, hier im Gebirge habe Kriegsvolk auf sie gewartet, sich dann aber wieder zurückgezogen. Sie kamen in die ziemlich große Ortschaft. In hohen Häusern fanden sie Mais, Schuhe, viel Wolle und in einem fünfhundert Frauen vor, die nichts anderes taten als Kleidung fertigen und Maiswein bereiten für das Kriegsvolk. In diesen Häusern war viel von diesem Wein. Dieser Ort war stark zerstört von dem Krieg, den Atahualpa geführt hatte. Auf den Hängen sah man viele erhängte Indios, die sich nicht hatten ergeben wollen. Jene Ortschaften standen nämlich vorher auf der Seite des Cuzco [gemeint ist Atahualpas Bruder, der Inka Huascar in Cuzco], den sie als ihren Herrscher betrachteten und dem sie Tribut zahlten.

Der Hauptmann ließ den Kaziken der Stadt holen. Dieser kam und klagte bitter über die von Atahualpa verursachte Verwüstung und über die vielen Toten. Von seinen zehntausend bis zwölftausend Indios seien nur noch dreitausend übriggeblieben. Ein paar Tage vorher sei Kriegsvolk durchgekommen, sei aber wieder abgezogen aus Angst vor den Christen. Der Hauptmann [Soto] sagte ihnen, sie sollten mit den Christen Frieden halten und des Kaisers Untertanen werden; dann bräuchten sie Atahualpa nicht mehr zu fürchten. Darüber war der Kazike hoch erfreut. Anschließend öffnete er eines der verschlossenen Häuser, vor denen Atahualpas Wachen standen. Holte daraus vier oder fünf Frauen und übergab sie dem Hauptmann; sie sollten den Christen auf dem Wege dienen und kochen. Gold habe er nicht, Atahualpa habe alles mitgenommen; schließlich aber gab er ihnen doch vier oder fünf Plättchen Gold.

Da traf ein Hauptmann von Atahualpa ein: Der Kazike bekam große Furcht und erhob sich sofort; er wagte nicht vor dem Höhergestellten sitzen zu bleiben, jedoch Hernando de Soto hieß ihn wieder neben sich niedersitzen. Dieser Hauptmann brachte ein Geschenk von Atahualpa für die Christen. Es waren lauter enthäutete Enten, was zu bedeuten hatte, daß man so den Christen die Haut abziehen werde; außerdem überbrachte er zwei aus Ton gefertigte starke Festungen mit der Bemerkung, weiter voraus gebe es ähnliche.

Dann brach der Hauptmann Hernando de Soto von Caxas auf und nahm Atahualpas Hauptmann mit und brachte ihn zum Gobernador, der sehr darüber erfreut war, jenen Hauptmann von Atahualpa kennenzulernen. Er gab diesem ein kostbares Hemd und zwei gläserne Kelche für dessen Herrn Atahualpa mit und bat ihm auszurichten, daß er Atahualpas Freund sei, sich sehr freuen würde, ihn kennenzulernen und ihm, wenn er mit jemandem im Krieg stehe, gerne unterstützen würde. Der Hauptmann von Atahualpa kehrte zu seinem Herrn zurück.

Zwei Tage später machte sich auch der Gobernador auf den Weg zu Atahualpa hin. Unterwegs fand er die meisten Ortschaften zerstört vor und die Kaziken abwesend, denn alle waren bei ihrem Herrn [Atahualpa]. Die Straße, die wir weiterzogen, war meist auf beiden Seiten mit Mauern eingefaßt und von Bäumen beschattet; alle zwei Meilen fanden wir ein Rasthaus vor. Als wir dem Gebirge näher kamen, ritten Hernando Pizarro und Hernando de Soto mit einigen Leuten voraus, einen großen Fluß schwimmend überquerend. Man hatte uns gesagt, etwas weiter voraus gebe es eine Ortschaft mit großen Schätzen. Als wir dort gegen Abend ankamen, hatte sich der größte Teil der Bevölkerung versteckt. Hierüber schickten wir dem Gobernador Nachricht.

Am nächsten Tag in der Frühe überquerte der Gobernador mit allen Leuten den Fluß. Bevor wir in die Ortschaft kamen, ergriffen wir zwei Indios, um Neuigkeiten über den Kaziken Atahualpa zu erfahren. Der Hauptmann befahl, sie an zwei Pfähle zu binden, um ihnen Angst einzujagen. Der eine sagte, er wisse nichts über Atahualpa, aber der andere sei vor ein paar Tagen bei Atahualpa gewesen; der Ortskazike von hier sei dort zurückgeblieben. Von dem zweiten erfuhren wir, daß Atahualpa mit viel Volk sich in der Ebene von Cajamarca aufhalte und auf die Christen warte, daß viele Indios zwei schwierige Pässe in der Sierra bewachten, daß sie jenes Hemd, welches der Gobernador dem Kaziken Atahualpa geschickt habe, als Fahne benützten. Sonst wüßte er nichts; und weder mit Feuer noch mit anderen Mitteln war mehr aus ihm herauszuholen. Die Hauptleute berichteten dem Gobernador, was sie von den zwei Indios in Erfahrung gebracht hatten. Nach zwei Tagen brachen wir wieder auf; der Gobernador verließ jene schöne zwischen Mauern geführte Straße und bog ab in einen schlechteren Weg bis zum Fuße der Sierra.

46 Das Zusammentreffen Hernando Pizarros mit dem Inka Atahualpa in der Provinzhauptstadt Cajamarca (16. 11. 1532)

Die Indios jenes Landes [Peru] fanden erstaunlich schnell Kontakt zu den Spaniern; denn die indianischen Burschen, die Pizarro bei der [ersten] Entdeckung des Landes nach Spanien mitgenommen hatte, beherrschten unsere Sprache schon recht sicher. Jetzt hatte er sie dabei und konnte sich mit ihrer Hilfe sehr gut mit den Einheimischen verständigen.

Nun zur Sache: Von jener Provinz [Çaran] aus brach Hauptmann [Pizarro] mit all seinen Leuten auf und zog entlang jener [Inka-] Straße durch eine Reihe ansehnlicher Städte, vorbei an Blumengärten, beschattet von Bäumen, und man sah viel Volk, unzählige Sonnentempel und andere Dinge, deren Schilderung hier zu weit führen würde.

Wir wollten aber hinauf ins Hochland in die Provinz Cajamarca, wo der besagte Atahualpa residierte, und so mußten wir die königliche Heerstraße und die schönen Ortschaften hinter uns lassen und eine Nebenstraße nehmen.

Auf unserem Weg lag ein kahles Gebirge, zu dem der Anstieg über eineinhalb Meilen lang war und über so beschwerliche und gefährliche Pässe führte, daß ein weiterer Vormarsch sinnlos gewesen wäre, wenn Atahualpa dort vorsorglich Krieger postiert hätte.

Aber da es Gott gefiel, daß das Land erobert und unterworfen werde, ließ Er es zu, daß der Inka diese Gelgenheit nicht wahrnahm. Da dieser vielmehr unsere Zahl als sehr gering einschätzte und nicht damit rechnete, daß ihn einhundertfünfzig Mann angreifen könnten, erlaubte er uns, über jenen Paß und über viele andere ebenso schwierige zu ziehen. Wie sich später herausstellte und bestätigte, hatte er nämlich die Absicht, uns in Augenschein zu nehmen und uns zu fragen, woher wir kämen und wer uns mit welcher Absicht dorthin geschickt hätte. Denn obwohl er ohne Bildung und des Lesens und Schreibens unkundig war, war er sehr weise, klug, verständig und voller Wissensdurst. Und wenn er dann mit uns Bekanntschaft gemacht hätte, wollte er uns die Pferde und all das nehmen, was ihm am besten gefiel, und die übrigen opfern.

Aber da es nach Gottes Willen anders kommen sollte und es Ihm

gefiel, daß Seine heilige Religion unter jenen Barbaren einge-
pflanzt werde, richtete Er es ganz anders ein, als jener dachte. Und
so erblickten wir nach drei oder vier Tagesmärschen durch jene
Gebirge und über beschwerliche Pässe an einem Donnerstag-
abend, dem 15. November, den Ort Cajamarca und das Lager, das
Atahualpa eine Meile außerhalb aufgeschlagen hatte. Dieses Lager erstreckte sich über mehr als eineinhalb Meilen das Tal entlang, und so viele Zelte waren zu sehen, daß wir darüber schier
erschraken, denn wir hatten bei den Indios kein so prächtiges Lager und so viele und so gut errichtete Zelte erwartet. Bis dahin
hatte im Indioland niemand dergleichen gesehen, und daher versetzte der Anblick uns Spanier in große Verwirrung und Furcht. Es
war jedoch nicht ratsam, dies zu zeigen, geschweige denn umzukehren; wären nämlich bei uns irgendwelche Anzeichen von Mut-
losigkeit zu bemerken gewesen, so hätten uns selbst die Indios, die
mit uns zogen, niedergemacht.

Also zogen wir, nachdem wir den Ort und die Zelte lange betrachtet und ausgespäht hatten, Mut vortäuschend das Tal hinab und in
den Ort Cajamarca hinein, wo wir nur Unbewaffnete und einige von
Atahualpas Kriegern vorfanden. Es war beeindruckend zu sehen,
wie sie sich entlang der einfach angelegten Straße, die eine Meile
weit vom Lager zur Stadt führte, dicht an dicht drängten, um uns zu
sehen. Als wir, ohne abzusitzen, in die Stadt gekommen waren,
wurde beschlossen, Pizarros Bruder Hernando solle sich mit etwa
dreißig Reitern, einigen [einheimischen] Vornehmen und dem Dolmetscher Martin zum Lager Atahualpas begeben, ihn von unserer
Ankunft unterrichten, mit ihm absprechen, in welcher Weise die
Begegnung ablaufen solle, und ihn fragen, ob er sie lieber in der
Stadt oder in seinem Lager haben wolle; denn alles solle gehen, wie
es der Inka befehle. Also machte sich Hernando Pizarro auf den
Weg, und ich war auch in seiner Begleitung.

Wir gelangten zu einer Brücke über einen Bewässerungskanal,
der zu einer Art Lusthaus führte, wo Atahualpa Bäder angelegt
hatte, die schön anzusehen waren. Auf der anderen Seite der
Brücke waren viele Abteilungen von bewaffneten Indios postiert.
Wir passierten sie unbehelligt und sie wiesen uns den Weg zu ihrem obersten Herrn. Im Hof vor dem besagten Lusthaus angekommen, sahen wir jenen großen Herrn Atahualpa, von dem wir

soviel gehört hatten, inmitten einer großen Schar Indios sitzen. Er trug eine Krone auf dem Haupt, aus der ihm als Zeichen seiner Königswürde eine lange Quaste über die ganze Stirn fiel. Er saß auf einem ganz niedrigen Sitz, wie man ihn auch bei den Türken und Mauren findet, in einer Majestät und Pracht da, wie man sie noch nicht gesehen hatte; er war umgeben von sechshundert Vornehmen seines Landes.

Hernando Pizarro sprach zuerst und berichtete über unsere Ankunft und erklärte, daß wir Vasallen eines Kaisers und großen Herrn seien, der uns ausgesandt hätte, diese Länder zu erkunden und zu entdecken und in ihnen den Glauben an Jesus Christus, unseren Herrn, zu predigen und ihn und die Seinigen darin zu unterweisen.

Atahualpa, dessen Absicht es war, von uns zu erfahren, woher wir kamen und was wir hier suchten, und uns und unsere Pferde zu sehen, hörte sich dieses und viele andere Worte von Freundschaft und Frieden mit großer Gelassenheit an. Seine ganze Haltung drückte solche Würde und solchen Ernst aus, daß er selbst kein Wort auf das Gesagte erwidern wollte, statt dessen sagte einer seiner Vornehmsten nur: »Es ist gut.«

Als Hernando Pizarro sah, daß der Inka nicht sprach und statt seiner jener Dritte antwortete, ersuchte er ihn von neuem, selbst zu sprechen und ihm nach seinem Belieben zu antworten. Darauf wandte sich der Inka ihm zu und sagte lächelnd: »Sagt diesem eurem Hauptmann, der euch hergeschickt hat, daß ich noch bis morgen früh faste. Dann werde ich, nachdem ich getrunken habe, mich zusammen mit einigen dieser Vornehmen mit ihm treffen. Mittlerweile soll er in diesen Häusern an der Plaza Quartier nehmen, die öffentlicher Besitz sind, und kein anderes Haus betreten, bis ich selbst komme, denn ich werde alles Erforderliche anordnen.«

Nach dieser Antwort lud uns der Würdenträger von vorher ein, abzusitzen und zu essen, was wir mit höflichen Entschuldigungen ablehnten. Darauf sagte er: »Wenn ihr schon nicht essen wollt, so bleibt dort sitzen, wo ihr seid, und trinkt wenigstens von dem hiesigen Wein.« Das konnten wir nicht gut abschlagen, und so kamen einige Frauen mit Goldbechern und gaben den Nächststehenden daraus zu trinken. Danach betrachtete er eingehend unsere ein Hauptmann namens Hernando de Soto einen Zuchthengst herein und fragte, ob er ihn in dem Hof vorführen solle. Der Vornehme nickte Zustimmung, und so zeigte de Soto einige Zeit lang seine Reitkünste. Der Hengst war feurig und schäumte, und der Indio war über die Schnelligkeit der Wendungen erstaunt. Noch mehr Verwunderung zeigten die einfachen Krieger, unter denen sich großes Gemurmel erhob. Eine Gruppe davon wich zurück, als sie das Pferd auf sich zustürmen sahen; dies bezahlten sie noch in derselben Nacht mit ihrem Leben, denn Atahualpa ließ sie hinrichten, weil sie Furcht gezeigt hatten. Nachdem die Vorführung vorüber war und wir die offenkundige Größe des Heeres und des Zeltlagers begutachtet hatten, kehrten wir dorthin zurück, wo uns der besagte Anführer [Pizarro] erwartete. Wir waren höchst beeindruckt und beunruhigt von dem Gesehenen und beratschlagten ausführlich, was zu tun sei; denn es machte uns große Angst, daß wir so wenige und so weit im Inkaland waren, wo uns niemand zu Hilfe kommen konnte, denn bis zur Stadt San Miguel waren es mehr als achthundert Meilen.

Als wir beim Gobernador angekommen waren und Bericht erstattet hatten, versammelten sich alle nachts in seinem Quartier, um zu beraten, was am anderen Tage geschehen sollte. Die Spanier zeigten in jener Nacht viel Mut und Munterkeit und nur wenige schliefen, und so hielten wir auf der Plaza Wache, von wo wir die Lagerfeuer des Indioheeres sehen konnten. Es war ein furchterregender Anblick: die meisten Feuer brannten an einem Bergabhang und waren so dicht nebeneinander, daß man meinen konnte, einen sternenübersäten Himmel zu sehen.

Früh am Freitagmorgen hörten wir die Messe und befahlen uns in den Schutz unseres Gottes. Danach befahl der Gobernador allen Reitern, sich in ihren rund um den Platz liegenden Quartieren in Bereitschaft zu halten, um mit ihm kämpfen zu können, falls Atahualpa mit seinem Kommen etwas anderes im Schilde führen sollte, als er angekündigt hatte. Das Fußvolk sollte sich in seiner Nähe aufhalten, denn er wollte zu Fuß kämpfen, was er besser beherrschte als den Kampf zu Pferde. Als die Leute so postiert waren, stellte er zwei Wachen auf ein steinernes Gebäude, eine Art Moschee, die mitten auf dem Platz stand, um die Ankommenden zu beobachten. Die Wachen bezogen also ihren Aussichtsposten und spähten von oben aus, was sich im Inkalager tat:

Die ganze Zeit von sechs Uhr früh bis vier Uhr nachmittags wurde dort damit verbracht, die Abteilungen von Kriegern zu ordnen und in Reih und Glied aufzustellen und all die Ausstattung und den Schmuck für Atahualpa, seine Frauen und seine Günstlinge vorzubereiten. Man muß nämlich wissen, daß jeder der mehr als fünftausend Krieger, die er hatte, auf der Stirn eine runde, reichziselierte Scheibe aus Kupfer, Gold oder Silber trug; das blitzte und funkelte so, daß der Feind davor in Angst und Schrecken versetzt werden sollte.

Um vier Uhr kamen sie die Straße daher, geradewegs auf unser Quartier zu; um fünf Uhr oder ein wenig später gelangten sie am Stadttor an; das ganze Vorfeld war bedeckt von Menschen; nach und nach füllte sich der Platz mit etwa fünfhundert Menschen – es waren wohl Pagen – mit Bogen und Pfeilen, und sie stimmten einen Gesang an, der ganz und gar nicht angenehm in unseren Ohren klang, schon eher schrecklich, ja er schien uns geradezu höllisch. Sie schritten eine Runde um die Moschee herum und machten mit den Händen Gebärden, als ob sie den Boden reinigen wollten; das schien nicht notwendig, denn die Leute in der Stadt hatten ihn zum Empfang schon gekehrt. Nach der Runde um den Tempel blieben sie stehen, und es kam eine zweite Schwadron von etwa tausend Männern mit Speeren ohne Eisen, deren Spitzen angekohlt waren, alle in farbigen Livreen: die ersten waren weiß und rot gemustert wie die Felder eines Schachbretts. Nach der zweiten eine dritte in anderer Livree, alle mit Hämmern aus Kupfer und Silber – das ist auch eine ihrer Waffen. Mitten unter ihnen viele Herren von Adel und schließlich Atahualpa selbst in einer prachtvollen offenen Sänfte, deren Tragegriffe mit Silber beschlagen waren und die von achtzig Adelsherren auf den Schultern getragen wurde. Diese gingen in kostbarer blauer Livree; er selbst saß, besonders reich gekleidet, mit einer Krone auf dem Haupt und um den Hals ein Gehänge großer Smaragde, in seiner Sänfte auf einem ganz niederen, mit einem prachtvollen Kissen bedeckten Sitz. Mitten auf dem Platz angekommen, hielt er, stand in der Sänfte auf, so daß man seinen Körper halb sah, und alles hereinströmende Volk scharte sich um ihn, so daß er von sechshundert oder siebenhundert Männern umgeben war. Als er sah, daß niemand sich blicken ließ oder herauskam, ihn zu begrüßen, glaubte er – wie er nach seiner Gefangennahme aussagte –, wir hätten uns aus Angst vor seiner Macht versteckt, und rief laut: »Wo sind sie?«

Daraufhin trat aus dem Quartier des Gobernadors Pizarro der Mönch Fray Vicente de Valverde vom Predigerorden, der später Bischof dieses Landes wurde, mit der Bibel in der Hand und begleitet von dem Dolmetscher Martin. Zusammen gingen sie in die Menge, um mit Atahualpa zu reden und ihm von der Heiligen Schrift zu erzählen und zu predigen, Jesus habe befohlen, zwischen den Seinen dürfe kein Krieg und keine Zwietracht herrschen, sondern nur vollkommener Friede; er erbitte und erflehe diesen Frieden in seinem Namen; außerdem sei man ja am vorigen Tage dabei verblieben, daß der Inka friedlich und allein ohne Kriegsvolk komme. Auf diese und viele andere Worte, die der Mönch sprach, verharrte der Inka in Schweigen und gab keine Antwort; erst als der andere nicht aufhörte zu mahnen, Gottes Gebot zu gehorchen, welches in jenem Buch, das er in der Hand halte, geschrieben stehe, stutzte der Inka, nach meinem Gefühl wohl mehr wegen des Schriftbildes als wegen des Inhalts, verlangte danach, öffnete es und blätterte darin, besah sich Form und Anordnung, warf es sodann unter das Volk und rief mit zorngerötetem Antlitz: »Sagt es ihnen, sie sollen herkommen! Ich weiche nicht von der Stelle, bis sie mir Rechenschaft geben und für alles zahlen, was sie im Lande angerichtet haben.« Als der Mönch das sah und wie wenig seine Worte verfingen, hob er sein Buch auf und rannte mehr als er ging mit gesenktem Kopf zurück zu Pizarro und rief ihm zu: »Seht ihr nicht, was da los ist? Wie könnt ihr euch noch aufhalten mit höflichem Getue und *requerimientos* [das Wort ›requerimiento‹ verwendet Estete doppelsinnig, einmal als jenen bekannten juristischen Ausdruck für Huldigungsforderung, zum anderen als ›Bittgang‹] mit jenem Hund, der vor Hochmut birst und ringsum alles voller Indios? Greift ihn an! Ich gebe euch die Absolution!« Kaum hatte er das gerufen, als die Trompeten schmetterten, und mit dem Ruf »Santiago, auf sie los!« stürzte er [Pizarro] mit dem ganzen Fußvolk, das bei ihm war, aus seinem Quartier, und wir übrigen folgten diesem Ruf. Alle stürmten zugleich auf die Plaza, denn die Häuser um die Plaza hatten viele Türen und schienen zu diesem Zweck eingerichtet. Wie ein Mann griffen die Reiter an und fielen über die Indios her. Auf unserer Seite kam niemand ums Leben, nur ein Neger; die Indios aber wurden alle geschlagen und Atahualpa gefangengenommen. Die übrigen versuchten zu fliehen, doch das Tor, durch welches sie hereingekommen waren, war zu klein, und in der allgemeinen Panik verstopften sie den Ausgang, so daß nur einzelne durchkamen. Als nun die Zurückgebliebenen sahen, wie wenig an Flucht und Rettung zu denken war, warfen sich zweitausend oder dreitausend von ihnen an einer Stelle, wo keine Häuser standen, gegen ein großes Stück Mauer und stürzten mit ihr zur Erde; so entstand eine breite Bresche, durch die sie in das freie Feld hinaus flüchten konnten. Als die Abteilungen, die außerhalb der Stadt auf dem Feld geblieben waren, sie unter großem Geschrei fliehen sahen, lösten sie sich ebenfalls auf, und fast alle ergriffen die Flucht. Es war beeindruckend: Das ganze Tal, vier bis fünf Meilen lang, war gedrängt voll Menschen! Darüber brach schnell die Nacht herein; unsere Leute sammelten sich und Atahualpa wurde in einem steinernen Haus, dem Sonnentempel, gefangengesetzt.

47 Charakterisierung des Inka durch Pedro Pizarro (1533)

Atahualpa war ein stattlich gewachsener Indianer, weder dick noch dünn, von ernstem, schönem Angesicht. Seine Augen blickten furchterregend und alle Leute zitterten vor ihm [...].

Um Atahualpa war immer eine große Zahl von Kaziken. Meist hielten sie sich draußen im Hof auf. Wenn er einen von ihnen zu sich rief, zog dieser die Sandalen aus, bevor er vor seinen Herrn trat; die aber von weither kamen, gingen nicht nur barfuß, sondern nahmen auch eine Last auf den Rücken [...].

Ich erinnere mich noch genau an jene Episode, wie der Curaca von Huaylas den Inka um Urlaub bat, um seinen Heimatort aufzusuchen. Der Urlaub wurde ihm bewilligt und eine enge Frist für die Rückkehr gesetzt. Er blieb jedoch etwas länger aus. Bei seiner Rückkehr zitterte er so, daß er sich kaum auf den Beinen halten konnte – ich war selbst zugegen – und brachte als Geschenk Früchte seiner Heimaterde. Jener Atahualpa hob den Kopf nur ein wenig und bedeutete ihm lächelnd, er könne gehen. Als der

Curaca zur Hinrichtung hinausgeführt wurde, warfen sich die auf der Plaza anwesenden Einheimischen – es war eine große Menge Volks – zu Boden wie Trunkene [...].

Der Inka hatte immer erlesene Gewänder an. Zu den Mahlzeiten saß er auf einem sehr schönen roten, hölzernen, mit einem feinen Tuch bedeckten Schemel [...]. Frauen [seine Schwestern und Kazikentöchter] stellten auf den Boden, der mit frischen grünen Binsen belegt war, die Speisen in goldenen, silbernen und tönernen Gefäßen vor ihn hin. Er bestimmte das Gericht, worauf er Lust hatte; eine der Frauen reichte es ihm und hielt es solange in Händen, während er aß. So speiste er eines Tages in meinem Beisein. Als er einen Bissen zum Munde führte, fiel ein Tropfen auf das Gewand, welches er anhatte. Er versetzte der India einen Schlag mit der Hand, erhob sich und ging in sein Gemach, wo er sich umkleidete. Er kehrte zurück in einem frischen Untergewand und einem dunkelbraunen Überwurf. Ich ging zu ihm hin und befühlte die Manta; sie war weicher als Seide. Ich fragte ihn: »Woraus ist dieses weiche Gewand angefertigt?« Er antwortete: von Vögeln, die des Nachts in Puerto Viejo und Tumbes herumfliegen und die Indios beißen; doch schließlich erklärte er genauer, es seien Fledermausfelle. Ich warf ein: »Wie ist es denn möglich, so viele Fledermäuse zusammenzubringen?« Er: »Jene Hunde von Tumbes und Puerto Viejo, was hatten sie denn anderes zu tun, als Fledermäuse zu fangen für die Anfertigung der Kleidung meines Vaters?«

Tatsächlich gibt es an der Küste von Puerto Viejo und Tumbes Unmengen von jenen Tieren [...]; sie beißen wirklich während der Nacht Indios und Spanier und Pferde, und es ist unheimlich, wieviel Blut sie ihnen dabei aussaugen.

Eines schönen Tages meldete ein Indio dem Marqués, ein Spanier habe sich Kleidungsstücke von Atahualpa angeeignet. Don Francisco Pizarro beauftragte mich, dem Fall nachzugehen und den Spanier zu bestrafen. Der Indio führte mich in ein *bohío* [fensterloser Raum], in dem viele Truhen standen. Aus einer derselben hatte jener Spanier – er war nicht mehr aufzufinden – das Gewand des Inka entwendet. Der Indio zeigte mir nun, da ich mich dafür interessierte, den Inhalt der Truhen. Alles, was der Inka berührt hatte, wie auch die abgelegten Kleidungsstücke, war darinnen aufbewahrt; in einer die Binsen, die man vor seinen Füßen ausbreitete, wenn er aß; in der anderen die abgenagten Fleisch- und Geflügelknochen, in den übrigen die Stümpfe der Maiskolben, die er abgenagt hatte, endlich jene getragenen Kleidungsstücke: kurzerhand alles, was seine Hände berührt hatten.

»Aber wozu wird das alles hier aufgehoben?«, wollte ich wissen. »Um es zu verbrennen«, war die Antwort, und er fügte erklärend hinzu: »Alles, was die Söhne der Sonne berühren, wird einmal im Jahr verbrannt, und die Asche in die Winde verstreut, damit kein Unbefugter es anfasse.« Ein vornehmer Indio [...] war dafür verantwortlich, daß alles ordnungsgemäß eingesammelt wurde [...]. In ganz Peru habe ich keinen Indio gesehen, der Atahualpa an Macht und Grausamkeit glich.

48 Spanisches Machtkalkül:
Der Mord an Atahualpa Inka

Der Gobernador Don Francisco Pizarro und der Capitán und Marschall Don Diego de Almagro sind [...] Anfang August von Cajamarca [...] in Richtung Jauja aufgebrochen [...]. Bevor sie von Cajamarca abzogen, haben sie den Kaziken Atahualpa hingerichtet, weil sie vermuteten, daß unsere Spanier überfallen würden [...]. Groß war die Trauer unter den Anhängern des Kaziken.

Nach meinem Dafürhalten hätte es einer ganz gründlichen Untersuchung und Klärung bedurft, bevor man einen solchen Schuldspruch fällt und einen Menschen umbringt, der so viel Gutes getan und so reiche Schätze verschenkt oder uns auf solche hingewiesen hat, ohne daß bis zum heutigen Tage einem Spanier oder einer anderen Person das geringste Leid geschehen ist. Selbst wenn er Versuche zu seiner Befreiung unternommen hätte, so wäre nach meinen Erfahrungen bei der Eroberung und Befriedung jener Länder, die ich S. M. dienstbar gemacht habe, ein solches Vorgehen nicht nötig gewesen.

49 Conquista: Einzug der Spanier in der Reichshauptstadt Cuzco (15.11.1533) und die Einsetzung Manko Inkas

Hier [im Hochtal Jaquijahuana vor Cuzco] rasteten die Spanier in jener Nacht. Sie hatten genügend Wachen im Feld aufgestellt; denn es hieß, Quizquiz sei mit allen seinen Leuten in der Nähe.

Am nächsten Morgen suchte den Gobernador [Pizarro] ein Sohn von Huayna Capac auf, ein Bruder des toten Kaziken. Es war der größte und bedeutendste Herr, den es damals in diesem Lande gab; er befand sich aber fortwährend auf der Flucht, weil er fürchtete, von den Quitoleuten ermordet zu werden. Er sagte dem Gobernador zu, er werde ihm, soweit es in seinen Kräften stehe, bei der Vertreibung der Quitoleute helfen, denn sie seien seine Feinde und haßten ihn und wollten sich keinen Fremden unterwerfen. Ihm stand die Provinz von Rechts wegen zu, und alle dortigen Kaziken wollten ihn als ihren Herrn. Als er den Gobernador aufsuchte, kam er über die Berge, denn er mied aus Furcht vor Quitoleuten die Straßen. Der Gobernador zeigte sich über sein Kommen sehr befriedigt und erwiderte: »Ich bin sehr erfreut über deine Worte und auch über deine Bereitschaft, diese Quitoleute zu vertreiben. Du sollst wissen, daß ich nur deshalb von Jauja gekommen bin, um sie daran zu hindern, dir Schaden zuzufügen, und um dich von ihrer Unterdrückung zu befreien. Du kannst mir glauben, daß ich nicht aus Eigennutz komme; denn mir erschien bereits in Jauja der Krieg mit den Quitoleuten unvermeidlich, und ich hätte mir die Mühen des langen und beschwerlichen Marsches sparen können. Ich wußte jedoch um das Unrecht, das sie dir antaten, und wollte kommen, um es zu rächen und ihm ein Ende zu machen, wie es mir mein Herr, der Kaiser, aufgetragen hat. Und so kannst du sicher sein, daß ich für dich alles tun werde, was mir dienlich scheint, und daß ich auch alles unternehmen werde, um die Cuzcoleute von dieser Tyrannei zu befreien.«

Diese großen Versprechungen machte ihm der Gobernador, um ihn sich gewogen zu machen und um von ihm in Zukunft laufend Nachricht über den Stand der Dinge zu erhalten. Der Kazike war auch äußerst befriedigt, und ebenso alle, die mit ihm gekommen waren. Und er antwortete ihm: »Von heute an werde ich dir genau berichten, was die Quitoleute unternehmen, damit sie dich nicht behelligen.« Danach verabschiedete er sich von ihm mit den Worten: »Ich wollte gerade fischen gehen, da ich weiß, daß die Spanier morgen kein Fleisch essen; dabei stieß ich auf diesen Boten, der mir mitteilte, Quizquiz habe mit seinem Kriegsvolk vor, Cuzco niederzubrennen; er sei schon in der Nähe. Mir lag daran, es dir mitzuteilen, damit du es verhinderst.« Da befahl der Gobernador, alle Leute sollten sich bereithalten. Obwohl es Mittag war, wollte er sich angesichts der Gefahr nicht mit dem Essen aufhalten, sondern marschierte mit allen Spaniern direkt auf Cuzco zu, das noch etwa vier Meilen entfernt war. Er hatte die Absicht, kurz vor der Stadt sein Lager aufzuschlagen, um am frühen Morgen des kommenden Tages einzuziehen. Nach zwei Meilen Weges sah er in der Ferne eine große Rauchfahne aufsteigen. Als er sich bei einigen Indios nach der Ursache erkundigte, erfuhr er, eine Abteilung von Quizquiz sei den Berg heruntergekommen und habe Feuer gelegt. Zwei Hauptleute mit ungefähr vierzig Mann zu Pferde eilten voraus, um den Indiotrupp abzufangen. Dieser vereinigte sich aber rasch wieder mit dem Kriegsvolk des Quizquiz und der anderen Anführer, das sich auf einer Anhöhe eine Meile vor Cuzco postiert hatte und die Christen auf halber Strecke auf einem Paß erwartete. Als die beiden Hauptleute und die übrigen Spanier das Kriegsvolk sahen, war es nicht mehr möglich, einer Begegnung auszuweichen, obwohl der Gobernador seine Leute angewiesen hatte, zu warten, bis die anderen zu ihnen aufgeschlossen hätten. Dies hätten sie auch befolgt, wenn die Indios sich nicht vorher mit großer Heftigkeit ihnen entgegengeworfen hätten. So fielen sie ihrerseits am Fuß eines Hügels über die Indios her, bevor diese sie erreicht hatten. Binnen kurzer Zeit hatten sie sie überwältigt, trieben sie in die Flucht auf die Berge und töteten zweihundert von ihnen. Eine andere Abteilung von Berittenen kam über einen anderen Bergabhang, wo sich zwischen zweitausend und dreitausend Indios befanden. Diese hatten gar keinen Mut mehr, sich ihnen entgegenzustellen, sondern ließen die Lanzen fallen, um schneller laufen zu können, und ergriffen die Flucht.

Nachdem die erste Truppe jene zwei Abteilungen überwältigt und in Verwirrung gestürzt hatte, so daß sie auf die Berghöhen flohen, sahen zwei schnelle Reiter der Spanier, daß einige Indios wieder zurückkamen. Sogleich verwickelten sie sie in einen Kampf, und wenn sie nicht rechtzeitig Hilfe bekommen hätten, wären sie in äußerste Gefahr geraten. Einem der beiden töteten die Indios das Pferd, was ihren Mut so anfeuerte, daß sie weitere drei oder vier Pferde verletzten, sowie auch einen Christen, und die Spanier zwangen, in die Ebene zurückzuweichen. Da die Indios bis dahin die Christen noch nie auf dem Rückzug gesehen hatten, vermuteten sie darin eine Kriegslist, um sie in die Ebene zu locken und dort anzugreifen, wie es in Vilcas geschehen war. Das berieten sie untereinander und blieben deshalb zusammen und wollten die Spanier nicht ins Tal verfolgen. Da traf der Gobernador mit den übrigen Spaniern ein und sie schlugen, da es schon spät war, dort das Lager auf. Die Indios hielten sich bis Mitternacht auf dem Berg, etwa einen Musketenschuß entfernt, unter ständigem Kriegsgeschrei. Die Spanier wachten die ganze Nacht und ließen die Pferde gesattelt. Ganz früh am nächsten Tage ordnete der Gobernador sein Fußvolk und seine Reiter zum Einzug in die Stadt Cuzco und brach beim Morgengrauen auf mit großer Vorsicht und immer gewärtig, daß die Feinde ihn auf dem Wege überfallen könnten; aber niemand war zu sehen. Zur Stunde der Hauptmesse, am Freitag, dem 15. November im Jahre des Herrn unseres Erlösers und Erretters Jesus Christus 1533, hielt der Gobernador so mit seinen Leuten Einzug in jene große Stadt Cuzco ohne Kampf und Widerstand.

Auf Anordnung des Gobernadors machten die Spanier in den Gebäuden am Hauptplatz der Stadt Quartier. Bei Nacht mußten sie jedoch mitsamt den Pferden auf den Platz hinaus und in den Zelten schlafen, denn man konnte nicht wissen, was der Feind vorhatte. Diese Vorsichtsmaßnahmen befolgte man einen ganzen Monat lang.

Am Tage darauf setzte der Gobernador jenen Sohn Huayna Capacs [Manko] zum Herrn [über Tahuantisuyu] ein, weil er jung, klug und ansprechend war und darüber hinaus auch der ranghöchste von allen damals Anwesenden. Auch von Rechts wegen stand ihm die Herrschaft zu. Der Gobernador faßte diesen Entschluß so rasch, damit die Vornehmen und Kaziken aus den verschiedenen weit voneinander entfernten Provinzen nicht in ihre Länder zurückkehrten und damit die Einwohner keine Gelegenheit bekämen, sich mit den Quitoleuten zu verbünden. Sie sollten ihren eigenen Herrn haben, dem sie huldigten und gehorchten, und keine Parteien bilden. So befahl der Gobernador allen Kaziken, ihn [Manko Inka] als ihren Herrn anzuerkennen und seinen Anordnungen Folge zu leisten.

Daraufhin wies er diesen neuen Kaziken an, zahlreiches Kriegsvolk zum Kampf gegen Quizquiz und zur Vertreibung der Quitoleute aufzubieten. Da er nun der Herr sei, ginge es nicht an, daß sich ein anderer weiterhin gegen seinen Willen in seinem Land aufhalte. Dies und anderes erklärte der Gobernador öffentlich, damit alle die Gunst und Zuneigung sehen konnten, die er ihm bewies, nicht, um daraus Vorteil für die Spanier zu ziehen, sondern allein zu seinem Nutzen. Der Kazike war über diesen Auftrag sehr erfreut und rief innerhalb von vier Tagen mehr als fünftausend gut bewaffnete Indios zusammen. Der Gobernador teilte ihnen einen seiner Hauptleute mit fünfzig Reitern zu, während er selbst mit dem Rest seiner Leute zurückblieb, um die Stadt zu bewachen. Nach zehn Tagen kehrte der Hauptmann zurück und berichtete dem Gobernador, was sich ereignet hatte:

Bei Einbruch der Nacht hatte er mit seinen Leuten das Lager Quizquiz', das fünf Meilen entfernt lag, erreicht; der Kazike hatte ihn auf einem Schleichweg dorthin geführt. Doch bevor er zum feindlichen Lager kam, stieß er unterwegs auf zweihundert Indios, die sich in einer Senke verschanzt hatten. Wegen des unwegsamen Geländes konnte er sie nicht aus ihrer Stellung vertreiben und es war ihm auch nicht möglich, ihnen zuvorzukommen und zu verhindern, daß sie im feindlichen Lager sein Anrücken meldeten. Obwohl diese Indios sich in einer schwer einnehmbaren Stellung befanden, wagten sie nicht, seinen Angriff abzuwarten, sondern zogen sich auf die andere Seite einer Brücke zurück. Diese Brücke war ohnehin unpassierbar, denn von einem darüber gelegenen Berg warfen die dort versammelten Indios so viele Felsbrocken herunter, daß niemand vorbeikommen konnte. Da das Gelände äußerst unwegsam und der Ort uneinnehmbar war, kehrten sie [die Spanier] um. Der Hauptmann berichtete noch, daß zweihundert Indios getötet worden seien, und der Kazike sei über das Erreichte sehr erfreut gewesen. Auf dem Rückweg zur Stadt führte er ihn über einen anderen, kürzeren Weg, wo der Hauptmann an vielen Stellen große Mengen aufgehäufter Steine fand, die dort zur Verteidigung gegen die Christen bereitgelegt waren. Einen der Pässe fand er so steil und beschwerlich, daß er mit seinen Leuten große Schwierigkeiten hatte und nicht mehr weiterkonnte. Da erwies sich die wahre und ungeheuchelte Freundschaft des Kaziken zum Gobernador und den Christen, denn er führte sie aus diesem Weg heraus, wo kein Spanier hätte entrinnen können. Nach den Worten des Hauptmanns waren sie keinen Musketenschuß weit durch ebenes Gelände gekommen, seitdem sie die Stadt verlassen hatten. Die ganze Gegend war gebirgig, steinig und äußerst unwegsam, und er wäre umgekehrt, wenn er nicht zum ersten Mal mit dem Kaziken unterwegs gewesen wäre, von dem er sich nicht Furchtsamkeit nachsagen lassen wollte.

Der Gobernador wollte ursprünglich die Feinde verfolgen und aus ihrer Stellung vertreiben lassen. Als er jedoch hörte, wie schwierig das Gelände war, zeigte er sich zufrieden mit dem Erreichten. Der Kazike berichtete, er habe seine Leute gegen die Feinde in Marsch gesetzt und erwarte, daß sie ihnen beträchtliche Verluste zufügen würden. Innerhalb von vier Tagen kam die Kunde, daß tausend Indios gefallen seien. Da beauftragte der Gobernador den Kaziken erneut, noch mehr Truppen auszuheben, die er zusammen mit seinen Reitern gegen den Feind ziehen lassen wollte, denn er gedachte nicht zu ruhen, bis die Feinde aus dem Land vertrieben wären. Von dem Streifzug zurückgekehrt, zog sich der Kazike drei Tage zum Fasten in ein Haus auf einem Berge zurück, das sein Vater gebaut hatte; dann ging er auf die Plaza, wo die Männer des Landes entsprechend dem hiesigen Brauch ihm, wie schon damals dem Kaziken Tupac Hualpa in Cajamarca, zum Zeichen des Gehorsams den weißen Federbusch überreichten. Danach berief er alle Kaziken und Würdenträger des Landes zu sich und hielt ihnen eine Ansprache darüber, wieviel Schaden die Quitoleute in seinem Land anrichteten, und wie nützlich es für alle sei, wenn dem ein Ende gemacht würde. Daraufhin wies er sie an, Leute einzuberufen und zu bewaffnen, um gegen die Quitoleute zu ziehen und sie aus ihrer Stellung zu vertreiben. Diesem Befehl leisteten seine Hauptleute sogleich Folge und brachten es tatsächlich zuwege, in solch kurzer Zeit Truppen auszuheben. So trafen im Zeitraum von acht Tagen mehr als zehntausend ausgesuchte Krieger in Cuzco ein; der Gobernador gab ihnen einen Capitán mit fünfzig schnellen Reitern bei. Sie alle sollten am letzten Weihnachtsfeiertag [1533] aufbrechen. Zuvor aber ging der Gobernador, um den Friedens- und Freundschaftsbund mit dem besagten Kaziken und seinen Leuten zu bekräftigen, mit zahlreichen Leuten aus seinem Gefolge nach der Weihnachtsmesse auf die Plaza, wo der Kazike und die Würdenträger des Landes mit ihrem Kriegsvolk neben den Spaniern Platz nahmen, der Kazike auf einem erhöhten Sitz und seine Leute im Umkreis auf dem Boden. Der Gobernador hielt ihnen die für einen solchen Anlaß übliche Rede, und ich als sein Sekretär und Amtsschreiber des Heeres las auf seine Veranlassung das von S. M. vorgeschriebene Requerimiento [Amtsschrift der Inbesitznahme eines neueroberten Landes und Angebot der christlichen Heilsbotschaft] vor. Der Inhalt wurde ihnen von einem Dolmetscher erklärt. Sie verstanden alles gut, denn sie beantworteten sämtliche Fragen. Man forderte sie auf, sich als Vasallen S. M. zu betrachten, und der Gobernador nahm ihn [Manko] mit der gleichen Feierlichkeit als Freund und Verbündeten an wie damals den Tupac Hualpa. Die königliche Standarte wurde zweimal gehoben und beim Schall der Trompeten umarmte der Gobernador sie [die neuen Vasallen] herzlich zum Zeichen seiner Freundschaft. Die weiteren Zeremonien beschreibe ich nicht, um nicht zu ermüden. Zum Abschluß stand der Kazike auf, nahm einen goldenen Becher und gab eigenhändig dem Gobernador und den Spaniern zu trinken. Schließlich gingen sie essen, da es schon spät war. [...]

Die Stadt Cuzco – die wichtigste von allen Städten, wo die großen Herren ihre Residenz hatten – ist so groß und schön, daß sie sich sogar unter den Städten Spaniens sehen lassen könnte. Sie ist voller Adelspaläste, denn in ihr wohnen keine armen Leute, und jeder Herr [aus Inkageschlecht] baut sich dort ein Haus und ebenso alle Kaziken, auch wenn diese nicht dauernd dort wohnen.

Die meisten Häuser sind aus Stein und bei den übrigen ist die halbe Fassade aus Stein gemauert. Viele Häuser sind aus Lehm, aber alle sehr ordentlich gebaut. Die Straßen sind sehr gerade und treffen rechtwinklig aufeinander, alle sind gepflastert, mit einer steinverkleideten Wasserleitung in der Mitte. Sie haben den

Nachteil, daß sie recht eng sind, denn auf jeder Seite der Wasser-rinne hat nur ein Reiter Platz.

Die Stadt liegt sehr hoch; viele ihrer Häuser stehen am Hang, andere unten in der Ebene. Die Plaza ist quadratisch, zum größten Teil eben und mit Kieselsteinen gepflastert; außen herum stehen die vier wichtigsten Herrenhäuser der Stadt, alle gemauert und angemalt, und das vornehmste davon gehört Huayna Capac, dem alten Kaziken. Sein Portal ist aus weißem, rotem und buntem Mar-mor; an das Haupthaus schließen sich noch mehrere repräsen-tative Anbauten mit flachen Dächern an.

In der Stadt finden sich noch viele Wohn- und Herrenhäuser; sie wird auf beiden Seiten umflossen von zwei Flüssen, die eine Meile oberhalb von Cuzco entspringen. Diese sind von ihrer Quelle bis zur Stadt und noch bis zwei Meilen unterhalb ganz mit Steinplatten eingefaßt, damit das Wasser klar und sauber dahinfließen kann und auch bei Hochwasser nicht über die Ufer tritt; sie werden von Brük-ken überquert, die in die Stadt hineinführen.

Oben auf dem Berg, der zur Stadt hin rund gewölbt und sehr felsig ist, liegt eine sehr schöne Festung aus Lehm und Stein, mit großen Fenstern, die zur Stadt hinschauen und sie noch schöner erscheinen lassen. Ihr Inneres beherbergt viele Räume, in der Mitte liegt ein Hauptturm, der würfelförmig aus vier oder fünf aufeinanderliegen-den Blöcken geschichtet ist. Die Wohn- und Aufenthaltsräume darin sind klein, und die Steine, aus denen der Turm besteht, sind so gut behauen und zusammengefügt, daß es scheint, als ob gar kein Mörtel dazu verwendet worden wäre. Die Steine erscheinen so glatt wie gehobelte Bretter und sind so wie in Spanien Fuge gegen Fuge zusammengesetzt. Es gibt so viele Räume und Türme dort, daß eine Person die ganze Festung nicht an einem Tag besichtigen könnte; viele Spanier, die in der Lombardei und anderen ausländischen Königreichen waren, sagen, daß sie noch kein vergleichbares Bau-werk und keine stärkere Burg gesehen haben. Fünftausend Spanier fänden darin Platz; man kann sie weder beschießen noch untergra-ben, denn sie liegt auf einem Felsen. Zur Stadt hin, wo der Berg sehr steil abfällt, wird sie nur von einer Befestigungsmauer begrenzt; auf der anderen, weniger unwegsamen Seite umgeben sie drei Wälle, von denen einer höher liegt als der andere; der innerste liegt am höchsten. Diese Wälle sind das Schönste, was man in diesem Land an Bauwerken finden kann, denn sie sind aus so großen Steinen gefügt, daß keiner, der sie sieht, glauben würde, daß sie von Menschenhand dort hingesetzt wurden. Diese Steine sind so groß wie Felsblöcke; darunter gibt es manche von dreißig Spannen Höhe, andere von ebensolcher Breite, andere von fünfundzwanzig und wieder andere von fünfzehn Spannen, aber es ist keiner so klein, daß ihn drei Karren transportieren könnten. Alle diese Steine sind nicht glatt, aber sehr gut ineinandergepaßt und zusammengefügt.

Die Spanier, die sie sehen, sagen, weder die Brücke von Segovia noch irgendein Bauwerk des Herkules oder der Römer sei so eindrucksvoll wie dieses. Die Stadt Tarragona besitzt in ihrer Stadtbefestigung einige Bauwerke dieser Art, jedoch nicht von solcher Stärke und auch nicht aus großen Steinen gefügt.

Diese Wälle verlaufen im Zickzack, so daß man sie nicht im rechten Winkel von vorn beschießen kann, sondern nur schräg von außen. Sie sind alle aus derselben Art von Steinen, und zwischen den Außenmauern ist so viel Erde aufgeschüttet, daß darauf drei Karren nebeneinander Platz haben. Sie sind in drei Stufen angelegt, die aneinander anschließen.

Diese ganze Festung ist ein Lager voller Waffen, Keulen, Lanzen, Bogen, Pfeilen, Beilen, Rundschilden, festen gepolsterten Baumwoll-Wämsern und anderen Waffen verschiedener Art sowie Soldatenkleidung, die aus allen Himmelsrichtungen aus den von den Herren von Cuzco beherrschten Gebieten hierher zusammengetragen wurden.

Es gibt auch viele Farben zum Bemalen: blau, gelb, braun und viele andere, Wäsche und viel Zinn und Blei, zusammen mit anderen Metallen, viel Silber und etwas Gold sowie eine große Zahl Decken und gepolsterte Wämser für die Krieger. Daß diese Festung so kunstfertig angelegt ist, liegt daran, daß sie, als die Stadt gegründet wurde, von einem großen Herrn (*orejón*) erbaut wurde, der aus der Gegend von Contisuyo nahe am Meer kam. Er war ein großer Kriegsmann und eroberte dieses Land bis hin nach Vilcas. Als er sah, daß dies der beste Ort war, um sich niederzulassen, gründete er diese Stadt mit ihrer Festung. Alle nachfolgenden Herrscher nahmen Verbesserungen an der Festung vor, so daß sie im Laufe der Zeit immer mehr erweitert und vergrößert wurde.

Von dieser Festung aus sieht man rund um die Stadt Häuser in einer Viertelmeile, einer halben und einer ganzen Meile Entfernung liegen, und in dem Tal, das in der Mitte von Befestigungsanlagen eingeschlossen ist, gibt es mehr als einhunderttausend Häuser. Viele davon dienten den früheren Herrschern zum Vergnügen und zur Erholung, andere gehörten den Kaziken aus dem ganzen Land, die ihren ständigen Wohnsitz in der Stadt haben. Die übrigen Häuser sind Lager voller Decken, Wolle, Waffen, Metalle und Kleidung und all den Dingen, die das Land hervorbringt oder die dort hergestellt werden. Da sind Häuser, wo der Tribut der Vasallen an die Kaziken [Inkas] gelagert wird; da gibt es Häuser, wo mehr als einhunderttausend getrocknete Vögel aufbewahrt werden, denn aus deren bunten Federn werden Gewänder hergestellt; ähnlichen Zwecken dienen viele Häuser. Dort gibt es Rundschilde, Lederschilde, Balken zum Decken der Häuser, Messer und anderes Gerät. Hanfschuhe und Brustpanzer für die Krieger, und alles in solchen Mengen, daß man gar nicht begreifen kann, wie die Vasallen so viele und so verschiedenartige Dinge als Tribut haben aufbringen können.

Jeder verstorbene Herr hat da sein Haus für den Tribut, der ihm zu Lebzeiten gezollt wurde, denn kein Nachfolger (und das ist dort so Gesetz) darf nach dem Tod seines Vorgängers dessen Besitz erben. Jeder hat sein eigenes Gold- und Silbergeschirr, sein Gerät und Gewand, und davon nimmt sein Nachfolger nichts weg. Die verstorbenen Kaziken und Herren behalten ihre Lusthäuser mit der entsprechenden Dienerschaft an Knechten und Mägden, die für sie weiter Mais anbauen und ihnen davon einen kleinen Teil auf das Grab legen.

Sie beten die Sonne an und haben ihr viele Tempel gebaut, und von allem, was sie haben, sei es Kleidung, Mais oder andere Dinge, opfern sie der Sonne, und danach kommen die Opfergaben dem Kriegsvolk zugute.

[Hierauf folgt eine Beschreibung der ersten spanischen Erkundung des Gebiets um den Titicacasee.]

Cuzco ist die Hauptstadt und wichtigste Provinz unter allen anderen, und von dort bis zur Küste von San Mateo [Nordekuador] und in der anderen [südöstlichen] Richtung bis über die Provinz Collao hinaus [heutiges Bolivien], die ganz von pfeilschießenden

Kariben bewohnt wird, ist alles Land einem Herrn untertan, zuletzt Atahualpa und vor ihm anderen Herren; gegenwärtig herrscht über das ganze Land jener [Manko], ein anderer Sohn Huayna Capacs.

Dieser Huayna Capac, der so gefürchtet wurde und dessen Name so oft zu hören war – und das sogar noch heute nach seinem Tod –, wurde von seinen Vasallen sehr geliebt. Er unterwarf große Provinzen und machte sie tributpflichtig. Alle gehorchten ihm vollkommen und verehrten ihn fast wie einen Gott. Sein Leichnam ist eingehüllt in kostbare Tücher und fast unversehrt in der Stadt Cuzco; nur die Nasenspitze fehlt. Es finden sich auch Abbilder aus Gips oder Ton, die nur mit seinen abgeschnittenen Haaren und Fingernägeln und den Kleidern versehen sind, die er zu Lebzeiten trug, und diese Bilder werden von diesen Leuten so verehrt, als wären sie Götter. Sie tragen ihn oft mit Musik und Tanz auf die Plaza hinaus, bleiben Tag und Nacht an seiner Seite und halten die Fliegen von ihm fern.

Wenn einer von den höhergestellten Herrschaften dem Kaziken [Manko] seine Aufwartung macht, geht er zuerst diese Figuren begrüßen, dann erst den Kaziken, und alle vollführen mit ihnen große Zeremonien, deren Beschreibung hier zu weit führen würde. Zu diesen Festen auf der Plaza kommen wohl mehr als einhunderttausend Menschen zusammen. Es stellte sich als glücklicher Griff heraus, daß man den Sohn Huayna Capacs zum Oberkaziken gemacht hatte, denn alle Kaziken und Herren des Landes und auch der entlegensten Provinzen kamen, ihm ihre Dienste anzubieten und durch ihre Ehrerbietung ihm gegenüber auch dem Kaiser Gehorsam zu bezeigen.

Die Conquistadoren hatten viele Mühen zu überstehen, denn das ganze Land gehört zu den gebirgigsten und unwegsamsten Gegenden, in denen man mit den Pferden kaum mehr durchkommt, und man kann sich durchaus vorstellen, daß die Spanier nie bis nach Cuzco gelangt wären, wenn nicht die Feindseligkeiten zwischen den Quitoleuten und den Einwohnern und Herren von Cuzco und seiner Provinz bestanden hätten. Die Spanier wären nicht einmal zahlreich genug gewesen, um über Jauja hinauszukommen. Um bis ins Innere vorzudringen, hätten sie eigentlich mehr als fünfhundert sein müssen, und um sich dort zu halten, hätte es einer noch größeren Zahl bedurft, denn das Land ist so weit und unwegsam und es gibt dort Berge und Pässe, die zehn Mann gegen zehntausend verteidigen können. Der Gobernador hatte niemals vor, mit weniger als fünfhundert Christen auszuziehen, um Cuzco zu erobern, zu befrieden und tributpflichtig zu machen. Als er jedoch von der großen Uneinigkeit hörte, die zwischen den Cuzco- und den Quitoleuten herrschte, beschloß er, mit den wenigen Christen, die er hatte, auszuziehen, um jene von Knechtschaft und Unterdrückung zu befreien und das Unrecht und den Schaden abzuwenden, die diesem Land von den Quitoleuten widerfuhr, und Gott war ihm gnädig.

Auch hätte der Gobernador sich niemals auf den langen und mühevollen Zug [nach Cuzco] eingelassen und damit das ganze Unternehmen gefährdet, wenn er nicht hätte vertrauen können auf seine Spanier, die er bei so vielen Eroberungszügen erprobt und als geschickte, erfahrene, mit diesem Land vertraute und an die Mühsal des Kriegshandwerks gewöhnte Männer kennen und schätzen gelernt hätte.

Das bewiesen sie voll und ganz auf diesem Kriegszug bei Regen und Schnee, indem sie viele Flüsse durchschwammen, hohe Gebirge überwanden und manche Nacht auf nacktem Erdboden schliefen, ohne Essen und Trinken und Tag und Nacht unter vollen Waffen und auf der Hut vor Feinden. Sie bewiesen es, indem sie gleich nach Beendigung des Krieges auszogen, um viele aufständische Kaziken und Provinzen zu unterwerfen, und indem sie von Jauja nach Cuzco kamen, wo sie zusammen mit ihrem Gobernador so viele Strapazen auf sich nahmen und ihr Leben so oft in Flüssen und Gebirgen aufs Spiel setzten, wobei viele Pferde abstürzten und umkamen.

Dieser Sohn des Huayna Capac bringt den Christen viel Freundschaft entgegen und stimmt in vielem mit ihnen überein, weshalb die Spanier unendliche Anstrengungen unternahmen, um ihn an der Herrschaft zu erhalten; sie zeigten insgesamt so große Tapferkeit in all diesen Unternehmungen und nahmen solche Leiden auf sich, wie nur irgendwelche anderen Spanier im Dienste des Kaisers es je tun konnten. Und so wundern sich die Spanier, die an diesen Unternehmungen teilgenommen haben, sogar selbst bei der Erinnerung an das, was sie vollbracht haben, und wissen gar nicht, wie sie all das überleben und solche Strapazen und Entbehrungen überstehen konnten.

Aber dennoch sind sie davon überzeugt, daß all dies wohlgetan war und machen sich von neuem erbötig, wenn dies erforderlich würde, noch größere Mühen auf sich zu nehmen und jene Völker zu bekehren und unseren heiligen katholischen Glauben zu predigen und zu preisen. Von der Größe und Lage des vorgenannten Landes soll hier nicht mehr die Rede sein, und es bleibt nur, unserem Gott und Herrn zu danken und ihn zu preisen, denn es hat ihm gefallen, so offenkundig das Anliegen Seiner Majestät und damit auch das Schicksal dieser Länder mit gnädiger Hand zu leiten.

50 Mord und Raub: Die Chile-Expedition des Conquistadors Diego de Almagro (1535–1537) aus der Sicht des Chronisten Cristóbal de Molina

Aus der Stadt und Gemarkung Cuzco nahmen die Spanier auf ihrem Entdeckerzug eine große Menge von Lamas, Bekleidung und andere Vorräte mit; [Indios], die nicht freiwillig folgten, mußten, in langen Kolonnen mit Seilen und Ketten aneinander gefesselt, halbtot vor Hunger, den Tag über schwere Lasten tragen und wurden nachts auch an den schaurigsten und rauhesten Orten nicht losgebunden. Dies sprach sich schnell im Land herum, so daß die Eingeborenen sich nicht mehr getrauten, in ihren Dörfern die Spanier zu erwarten. Sie verließen ihre Wohnungen, Vorräte und Herden, und die Spanier verfügten frei darüber. Wenn keine Indios als Träger zur Stelle waren und keine Weiber zu ihrer Bedienung, taten sich in einem Dorf jeweils zehn oder zwanzig oder auch nur vier bis fünf Spanier zusammen und machten unter dem Vorwand, daß die Indios in diesem Gebiet aufständisch seien, große Razzien, legten die gefangenen Indios in Ketten und verschleppten sie samt ihren Frauen und Kindern.

Diejenigen Frauen, die ein angenehmes Äußeres hatten, beanspruchten sie für ihren persönlichen Dienst und noch darüber hinaus. Wenn es um diese Dinge ging, fürchteten sie sich nicht ihrer Sünden, ob die Indianerinnen nun Christinnen waren oder nicht. Sobald ein Kamerad sich ernsthaft dagegen stellte, war er bald als

Heuchler verschrien. Den Freitag und den Samstag beachteten sie so gut wie gar nicht; selbst an diesen Tagen wurde wie sonst Fleisch gegessen, nur wenige Spanier hielten sich ans Fasten.

Einige Spanier ließen, wenn Stuten geworfen hatten, die neugeborenen Fohlen durch Indianerinnen in Hängematten tragen, andere setzten sich zum Zeitvertreib in Sänften, während ihre Pferde am Halfter geführt wurden, damit diese schön kräftig und ausgeruht blieben.

All mein Bemühen und gutes Zureden half nichts: Überall, wo wir durchzogen, gab es Plünderung und Gewalttat. Nicht nur da, wo Indios den Dienst verweigerten, sondern auch dort, wo die Indios bereit waren zu dienen, aber ihre Leistungen nicht den Erwartungen der Spanier entsprachen, nahmen diese mit Gewalt, wonach ihnen der Sinn stand, und raubten Frauen und Kinder. Wenn ihnen die Indios nicht Brennholz in der Menge lieferten, wie sie sich in den Kopf gesetzt hatten, rissen sie ihnen einfach die Häuser ein. Auf diese Weise verwüsteten sie auf ihrem Zuge das ganze Land.

Es kam überall zu Aufständen; sobald ein Spanier sich von der Gruppe entfernte, wurde er umgebracht. Die Spanier verlangten nun wiederum von ihren indianischen Dienstleuten und Negern, daß sie plünderten und raubten. Je mehr sich einer darin hervortat, desto höher stand er im Kurs; wer nicht mithielt, wurde jeden Tag geschlagen [...]. Ein Spanier, der grausam und ein guter Plünderer war und viele Indios tötete, galt im Lager als guter Mann und stand in hohem Ansehen. Wer aber dazu neigte, Gutes zu tun, den Einheimischen eine gute Behandlung angedeihen zu lassen und für sie eintrat, erfuhr eine geringere Wertschätzung.

Ich habe das alles mit eigenen Augen gesehen. Obwohl auch ich meinen Weg nicht ohne Sünde ging, schreibe ich jene Begebnisse dennoch nieder; denn alle, die es lesen, sollen wissen, daß auf die beschriebene Art und noch grausamer diese Reise und die Entdeckung von Chile vor sich ging. Nicht anders waren und sind alle Entdeckungszüge in der Neuen Welt. Es soll bekannt werden, was für eine Zerstörung bei der Conquista der indianischen Völker angerichtet worden ist infolge der üblen Praktiken, die den Conquistadoren schon zur Gewohnheit geworden sind. Das ist keine Art, Entdeckungen zu machen.

Auf dem Wege zu den Tälern von Copiapú [Mittelchile] mußte der Adelantado [Almagro] dreizehn Tagesreisen durch menschenleere Strecken und einen hohen Paß hinter sich bringen. Zur Winterszeit ist der Weg verschneit; schon wenn wenig Schnee fällt, geht er bis zum Knie; wenn kein Schnee liegt – und so war es, als der Adelantado durchzog –, herrscht eine furchtbare Kälte. Auf der Paßhöhe fünf Tagereisen vor Copiapú erfroren in einer Nacht siebzig Pferde und eine große Anzahl von indianischen Dienstleuten.

Nach all diesen Strapazen kam Almagro zum ersten Tal, dem von Copiapú. Die einheimische Bevölkerung empfing ihn sehr freundlich und gab ihm von dem, was sie hatte, und wir erholten uns wieder. In diesem Tal wächst viel Mais, und es gibt die dort typischen fetten Schafe [Lamas]. Auch in dem nächsten Tal, dem von Guarco, fand er alles, was er benötigte; ebenso war es im dritten Tal, welches jetzt Quaquizago heißt und von Christen bewohnt wird.

Hier erfuhr der Adelantado, daß die Indios in diesem und im Guarco-Tal die drei Spanier und die zwei Indios, die er von Cuzco aus vorausgeschickt hatte, umgebracht hatten wegen maßlosen Plünderns, verschiedener Greueltaten und wegen Mißhandlungen der Indios. Dies wurde offenbar in den Dörfern, die man passierte.

Als Strafe für den Tod der Spanier sandte Almagro Reiter und Fußvolk aus, die alle [Indios] in ein Haus zusammentrieben, befahl sämtliche Ausgänge schärfstens zu bewachen, sonderte schließlich dreißig Häuptlinge und Dorfälteste aus und ließ jeden an einen Pfahl binden und verbrennen. Die übrigen Indios verteilte er als Sklaven und zog weiter in die chilenischen Provinzen hundert Meilen voran durch fast menschenleere Gegenden. Schließlich langte er im Hauptort von Chile an, der damals Concumicagua hieß [...].

Sowie sich herausstellte, wie arm dieses Land war, reute es ihn und fast alle Gefährten, daß sie hierher gekommen waren. Diese Entdeckung war eine ganz große Enttäuschung. Wenn es Almagro nicht um das Gerede der Leute zu tun gewesen wäre, so munkelte man, wäre er schon nach wenigen Tagen umgekehrt. So aber fühlte er sich, wie er selbst sagte, dem König und seinem Gefährten Pizarro durch sein Wort verpflichtet und sandte einen Hauptmann mit siebzig oder achtzig Reitern und zwanzig Mann Fußvolk von Chile aus zweiter auf Entdeckung. Dieser Hauptmann brauchte für Vormarsch und Rückkehr noch weitere drei Monate. Da das Land nicht voller Gold war, wurde es nicht für gut befunden, und das war der Grund für die baldige Rückkehr.

51 Ein Versuch zur Wiederherstellung des Sonnenstaates: Der Volksaufstand unter Führung Manko Inkas (April 1536)

An einem Samstag morgen, dem Tag des Johannes Ante-Portam-Latinam, war die Festung genommen und die Stadt allseits eingeschlossen von neun verschiedenen indianischen Heeresgruppen. Die eine war zwanzigtausend Mann stark, andere zwölftausend oder zehntausend Mann stark; insgesamt waren es, wie sich später herausstellte, einhunderttausend Krieger und achtzigtausend Indios, die Hilfsdienste leisteten.

Dann begannen die Häuser in den Stadtvierteln auf den Hängen unterhalb des Berges zu brennen. In dem Maße, wie der Brand fortschritt, gewannen die Indios an Boden und errichteten überall in den Straßen Barrikaden und Fallgruben. Zudem herrschte an jenem Tage ein starker Wind, und weil die Dächer aus Stroh waren, griff das Feuer immer mehr um sich und die ganze Stadt schien auf einmal ein Flammenmeer.

Das Kriegsgeschrei der Indios war betäubend und der Rauch so dicht, daß keiner mehr den anderen hörte oder sah. [...]

Die Indios machten so rapide Fortschritte, daß sie schon dachten, es sei alles geschafft, und ohne Bedenken die Straßen und Gassen voranstürmten, Mann gegen Mann mit den Spaniern kämpfend. [...]

Auf den Mauern der ausgebrannten Häuser konnten die Indios nahezu unbehelligt entlang laufen, weil man mit den Pferden nicht an sie heran konnte. Die Spanier kamen Tag und Nacht nicht zur Ruhe. Sobald es Nacht wurde, ging man daran, Mauern einzureißen, um freie Fläche zu gewinnen, Barrikaden wegzuräumen, Löcher und Fallgruben zuzuschütten. Man zerstörte Kanäle, damit der Feind nicht die Felder unter Wasser setzen konnte. Denn das hätte die Pferde an ihrer Bewegungsfreiheit gehindert. Bei Tag ging es wieder ans Kämpfen. [...]

Sechs Tage ging es so fort unter äußerster Gefahr und Anstrengung, in deren Verlauf sich die Feinde fast der ganzen Stadt bemächtigten und den Spaniern nur der Hauptplatz mit einigen Häusern daran verblieb.

52 Kampf um die Inkafestung Ollantaytambo

Als wir uns in der Provinz Contisuyu aufhielten, sammelte der Inka Kriegsvolk in Sacsayhuaman und in der vier Meilen von Cuzco entfernten Ortschaft Chinchero.

Dies erfuhr Hernando Pizarro von einigen Spähern, die er immer über Land schickte, und beauftragte seinen Bruder Gonzalo Pizarro, die Inkatruppen anzugreifen, bevor sie sich vollends zum Marsch auf Cuzco gesammelt hätten. Gonzalo Pizarro brach auf, griff bei Chinchero einige Indios an und zerstreute sie. Auf der Rückkehr stieß er bei Sacsayhuaman auf eine große Anzahl von Indiokriegern und wurde von ihnen hart bedrängt [...]. Die Indios jagten sie mit solcher Ausdauer und kamen den erschöpften Spaniern so nahe, daß sie schließlich die Schwänze der Pferde mit den Händen zu fassen kriegten [...].

Einigen Yanaconas – befreundeten Indios – gelang es, nach Cuzco zu fliehen und Hernando Pizarro von der großen Gefahr zu unterrichten, in der sein Bruder schwebte. Pizarro ließ sofort die Glocken läuten, um die Männer herbeizurufen. Sobald eine Schar Reiter beisammen war, brach er mit ihnen auf und eilte seinem Bruder und den anderen zu Hilfe. In Trab und Galopp ging es eine Meile vor Cuzco hinaus. Hier traf er die Spanier in verzweifelter Lage an, denn die Pferde konnten nicht mehr rennen, sondern bewegten sich nur noch Schritt für Schritt vorwärts, und die Indios bedrängten sie von allen Seiten [...]. Erst bei seinem Eintreffen ließen die Indios von ihnen ab. Ich wiederhole, bei dem Handgemenge mit den Christen hatten sie die Schwänze der Pferde erreicht. Aber dank der eingetroffenen Hilfe faßten die Erschöpften wieder Mut, und so kehrten alle gemeinsam nach Cuzco zurück. Damals stand es wirklich auf Messers Schneide, und es wäre beinahe mit uns allen aus gewesen [...].

Wir ruhten zunächst einmal alle aus und rüsteten uns dann zu einem Zug nach Tambo [Ollantaytambo], um den Inka, der sich dort verschanzt hatte, daraus zu vertreiben. Denn dort sammelte er immer wieder seine Leute und schickte sie von Zeit zu Zeit gegen das nahe Cuzco. Auch die Weiden für unsere Pferde in der Umgebung waren nicht mehr sicher [...]. Nur Gabriel de Rojas blieb mit den Schwächsten von uns in Cuzco. Wir anderen zogen alle vor Ollantaytambo. Als wir dort anlangten, kam uns alle ein Grausen an; denn der Platz ist ungemein befestigt mit hohen Terrassen und riesigen aus Stein gehauenen Mauern. Die Festung hat nur einen Zugang direkt neben der steilen Bergflanke. Auf dieser wimmelte es von Kriegern, die eine Masse von großen Steinen bereithielten, um sie auf die Spanier hinunterrollen zu lassen, wenn sie sich dem Eingang näherten. Das Tor war hoch; auf beiden Seiten große Mauern, aber es war mit dicken Steinen und Lehm zugemauert bis auf ein kleines Loch, durch das ein Indio gerade kriechen konnte.

Der sonst sehr breite Yucay-Fluß ist bei der Stadt Ollantaytambo eng und tief, und gerade hier staffelten sich am Steilhang die befestigten Terrassen übereinander, eine höher und unbezwinglicher als die andere. Vor Ollantaytambo und dem beschriebenen Torweg ist eine kleine ebene Fläche angelegt, die mit einer Terrassenmauer an den Fluß angrenzt.

Wir überschritten den Fluß, besetzten jene Fläche und wollten das Tor erstürmen. Aber da wälzten sie solche Ladungen von Steinen den Berg hinunter und überschütteten uns mit einem Regen von Schleudersteinen und Pfeilen, daß sie auch einer weit größeren Zahl von Spaniern als uns den Tod gebracht hätten. Ein Pferd wurde getötet und ein paar Spanier verletzt. [...]

Zwei- oder dreimal versuchten wir den Sturm auf die Stadt; aber ebensooft schlugen sie uns zurück. So ging es den ganzen Tag bis Sonnenuntergang. Da leiteten die Indios, ohne daß wir uns dessen versahen, den Fluß auf die kleine Ebene, auf der wir uns befanden. Da noch länger zu warten, wäre unser aller Verderben gewesen [...].

Hernando Pizarro gab den Befehl zum Rückzug. Als es dunkelte, schickte er das Fußvolk mit dem Gepäck und einigen Berichtern zu dessen Schutz voraus; er blieb mit einem Teil der Leute in der Mitte und vertraute seinem Bruder Gonzalo mit einigen

Reitern, unter denen auch ich mich befand, die Nachhut an. In dieser Ordnung traten wir den Rückzug an. Beim Flußübergang berannten uns die Indios, die brennende Fackeln trugen, mit vermehrter Wut und töteten einige unserer indianischen Freunde, die als Hilfstruppen dabei waren, und wir konnten ihnen nicht helfen.

Mit den Indios ist es so eine Sache:

Wenn sie den Sieg in Händen haben, sind sie wie die Teufel und lassen nicht nach; wenn sie fliehen, sind sie wie nasse Hühner. Hier sahen sie sich siegreich und uns zurückweichen, und sie steigerten sich in eine wahre Kampfeswut hinein [...]. Schwer mitgenommen erreichten wir Cuzco.

53 Die Belagerung der Spanier in Cuzco

Die Indios töteten fast alle Spanier bis auf sieben oder acht, die der Inka mit sich führte und wie Sklaven hielt. Der Inka erbeutete eine Menge Waren aus Spanien, Brokat und Seiden, scharlachrote und andere kostbare Tücher, viel Wein, Konserven und Schweine aus Kastilien, sowie Degen und Lanzen, die sie später im Kampf gegen uns brauchten, auch Häute von Pferden – wir sahen mehr als hundert Pferde. Auch fielen dem Inka Manko Yupanqui zahlreiche Kanonen und Musketen in die Hände und die gefangenen Spanier mußten das Pulver zurichten – daraus erwuchs eine große Gefahr bei der Umzingelung Cuzcos, wo der Inka uns Tag und Nacht in Atem hielt.

54 Der Höhepunkt des Aufstands: Die Belagerung von Lima, der neu gegründeten Hauptstadt des spanischen Vizekönigreichs Peru

Sechs Tage waren verstrichen, seit die Indios die Stadt belagerten, als ihr General Tey Yupanqui sich entschloß, sie mit Gewalt zu nehmen und entweder seinen Einzug zu halten oder zu sterben. Zu seinen Leuten sprach er folgende Worte: »Heute noch möchte ich in diese Stadt einziehen und alle Spanier, die sich dort aufhalten, töten. Wir werden ihnen ihre Frauen nehmen, sie ehelichen und mit ihnen eine neue Generation zeugen, die stark im Kriege ist. Wer mich begleitet, muß versprechen, daß er bereit ist zu sterben, wenn ich sterbe, und zu fliehen, wenn ich fliehe.« Die Hauptleute und Vornehmen schworen es ihm zu, und das Heer setzte sich in Bewegung. Überall sah man Fahnen, die den Spaniern die Entschlossenheit kund tat und die Absicht, mit der sie kamen. Der Gobernador teilte die Reiter in zwei Gruppen auf; eine davon befehligte er selber [...].

Mittlerweile rückte der Feind über die Flußniederung heran: lauter Personen von höchstem Rang in ihrem vollen Staat. Als erster passierte der General in seiner Sänfte die beiden Flußarme, eine Lanze in der Hand. Als der Feind bereits in die Straßen vordrang und einige seiner Leute bereits auf den Hausmauern entlangliefen, machte die Reiterei einen Ausfall, griff entschlossen an und schlug, begünstigt durch das ebene Gelände, die Feinde vernichtend. An dieser Stelle fiel der indianische General und mit ihm vierzig Hauptleute und Personen von Rang. Es entstand geradezu der Eindruck, daß man sie hierfür ausgesucht hätte. Es konnte nicht anders kommen: da sie an der Spitze schritten, traf sie die Reiterattacke als erste.

55 Pizarros Mord an den Inka-Königinnen

Bereits in Lima hatte er eine andere Schwester des Inka namens Azarpay töten lassen, als die Indios den Ring um die Stadt schlossen. [...]. Sie war eine Gemahlin und Schwester Atahualpas und kam nach dessen Hinrichtung zusammen mit ihrem Bruder Tupac Hualpa nach Jauja. Tupac Hualpa starb dort, und der königliche Rechnungsführer Navarro erbat die India vom Marqués Don Francisco Pizarro in dem Glauben, durch sie große Schätze zu gewinnen. Sie wäre wohl dazu in der Lage gewesen, denn sie war eine der größten Herrinnen in diesem Königreich und stand bei den Einheimischen in hohem Ansehen.

Sobald es dieser Herrin zu Ohren kam, daß der Marqués sie dem Rechnungsführer Navarro geben wollte, verschwand sie in einer Nacht und kehrte nach Cajamarca zurück. Zu Beginn des Manko-Aufstandes [...] wurde sie dort von einigen Spaniern wieder aufgespürt, nach Lima gebracht und dem Marqués übergeben. Der behielt sie in seinem Hause [...]. Eine ihrer Schwestern, Doña Inés, von der der Marqués [eine Tochter namens] Doña Francisca hatte, neidete ihr die höhere gesellschaftliche Stellung und denunzierte sie bei Pizarro, sie habe ihren Landsleuten die Weisung zur Belagerung Limas gegeben. Wenn Pizarro jene Prinzessin nicht töte, würden die Indios nicht weichen. Er ließ sie, ohne weiter der Sache nachzugehen, mit dem Würgeeisen erdrosseln. Dabei hätte er sie ebensogut in ein Schiff setzen und außer Landes schaffen können [...].

Wenn ich an das schlimme Ende des Marqués denke, so kommt es mir vor, als habe Gott ihn damit gestraft für jene Greueltaten, ebenso wie den Almagro für den Mord an zwei Brüdern des Inka [...].

Ihn erreichte dort auf dem Umweg über Cuzco [...] die Nachricht, daß der Inka Manko ihn zu Friedensverhandlungen nach Yucay einlud. [...]. Da ließ er die Gründung sein und brach sofort mit zwölf ausgesuchten Leuten nach Cuzco auf.

Der Inka hatte zwar darum nachgesucht, er [Pizarro] möge mit nur drei oder vier Männern kommen – er hatte sich dies nämlich als Falle ausgedacht mit der Absicht, ihn bei günstiger Gelegenheit zu töten. Aber der Marqués sah sich vor und wählte wie gesagt zwölf Männer aus, unter ihnen seinen Bruder Gonzalo Pizarro, und nahm auch jene Frau des Manko Inka und noch eine zweite nach Yucay mit. Dort tauschte er Friedensboten mit dem Inka aus.

Ein Indio meldete schon, Manko sei ganz nahe, und der Marqués schickte ihm eine wertvolle Ponystute mit einem Neger und andere Geschenke. Es schwärmten aber schon Kriegsleute des Inka Manko aus, um über den Marqués herzufallen, griffen den Neger und das Pony und töteten sie, ebenso ein paar von den Indios des Trosses.

Der Marqués, unterrichtet durch die wenigen Überlebenden, war außer sich vor Zorn [...] und ließ die Gemahlin des Inka Manko töten. Sie wurde an einen Pfahl gebunden und einige Indianer vom Stamme der Cañari schlugen und schossen so lange auf sie ein, bis sie starb.

Die Spanier, die bei der Exekution zugegen waren, erzählten später, die indianische Frau habe kein Wort und keine Klage von sich gegeben; so starb sie an den Stockschlägen und Pfeilen. Diese Frau ist wirklich höchster Bewunderung wert: keine Klage, kein Wort, ja nicht einmal ein Zucken unter dem Schmerz der Wunden und des Todes.

56 Bischof Vicente de Valverdes Lagebeschreibung von Peru an den König von Spanien nach dem Ende des Aufstands (1539)

Auf meinem Wege kam ich durch weite Teile des Landes; überall traf ich Zerstörung und Elend an; es überkam mich großer Schmerz, denn ich kannte das Land ja noch von früher. Man muß mit diesem Land sehr behutsam umgehen, sowohl wegen des angeborenen Adels der einheimischen Bevölkerung und ihrer Aufgeschlossenheit für unseren heiligen Glauben als auch wegen der mannigfachen natürlichen Reichtümer. Angesichts des allgemeinen Elends erfaßt jedermann tiefes Mitgefühl.

Ich traf in Cuzco ein am Montag, den 28. November 1538. Der Gobernador Don Francisco Pizarro und die Stadtbewohner empfingen mich mit großer Freude; auch fand ich damals mehr guten Willen vor als jetzt, wo ich daran gehe, das auszuführen, was Gott und E. M. von mir fordern [...].

Ich versichere E. M.: Wenn ich nicht die Stelle genau gewußt hätte, wo die Stadt liegt, so hätte ich sie nicht wiedererkannt, so schlimm sahen die Gebäude und Vororte aus. Als der Gouverneur Don Francisco Pizarro hier [*1533*] einmarschierte, und ich mit ihm, war das Tal im Umkreis der Stadt voller schöner Gebäude und Ortschaften, wirklich der Bewunderung wert. Obwohl die Stadt an sich nur an die drei- bis viertausend Häuser zählte, standen in ihrem Umkreis, soweit das Auge reichte, fünfzehn- bis zwanzigtausend.

Die Festung über der Stadt glich weitgehend einer der großen spanischen Festungsanlagen. Jetzt ist der größte Teil der Stadt zerstört und verbrannt [...]; von den Ortschaften im Umkreis stehen nur noch die nackten Mauern, und es kommt einem wie ein Wunder vor, wenn man ein Haus mit Dach sieht.

[...]

Ich habe mich wirklich bemüht, die Pfarrstellen mit den besten

Lehrern zu besetzen, die mir zur Verfügung standen, und habe bei ihnen auch auf einen anständigen Wandel gesehen, damit der Gottesdienst wohl versehen werde und die Bekehrung der Indios in der rechten Weise und nach dem Willen E. M. geschehe. Aber leider verstehen sich die Prieser hierzulande am besten auf ihren eigenen Vorteil.

[...]

Nun komme ich auf den Schutz der Indianer zu sprechen, den mir E. M. so sehr ans Herz gelegt hat. Man kann tatsächlich nicht genug betonen, wie sehr es darauf ankommt [...], diese Menschen vor den Rachen der vielen Wölfe zu schützen, die sie bedrohen. Meiner Ansicht nach wäre dieses Land bald entvölkert, wenn niemand sich persönlich für die Indios einsetzte [...].

Die Raffgier der Spanier überschreitet jedes Maß; man denkt weder an den Fortbestand des Landes noch an die Forderungen Gottes und E. M. [...].

Die Justizbehörden hier sind keinem Rat noch Einspruch zugänglich und wollen ohne jede Einschränkung befehlen [...].

Sie behaupten, die umherschweifenden Indios, die durch Ortschaften und Provinzen ziehen, ebenso wie die Yanaconas, das heißt die Indios, die den Spaniern persönlich dienen, dürften nicht über sich selbst verfügen; der Gobernador oder seine Stellvertreter könnten sie vielmehr königlicher Weisung gemäß nach Gutdünken jemandem zuteilen, und diesem müßten sie dann bedingungslos gehorchen [...]. Das ist, wie E. M. sieht, nicht vereinbar mit den Freiheitsrechten, deren Beachtung E. M. so dringlich anbefohlen hat. Es verstößt gegen alle Vernunft, wenn man einer freien Person ohne erfindlichen Grund die Freiheit nimmt. Einen größeren Schaden kann man ihr, meine ich, gar nicht tun, höchstens noch das Leben nehmen. Der Indio, den man auf diese Weise mit Hilfe eines Erlasses in fremde Dienste zwingt, hat ein schlimmeres Los als ein Sklave [...]; denn sie können ja nicht einmal verkauft werden und müssen so ihren Herren, auch wenn diese sie noch so schlecht behandeln, ihr ganzes Leben lang dienen [...].

Nun wird man E. M. von hier aus [Peru] viel schriftlich vorbringen gegen die Freiheit der Indios und alle jene Unzuträglichkeiten anführen, die man auch mir hier schildert. Man wird sagen: Wenn die Indios wissen, daß sie frei sind, dann werden sie einen Tag zu einem Herren gehen und am nächsten zu einem anderen, denn es sei nun einmal ein unstetes Volk, welches immer etwas Neues möchte. Ich habe hierauf schon geantwortet, alles dies bringe eben die Freiheit mit sich, und nur der sei wirklich frei, der selber bestimmen könne, bei wem er bleiben wolle [...]. Wenn der Herr weiß, daß der Indio frei entscheiden kann, wem er sich zugesellen will, dann wird er selber darauf bedacht sein, ihn gut zu behandeln. [...]

E. M., ich spreche von den vagierenden Indios, freien Personen, die auf der Suche nach Nahrung von einem Ort zum andern ziehen oder auch den Wunsch haben, verschiedene Provinzen kennenzulernen. Ihnen und auch anderen darf man die Freiheit nicht nehmen, wem sie dienen wollen, und sie nicht auf Grund von Erlassen irgend jemandem zuteilen.

Der Gobernador, sein Stellvertreter oder der Protektor soll sie fragen, zu wem sie gehen wollen; dann erst sollen sie dem gewünschten Herrn zugeführt werden unter der Bedingung, daß er sie gut behandle. Wenn sie bei ihm nicht glücklich sind, soll ihnen auch dann noch die Möglichkeit offenstehen zu wechseln. Genau so sollte man es halten mit den freien Indios und Indias, die aus anderen Provinzen zuwandern.

Ich wollte als Protektor die Freiheit jener Indios schützen, die zu mir kamen und um Hilfe baten, und hätte damit so gehandelt, daß das Gewissen E. M. hätte Ruhe haben können; aber die Statthalter und die Justiz haben sie mir unter den Händen weggerissen und unter Anziehung der erwähnten Erlasse wieder dienstverpflichtet, ihnen die Freiheit genommen gegen alles göttliche und königliche Gebot. Auf der Welt gibt es kein Elend, das diesem hierzulande vergleichbar wäre. [...]

Das Bußgeld, das ich laut Schutzgesetz erheben darf, ist eine zu leichte Strafe. Meist sind die Vorteile, die der einzelne durch Mißhandlung seiner Indios erzielt, so groß, daß es ihm nichts ausmacht, wenn er Geldstrafen von fünfzig Castellanos hinlegen muß.

[...] Ich weiß, daß die Habgier der Spanier in diesem Land ungeheuer ist, und sicher werden sie demnächst bei E. M. vorstellig werden, sie möge erlauben, in diesem Land Sklaven zu halten, die Indios zu Trägerdiensten heranzuziehen, sie von ihren Wohnsitzen zu verschleppen, in die Minen zu schicken und ihnen keinerlei Freiheit zu gewähren [...]. E. M. geruhe zu befehlen, daß das Gold und das Silber, welches die Indios abliefern sollen, auf die Art und Weise gewonnen werde, wie sie es von alters her gewohnt sind, ohne daß Christen sie bedrängen. Nur so wird E. M. viele Jahre lang in diesen Breiten über Indios verfügen, die ihr jeden Tag höhere Einkünfte sichern. Diejenigen Spanier, die auf diese Weise nicht genug bekommen können, sollten sich Neger kaufen und diese in die Minen schicken.

[...]

Als sich dieses Land erhob, gab der Gobernador [F. Pizarro] die Erlaubnis, allerorten Sklaven zu machen. Ich selbst habe gesehen und auch von anderen gehört, daß Indios gebrandmarkt wurden. Das geschah ganz gegen einen königlichen Erlaß E. M., der zu Beginn der Conquista dieses Landes ausgerufen wurde und gerechterweise jegliche Versklavung verbot.

E. M. möge es glauben: Es ist weniger schlimm für das Land, wenn man Indios beikommen muß, die gegen uns Krieg führen, als Sklaven zu machen, denn die menschliche Natur schreckt letzten Endes doch vor dem Töten mehr zurück als vor dem Sklavenmachen, und so würde eben im Kriege eine verhältnismäßig geringe Anzahl von Indios getötet. Wenn man aber Sklaven machte, dann würde durch den unstillbaren Bedarf nach Dienstleistungen oder durch Weiterverkauf der Sklaven die natürliche Sterblichkeitsrate ins Ungemessene erhöht. Wenn man gar erlauben würde, daß alle Indios eines Kaziken, in dessen Distrikt ein Verbrechen begangen worden ist, zu Sklaven gemacht würden, dann würde sich folgendes abspielen: Hätte ein solcher Kazike zehntausend Indios, so würden danach mehr als fünfzigtausend das Brandmal zeigen, und jedermann würde behaupten, sie gehörten alle zu jenem Kaziken.

Wenn man die Einheimischen von ihren Wohnsitzen anderswohin verpflanzt, die Indios aus dem Hochland an die Küste dienstverpflichtet oder die von der Küste ins Hochland hinaufschickt, so wirkt sich das katastrophal aus: Sterben nicht gleich alle, so stirbt doch mindestens die Hälfte; ich selbst habe das gesehen und festgestellt, und alle hierzulande wissen das. E. M. möge doch hier eingreifen und befehlen, daß bei allen Gründungen von Städten und Encomiendas diesem Umstand Rechnung getragen werde.

Ich habe davon gehört, daß es einen Erlaß E. M. geben soll, in dem ein Conquistador ermächtigt wird, bei seiner Heimreise nach Kastilien eine gewisse Stückzahl von Indios mitzunehmen. Die Information, in der E. M. dies verfügte, entsprach ganz dem Wunschdenken der Leute hier; es wäre wohl nicht viel dagegen einzuwenden, wenn nicht folgende Erfahrung dagegen spräche: E. M. weiß vielleicht, daß ich selbst, als ich jüngst nach Spanien fuhr, acht oder neun Indios mitnahm, sowohl Kinder wie Erwachsene, um sie als Dolmetscher auszubilden und E. M. vorzuführen. Aber trotz aller Fürsorge, die ich auf sie verwandte, blieb mir nur ein einziger übrig, denn kaum ein Indio, der dieses Land verläßt und nach Panama kommt, übersteht die Reise lebend, und es ist ein Jammer, sie auf dem Wege sterben zu sehen.
[...]

In diesem Lande leben noch einige Söhne und Töchter von Atahualpa sowie Söhne, Töchter und Enkel von Huayna Capac, dem ehemaligen Herrn des Inkareiches. E. M. haben die Verpflichtung, für sie zu sorgen, denn schließlich war es ja einmal ihr Land, und es tut einem das Herz weh, wenn man sieht, wie verloren sie dahinleben.

Ich schlage vor, daß die Frauen im christlichen Glauben unterwiesen und getauft werden und dann Christen heiraten; es werden sich bestimmt viele Bewerber finden. E. M. möge durch entsprechende Erlasse den Christen, die sie heiraten, ein gutes Auskommen sichern. [...]

Was die männlichen Inkanachkommen betrifft, so bleibt zu bedenken, daß das Volk hier äußerst kriegerisch ist, und in dem Augenblick, wo ein führender Kopf und Hauptmann da ist, jederzeit und jede Stunde Aufstände aufflackern könnten. Deshalb erscheint es mir angebracht, wenn E. M. die Prinzen nach Spanien bringen und dort für sie weiter sorgen läßt [...].

Ein Sohn des Huayna Capac bildet hier eine Ausnahme, näm-

253

lich der Inka Paullu. Diesen brauchen wir sehr notwendig, weil ihn alle jene Indios als Führer ansehen, die mit uns Frieden geschlossen und sich auf unsere Seite geschlagen haben. In einem so gebirgigen und unwegsamen Land wie hier bekäme man auch dann den aufständischen Inka [*Manko*] nicht zu fassen, wenn man alle spanischen Kriegsleute der ganzen Welt aufbieten würde, aber nachdem jetzt dieser Paullu unser Freund ist und selbst unser Inka sein möchte, hegen wir die begründete Hoffnung, daß er den anderen Inka, den aufständischen, dazu bringt, Frieden zu schließen, oder ihn tötet, denn er verfügt über eine starke Streitmacht. Nach diesem Paullu sollte es, meiner Meinung nach und um des Friedens im Lande willen, keinen neuen Fürsten oder Inka mehr geben, sondern als einzige Autorität nur der Gobernador im Namen E. M. fungieren.

Der Inkaaufstand [...] hat nach verschiedenen Schätzungen mehr als fünfhundert Christen und zwanzigtausend Indios das Leben gekostet; diese letzteren gingen zugrunde teils im Kriege selbst, teils infolge von Mißhandlungen. E. M. hat viel Gold eingebüßt, welches ihr sonst zugeflossen wäre, wenn im Lande kein Krieg entbrannt wäre. Das ist Grund genug für E. M., die eigentlichen Urheber des ganzen Unglücks gebührend zu bestrafen; die Wurzel der Aufstände im Land ist immer die schlechte Behandlung der Indios. Davon soll jeder abgeschreckt werden.

Nach meinem Dafürhalten ist es nur recht und billig, wenn man den Schuldigen ihre Indios wegnimmt und auch für alle Zukunft die Eignung abspricht, Indios zu halten. Wer damit gemeint ist, geht klar hervor aus jenem Brief, den der Inka [*Manko*] selbst an den Adelantado Don Diego de Almagro geschickt hat. Dort sind die Personen namentlich angeführt, die ihn beleidigt und mißhandelt haben [Pizarros Brüder und Anhänger]. Don Alonso Enriquez ist mit dem Brief unterwegs nach Spanien, und E. M. tut gut daran, diesen Mann für einige Tage in den königlichen Indienrat zur Berichterstattung über die Ereignisse [in Peru] zu beordern, denn er ist selber Augenzeuge und hat sich die Dinge gut notiert.

[...]

Der Aufstand des Inka Manko scheint bald dem Ende zuzugehen, denn er verfügt nur noch über wenige Leute. Die Indios dieses

Landes sind der ständigen Kriege müde und wollen ihm nicht mehr folgen, sondern lieber in ihren Dörfern bleiben; wir glauben, es wird nicht mehr lange dauern, bis er uns in die Hände fällt oder Frieden schließt. [...]

E. M. halte ihre Hand über dieses Land, denn es liegt trotz aller von Indios wie von Christen herrührenden Unruhen, die es so schwer geschädigt haben, noch nicht ganz darnieder. Daran sieht man, daß aus diesem Land viel herauszuholen ist.

Jetzt geht es von Tag zu Tag aufwärts, weil der Gobernador und ich an nichts anderes denken, als wie man das Land unterstützen, ihm wieder auf die Beine helfen und es wieder einem Zustand zuführen kann, der seinem Wert entspricht.

Was die noch unentdeckten Landstriche betrifft, so darf nicht versäumt werden, auch hier zu siedeln und weitere Expeditionen zur Entdeckung und Kolonisation auszurüsten, denn ohne Besiedlung bleibt das Land ungesichert und weiteren Gefahren ausgesetzt.

57 Dienstpflicht der »Indios« im spanischen Encomienda-System

Francisco Pizarro verteilte das Land in Form von Encomiendas an die Spanier und gab einem jeden gleich ein ganzes Tal oder eine Provinz samt den eingeborenen Fürsten und Häuptlingen. Von den Encomenderos spielte sich ein jeder zu einem Inka auf und beanspruchte mittels seiner Verfügungsgewalt über die Encomiendas alle Rechte, Tribute und Dienstleistungen, die jene Gegend einst dem Inka schuldete, und forderte noch mehr darüber hinaus [...].

Gleich anfangs plünderten sie ein solches Tal oder ihnen anvertrautes Repartimiento vollkommen aus. Das wurde aber nicht auf den regulären Tribut angerechnet; denn von da an wurde erst der jährlich zu zahlende Tribut auferlegt. Sie informierten sich genau mittels der Quipus [indianische Statistiken in Form von Knotenschnüren], durch Prügel und andere schmutzige Methoden usw., welche Waren und Leistungen der Inka als Tribut bekommen hatte, dann hielten sie sich an die Kaziken [...] und verlangten Unerfüllbares [...].

Die Verwirrung im Tributwesen und die Übergriffe gegen die einheimische Bevölkerung nehmen immer mehr überhand, weil die Curacas [Häuptlinge] ihrerseits immer noch denselben Status halten wollen wie zu Zeiten des Inka; dabei bedenken sie überhaupt nicht, [...], daß in manchem Distrikt nur noch die Hälfte [...] oder ein Viertel der Bevölkerung lebt wie zu Zeiten des Inka. [...]

Die armen Indios haben schwer zu leiden unter der Willkür der Kaziken, denen die Eintreibung der Tribute für die Encomenderos obliegt [...]: Wenn z. B. auf einen Indio ein Steuersoll von zwei Peso trifft, muß er dem Kaziken acht oder zehn abliefern. [...]

Heute gibt es fast ebenso viele Curacas wie Untertanen, [...] und es stellt eine große Belastung für die einheimische Bevölkerung dar, daß jetzt für einhundert Indios so viele Anschaffer da sind wie früher für eintausend.

[...]

Bei diesen und anderen Entradas sind viele Menschen zugrunde gegangen, ebenso in den Kriegswirren unter den Spaniern selbst, so z. B. im Streit zwischen Hernando Pizarro und Don Diego de Almagro, bei der Erhebung des jüngeren Almagro und bei den Aufständen von Gonzalo Pizarro und Francisco Hernández. Bei all diesen Auseinandersetzungen haben sich sowohl die Anhänger der Tyrannen wie diejenigen, die auf seiten S. Majestät standen, der gleichen Methoden bedient, indem sie zahllose Indios an Halsketten gereiht Lasten schleppen ließen, ihnen ihre Herden, Nahrungsmittel und ihren Besitz nahmen und die Dörfer anzündeten. So kommt es, daß die Kriegsverluste in unserer Zeit, verglichen mit denen zur Inkazeit, auf das Hundertfache angestiegen sind.

Wenn dem Inka in den Provinzen Häuser gebaut wurden, dann meist nur je eines; jetzt aber baut man einem jeden Encomendero eines in seiner Ortschaft, manchen zwei und drei oder mehr.

Früher bauten die Indios Häuser für die Sonne, später Kirchen, vormals in einer Provinz bauten sie vielleicht ein Heiligtum, heutzutage gibt es Provinzen, in denen vierzig Kirchen stehen, und eine jede hat ihre dienstverpflichteten Indios und muß geschmückt und instand gehalten werden.

In dem Maße, wie im Lande die Zahl der Spanier zunimmt, veröden und entvölkern sich die indianischen Ortschaften und Provinzen durch Rekrutierung von Yanaconas; denn alle wollen indianische Dienstleistungen haben, weil das billig kommt. Wenn z. B. ein indianischer Vornehmer oder Kazike mit seinen Leuten unterwegs ist, um mit ihnen seine Tribute abzuverdienen, und in eine spanische Ansiedlung kommt, dann muß er gewärtigen, daß er dort einen guten Teil seiner Indios einbüßt. Die Beamten, Kaufleute und verschiedensten Personen nehmen sie ihm unter der Hand weg; die einen rauben und verstecken sie, bis er wieder weiterzieht, andere machen sie ihm abspenstig, indem sie ihnen irgendeine Manta schenken, dann gibt es wiederum Spanier, die durch die Dörfer ziehen und den Indios dort das Haar abschneiden; so sind diese gezeichnet als Yanaconas. Wenn dann der Kazike kommt, um sie zurückzufordern und in die Heimat nehmen will, dann laufen die betreffenden Spanier zum Gericht und verlangen die Freigabe jener Indios. Dem wird natürlich stattgegeben, um die Spanier zufriedenzustellen; diese Befreiung kommt für die Indios einer Knechtschaft an Leib und Seele gleich.

Hiergegen muß etwas unternommen werden; wenn man nichts tut, geht es mit dem Land rapide abwärts, denn kein Indio, der einmal zum Yanacona wird, sieht im Leben sein Haus, sein Weib und seine Kinder wieder und bleibt wurzellos.

Auch früher gaben die Indios Frauen für den Inka und die Sonne her, aber die Christen bekamen noch weit mehr Frauen gestellt, oder sie nahmen sie sich einfach – sowohl die Encomenderos wie die sonstigen in Peru lebenden Spanier: die Junggesellen, um mit ihnen zusammenzuleben, die Verheirateten brauchen sie als Chinas (Dienstmädchen) für ihre Frauen und zuweilen als Konkubinen. Neger, Mestizen und Yanaconas – alle sind, was ihren Anspruch auf Frauen anbelangt, lauter Inkas.

58 Das Elend der »Indios« in den spanischen Bergwerken (1549)

Es erging ein Verbot mit Ausführungsverordnungen, daß keiner einen Indio Lasten tragen lassen dürfe, [...] und man hat die Inhaber der Tambos mit der Alkadenwürde und Strafgewalt über Reisende, die sich über diese Bestimmungen hinwegsetzen, ausgestattet [...]. Das ist eine der vordringlichsten Maßnahmen, die man treffen kann zur Erhaltung und zum Schutz der Eingeborenen. Nur so wird verhindert, daß sie aussterben, und die Möglichkeit geschaffen, daß sie sich wieder vermehren, wieder seßhaft werden und in ihre Dörfer zurückkehren. Das Lastentragen hat zu einer großen Sterblichkeit unter den Indios geführt; dieser Dienst ist unvorstellbar grausam. Nicht genug damit, daß man sie erdrükkende Lasten schleppen ließ in Sonnenglut und auf schwersten Wegen, man führte sie noch dazu bei Tag an langer Kette, und des Nachts steckte man ihre Füße in den Block, damit sie nicht entlaufen konnten. An die fünfzehn oder zwanzig gingen mit ihren Lasten an einer Kette aufgereiht, jeder den Hals in einem eisernen Ring, und wenn einer stürzte, dann fielen alle: So passierte es, daß einer von einer Brücke fiel und die anderen mit sich riß und alle ertranken. Das habe ich gehört von Personen, die es selbst gesehen haben, und es wird erzählt, als ob es eine ganz alltägliche Sache wäre, daß ein Indio vor Erschöpfung zusammenbricht und der Spanier, bloß um nicht anhalten und die Kette ausfädeln zu müssen, einfach das Schwert zieht, dem Gestürzten den Kopf abschlägt und so den Halsring wieder freibekommt.

Durch diese unmenschliche Fron hat die Zahl der Eingeborenen im Lande erschreckend abgenommen; viele sind geflohen, haben ihre Dörfer und Wohnsitze im Stich gelassen und verstecken sich in den Bergen und Wäldern und unwirtlichen Orten abseits der Straßen.
[...]

Die anständigen Leute und Personen von Rang, auch diejenigen, die Fehler begangen haben, wollen an sich nichts anderes, als unter der göttlichen und königlichen Gnade in Frieden leben und ihre Güter genießen; nur geht es hier um große Interessen und dicke

Gewinne, und was anderswo als viel angesehen würde, gilt hier als wenig [...]. Man muß ja auch bedenken, daß die meisten [...] ja nur um des Profits willen sich selbst so weit von ihrer Heimat verbannt haben; sonst würden sie sich ja nicht diesen Strapazen und solcher Lebensgefahr aussetzen und ein ungewohntes Klima und eine Ernährung hinnehmen, die so völlig von allen Heimatbedingungen abweichen.

Seit der Übernahme meines Amtes bis zur Stunde habe ich noch keine Anweisung gegeben, jene Ordenanza zu befolgen, die die Arbeitsverpflichtung von Indios in den Bergwerken verbietet; denn unter allen Bestimmungen, die nicht widerrufen worden sind, würde diese am meisten Unwillen und Groll erregen.

59 Plötzlicher Tod des Vilcabamba-Königs Titu Cusi Yupanqui Inka (1530–1571) und die Rache an seinem vermeintlichen Mörder

Fünf Tage später ging der Inka zu einer Gedenkstätte, die an dem Ort errichtet war, wo der Mestize Diego Méndez seinen Vater, den Inka Manko, umgebracht hatte. Dort trauerte und weinte er mit anderen Indios zusammen [...] und kehrte dann in sein Haus zurück, völlig erschöpft, und schwitzte die ganze Nacht, aß übermäßig und trank Unmengen von Wein und Chicha. Das führte noch in derselben Nacht zu einer tödlichen Krankheit; er bekam schreckliche Schmerzen in der Seite und verlor eine große Menge von Blut aus Mund und Nase; der Mund und die Zunge schwollen ihm an, sein Zustand verschlechterte sich so rapide, daß er binnen vierundzwanzig Stunden starb und die Indios in äußerster Trauer und Bestürzung hinerließ [...].

Eine der Frauen des Inka, Mama Cona Suya [...], wohnte seinem Todeskampfe bei. Als es mit Titu Cusi zu Ende ging, rannte sie, von einem bösen Geist getrieben, der in ihr Herz gefahren war, hinaus zu den wartenden Hauptleuten und Indios, laut schreiend, sie sollten den Mönch festnehmen; er habe den Inka umgebracht, ihn vergiften lassen durch den Mestizen Martín Pando, Titu Cusis Sekretär [...].

Die Inkahauptleute [...] stürmten zusammen mit einer schreienden Menge zu dem Haus des Paters, legten Hand an ihn und schlangen ihm in Sekundenschnelle ein Seil um den Hals; mit einem anderen Strick banden sie ihm Hände und Arme so stark nach hinten, daß die Brustknochen sich ausrenkten und heraustraten, und zerrten ihn auf einen Hof hinaus. Dort beschimpften sie ihn mit tausend üblen Worten; er solle ihnen ihren Inka zurückgeben, den er ermordet habe, und schlugen ihn mit Fäusten und Knüppeln.

[...]

Er fragte, warum sie mit ihm, ihrem Priester, so grausam umgingen; er habe sie doch unterrichtet mit so viel Liebe und nur ihr Bestes im Sinn. Wenn der Inka gestorben sei, so möchte man es ihm doch sagen; dann würde er zu Gott für seine Seele beten; wenn er noch lebe und krank sei, dann würde er Messen lesen für seine Genesung. Auf diese Worte antworteten sie, Titu Cusi Yupanqui, ihr Inka und Herr, sei tot, und er solle eine Messe lesen und ihn wieder auferwecken – er habe ja selbst soundsooft gesagt und gepredigt, sein Gott könne die Toten auferwecken. Da erwiderte der gute Pater, die Auferweckung der Toten sei allein Gottes Werk; er selbst sei nur ein sündiger Priester, aber er werde eine Messe lesen und den Inka Gott anbefehlen. Der Allmächtige werde mit ihm tun, was zu seinem Besten diene und ihn zu seinem wahren Heile führen. Da sagten sie, er möge die Messe lesen.

Der Pater konnte sich infolge der in der Nacht erlittenen Folter und der verrenkten Glieder kaum rühren [...]; unter Mißhandlungen zerrten sie ihn zu der Kirche, die die Patres in Puquiura gebaut hatten. Er ging zum Altar, legte das Meßgewand an und sprach die Messe mit Andacht und Hingabe, ganz langsam, und hielt sich lange dabei auf, und seine Tränen tropften so reichlich, daß das Meßbuch und das geweihte Tuch ganz naß davon wurde. Er seufzte und stöhnte laut während der ganzen Dauer der Messe; er erkannte wohl die verblendeten Herzen und die bösen Absichten der Indios, die nur auf das Ende der heiligen Handlung warteten, um ihn umzubringen; denn jedesmal, wenn er das Dominus vobiscum sprach, drohten sie ihm mit den Lanzen, die sie in den Händen hielten, und machten unmißverständliche Gebärden des Tötens.

Als er die Messe beendigt hatte, ging erst recht ein Geschrei los,

warum er den Inka nicht auferweckt, und er wurde aufs neue gefesselt [...]. Sie zerrten ihn aus der Kirche, banden ihn an das
Kreuz, das in dem Friedhof stand, schlugen eine unendlich schei-
nende Zeit erbarmungslos auf ihn ein.

[...]

Die Indios nannten ihn einen Lügner und Betrüger, der den Inka
nicht auferweckt habe, und schleppten ihn unter tausend Martern
und Foltern, bis sie nach Marcanay kamen. Dort [...] banden sie
ihn an einen Pfahl, schlugen ihn wieder [...], trieben ihm lange
Palmenstacheln in die Fingerkuppen, räucherten ihm mit stinken-
dem Zeug in die Nase, das ihm Atem und Sprache benahm; zuletzt
schlugen sie ihm mit einer Kupferaxt den Schädel ein, und seine
heilige Seele entwich, um in Gottes Gegenwart den Lohn für seinen heiligen Eifer und seinen geduldigen Tod zu empfangen [...].
    Der grausame Mord an dem Pater genügte den Kaziken noch
nicht; in ihrer Wut befahlen sie allen anwesenden Indios – Männern, Frauen und Kindern – den am Boden liegenden Leichnam
mit ihren Füßen zu zertrampeln [...]; dann gruben sie ein enges
tiefes Loch unter den Wurzeln eines riesigen Baumes, ließen ihn
mit dem Kopf nach unten hinein [...], schütteten noch Salpeter,
färbende Erde, große Mengen gefärbten *chichas* und andere
Stoffe nach, bevor sie die Grube zufüllten – alles unter ohrenbe-
täubendem Geschrei.

[...]

Alles dies, was ich hier über die Begleitumstände des Todes dieses
seligen Mönches berichte, habe ich nicht nur von einer einzigen
Person erfahren, sondern aus einer Zeugenvernehmung, die die
Augustinermönche unter den beteiligten Indios erhoben, sowie
nach Aussagen von Juana Guerrero, der Witwe von Inka Cusi Tu-
pacs Sekretär Martín Pando, die alles mit eigenen Augen sah. Das
Martyrium geschah im Jahre 1570 oder 1571 – genauer war der
Zeitpunkt von den Indios nicht zu erfahren.

60 Das Ende des letzten Inkastaates von Vilcabamba: Der Mord der Spanier am Inka Tupac Amaru I. (1572)

Während der Zeit, als der Hauptmann Loyola der Inkafamilie nachspürte, schwärmten jeden Tag einzelne Heerführer und Hauptleute mit kleineren Gruppen aus und machten Razzien auf den restlichen Adel, und jeden Tag kamen sie mit einem Fang zurück, der eine mit einem General [...], einer mit dem Sonnenidol, andere mit den einbalsamierten Mumien von Manko Inka und Sayri Tupac, wieder andere mit vornehmen Gefangenen und Beutestücken [...].

Während der ganzen Dauer des Feldzuges befand sich die Stadt Cuzco auf Befehl des Vizekönigs Toledo in Alarmzustand, denn die Indios der Stadt waren erwiesenermaßen im Einverständnis mit dem Inka und der Provinz Vilcabamba, und man befürchtete ernstlich eine gefährliche Verschwörung.

Für den Tag der siegreichen Rückkehr der Hauptleute mit ihren Gefangenen hatte der Stadtrat Vorkehrungen getroffen, alles Volk aus der Stadt zu entfernen, und schon einen verantwortlichen Hauptmann dafür bestellt.

Es war ein prächtiger Triumphzug [...]. Jeder [Teilnehmer an dem Feldzug] hatte einen prominenten Gefangenen dabei [...] als letzten führte der Hauptmann Loyola den Inka Tupac Amaru an einer goldenen Kette, die um dessen Hals geschlungen war, und passierte vor dem Palast der Doña Teresa Orgóñez vorbei, wo der Vizekönig Quartier genommen hatte und von einem Fenster aus, ohne selbst gesehen zu werden, alles beobachten konnte [...].

Gegen den Inka Tupac Amaru wurde das Todesurteil gefällt. An dem Tag der Hinrichtung fanden sich auf dem Hauptplatz der Stadt, wo das Schafott aufgebaut war, über einhunderttausend [?!] Indios und Indias ein und begannen laut zu weinen und zu trauern über ihren König und Herrn [...]. Er war am Ende seiner Kraft und kaum noch der Sprache mächtig. Vor seinem schrecklichen Ende wurde er noch getauft [...].

Augenblicklich hörte das Schreien und Jammern auf [...] und es herrschte eine absolute Stille, als atme auf dem Platze kein lebender Mensch. Eine solche geistige Macht übte noch das inkaische Königtum auf seine Untertanen aus [...].

Nach der Exekution wurde das Haupt Tupac Amarus allen Umstehenden gezeigt [...]. Da begann das Weinen und Klagen aufs Neue und schwoll [...] zu einer Stärke an, wie sie niemand sich vorstellen kann, der es nicht selbst gehört hat. Man stellte den Kopf auf dem Pfeiler aus; dort blieb er aber nur bis zum nächsten Abend; dann ließ ihn der Vizekönig herunternehmen, denn eine beängstigende Anzahl von Indios verharrte auf dem Platz in Anbetung des verehrten Hauptes, ohne zu essen, und wollte sich nicht von ihm trennen.

61 Widersetzlichkeit der »Indios« und Zwangsumsiedlungen durch den spanischen Vizekönig Francisco de Toledo (1569–1581)

Die Art, wie die Indios regiert wurden, bevor ich ins Land kam, war ziemlich dieselbe [...] wie in den Zeiten der Inkatyrannei.

Die [spanischen] Gouverneure tasteten sie nicht an, obwohl sich alle einig waren, daß es für den Dienst Gottes und S. M. und für die Christenheit sehr zu wünschen wäre, die Lebensweise [der Indios] und alles, was sie so trieben, zu ändern.

Die Gouverneure und ihre Ratgeber aber waren der Ansicht, es sei sehr heikel und gewagt, hier etwas zu unternehmen, denn es würde die Einheimischen in ihrem Lebensnerv treffen, sie gegen uns aufbringen und rebellisch machen. Ein solcher Eingriff wäre ein heikles und schwieriges Unterfangen ohne absehbares Ende [...]; die Indios würden sich dem aufs heftigste widersetzen – es hat sich dann auch tatsächlich so abgespielt.

Die Indios hatten begonnen, ihre Wohnstätten in die Berge und in schwer zugängliche Gebiete zu verlegen, und die besiedelten Orte sowie ebenes Land gemieden; da droben lebte ein jeder so frei, wie es ihm gefiel [...].

Regiert wurden sie von den alten Kazikengeschlechtern, die noch aus der Zeit der Inkatyrannei stammten. Wenn der Vater starb, vererbte sich das Amt auf den Sohn, ohne daß darauf geachtet wurde, ob er Christ war oder nicht. Deshalb fehlte es an dem nötigen Respekt [vor Obrigkeit und Kirche] und sie hielten weiter an ihrem alten Götzenkult fest. Es wird ein hartes Stück Arbeit kosten, sie davon loszureißen, solange die Alten noch leben [...].

Alle diese Kaziken haben ihr Amt von E. M. erhalten; deshalb müssen sie lernen, daß sie von E. M. und Euren Ministern abhängen. In der Erbfolge dieser Kazikentümer müssen diejenigen bevorzugt werden, die die besten Christen sind und die meisten Tugenden besitzen [...], auch wenn man den ältesten Sohn übergehen muß.

[...]

Da es nicht möglich war, die Indios im christlichen Glauben zu unterweisen und sie dazu zu bringen, eine geordnete Lebensweise anzunehmen, ohne sie aus ihren Schlupfwinkeln zu holen, wurde veranlaßt, sie in Dörfer und Gemeinden zu bringen. An den Orten, wo man sie ansiedelte, legte man wie in den Stadtgründungen der Spanier rechtwinklig sich kreuzende Straßen an; die zur Straße führenden Türen entfernte man, damit die Polizei und die Priester freien Einblick hatten. Man behielt natürlich immer im Auge, daß diese Neuansiedlungen nur an den besten und günstigsten Punkten angelegt wurden und die Indios möglichst das gleiche Klima vorfänden wie in ihren früheren Wohnsitzen [...]. Ein solches tributpflichtiges Dorf [...] zählte je nach Größe des Repartimientos an die vierhundert bis fünfhundert Seelen und hatte einen Priester. Erfahrungsgemäß konnte so die richtige christliche Unterweisung als gesichert gelten.

2 Die Perspektive der Inkas

62 Der große Inka-Herrscher Huayna Capac (ca. 1480–1527) erhält Kunde von der Ankunft der Fremden (1519)

Da Huayna Capac in den Königspalästen von Tumipampa weilte, welche die prächtigsten waren, die es in Peru gab, erhielt er die Kunde, daß fremdländische Menschen, wie man sie dortzulande noch nie gesehen hätte, mit einem Schiff an der Küste seines Reiches entlangführen und zu ergründen trachteten, was jenes für ein Land wäre; selbige Nachricht spornte Huayna Capac zu neuer Tätigkeit an, weil er untersuchen und in Erfahrung bringen wollte, was jene für Menschen wären und woher sie kämen. Man muß wissen, daß jenes Schiff das von Vasco Nuñez de Balboa war, des ersten Entdeckers des Südmeeres, und jene Spanier waren diejenigen, die jenem Reich den Namen Peru gaben, was sich im Jahre 1515 zutrug, die Entdeckung des Südmeeres hingegen zwei Jahre zuvor. Ein Historiker sagt, daß jene Spanier auf dem Schiff Don Francisco Pizarro und seine dreizehn Gefährten waren, die, wie er meint, die ersten Endecker von Peru gewesen wären. Darin täuschte er sich, denn statt erste Eroberer sagt er erste Entdecker, desgleichen täuschte er sich in der Zeit, denn zwischen dem einen und dem anderen lagen sechzehn Jahre, wenn nicht mehr, denn die erstmalige Entdeckung Perus und die Verleihung dieses Namens geschah im Jahre 1531, und Huayna Capac starb acht Jahre früher, nämlich 1523, nachdem er zweiundvierzig Jahre geherrscht hatte, wie es Pater Blas Valera in seinen zerrissenen und zerstükkelten Schriften bezeugt, in denen er Großes aus der Geschichte jener Könige berichtet, denn er war ein großer Erforscher derselben.

Jene acht Jahre, die Huayna Capac nach Erhalt der Kunde von den ersten Entdeckern noch lebte, brachte er damit hin, sein Reich in Ruhe und Frieden zu regieren; er mochte keine neuen Eroberungszüge unternehmen, sondern gab lieber Obacht, was über das Meer käme; denn die Kunde von jenem Schiff verursachte ihm

große Sorge, weil er nämlich über einen alten Orakelspruch nach-
sann, der unter jenen Inka umging und der besagte, daß nach
soundso vielen Königen fremde, nie gesehene Menschen kommen
und ihnen die Herrschaft nehmen und ihren Staat und ihren Götzenkult zerstören würden; mit diesem Inka war die Frist, wie wir
im weiteren sehen werden, abgelaufen. Ebenso muß man wissen,
daß sich drei Jahre, bevor jenes Schiff an die Küste Perus gelangte,
in Cuzco etwas Wundersames zugetragen hatte, das nichts Gutes
verhieß und das Huayna Capac ungemein aufgebracht und das
ganze Reich höchlich entsetzt hatte; man sah nämlich, da das all-
jährliche Fest zu Ehren ihres Gottes, der Sonne, gefeiert wurde, in
den Lüften einen Königsadler nahen, den sie *anca* nennen, und
diesen verfolgten fünf oder sechs Turmfalken und ebenso viele andere kleine Falken, solche, die man, da sie so hübsch sind, in großer Zahl nach Spanien gebracht hat, und da werden sie *aletos* und
in Peru *huaman* genannt. Selbige stürzten sich, einander abwechselnd, auf den Adler und ließen ihn nicht fliegen, vielmehr versetzten sie ihm tödliche Hiebe. Der Adler, der sich nicht wehren
konnte, ließ sich mitten auf den Hauptplatz jener Stadt fallen, unter die Inka, damit diese ihm beistünden. Sie ergriffen ihn und
sahen, daß er krank war, von einem Grind bedeckt wie von der
Räude und des Kleingefieders nahezu entkleidet. Sie gaben ihm
Futter und manchen Leckerbissen, aber nichts frommte ihm, und
nach wenigen Tagen starb er, ohne sich noch einmal vom Erdboden erhoben zu haben. Der Inka und die Seinen faßten es als
übles Zeichen auf, zu dessen Deutung die Wahrsager, die für solche Fälle auserwählt waren, vieles sagten, und alles lief auf den
drohenden Untergang ihres Reiches, auf die Zerstörung ihres
Staates und Götzenkultes hinaus; außerdem gab es gewaltige Erd-
beben, und wenn diese Plage in Peru auch häufig ist, ward man
doch inne, daß die Beben stärker waren als gewöhnlich und daß
viele hohe Berge einstürzten. Von den Indianern der Küste erfuhren sie, daß das Meer mit seinen Gezeitenfluten oft über seine
gewohnten Grenzen hinaus vordrang; und in den Lüften sahen sie
viele ungemein erschreckliche und grauenerregende Kometen
auftauchen. Und während sie bangten und staunten, sahen sie in
einer klaren, stillen Nacht, daß der Mond drei große Ringe hatte,
der erste von der Farbe des Blutes, der zweite, weiter außen be-

findlich, von einem ins Grünliche gehenden Schwarz, der dritte sah aus wie Rauch. Ein Wahrsager oder Magier, von den Indianern *llaica* genannt, der die Mondringe gesehen und beobachtet hatte, trat bei Huayna Capac ein, und mit todtrauriger Miene und tränenerstickt, so daß er kaum sprechen konnte, sagte er: »Alleiniger Herrscher, du sollst wissen, daß deine Mutter, der Mond, als barmherzige Mutter dir verkündet, daß der Pachacámac, Schöpfer und Erhalter der Welt, deinem königlichen Blut und deinem Reich mit großen Plagen droht, die er auf die Deinen kommen lassen wird; denn jener erste Reif, den deine Mutter hat, der von der Farbe des Blutes, bedeutet, daß es, nachdem du gegangen sein wirst, bei deinem Vater, der Sonne, auszuruhen, zu erbittertem Krieg zwischen deinen Nachfahren kommt, bei dem viel von deinem königlichen Blut fließt, so daß es in wenigen Jahren vergangen sein wird, worüber deine Mutter vor Kummer schier bersten möchte; der zweite Reif, der schwarze, droht uns, daß aus Kriegen und Tod der Deinen der Untergang unserer Religion und unseres Staates und der Verlust deines Reiches erwachsen, und alles wird in Rauch aufgehen, wie es der dritte Reif anzeigt, der aus Rauch zu sein scheint.« Der Inka verspürte heftige Erregung, um jedoch keine Schwäche zu zeigen, sprach er zu dem Magier: »Gemach, du wirst diese Narreteien in der vergangenen Nacht geträumt haben, und dabei sagst du, es seien Offenbarungen meiner Mutter.« Der Magier versetzte: »Damit du mir glaubst, Inka, magst du hinaustreten, um die Zeichen deiner Mutter mit eigenen Augen zu schauen, und du magst die anderen Magier kommen heißen und von ihnen vernehmen, was sie von diesen Zeichen halten.« Der Inka trat vor sein Haus, und da er die Zeichen gesehen, ließ er alle Magier kommen, die an seinem Hof waren, und einer von ihnen, der zu dem Volk der Yauvus gehörte und den die anderen als ihren Meister anerkannten, hatte auch die Ringe gesehen und betrachtet, und er sagte das gleiche wie der erste. Huayna Capac tat so, als glaubte er ihnen nicht, damit die Seinen über die traurigen Aussichten den Mut nicht verlören, obwohl diese mit dem übereinstimmten, was er insgeheim ahnte, und sprach zu seinen Wahrsagern: »Wenn nicht Pachacámac selber es mir sagt, gedenke ich nicht, euren Worten Glauben zu schenken, weil man sich nicht vorstellen kann, daß die Sonne, mein Vater, sein eigen Blut derart haßt, daß er die völlige Vernichtung seiner Kinder zuließe.« Damit schickte er die Wahrsager von dannen; da er aber bedachte, was man ihm gesagt, und daß dies just dem alten Orakelspruch, den er von seinen Vorfahren hatte, entsprach, und da er das eine wie das andere mit den Neuigkeiten und Wundern verknüpfte, die sich täglich in den vier Elementen kundtaten, und da sich zu all dem Gesagten die Ankunft des Schiffes mit nie gesehenen Menschen gesellte, lebte Huayna Capac in Besorgnis, Angst und Kummer; stets stand ein auserwähltes Heer bereit, aus den besten und erfahrensten Kriegern der Garnisonen jener Provinzen bestehend. Er ließ der Sonne viele Opfer bringen, und er hieß die Zeichendeuter und Zauberer einen jeden in seiner Provinz die ihm vertrauten Geister befragen, insbesondere den großen Pachacámac und den Teufel Rímac, welcher Antwort gab auf das, was man ihn fragte, damit sie erführen, was diese so neuen Dinge, die man am Meer und an den anderen Elementen wahrgenommen hatte, Gutes oder Böses verhießen. Von Rímac und aus anderen Gegenden kamen dunkle, verworrene Anworten, die nicht ermangelten, Gutes wie bedrohlich Schlimmes zu verheißen, und die meisten der Zauberer gaben ungünstige Vorhersagen, so daß das ganze Reich großes Unheil befürchtete; da jedoch in den ersten drei oder vier Jahren keines der neuen Dinge geschah, welche sie fürchteten, gewannen sie ihre frühere Ruhe wieder, und in dieser lebten sie noch etliche Jahre, bis zu Huayna Capacs Tod. Die Geschichte von den Vorhersagen, wie wir sie hier wiedergegeben, beruht – außer auf dem gemeinen Wissen, welches davon in jenem ganzen Reich vorhanden ist – insbesondere auf den Berichten zweier Hauptleute aus Huayna Capacs Wache, von denen jeder über achtzig Jahre alt wurde; beide ließen sich taufen; der Ältere hieß Don Juan Pechuta; er nahm als Beinamen den Namen an, den er vor seiner Taufe getragen, wie es die Indianer allgemein getan haben; der andere hieß Chauca Rimachi; den christlichen Namen hat das Vergessen aus meiner Erinnerung getilgt. Wenn diese Hauptleute von diesen Vorhersagen und den Geschehnissen jener Zeit erzählten, wollten sie in Tränen schier zerfließen, so daß man sie, damit sie aufhörten zu weinen, davon ablenken mußte; von Huayna Capacs Testament und Tod und allem, was danach geschah, berichten wir gemäß den Mitteilungen jenes alten Inka mit Namen Cusi Hualpa, und vieles – das von den Greueltaten, die Atahualpa an denen vom könglichen Blut beging – berichte ich gemäß der Erzählung meiner Mutter und eines ihrer Brüder, Don Fernando Hualpa Tupac Inka Yupanqui geheißen, die damals beide Kinder von weniger als zehn Jahren und dem Wüten Atahualpas die zweieinhalb Jahre lang, die es währte, ausgesetzt waren, bis die Spanier ins Land kamen; und an gegebener Stelle werden wir berichten, wie sie und die wenigen jenes Blutes dem Tode entrannen, den Atahualpa ihnen zugedacht hatte, nämlich durch eine Gunst der Feinde selber.

63 »Mehr die Wirkung dieser Worte«: Der Tod Huayna Capacs (1527) und der Grund für die Eroberung Perus in der Sicht des Chronisten Garcilaso de la Vega, el Inca

Während eines Aufenthaltes im Königreich Quito hatte Huayna Capac, an einem der letzten Tage seines Lebens, in einem See gebadet, zu Erquickung und Vergnügen; als er dem Wasser entstieg, verspürte er Kälte, die die Indianer *chucchu* nennen, das heißt »zittern«, und da sich Fieber einstellte, welches sie *rupa* nennen, das heißt »brennen«, und er sich an den folgenden Tagen immer elender fühlte, ward er inne, daß sein Übel das des Todes war, denn seit Jahren besaß er Vorhersagen von diesem, aus Zaubereien, Zeichen und Deutungen gewonnene, die jene Heiden in großer Zahl hatten; selbige Vorhersagen, insbesondere diejenigen, die der Person des Königs galten, waren nach der Meinung der Inka Offenbarungen ihres Vaters, der Sonne, zu dem Zwecke, um dem Götzenkult Autorität und Glaubwürdigkeit zu verleihen.

[...]

Huayna Capac, elend, wie er sich fühlte, rief die Kinder und Angehörigen, die in seiner Nähe weilten, und die Gouverneure und Hauptleute aus den Nachbarprovinzen, die sich rechtzeitig einfinden konnten, und sprach zu ihnen: »Ich gehe von dannen, im Himmel bei Unserem Vater, der Sonne, auszuruhen, denn vor Tagen hat er mir offenbart, daß er mich aus einem See oder Fluß zu sich rufen würde, und da ich das Wasser mit dem Unwohlsein, das ich verspüre, verlassen habe, ist dies ein sicheres Zeichen dafür, daß Unser Vater mich ruft. Wenn ich tot bin, werdet ihr meinen Leib öffnen, wie mit den Körpern der Könige zu verfahren Brauch ist; Herz und Eingeweide und alles Innere werden, so gebiete ich, in Quito begraben, zum Zeichen der Liebe, die ich für Quito hege, und den Leib werdet ihr nach Cuzco bringen, um ihn meinen Vätern und Großvätern zur Seite zu stellen. Ich vertraue euch meinen Sohn Atahualpa an, den ich so sehr liebe, der an meiner statt Inka in diesem Königreich Quito und in allem wird, was er mit seiner Person und seinen Waffen erobert und seinem Reich hinzufügt, und euch Hauptleuten meines Heeres gebiete ich im besonderen, daß ihr ihm mit der Liebe und Treue dient, die ihr eurem König schuldet, denn als solchen hinterlasse ich ihn euch, auf daß ihr ihm in allem und um jeden Preis gehorsam seid und tut, was er euch heißt, denn das wird sein, was ich ihm auf Geheiß Unseres Vaters, der Sonne, gebiete. Ebenso lege ich euch Gerechtigkeit und Milde gegen die Vasallen nahe, auf daß der Name, den sie uns gegeben, Freund der Armen, nicht verlorengehe, und in allem, so trage ich euch auf, sollt ihr als Inka, Söhne der Sonne, handeln.« Da er seinen Söhnen und Hauptleuten diese Ansprache gehalten, ließ er die anderen Hauptleute und Curacas kommen, welche nicht vom königlichen Blut waren, und trug ihnen auf, ihrem König treu und brav zu dienen, wie sie es ihm schuldeten, und zum Schluß sprach er: »Seit vielen Jahren wissen wir durch Offenbarung Unseres Vaters, der Sonne, daß nach zwölf Königen, seinen Söhnen, neue, in diesen Gegenden unbekannte Menschen kommen und ihrem Reich alle unsere Königreiche und viele andere mehr erobern und unterwerfen werden; ich ahne, es sind diejenigen, von denen wir wissen, daß sie an der Küste unseres Meeres erschienen sind; es werden kühne Menschen sein, euch in allem überlegen. Wir wissen auch, daß mit mir die Zahl der Inka, die Zwölf, vollständig ist. Ich versichere euch, daß wenige Jahre, nachdem ich von euch gegangen bin, jene neuen Menschen kommen werden und ausführen, was Unser Vater, die Sonne, uns gesagt hat, und unser Reich erobern und seine Herren werden. Ich gebiete euch, ihnen als Menschen, die euch in allem überlegen sind, zu gehorchen und zu dienen; denn ihr Gesetz wird besser sein als das unsere, und ihre Waffen werden mächtiger und unbesiegbarer sein als die euren. Bleibt in Frieden zurück, denn ich scheide, auszuruhen bei meinem Vater, der Sonne, die mich ruft.«

Pedro de Cieza de León erwähnt diese Vorhersage Huayna Capacs, die Spanier betreffend, daß nämlich nach seinen Tagen das Reich fremde Menschen regieren würden, denen ähnlich, die auf dem Schiff waren. Jener Autor sagt, solches habe der Inka zu den Seinen in Tumipampa gesprochen, welches in der Nähe von Quito liegt, wo er, wie er sagt, die Kunde von den ersten Spaniern, die Peru entdeckten, erhalten hat.

Francisco López de Gómara gibt das Gespräch wieder, welches Huascar Inka mit Hernando de Soto (dem späteren Statthalter von Florida) und Pedro del Barco hatte, als diese beiden allein von Cassamarca nach Cuzco kamen, wie an gegebener Stelle berichtet wird, und führt nebst anderen Worten Huascars, der gefangengehalten wurde, folgende an, buchstabengetreu von ihm übernommen: »Und zum Schluß sagte er ihm, daß er rechtmäßiger Herrscher all jener Königreiche wäre und Atahualpa ein Tyrann; daß er deshalb den Hauptmann der Christen zu unterrichten und zu sehen wünschte, der geschehenes Unrecht wiedergutmachte und ihm Freiheit und Königreiche zurückgäbe; denn sein Vater, Huayna Capac, hätte ihm auf dem Totenbett geboten, Freund der weißen, bärtigen Männer zu sein, die kommen würden, denn sie würden die Herren des Landes werden« etc. Dergestalt war die Prophezeiung jenes Königs in ganz Peru bekannt, und solchermaßen wird sie von den Historikern wiedergegeben.

Alles das oben Gesagte hinterließ Huayna Capac als Testament, und daher verehrten es die Indianer aufs höchste und befolgten es treulich. Ich weiß noch, wie ich eines Tages jenen alten Inka fragte, als er im Beisein meiner Mutter von diesen Dingen, von der Ankunft der Spanier und davon erzählte, wie sie das Land erobert hatten: »Inka, wie kommt es, daß ihr, wo dieses euer Land so rauh und felsig ist und ihr so stark an Zahl und so kriegerisch und mächtig wart, daß ihr so viele fremde Provinzen und Königreiche erobern konntet, euer Reich so schnell untergehen ließet und euch so wenigen Spaniern ergabet?« Als Antwort wiederholte er die Spanier betreffende Prophezeiung, von der er uns einige Tage zuvor erzählt hatte, und sagte, daß ihr Inka sie jenen gehorchen und dienen geheißen hätte, da jene ihnen in allem überlegen wären. Nachdem er dies gesagt, wandte er sich mir zu, ein wenig ärgerlich, daß ich sie als feige und kleinmütig verspottet hatte, und gab mir auf meine Frage zur Antwort:»Daß wir uns unterwarfen und unseres Reiches verlustig gingen, war mehr die Wirkung dieser Worte unseres Inka, der letzten, die er an uns richtete, denn die der Waffen, die dein Vater und seine Gefährten in dieses Land gebracht haben.« Dies sagte jener Inka, um zu verstehen zu geben, wie sehr sie achteten, was ihre Könige sie hießen, erst recht, was Huayna Capac sie am Ende seines Lebens hieß, denn er war der von allen am meisten geliebte.

Huayna Capac starb an jener Krankheit; die Seinen, befolgend, was er sie geheißen, öffneten seinen Körper und balsamierten ihn ein und brachten ihn nach Cuzco, und das Herz begruben sie in Quito. An den Straßen, durch die sie kamen, wurden die Exequien für ihn mit viel Weinen, Wehklagen und Geheul gefeiert, ob der Liebe, die man für ihn hegte. Als er in der Kaiserstadt angekommen war, setzten die Exequien vollends ein und dauerten nach Sitte jener Könige ein Jahr; er hinterließ mehr als zweihundert Söhne und Töchter, über dreihundert, wie manche Inka versichern, um Atahualpas Grausamkeit hervorzuheben, denn der hat sie fast alle umgebracht.

64 Tödlicher Kulturkontakt: Atahualpa Inka (1502–1533) empfängt die Wiraqochas (1532)

In der Zeit, wo die Spanier in diesem Land Peru vor Anker gingen, wo sie zur Stadt Cajamarca gelangten [1532], ungefähr einhundertneunzig Meilen von hier entfernt, weilte mein Vater Manko Inka in der Stadt Cuzco; dort war er mit all seiner Macht und Befehlsgewalt, die ihm sein Vater Huayna Capac [der junge Mächtige] hinterlassen hatte. Die Neuigkeit erfuhr er durch einige Boten, die sein – zwar unehelicher – Bruder namens Atahualpa ausgesandt hatte, sowie durch einige Tiefland-Indianer aus dem Volk der *Tal-*

lana, die an der Südseeküste wohnen, fünfzehn oder zwanzig Meilen von Cajamarca entfernt.

Diese hatten erklärt, sie hätten eine bestimmte, von uns ganz verschiedene Art von Menschen bei ihnen landen sehen, die *Wiraqochas* zu sein schienen: mit diesem Namen bezeichneten wir früher den Schöpfer aller Dinge; wir nannten ihn *Teqsi Wiraqochan*, was »Ursprung« und »Urheber aller Dinge« bedeutet.

Aus mehreren Gründen bezeichnete man die neuentdeckten Leute mit diesem Wort: einerseits, weil sie sich in ihrer Kleidung und äußeren Erscheinung von uns unterschieden; andererseits, weil sie auf sehr großen Tieren ritten, die überdies Silberfüße hatten: das meinte man der glitzernden Hufeisen wegen. Ein weiterer Grund zu dieser Namensgebung war der, daß man sie dabei ertappt hatte, wie sie ganz allein in eine Art Tücher hinein sprachen, so wie eine Person mit einer anderen spricht; damit bezog man sich aufs Lesen von Büchern und Briefen. Außerdem nannte man sie *Wiraqochas* in Anbetracht der Erhabenheit und des Aussehens ihrer Gestalt und wegen des großen Unterschieds zwischen den einen und den anderen, denn die einen trugen schwarze Bärte, die anderen rote; dazu kam, daß man sie aus silbernem Geschirr essen sah. Ein letzter war, daß sie über *illapas* verfügten – mit diesem Wort bezeichneten wir den Donner; damit spielte man auf die Feuerwaffen an, denn man vermutete, es handle sich um Himmelsdonner.

Eine Gruppe von *Yunkas* [Bewohner des Tieflands] führten zwei dieser *Wiraqochas* zu meinem Onkel Atahualpa, der sich zu jener Zeit in Cajamarca aufhielt. Dieser empfing sie bestens; als er aber einem von ihnen unser gewohntes Getränk in einem goldenen Kelch darbot, da schüttete es der Spanier eigenhändig aus, worüber sich mein Onkel sehr erzürnte. Nach diesem Zwischenfall zeigten jene zwei Spanier besagtem Onkel einen Brief, ein Buch oder was weiß ich, und erklärten, es sei die *qellqa* [Schrift] Gottes und des Königs. Mein Onkel, noch ganz gekränkt wegen des Ausschüttens der *chicha* – so heißt nämlich unser Getränk –, ergriff den Brief oder was es sonst gewesen sein mag, und warf ihn irgendwohin, wobei er ausrief: »Was soll das sein, was ihr mir da gegeben habt? Hinaus, fort mit euch!« Die Spanier kehrten zu ihren Gefährten zurück und berichteten ihnen sicher, was sie gesehen hatten und was ihnen bei meinem Onkel Atahualpa widerfahren war.

Viele Tage später, als mein Onkel Atahualpa gerade in Krieg und Streitigkeiten verwickelt war mit Huascar Inka, einem seiner Brüder, um zu klären, welcher von ihnen der wirkliche König des Landes sei (wo es doch keiner von beiden war. Sie hatten nämlich meines Vaters Königsgewalt usurpiert, weil er damals noch ein Knabe war, und da der eine wie der andere sich auf viele Onkel und sonstige Verwandte stützen konnte, wollten sie die Macht an sich reißen. »Möge ihn auch unser Vater in seinen letzten Tagen ernannt haben«, führten sie an, »so besteht noch kein Grund, daß ein Knabe König wird; richtiger wäre es, die Älteren würden es anstatt des Kleinen.« Derartige Gründe konnte man nicht Gründe nennen, sondern nur Habgier und Ehrgeiz, denn beide Brüder waren zwar Söhne von Huayna Capac, stammten aber von Müttern gemeiner und niederer Herkunft, während mein Vater rechtmäßiger Sohn von königlichem Geblüt war, wie es schon Pachakutiq Inka [der weltumstürzende Herrscher] gewesen war, der Großvater Huayna Capacs,) ... während also, wie gesagt, die beiden Brüder – Söhne verschiedener Mütter – in Streitigkeiten miteinander verwickelt waren, langten in Cajamarca, der eben erwähnten Stadt, so erzählt man, vierzig oder fünfzig Spanier auf ihren wohlausgestatteten Pferden an.

Die Nachricht erreichte meinen Onkel Atahualpa, als er gerade daran war, in einem wenig entfernten Ort namens Huamachuco ein bestimmtes Fest zu feiern. Er brach sogleich mit seinem Gefolge auf, ohne Waffen zum Gefecht oder Harnische zum Schutz, nur mit *tumis* – so heißen unsere Messer – ausgerüstet, um jene neue Art von »Lamas« zu jagen; damit waren die Pferde gemeint, die ja erst neulich bei uns aufgetaucht waren. Die *tumis* oder Messer trugen sie bei sich, um die Tiere zu häuten und zu schlachten, wobei sie überhaupt nicht mit den paar Menschen rechneten und auch nicht zu wissen suchten, was sie waren.

Als mein Onkel mit all seinen Leuten die Stadt Cajamarca erreichte, empfingen ihn die Spanier bei den Bädern von Conoc. Dort eingetroffen, fragte er sie, wozu sie gekommen seien. Sie antworteten, sie seien im Auftrag *Wiraqochas* gekommen, um ihnen zu erklären, wie sie ihn kennenzulernen hätten. Nachdem mein Onkel angehört hatte, was sie sprachen, wartete er ihnen stumm auf, indem er einem von ihnen in der weiter vorn von mir beschriebenen Weise zu trinken gab, um festzustellen, ob diese Leute das Getränk ausschütten würden wie die beiden ersten Spanier. Alles geschah genau wie vorher: Sie tranken es nicht und kümmerten sich auch nicht darum. Als mein Onkel sah, wie gering sie seine Dinge einschätzten, sagte er: »Wenn ihr mich geringschätzt, so werde ich euch auch geringschätzen!« Er erhob sich zornig und begann zu schreien, als wollte er die Spanier umbringen. Aber die Spanier sahen sich vor und besetzten die vier Tore des rundherum befestigten Platzes, wo sie sich befanden.

Auf jenem ummauerten Platz blieben nun die Indianer wie Schafe eingeschlossen. Sie waren zahlreich und konnten nirgendwohin entweichen; sie hatten auch keine Waffen bei sich, weil sie sie nicht mitgenommen hatten; so wenig hatten sie sich aus den Spaniern gemacht. Nur Lassos und *tumis* trugen sie bei sich, wie ich vorher ausgeführt habe. Die Spanier stürmten wie rasend gegen die Mitte des Platzes los, wo an erhöhter Stelle ein Thron des Inkas war, eine Art Burg, die wir *usnu* nennen. Diese besetzten sie und ließen meinen Onkel nicht hinauf; im Gegenteil, an deren Fuß warfen sie ihn gewaltsam aus seiner Sänfte hinaus, stürzten sie um und entrissen ihm alles, was er bei sich trug, sogar seine Stirnquaste [*maskapaycha*], die bei uns als Krone gilt. Nachdem sie ihm alles entrissen hatten, nahmen sie ihn fest. Und da die Indianer laute Schreie ausstießen, töteten sie alle: mit den Pferden, den Degen oder den Schußwaffen, als ob sie Schafe abschlachteten, ohne daß irgend jemand Widerstand geleistet hätte: von mehr als zehntausend entkamen keine zweihundert.

Als alle tot waren, führten die Spanier meinen Onkel Atahualpa ins Gefängnis, wo sie ihn – nackt, den Hals mit Ketten umschlossen – die ganze Nacht gefangenhielten. Am Morgen des nächsten Tages gaben sie ihm seine Kleider und seine Stirnquaste zurück und fragten: »Bist du der König dieses Landes?« Er bejahte, aber sie fragten weiter: »Gibt's denn außer dir keinen anderen? Wir wissen nämlich, daß es einen anderen gibt, er heißt Manko Inka. Wo ist der?« Und mein Onkel antwortete: »In Cuzco.« Sie fragten weiter: »Wo liegt denn dieses Cuzco?« Darauf antwortete mein

Onkel: »Zweihundert Meilen von hier ist Cuzco.« Die Spanier fuhren beharrlich fort: »Wir haben ja erfahren, daß Cuzco die Hauptstadt dieses Landes ist; folglich muß derjenige, der in Cuzco weilt, der König sein.« Mein Onkel sagte: »Das ist er tatsächlich, denn mein Vater hat ihm die Macht überlassen; da er jedoch noch sehr jung ist, regiere ich das Land an seiner Stelle.« Die Spanier antworteten: »Auch wenn er noch jung ist, hat er ein Recht darauf, zu wissen, daß wir angekommen und im Auftrag *Wiraqochas* da sind. Laß es ihn also wissen.« Aber mein Onkel erwiderte: »Wen soll ich denn schicken, wo ihr mir doch alle Leute getötet und mich in diesem Zustand gelassen habt?« Das sagte er, weil sein Verhältnis zu meinem Vater kein gutes war, und weil er fürchtete, die *Wiraqochas* würden sich möglicherweise mit seinem Bruder einigen, falls dieser von deren Ankunft erführe. Er hielt jene nämlich für mächtige Leute und vermutete sogar, aus den genannten Gründen, sie seien wirklich *Wiraqochas*.

65 Peruanische Geschichtsklitterung: Manko Inka aus der Sicht seines Sohnes Titu Cusi Yupanqui Inka

Wie die Spanier Manko Inka gefangennahmen

Als die Spanier sich nun mit solchem Reichtum überhäuft sahen, wollten sie in ihr Land heimkehren. Aber mein Vater, der sie in seinem Land noch als Neulinge betrachtete, ließ sie nicht ziehen, sondern sagte, er wolle sich noch mit ihnen vergnügen und sie in seinem Lande behalten; sie sollten ihr eigenes nur ausführlich über den Verlauf ihrer Reise benachrichtigen. Sie gingen gern darauf ein und wählten Gesandte aus, denen sie einen großen Teil des Schatzes für den Kaiser Don Carlos [Karl V.] mitgaben. Und in Gesellschaft meines Vaters verbrachten sie in Cuzco viele Tage und vergnügten sich nach Lust und Laune. Aber die Gier, die ja beim Menschen so mächtig ist, packte sie derart, daß sie sich vom Teufel – Freund jeder Schlechtigkeit – verführen ließen und insgeheim miteinander besprachen und absprachen, wie und auf welche Weise sie meinen Vater quälen und eine größere Menge Silber und Gold als die, welche sie schon erpreßt hatten, von ihm erpressen könnten. Als mein Vater, einige Tage nach dieser Absprache, ruhig und gelassen in seinem Haus weilte, begaben sie sich mit mehr als hundert Spaniern in verräterischer Absicht zu ihm, unter dem Vorwand, ihn zu besuchen. Mein Vater, der sie kommen sah, empfing sie froh und beglückt, denn er meinte, sie seien wie andere Male schon gekommen, ihn zu besuchen. Da sie aber gekommen waren, ihren Verrat zu begehen, nahmen sie ihn fest und sagten: »Wir haben erfahren, Manko Inka, daß du dich, wie schon dein Bruder Atahualpa, gegen uns erheben und uns vernichten willst. Wisse aber, daß der Gouverneur uns aufgetragen hat, dich wie deinen Bruder Atahualpa zu verhaften und in Ketten zu legen, damit du außerstande seiest, uns zu schaden.«

Als mein Vater sie so entschlossen sah, rief er höchst erregt aus: »Was habe ich euch angetan, daß ihr mich in dieser Weise behandeln und wie einen Hund anketten wollt? So entgeltet ihr mir den Gefallen, den ich euch erwiesen habe, indem ich euch in dieses Land hineingelotst und so großzügig und liebevoll mit Dingen beschenkt habe, die ich hier besaß? Schlecht geht ihr vor: Seid ihr nicht jene, die behaupten, *Wiraqochas* und Abgesandte des *Teqsi Wiraqochan* zu sein? Ihr seid jedoch unmöglich dessen Söhne, denn ihr wollt denen, die euch so viel Gutes getan haben, Schlechtes antun. Habe ich euch vielleicht nicht eine große Menge Gold und Silber nach Cajamarca geschickt, und habt ihr etwa meinem Bruder nicht den ganzen Schatz entrissen, den ich dort von meinen Vorfahren her besaß? Habe ich euch in dieser Stadt nicht alles gegeben, was ihr gewünscht habt – das eine und das andere summiert ergibt eine Unsumme, mehr als sechs Millionen? Habe ich nicht euch und euren Dienern Bedienstete zur Verfügung gestellt und dem ganzen Land befohlen, euch Tribut zu leisten? Was mehr soll ich denn eurer Meinung nach tun? Urteilt selbst darüber, und ihr werdet sehen, daß ich mich zu Recht beklage.«

Wie geblendet von ihrer bösartigen Habgier, antworteten da die Spanier und bemerkten: »Schon gut, *Sapay Inka!* Bemüht Euch nicht um Entschuldigungen, denn wir haben den Beweis, daß du dich im ganzen Land erheben willst. Hört her, Burschen, reicht uns ein Paar Fußeisen!«

Unverzüglich wurden diese gebracht und ohne den geringsten Respekt und ohne im mindesten darauf Rücksicht zu nehmen, wer er war und wieviel Gutes er ihnen erwiesen hatte, meinem Vater um die Füße gelegt. Und wie sich mein Vater so gefesselt sah, erklärte er voll Trauer: »Wahrlich, ich sage euch, ihr seid Teufel und nicht *Wiraqochas*, denn ohne meine Schuld behandelt ihr mich so. Was wollt ihr denn?« Die Spanier entgegneten: »Wir wollen vorläufig nichts, außer daß du gefangen bleibst.« So gefangen ließen sie ihn mit einigen Wächtern zurück und begaben sich nach Hause, um dem Gouverneur, der an dieser Angelegenheit nicht ganz unschuldig war, über ihre Taten Bericht zu erstatten.

Als sich mein Vater seiner Gefangenschaft richtig bewußt wurde, kam eine große Kümmernis über ihn. Er wußte sich nicht zu helfen, denn niemand, außer seinen Landsleuten, vermochte ihn zu trösten.

Ich weiß nicht, wie viele Tage verstrichen, bis schließlich Hernando Pizarro und Juan Pizarro und Gonzalo Pizarro wieder mit mehreren anderen erschienen und zu meinem Vater sagten: »Herr Manko Inka! Wollt Ihr Euch immer noch mit Eurem Volk erheben?« Mein Vater sagte: »Mit meinem Volk soll ich mich erheben? Das Land gehört mir nicht mehr; mit wem soll ich mich denn eurer Meinung nach erheben?« Darauf antworteten die Spanier und sprachen: »Man hat uns berichtet, ihr wolltet uns töten, deswegen haben wir dich auch verhaftet. Ist dem aber nicht so und stimmt es nicht, daß du dich erheben willst, so tätest du gut daran, dich von deiner Pein freizukaufen, indem du uns ein wenig Gold und Silber gibst. Das sind wir nämlich suchen gekommen, und wir befreien dich, sobald du es uns aushändigst.« Aber da mischte sich Hernando Pizarro ein: »Wenn ihr ihn auch befreien wollt und er mehr Gold und Silber liefert, als in vier *bohíos* [Indianerhäuser] Platz hat, so werde ich ihn meinerseits nicht freigeben, solange er mir die Frau *Qoya* [Königin, Schwester und Gemahlin des Inka] Qora Oqllo, seine Schwester, nicht zur Gemahlin gibt.« Das sagte er, weil er sie gesehen und sich in sie verliebt hatte, denn sie war sehr schön.

Als mein Vater sie so entschlossen sah, ihre üblen Absichten durchzusetzen, sagte er: »Das also befiehlt euch *Wiraqocha*, anderen gewaltsam Habe und Frauen zu entwenden? Bei uns ist dergleichen nicht üblich, und ich sage mit Bestimmtheit, daß ihr nicht Söhne *Wiraqochas*, sondern des *Supay* – so heißt der Teufel in unserer Sprache – seid. Nun gut, ich werde versuchen, euch etwas aufzutreiben.« Und sie erwiderten: »Denkt nur nicht, es könne irgend etwas sein. Du wirst uns mindestens soviel geben, wie du uns bei unserer Ankunft gabst. Das war ein Schatz, der nicht einmal im größten *galpón* [Halle] von Indianern Platz fand.« Mein Vater, der sie so zudringlich und entschlossen sah, sagte, um keine weiteren Worte zu verschwenden: »Geht, ich werde tun, was ich kann, und euch dann benachrichtigen.« Noch halb im Zweifel darüber, ob sich dies verwirklichen würde oder nicht, zogen die Spanier ab. Anderntags ließ mein Vater im ganzen Land den Aufruf ergehen, die gesamte Bevölkerung solle sich versammeln, um Schätze in jener Menge, wie es die Spanier von ihm so hartnäckig verlangten, aufzubringen. Und als sie alle versammelt waren, hielt er ihnen folgende Ansprache:

Manko Inka Yupanquis Ansprache an seine Leute über das Aufbringen des Schatzes, den er den Spaniern während seiner ersten Gefangenschaft aushändigte

»Meine Brüder und Söhne: In früheren Tagen habe ich euch schon einmal auf diese Weise versammeln lassen, um euch eine neue Art von Menschen vorzustellen, die in unserem Land vor Anker gegangen waren, diese Bärtigen nämlich, die hier in dieser Stadt weilen; dies geschah auch deswegen, weil sie behaupteten, *Wiraqochas* zu sein und es ihrer Kleidung nach auch zu sein schienen. Euch allen befahl ich, ihnen zu dienen und zu huldigen, als gälte es mir persönlich, und ihnen auch von dem, was es in euren Landstrichen gibt, Tribut zu leisten. Ich wähnte nämlich, es seien dankbare Leute, Abgesandte von jenem, der ihren Worten nach *Teqsi Wiraqochan* - also ›Gott‹ – zu sein schien; ich glaube jedoch, meine Vorstellungen haben sich als verkehrt erwiesen, denn wisset, meine Brüder, daß sie nicht Söhne *Wiraqochas*, sondern des Teufels sind, wie sie es mir bewiesen haben, seit sie im Land sind, denn teuflisch ist, was sie mir seit ihrer Ankunft angetan haben und antun, wie ihr mit eigenen Augen sehen könnt. Wenn ihr mich wirklich liebt, so müßt ihr, denke ich, großen Schmerz und Kummer dabei verspüren, euren König in Ketten gefangen und ohne Schuld mißhandelt zu sehen, und zwar nur deswegen, weil ich solche

Leute ins Land eingelassen und mir so selbst die Schlinge um den Hals gelegt habe. Wenn ihr mir einen Gefallen tun wollt, so sucht, bei eurem Leben, so schnell wie möglich eine vernünftige Menge von Gold- und Silberzeug aufzutreiben – danach lechzen sie ja –, damit ich mich von meiner Pein freikaufen und dieser Gefangenschaft, in der ihr mich mit euren eigenen Augen schmachten und leiden seht, entrinnen kann.«

Wie die Indianer dem gefangenen Manko Inka auf die Bitte antworteten, diesen Schatz zusammenzutragen

Und wie die ganze versammelte Bevölkerung aus den vier Teilen des Landes, in die es durchgehend eingeteilt ist... Das Land – mehr als eintausendzweihundert Meilen lang und beinahe dreihundert Meilen breit – ist nämlich im Sinne der Weltbeschreibung folgendermaßen unterteilt: in Osten, Westen, Norden und Süden, die wir, im Kreis herum und unserem Gebrauch folgend, *Anti-Suyu*, *Chinchay-Suyu*, *Kunti-Suyu* und *Kolla-Suyu* nennen; *Anti-Suyu* den Osten, *Chinchay-Suyu* den Norden, *Kunti-Suyu* den Westen, *Kolla-Suyu* den Süden. Diese Einteilung ließen wir von Cuzco entspringen, das Zentrum und Haupt[-stadt] des ganzen Landes ist. Meine ihrem Ursprung gemäß dort wohnenden Vorfahren nannten sich deshalb, auch ihrer zentralen Stellung und Lage wegen, Herren des *Tawantin-Suyu*, das heißt Herren der vier Teile der Welt. Sie waren ja überzeugt, es gäbe nur diese eine Welt. Aus diesem Grund schickten sie jeweils von hier aus Boten in alle Landesteile, wie es mein Vater jetzt bei der eben erwähnten Versammlung tat, damit die ganze Bevölkerung sich in der Hauptstadt einfinden möge. So drückten sie sich der vielen, unmöglich zu zählenden Leute wegen aus, die sich jeweils dort einfanden. Und wenn auch in Cajamarca und bei der Verfolgung von Quizquiz und in vielen anderen Scharmützeln und Gefechten, die ich, um nicht weitschweifig zu werden, verschweige, unzählige Leute umgekommen waren, so fanden sich in dieser Versammlung, die Würdenträger nur gerechnet, mehr als zehntausend ein. Und wie sie vor meinem Vater versammelt waren und ihn in solch mißlicher Lage vorfanden, riefen sie unter großem Wehklagen aus:

»*Sapay Inka*: Könnte es ein Herz geben auf dieser Welt, das beim Anblick unseres so bedrückten und von Schmerz gepeinigten Königs nicht zerbräche und vor Jammer schmölze? Indem du, *Sapay Inka*, derartige Leute in dein Land eingelassen hast, begingst du zwar einen schweren Fehler. Aber da das Geschehene geschehen ist und anders nicht daran gerüttelt werden kann, sind wir, deine Untertanen, gerüstet, bereitwillig alles zu tun, was du uns zu befehlen beliebst. Wir meinen damit nicht nur das, was du uns herbeizuschaffen befiehlst, das ist nichts neben dem, was wir dir schulden und verdanken. Und sollte das, wovon du sprichst, nicht genügen und es sich aufdrängen, uns selbst, unsere Frauen und unsere Kinder zu verkaufen, um dich von deiner Qual zu erlösen, so werden wir es, um dir zu dienen, bereitwillig tun. Und wisse, mein Herr, daß du nur zu befehlen brauchst, dieses oder jenes sei herbeizuschaffen, und zur gewollten Stunde wird dein Auftrag vollkommen und haargenau erledigt sein, und wenn es auch gälte, die Erde mit den bloßen Händen aufzuschürfen.«

Als mein Vater Manko Inka Yupanqui sah, wie bereitwillig sich seine Untertanen anerboten, seine Wünsche zu erfüllen, dankte er ihnen und sagte: »Wahrlich, ihr *Apus* (das heißt ›Herren‹), ich bin euch sehr verpflichtet für die von euch bewiesene Bereitschaft, mich dank dem Opfer eurer selbst und eurer Güter von der Qual zu erlösen, der ich ausgesetzt bin. Ich gebe euch mein königliches Wort, daß ihr dabei nicht schlecht fahren werdet; ich werde es euch, wenn ich nicht sterbe, entgelten. Ich habe mir ja alles selbst eingebrockt, indem ich so schlechte Leute in mein Land hereingelassen habe; ich werde es aber auch auszulöffeln wissen. Ihr würdet mir einen großen Gefallen tun, euch beim Herbeischaffen besagten Schatzes möglichst zu beeilen, denn ich leide sehr darunter, mich auf diese Weise gefangen und mißhandelt zu sehen. Und damit mich diese da nicht länger plagen, werdet ihr mir jenen *bohío* dort – es handelte sich um ein großes Haus – bis zum Bersten mit Gold und Silber anfüllen müssen; bei diesem Anblick werden sie vielleicht aufhören, mich zu belästigen.«

Die Hauptleute und die anderen Leute erwiderten einstimmig: »*Sapay Inka*, mein Herr, das ist nichts neben dem, was wir dir verdanken. Dein Auftrag wird unverzüglich erfüllt werden.« Und so verabschiedeten sich alle, um zu holen, was mein Vater von ihnen verlangt hatte. Nach kurzer Zeit waren sie mit den gewünschten Dingen zurück, die den Anordnungen meines Vaters gemäß aufgehäuft und bereitgestellt wurden. Am anderen Tag ließ mein Vater die Spanier herbeiholen: sie folgten unverzüglich seinem Ruf.

Wie die Spanier in Mankos Haus eintrafen, als dieser immer noch gefangen war, und was nach deren Ankunft vorfiel

Nachdem die Spanier dort eingetroffen waren, wo mein Vater gefangen und mit Fußeisen angekettet war, begrüßten sie ihn, wie sie es bei früheren Gelegenheiten getan hatten, und auch mein Vater zollte ihnen die gewohnte Achtung, als er sie ankommen und in sein Haus eintreten sah. Er begann das Gespräch, indem er sich zuerst nach dem gerade abwesenden Macho Capito [alter »Hauptmann«] erkundigte. Er fragte, sich an Hernando Pizarro wendend: »Wo ist der Macho Capito?« Hernando Pizarro gab zur Antwort, er sei, unpäßlich, zu Hause geblieben. Aber mein Vater, der ihn zu sehen wünschte, sagte: »Sollten wir ihn denn nicht rufen?« Und Gonzalo Pizarro und die anderen sprachen: »Wie du willst, Manko Inka, ruft ihn her, es wäre angebracht, ihn in deinem Namen herrufen zu lassen.« Und mein Vater sandte einige seiner Hauptleute, um bei ihm vorzusprechen, aber der Gouverneur antwortete den Hauptleuten, er sei gerade unpäßlich, er werde sich aber, kaum fühle er sich etwas besser, meinem Vater zur Verfügung stellen. Als mein Vater vernahm, daß er nicht kommen würde, richtete er folgende Worte an die Spanier:

Die Ansprache des gefangenen Inkas an die Spanier, als er ihnen den ersten Schatz aushändigte

»Meine Herren: Seit vielen Tagen tut ihr mir das Unrecht an, mich so zu behandeln, wie ihr es tut, während ich euch doch keinen Anlaß dazu gegeben habe, zumal ich euch in mein Land hereingelassen und mit großen Ehren und viel Aufwand in meine Stadt und in mein Haus eingeladen und euch freigebig überlassen habe, was ich in meinem Land und in meinem Haus besaß. Und das war, wenn ihr es euch überlegen wollt, nicht gerade wenig: mehr als zwei Millionen in Gold und Silber – mehr als alles, was euer König sein eigen nennt. Und ihr wißt genau, daß es in meiner Hand lag, euch ins Land hereinzulassen oder nicht, denn hätte ich es nicht gewollt, so hättet ihr, und wärt ihr auch zehnmal so zahlreich gewesen, nicht eindringen können. Ihr könnt nicht wissen, wie mächtig die ganze Bevölkerung meines Landes ist und wie viele Festungen und Truppen es darin gibt. Ihr solltet euch erinnern, wie wohlwollend ich euch einlud, ohne daß ihr mich dazu hättet auffordern müssen, und wie ich euch zum Zeichen der Freundschaft entgegenschickte, was ich nur konnte, weil man mir gemeldet hatte, ihr seiet *Wiraqochas* und Abgesandte von *Teqsi Wiraqochan.* Ihr solltet euch auch erinnern, daß ich euch gleich nach eurer Ankunft Bedienstete zur Verfügung stellte und die ganze Bevölkerung des Landes versammelte, um sie zu bitten, euch Tribut zu leisten. Und zum Lohn dafür wie auch für die von mir bewiesene Hingabe und Bereitwilligkeit habt ihr mich unter dem Vorwand, ich wolle mich gegen euch auflehnen und euch umbringen, gefangengenommen und in die gegenwärtige Lage versetzt, obschon ich doch nichts Derartiges im Sinn hatte. Die Habgier, ich weiß es nur zu gut, hat euch verblendet und zu so unsinnigem Tun angestiftet; ihretwegen habt ihr mich so mißhandelt. Niemals hätte ich gedacht, daß Menschen, die zunächst im günstigsten Licht erscheinen und sich zudem rühmen, Söhne *Wiraqochas* zu sein, sich solcher Taten schuldig machen würden. Bei eurem Leben, gebt mich frei und begreift, daß ich euch kein Leid antun, sondern ganz gefällig sein will. Um eure Habgier zu sättigen – ihr hungert ja buchstäblich nach Silber –, wird man euch dort drüben geben, was ihr wünscht. Aber paßt auf, ihr bekommt es mit der Verpflichtung, mich und die ganze Bevölkerung dieses Landes nicht mehr weiter zu quälen und zu mißhandeln. Und wähnt nicht, ich überlasse es euch aus Angst: aus freien Stücken tu ich's. Warum sollte ich euch auch fürchten, wo doch das ganze Land unter meiner Herrschaft und Befehlsgewalt steht? Und wünschte ich es, so könnten euch meine Landsleute in kürzester Zeit verjagen. Wähnt auch nicht, ich mache mir irgend etwas aus den Fesseln, mit denen ihr mich gefangenhaltet: Hätte ich es gewollt, so wäre es mir ein leichtes gewesen, mich davon zu befreien. Ich habe es jedoch nicht getan, damit ihr versteht, daß mein Vorgehen der Liebe, nicht der Furcht entspringt; deswegen habe ich es mit euch gehalten und tue es weiterhin so, wie ich ausgeführt habe. Wir wollen fortan in Frieden leben und Freundschaft und Geselligkeit pflegen; sollte das nicht zustande kommen, so würdet ihr, wie ihr wohl wißt, *Wiraqocha* – nämlich ›Gott‹ – und eurem König Schmerzen bereiten.«

Und wie mein Vater seine Ansprache beendet hatte, dankten ihm alle Spanier, die mit Hernando Pizarro, Gonzalo Pizarro und Juan Pizarro gekommen waren, für seine Worte, und noch mehr für die Geschenke – den Schatz und die übrigen Schmuckstücke. [...]

Der Aufruhr Gonzalo Pizarros gegen den Inka

Kaum waren, wie mein Vater mir erzählt hat, drei Monate vergangen, als sich der Neid – Feind jeder Art von Güte – bei Gonzalo Pizarro einnistete. Erstens, weil ihm aufgegangen war, daß sein Bruder schlicht und einfach deswegen soviel Gold und Silber bekommen hatte, weil er zur Zeit, wo er *Corregidor* [Richter] war, meinen Vater aus bloßer Habgier gefangengenommen hatte. Zweitens, weil er sich dank der Abwesenheit des Marqués Don Francisco Pizarro im Besitz des Gouverneurstabs und der Befehlsgewalt sah, und mit Hilfe dieses Stabs und auf Kosten meines Vaters seine Macht und Pracht zu demonstrieren wünschte: Der Marquis hatte sich nämlich gerade unter großen Liebes- und Freundschaftsbezeugungen und in bestem Einvernehmen mit meinem Vater verabschiedet und war nach Lima aufgebrochen. Also unterschob besagter Gonzalo Pizarro meinem Vater die Absicht, einen Aufstand entfesseln und sie dabei eines Nachts im Schlaf überrumpeln zu wollen. Unter diesem Vorwand versah er sich mit Waffen und wiegelte seinen Bruder Juan Pizarro und andere auf, meinen Vater gefangenzunehmen. So begaben sie sich alle zusammen zu einem Gebäude, wo mein Vater sich mit den Seinen an einem Fest ergötzte, das zu jener Zeit stattfand [Ende 1535]. Bei ihrer Ankunft wurden sie von meinem Vater, der von der drohenden Verschwörung nichts ahnte, äußerst wohlwollend und leutselig empfangen. Aber jene, ganz von ihrer tückischen Absicht erfüllt, warteten ab, bis er aus irgendeinem Grund nach Hause gehen mußte, und folgten ihm; als er gerade das Haus wieder verließ, nahmen sie ihn dort fest, wobei der Gonzalo Pizarro folgende Worte sprach:

Mankos zweite Gefangennahme durch Gonzalo Pizarro

»Herr Manko Inka: Vor wenigen Tagen kamt Ihr mit meinem Bruder Hernando Pizarro überein, keine weiteren Unternehmungen mehr anzuzetteln und anzustiften. Ihr habt aber, so scheint mir, Euer Versprechen nicht gehalten, denn wir haben erfahren, daß Ihr in der Absicht, heute nacht über uns herzufallen, viele Leute gesammelt habt. Gebt Euch also im Namen des Königs gefangen, aber wähnt nur nicht, es werde so harmlos sein wie letzthin, als Ihr ausrieft, Ihr machtet Euch nichts aus unseren Ketten. Jetzt werdet Ihr selbst spüren können, ob sie sich zerbrechen lassen oder nicht.« Und im Handumdrehen ließ Gonzalo Pizarro ein Paar Fußeisen und eine Kette herbeischaffen, um ihn damit nach seinem Geschmack anzuketten. Er befahl, ihm besagte Fußeisen und Ketten unverzüglich anzulegen. Als mein Vater merkte, in welch schmähliche Lage sie ihn versetzen wollten, suchte er sich mit folgenden Worten zu verteidigen:

Die Antwort Manko Inkas

»Was für ein Spiel treibt ihr mit mir, indem ihr mich immer wieder verhöhnt? Wißt ihr denn nicht, daß ich ein Sohn des Tagesgestirns und ein Sohn *Wiraqochas* bin, wie ihr euch brüstet? Bin ich etwa der erste beste oder irgendein Indianer niedriger Herkunft? Wollt ihr riskieren, das ganze Land in Entrüstung zu versetzen und allesamt zerstückelt zu werden? Mißhandelt mich nicht, ich habe euch dazu keinen Anlaß gegeben. Meint ihr, ich mache mir etwas aus euren Fesseln? Ich schätze sie weniger hoch ein als den Boden, den ich mit Füßen trete.«

Als Gonzalo Pizarro und seine Unteroffiziere meinen Vater derart erbost sahen, stürzten sie sich alle auf ihn, um ihm die Kette um den Hals zu legen. Sie sagten: »Verteidigt Euch nicht, Manko Inka. Seid gewiß, daß wir Euch an Händen und Füßen kunstgerecht fesseln werden, daß die vereinte Weltbevölkerung Euch nicht zu befreien vermöchte. Wir verhaften Euch nämlich im Namen und auf Geheiß Seiner Majestät, nicht etwa eigenmächtig. Und wenn es auch so wäre, jetzt habt Ihr uns viel mehr Gold und Silber auszuhändigen als letztes Mal, und zudem müßt Ihr mir die

Frau *Qoya* Qora Oqllo, Eure Schwester, zur Frau geben.« Und alle zusammen, die dabei waren, legten ihm auf der Stelle die Kette um den Hals und die Eisen um die Füße.

Die Ansprache Manko Inkas, als er zum zweitenmal gefangen war

Als sich mein Vater auf so unverschämte und entehrende Weise verhaftet und angekettet sah, äußerte er, zutiefst gekränkt, folgende Worte:

»Bin ich denn ein Hund, ein Schaf oder sonst eines eurer *uywas* [Haustiere], daß ihr mich, um meine Flucht zu verhindern, derart ankettet? Bin ich ein Dieb oder habe ich an *Wiraqocha* oder an eurem König Verrat geübt? Keineswegs. Weshalb denn, wenn ich weder ein Hund noch sonst eines der Geschöpfe bin, die ich eben erwähnt habe, geht ihr so mit mir um? Wahrlich, ich sage euch und bestehe darauf: Ihr seid eher Söhne des *Supay* als Diener – von Söhnen schon gar nicht zu reden – *Wiraqochas*. Denn wärt ihr, wie ich früher schon gesagt habe, zwar keine Söhne, aber wenigstens Diener *Wiraqochas*, so würdet ihr einerseits nicht mit mir umgehen, wie ihr es tut, sondern darauf achten, wer und wessen Sohn ich bin, und wie groß meine Macht, die ich aus Rücksicht auf euch aufgegeben habe, war und immer noch ist. Andererseits würdet ihr bedenken, daß euch seit eurer Ankunft nichts von allem, was es in meinem ganzen Land gibt, sei es nun Großes oder Kleines, Erhabenes oder Niedriges, verweigert worden ist. Im Gegenteil: Hatte ich vorher Reichtümer, so besitzt ihr sie jetzt; hatte ich Leute, so dienen sie jetzt euch, Männer und Frauen, Junge und Alte, sogar Minderjährige; hatte ich Ländereien, so sind jetzt die besten, die es in meinem Land überhaupt gibt, in eurer Macht. Gibt es irgend etwas auf der Welt, was ich euch, als ihr es brauchtet, nicht verschafft habe? Eines ist sicher: Ihr seid undankbar und würdig, unterzugehen!«

Gonzalo Pizarro und Juan Pizarro und die anderen, die sie begleitet hatten, achteten überhaupt nicht auf die an sie gerichteten Worte meines Vaters und bemerkten mit einer gewissen Verachtung:»Seien Sie nur ruhig, seien Sie ruhig, Herr *Sapay Inka*, erholen Sie sich ein wenig, Sie sind im Augenblick sehr erregt. Morgen haben wir Zeit genug, darüber zu sprechen. Geben Sie sich alle Mühe, die nötigen Anordnungen zu treffen, damit viel Gold und Silber zusammenkommt, und vergessen Sie nicht, uns die *Qoya* auszuhändigen: Es liegt mir viel daran, sie zu bekommen.« So äußerte sich Gonzalo Pizarro. Nachdem die Spanier meinem Vater so tröstend zugesprochen hatten, brachen sie auf, in ihren Häusern das Mittagessen einzunehmen, denn diese Gefangennahme hatte am Morgen stattgefunden. Und sie verschwanden in ihren Wohnungen, nicht ohne eine gute Garde zum Bewachen meines Vaters zurückgelassen zu haben. Alle Leute, die sich auf einem Platz namens Puma Kurku aufhielten, von wo mein Vater sich an jenem Morgen vom gemeinschaftlichen Essen erhoben hatte, um in seinem Haus etwas zu erledigen, wobei er von den Spaniern verhaftet worden war … sie alle eilten äußerst bestürzt zu dem Gebäude, wo mein Vater weilte, um zu sehen, weshalb er in all der Zeit, die verstrichen war, nicht zur *pampa* [Platz, Ebene] zurückgekehrt war. Beim Tor angelangt, stießen sie auf die Diener meines Vaters, die angesichts der Gefangennahme ihres Herrn alle sehr erregt und dem Weinen nahe waren. Den Hauptleuten und anderen Personen, die herbeigeeilt waren, um in Erfahrung zu bringen, was eigentlich vorging, verschlug es die Sprache; ihr Inneres war ein einziger Aufschrei. Und die einen befragten verwundert die anderen: »Was ist los? Was ist los?« Und in größter Erregung bahnten sich die höchsten Würdenträger des ganzen Landes einen Weg ins Innere des Hauses, um festzustellen, was tatsächlich vorging, und um zu sehen, wie es meinem Vater ging. Indem sie weiter ins Innere vordrangen, wozu man ihnen die Bewilligung erteilt hatte (ohne die niemand eintreten durfte), gelangten sie dahin, wo mein Vater wie beschrieben gefangen war. Bei diesem Anblick brachen sie – unerhört muß es gewesen sein – alle in ein lautes Wehgeschrei aus. Aber einer von ihnen, Willaq Umu [der wortgewaltige Priester] genannt, der in meines Vaters Namen das ganze Land als dessen Oberbefehlshaber regierte, richtete sich mit lauter Stimme an alle Anwesenden und fuhr, sich zu beherrschen suchend, meinen Vater an.

»*Sapay Inka:* Was haben denn diese *Wiraqochas* im Sinn? Heute nehmen sie dich gefangen, morgen lassen sie dich frei. Sie scheinen Schabernack mit dir zu treiben, aber es erstaunt mich nicht, daß sie dich auf solche Weise behandeln: du hast es ja selbst dadurch herbeigeführt, daß du, aus freien Stücken und ohne uns um unsere Meinung zu bitten, so boshafte Leute ins Land eingelassen hast. Hättest du mir die Sache überlassen, als sie dort eintrafen, wo du jetzt bist, so hätten ich und Challku Chima sie mit den uns treuen Scharen wohl oder übel am Einmarsch gehindert, das verspreche ich dir. Und ich glaube kaum, es wäre uns so schlecht ergangen, wie es uns deiner Güte wegen ergangen ist. Hättest du uns nur nicht gesagt, sie seien *Wiraqochas* und Abgesandte des *Hatun Wiraqochan* – des ›großen Gottes‹ –, und hättest du uns nur nicht eingeschärft, ihnen als solchen zu gehorchen und Achtung zu erweisen, wie du es selbst tatest! Es fehlte uns gerade noch, so gequält und gepeinigt zu werden, wie es uns gegenwärtig geschieht: unserer Güter, unserer Frauen, unserer Söhne und Töchter, unserer Äcker verlustig zu gehen und Untertanen zu werden von jemandem, den wir nicht kennen, und in solchem Maße unterdrückt und geplagt zu werden, daß man uns sogar zwingt, den Schmutz ihrer Pferde mit unseren Umhängen [Ponchos] zu reinigen. Wisse, mein Herr, auf welcher Stufe der Erniedrigung wir deinetwegen angelangt sind, und wundere dich nicht, so behandelt zu werden, denn du selbst hast es verschuldet. Du weißt wohl, wie ich dich damals, als du ihnen nach Vilcaconga entgegengehen wolltest, zurückzuhalten suchte und oftmals davor warnte, sie in dein Land eintreten zu lassen. Kaum hatte man uns die Nachricht überbracht, sei seien bei uns an Land gegangen, anerbot ich mich – wenn du dich noch daran erinnerst –, sie mit zehn- oder zwölftausend Indianern in Eilmärschen einzuholen und allesamt in Stücke zu schlagen. Aber du ließest mich nie handeln: ›Schweig! Schweig! Es sind doch *Wiraqochas*, oder Söhne von *Wiraqocha*.‹ Als ob wir nicht gespürt hätten, daß Menschen dieses Schlages, die aus weit entfernten Ländern ausgezogen waren, eher zum Befehlen als zum Gehorchen gekommen waren! Wir alle, ich und deine Leute, sind über das Geschehene sehr betrübt und fühlen großes Mitleid mit dir, der du in solch mißlicher Lage bist. Gib mir doch deine Einwilligung, damit du siehst, daß ich immer noch der gleiche bin. Befreien werde ich dich und diese Bärtigen in kürzester Zeit vernichten; du verfügst ja über genug Leute, die mir dabei helfen werden. Im ganzen Land – oben, unten, quer hindurch – genießt nach dir, du weißt es wohl, niemand größeres Ansehen als ich, denn ich bin ja Oberbefehlshaber über alle.«

66 »...uns diesen Alptraum vom Leibe schaffen«: Der Aufstand des Manko Inka (1536)

Die Ansprache des Inkas an seine Hauptleute über die Belagerung Cuzcos

»Meine geliebten Söhne und Brüder: Niemals hätte ich gedacht, von euch verlangen zu müssen, was ich jetzt im Sinne habe. Ich hatte nämlich immer gemeint und war überzeugt, diese bärtigen Leute, die ihr *Wiraqochas* nennt, weil ich es euch – in der Meinung, sie kämen wirklich im Auftrag *Wiraqochas* – damals so gesagt hatte, würden mir nie mit Tücke begegnen noch irgendein Leid tun. Jetzt aber, wo ich auf die gesammelte Erfahrung zurückblicke und merke – auch ihr habt es bemerkt –, wie schlecht sie mich behandelt und wie schlecht sie das, was ich für sie getan, gelohnt haben: tausendmal verhöhnt haben sie mich, gefangengenommen haben sie mich, an Händen und Füßen haben sie mich wie einen Hund gefesselt; und vor allem: nachdem sie mir ihr Wort gegeben haben, fürderhin das gegenseitige Liebes- und Freundschaftsbündnis zu respektieren, sind sie schon wieder daran, einen Plan auszuhecken, um mich gefangenzunehmen und zu töten... Jetzt also bitte ich euch inständig, wie man seine Söhne nur bitten kann, euch zu erinnern, wie oft ihr mich gedrängt habt, das zu tun, was ich jetzt tun will; ich solle mich gegen diese da erheben, sagtet ihr und fragtet, weshalb ich sie in meinem Land dulde. Ich ging aber nicht darauf ein, weil ich meinte, nichts von dem, was nun vor sich geht, würde geschehen. Aber da dem nun einmal so ist und sie sich darauf versteifen, mich herauszufordern, werde ich sie wohl oder übel auch herausfordern müssen und mich auf keine weiteren Traktationen mehr einlassen. Ihr habt mir immer viel Liebe bezeigt und alles darangesetzt, meine Wünsche zu erfüllen. Jetzt, bei eurem Leben, erfüllt mir diesen einzigen: Trefft gleich jetzt, alle zusammen, so wie ihr da seid, die nötigen Vorkehrungen und schickt eure Gesandten ins ganze Land aus, damit innerhalb von zwanzig Tagen, ohne daß diese Bärtigen Wind davon bekommen, alle Truppen in dieser Stadt eingetroffen sind. Ich selbst werde Abgesandte nach Lima schicken zu Hauptmann Cusi Yupanqui, der jenes Land regiert, um ihm mitzuteilen, er solle am gleichen Tag, an dem wir hier die Spanier überfallen werden, mit seinen Scharen alle jene überfallen, die sich gerade dort aufhalten. Wenn wir gleichzeitig vorgehen, er dort und wir hier, werden wir sie rasch vernichten, ohne auch nur einen einzigen am Leben zu lassen, und uns diesen Alptraum vom Leibe schaffen. Dann werden wir uns unseres Lebens erfreuen können.«

Auf diese Ausführungen hin, in denen mein Vater seinen Hauptleuten auseinandergesetzt hatte, wie sie ihre Scharen zur bevorstehenden Schlacht mit den Spaniern auszurüsten hätten, antworteten sie alle zusammen und einstimmig, sie seien darüber sehr erfreut und auch bereit und gerüstet, den Auftrag meines Vaters zu erfüllen.

Und ohne noch weitere Zeit zu verlieren, machten sie sich gleich daran, Verantwortliche in jede der vier Zonen zu senden, so weit ihr Machtwort reichte. Von den Vertretern des *Chinchay-Suyu* wählte Willaq Umu Qoyllas und Uska und Qori Atau und Taypi, um Leute aus jener Zone einzuberufen. Von den Vertretern des *Kolla-Suyu* machte sich Lleqlleq [Vogel der Hochebene] mit vielen anderen Hauptleuten auf, um die Leute aus jener Zone aufzurufen. In den *Kunti-Suyu* begaben sich Surandaman [vielleicht: Qora Waman; d. Ü.] Qellqana und Qori Wallpa [Goldhuhn] und viele andere Hauptleute, in den *Anti-Suyu* Rompa Yupanqui und viele andere Hauptleute: sie alle sollten in ihrem jeweiligen *Suyu* die zum vorgesehenen Ziel nötigen Leute aufbieten.

Es sei hier bemerkt, daß die vier *Suyu*, die ich gerade erwähnt habe, die vier Teile sind, in die dieses Land durchgehend eingeteilt und aufgeteilt ist, wie vorher ausführlich auseinandergesetzt.

Nachdem man die Leute in die erwähnten Richtungen ausgeschickt hatte und während der vorher genannte Juan Pizarro in gefährlicher Weise und mit gefährlichen Absichten herumschweifte, fand sich bei meinem Vater ein Indianer namens Antonico ein, ein Dolmetscher der Spanier, der ihm hinterbrachte, Juan Pizarro und die anderen wollten ihn an einem der nächsten

Tage gefangennehmen oder sogar töten, es sei denn, er händige ihnen eine große Menge Gold und Silber aus. Mein Vater hörte an, was besagter Indianer ihm offenbarte, und schenkte ihm Glauben. Er gab sofort vor, nach Calca jagen gehen zu wollen. Die Spanier, die das Vorhaben meines Vaters keineswegs durchschauten, hatten daran nichts auszusetzen; sie hatten vorgesehen, ihre schlechte Absicht nach dessen Rückkehr – die sie nahe bevorstehend wähnten – in die Tat umzusetzen.

Ein paar Tage später, während mein Vater in Calca weilte und die aufgebotenen Leute sich dort zu sammeln begannen, sandte er von dort per Stafettenpost eine Botschaft an Cusi Yupanqui, der sich in Lima aufhielt, um ihm den Tag und die Stunde seines vorgesehenen Überfalls auf die Spanier bekanntzugeben, damit auch er über sie herfalle und beide Angriffe, der Cusi Yupanquis in Lima und der meines Vaters in Cuzco, gleichzeitig abliefen.

Und während mein Vater sich mit diesen Dingen befaßte, sandten ihm die Spanier Brief auf Brief mit der Bitte, er solle so rasch wie möglich nach Hause kommen, sie fühlten sich in seiner Abwesenheit einigermaßen unbehaglich. Mein Vater ließ ihnen antworten, er habe die Jagd noch nicht beendet, er werde aber heimkehren, sobald es ihm möglich sei. Und als die Spanier merkten, daß er, sooft sie ihn auch dazu aufforderten, nie kommen wollte, mehr noch, daß er seine Rückkehr von Tag zu Tag immer weiter aufschob und ihnen immer schlechteren Bescheid gab, beschlossen sie, gegen ihn zu ziehen, um ihn gewaltsam zur Rückkehr zu bewegen oder zu töten.

Sie ernannten Hauptleute in Cuzco, und während einer davon mit seinen Leuten Truppen zu diesem Feldzug zusammenstellte, blieben die übrigen in Cuzco zurück, gerüstet zum Krieg und bereit, den ersten nötigenfalls zu folgen. Diese drangen bis zur Brücke über den Calca-Fluß [Vilcanota] vor, wo sie mit den Brückenwächtern, die ihnen den Durchgang verweigerten, über dem Strom in ein Handgemenge gerieten. Dort forderten die Spanier die Anhänger meines Vaters heraus, und nach dieser Herausforderung traten sie den Rückweg nach Cuzco an, wobei ihnen ein Großteil der Scharen meines Vaters unter ständigem Kriegsgeschrei und lautem Geheul auf den Fersen folgte. Schließlich kamen die Spanier, vom überstandenen Scharmützel und ihren Verfolgern ein wenig aus der Ruhe gebracht, in die Nähe Cuzcos. Von Carmenca aus, einem ganz Cuzco beherrschenden Ort, riefen sie ihre Gefährten zu Hilfe, und diese Gefährten, deren Wachsamkeit nicht nachgelassen hatte, gingen denen, die in Not waren, Beistand leisten. Dort, bei besagtem Carmenca, kam es zu einem weiteren größeren Kampf mit den Verfolgern und vielen anderen Leuten, die auf den Aufruf hin herbeigeeilt waren. Am Schluß dieses Kampfes trieben die Indianer die Spanier nach Cuzco in die Enge, ohne einen einzigen von ihnen zu töten. Und die ganze Nacht lang hielten sie sie rundherum eingeschlossen und ermüdeten sie mit gwaltigem Geheul. Aber sie fielen nicht über sie her, den sie warteten auf die Scharen, die am nächsten Tag eintreffen sollten. Mein Vater hatte ihnen zudem untersagt, sie anzugreifen: einerseits um sich der Spanier dank der nachfolgenden Verstärkung leicht zu bemächtigen und andererseits weil er, wie er geäußert hatte, mit ihnen verhandeln wollte.

Die Belagerung Cuzcos

Noch in der Nacht wurden an allen Durchgängen viele und wohlausgestattete Wachtposten aufgestellt. Am Spätnachmittag des nächsten Tages, als die Spanier nach wie vor in Cuzco eingeschlossen waren, kam der Tumult der Menschenmasse in Sicht- und Hörweite Cuzcos. Zu jenem Zeitpunkt fielen sie nicht in die Stadt ein, denn sie meinten, die Nacht sei schon zu sehr fortgeschritten und die große Finsternis würde ihnen nicht gestatten, ihre Feinde zu überwältigen. Deswegen schlugen sie Lager auf allen Anhöhen und Bergen auf, die ihnen erlaubten, die Stadt unter Kontrolle zu halten. Die Heerlager schützten sie mit einer großen Anzahl von Wachtposten und Schildwachen.

Am Morgen des nächsten Tages [3. Mai 1536], um neun Uhr, als alle Spanier in Schwadrongliederung mitten auf dem Platz Cuzcos versammelt waren (ihre Zahl kennt man nicht, es wird nur erzählt, sie seien zahlreich gewesen und hätten viele Neger bei sich gehabt), da erschien, wo man auch hinschaute, rund um Cuzco herum, die Stadt umzingelnd, eine riesige Masse von Leuten, die mit vielstimmigem Geschrei und der Musik ihrer Pfeifen, [Muschel-]Hörner und [Kürbis-]Trompeten die ganze Welt verdunkelte. Mehr als vierhunderttausend an der Zahl waren wohl die Indianer, als sie sich folgendermaßen aufgegliedert in den Belagerungsring einordneten:

Wie die Leute sich in den Belagerungsring einordnen

Von Carmenca, das Richtung *Chincay-Suyu* liegt, kamen Qori Atau und Qoyllas und Taypi und viele andere, die jenen Ausgang mit ihren Scharen abriegelten. Von Cachicachi, aus Richtung *Kunti-Suyu*, kamen Waman Qellqana und Qori Wallpa und viele andere mehr, bestens ausgerüstet und in Kriegsordnung; sie verschlossen eine klaffende, mehr als eine halbe Meile weite Öffnung. Aus Richtung *Kolla-Suyu* kamen Lleqlleq und viele andere Hauptleute mit einer riesigen Menge, welche die größte Gruppe innerhalb des Belagerungsgürtels ausmachte. Aus Richtung *Anti-Suyu* kamen Anta Allqa und Rompa Yupanqui und viele andere mehr, um den die Spanier umschließenden Belagerungsgürtel vollkommen abzuriegeln. Die Undurchlässigkeit des vollendeten Rings war staunenswert. Noch an diesem Tage wollten sie gleich über die Spanier herfallen, aber sie wagten es nicht, solange mein Vater ihnen keine Befehle für das weitere Vorgehen gegeben hatte. Wie ich früher ausführte, hatte er nämlich befohlen, daß sich unter Todesstrafe niemand vom Platz rühren sollte. Sobald Willaq Umu, der Oberbefehlshaber dieser Scharen, sie alle vollständig ausgerüstet bereitstehen sah, ließ er es meinen Vater, der zu jener Zeit in Calca weilte, wissen; er erklärte, die Spanier seien ganz eingekreist und in großer Bedrängnis: Sollte man sie töten? Oder was war sonst mit ihnen anzufangen? Mein Vater ließ ihm ausrichten, er solle sie nur ihre ungemütliche Lage auskosten lassen: ihn hätten sie auch seiner Angst überlassen; sie sollten nur leiden: er habe auch gelitten. Er werde an einem späteren Tage kommen, um sie zu vernichten.

Diese Antwort traf bei Willaq Umu ein, und als Willaq Umu begriffen hatte, was ihm mein Vater ausrichten ließ, war er sehr betrübt. Er hätte es vorgezogen, sie in diesem Zustand gleich zu vernichten, denn mit seiner Übermacht wäre ihm das ein leichtes gewesen. Aber er wagte nicht, sich dem Befehl meines Vaters zu widersetzen. Überall im Heer ließ er also ausrichten, daß sich bei

Todesstrafe niemand von seinem Platz rühren sollte, solange er keinen entsprechenden Befehl erteilt hätte. Außerdem ließ er alle Wasserkanäle der Stadt öffnen, um alle Felder und Wege innerhalb und außerhalb des bewohnten Gebiets zu überfluten: falls die Spanier etwa zu entfliehen suchten, würden sie so das ganze Land überschwemmt vorfinden, und während die Pferde im Morast steckenbleiben würden, könnten sie ihre Feinde in der sumpfigen Erde zu Fuß überwältigen, denn Leute, die gekleidet sind wie die spanischen Krieger, kommen im Sumpfgebiet schwer zurecht.

Alle diese Befehle Willaq Umus wurden aufs Haar genau ausgeführt. Als sich die Spanier derart gefährlich in die Enge getrieben und von so vielen Leuten umzingelt sahen, vermuteten sie in ihrem Innersten, ihre letzten Tage seien angebrochen. Und da sie nirgendwo einen Ausweg fanden, wußten sie nicht, was sie tun sollten. Während sie einerseits in solch gefährlicher Weise umzingelt waren, mußten sie sich andererseits gefallen lassen, daß die Indianer sie mit Spott und Hohn überhäuften, Steine auf ihre Zeltdächer warfen oder aus Verachtung ihnen gegenüber das Bein hoben. Die Indianer begannen, ihre Häuser zu verbrennen, und hätten auch bei einem Sturmangriff beinahe die Kirche in Brand gesteckt, wenn es die auf dem Dach lauernden Neger nicht verhindert hätten: diese mußten zwar seitens der *Sati-* und der *Anti-*Indianer einen ganzen Pfeilregen über sich ergehen lassen, aber sie erlitten dabei keine Verletzungen, weil Dios sie bewahrte und sie sich mit Schilden schützten. Die Spanier, verzweifelt und in auswegloser Lage, behalfen sich hauptsächlich damit, ihr Schicksal Gott anzuvertrauen. Und sie verbrachten die ganze Nacht in der Kirche, um Gott um Hilfe anzuflehen, am Boden kniend und mit den Händen vor ihrem Mund: in dieser Haltung wurden sie von vielen Indianern beobachtet. Sogar diejenigen, die in der Mitte des Platzes wachten, taten dasselbe, wie auch viele Indianer, welche die Spanier von Cajamarca her begleitet hatten und auf deren Seite standen.

Der Angriff der Spanier auf die in der Festung verschanzten
Indianer

Am Morgen eines späteren Tages, am frühen Morgen, verließen
sie alle die Kirche und stiegen, wie zum Kampf, auf ihre Pferde.
Sie schauten vorerst in die eine und in die andere Richtung, und
während sie noch so schauten, gaben sie ihren Pferden die Sporen
und durchbrachen in vollem Galopp jene gleich einer Mauer ver-
schlossene Pforte; dann flohen sie trotz ihrer Feinde bergan auf
Tod und Leben. Als die Indianer, die am Belagerungsring um
Cuzco teilhatten, sie so davoneilen sahen, begannen sie zu
schreien: »Sie entfliehen nach Kastilien, sie entfliehen nach Kastilien, schneidet ihnen den Weg ab!« Und der gesamte Belagerungsring löste sich auf, weil die einen ihnen nacheilten, die anderen
ihnen den Weg abzuschneiden versuchten, die dritten die Brük-
kenwärter warnen gingen, damit keiner von ihnen in keiner Richtung entkommen könnte. Als sich die Spanier von so vielen Leuten
verfolgt sahen, ließen sie ihre Pferde umkehren, machten eine
Wendung über einen Berg namens Queancalla [nordwestlich von
Cuzco] und fielen ihnen dort, wo Willaq Umu Stellung bezogen
hatte, in den Rücken. Dieser war mit allen seinen Scharen zur Festung Cuzcos, genannt Saqsawman, hinaufgestiegen, um sich dort
zu verschanzen. Die Spanier kämpften verbissen und eroberten
die vier Tore der Festung. Von den gewaltigen Mauern aus schleuderten [die Indianer] viele Felsbrocken hinunter, schossen Pfeile
ab und warfen viele Speere und Lanzen, womit sie den Spaniern
schwer zu schaffen machten. Mit den Felsbrocken erschlugen sie
Juan Pizarro und zwei Neger und viele mit den Spaniern verbün-
dete Indianer. Aber als den Leuten Willaq Umus die Munition an
Felsbrocken und anderen Geschossen ausgegangen war, gelang es
den Spaniern dank göttlicher Gunst, in die Festung einzudringen
und sie mit Gewalt einzunehmen. Dabei töteten und zerschmetterten sie viele der Indianer, die sich darin befanden; andere stürzten
sich von den Mauern hinunter. Da sie hoch sind, starben alle diejenigen, die zuerst hinunterstürzten; von den darauffolgenden rette-
ten sich mehrere, weil sie auf einen Haufen von toten Menschen
aufschlugen. Der vielen Indianer wegen, die die Spanier unterstützten, war die Schlacht auf der einen wie auf der anderen Seite

blutig. Zu jenen gehörten zwei Brüder meines Vaters, Waypar und Inkill, die von vielen Gleichgesinnten und von den Leuten aus den Völkern der *Chachapoya* und der *Cañari* begleitet waren. Von der Einnahme der Festung an [Ende Mai 1536] dauerte die Schlacht beiderseits noch weitere drei Tage, denn die Indianer reorganisierten sich am folgenden Tag, um zu sehen, ob sie die verlorene Festung wiedererobern könnten. Mit großem Mut griffen sie die Spanier an, die sich in der Festung verschanzt hatten, doch angesichts der allgegenwärtigen Bewachungstruppen, bestehend aus *Cañari*-Hilfstruppen und auch Spaniern, konnten sie ihnen nichts anhaben. Andererseits, so berichteten die Indianer, war da ein weißes Pferd erschienen, das damals, als die Festung gestürmt wurde, als erstes eingedrungen war und ihnen großen Schaden zugefügt hatte. Das Gefecht zog sich den ganzen Tag hin. Bei Einbruch der Nacht kehrten sie in ihre Stellungen zurück, denn der großen Dunkelheit wegen konnten sie ihren Feinden nicht mehr zusetzen; die Spanier, welche die eroberte Festung nicht verlassen und preisgeben wollten, ließen sie ziehen. Am nächsten Morgen nahmen sie die unterbrochene Schlacht wieder auf, und sie wurde beiderseits unerbittlich ausgefochten. Am Ende, als die Indianer gerade mit großem Mut den Spaniern entgegenstürmten, brachen diese alle in einem Haufen aus der Festung aus und griffen sie sehr heftig an. Unter ihrem Ansturm zogen sich die Indianer zum Aufenthaltsort meines Vaters, nach Calca, zurück. Die Spanier setzten ihnen bis zum Yucay-Fluß [Vilcanota-Urubamba] nach, wobei sie einen großen Teil der Leute töteten oder in die Flucht schlugen. Dort entzogen sich die Indianer den Spaniern, die nach Calca, wo sich mein Vater aufhielt, weiterzogen. Diesen fanden sie jedoch dort nicht, weil er eben ein Fest im Dorf Saqsasiray abhielt. Und da sie ihn dort nicht erwischen konnten, kehrten sie auf einem anderen Weg nach Cuzco zurück, verloren dabei aber große Mengen von Gepäck, das die Indianer, die unterdessen ihr Versteck verlassen hatten, ihrer Nachhut wegnahmen. Mit dieser Beute machten sie sich auf dem Weg zum Dorf, wo mein Vater das Fest feierte.

67 Das Zurückweichen vor der Gewalt: Der Rückzug des Manko Inka in das Reich der Wakas und Willkas

Die Anweisungen, die Manko Inka den Indianern gab, als er sich zu den *Anti* zurückziehen wollte; wie sie sich den Spaniern gegenüber zu verhalten hätten

»Meine geliebten Söhne und Brüder: Ihr alle, die ihr hier zugegen seid und mich in allen Unannehmlichkeiten und Widerwärtigkeiten begleitet habt, wißt kaum, vermute ich, aus welchem Grund ich euch jetzt so plöztlich vor mir versammelt habe: ich werde euch diesen gleich erklären. Laßt euch, bei eurem Leben, nicht aus der Ruhe bringen durch das, was ich euch zu sagen habe, denn ihr wißt gut genug, daß die Not oft die Menschen zwingt, zu tun, was sie nicht tun möchten. Da ich nun einmal nicht anders kann als diesen *Anti* nachgeben, die mir schon seit einiger Zeit mit der Bitte in den Ohren liegen, sie zu besuchen, werde ich ihnen also diesen Gefallen einige Tage lang erweisen. Ich bitte euch sehr, darüber nicht betrübt zu sein, denn ich möchte euch keinen Schmerz zufügen: Ich liebe euch ja, wie man seine Söhne liebt. Ich wäre sehr froh, wenn ihr das Anliegen, das ich hier vorbringen werde, ausführen wolltet. Ihr wißt wohl, und ich habe es euch früher schon mehrmals gesagt, wie diese bärtigen Männer unter dem Vorwand, sie seien *Wiraqochas*, in mein Land eingedrungen sind; in Anbetracht ihrer Gewänder und Kennzeichen, die ganz von den unseren verschieden sind, schien dies euch und sogar mir glaubhaft. Bestärkt noch in dieser Meinung durch den Bericht der *Tallana* aus dem Tiefland, die sie in ihrem Landstrich bei der Verrichtung gewisser Dinge beobachtet hatten, habe ich sie, wie ihr wißt, in mein Land und in meine Städte kommen lassen und sie so behandelt, wie es im ganzen Land bekannt ist. Und ich habe ihnen die bewußten Dinge ausgehändigt, worauf und weshalb sie mich so behandelten, wie ihr festgestellt habt. Nicht sie allein, sondern mit ihnen meine Brüder Paskaq und Inkill und Waypar entrissen mir mein Land und trachteten sogar nach meinem Leben; diesem Anschlag entzog ich mich, wie gesagt, dank der Warnung Antonicos, was ich euch kürzlich berichtet habe; ihn haben die *Anti* verspeist, weil er sich nicht richtig zu verhalten wußte. Angesichts dieser und vieler anderer Vorfälle, die ich ihrer Umständlichkeit wegen beiseite lasse, versammelte ich euch in Cuzco, um ihnen einen kleinen Teil von dem, was sie uns angetan hatten, zurückzuzahlen. Euer Vorhaben mißlang, so meine ich, weil ihnen ihr Gott half oder weil ich nicht zugegen war. Das hat mich sehr geschmerzt, aber wir sollten darüber nicht allzusehr verwundert oder bekümmert sein, denn nicht alle Dinge gelingen den Menschen, wie sie es jeweils möchten. Deshalb bitte ich euch, dieser Gelegenheit nicht nachzutrauern, denn so schlecht, daß wir ihnen nicht auch gewisse Verluste zugefügt hätten, ist es uns ja schließlich nicht ergangen. Wie ihr wißt, haben wir ja in Lima und in Cullco Mayo und in Jauja einiges von ihnen erbeutet, was uns eine gewisse Erleichterung bringen mag, wenn es auch das Leid, das sie uns angetan haben, nicht aufwiegt. Für mich ist nun der Augenblick gekommen, so glaube ich, ins Land der *Anti* aufzubrechen, wie ich euch eben angekündigt habe. Ich werde mich dort mehrere Tage aufhalten müssen. Und hört: Ich befehle euch, nicht zu vergessen, was ich euch eben gesagt habe und noch zu sagen beabsichtige. Bedenkt, wie lange meine Großväter, Urgroßväter und ich selbst euch ernährt und bewahrt und alle eure Haushalte gefördert und regiert haben, indem wir sie euren Bedürfnissen gemäß versorgten. Deswegen seid ihr verpflichtet, ihr und eure Nachkommen, mich, meine Großväter und Urgroßväter euer Leben lang nicht zu vergessen und meinen Sohn und Bruder Titu Cusi Yupanqui sowie meine übrigen Söhne und deren Nachkommen hochzuachten und auf sie zu hören. Dadurch werdet ihr mir eine große Freude bereiten, und sie werden es euch so entgelten, wie ich es ihnen auftragen werde. Diese Worte mögen euch also in dieser Hinsicht genügen.«

Die Antwort der Indianer an den Inka

»*Sapay Inka*: In welcher Herzensqual willst du deine Söhne zurücklassen, die dir so bereitwillig zu dienen gewünscht haben und wünschen und die nötigenfalls tausendmal ihr Leben für dich aufs Spiel setzen würden, wenn es darauf ankäme? Welchem König, welchem Herrn, wem überläßt du sie denn? Was für einen schlechten Dienst, was für einen Verrat, was für eine Schlechtigkeit haben wir dir angetan, daß du uns unserer Hilflosigkeit überlassen willst, ohne einen Herrn oder König, dem wir unsere Achtung erweisen könnten? Niemals haben wir ja einen anderen Herrn oder Vater gekannt als dich selbst, deinen Vater Huayna Capac und seine Vorfahren. Laßt uns nicht, Herr, so ohne Schutz und Trost, sondern gewähre uns, wenn du willst, die Freude, dich an jeden Ort zu begleiten, wo du auch hingehen möchtest. Wir alle, Kinder und Erwachsene, alte Männer und alte Frauen, sind bereit, dir überallhin zu folgen, auch wenn du uns verläßt.«

Als mein Vater sah, wie begierig alle Leute waren, ihm zu dienen, gab er ihnen die hier aufgeschriebenen Worte zur Antwort:

»Ich danke euch, meine Söhne, für die von euch gezeigte Bereitschaft, mir an jeden Ort, wo ich auch hingehen sollte, zu folgen. Ihr werdet euren Einsatz nicht zu bedauern haben, denn früher als ihr meint, werde ich meine Dankbarkeit beweisen und euch entschädigen. Aber, bei eurem Leben, beherrscht euch jetzt und seid nicht so betrübt, denn schon bald werde ich euch wiedersehen. Von nun an bis zu meiner Rückkehr, oder bis ich euch durch meine Boten wissen lasse, was ihr zu tun habt, soll eure Lebensweise folgende sein:

Erstes Gebot sei, diesen Bärtigen, die meiner Vertrauensseligkeit wegen Spott mit mir getrieben haben, keinen Glauben zu schenken, was sie auch sagen mögen, denn sie lügen viel, wie sie mich in allem, was sie mit mir verhandelt haben, belogen haben und es auch mit euch so halten werden. Nach außen hin aber könnt ihr so tun, als ob ihr mit ihren Forderungen einverstanden wärt, und ihnen dann und wann irgendein *kamarikuq* [Gabe] oder sonst etwas überlassen, je nachdem, was es in euren Gebieten gibt; diese Leute sind ja so jähzornig und von uns verschieden, daß sie euch vielleicht gewaltsam entreißen würden, was ihr ihnen nicht gebt, oder euch deswegen mißhandeln könnten: Das beste Mittel, dies zu verhindern, besteht darin, euch so zu verhalten, wie ich es sage.

Euer zweites Gebot sei, euch immer bereitzuhalten für den Zeitpunkt, wo ich euch rufen oder wissen lassen werde, was mit diesen Leuten zu tun ist; sollten sie euch etwa angreifen oder versuchen, euch eure Ländereien wegzunehmen, so verteidigt euch stets, müßtet ihr auch dabei das Leben verlieren. Benötigt ihr meine persönliche Gegenwart, so benachrichtigt mich, wo ich mich auch gerade aufhalten sollte, durch Stafetten. Und gebt acht, sie betrügen mit ihren schönen Reden, halten aber ihr Wort nicht. So verhielten sie sich, wie ihr gesehen habt, mir gegenüber, als sie mir sagten, sie seien Söhne des Gottes *Wiraqocha* und mir anfänglich auch große Freundlichkeit und viel Liebe bewiesen, dann aber mit mir machten, was ihr gesehen habt. Wären sie Söhne *Wiraqochas*, wie sie sich brüsteten, so hätten sie nicht getan, was sie getan haben: *Wiraqocha* kann nämlich das Gebirge in eine Ebene verwandeln, das Wasser versickern und Berge entstehen lassen, wo es keine gibt: niemandem tut er etwas zuleide. Nichts von alldem haben wir sie tun sehen; im Gegenteil, anstatt uns Gutes zu tun, haben sie uns Schlechtes angetan, indem sie uns unseren Besitz entrissen haben, unsere Frauen, unsere Söhne, unsere Töchter, unsere *chakras* [Äcker], unsere Nahrung und viele andere Dinge, die wir in unserem Lande hatten, und zwar auf gewaltsame und betrügerische Weise, gegen unseren Willen: nicht Söhne *Wiraqochas* können wir Leute nennen, die dergleichen tun, sondern, wie ich euch früher schon gesagt habe, Ausgeburten des Teufels *Supay* oder etwas noch Schlimmeres, denn sie haben ihn mit ihren Taten nachgeahmt und Dinge vollbracht, die ich ihrer Schändlichkeit wegen nicht äußern will.

Dieses sei euer nächstes Gebot: Vielleicht werden jene euch befehlen, das anzubeten, was sie selbst anbeten, nämlich eine Art bemalte Tücher, von denen sie behaupten, es handle sich um *Wiraqocha*; sie werden von euch verlangen, sie wie unsere *wakas* [geweihte Orte und Dinge] anzubeten, obwohl es doch bloße Tücher sind. Tut es nicht, sondern haltet euch an das, was wir kennen, denn wie ihr feststellen könnt, so sprechen die Stimmen unserer *willkas* [Heiligtümer] mit uns, und die Sonne und den Mond können wir mit eigenen Augen sehen, während wir das, wovon jene reden, nicht sehen. Ich nehme zwar an, daß sie euch hin und wieder durch Zwang oder Betrug soweit bringen werden, das anzubeten, was sie selbst anbeten: im schlimmsten Fall, wenn ihr es nicht umgehen könnt, tut es in ihrer Gegenwart, aber vergeßt daneben unsere Zeremonien nicht. Und sollten sie euch befehlen, eure *wakas* [hier: Bilder] in Stücke zu schlagen, und euch dazu zwingen, so laßt sie nur in dem Maße, wie es unumgänglich ist, zum Vorschein kommen; bewahrt das übrige. So werdet ihr mich ganz zufriedenstellen.«

Nach all diesen und vielen anderen Ereignissen verabschiedete sich mein Vater von den Indianern, wobei er mich ihnen vorstellte und sagte, ich sei sein Sohn und sie hätten mich nach seinem Hinschied als ihren Herrscher zu betrachten. Dann stand er auf, um sich von seinen Leuten zu trennen. Als sie ihn aufgerichtet sahen, brachen sie alle in so durchdringende und laute Schreie aus, daß man meinte, die Berge würden sich spalten. Und in ihrer Beklemmung wollten ihm die Leute folgen, aber mein Vater ließ es überhaupt nicht zu, es sei denn, daß nichts sie zurückhielt. Diejenigen, die so inständig wünschten, ihm zu folgen, fragte er nämlich, wie sie denn ihre Äcker, ihre Häuser, ihre Frauen und Kinder, ihre *uywas* oder »Haustiere« verlassen könnten, um ihm zu folgen; sie sollten ihren Mut zusammennehmen, er werde sie bald besuchen kommen oder ihnen ausrichten lassen, was sie zu tun hätten. So trennte er sich von ihnen und machte sich auf den Weg zum Dorf Vitcos.

Die Ankunft des Inkas in Vitcos

Nach unserer Ankunft in Vitcos, einem dreißig Meilen von Cuzco entfernten Ort, schlugen wir mit den Leuten, die meinen Vater begleiteten, unseren Wohnsitz auf und ließen uns in der Absicht nieder, dort einige Tage zu verweilen und auszuruhen. Mein Vater ließ sich ein Haus zum Schlafen errichten, denn die schon bestehenden Häuser gehörten meinen Vorvätern Pachakutiq Inka, Tupa Inka Yupanqui, Huayna Capac und den anderen, deren Leichname [Mumien] wir dort untergebracht hatten, weil wir sie weder in Cuzco noch in Tambo zurückzulassen wagten.

Ein wenig später, als mein Vater seine Ruhe und Gelassenheit wiedergefunden hatte und nicht mehr argwöhnte, jemand könnte in dieses Land eindringen, wollte er, aufgefordert von den *Anti* und den Bewohnern des Landes, ein besonders feierliches Fest abhalten. Als das Fest seinen Höhepunkt erreicht hatte, sahen sie sich plötzlich, ohne etwas von den Vorfällen zu begreifen, von Spaniern umringt; und da die Indianer des vielen Tranks wegen schwerfällig geworden waren und auch die Waffen zu Hause gelassen hatten, waren sie, vom Angriff überrumpelt, nicht in der Lage, sich gegen Don Diego de Almagro, den Hauptmann Diego Ordóñez [Rodrigo Orgóñez], Gonzalo Pizarro und die vielen anderen, deren Aufzählung zu lange wäre, zu verteidigen. Diese verschleppten alle Indianer, Männer und Frauen, die sie überhaupt vor sich hertreiben konnten, wie auch die Mumien meiner Vorfahren, deren Namen folgende waren: Wanacauri [heiliger Berg bei Cuzco], Wiraqocha Inka, Pachakutiq Inka, Tupa Inka Yupanqui und Huayna Capac; zudem viele Mumien von Frauen, sowie viel Schmuck und Zierat, der in dieser Feier zur Schau gestellt worden war; außerdem fünfzigtausend Stück auserlesenes Vieh, das beste, das es hier gab, aus dem Besitz meiner Vorfahren und meines Vaters; mich selbst entführten sie ebenfalls, wie auch mehrere *Qoyas*. Mein Vater entschlüpfte ihnen mit einigen anderen, so gut er konnte, und die Spanier kehrten mit ihrem Fang und mir höchst zufrieden nach Cuzco zurück [Juli 1537]. Nach unserer Ankunft in Cuzco nahm mich ein Soundso [Pedro de] Oñate in seinem Haus auf, wo er mich betreute und umsorgte. Als mein Vater davon erfuhr, sandte er Boten zu ihm, um sich dafür zu bedanken und ihm mich selbst und zwei seiner Schwestern ausdrücklich anzuvertrauen; er ließ ihm ausrichten, er möge für mich und für sie sorgen, er werde es ihm entgelten.

Während ich, nach all diesen Ereignissen, in Cuzco bei besagtem Oñate weilte, verließ mein Vater Vitcos, weil ihm einige Hauptleute aus dem Volk der *Chachapoya* vorgeschlagen hatten, ihn zu ihrer Stadt namens Rawantu [heute Levanto, bei Chachapoyas] zu geleiten; dort stehe eine gute Festung, wo sie sich gegen alle ihre Feinde verteidigen könnten [vermutlich Cuélap]. Er überdachte ihren Vorschlag und folgte ihm; auf dem Weg nach Rawantu ruhte er sich einige Tage in einem Dorf namens Oronqoy aus, weil die Einwohner ein Fest zu seinen Ehren veranstalteten. Noch während er, nach Abschluß der Festlichkeiten, weiterhin dort weilte, schickte er seine Meldeläufer auf die Wege, um herauszufinden, ob es da Spanier oder sonstige Leute gäbe, die ihm den Durchgang versperren könnten. Am Ende der gleichen Nacht, in der er sie ausgesandt hatte, bei Tagesanbruch, trafen bei besagtem Dorf Oronqoy, so wird erzählt, über zweihundert schwerbewaffnete und berittene Spanier auf der Suche nach meinem Vater ein. Sie hatten die Wächter der Brücken [über den Fluß Pampas], die dort bestehen, gefangengenommen und mit Stricken gefoltert, um herauszubekommen, wo sich mein Vater aufhielt. Sie sagten ihnen, er sei dort oben im Dorf Oronqoy. Die Spanier ließen die Wächter zurück, und im Galopp, einer hinter dem andern, ritten sie den Hang hinauf in der Hoffnung, meinen Vater im Schlaf zu überraschen oder allenfalls noch bevor er seine Vorkehrungen getroffen hätte. Meine Tante Qora Oqllo, die Schwester meines Vaters, erblickte von weitem die herannahenden Truppen, hörte das Stampfen der Pferdehufe und eilte ins Schlafgemach meines Vaters, um ihm in höchster Erregung anzukündigen, es seien Feinde im Anmarsch, er solle aufstehen und sie angreifen. Als mein Vater sie so erschrocken sah, stand er, ohne sich um irgend etwas zu kümmern, schleunigst auf, um aufzuklären, ob die Dinge so ständen, wie seine Schwester behauptete. Von der Anhöhe aus konne er auf einen Blick sehen, daß es sich verhielt, wie sie gesagt hatte. Er kehrte eilends nach Hause zurück und befahl, dem Pferd den Zaum anzulegen. Er wollte nämlich unverzüglich, so wie er gerade war, seine Leute sammeln; die Feinde sollten sie nicht überrumpeln, bevor sie kampfbereit wären. Kaum war das Pferd zur Schlacht gerüstet, ließ er ihm den Sattel auflegen, denn die Feinde waren schon nahe. Gut sichtbar ließ er auf einem Hügel viele Frauen, alle mit Lanzen bewaffnet, in einer Reihe aufmarschieren, um ihnen vorzugaukeln, es seien Männer. Nach diesen Vorkehrungen schwang er sich in einem behenden Sprung aufs Pferd, seine Lanze in der Hand. Ganz allein schirmte er alle seine Leute ab, damit die Feinde ihnen nichts anhaben könnten, solange die Meldeläufer, die die ganze Gegend durchkämmten, nicht zurückgekommen wären. Beinahe zur gleichen Zeit wie die Spanier langten sie auf der Anhöhe an, während mein Vater jenen ganz allein zu schaffen machte. Wie sie dort eintrafen und ihren Herrn so angespannt kämpfen sahen, schöpften sie, obwohl sie vom Aufstieg ermattet waren, neuen Mut zum Kampf gegen ihre Feinde, die sich weiter unten befanden. Voller Mut fielen sie also mit Lanzen und Schilden im Schwarm über sie her und warfen sie mehr als geschwind den Hang hinunter. Nachdem sie ihnen diesen Schlag versetzt hatten, ruhten sie ein wenig aus, um Atem zu holen. Als die Spanier bemerkten, daß sie sich zum Trinken hingesetzt hatten, nahmen sie an, sie seien am Ende ihrer Kräfte, und voller Tatendurst stürmten sie neuerdings bergan auf die Unseren los.

Diese waren jedoch keineswegs unachtsam, sondern hatten sich mit Leuten, die von da und dort herbeigeeilt waren, verstärkt. Kaum sahen sie ihre Feinde mit solcher Entschlossenheit nahen, da fielen sie über sie her, trieben sie auf einen Schlag auseinander und stürzten sie – die einen oben, die anderen unten – über Klüfte und Felsen in den Abgrund, ohne daß jene hätte Fuß fassen können. Nein, ermattet unter dem Gewicht ihrer Waffen und von der Hitze heimgesucht, schlugen sie sich, da sie in einem so steilen Hang nicht Fuß fassen konnten, gegenseitig in die Flucht. Alle diese Umstände bewirkten ihren gemeinsamen Untergang. Kein Pferd und kein Mann kamen mit dem Leben davon, außer zweien: einer überquerte schwimmend den Fluß, der andere konnte sich an einem Brückenseil festhalten [November 1538].

So standen die Dinge. Nach vollendetem Sieg machten sich die Leute meines Vaters daran, das von den Spaniern zurückgelassene Gut zu sammeln. Sie entblößten alle jene, derer sie habhaft werden konnten, nahmen ihnen ihre Kleider und Waffen weg und schafften alles zusammen ins Dorf Oronqoy hinauf. Mein Vater und die Seinen waren über den errungenen Sieg höchst beglückt, und mehrere Tage lang ergingen sie sich in Festen und Tänzen zu Ehren der Beute und des Sieges.

Am Ende dieser Festlichkeiten und nach all diesen Geschehnissen, brach mein Vater mit seinem ganzen Gefolge auf und ging in Tagesmärschen den Weg in die Stadt Rawantu, die Richtung Quito liegt. Unterwegs, im Tal von Jauja [Mantaro-Tal], in einem Dorf namens Laqsapallanqa [Sapallanga], erfuhr er, die in jenem Land wohnenden *Wanka* hätten sich mit den Spaniern vereinigt. Er war darüber höchst erzürnt und beschloß, eine Strafe, von der man im ganzen Land hören würde, über sie zu verhängen: weil sie den Spaniern Gehorsam leisteten und sich ihnen unterworfen hätten, so ließ er verlauten, werde er nämlich sie selbst und ihre Häuser den Flammen übergeben; ebenso ihre Frauen, Töchter und Söhne, die im Dienste von Wari Willka ständen, einer mächtigen *waka* [Heiligtum und Gottheit], die sie in ihrem Tal, fünf Meilen von Laqsapallanqa entfernt, unterhielten.

Als die *Wanka* all dies erfahren und vernommen hatten, mein Vater sei höchst erzürnt über sie und gewillt, sie mitsamt ihrer Gottheit Wari Willka zu verbrennen, weil sie sich, obwohl er doch ihr rechtmäßiger Herrscher sei, mit den Spaniern verbündet hätten, da beschlossen sie, seinen Einfall zu verhindern, indem sie den Spaniern Bericht erstatteten. Sie stellten sich also unter deren Schutz, um von ihnen aus der mißlichen Lage, in der sie sich befanden, befreit zu werden. Und kaum waren die Spanier über den Entschluß meines Vaters, die *Wanka* zu vernichten, unterrichtet, da eilten hundert von ihnen, so erzählt man, raschestens herbei, um diesen Hilfe zu leisten. Mein Vater, der vor ihrer Ankunft gewarnt worden war, änderte seine Marschrichtung; auf der einen und auf der anderen Seite des Wegs focht er, Tod und Zerstörung verbreitend, unzählige Kämpfe gegen die *Wanka* aus, wobei er ausrief: »Mögen euch eure Herren jetzt beistehen!« So kam er nach mehreren Tagesmärschen in Groß-Jauja [*Hatun* Sausa] – so heißt es nämlich – an. Dort geriet er in ein größeres Gefecht mit besagten Spaniern und den *Wanka*; dieses Gefecht dauerte zwei Tage, bis mein Vater, dank der großen Anzahl Leute, die er bei sich hatte, und dank seiner Geschicklichkeit, sie schließlich besiegte. Sie töteten fünfzig Spanier, während die übrigen in gestrecktem Galopp entflohen. Einige der Unseren setzten ihnen eine Zeitlang nach, aber als sie sahen, wie eilig jene davonstoben, kehrten sie dahin zurück, wo mein Vater, seine Lanze schwingend, hoch oben auf seinem Pferd saß, mit dem er sehr hartnäckig gegen die Spanier gekämpft hatte. Als diese Schlacht zu Ende war, stieg mein Vater, vom Kämpfen etwas ermüdet, von seinem Pferd und begab sich mit den Seinen, die von der überstandenen Schlacht sehr ermattet, zum Teil auch verwundet waren, zur Ruhe.

Einige Tage später, nachdem seine Leute einigermaßen wiederhergestellt waren, machten sie nach all den Tagesmärschen in einem Dorf namens Huayucachi [bei Huancayo] halt, in dessen Nähe sich das Heiligtum namens Wari Willka befand. Und während jenes Tages, den er dort verbrachte, ließ er die Figur aus dem Erdreich, wo sie bis zu den Schultern eingegraben war, herauslösen. Als die Erde rundherum ausgehoben war, ließ er den ganzen Opferschatz mitsamt den *Yanakuna* [Bedienstete] und den Dienern und den Dienerinnen, welche die Einwohner jenes Landstrichs zum Unterhalt der *waka* abgeordnet hatten, herbeiholen: Sie setzten nämlich großes Vertrauen in diese Gottheit. Dann befahl er, alle Bediensteten zu töten, um zu zeigen, daß er der Herrscher war. Der Figur legten sie einen Strick um den Hals und schleiften sie mit Schimpf und Schande den ganzen Weg hinter sich her, sie schleiften ihn über Berge und Steine, durch Sümpfe und Morast, zwanzig Meilen weit, wobei sie spotteten: »Da habt ihr das Vertrauen, das die *Wanka* in diesen Götzen gesetzt haben! Für *Wiraqocha* hielten sie ihn, aber schaut nur, wie es ihm und ihnen und ihren Herren, den Spaniern, ergangen ist!«

Und indem sie so weiterzogen, kamen sie zu einem Dorf namens Acostambo [Provinz Tayacaja, Huancavelica], wo sie ein Jahr lang blieben. Dort bauten sie ihre Häuser und bestellten ihre Landgüter, die jetzt in spanischem Besitz sind. Es heißt jetzt Viñaca, weil dort viel Kastilienwein zu sehen ist. Später, auf Anregung einiger *Anti*-Hauptleute, die ihm mit diesem Wunsch in den Ohren lagen, begab er sich ins Land und zum Ort namens Pillkosuni [am Unterlauf des Apurímac], wo er nochmals mit einer Gruppe von Spaniern, die ihn aufgespürt hatten, in ein Gefecht verwickelt wurde. Er besiegte und verjagte sie – das Wie zu schildern würde zu weit führen –; es sei nur vermerkt, daß ihm dabei Mengen von Artilleriegeschützen, Arkebusen, Lanzen, Armbrüsten und anderen Waffen in die Hände fielen. Und nachdem er in Yeñupay jenen Kampf mit den Spaniern ausgefochten hatte, hielt er sich dort ein Jahr lang auf.

Von einem Dorf zum anderen, in Etappen, die ich der Kürze halber nicht erwähne, kehrte er dann in die Stadt Vitcos und von dort nach Vilcabamba zurück. Nachdem er sich einige Tage ausgeruht und schon gehofft hatte, die Spanier würden ihn in Frieden lassen, meldeten ihm die Kundschafter, die er den Wegen entlang aufgestellt hatte, Gonzalo Pizarro und der Hauptmann Diego Maldonado und Ordóñez [Orgóñez] und viele andere seien im Anmarsch, und mit ihnen kämen drei seiner Brüder, nämlich Don Pablo [Paullu], Inkill und Waypar; die Spanier ließen letztere zu ihrem Schutz vor sich hin marschieren, denn sie behaupteten, jene wollten mit meinem Vater gemeinsame Sache gegen sie machen. Mein Vater machte sich auf, sie drei Meilen von hier in einer Festung, über die er dort verfügte, aufzuhalten; er beabsichtigte, sich darin vor ihnen zu schützen und sich diese Bastion nicht entreißen zu lassen. Als er dort eintraf, sah er sich da ich weiß nicht wie vielen Spaniern gegenüber, die man des dichten Urwaldes wegen nicht zählen konnte. Am Ufer eines Flusses kämpften sie, die einen auf der einen, die andern auf der andern Seite, verbissen gegeneinander, und nach zehn Tagen war das Ringen noch nicht zu Ende, denn die Spanier lösten sich laufend ab im Kampf gegen die Scharen meines Vaters und gegen ihn selbst. Aber die ganze Zeit über erging es ihnen schlecht, weil wir die Festung hielten. Die Lage spitzte sich weiter zu, als dort ein leiblicher Bruder meiner Tante Qora Oqllo namens Waypay erschien. Ihn selbst sollte dieses Zusammentreffen das Leben kosten, denn mein Vater war höchst erzürnt, daß er es gewagt hatte, an einem Feldzug gegen ihn teilzunehmen. Und als ihn mein Vater, außer sich vor Zorn, töten wollte, versuchte Qora Oqllo, ihn davon abzuhalten, denn sie liebte [Waypar] sehr. Aber mein Vater, der keine Lust hatte, ihren Bitten nachzugeben, schlug ihm und seinem Bruder Inkill den Kopf ab, wobei er ausrief: »Es ist richtiger, ihnen den Kopf abzuhauen, als sie mit dem meinigen davonziehen zu lassen.« Meine Tante, aufgebracht über den Tod ihrer Brüder, wollte sich nie mehr von der Stelle rühren, wo deren Leichname lagen.

Kaum war dieser Vorfall zu Ende, näherten sich einige Spanier dem Ort, wo sich mein Vater aufhielt. Als er sie herannahen sah und begriff, daß es kein Entkommen gab, beschloß er, sich ins Wasser zu stürzen und den Fluß schwimmend zu überqueren. Am jenseitigen Ufer angelangt, begann er laut auszurufen: »Ich bin Manko Inka, ich bin Manko Inka!« Die Spanier merkten, daß sie seiner nicht habhaft werden konnten und beschlossen, den Rückzug nach Cuzco anzutreten. Vor sich her trieben sie Qora Oqllo und Cusi Rimachiq, einen anderen Bruder meines Vaters, den dieser bei sich hatte, und anderes mehr [wahrscheinlich Tiere]. Sie kamen mit meiner Tante zum Dorf Pampaconas, wo sie versuchten, sie zu vergewaltigen. Meine Tante wollte es aber nicht zulassen und verteidigte sich bis zum äußersten mit großer Tapferkeit; sie schreckte nicht davor zurück, ihren Körper mit übelriechenden und abscheulichen Dingen zu besudeln, um diejenigen, die sich ihr nähern möchten, anzuekeln. So verteidigte sie sich unzählige Male bis zur Stadt [Ollantay-]Tambo, wo die Spanier sie, höchst aufgebracht, weil meine Tante nicht zulassen wollte, was sie begehrten, und auch weil sie meines Vaters Schwester war, lebendigen Leibes mit Pfeilen beschossen. Um der Keuschheit willen ließ sie alles über sich ergehen und rief aus, während die anderen sie mit Pfeilen beschossen: »An einer Frau rächt ihr eure Enttäuschung? Was würde denn eine andere Frau an meiner Stelle tun? Beeilt euch, mich zu töten, damit euer Appetit vollständig gestillt werde.« Und sie töteten sie rasch, während sie sich selbst mit einem Tuch die Augen verhüllte.

Als Willaq Umu, ehemaliger Oberbefehlshaber meines Vaters, Tisuq, Taypi, Tanki Wallpa, Orqo Waranqa, Atoq Suki und viele andere ehemalige Hauptleute meines Vaters sahen, daß die Spanier die *Qoya* entführt und sie auf solche Weise mißhandelt hatten, zeigten sie sich davon schmerzlich berührt, und die Spanier, denen das nicht entgangen war, nahmen sie gefangen und sagten: »Ihr werdet sicher wieder eurer alten Liebe zum Inka verfallen und mit ihm gemeinsame Sache machen. Daraus wird aber nichts, denn hier werdet ihr zusammen mit eurer Herrin euer Leben lassen.« Sie verwahrten sich gegen diese Anschuldigungen und sagten, sie beabsichtigten derlei nicht, sondern wollten bei den Spaniern bleiben und ihnen dienen. Die Spanier aber, die ihnen keinen Glauben schenkten und meinten, ihre Worte seien geheuchelt, ließen sie alle verbrennen. Nach deren Verbrennung und dem Tod der *Qoya* begaben sie sich nach Yucay, wo sie Uska, Qori Atau und viele andere mehr verbrannten, um sie daran zu hindern, wieder zu meinem Vater überzulaufen und um sich selbst den Rücken zu decken [Ende 1539].

Nach all diesen und vielen anderen Ereignissen, die ich der Kürze halber übersprungen habe, kehrte mein Vater nach Vilcabamba, der Hauptstadt dieser ganzen Provinz, zurück und verlebte dort in einer gewissen Ruhe mehrere Tage. Und weil er sich nach mir sehnte, sandte er mir von dieser Stadt aus einige Boten nach Cuzco, wo ich, seit ich aus Vitcos entführt worden war, weiterhin im Haus des früher genannten Oñate wohnte. Diese Boten raubten mich und meine Mutter und brachten uns heimlich von Cuzco zum Dorf Vitcos, wohin sich mein Vater zur Erholung begeben hatte, denn es liegt in der kühlen Zone [auf etwa 3000 m]. Dort verbrachten mein Vater und ich viele Tage. Zu verschiedenen Zeitpunkten landeten dort insgesamt sieben Spanier, die sich, so sagten sie, wegen dort draußen begangener Verbrechen auf der Flucht befanden, und die beteuerten, sie wollten meinem Vater ihr ganzes Leben lang mit allen ihren Kräften dienen; sie baten ihn inständig, er möge sie in seinem Land bleiben und dort ihren Lebensabend verbringen lassen. Als mein Vater sah, daß sie mit lauteren Absichten gekommen waren, ließ er, obwohl er sicher auf die Spanier schlecht zu sprechen war, seinen Hauptleuten ausrichten, sie sollten ihnen nichts antun, er wolle sie nämlich in seinem Land wie Schützlinge beherbergen; man solle ihnen Häuser bauen, in denen sie wohnen könnten. Obschon die Hauptleute meines Vaters sie am liebsten gleich umgebracht hätten, führten sie dessen Anordnungen aus. Mein Vater beherbergte sie tage- und jahrelang, behandelte sie aufs beste und versorgte sie mit allem, was sie brauchten. Obendrein befahl er, seine eigenen Frauen sollten ihnen Speise und Trank zubereiten. Sogar begleiten ließ er sich von ihnen und bewirtete sie an seiner Seite wie sich selbst und vergnügte sich mit ihnen, als wären sie seine Brüder.

Einige Tage und Jahre später weilten die vorhin erwähnten Spanier gerade in Gesellschaft meines Vaters in besagtem Dorf Vitcos, in seinem eigenen Haus. Eines Tages nun spielten mein Vater, sie und ich, in bester Stimmung und unter uns, eine Partie Wurfeisen. Mein Vater war unbeschwert und hatte auch einer Indianerin keinen Glauben geschenkt, die im Dienste eines Spaniers namens Barba stand und ihm mehrere Tage zuvor berichtet hatte, diese Spanier wollten ihn töten. Ohne irgendeinen Verdacht in dieser oder in anderer Hinsicht zu hegen, vergnügte er sich mit ihnen wie früher. Als mein Vater jedoch im Laufe des genannten Spiels das Hufeisen aufheben ging, um zu spielen, fielen sie alle mit Dolchen, Messern und einigen Degen über ihn her; mein Vater, seine Verletzungen spürend, versuchte, sich mit der Wut, die ihm der nahende Tod eingab, nach der einen und der andern Seite hin zu verteidigen. Da er aber allein war und sie sieben an der Zahl, warfen sie ihn schließlich vielfach verwundet zu Boden, wo sie ihn wie tot liegen ließen. Als ich, klein wie ich war, sie meinen Vater auf solche Weise behandeln sah, wollte ich mich nähern, um ihm beizustehen. Da wandten sie sich höchst aufgebracht gegen mich und trafen mich mit einem Wurf der persönlichen Lanze meines Vaters, die sich zufällig dort befand, wobei sie mich um ein Haar auch umgebracht hätten. Verängstigt und gleichsam von Entsetzen gepackt, entfloh ich über bewaldete Abhänge hinunter, damit sie mich, sollten sie mich auch suchen, nicht finden könnten. Sie verließen meinen Vater, der in seinen letzten Zügen lag, gingen ganz fröhlich zur Tür hinaus und sagten: »Wir haben den Inka bereits getötet, habt keine Furcht.« Aber einige *Anti*, die gerade eintrafen, sowie der Hauptmann Rimachiq Yupanqui kreisten sie ein, und bevor sie noch weit hätten fliehen können, schnitten die Indianer einigen von ihnen in gefährlicher Weise den Weg ab, stürzten sie von ihren Pferden hinunter und schleppten sie gewaltsam mit, um sie zu opfern. Ihnen allen auferlegten sie einen grausamen Tod; einige verbrannten sie sogar. Selbst diese Vorfälle überlebte mein Vater noch drei Tage lang. Bevor er starb [1544], ließ er alle seine Hauptleute und mich selbst herbeirufen, um vor seinem Tod noch zu uns zu sprechen.

68 Fiktives Fortbestehen des Inka-Reiches: Das Vermächtnis des Manko Inka an seinen Sohn (1544)

Die Ansprache, die Manko Inka vor seinem Tod an seinen Sohn richtete

»Mein geliebter Sohn: Du siehst wohl, wie es um mich steht, und ich brauche dir nicht in Worten den Schmerz auszudrücken, den die Tatsachen genügend bezeugen. Weine nicht, denn hätte jemand Grund zum Weinen, so wäre ich es, wenn ich es überhaupt noch vermöchte: Ich selbst habe mich nämlich in die Lage gebracht, in der ich jetzt bin, weil ich Leuten solcher Art so großes Vertrauen erwiesen und sie, die es nicht verdienten, so verwöhnt habe, wie ich es tat. Wie du weißt, kamen sie hierher, weil sie vor ihren Gefährten wegen bestimmter Verbrechen, die sie dort draußen begangen hatten, fliehen mußten. Ich nahm sie auf und stand ihnen mit väterlichen Gefühlen bei. Hör zu: Ich befehle dir, nie und nimmer mit Leuten dieser Art Verpflichtungen einzugehen, damit es dir nicht wie mir ergeht. Laß nicht zu, daß sie in dein Land eindringen, so sehr sie dich auch mit ihren Worten locken mögen; mich haben ihre honigsüßen Worte getäuscht, und dasselbe wird dir geschehen, falls du ihnen glaubst.
Ich vertraue dir deine Brüder und Schwestern und deine Mutter

an: Kümmere dich um sie, hilf ihnen und steh ihnen bei, wie ich es dir gegenüber getan habe. Und schau: Tu meinen Gebeinen kein Leid an, indem du deine Geschwister und deine Mutter schlecht behandelst; du weißt wohl, daß sie darunter sehr leiden würden.

Ich vertraue dir auch diese armen Indianer an: Kümmere dich um sie, wie es recht und billig ist, und denke daran, wie sie aus Liebe zu mir ihre Ländereien und ihre Heimat aufgegeben und mich im Laufe aller meiner Bedrängnisse begleitet, bewahrt und geschützt haben. Überfordere sie nicht, quäle sie nicht, schelte und bestrafe sie nicht ohne Schuld, sonst rufst du nämlich *Wiraqochas* Unwillen hervor. Ich habe ihnen befohlen, dich zu achten und an meiner Stelle als ihren Herrscher anzuerkennen, denn du bist mein erster Sohn und Erbe meines Königreichs, und dies ist mein letzter Wille. Ich habe volles Vertrauen zu ihrem Wohlwollen und weiß, daß sie dich als solchen anerkennen und achten und nichts anderes tun werden, als was ich ihnen gesagt habe und was du ihnen zu befehlen beliebst.«

Mit diesen Worten schied er dahin und ließ mich im Dorf Vitcos zurück. Von dort zog ich hierher nach Vilcabamba, wo ich ruhig weilte, bis mich einige Indianer aus Huamachuco auf Verordnung der Gerichtsbehörden von Cuzco – erlassen von Gonzalo Pizarro, der damals gegen den König rebellierte – um meine Ruhe brachten [um 1545]. Seither sind mehr als zwanzig Jahre verstrichen.

69 Das Verhalten der Spanier gegenüber den »Indios« gemäß der Chronik des Häuptlingssohns Guaman Poma de Ayala (1567–1615)

Vagabundierende Spanier gibt es in diesem Königreich [Peru] mehr als genug. Man trifft sie auf den Landstraßen, in den Tambos und Indianerdörfern; meistens sind es Juden oder Mauren. Manche sind oft der Schrecken ganzer Gegenden; wenn sie zu einem Tambo kommen, schlagen sie blindlings mit einem Stock nach rechts und links, wobei das meiste die Indios abbekommen, und heischen Befriedigung ihrer Wünsche [...]. Der reichste von ihnen verfügt gerade noch über einen Neger als Bedienung, einen Burschen dazu und zwei Pferde oder Maultiere, eines für ihn und das

311

andere für sein Gepäck; ein Gewand hat er für unterwegs und eines für die Stadt. Für ihr Essen verbrauchen sie täglich Lebensmittel im Wert von etwa zwölf Pesos auf Kosten der Indios.

Sie lassen sich anreden als Caballeros, Apu [Herr], Doktoren und Lizentiaten und zahlen nie, wenn sie fortgehen aus einem Tambo oder Indiodorf. So ziehen sie als Vagabunden im ganzen Königreich herum, obwohl sie starke und rüstige Männer sind; aber sie wollen eben nicht arbeiten und scheuen sich, ihren Rükken unter einer Last zu beugen und Holz, Stroh oder Wasser zu tragen oder überhaupt anderen Leuten zu dienen, wie sie es ja auch in Spanien tun mußten [...].

Die Pächter der Tambos sind meistens Spanier [...]. Sie fordern Indios für Dienstleistungen an und beschäftigen bis zu zwanzig Hörige, denen sie nichts zahlen. Darüber hinaus verfügt der Tambero über ein halbes Dutzend indianischer Prostituierter und über weitere Indias unter dem Vorwand, sie seien die Frauen der Yanaconas [indianische Dienstboten], also gewissermaßen Chinaconas; manche von ihnen sind in der Tat verheiratet. Ihrer bedienen sich die Tamberos und stellen sie den Durchreisenden zur Verfügung [...].

So werden die Indias zu schlechtem Lebenswandel verführt. Sie bekommen nichts bezahlt, sind aber ganz zufrieden dabei, weil sie sich vergnügen und neue Kleider bekommen: Sie tragen kostbare farbige Cumbis und malen sich die Gesichter an [...]. Die eigenen Mütter helfen ihnen oft dazu und decken die Sache. Die Männer jener Frauen werden unter Mißbrauch der Arbeitsverpflichtung [Mita] zum Heu- oder Holzholen auf Botendienste weggeschickt [...].

IV. Nordamerika

1 Die Perspektive der Franzosen

70 Giovanni da Verrazzano sucht im Auftrag König François I. den Seeweg nach Asien und erkundet die Ostküste Nordamerikas (1524)

In weiteren fünfunddreißig Tagen segelten wir mehr als vierhundert (französische) Ligen, wo uns ein neues Land erschien, das vorher noch niemand gesehen hatte, weder in der Antike noch in der neuen Zeit.

Das zuerst gesehene Land unter 34° nördlicher Breite

Zunächst erschien es ziemlich niedrig. Als wir uns auf eine Viertelmeile genähert hatten, bemerkten wir wegen der großen Feuer, die am Seeufer brannten, daß es bewohnt war. Wir sahen, daß es nach Süden verlief. Als wir ihm folgten, um irgendeinen Hafen zu entdecken, wo wir mit dem Schiff ankern und seine Natur erforschen konnten, fanden wir auf fünfzig Meilen keinen Hafen oder irgendeinen Platz, wo es möglich war, mit dem Schiff zu bleiben. Und da wir gesehen hatten, daß es sich immer weiter nach Süden zog, entschlossen wir uns (um nicht mit den Spaniern zusammenzustoßen), umzukehren und nach Norden die Küste entlangzulaufen, wo wir die vorige Stelle wiederfanden. Wir ankerten vor der Küste und schickten das kleine Boot an Land. Wir hatten viele Menschen gesehen, die an den Strand kamen und, als sie sahen, daß wir uns näherten, flohen, manchmal stehenblieben, sich zurückwandten und uns mit großer Bewunderung anschauten. Wir beruhigten sie durch verschiedene Zeichen, einige von ihnen näherten sich nun, zeigten große Freude, uns zu sehen, bewunderten unsere Kleider, Gestalt und weiße Haut und machten uns durch verschiedene Zeichen darauf aufmerksam, wo wir mit dem kleinen Boot bequemer und mit größerer Sicherheit landen könnten, und boten freundlich uns von ihren Nahrungsmitteln an.

Die erste Landung und die ersten Eingeborenen

Wir waren an Land, und das, was wir von ihrem Leben und ihren Bräuchen erfahren konnten, will ich Euer Majestät kurz berichten:

Sie gehen völlig nackt, außer daß sie an den Geschlechtsteilen einige Felle von kleineren Tieren wie Mardern tragen, einen Gürtel, aus feinem Gras gewoben, mit verschiedenen Schwänzen von andern Tieren, die ihnen bis zu den Knien um den Körper hängen; das übrige unbedeckt; den Kopf ebenso. Manche tragen gewisse Girlanden von Vogelfedern. Sie sind von dunkler Farbe, nicht unähnlich den Äthiopiern, und das Haar schwarz und dicht und nicht sehr lang, das sie auf dem Hinterkopf in Form eines kleinen Zopfes zusammenbinden. Was das Ebenmaß des Mannes betrifft, so sind sie wohlproportioniert, von mittlerer Statur und überragen uns ziemlich. Über die Brust sind sie breit, die Arme gut gewachsen, die Beine und andern Körperteile richtig zusammengesetzt. Sonst ist weiter nichts an ihnen, außer daß sie etwas zur Breitgesichtigkeit neigen; doch nicht alle, denn bei den meisten sahen wir klargeschnittene Züge. Die Augen schwarz und groß, der Blick wachsam und rasch. Sie sind nicht von großer Kraft, aber schlau, behende und vortreffliche Läufer. Nach dem, was wir durch Erfahrung lernen konnten, ähneln sie in den beiden letzten Eigenschaften den Orientalen und vor allem denen der fernsten sinarischen Regionen. Wir konnten nichts Besonderes über das Leben und die Bräuche dieser Leute erfahren, weil wir uns nur kurze Zeit an Land aufhielten, da es nur wenige Leute waren und das Schiff auf hoher See vor Anker lag.

»Lorbeerwald« und »Zedernfeld«

Wir fanden an der Küste, nicht weit von jenen entfernt, andere Leute, die, wie wir meinen, ein ähnliches Leben führen. Ich will Euer Majestät darüber berichten und zunächst Lage und Natur besagten Landes beschreiben. Der Meeresstrand ist ganz mit feinem Sand bedeckt, fünfzehn Fuß hoch. Er erstreckt sich in Form von kleinen Hügeln, etwa fünfzig Schritt im Durchmesser. Nachdem wir ein Stück gegangen waren, fanden wir einige Flüsse und

Meeresarme, die durch Mündungen eintreten und auf beiden Seiten die Küste durcheilen, die ihren Windungen folgt. Ganz nahe wird das weite Land sichtbar, so hoch, daß es das sandige Gestade überragt mit vielen schönen Feldern und Ebenen, voll von den größten Wäldern, manche spärlich und manche dicht bedeckt mit so vielfältigen und vielfarbigen Bäumen von solcher Schönheit und so ergötzlichem Aussehen, wie man es kaum zu beschreiben vermag. Und glauben Sie nicht, Euer Majestät, daß diese wie der hyrkanische Wald oder wie die wilde Einsamkeit Skythiens und nördlicher Länder sind mit ihren struppigen Bäumen, sondern eine Zier von Palmen, Lorbeerbäumen und Zypressen, vermischt mit andern Arten von Bäumen, die in unserm Europa unbekannt sind (wir tauften dieses Land »Lorbeerwald«, und ein Stück weiter erhielt es wegen der schönen Zedern den Namen »Zedernfeld« [zwischen Cape Fear und Bogue Banks]); auf weite Entfernung strömen sie die süßesten Düfte aus (wir rochen den Duft hundert Meilen weit und weiter, wenn sie die Zedern abbrannten und der Wind vom Land herüberstand); wessen Eigentum es war, konnten wir nicht erfahren, und aus dem oben erwähnten Grund, nicht daß es schwer für uns gewesen wäre, durch die Wälder zu marschieren, denn sie sind nicht so sehr dicht, sondern durchaus zu durchdringen. Wir meinen, daß sie nicht ohne medizinische Eigenschaften oder aromatische Säfte sind, da sie wegen ihrer Umgebung am Orient teilhaben. Dazu andere Reichtümer: Gold, zu dem ein Land von solch einer Färbung jede Neigung hat. Es ist überreich an vielen Tieren, Hirschen, Rehen, Hasen; ebenso an Seen und Teichen von quellfrischem Wasser mit einer mannigfaltigen Menge von Vögeln, passend und geeignet für jedes ergötzliche Vergnügen der Jagd.

[...]

Wir schickten einen unserer jungen Seeleute schwimmend an Land. Er sollte ihnen einigen Tand bringen, wie Glöckchen, kleine Spiegel und andere Geschenke; als er ihnen auf vier Faden nahe war, warf er ihnen die Sachen zu und wollte zurückschwimmen, wurde jedoch von den Wellen so hin und her geworfen, daß er halbtot auf den Strand geschleudert wurde. Da die Leute des Landes das gesehen hatten, rannten sie unverzüglich zu ihm. Sie nahmen ihn an Kopf, Armen und Beinen und trugen ihn ein Stück weg. Als der junge Mann sah, daß er auf diese Weise weggebracht wurde, stieß er vor Schreck und Entsetzen sehr laute Schreie aus, die sie auf ähnliche Art in ihrer Sprache erwiderten, um ihm zu zeigen, daß er sich nicht fürchten solle. Nachdem sie ihn dann am Fuß eines kleinen Hügels auf den Boden in die Sonne gelegt hatten, verliehen sie ihrer Bewunderung deutlich Ausdruck, betrachteten die Weiße seiner Haut und untersuchten ihn von Kopf bis Fuß. Sie nahmen ihm Hemd und Hose ab, ließen ihn nackt liegen, machten neben ihm ein tüchtiges Feuer und legten ihn in die Nähe der Hitze. Da die Seeleute, die in dem kleinen Boot geblieben waren, das gesehen hatten, glaubten sie, wie es in jeder neuen Lage ihre Gewohnheit ist, voller Furcht, daß sie [die Eingeborenen] ihn braten und essen wollten. Als er wieder zu Kräften gekommen und eine Weile bei ihnen geblieben war, erklärte er ihnen durch Zeichen, daß er zum Schiff zurückkehren wolle. Sie blieben mit größter Freundlichkeit und mannigfaltigen Umarmungen immer dicht bei ihm und begleiteten ihn bis zum Wasser. Und um ihn noch mehr zu beruhigen, zogen sie sich auf einen hohen Hügel zurück, warteten dort und beobachteten ihn, bis er im Boot saß. Dieser junge Mann lernte von diesen Leuten, daß sie folgendermaßen sind: von dunkler Farbe wie die andern, die Haut glänzender, von mittlerer Statur, das Gesicht schärfer geschnitten, sehr viel zierlicher an Körper und Gliedern, von viel geringerer Kraft und sogar von Intelligenz. Sonst sah er nichts.

Wir nannten es Annunciata nach dem Tag der Ankunft, wo ein Isthmus, eine Meile breit und etwa zweihundert lang, gefunden wurde, in dem vom Schiff aus das orientalische Meer zwischen dem Westen [korrigiert von »Osten« im Text] und dem Norden gesehen wurde. Das ist zweifellos dasjenige, das um die äußerste Spitze von Indien, China und Cathay geht. Wir segelten an besagtem Isthmus in der ständigen Hoffnung entlang, irgendeine Straße oder ein echtes Vorgebirge zu finden, wo das Land nach Norden zu endete, damit wir dort zu den gesegneten Gestaden von Cathay vordringen konnten. Diesem Isthmus wurde von seinem Entdekker [der Name Isthmus] Verrazzanius gegeben, wie das ganze gefundene Land nach unserm François Francesco genannt wurde.

Nachdem wir von dort abgesegelt waren und ständig der Küste

folgten, die sich ein wenig nach Norden wandte, kamen wir innerhalb von fünfzig Ligen zu einem andern Land, das sehr viel schöner aussah und voll von großen Wäldern war.

[...]

Diese [Indianer] fanden wir von hellerer Farbe als die vorigen, mit gewissen Gräsern bekleidet, die von den Zweigen der Bäume herabhängend wachsen und die sie mit verschiedenen Enden von wildem Hanf verflechten. Der Kopf unbedeckt auf die gleiche Weise wie die vorigen. Ihre Nahrung besteht im allgemeinen aus Hülsenfrüchten, die, wenn sie auch in Farbe und Größe von den unsern abweichen, im Überfluß vorhanden und von ausgezeichnetem und köstlichem Geschmack sind, dazu Wild, Fisch und Geflügel, die sie mit dem Bogen und mit Fallen erlegen. Sie machen [die Bogen] aus zähem Holz, die Pfeile aus Rohr und befestigen am Ende Knochen von Fischen und andern Tieren. Die wilden Tiere in diesem Teil sind viel wilder als in unserm Europa, weil sie von den Jägern ständig belästigt werden. Wir sahen viele von ihren Booten, aus einem einzigen Baum gefertigt, zwanzig Fuß lang, vier breit [etwa 6,5 × 1,2 m], die nicht mit Steinen, Eisen oder sonstigem Metall gebaut werden, weil wir in diesem Land in dem Raum von zweihundert Ligen, die wir wanderten, nur einen einzigen Stein von irgendeiner Art sahen. Sie helfen sich mit dem vierten Element, indem sie so viel von dem Holz wegbrennen, wie für die Höhlung des Bootes ausreichend ist, ebenso auch von Heck und von Bug, so daß sie beim Fahren die Wellen des Meeres durchfurchen können.

Das Land ist nach Lage, Güte und Schönheit wie das andere, die Wälder offen, voll von verschiedenen Baumarten, aber nicht von solchem Duft, weil es nördlicher und kälter ist. Wir sahen in diesem Land viele Reben von natürlichem Wuchs, die sich aufsteigend um die Bäume winden, wie sie es im cisalpinischen Gallien früher getan haben. Ohne Zweifel würden sie, wenn ihnen die gründliche Pflege durch Landwirte zuteil würde, ausgezeichnete Weine hervorbringen, da wir oft feststellen konnten, daß die getrockneten Beeren dieser [Reben] süß und angenehm sind, nicht anders als unsere. Sie werden auch von den Leuten des Landes hochgeschätzt, denn überall wo die Reben wachsen, sind die Büsche rundumher entfernt, damit die Früchte reifen können. Wir fanden wilde Rosen, Veilchen und Lilien und viele andere Sorten von Kräutern und duftenden Blumen, anders als unsere.

Nachdem wir drei Tage an diesem Ort geblieben waren, vor der Küste vor Anker liegend, entschlossen wir uns wegen des Fehlens von Häfen zur Abreise, wobei wir immer in Küstennähe blieben (wir tauften die Küste wegen der schönen Bäume Arkadien). In Arkadien fanden wir einen Mann, der zum Strand kam, um zu sehen, was wir für Leute seien: Er stand zögernd und fluchtbereit da. Während er uns beobachtete, ließ er es nicht zu, daß man ihm näher kam. Er war hübsch, nackt, hatte das Haar im Nacken zu einem Knoten gebunden und war olivfarben. Wir waren etwa zwanzig an Land, und während wir ihm freundlich zuredeten, kam er bis auf zwei Faden heran [3,66 m], wobei er uns einen brennenden Stock zeigte, als ob er uns Feuer anbieten wollte. Wir machten Feuer mit Pulver, Stahl und Feuerstein, woraufhin er vor Schreck am ganzen Leib zitterte. Und dann feuerten wir einen Schuß ab. Er hielt inne, als ob er erstaunt wäre, und betete ehrfürchtig wie ein Mönch, hob die Finger zum Himmel und wies auf das Schiff und auf das Meer und schien uns zu segnen.

Land Angoulême, Bucht Santa Margherita [Hafen New York], Fluß Vendôme [Hudson], Insel Königin Luisa [Block Island]

Nach hundert Ligen fanden wir einen sehr angenehmen Platz, der zwischen zwei kleinen vorspringenden Hügeln [Einfahrt zum Hafen New York] lag, in deren Mitte ein ungemein großer Fluß [Hudson], der an der Mündung tief war, zum Meer floß. Und beim Steigen der Flut, die, wie wir feststellten, acht Fuß hoch war, hätte jedes beladene Schiff vom Meer zu den Hügeln gelangen können. Da wir in gutem Schutz vor der Küste ankerten, wollten wir uns nicht ohne Kenntnis der Einfahrten hineinwagen. Wir nahmen das kleine Boot und fuhren in besagten Fluß ein und zum Land, das wir stark bevölkert fanden. Die Leute, fast so wie die andern, bekleidet mit Vogelfedern von verschiedenen Farben, kamen freudig auf uns zu, äußerten in lauten Rufen ihre Bewunderung und zeigten uns, wo wir sicherer mit dem Boot landen konnten. Wir fuhren in besagten Fluß ein, wo wir nach etwa einer halben Meile sahen, daß er innerhalb des Landes [in den Narrows] einen sehr schönen See mit einem Umfang von etwa drei Ligen bildet [die Upper Bay], durch den sie [die Indianer] von einem Teil zum andern paddelten. Bis zu dreißig Boote mit zahllosen Menschen fuhren von einem Ufer zum andern, um uns zu sehen. Doch wie es in der Schiffahrt so häufig geschieht, blies plötzlich eine ungünstige Bö vom Meer herein, und wir wurden gezwungen, zum Schiff zurückzukehren und das besagte Land mit viel Bedauern wegen seiner Bequemlichkeit und Schönheit zu verlassen. Doch wir meinten, es sei nicht ganz ohne Wert gewesen, da alle Hügel Anzeichen für Mineralien aufwiesen.

Als wir die Anker gelichtet hatten und nach Osten gesegelt waren, weil das Land jetzt so verlief, entdeckten wir, nachdem wir achtzig Ligen immer in Sicht des Landes gefahren waren, eine in ihrer Form dreieckige Insel, zehn Ligen vom Kontinent entfernt [Block Island], in der Größe der Insel Rhodos gleich, voller Hügel, mit Bäumen bedeckt und stark bevölkert, nach den ununterbrochenen Feuern [zu urteilen], die sie, wie wir sahen, rund um den ganzen Strand anzündeten. Wir tauften die Insel im Namen Ihrer sehr erlauchten Mutter [Luisa]. Wegen des ungünstigen Wetters ankerten wir dort nicht. [Die nächste Landung erfolgte in der Narragansett Bay, von den Forschern »Refugio« genannt. Das Schiff ankerte an diesem Tag bei Newport. Die ausgesandte Gruppe begegnete abermals freundlichen Indianern, die anscheinend zivilisierter waren als die im Süden.]

Unter ihnen waren zwei Könige, von so guter Statur und Gestalt, wie man es sich nur vorstellen kann; der erste etwa vierzig Jahre, der andere ein junger Mann von vierundzwanzig Jahren. Ihre Bekleidung war so: der Ältere trug auf seinem nackten Körper das Fell eines Hirsches, kunstvoll verziert wie Damast mit mannigfaltigen Stickereien; der Kopf unbedeckt, das Haar mit verschiedenen Bändern zurückgebunden, um den Hals eine breite Kette, mit vielen Steinen in verschiedenen Farben geschmückt. Der junge Mann fast in der gleichen Art. Dies ist das schönste und in seinen Sitten zivilisierteste Volk, das wir auf dieser Reise gefunden haben. Sie übertreffen uns an Größe. Sie sind bronzefarben, einige neigen mehr zur weißen, andere zur gelbbraunen Farbe; das Gesicht scharf geschnitten, das Haar, dessen Schmuck ihr größtes Bemühen gilt, lang und schwarz, die Augen schwarz und lebhaft, das Verhalten, das viel von der klassischen Antike hat, freundlich und sanft. Von den andern Körperteilen will ich Euer Majestät nicht sprechen; sie haben genau die Proportionen, die zu einem gutgewachsenen Mann gehören. Ihre Frauen sind von der gleichen Schönheit und Grazie, sehr liebreizend, von artiger Miene und angenehmem Aussehen, in Lebensweise und Benehmen von gebührendem weiblichem Anstand geprägt, wie es sich für die menschliche Natur geziemt. Sie gehen nackt bis auf ein einziges Hirschfell, bestickt wie das der Männer, und einige tragen an den Armen prächtige Luchsfelle. Der Kopf unbedeckt, mit verschieden angeordneten Zöpfen, aus ihrem eigenen Haar geflochten, von denen einer an der Seite hängt, der andere über der Brust. Einige tragen andere Haarfrisuren wie die Frauen von Ägypten und Syrien, und das sind die, die im Alter fortgeschritten und verehelicht sind. Männer wie Frauen tragen in den Ohren, wie es die Orientalen zu tun pflegen, herabhängende Schmuckstücke verschiedener Art, unter denen wir viele gehämmerte Platten aus Kupfer sahen, das bei ihnen höher eingeschätzt wird als Gold, das sie seiner Farbe wegen geringachten, weshalb es von ihnen als wertloser betrachtet wird.

Dagegen stellen sie Blau und Rot über alles andere. Von dem, was wir ihnen schenkten, waren kleine Glocken, blaue Kristalle und andere Schmucksachen, die man in den Ohren und um den Hals tragen kann, am begehrtesten. Seiden- und Brokatstoffe oder solche von irgendwelcher andern Art schätzten sie nicht hoch ein und legten auch keinen Wert darauf, sie zu besitzen; ebenso war es mit Metallen wie Stahl und Eisen [...]. [Die Expedition blieb vierzehn Tage in Newport und schloß enge Freundschaft mit den Indianern. Obwohl die Männer häufig an Bord des Schiffes kamen, wurde den Frauen nie erlaubt, sich unter die Europäer zu mischen. Letztere machten mehrere Erkundungsausflüge ins Landesinnere.]

Viele Male gingen wir fünf bis sechs Ligen ins Landesinnere, das wir so angenehm fanden, wie man es sich nur vorstellen kann, geeignet für jede Art des Anbaus – Getreide, Wein, Öl. Denn in dieser Gegend sind die Felder fünfundzwanzig bis dreißig Ligen breit, offen und ohne irgendwelche Behinderung durch Bäume und von solcher Fruchtbarkeit, daß durch jedes Saatgut die beste Ernte erzielt werden würde. Dann kamen wir in die Wälder, die man mit jeder noch so zahlreichen Armee und auf jede nur vorstellbare Art durchqueren kann und deren Bäume, Eichen, Zypressen und andere, in Europa unbekannt sind. Wir fanden luccalische Äpfel (oder Kirschen), Pflaumen und Haselnüsse und viele Arten von Früchten, die sich von unsern unterscheiden. Tiere gibt es in ungemein großer Zahl, Hirsche, Rehe, Luchse und andere Spezies, die sie – wie auch die andern [Indianer] – mit Schlingen und Bogen erlegen, die ihre Hauptwaffen sind. Die Pfeile dazu sind von großer Schönheit, und am Ende befestigen sie statt Eisen Smaragd, Jaspis, harten Marmor und andere scharfe Steine, deren sie sich auch statt des Eisens bedienen, um Bäume zu fällen. Sie machen ihre Boote aus einem einzigen Baumstamm, den sie mit wunderbarer Geschicklichkeit aushöhlen und in den vierzehn bis fünfzehn Mann bequem hineinpassen. Das kurze Ruder, breit am Ende, bewirkt, nur durch die Kraft der Arme, daß sich das Boot auf See ohne jede Gefahr mit so hoher Geschwindigkeit fortbewegt, wie es ihnen gefällt.

»Das Land Refugio«

Als wir weitergingen, sahen wir ihre Behausungen, kreisförmig von Gestalt, vierzehn bis fünfzehn Schritt im Umfang, aus hölzernen Halbkreisen gebaut; eins vom andern getrennt und ohne architektonisches System. Gedeckt mit kunstvoll gearbeiteten Strohmatten, die sie vor Regen und Schnee schützen. Es ist nicht zu bezweifeln, daß sie, wenn sie die gleiche Fertigkeit im Handwerklichen hätten wie wir, prächtige Gebäude errichten würden, denn die ganze Meeresküste ist voll von blauen Felsen, Kristallen und Alabaster – und überdies voller Häfen und Schutz für die Schiffe. Sie bringen besagte Häuser von einem Ort zum andern, je nach dem Reichtum der Jahreszeit und der Gegend, in der sie leben. Dabei nehmen sie nur die Matten mit, und sofort haben sie neue Behausungen. In jeder leben ein Vater und eine sehr zahlreiche Familie, so daß wir in manchen Fällen fünfundzwanzig bis dreißig Seelen gezählt haben. Ihre Nahrung ist wie die der andern:

Hülsenfrüchte (die sie mit mehr System anbauen als die andern, wobei sie den Vollmond beachten, den Aufstieg der Plejaden und viele Bräuche, die sie von der klassischen Antike übernommen haben), außerdem Wild und Fisch.

[...]

Das Land der bösen Menschen

Innerhalb von fünfzig Ligen, während deren wir mehr nach Norden hielten, fanden wir ein hohes Land mit sehr dichten Wäldern, deren Bäume sich als Kiefern, Zypressen [Rotzedern] und andere erwiesen, die in kalten Regionen wachsen. Die Menschen waren ganz anders als die früheren. So kultiviert die einen in ihren Sitten waren, so grob, lasterhaft und barbarisch zeigten sich die andern, so daß es uns niemals gelang, irgendwelchen Umgang mit ihnen zu haben, wie viele Zeichen wir ihnen auch machten. Sie kleiden sich in die Felle von Bären, Luchsen, Seewölfen und andern Tieren. Die Nahrung ist nach dem, was wir erfahren konnten, indem wir häufig zu ihren Behausungen gingen, Wild, Fisch und einige Erzeugnisse einer Art Wurzeln, die der Boden von allein hervorbringt. Sie haben weder Hülsenfrüchte, noch sahen wir irgendwelche Anzeichen für Ackerbau. Der Boden wäre aufgrund seiner Unfruchtbarkeit auch nicht geeignet, Früchte oder irgendwelches Getreide gedeihen zu lassen. Wenn wir, da wir zu jeder Zeit Handel mit ihnen trieben, etwas von ihren Sachen haben wollten, dann kamen sie an den Meeresstrand auf irgendeinen Felsen, wo es sehr steil war, und ließen – wir blieben dazu in dem kleinen Boot – das, was sie uns geben wollten, an einem Seil zu uns herab, wobei sie vom Land aus ständig schrien, daß wir nicht näher kommen sollten. Sie gaben uns rasch die Tauschgegenstände, nahmen jedoch als Entgelt nichts als Messer, Angelhaken und scharfes Metall. Höflichkeit war ihnen fremd, und wenn sie nichts mehr zu tauschen hatten, machten uns die Männer zum Abschied Zeichen einer so schmählichen Verachtung, wie es nur so rohe Kreaturen fertigbringen. Im Gegensatz zu ihren Wünschen waren fünfundzwanzig bewaffnete Männer von uns zwei bis drei Ligen im Landesinnern, und als wir zum Strand hinabgingen, schossen sie mit ihren Bogen auf uns, stießen die wüstesten Schreie aus und flohen dann in die Wälder. Wir haben in diesem Land nichts von irgendwelchem Wert kennengelernt außer den großen Wäldern mit einigen Hügeln, die möglicherweise etwas Metall enthalten, weil wir bei vielen Eingeborenen »Paternoster« aus Kupfer in den Ohren sahen.

71 Der Seefahrer Jacques Cartier (1491–1557) erkundet Neufundland und nimmt Kanada für Frankreich in Besitz (1534)

Und als wir unsern Kurs verfolgten, kamen zwei Inseln in Sicht, wie es uns schien; es war jedoch das Festland, das von Südsüdost nach Nordnordwest verlief bis zu einer sehr schönen Landzunge, die wir Kap Orleans nannten [Kap Kildare].

Diese ganze Küste ist niedrig und flach, doch das schönste Land, das man sich vorstellen kann und voll von herrlichen Bäumen und Wiesen. Doch wir konnten keinen Hafen finden; denn die Küste ist niedrig und wird ständig von Sandbänken begleitet, und das Wasser ist seicht. Wir gingen an verschiedenen Stellen in unsern Großbooten an Land, unter anderm an einem schönen Fluß von geringer Tiefe, wo wir einige Indianer in ihren Kanus zu Gesicht bekamen, die den Fluß überquerten. Aus diesem Grund nannten wir den Fluß Kanu-Fluß. Doch wir machten weiter keine Bekanntschaft mit den Wilden, da sich der Wind erhoben hatte und vom Meer kam und uns auf den Strand zutrieb, so daß wir es für ratsam hielten, mit unsern Großbooten zum Schiff zurückzufahren. Wir steuerten Nordwest bis zum nächsten Morgen [Mittwoch], den ersten Juli, um Sonnenaufgang, als Nebel mit bedecktem Himmel aufkam und wir gegen zehn Uhr die Segel strichen, als es sich aufklärte und wir einen Blick auf Kap Orleans und auf ein weiteres Kap erhielten, das etwa sieben Meilen Nord zu Nordost davon lag und das wir Indianerkap [North Point] nannten. Nordostwärts von diesem Kap sind auf etwa einer halben Meile eine sehr gefährliche Untiefe und eine felsige Barre. An diesem Kap kam ein Mann in Sicht, der unsern Großbooten an der Küste nachrannte und uns oft Zeichen machte, wir sollten zu besagter Indianer-Spitze zurückkehren. Und als wir diese Zeichen sahen, begannen wir, auf ihn zuzurudern, doch als er sah, daß wir tatsächlich zurückkehrten, lief er weg und floh vor uns. Wir landeten ihm gegenüber, legten ein Messer und einen Wollgürtel auf einen Ast und fuhren danach zu unsern Schiffen zurück. An jenem Tag segelten wir etwa neun, zehn Ligen an der Küste entlang, um einen Hafen zu suchen, konnten jedoch keinen finden; denn wie ich bereits erwähnt habe, ist das Ufer niedrig und das Wasser seicht. Wir landeten an jenem Tag an vier Stellen, um uns die Bäume anzusehen, die wunderbar schön sind und stark duften. Wir entdeckten, daß es Zedern dort gab, Eiben, Kiefern, Ulmen, Eschen, Weiden und andere, von denen uns viele unbekannt waren, und alle Bäume ohne Früchte. Der Boden ist dort, wo keine Bäume stehen, ebenfalls sehr fruchtbar und bedeckt mit Spelt, weißen und roten Stachelbeerbüschen, Erdbeeren, Himbeeren und wildem Hafer wie Roggen, die, wie man sagen möchte, dort gesät und beackert worden sind. Es ist dies das Gebiet mit dem besten gemäßigten Klima, das man überhaupt finden kann, die Wärme ist beträchtlich. Es gibt viele Turteltauben, Holztauben und andere Vögel. Es fehlt an nichts, nur an Häfen.

[...]

Und als wir eine halbe Lige von dieser Spitze entfernt waren, sichteten wir zwei Flotten von Indianerkanus, die von einer Seite der Chaleur Bay zur andern hinüberfuhren und im ganzen vierzig bis fünfzig Kanus zählten. Als eine der Flotten diese Spitze erreicht hatte, sprang eine große Zahl von Indianern an Land, hub großen Lärm an und machte ständig Zeichen, wir sollten an Land kommen; dabei hielten sie uns einige Felle auf Stöcken entgegen. Doch da wir nur ein Boot waren, hatten wir keine Lust hinzufahren und ruderten auf die andere Flotte zu, die noch auf dem Wasser war. Und als sie (an Land) sahen, daß wir uns entfernten, machten sie zwei von ihren größten Kanus klar, um uns zu folgen. Diesen schlossen sich fünf weitere von denen an, die von See hereinkamen, und alle kamen hinter unserem Großboot her, tanzten, zeigten große Freude, verrieten den Wunsch, Freunde zu sein und sagten in ihrer Sprache zu uns: »Napou tou daman asurtat«, und andere Worte, die wir nicht verstanden. Doch aus dem bereits genannten Grund, daß wir nämlich nur eins von unsern Großbooten bei uns hatten, wollten wir ihren Zeichen nicht trauen und winkten ihnen, umzukehren, was sie nicht tun wollten; sie paddelten vielmehr so rasch, daß sie unser Großboot bald mit ihren sieben Kanus umringten. Und als wir sahen, daß sie nicht zurückfahren wollten, wie sehr wir ihnen auch winkten, feuerten wir ihnen zweimal mit der kleinen Kanone über die Köpfe. Darauf kehrten sie um und fuhren auf die Spitze zu; dann stießen sie einen erstaunlich lauten Schrei aus, worauf sie wieder vorrückten. Und als sie längsseits unseres Großboots gekommen waren, schossen wir zwei Feuerlanzen ab, die zwischen ihnen zerspritzten und sie so sehr erschreckten, daß sie in allergrößter Hast davonpaddelten und uns nicht weiter folgten.

Wie diese Indianer zu den Schiffen kamen und unsere Leute zu ihnen gingen – von jeder Partei gingen einige an Land – und wie die Indianer mit unseren Leuten zu tauschen begannen

Am nächsten Tag (Dienstag, 7. Juli) kamen einige von diesen Indianern in neun Kanus zu der Spitze an der Einfahrt der kleinen Bucht [West Point an der Einfahrt von Port Daniel], wo wir mit unsern Schiffen vor Anker lagen. Und als wir von ihrer Ankunft hörten, fuhren wir mit unsern beiden Großbooten zu der Spitze, wo sie waren, an der Einfahrt der Bucht. Sobald sie uns sahen, liefen sie weg und machten uns Zeichen, daß sie gekommen seien, um mit uns Tauschhandel zu treiben; sie hielten einige Felle von geringem Wert hoch, mit denen sie sich bekleiden. Wir machten ihnen ebenfalls Zeichen, daß wir nichts Böses im Sinn hätten, und schickten zwei Mann an Land, die ihnen einige Messer und andere Eisenwaren anbieten und eine rote Kappe für ihren Häuptling schenken sollten. Als sie das sahen, schickten sie einen Teil ihrer Leute mit einigen Pelzen an Land, und die beiden Gruppen handelten miteinander. Die Wilden zeigten erstaunlich viel Gefallen daran, diese Eisenwaren und andere Dinge zu besitzen und zu erwerben, sie tanzten und vollführten viele Zeremonien und schütteten sich mit den Händen Salzwasser über den Kopf. Sie vertauschten alles, was sie hatten, so daß sie alle nackt zurückgingen, ohne etwas auf dem Leib zu haben, und sie machten uns Zeichen, daß sie morgen mit weiteren Fellen wiederkommen wollten.

Als wir zwei Leute mit Waren an Land geschickt hatten, kamen ihnen etwa dreihundert Indianer entgegen; von der Natur dieses Landes und von seinen Produkten und von der Bai namens Chaleur Bay

Am Donnerstag, dem 9. besagten Monats [Juli], als der Wind günstig dafür war, mit unsern Schiffen in See zu stechen, machten wir unsere Großboote klar, um auszufahren und diese [Chaleur-]Bai zu erkunden; und wir fuhren an diesem Tag etwa fünfundzwanzig Ligen in ihr landeinwärts. Am nächsten Tag [Freitag, 10. Juli], bei Tagesanbruch, hatten wir schönes Wetter und segelten weiter bis etwa zehn Uhr morgens, als wir das Ende der Bai sichteten, was uns mit Kummer und Mißbehagen erfüllte. Am Ende dieser Bai waren hinter dem flachen Strand mehrere sehr hohe Berge. Und da wir sahen, daß es dort keine Durchfahrt gab, schickten wir uns an umzukehren.

[...]

Der Wind wurde so stark, daß eins unserer Schiffe einen Anker verlor und wir es für ratsam hielten, sieben, acht Meilen weiter landein zu fahren, in einen guten und sicheren Hafen, den wir mit unsern Großbooten bereits erkundet hatten. Wegen des anhaltend schlechten Wetters mit bedecktem Himmel und Nebel blieben wir in diesem Hafen und Fluß, ohne aufbrechen zu können, bis zum fünfundzwanzigsten besagten Monats [Juli]. Während dieser Zeit erschien eine große Anzahl von Wilden, die zum Fluß Gaspé-Bekken gekommen waren, um Makrelen zu fischen, die es dort in reicher Fülle gibt. Es waren über dreihundert Personen, sowohl Männer als auch Frauen und Kinder, mit einigen vierzig Kanus. Nachdem sie an der Küste ein wenig Umgang mit uns gehabt hatten, kamen sie in ihren Kanus ohne Scheu bei unsern Schiffen längsseits. Wir schenkten ihnen Messer, Glasperlen, Kämme und andere Kleinigkeiten von geringem Wert, an denen sie viel Gefallen fanden, da sie die Hände zum Himmel hoben und in ihren Kanus sangen und tanzten. Dieses Volk darf man wirklich wild nennen; denn sie sind die armseligsten Leute, die es auf der Welt geben kann, und die ganze Bande besaß nichts, was mehr als fünf Sous wert gewesen wäre, die Kanus und Fischnetze ausgenommen. Sie gehen ganz nackt, bis auf ein kleines Fell, mit dem sie ihre Geschlechtsteile bedecken, und ein paar alte Pelze, die sie sich über die Schultern werfen. Sie sind ganz und gar nicht von der gleichen Rasse oder Sprache wie die, denen wir zuerst begegnet sind. Sie haben den Kopf rundherum in Kreisen rasiert bis auf ein Büschel auf dem Scheitel, das sie lang wie einen Pferdeschwanz lassen. Dieses türmen sie auf dem Kopf auf und binden es mit Lederriemen zu einem Knoten. Sie besitzen keine andern Wohnungen als ihre Kanus, die sie umdrehen und unter denen sie auf dem Boden schlafen. Sie essen das Fleisch fast roh und wärmen es nur ein wenig in der glühenden Asche, ebenso den Fisch. Am St. Magdalenentag [22. Juli] ruderten wir in unsern Großbooten zu der Stelle an der Küste hinüber, wo sie waren, und bewegten uns ungezwungen unter ihnen. Darüber zeigten sie große Freude, und die Männer fingen alle an zu singen und in zwei oder drei Gruppen zu tanzen und äußerten Zeichen großer Begeisterung über unser Kommen. Aber sie hatten veranlaßt, daß sich alle jungen Frauen in den Wald zurückzogen bis auf zwei, drei, die blieben und denen wir jeder einen Kamm und eine kleine Zinnglocke schenkten, worüber sie große Freude zeigten und dem Kapitän dankten, indem sie ihm Arme und Brust mit den Händen rieben. Und als die Männer sahen, daß wir den Frauen, die geblieben waren, etwas geschenkt hatten, ließen sie die in die Wälder geflohenen zurückkommen, damit sie das gleiche wie die andern erhielten. Diese etwa zwanzig an Zahl drängten sich um den Kapitän und rieben ihn mit ihren Händen, was ihre Art der Begrüßung ist. Er schenkte jeder einen kleinen Blechring von geringem Wert; und sofort versammelten sie sich in einer Gruppe und tanzten und sangen mehrere Lieder. Wir sahen eine große Menge Makrelen, die sie in der Nähe der Küste mit den Netzen, die sie zum Fischen benutzen, gefangen hatten; diese Netze sind aus Hanfgarn geknüpft; der Hanf wächst in der Gegend, wo sie gewöhnlich leben; denn sie kommen nur in der Fischzeit zum Meer herunter, wie man mir angedeutet hat. Hier wächst Spelt und Indianerkorn, genau wie in Brasilien. Sie essen es anstelle von Brot und hatten eine große Menge davon bei sich. Sie nennen es in ihrer Sprache *kagaie*. Außerdem haben sie Pflaumen, die sie wie wir für den Winter trocknen und *honnesta* nennen. Auch Feigen, Nüsse, Birnen, Äpfel und andere Früchte – und Bohnen, die sie *sahe* nennen. Sie nennen Nüsse *caheya*, Feigen *honnesta*, Äpfel... Wenn man ihnen etwas zeigt, was sie nicht besitzen und bei dem sie nicht wissen, was es ist, schütteln sie den Kopf und sagen *nouda*, was bedeutet: sie haben nichts davon und wissen nicht, was es ist. Von den Sachen, die sie haben, zeigten sie uns durch Zeichen, wie sie wachsen und wie sie sie zubereiten. Sie essen niemals etwas, was nach Salz schmeckt. Sie sind erstaunliche Diebe und stehlen alles, was sie davontragen können.

Wie unsere Leute ein großes Kreuz auf der Spitze an der Einfahrt zu diesem Hafen aufrichteten und wie der Häuptling des Stammes kam und nach einer langen Ansprache von unserem Kapitän beruhigt wurde und zwei von seinen Söhnen erlaubte, mit letzterem abzureisen.

Am vierundzwanzigsten des besagten Monats [Juli] ließen wir ein Kreuz von dreißig Fuß Höhe machen, das in Gegenwart mehrerer Indianer auf der Spitze an der Einfahrt zum Hafen [Gaspé] zusammengeschlagen wurde. Unter dem Querbalken befestigten wir ein Schild mit drei Lilien im Relief und darüber ein Holzbrett, auf das in großen gotischen Buchstaben geschnitzt war: »Es lebe der König von Frankreich!« Wir errichteten dieses Kreuz auf der Spitze in ihrer Gegenwart, und sie sahen zu, wie es zusammengeschlagen und aufgerichtet wurde. Und als es in die Luft ragte, knieten wir alle mit gefalteten Händen nieder, beteten es vor ihnen an und machten ihnen Zeichen, daß wir dadurch unsere Erlösung bekämen, blickten auf und wiesen zum Himmel, woraufhin auch sie Zeichen der Verehrung machten, sich gleichzeitig dem Kreuz zuwandten und es betrachteten.

Als wir zu unsern Schiffen zurückgekehrt waren, kam der Häuptling, in eine alte schwarze Bärenhaut gekleidet, in einem Kanu mit drei von seinen Söhnen und seinem Bruder; aber sie kamen nicht so nahe zu den Schiffen, wie sie es sonst getan hatten. Und auf das Kreuz zeigend, hielt uns der Häuptling eine lange Ansprache, wobei er das Zeichen des Kreuzes mit zwei Fingern machte; und dann zeigte er auf das Land rund umher, als wolle er sagen, daß dieses ganze Gebiet ihm gehöre und daß wir das Kreuz nicht ohne seine Erlaubnis hätten aufrichten dürfen. Und als er seine Ansprache beendet hatte, hielten wir ihm eine Axt hin und taten, als ob wir sie gegen seine Bärenhaut tauschen wollten. Dazu nickte er zustimmend und kam allmählich näher zu unserm Schiff, weil er dachte, er werde die Axt bekommen. Doch einer unserer Männer, der in unserer Jolle saß, packte sein Kanu, und sofort stiegen zwei oder drei weitere hinein und veranlaßten die Indianer, an Bord unseres Fahrzeugs zu kommen, was sie in großes Erstaunen versetzte. Als sie an Bord waren, wurde ihnen vom Kapitän versichert, daß ihnen nichts Böses zustoßen werde, während ihnen gleichzeitig jedes Zeichen der Zuneigung durch uns zuteil wurde. Sie bekamen zu essen und zu trinken und waren bald guter Laune. Dann wurde ihnen durch Zeichen erklärt, daß das Kreuz aufgerichtet worden sei, um als Landkennung und Wegweiser bei der Einfahrt in den Hafen zu dienen, und daß wir bald zurückkommen und ihnen Eisenwaren und andere Dinge bringen würden und daß wir zwei von seinen [des Häuptlings] Söhnen mitnehmen und nachher wieder zu diesem Hafen bringen wollten [Taignoagny und Domagaia, die im Jahr 1535 mit Cartier nach Kanada zurückkehrten]. Und wir bekleideten seine zwei Söhne mit Hemden, Bändern und roten Kappen und legten jedem eine kleine Messingkette um den Hals, worüber sie sehr erfreut waren. Und sie gaben ihre alten Lumpen jenen, die ans Land zurückfuhren. Jedem dieser drei, die wir zurückschickten, schenkten wir auch ein Beil und zwei Messer, woran sie viel Gefallen fanden. Als sie an Land zurückgefahren waren, erzählten sie den andern, was geschehen war. Gegen Mittag an diesem Tag [24. Juli] kamen sechs Kanus zu den Schiffen, in jedem saßen fünf oder sechs Indianer, die den beiden, die wir bei uns behalten hatten, Lebwohl sagen und ihnen einige Fische bringen wollten. Dabei machten sie uns Zeichen, daß sie das Kreuz nicht niederreißen wollten, und hielten einige Ansprachen, die wir nicht verstanden.

[...]

72 Der Jesuit Jacques Marquette (1637–1675) erforscht den Mississippi von Wisconsin bis Arkansas (1673)

Wir schifften uns mit unserem Dolmetscher am folgenden Tag zu früher Stunde ein; uns voraus fuhr in geringem Abstand ein Kanu mit zehn Eingeborenen. Als wir uns eine halbe Meile von den Bewohnern von Akamsea entfernt hatten, tauchten zwei Kanus auf, die auf uns zuhielten. Ihr Anführer stand aufrecht und hielt in seiner Hand das Kalumet, mit dem er uns, den Gebräuchen des Landes folgend, Zeichen machte. Er gesellte sich zu uns, während er mit recht angenehmer Stimme sang, und gab uns zu rauchen; darauf bot er uns »Sagamité« und Maisbrot an, wovon wir ein wenig aßen. Schließlich übernahm er die Führung und bedeutete uns, ihm langsam zu folgen. Man hatte uns einen Platz unter dem Stangenzelt des Kriegerhäuptlings vorbereitet, der sauber und mit schönen Binsenmatten belegt war; hier hieß man uns Platz nehmen. Die Stammesältesten saßen uns am nächsten, dann folgten die Krieger und endlich die Menge des Volkes. Wir fanden hier zum Glück einen jungen Mann, der die Illinois-Sprache viel besser verstand als der Dolmetscher, den wir aus Mitchigamea mitgebracht hatten; mit seiner Hilfe wandte ich mich zunächst mit den üblichen Begrüßungen an die ganze Versammlung. Sie bewunderten, was ich ihnen von Gott sagte und von den Wundern unserer heiligen Religion; auch bekundeten sie großes Verlangen, mich bei ihnen aufzunehmen, damit ich sie im Glauben unterrichten könnte.

Wir fragten sie darauf, was sie vom Meere wüßten. Sie antworteten uns, daß wir nur zehn Tagesreisen davon entfernt seien (wir hätten diesen Weg in fünf Tagen zurücklegen können); daß sie die Völker, die dort lebten, nicht kannten, weil ihre Feinde den Handelsverkehr mit Europäern verhinderten; daß die Äxte, Messer und Glasperlen, die wir sahen, ihnen durch die östlichen Völkerschaften verkauft worden seien und zum Teil aus einem Marktflekken in Illinois stammten, der vier Tagesreisen entfernt sei; daß die mit Flinten bewaffneten Eingeborenen, denen wir begegnet waren, ihre Feinde seien, welche ihnen den Zugang zum Meer verschlössen und sie daran hinderten, mit den Europäern bekannt zu werden und Handel zu treiben; und daß wir uns im übrigen großer

Gefahr aussetzten, wenn wir versuchten, weiter voranzukommen, wegen der ständigen Kriegszüge ihrer Feinde, die mit Gewehren bewaffnet und sehr kämpferisch gesinnt seien – wir könnten auf dem Fluß, den sie immer besetzt hielten, nicht ohne offensichtliche Gefahr weiter vordringen.

Während dieser Unterhaltung brachte man uns ständig auf großen Holzschüsseln zu essen, sei es »Sagamité« oder Maiskörner oder Stücke von Hundefleisch, und der Tag verging unter Festlichkeiten. Diese Völker sind sehr entgegenkommend und großzügig mit dem, was sie haben, aber ihre Nahrung ist sehr ärmlich, wagen sie doch aus Furcht vor ihren Feinden nicht, auf die wilden Ochsen Jagd zu machen. Sicherlich haben sie Mais in Fülle, den sie zu jeder Jahreszeit säen; wir sahen zur selben Zeit reifen Mais, solchen, der eben zu sprießen begann, und solchen im Saft, so daß wir schlossen, daß die Aussaat dreimal im Jahr stattfindet. Sie kochen den Mais in großen tönernen Gefäßen, die sehr schön gearbeitet sind. Sie haben auch Teller aus gebrannter Erde, deren sie sich auf verschiedene Art bedienen. Die Männer gehen nackt und tragen die Haare kurz; ihre Nasen sind, ebenso wie ihre Ohren, durchbohrt und mit Glasperlengehängen verziert. Die Frauen sind mit jämmerlichem Fellzeug bekleidet und flechten ihre Haare zu zwei Zöpfen, die sie hinter ihre Ohren zurückwerfen; sie haben nichts, um sich zu schmücken. Ihre Festschmäuse entbehren jeden Prunks: Sie legen den Gästen große Platten vor, aus denen jeder nach Belieben ißt, und teilen sich die Reste. Ihre Sprache ist äußerst schwierig, und ich war, welche Mühe ich mir auch gab, nicht imstande, auch nur wenige Wörter auszusprechen. Ihre Hütten, aus Rinde verfertigt, sind lang und breit; sie schlafen zwei Fuß über der Erde. Dort bewahren sie ihren Mais in großen Rohrkörben oder Kürbissen, die kleinen Tonnen gleichen, auf. Sie wissen nicht, was ein Biber ist. Ihre Reichtümer bestehen in den Fellen der wilden Ochsen. Sie haben noch nie Schnee gesehen und wissen vom Winter nur wegen des Regens, der dann häufiger fällt als im Sommer. An Früchten haben wir nichts als Wassermelonen gegessen; wenn sie ihre Erde zu bebauen wüßten, könnten sie alles Mögliche ziehen.

Am Abend hielten die Älteren geheimen Rat, weil einige von ihnen die Absicht hatten, uns die Köpfe einzuschlagen und uns auszuplündern – doch der Häuptling verhinderte diese Machenschaften. Er schickte nach uns und tanzte, um uns ganz von unserer Sicherheit zu überzeugen, in der oben beschriebenen Weise mit dem Kalumet, welches er mir, um uns jede Furcht zu nehmen, zum Geschenk machte.

Herr Jolliet und ich hielten erneut Rat, um abzuklären, was zu tun sei – ob wir weiter vorstoßen sollten oder ob wir uns mit der Entdeckung, die wir gemacht hatten, zufriedengeben sollten. Wir gaben uns genau darüber Rechenschaft, daß wir nicht weit vom Golf von Mexico entfernt seien, dessen Becken auf 31°60' geographischer Breite liegt, während wir uns bei 33°40' befanden – bis dorthin würde es nicht mehr als zwei oder drei Tagesreisen weit sein. Es konnte kein Zweifel bestehen, daß der Mississippi in den Golf von Florida oder Golf von Mexico einmündete und daß er sich nicht in östlicher Richtung nach Virginia wendete, dessen Meeresküste auf 34° liegt, eine Breite, die wir passiert hatten, ohne zum Meer gelangt zu sein; auch der Westen auf der Höhe von Kalifornien kam nicht in Frage, da unsere Route dazu in westlicher oder südwestlicher Richtung hätte verlaufen müssen, während wir immer gegen Süden gefahren waren. Wir zogen ebenfalls in Betracht, daß wir riskierten, der Ergebnisse unserer Reise verlustig zu gehen, von denen wir niemandem mehr Kenntnis würden geben können, wenn wir uns den Spaniern überantworteten, die uns zweifellos als Gefangene festhalten würden. Darüber hinaus sahen wir wohl, daß wir nicht in der Lage waren, den mit den Europäern verbündeten Eingeborenen Widerstand zu leisten, die zahlreich und erfahren im Umgang mit Feuerwaffen waren und die beständig den Unterlauf des Flusses verunsicherten. Die Tatsache schließlich, daß wir über alle Kenntnisse verfügten, die wir uns von unserer Entdeckungsreise erwünschen konnten, bewog uns, die Rückkehr ins Auge zu fassen. Dies teilten wir den Eingeborenen mit und bereiteten uns, nach einem Ruhetag, zur Rückfahrt vor.

73 Louis-Armand de Lahontan (1666–1715) über die Vernunft der Irokesen und ihr Urteil über die christliche Mission (1703)

Ich habe einige Beschreibungen von Kanada gelesen, welche zu verschiedenen Zeiten von Geistlichen geschrieben wurden. Sie geben eine ziemlich einfache und genaue Nachricht von den ihnen bekannten Ländern. Nur betrügen sie sich in den Sitten, Manieren etc. der Wilden sehr. Die Rekollekten, ein geistlicher Orden im Papsttum, heißen sie dumme, grobe, bäurische Leute, die nichts fassen noch bedenken können. Die Jesuiten hingegen reden ganz anders und behaupten, sie seien vernünftig, guten Gedächtnisses, munteren Geistes, feinen Verstandes. Erstere sagen, es sei unnütz, Völkern, die immer wie das Vieh, das Evangelium zu predigen. Die anderen hingegen wollen erweisen, die Wilden hören Gottes Wort willig an und verstehen die Heilige Schrift ziemlich leicht. Ich weiß wohl, warum beide so reden, und wem bekannt, daß diese beiden Orden in Kanada nicht gar zu wohl miteinander stehen, der weiß es auch. Mir sind schon so viel Nachrichten voll Ungereimtheiten vorgekommen, obgleich die Schreiber für Heilige durchgingen, daß ich jetzo anfange zu glauben, die ganze Historie sei ein endloser Skeptizismus. Hätte ich der Wilden Sprache nicht verstanden, hätte ich alles, was jene von ihnen schreiben, glauben können. Seit ich aber mit diesen Völkern selbst geredet, weiß ich's besser, und habe wohl gemerket, die Rekollekten und Jesuiten seien nur bei gewissen geringen Sachen geblieben, haben aber von dem großen Hindernis geschwiegen, das sie bei den Wilden über der Predigt christlicher Lehre gefunden. Ich meine aber nur die Wilden in Kanada und nicht die jenseits des Flusses Mississippi, deren Sitten und Wesen ich nicht nach Gebühr habe erfahren können, weil mir ihre Sprache unbekannt, und mir übrigens die Zeit nicht vergönnet, lang in ihrem Land zu bleiben. Daß ich aber oben bei meiner Reise nach dem Langen Fluß sie höflich genannt, davon stehen die Ursachen dabei.

Diejenigen, die die Wilden als zottichte Bären abgemalet, haben nie keinen gesehen, zumal weder Haar noch Bart an keinem einzigen Teil des Leibes erscheinet, auch nicht einmal unter den

Achseln, weder an Manns- noch Frauenbildern. Überhaupt sind sie gerade und wohl gewachsen. Die Irokesen sind größer, mannhafter und listiger als die anderen Völker, aber ungeschickter und langsamer, sowohl im Krieg als auch auf der Jagd, wo sie niemals als in großer Anzahl hinziehen. Die Illinois, Oumamis, Outagamis und etliche andere Nationen sind mittelmäßiger Statur und können laufen wie Hetzhunde. Die Outaouas und die meisten übrigen Wilden gegen den Norden (außer den Springern und Clistinos) sind unansehnliche Kerls und liederliche Bärenhäuter. Die Huronen sind brave Leute, beherzt und verschmitzt; sehen den Irokesen an Statur und Gesichte gleich.

[...]

Die Wilden in Kanada wissen nichts von mein und dein, denn man möchte wohl sagen, was dem einen gehöre, sei auch des anderen. Wenns einem Wilden auf der Biberjagd nicht glückt, helfen ihm seine Mitbrüder ungebeten. Springt ihm seine Flinte oder bricht entzwei, drängt sich einer vor den andern, die seine anzubieten. Werden ihm die Kinder von den Feinden geraubet oder getötet, verehret man ihm so viel Sklaven, als er zu seinem Unterhalt vonnöten. Nur die, so Christen und vor den Toren oder doch unweit der französischen Pflanzerstädte wohnen, wissen vom Geld. Die anderen wollen weder damit umgehen noch nur einmal es sehen. Sie nennen's der Franzosen Schlange. Sie sagen, man schieße sich bei uns tot, man plündere, schmähe, verkaufe und verrate sich um das Lumpengeld. Um Geld gebe ein Mann sein Weib und die Mütter ihre Töchter weg. Es kommt ihnen seltsam vor, daß einer mehr Güter hat als der andere, und ein Reicher mehr Respekt als die Armen. Kurz: Sie sagen, der Titel eines Wilden, wie wir sie schelten, reime sich besser zu uns, als daß wir Menschen heißen sollen, indem aus all unserm Tun nichts weniger als ein verständiger Mensch hervorleuchte. Diejenigen, die in Frankreich gewesen, haben mich oft gequälet mit all dem Unwesen, so sie um des lieben Geldes willen in unseren Städten treiben gesehen. Man mag ihnen immerhin vorstellen, die Eigenschaft der Güter sei die Stütze der Gesellschaftlichkeit: so lachen sie darüber. Übrigens zanken sie miteinander nicht, sie schlagen noch plündern noch lästern sich nicht. Sie spotten der Wissenschaften und Künste und haben ihr

Gelächter über den Unterschied der Ehrenstellen unter uns. Sie schelten uns für Sklaven und sagen, wir seien elende Leute, deren Leben nichts wert, wir stürzten uns selbst von unserm Stand durch Unterwerfung an einen einzigen Menschen, der alles vermöge und kein anderes Gesetz als seinen Willen habe; wir hätten stete Händel, die Kinder spotteten der Väter; niemals seien wir einig, einer lege den andern ins Gefängnis, und öffentlich gar rieben wir uns auf.

Sie halten sich höher als man sich nur immer einbilden kann, und führen dazu die Gründe an. Sie seien einer ein so großer Herr als der andere, weil die Menschen alle aus einem Leimen gemacht, es sei kein Unterschied noch Stufen unter ihnen zu dulden. Sie meinen, ihre Gemütsvergnügung gehe unserm Reichtum weit vor; alle unsere Wissenschaften seien nicht soviel wert als die Kunst, das Leben in vollkommener Gelassenheit zuzubringen. Bei uns sei keiner weiter ein Mann als so reich er sei; unter ihnen aber gehöre zu einem Mann wacker Laufen, Jagen, Fischen, mit Bogen und Flinten schießen, einen Kahn regieren, den Krieg verstehen, die Gehölze kennen, von wenigem leben, und ohne anderen Geleitsmann oder Proviant, ohne den Bogen und Pfeile einhundert Meilen in den Wäldern herumschwärmen zu können. Ferner sagen sie, wir seien Betrüger, wir verkauften ihnen gegen ihre Biber die schlechtesten Waren viermal teurer als sie wert; unsere Flinten spröngen alle Augenblicke und schlügen ihnen die Daumen weg, da sie's uns doch wohl bezahlet. Ich würde in zehn oder zwölf Tagen nicht damit fertig, was sie sonst noch mehr gegen uns einzuwenden haben.

[...]

Ihr Gedächtnis ist unvergleichlich. Wenn unsere Gouverneurs oder ihre Abgeordneten mit ihnen wegen Kriegs-, Friedens- oder Handlungssachen Rat halten und ihnen etwas vortragen, anders als vor dreißig oder vierzig Jahren geschehen, antworten sie, die Franzosen besännen sich nicht recht; sie änderten ihren Sinn alle Augenblicke; es sei schon so viel Jahre, daß sie dies und jenes gesagt. Und damit ihnen desto besser geglaubet werde, lassen sie die Bänder mit den Porzellan-Zierraten, die ihnen damals gegeben worden, herholen, weil dies eine Art Bündnisse, ohne welche nichts kann beschlossen werden.

Das Alter ehren sie überaus. Mancher Sohn, der um seines Vaters Rat nicht viel gibt, zittert recht vor seinem Altvater. Die Alten gelten bei ihnen als Orakel. Sagt etwa ein Vater zu seinem Sohn, es sei Zeit, daß er sich verheirate, oder in den Krieg, auf die Jagd oder den Fischfang gehe, wird er ihm zuweilen antworten: Das ist wichtig, ich will mich darauf bedenken. Ist's aber der Altvater, wird er gleich antworten: Es ist gut. Ich will's tun. Tötet etwa ein Wilder Rebhühner, Gänse, Enten, oder er fängt einen leckeren Fisch, wird er's gewiß seinen ältesten Blutsfreunden verehren.

Die Wilden sind recht sorglose Leute. Ihr ganzes Wesen bestehet in Essen, Trinken, Schlafen, und wenn sie daheim sind, laufen sie im Dorf des Nachts herum. Zur Mahlzeit haben sie keine gewisse Zeit. Sie essen, wenn sie hungert, und machen insgemein eine starke lustige Gesellschaft zusammen. Die Frauenzimmer speisen ebenso miteinander, nur dürfen keine Männer dazu. Die Sklavinnen müssen das indianische Korn säen und einheimsen; die Sklaven aber sorgen für die Jagd und den Fischfang, wiewohl ihnen ihre Herren öfters mit beispringen.

[...]

Es ist nicht zu leugnen, daß die Wilden viel Verstand haben und ihrer Nation Bestes wohl wissen. Sie sind treffliche Moralisten, sonderlich, wenn was über die Europäer zu klügeln. Wiewohl sie's nicht in unserm Beisein tun, man sei denn ihr recht vertrauter Freund. Übrigens sind sie äußerst ungläubig und steifen Sinnes und wissen keinen Unterschied zu machen zwischen einer Einbildung und eigentlichen Beschaffenheit oder festen Grund, wovon folgende Nachricht dienen dürfte.

Die Wilden behaupten, es müsse ein Gott sein, weil unter den materiellen Dingen keines, das notwendig und aus eigener Natur bestehe. Daß er sei, beweisen sie aus der Zusammenfügung des Erdbodens und der ganzen Welt, welche zu einem höhern und allmächtigen Wesen hinaufleite. Daher, sagen sie, folget, daß der Mensch nicht ungefähr entstanden, und daß er ein Werk eines oberen Ursprungs an Weisheit und Erkenntnis, den sie den Großen Geist oder den Meister des Lebens nennen und auf eine allerfeinste Art anbeten. Ihre Erklärung ist diese:

Weil die Existenz Gottes mit seiner Essenz oder Wesen unzertrennlich vereiniget, so begreift er alles, erscheinet in allem, wirket in allem und gibt allen Dingen ihre Bewegung. Kurz: Alles, was man sieht und erkennt, ist Gott, welcher als ohne Grenzen, ohne Ende und Leib nicht muß vorgestellet werden unterm Bild eines alten Mannes noch irgendeines anderen, was es auch und wie schön, groß und weit es auch sein möchte. Daher beten sie ihn in allen Sachen an, die auf der Welt scheinen. Wie sie dann nichts Schönes, Kurioses oder Verwunderliches sehen, besonders die Sonne und Gestirne, daß sie nicht ausriefen: Großer Geist wir sehen dich überall. Auf solche Art erkennen sie in Betrachtung der geringsten Sachen ein Schöpferwesen oder wesentlichen Schöpfer, unter dem Namen des Großes Geistes oder Meisters des Lebens.

Ich vergaß zu berichten, daß die Wilden alles, was ihnen die Jesuiten vorpredigen, ohne Widersprechen anhören, aber unter sich spotten sie darüber; und redet ein Wilder mit einem Franzosen offenherzig, muß er seines Verstandes und seiner Freundschaft recht versichert sein. Über fünfzigmal bin ich bei ihnen recht übel dran gewesen, ihren ungereimten Religionseinwürfen zu begegnen. Doch ich wies sie allemal in der Jesuiten Predigten. Ihre Meinung von der Seelen Unsterblichkeit ist diese: Sie glauben sie durchgehends, nicht weil die Seele was einfaches, rein und eines, und der Untergang eines Wesens in der Natur ohne Trennung seiner Teile nicht möglich. Diesen Grund wissen sie nicht, sondern sagen nur, wenn die Seele sterblich wäre, würden alle Menschen in diesem Leben gleich glückselig sein, weil Gott, als ganz vollkommen und durchaus weise, nicht den einen zum Glück, den andern zum Unglück habe schaffen können. Also beweisen sie die Unsterblichkeit der Seele mit dem Elend, dem mancher Mensch, besonders wackere Leute, unterworfen, daß sie getötet, gelähmet, gefangen etc. werden. Denn sie geben vor, Gott wolle, unserer Vernunft zuwider, daß ein Teil der Kreaturen in diesem Leben leiden müssen, um ihnen in jenem andren desto besser zu tun; daher sie nicht vertragen können, daß die Christen sagen, der und jener sei unglücklich und ein Sklave, erschossen, verbrannt worden, indem dies kein Unglück außer in unserer Einbildung, weil alles schon so im Ratschluß des Höchsten abgefaßt und uns nicht wunderlich vorkommen solle. Ja es sei vielmehr ein Glück, erschossen, verbrannt, gefangen etc. zu werden. Schade, daß diese blinden Leute keinen Unterricht annehmen wollen. Ihre Meinung ist der Schrift nicht gar entgegen. Sie glauben, Gott lasse es aus unerforschlichen Ursachen manchem feinen Christen übel ergehen, um seine Gerechtigkeit zu offenbaren. Und diesem wäre noch zu helfen, wenn sie nicht gröber kämen. Ich übergehe ihre ferneren Einwürfe ärgernishalber, zumal sie darin doch nicht einstimmig. Kurz: Was sie nicht sehen, will ihnen auch nicht eingehen; und wenn sie gefragt werden, warum sie Gott nicht ebenso wohl in einem Baum oder Berg als der Sonnen anbeten, antworten sie, sie erwählen das schönste Ding in der Natur dazu.

Die Jesuiten brauchen allerhand Mittel zu ihrer Bekehrung. Sie erklären ihnen die Heilige Schrift unaufhörlich, und wie der wahre Gottesdienst in die Welt gekommen; was für Veränderung er gebracht, die Prophezeiungen, die Offenbarungen und Wunderwerke. Aber da ist bei diesen armen Leuten kein Begriff der Wahrheit, Aufrichtigkeit und Göttlichkeit, wie in der Bibel befindlich; sie bleiben auf ihrem Unglauben immer hin, und alles, was die guten Patres herausbringen können, ist ein äußerlicher Beifall ohne das Herz. Zum Exempel, wenn man ihnen von der Menschwerdung Christi predigt, antworten sie: Ei das ist wunderlich! Verlangt man, sie sollen Christen werden, so sagen sie: Das ist was Wichtiges, wir wollen darauf denken. Ermahnen wir Europäer sie, zu Hauf in die Kirche zu gehen und Gottes Wort anzuhören, versetzen sie: Das ist vernünftig, oder: Wir wollen kommen. Wenn sie aber dann und wann erscheinen, so ist's deswegen, daß sie ein paar Pfeifen Tabak zum Besten kriegen oder um die Patres auszulachen. Gedächtnis haben sie so gut, daß ich mehr als zehn gekannt, die die Bibel auswendig gewußt; laßt uns aber hören, was sie, die bei uns für unvernünftige Tiere gehalten werden, von der Vernunft sagen.

Sie behaupten, der Mensch müsse sich niemals der Vorteile seiner Vernunft berauben, weil es das vornehmste Gut, das ihnen Gott geschenkt. Weil nun die christliche Religion über dieselbe geht, müsse Gott ihrer unfehlbar spotten, indem er ihnen befehle, sie um Rat zu fragen, zur Unterscheidung des Guten von dem Bösen. Daher geben sie vor, man müsse der Vernunft kein ander Gesetz auflegen oder sie zum Beifall über etwas verpflichten, was sie nicht begreife. Und was wir endlich einen Glaubensartikel nennen, sei eine für die Vernunft allzuwenig zuträgliche Sache, zumalen einem, wo alles ohne Erforschung geglaubet werde, die Lüge so leicht als die Wahrheit könne aufgebürdet werden. Sie könnten mit Ausschließung der Vernunft ihre Meinungen ebensowohl für unbegreifliche Geheimnisse ausgeben, und uns komme es nicht zu, die göttlichen Heimlichkeiten, welche allzuhoch über unsern Verstand, zu ergründen. Man mag ihnen immerhin vorstellen, die Vernunft habe nur einen betrüglichen Schein, welche die, so in ihrem falschen Licht wandeln und dieser Ungläubigen sich anvertrauen, in den Abgrund stürzet, wo sie doch dem Glauben blindlings und ohne Einrede wie ein gefangener Irokese seinem Herrn gehorchen solle; man mag ihnen, sage ich, immerhin vorstellen, die Heilige Schrift könne nichts in sich halten, daß der gesunden Vernunft gerade entgegen; so lachen sie zu allem diesem Beweis, weil sie einen so großen Widerspruch zwischen der Schrift und Vernunft sich einbilden, daß es ihnen unmöglich scheint, daß man nicht sehr zweifelhafte Meinungen für gewisse und deutliche Wahrheiten annehme. Das Wort Glaube kommt ihnen lächerlich vor, und sie meinen, Sachen, die vor etlichen hundert Jahren geschehen sein sollen, können leicht unwahr oder verändert sein, weil es den heutigen Geschichten nicht besser gehe; es reime sich nicht, zu sagen, Gott, der Allmächtige, habe erst vor fünf- oder sechstausend Jahren schaffen wollen; und was ihre Grillen und falschen Wahne noch mehr sind.

Am allerschwersten geht ihnen der Artikel von der Geburt Christi ein. Paulum lachen sie aus, und sagen, er würde Mühe genug gefunden haben, die Leute in Kanada zu überreden, daß er in den dritten Himmel verzucket worden. Was ihnen die Jesuiten vorpredigen, heißen sie nur *tiretigan*, oder: eine Beredung.

Warum sollte ein rechter Christ nicht die Tiefe der göttlichen Vorsehung bewundern, welche zuläßt, daß diese Nationen dem Christentum so abhold, und desto sorgfältiger auf sich selber sehen? Aber was müssen wir nicht von ihnen hinwieder hören, wenn man auf den Lebenswandel kommt? Sie werden sofort sagen, die Christen spotten nur der Gebote des Sohnes Gottes, weil sie denen immerfort entgegenleben. Sie statten die Ihm schuldige Verehrung dem Geld, den Bibern und dem Gewinn ab; sie fluchen, wenn's ein wenig übel geht; an Sonn- und Feiertagen machen sie's wie jederzeit, sie spielen, fressen, saufen, zanken, schlagen und schelten sich. Anstatt ihrer Eltern sich anzunehmen, lassen sie sie Hungers und Kummers sterben, verachten ihren Rat, wünschen ihnen gar oder passen mit Ungeduld auf ihren Tod. Außer den Jesuiten schwärmen sie die ganze Nacht von einer Hütte in die andere und suchen die Wildinnen. Sie bringen einander alle Tage um Diebstahls, Schmähen oder Frauenzimmer willen um. Sie plündern und berauben einander ohne Ansehen des Geblüts und der Freundschaft, so oft sie's nur ungestraft tun können. Sie lästern einander aufs greulichste und lügen ums Gewinns willen unverschämt. Sie bleiben nicht einmal bei unverheirateten Personen, sondern wiehern gar nach Weibern und lassen die abwesenden Männer später die Kinder auferziehen. Kurz: Obschon die Christen gelehrig genug, die Menschheit des Heilandes zu glauben, scheinen sie doch an seinen Geboten und Befehlen zu zweifeln, indem sie solche, so heilig und vernünftig sie auch seien, immerzu übertreten. Wollte ich alle ihre wilden Einwürfe umständlich anführen, würde es fast zu lange fallen; erachte demnach nützlicher, zu melden, wie sie ihren Kitchi Manitou oder Großen Geist oder Gott anbeten.

Ehe ich die Sache selbst angreife, wird es nützlich sein, zu erinnern, daß die Wilden alles, was die Fähigkeit ihres Verstandes überschreitet und wovon sie die Ursache nicht ergründen können, einen Geist nennen. Sie glauben an gute und böse. Die ersteren sind der Traumgeist Michibichi, dessen oben unter den Tieren gedacht worden, ein Sonnenanzeiger, ein Wecker und hundert andere Sachen, die ihnen unbegreiflich erscheinen. Die letzteren sind der Donner, der auf ihr Korn fallende Hagel oder ein groß Ungewitter. Sobald eine Flinte zerspringt und einen Kerl beschädigt, indem sie nämlich entweder von schlechtem Eisen oder Überladung gewesen, sagen sie, der böse Geist sei drinnen gewesen; schlägt einem auf der Jagd ungefähr ein Ast ein Auge aus, muß es der böse Geist getan haben; überfällt sie ein Sturmwind, wenn sie mit einem Kahn über die Seen fahren, so heißt's, der böse Geist bewege die Luft; verliert einer durch eine heftige Krankheit seine Vernunft, so soll der böse Geist ihn plagen. Diesen heißen sie Matchi Manitou, unter deren Zahl sie auch das Gold und Silber setzen. Zu merken ist jedoch, daß sie von diesen Geistern nur kurzweilig reden, wie viele Leute von Zauberern und Hexen tun.

Noch einmal kann ich nichts anderes sagen, als daß sich's mit den Beschreibungen von Kanada verhalte, wie mit den Karten dieses Landes. Ich habe nämlich nur eine einzige rechte bei einem Kavalier zu Quebec gesehen, deren Herausgebung hernach, ohne daß ich die Ursache erfahre, zu Paris verboten worden. Ich habe hunderterlei Torheiten gelesen, so Geistliche geschrieben, als ob diese Völker mit dem Teufel Gespräche hielten, ihn um Rat fragten und ihm einigermaßen huldigten. Alle diese Meinungen sind lächerlich, denn der Teufel hat sich diesen Amerikanern nie geoffenbaret. Ich habe überaus viele Wilde deswegen gesprochen, ob's wahr, daß man ihn jemals unter Menschen- oder Tiergestalt gesehen; ich habe mit so vielen gescheiten Gauklern, welches halbe Marktschreier sind, die allerlei Possen machen, darüber geredet, daß ich vernünftig mutmaßen könnte, wo der Teufel ihnen erschienen, sie mir's gewiß gesagt hätten. Nachdem ich also alles getan, um besser dahinter zu kommen, dachte ich endlich, diese guten Herren Patres verstünden das hohe Wort Matchi Manitou oder böser Geist nicht, es sei denn, man möchte durch das Wort Teufel schädliche Sachen verstehen, welche man in unserer Sprache das Schicksal, Unglück etc. nennen möchte, nicht aber den bösen Geist, der in Europa unterm Bild eines Mannes mit einem langen Schwanz, großen Hörnern und Klauen vorgestellet wird.

74 Das Leben des Claude le Beau mit Irokesen und Abenaken (1731)

Weil mein Dienst nicht so beträchtlich war, daß er mich hätte antreiben können, in Kanada zu bleiben, und überdas der Luftstrich des Landes, nebst der Art und Weise, mit welcher ich in dasselbe war geschicket worden, mich in eine unaussprechliche Traurigkeit versetzte, so war ich einzig und allein beschäftigt, ein Mittel zu finden, wie ich aus diesem Lande herauskommen möchte.

Ich blieb gleichwohl ein ganzes Jahr darinnen, weil ich noch allezeit hoffte, daß mir mein Vater seine Gunst wieder zuwenden und meine Sache eine andere Gestalt gewinnen würde. Als aber diese

Zeit und neun Monate drüber verflossen waren, ohne daß ich einige Nachricht von ihm, noch einigen Trost von Freunden oder eine Antwort von einem Verwandten empfangen hätte, keine auch mehr zu vermuten war, weil kein Schiff aus Frankreich mehr zu erwarten stund, so übernahm mich die Verzweiflung, oder ihre gänzliche Verlassung meiner war vielmehr Ursach, daß ich den Entschluß fassete, aus dem Land zu gehen, es möchte auch kosten, was es wolle. Ich wendete alle Mittel an, solches durch die Schiffe, welche auf der Reede lagen, ins Werk zu richten, es war mir aber, aller meiner angewandten Mühe ungeachtet, dennoch nicht möglich, auf diese Weise meinen Wunsch zu erreichen, weil ich keinen Paß hatte.

Wollte ich also mein Vorhaben nicht fahren lassen, so mußte ich das betrübliche Mittel ergreifen, mein Leben unter den Wilden aufs Spiel zu setzen. Vergeblich stellten mir meine Freunde alle Gefährlichkeiten vor, welchen ich mich aussetzen würde. Vergeblich machten sie mir eine abscheuliche Abbildung von den Beschwerlichkeiten, welche ich auf dieser Reise würde auszustehen haben, welchen zu entgehen es ohne Wunderwerk ganz und gar unmöglich schiene. Vergeblich stellten sie mir vor, daß ich doch nicht allein und mit Wilden abreisen sollte, deren Leibes- und Gemütsbeschaffenheit sowohl als ihre Lebensart von der unsrigen so weit unterschieden wäre. Nichts konnte mich von meinem Vorhaben abwendig machen.

Ich gab zu dem Ende eine Jagdlust vor, damit ich mich auf einige Tage von meinem Dienst abreißen könnte, welcher mir wegen der Abreise der Schiffe ein wenig Ruhe gab. Ich verreisete also unter diesem Vorwand mit einem so großen Vorrat von Pulver, als ob ich einen ganzen Monat damit hätte jagen sollen. Mein Vorhaben war aber, solches denen Wilden zu verehren, mit welchen ich reden wollte, eine Vorsicht, ohne welche es vergeblich ist, mit Leuten von diesem Schlag über Angelegenheiten zu handeln.

Ich kam gegen Abend bei einem von meinen Freunden an, welcher in der Gegend von Loretto, einem Dorf der Huronen, welches nur vier Meilen von Quebec liegt, ein Haus stehen hatte. Diese Wilden sind von dem Volk von Kanada deswegen also genannt worden, weil sie ihre Haare auf eine solche Weise abgesengt hatten, daß ihr Haupt einem wilden Schweinskopf ähnlich sahe, (denn *Hure* heißet ein wilder Schweinskopf). Sie wohneten vormals jenseits der Schanz Frontenac, welche oberhalb Montreal liegt.

Der große See der Huronen, welcher also heutzutage nach ihrem Namen genennet wird, bezeichnet ihre ehemaligen alten Wohnungen. Dieser See wird von ihnen Karegnondy genennet. Er ergießet sich in den See von Erie und trägt nebst demselben zu dem großen Wasserfall Niagara und dem Anwachs des berühmten St. Lorenz-Flusses bei. Er ist allenthalben schiffbar. Sein Umkreis mag von siebenhundert Meilen und seine Länge von zweihundert Meilen sein. Seine Breite aber ist ungleich: Gegen Westen fasset er mehrere ziemlich große Inseln an seiner Mündung in sich.

Diese armen Wilden waren von den Irokesen solchermaßen zugrundegerichtet, daß sie kaum sechzig streitbare Männer mehr unter sich zählen konnten, als sie gezwungen waren, diese Gegenden zu verlassen und ihre Zuflucht zu den Franzosen zu nehmen, welche ihnen diejenige Gegend einraumeten, wo sie itzo noch wohnen, und ihnen versprachen, sie gegen ihre gemeinsamen Feinde in Schutz zu nehmen. Anitzo sind sie ohngefähr vierhundert an der Zahl, welche nahe bei Quebec oder in dem Dorf, von welchem ich bereits geredet habe, wohnen. Ihre Hütten in demselben sind auf europäische Weise gebauet, das heißt, sie sind von einer festen Bauart, weil sie von Steinen, Gips usw. aufgeführt sind. Gleichwohl behalten sie dabei ihre alte Form; sie sind derohalben sonder alle Pracht und Kunst, weil sie keine andere Gemächlichkeit haben, als daß sie vor dem Wind und dem schlimmen Wetter ein wenig besser als die andern Wilden beschützet sind.

Man kann mit Wahrheit sagen, daß in sehr kurzer Zeit die Huronen nichts Wildes mehr als den Namen haben werden. Sie fangen an, mit den Kanadiern und Franzosen vertraulich umzugehen; sie leben alle wie gute Christen, denn sie singen in ihrer eignen Sprache alle Gebete, Gesänge und Psalmen, die man täglich in der römischen Kirche singt. Die Jesuiten sparen weder Sorge noch Mühe, um sie von ihrer alten Wildigkeit und von ihrem Aberglauben abzubringen und sie auf den guten Weg des Heils zu führen. Ich kann für gewiß bestätigen, daß sich meine zween huronischen

Führer außer ihren Morgen-, Mittags- und Abendandachten niemalen würden in ihren Nachen gesetzet haben, wenn sie nicht vorher ihr Gebet zu Gott gerichtet hätten.

Ich war ganz mit Verwunderung eingenommen, als ich sahe, daß Leute, welche wir Barbaren nennen, diese Pflicht gegen ihren Schöpfer so genau erfülleten. Die demütige und andächtige Weise, mit welcher sie diese Gebeter mit lauter Stimme verrichteten, rühreten mein Herz ganz empfindlich, vornehmlich, wenn ich sie unsre Litaneien hersagen und sich einander antworten hörete, ebenso wohl wie bei vielen andern Gesängen unserer Kirche, welche ich gar leicht wegen dem Unterschied der Stimmen oder des Gesangs, in welchem sie sich ausdrückten, begreifen konnte.

Die Kirche oder vielmehr Kapelle, welche Unsrer lieben Frauen von Loretto zugeeignet ist, gibt dem Dorf, welches die Wilden bewohnen, den Namen. Die Kanadier tun aus Andacht viele Wallfahrten dahin. Der Herr Generalgouverneur von Neufrankreich und der Herr Intendant gehen alle Jahre dahin und bewirten zur Ergötzlichkeit alle Wilden daselbst.

Als ich nahe an diesem Ort bei demjenigen Einwohner, den ich allda zum Freund hatte, angekommen war, so entschloß ich mich, mein Unternehmen auszuführen. Ich machte ihm mein Vorhaben gleich bekannt. Und als ich ihn so weit gewonnen, daß er mir dienen wollte, so verpflichtete ich ihn auch zu gleicher Zeit, daß er mein Geheimnis bei sich halten möchte. Gleich des andern Morgens früh ließ er zween Wilden von diesem Volk, deren Redlichkeit und Eigenschaften ihm sehr wohl bekannt waren, zu sich kommen. Sie redeten alle beide ziemlich wohl französisch, so daß man sie verstehen konnte. Ich vergliche mich also mit ihnen, daß sie auf das späteste in drei Tagen nach Quebec kommen sollten, wo ich bei einem Kaufmann, der mein Freund wäre, meinen Handel mit ihnen schließen wollte. Weil sie schon beschlossen hatten, auf zween oder drei Monate auf die Jagd zu gehen, so nahmen sie meinen Vorschlag willig an und hielten ihr Wort.

Ich führete sie bei meinen Kaufmann, welcher versprach, daß er einem jeden für funfzig Taler französisch Geld Waren geben wollte, so wie sie solche nur haben wollten, doch mit der Bedingung, daß sie mich vorerst in aller Sicherheit bis an die erste englische Schanz führen sollten. Um desto mehrerer Sicherheit willen verband er sich, nicht eher besagte Waren zu liefern, als wenn sie wieder zurückgekommen wären und einen Zettel von meiner Hand mitgebracht hätten, welcher meine Ankunft in sicherm Hafen, das ist an besagtem Ort, anzeigen würde. Allein weil die wilden Huronen keine Freunde der Engelländer sind, so wollten sie niemals dareinwilligen, mich weiter als bis nach Naranzouac zu führen. Dieses Dorf der Irokesen, welches zweihundert Meilen von den Französischen abliegt, ist nicht mehr als fünfundzwanzig bis dreißig Meilen von der ersten englischen Schanz entfernt. Sie verbanden sich, daß sie mich den übrigen Weg unter dem Geleite einiger ihrer Freunde unter den Irokesen, für deren Treue sie mir zum voraus Bürge wurden, ablegen lassen wollten.

Als nun unsre Abreise festgestellt war, so ging ich an dem bestimmten Tag in das Haus eines meiner guten Freunde, welcher in der Unterstadt gegen die Oberaufseherei zu wohnete, um sie allda zu erwarten. Weil ich meine Ausweichung verborgen halten wollte, so verkleidete ich mich wie sie, oder besser zu sagen, ich kleidete mich als ein Wilder, damit ich von den Einwohnern des Landes oder von den Waldläufern nicht entdeckt werden möchte, als welche mein ganzes Unternehmen hätten vernichten können, wenn sie mich nach Quebec zurückgeführet hätten in der Hoffnung, daß sie eine Belohnung dafür bekommen würden. Ich legte also meine Kleidung ab und behielt nicht mehr als eine schlichte Weste an, über welche ich ein altes Hemd und eine blaue Decke anlegte. Ich ließ mir Mitassen oder Mazametstücke über die Beine nähen, ich nahm Wilden-Schuhe, und mein ganzes Gesicht wurde mit roter und gelber Farbe angestrichen, auf welche man mir eine Schlange malete, deren Leib um mein ganzes Gesicht herum, den Kopf aber bis an die Spitze der Nase ging. Die Farbe dieser Schlage war grün. Meine Haare, welche ziemlich fett gemacht waren, stunden an dem einen Ort wie Borsten, und an einem andern Ort hingen sie herab, welches mir ein erschreckliches Aussehen gab, ob solches gleich gar nichts Außerordentliches in diesem Land ist. Diese Vorsicht war mir fast gar nichts nütze, wie ich solches nachgehends zeigen werde.

Weil meine Wilden mit Pulver und Blei wohlversehen waren, so ließ ich ihnen, um sie zufriedenzustellen, einen kleinen Vorrat von Speck, gesalzenem Ochsenfleisch, Mehl und Erbsen geben, worauf sie sehr lecker sind. Allein wie sehr betrog mich meine schlechte Erfahrung bei dieser Vorsicht! Denn weil ich nicht stark war, die Wege aber, welche wir zu nehmen hatten, wegen den schnellen Flüssen und erschrecklichen Wäldern, durch welche wir reisen mußten, sehr beschwerlich waren, so gab ich ihnen eben dasjenige, was mich bei unserm ersten Lasttragen unter der Bürde hätte erliegen lassen oder gar ums Leben bringen können. Dieses würde mir ohnfehlbar begegnet sein, wenn zu meinem guten Glück diese zween Wilde, welche mich begleiteten, nicht von so guter Gemütsbeschaffenheit und des Mitleidens fähig gewesen wären.

Ich reisete mit ihnen ab den 15ten des Märzmonats 1731. Wir fuhren tapfer in unsrem Nachen fort bis an den Fluß Jacques Cartier, wo sich ein so heftiger Wind erhub, daß wir genötigt waren, an Land zu steigen, ehe wir noch den Saut de la Chaudière, den Wasserfall des Kessels, welcher nur vier oder fünf Meilen von Quebec entfernet ist, erreichen konnten.

Indessen, als wir an dem Ufer des St. Lorenz-Flusses, welcher an diesem Ort sehr breit ist, ausruheten, so kamen zween Einwohner dieser Küsten, boten uns die Hand und sagten zu uns: »Guten Tag, Bruder.« Sie setzten sich herauf neben uns hin, eine Pfeife Tobak zu rauchen und sich bei einem guten Feuer, welches wir angemacht hatten, zu wärmen. Ob gleich ich mich nicht wegen einem etwas begangenen Verbrechen auf die Flucht begeben hatte, so fing doch mein Herz bei diesem Anblick heftig an zu schlagen. Ich stund derohalben alsobald auf und stellte mich an, als ob ich etwas in dem Wald, der hinter uns lag, zu verrichten hätte, damit ich alle Gelegenheit vermeiden möchte, mit ihnen zu reden und von ihnen erkannt zu werden. Allein es war vergeblich; denn es zog mich einer an der Decke, in welche ich gewickelt war und sagte zu mir: »Wo gehst du hin! Du bist recht schön! Willst du dich etwan verheiraten?« Als nun einer von meinen Wilden sahe, daß ich bestürzt war, so antwortete er sehr scharfsinnig für mich und sagte: »Nein, laß ihn gehen. Er redet kein Französisch.« Sie sagten hierauf zugleich einige Wilden-Worte zu mir, die sie wußten, welche ich aber nicht verstund und solche mit einigen griechischen Worten beantwortete. Sie stelleten sich an, als ob sie solche verstünden, damit man sie für geschickte Leute in der huronischen

Sprache halten möchte, welche sie noch für schöner als die französische Sprache ausgaben. Ich antwortete öfters auf ihre Reden mit einem einfältigen Lächeln, welches ihnen aber, wie es schiene, gezwungen vorkam, denn einer unter ihnen, der ein wenig, ich weiß nicht, ob aus einigem Argwohn, allzu kühn war, ließ sich in den Sinn kommen, mir meine Decke mit Gewalt aufzuheben, um zu sehen, ob ich keine Hosen anhätte, welches mich ohnfehlbar würde entdeckt haben. Allein Nicolas Katarachiou, der jüngste von meinen Wilden, ein großer und überaus starker Mensch, wurde über seine Kühnheit sehr erzürnt, denn er nahm ihn bei dem Arm und warf ihn ein wenig zu heftig in das Feuer, ob er gleich nur willens gewesen war, ihn zurückzustoßen. Der Einwohner, der ein robuster Mann war, wollte sich desfalls rächen, nahm einen Brand und stieß damit unglücklicherweise dem Nicolas in das Angesicht. Dieser wurde über den empfangenen Stoß ganz ergrimmet und würde seinen Widersacher ohnfehlbar getötet haben, wenn mein andrer Wilder, Antoine Schenraguetton genannt, ein Onkel des Nicolas und ein starker, aber dabei kluger Mann, sich nicht der Axt seines Neffen bemächtiget hätte. Ich für mein Teil sprang nach den Flinten zu, die ich auf das geschwindeste unter die Gesträuche verbarg.

Meine Vorsicht hinderte jedennoch nicht, daß sie mit gleichen Waffen handgemein wurden. Nie ist ein Kampf hitziger gewesen, die Brände gaben allenthalben Feuer. Der Sieg war eine Zeitlang zweifelhaft; als aber der Antoine seinen Neffen allein gegen zweene kämpfen sahe, so mengte er sich auch darein. Er lief wie ein Unsinniger und warf einen von den Kanadiern übern Haufen. Der andere fiel in ebendem Augenblick vor des Nicolas Füßen nieder, und sie würden alle beide um das Leben gebracht worden sein, wenn ich nicht meine Wilden mit gefalteten Händen gebeten hätte, ihnen Gnade widerfahren zu lassen. Ich war bei diesem unversehenen Zufall so verwirrt, daß ich, ohne daran zu gedenken, meine Vorstellungen in französischer Sprache tat. Einer von diesen Einwohnern aber gab mir meine Unbesonnenheit gar bald zu erkennen, indem er mir zuschrie: »Oh, du ausgerissener Hund! Ich sahe wohl, daß du kein Wilder warst. Du redest für uns, wann es nicht mehr Zeit ist und nachdem du uns vorerst von Barbaren hast ermorden lassen! Geh nur, geh! Du sollst es bezahlen!« Diese

Worte kamen ihnen teuer zu stehen. Denn weil ich in Furchten stund, sie würden mich in Quebec angeben, so befahl ich auf der Stelle, daß man ihren Nachen zerbrechen sollte. Er war groß, sehr schön und mit Waren angefüllet. Seine Schönheit aber hinderte nicht, daß man ihn in Stücken zerbrach. Der Nicolas, welcher mit dieser Verrichtung noch nicht zufrieden war, gab ihnen hierauf, um ihrer ausgestoßenen Drohworte willen, noch eine gute Tracht Schläge auf ihre Beine und überall hin. Auf solche Weise wurden diese beiden tapfern Streiter in huronischer Sprache, welche sie so hochschätzten, zugerichtet.

Dieser unglückliche Anfang verkündigte mir nichts Gutes wegen dem Zukünftigen. Wir fuhren auf das geschwindeste über den Fluß, um an die andere Seite zu gelangen, wo wir in einen kleinen Fluß kamen, der von dem Absturz des Wasserfalls, des Saut de la Chaudière, gemacht wird. Hier nahmen wir zum erstenmal unsern Nachen aus dem Wasser, weil es uns nicht möglich war, wegen diesem Wasserfall weiterzufahren. Meine Wilden, die wegen dem Streich, den sie itzo angefangen hatten, ganz blaß und übel aussahen, wußten nicht, ob sie ihren Weg weiter fortsetzen oder wieder nach ihrem Dorf zurückkehren sollten. Sie blieben sitzen, ohne mit mir zu reden, und beratschlagten sich untereinander über diese Sache. Als sie nun eine Viertelstunde, das Haupt auf ihre Knie gebückt, der Sache nachgesonnen hatten, so sagte der Antoine zu mir: »Siehe, Claude«, denn so nannten sie mich, »ich weiß, daß du ein Sohn eines großen Befehlshabers unter deinem Volk bist und daß du um wichtiger Ursachen willen insgeheim bei uns durchreisest. Du siehst, was wir itzo für dich getan haben! Fasse ein Herz! Mein Neffe will nicht mehr nach Haus kehren, ich hab mit ihm für dich geredet. Du weißt, daß ich dir zu Quebec geschworen habe, daß ich dich wie meinen eigenen Sohn halten wollte! Ich werde dir meinen Verspruch halten: Siehe mich an, ich bin dein Vater; ich werde dich führen, ich werde dich beschützen, ich werde dir das Fleisch deiner Feinde zu essen schaffen.« Als er diese Worte endigte, so umfassete er mich.

Ich dankte ihnen allen beiden und versprach ihnen, daß, wenn ich in Frankreich angelanget sein würde, ich nicht unterlassen wollte, mich mit ansehnlichen Geschenken, welche ich ihnen senden würde, für eine solche Gunst dankbar zu erweisen. Bei allen meinen Worten sahen sie sich einander voll Freuden und Verwunderung an und schmeichelten sich schon mit der süßen Hoffnung, einmal reicher zu werden als ihre Mitgesellen. Wir drungen sehr tief in die Wälder hinein, damit wir, so geschwind als es nur möglich sein könnte, die französischen Wohnungen, welche gemeiniglich längst dem St. Lorenz-Fluß hin sind, verlassen möchten.

Ehe wir an einen sichern Ort gelangten, so mußten wir vorerst einen langen Berg hinaufsteigen, um das Oberteil des kleinen Flusses, der mit sehr unangenehmen Wasserfällen angefüllet war, zu erreichen, weil wir ohnmöglich an dem Ort, wo wir waren, denselben befahren konnten. Wir hatten keine geringe Beschwerlichkeit, obgleich der Weg eben so mühsam nicht war; denn es war um einen Weg von drei Meilen zu tun, den wir zwischen großen Bäumen aufsteigen und unsern Nachen nebst unserm kleinen Reisegerät, welches gleichwohlen auch sein Gewicht hatte, nachschleppen mußten.

[...]

Ich muß bei dieser Gelegenheit melden, daß schier alle diejenigen, welche gar keine Wilden gesehen noch von ihnen reden gehöret haben, in der Einbildung stehen, daß sie nackende Menschen wären, die mit Haaren bedeckt sind, die ohne alle Geselligkeit wie das Vieh in den Wäldern lebten und nichts als eine unvollkommene Menschengestalt an sich hätten. Es scheinet auch nicht, daß viele von dieser Meinung abgegangen sind. Allein die Wilden haben keine Haare an ihrem Leib, ausgenommen die Haupthaare und Augenbrauen, welche sogar viele sorgfältig auszureißen bemühet sind, denn, wenn es zufälligerweise geschähe, daß sie ein Haar auf dem Leib bekämen, so würden sie solches sogleich mit der Wurzel ausreißen. Ich sage mit Recht zufälligerweise, indem es etwas sehr Außerordentliches ist, wenn sie ein Haar auf ihrem Leib bekommen. Indessen habe ich doch alte Irokesen und alte Wilden-Weiber gesehen, welche an beiden Enden der Oberlefze einige wenige Haare hatten.

Als die Barbaren zum erstenmal die Europäer erblickten, so wunderten sie sich gar sehr über dieselben; und die langen Bärte, welche diese nach dem Gebrauch der damaligen Zeiten zogen, machten, daß sie ihnen über die Maßen häßlich vorkamen. Sie werden zwar alle weiß zur Welt geboren wie wir, allein, ihr Nakketgehen, das Öl, womit sie sich schmieren, und die verschiedenen Farben, womit sie sich schminken und welchem durch die Länge der Zeit von der Sonne in ihre Haut eingedrucket werden, machen ihre Haut schwärzlich. Sie sind groß und von höherer Statur als wie wir. Sie haben sehr regelmäßige Gesichtszüge, Habichtnasen und sind überhaupt wohlgestaltet, denn es ist schier unmöglich, einen Hinkenden, Einäugigen, Bucklichten, Blinden usw. unter ihnen zu sehen. Was mich betrifft, so habe ich niemals dergleichen Leute unter ihnen angetroffen.

Sie sind alle wohlgestaltet, von guter Leibesbeschaffenheit, flink, stark und geschickt. Mit einem Wort, sie geben uns, was die Beschaffenheit des Leibes betrifft, nichts nach, sie scheinen sogar einigen Vorteil über uns zu besitzen. Sie haben große, wohlgespaltene und schwarze Augen, ingleichem schwarze Haare. Ihre Zähne sind so weiß wie Elfenbein, und die Luft, welche sie ausatmen, ist so rein als diejenige, welche sie einziehen, obgleich sie fast niemals Brot essen. Dieses ist ein Beweis, daß man sich in Europa betrieget, wenn man glaubet, daß das Fleisch, so man ohne Brot isset, einen übelriechenden Atem mache. Mehrere Leute, mit denen ich nach der Zurückkunft von meiner Reise zuweilen von dieser Sache gesprochen habe, konnten sich nicht einbilden, wie man ohne Brot leben könnte, und verwunderten sich sehr, daß ich selbst die ganze Zeit über, da ich unter diesen Barbaren gewesen war, auf solche Weise hätte leben können. Allein was für eine Einfalt! Wenn ebendiese Leute sich an meiner Stelle befunden hätten, so würde solches, wie ich glaube, wohl ihr geringster Kummer gewesen sein.

Wenn man den ersten Blick auf die Wilden wirft, so kann man unmöglich zu ihrem Vorteil von ihnen urteilen, weil sie einen wilden Blick, grobe Gebärden und einen so schlichten und stillen Zutritt haben, daß es einem Europäer, der sie nicht kennet, sehr schwerfallen würde zu glauben, daß diese Aufführung eine Art von Höflichkeit nach ihrer Mode sei, nach welcher sie unter sich alle Wohlanständigkeiten beobachten, so wie wir die unsrigen, welche ihnen zu einem Gelächter dienen. Sie sind also nicht sonderlich schmeichelhaft und geben wenig Anzeigung von sich, dessenungeachtet aber sind sie gut, leutselig und üben gegen Fremde und unglückselige Personen eine so liebreiche Gastfreiheit aus, welche alle europäischen Völker beschämen kann. Ja, ich kann wohl hier freiheraus gestehen, daß ich seit meiner Zurückkunft in unserm Weltteil, der doch für den schönsten, gesittetsten und an Gütern und Reichtümern für den überflüssigsten gehalten wird, in welchem aber eine allzuweit getriebene Ungunst nicht aufgehöret hat, mich zu verfolgen, mich mehr als hundertmal wieder unter diese Völker, die wir Barbaren nennen, gewünschet habe.

Wenn man also diese Menschen, die von allem entblößet sind, die ohne Gelehrsamkeit, ohne Wissenschaften, ohne ausdrückliche Gesetze, ohne Tempel, ohne bestimmten Gottesdienst sich befinden und denen die notwendigsten Dinge des Lebens fehlen, nach dem ersten Anblick betrachtet, so wird man Mühe haben zu glauben, daß sie so sind, wie ich sie abgemalet habe. Nichts ist gleichwohl gewisser als dieses. Ja, ich darf noch hinzufügen, daß sie schier alle einen guten Verstand und eine ziemlich lebhafte Einbildungskraft haben, daß sie bei ihren Verrichtungen richtig und weit besser als das gemeine Volks bei uns nachdenken, und daß sie ihre Absichten durch sichere Wege zu erreichen suchen und dabei mit solchem Bedacht und solcher Sachtsinnigkeit zu Werke gehen, daß wir alle Geduld dabei verlieren würden. Aus Ehre und Großmut der Seele erzörnen sie sich niemals. Sie scheinen jederzeit Herren über sich selbst und niemals zornig zu sein. Sie haben ein hohes und stolzes Herz, eine Herzhaftigkeit, welche die Probe hält, einen unerschrockenen Mut, eine solche Standhaftigkeit bei großen Martern, welche den Heldenmut übertrifft, und eine Gleichförmigkeit, welche weder durch Glück noch Widerwärtigkeit verändert wird.

Alle diese schönen Eigenschaften, welche ich itzt erzählet habe, könnten nicht genugsam bewundert werden, wenn sie nicht unglückseligerweise mit einer Menge Fehler begleitet wären. Denn sie sind leichtsinnig und unbeständig, so faul, daß man es mit Worten nicht genugsam ausdrucken kann, über die Maßen undankbar, argwöhnisch, verräterisch, rachsüchtig. Und letzteres ist um so viel gefährlicher, je geschickter sie sind, ihre Empfindlichkeit zu verdecken und ihre Rache auszubrüten. Sie üben gegen ihre Feinde so unerhörte Grausamkeiten aus, daß sie in Erfindung der

Martern alles dasjenige übertreffen, was nur die Geschichte von den alten Tyrannen als das Grausamste vorstellen kann. Sie sind im übrigen viehisch in ihrer Lust und lasterhaft aus Unwissenheit und Bosheit. Ihre rohe Lebensart und der Mangel, den sie an vielen Dingen haben, geben ihnen einen Vorteil über uns, daß ihnen nämlich diejenigen Laster, welche durch die Schwelgerei und den Überfluß unter uns eingeführet worden, unbekannt sind.

Indessen wird es dem Leser vielleicht fremde vorkommen, daß, da sie Verstand, Fleiß und Geschicklichkeit haben, viele kleine Arbeiten, die sich für sie schickt zu machen, sie so viele Jahrhunderte hingebracht haben, ohne einige von denjenigen Künsten zu erfinden, welche so viele andere Völker zu einer so hohen Vollkommenheit gebracht haben. Allein ich weiß nicht, ob wir, anstatt sie desfalls zu tadeln, nicht vielmehr die Mäßigung an ihnen bewundern sollen, nach welcher sie mit wenigem vergnügt sind und uns noch heutzutag auslachen, wenn sie uns Häuser bauen und solche Werke unternehmen sehen, welche viele Jahrhunderte dauern sollen, da wir doch selbst so wenige Zeit zu leben haben, daß wir nicht versichert sind, das Ende derselben zu sehen.

Ich weiß auch nicht, ob es nicht aus einer politischen Absicht geschiehet, daß etliche Jesuiten dieselben ein wenig zu viel zu loben scheinen, wenn sie sagen, daß sie einen fähigen Verstand und ein vortreffliches Gedächtnis hätten, daß sie gelehrig wären usw. Denn ich habe, als ich in dem Barfüßerkloster zu Quebec wohnete, ganz das Gegenteil sagen hören.

Etliche von diesen Patres sagten mir eines Tags, daß die Jesuiten begierig gewesen wären zu erfahren, wie weit der Verstand der Wilden reichte und daß sie zu dem Ende vier junge Kinder von verschiedenen Völkerschaften dieser Barbaren in ihr Collegium, das sie zu Quebec haben, genommen hätten, um sie darin zu unterrichten und zu sehen, was für einen Fortgang sie in der lateinischen Sprache haben würden. Allein diese jungen Leute hätten, nachdem sie in ihren Studien ein wenig zugenommen gehabt, ihren Verstand zu nichts weiter angewendet, als nur boshaftiger und schlimmer zu werden. Weil nun diese schönen Schüler allezeit ebensoviel Abscheu vor der Tugend als Liebe zu den Lastern, welche sie aus den Schriftstellern des Altertums schienen ausgesogen und mit großer Halsstarrigkeit behalten zu haben bezeiget hätten, so wären ihre Lehrmeister genötiget gewesen, sie nach ihren Wäldern zurückzuschicken.

Ich glaube hierbei, daß mir die Barfüßer ein wenig zu viel zum Nachteil der Wilden gesagt haben, indem sie dieselben noch heutzutage als halbe Tiere ansehen, ja, die noch stupider und viehischer als die wildesten Tiere und folglich unwürdig wären, eine andere Taufe zu empfangen als die Taufe der Großen Bank von Neuland. Diese Patres wollten ohne Zweifel aus Eifersucht gegen die Jesuiten, die ihnen ihre Mission entziehen, dadurch beweisen, daß diese Missionarien keine besseren Früchte unter ihren Neubekehrten hervorbrächten als wie sie, und finden daher ein Vergnügen daran, sich ihnen in dieser Sache zu widersetzen. Dem sei nun aber, wie ihm wolle, so bin ich aus dem, was ich selbst in diesem Lande habe bemerken können, überzeugt, daß bei allem diesem die Mittelstraße anzunehmen sei. Was man indessen wider die Erzählung der Jesuiten, welche keine Wilden-Schüler in ihrem Collegio mehr haben wollen, sagen kann, darf demjenigen, was ich zum Vorteil dieser barbarischen Völker angeführet habe, keinen Nachteil bringen. Denn alle diejenigen, welche mit ihnen umgegangen sind, müssen mit mir gestehen, daß sie voll gesunder Vernunft und so, wie ich sie abgemalet habe, beschaffen sind.

Ohne also die Wilden wegen ihrer Gleichgültigkeit, kraft welcher sie alle Gemächlichkeiten des Lebens verachten, allzusehr zu loben, so glaube ich, daß ich mit Wahrheit sagen kann, daß ihre Armut an allen solchen Dingen, welcher wir benötiget sind, mehr aus einer Wirkung ihrer angebornen Faulheit, als welche sie verhindert, sich solche zu verschaffen, als aus einer Uneigennützigkeit herkommt, denn sie lieben ebensowohl als wie wir die Ergötzlichkeiten eines ruhigen Lebens. Sie würden sich daher gar gerne in die Süßigkeiten, womit wir unser Leben angenehm machen, schicken, wenn sie solche ohne Mühe oder sozusagen schlafend erlangen könnten. Mit einem Wort, ihr Müßiggang ist so groß, daß sie seit der Zeit, da sie mit den Europäern im Handel stehen, ohngeachtet des Nutzens, den sie davon haben können, dennoch von diesen ihren alten Gewohnheiten noch nicht abgewichen sind.

Gleichwohl fangen diejenigen Völkerschaften, welche unter den Franzosen wohnen, ein wenig an, sie nachzuahmen, indem sie, wie ich bereits gesagt habe, etwas festere Hütten bauen, sich mit dem Ackerbau die Zeit vertreiben usw. Man hat also Ursache zu hoffen, daß die Notwendigkeit die andern in kurzer Zeit zwingen werde, ebendergleichen zu tun. Denn weil sie seit der Zeit, da sie Feuerrohre haben, das Wild sehr stark zerstören und überdas die Europäer anfangen, sich in ihren Wäldern auszubreiten, so ist es gewiß, daß sie in Zukunft werden genötiget sein, es ebenso wie wir zu machen, damit sie leben können.

Es stieß mir nichts Merkwürdiges mehr mit meinen Irokesen zu. Ich gab ihnen des andern Morgens frühe ihren Abschied so höflich, als es mir nur möglich war; das ist, ich überhäufte sie mit Versprechungen, weil ich den Verdruß, den ihnen meine Abreise verursachte, mit Geschenken nicht ersetzen konnte. Sie gaben mir alle einen Gruß an den Ludwig XV. mit und verpflichteten mich, daß ich dieses große Haupt bewegen sollte, einem jeden unter ihnen ein Calumet von Silber zu schicken.

[...]

Dieses junge Mägdchen war noch nicht völlig achtzehn Jahre alt. Ihre Leibesgestalt war ein wenig mehr als mittelmäßig groß und ziemlich schlank, welches bei den Weibspersonen der Wilden etwas Außerordentliches ist. Alle ihre Gesichtszüge waren hübsch und sehr regelmäßig. Die Farbe war zart, die Haut weiß und das Haupthaar so schwarz wie ein Gagat, welches den Glanz ihrer weißen Haut sehr erhob. Ihre schwarzen und wohlgespaltenen Augen, die am Kopf gleich stunden, nebst einer lieblichen und zarten Stimme waren fähig, auch das unempfindlichste Herz im Lieben zu rühren. Mit einem Wort, sie war meiner Meinung nach dasjenige, was man eine vollkommene Schönheit nennet. Ob sie gleich nach ihrer Weise schlicht gekleidet ging, so gab ihr doch ein schönes weißes Mannshemd und eine scharlachene Decke, die mit einer breiten goldenen Borte besetzt war, ein völlig reizendes Ansehen. Die französische Sprache hatte sie bei einer Einwohnerin in der Gegend von Montreal gelernet, die sich ein Vergnügen daraus gemacht, sie öfters bei sich zu haben und sie allerhand Kleinigkeiten nach ihrer Art sticken zu lehren. Was für ein Glück war es also nicht für mich, daß ich eine solche Person angetroffen! Weil ich mich aber indessen in vielen Stücken noch in acht zu nehmen hatte, so schwatzte ich dieser jungen Abenakisin immer mehr und mehr Schmeicheleien vor, ja, ich küssete ihr soeben die Hand, als meine Mörder zurückkamen.

[...]

Nun redete ich offenherzig mit ihr, denn ich fing an, sie zärtlich zu lieben. Ich bezeugte ihr derohalben in diesem Augenblick, ohne zu wissen, was ich anfangen sollte, daß, wenn sie mit mir nach Europa gehen könnte, ich allda niemals eine andere als wie sie zur Frau nehmen wollte. Und gewiß, wenn sie damals meinen Vorschlag angenommen hätte, so würde ich ihr mein Wort gehalten haben. Ich machte ihr mit wenigen Worten eine erschreckliche Abbildung von der Unmenschlichkeit ihrer Verwandten. Ich stellte ihr den Unterscheid der Beschaffenheit eines Franzosen mit derjenigen eines Wilden in Ansehung der Weiber vor Augen. Kurz, ich führte alles an, was ich nur für dienlich hielt, um sie zu bereden, daß sie mit mir zu den Engelländern flüchten sollte.

Dieses arme Mägdchen wußte nur allzu wohl die Wahrheit von allem dem, was ich ihr sagte; und, da ihr noch die große Gefahr, worin ich war, ohne es zu wissen, das Herz in Bewegung setzte, so antwortete sie mir nichts. Was sagten mir aber nicht ihre sanften, tränenüberströmten Augen! Ich küssete ihr solche zu erstenmal, setzte mich neben sie nieder, schlug meine Arme fest um sie.

[...]

Ich will mich hier nicht damit aufhalten, daß ich dem Leser die Beschwerlichkeiten und Mühseligkeiten, welche ich in den ersten vierzehn Tagen mit meinen Wilden ausgestanden habe, erzähle. Ich habe genug andere Sachen zu beschreiben, die desselben Aufmerksamkeit weit besser verdienen. Um nun zur Sache zu kommen, so wird es hinlänglich sein, wenn ich sage, daß von dem 9ten des Maimonats an, als an welchem Tag wir abgereiset waren, meine törichte Gefälligkeit gegen meine junge Wildin, welcher ich von Zeit zu Zeit zu ihrer Erleichterung ihre Last getragen hatte, mir ein sehr heftiges Fieber zugezogen hatte. Weil nun der Anfall dieser Krankheit verschiedene Täge lang mit heftigerern Anstößen fortgedauert hatte, so konnte ich nicht mehr essen noch trinken, so daß ich mich den 25ten des besagten Monats so kraftlos befand, daß meine Wilden an meiner Genesung gänzlich verzweifelten.

Sie redeten sogar schon davon, daß sie mich an dem Ort, wo ich mich befand, liegen und ruhig sterben lassen wollten. Meine liebe Marie aber, die auf alles, was mich anging, jederzeit sehr aufmerksam war, zweifelte noch nicht daran, daß ich wieder zur völligen Gesundheit gelangen würde, wenn man mich nur in das erste Dorf der Wilden, das nicht weiter als etwan funfzig Meilen von uns entfernet sein mochte, bringen könnte. Das verdrießlichste bei dieser Fortbringung und weswegen sie sich auch entschlossen hatten, mich zu verlassen, waren nichts anders als zwo Trachten, jede von acht bis neun Meilen lang, welche sie tun mußten, ehe sie einen Fluß erreichten, der sie dahin hätte bringen können.

Diese Wilden verschoben indessen ihren Entschluß bis auf den andern Morgen, um zu sehen, ob ich mich besser befinden würde. Meine junge Abenakisin, die ihre Eltern kannte und sie an der schwächsten Seite angreifen wollte, verbarg diese ganze Zeit über den Kummer, in welchem sie sich wegen meines betrübten Zustands befand, so wohl, daß sie der Meinung derselben im geringsten nicht widersprach. Allein solches geschah nur deswegen, damit ihr das Vorhaben, welches sie im Sinne hatte, mir, wenn sie könnte, das Leben zu erretten, gelingen möchte.

Damit sie nun ihre Rolle wohl spielen möchte, so fing sie gleich des andern Morgens früh bei ihrem Aufwachen an zu weinen und sich ganz bestürzt anzustellen. Ihr Vater fragte sie am ersten um die Ursache ihres Weinens und schien selbst sehr erzörnt zu sein, daß sie meinetwegen Tränen vergösse, denn er konnte sich nicht einbilden, daß sie andere Beweggründe haben sollte, sich zu betrüben, und gewiß, er betrog sich auch nicht.

Wie groß war aber nicht seine Bestürzung, als ihm dieses junge Mägdchen schalkhaftigerweise meldete, wie sie von einem Traum ermüdet wäre, der sie während ihres Schlafs gar sehr beunruhiget hätte, und daß die Glückseligkeit ihres Lebens von der Erhaltung meiner Gesundheit abhinge. Mit einem Wort, sie stellete sich an, als ob ihr geträumet hätte, daß ein Jesuit sie mit mir verheiratet hätte und daß sie bei einer Mahlzeit, wozu sie mich bei den Franzosen geführt hätte, so wohl empfangen, mit so vielen Geschenken überschüttet worden und so vergnügt gewesen wäre, daß nichts über die Freude ginge, welche sie gehabt hätte, sich als meine Frau zu sehen. Sie setzte hierauf als einen zweiten schalkhaften Streich hinzu, daß sie aus diesem glückseligen Traum in einen andern der erschrecklichsten gefallen wäre, wo sie ihren vermeinten Liebhaber, den Henri, gesehen hätte, welcher in einer Hand giftige Tiere, von welchen sie hätte essen sollen, und in der andern ein Messer, so in das Blut dieser garstigen Tiere, mit welchen er sie würde vergiftet haben, wenn ich nicht mit ihr wäre verheiratet gewesen, gehalten hätte.

Sie endigte derohalben ihre Erzählung mit großen Klagen, um ihren Eltern zu erkennen zu geben, daß sie das unglückseligste Mägdchen von der Welt werden würde, wenn ich sterben sollte, ehe ich noch ihr Mann geworden wäre. Mehr brauchte es nicht, um mir das Leben zu erretten. Mehr war aber auch nicht nötig, um mich vollends zugrundezurichten, wenn ich würde gesund geworden sein. Weil ich von ihrer Sprache, welche von der algonkinischen gar wenig unterschieden ist, nichts verstund, so war ich aufmerksamer auf das, was sie mit mir anfangen würden, als auf das, was sie von mir sagten, denn alles dieses trug sich zu, ohne daß ich etwas davon wußte.

Der Vater dieser jungen Abenakisin, der einer der geschicktesten Träumer war, sagte sogleich, daß da kein anderes Mittel wäre, einen solchen Traum kraftlos zu machen, als daß man einen Jesuiten aufsuchte, der mich mit seiner Tochter verheiratete. Man müßte mich also, ich möchte tot oder lebendig sein, bis an den ersten Ort bringen, wo man einen finden würde. Es könnte der Marie wenig daran gelegen sein, falls ich auch unterwegs sterben sollte, wenn sie nur meinen Körper heiratete, denn mehr brauchte sie, mit einem Wort, nicht, um mit seinem vermeinten Eidam glücklich zu werden. Auf solche Weise wenigstens erklärte mir dieses junge Mägdchen etliche Tage hernach die Gedanken ihres Vaters.

Die Hitze des Fiebers setzte mich in eine solche Schwachheit, daß ich nicht mehr auf meinen Beinen stehen konnte. Darzu kam noch ein so starkes Seitenweh, daß ich nicht mehr leiden konnte, daß man mich anrührete. Als ich indessen ein wenig Brühe getrunken hatte und einer von den Söhnen des Abenakis sah, daß ich mich meiner Arme nicht bedienen konnte, so band er mir wie einem Missetäter die Hände zusammen, schlug solche um seinen Hals herum und schleppte mich etliche Meilen fort. Er unterstützte mich nur unter den Schenkeln und ging so geschwind mit mir fort, daß er am ersten auf dem Ruheplatz ankam. Sein Vater und sein Bruder, welche den Nachen trugen, kamen bald hernach auch an, und die abenakische Mutter mit ihrer Tochter, die sich in dem Wald mit Einsammlung etlicher Kräuter und Wurzeln, die für meine Genesung dienlich waren, aufgehalten hatten säumeten sich auch nicht sonderlich lang, zu uns zu kommen.

Dieser Ruheplatz war nahe bei einem steilen Berg, dessen Fuß von einem sehr angenehmen kleinen Fluß, auf welchem wir uns zu Schiffe begeben sollten, bewässert wurde. Das gute Weib machte mir, ehe sie etwas anders vornahm, erstlich einen Trank von denen Kräutern, welche sie gefunden hatten. Sie rieb mir hierauf mit ebendiesen Kräutern, aus welchen sie den Saft schon herausgezogen hatte, meinen ganzen Leib, legte mir solche sodann auf den Bauch und auf diejenige Seite, wo ich keine Schmerzen hatte, worauf sie mich in verschiedene Decken wohl einwickelte, also daß ich mich gegen den Abend sehr erleichtert befand.

[...]

Bürgerliches und peinliches Verfahren der Wilden

Alle diejenigen, welche sich einbilden, daß die Wilden barbarische Völker seien, die in ihren Wäldern wie die wilden Tiere herumirren, die alle natürlichen Gesetze und alle Scheu vor dem Urteil der Menschen, welche sie in ihrem geringsten Willen zurückhalten oder zwingen könnten, daselbst mit Füßen träten, alle diejenigen, sage ich, welche glauben, daß sie so wenig Menschlichkeit besitzen, betriegen sich gröblich. Denn da sie Menschen sind wie wir und mit ebenden guten oder bösen Eigenschaften auf die Welt geboren werden, was für ein Elend würde man nicht unter ihnen sehen, wenn z. E. ein Wilder einen Unschuldigen ungestraft unterdrucken könnte oder wenn der Stärkste den Schwächsten zugrunde richtete, ohne deswegen einen andern Beweggrund zu geben, als daß es ihm also gefallen habe?

Es ist derowegen ein Rat bei ihnen aufgerichtet, der die Laster bestrafen und für die gemeine Sicherheit Sorge tragen muß. Derselbe urteilet über allerlei Dinge. Dahin gehören rein bürgerliche, polizeiliche, peinliche und andere Sachen, welche eigentlich Staatssachen sind, als Krieg zu führen, Friede zu machen, Abgesandten wegzuschicken oder zu empfangen, neue Bündnisse aufzurichten oder die alten zu bestätigen. Sie haben zwar keine geschriebenen Gesetze unter sich und wissen weder von dem Codex oder den Pandecten, noch von den Advokaten, Sachwaltern und Gerichtsdienern. Allein ist denn dieses ein so großes Unglück für sie? Ich finde im Gegenteil, daß sie sich auf dieser Seite für desto glücklicher zu schätzen haben, indem, da sie nicht viel zu gewinnen noch zu verlieren haben, sie doch wenigstens von diesen unbarmherzigen Blutigeln des menschlichen Geschlechts unter sich nichts wissen, die vollends das wenige, so sie noch besitzen, verschlingen könnten.

Die geringe Begierde nach Reichtümern ist, wie ich glaube, ohne Zweifel die Ursache, warum die Wilden nicht nötig haben, so oft vor Gericht zu gehen, und daß sie so selten Prozesse unter sich haben. Wenn es sich aber von ungefähr zuträgt, daß sie dergleichen bekommen, so sind ihre Zänkereien oder kleinen Zwistigkeiten gar bald durch die Schiedsrichter abgetan, ohne daß sie dazu Sachwalter vonnöten haben, die ihre Mißhelligkeiten durch tausend schändliche Umwege einer abscheulichen Zungendrescherei verlängern. Diese hungerigen Sachwalter würden hier gewißlich nicht auf ihre Kosten kommen, weil die Auster allzu mager und allzu leicht zu verschlucken sein würde.

Man muß auch gestehen, daß diese leichte Art, ihre Prozesse geschwind zu Ende zu bringen, mehr von der Wirkung ihrer angebornen guten Eigenschaften als von der richtigen Beurteilung ihrer Schiedsrichter herkomme. Denn sie geben viel lieber etwas von ihrem Recht nach, als daß sie zur Unzeit hartnäckig bleiben sollten, vornehmlich, wenn sie mit solchen Gemütern zu tun haben, welche alles mit Hochmut erlangen wollen. Dergleichen stolze Gemüter trifft man jedoch sehr selten an, sowohl wegen der Vernunft, welcher sich fast alle Wilden gemeiniglich unterwerfen, sobald man ihnen solche nur begreiflich macht, als wegen der Ehrerbietigkeit, so sie denenjenigen bezeigen, welche sich bemühen, sie miteinander zu versöhnen.

Überdas entstehen auch nicht leicht Zänkereien unter ihnen,

weil sie allezeit eine vortreffliche Gelassenheit besitzen und nichts von Schimpfworten wissen. Ich habe eines Tages einen Wilden gesehen, der sich geduldig von einem seiner Kameraden, welcher betrunken war, auf das heftigste hat schlagen lassen, indem er lieber diese üble Begegnung ertragen, als die Schwachheit begehen wollte, sich an einem Trunkenen zu rächen, der, wie er sagte, nicht Meister war über die böse Tat, so er verrichtete.

Alle peinlichen Sachen werden nicht auf ebendieselbe Weise, wie ich in dem vorhergehenden Hauptstück gemeldet habe, abgehandelt. Weil sie alle, einer über den andern, Gewalt über Leben und Tod haben, so darf z. E. der Rat von einem Totschlag, der in einer Hütte durch eine Person aus eben dieser Hütte geschehen, niemals Wissenschaft einholen. Es kommt bloß derselbigen Familie zu, entweder den Mörder zu bestrafen oder loszusprechen, ohne daß ein einziger Wilder aus andern Hütten sich dareinmischen könne.

Die Sache bekommt alsdann erst eine andere Gestalt, wenn der Totschlag von einer Person aus einer andern Hütte, aus einem andern Stamm, aus einem andern Dorf und vornehmlich aus einer fremden Völkerschaft ist begangen worden. Denn in letzterem Fall betrifft der unglückliche Mord das ganze Gemeinwesen. Ein jeder nimmt sich sodann der Sache an und redet für den Toten, damit er auf einige Weise denen durch den erlittenen Verlust erbitterten Verwandten das Gemüt erquicken möge, wie ihr Ausdruck lautet. Sie bemühen sich auch alle, dem Missetäter das Leben zu retten und kommen hierinnen unserem angenommenen Lehrsatz, welcher sagt, daß der Tote allezeit Unrecht habe, ziemlich nah. Damit nun dessen Verwandte vor der Rache der andern in Sicherheit sein mögen, als welche sonst früh oder spat ausbrechen würde, so schafft man Geschenke herbei, damit man denen in dergleichen Fällen vorgeschriebenen Gesetzen und Gebräuchen ein Genüge leiste.

Diese Geschenke, deren Zahl sich wohl bis auf sechzig erstrekket, werden alsobald herbeigebracht. Einer von den Oberhäuptern legt sie selber vor und hält bei jedem Geschenk, welches er anbietet, eine Rede, womit ein Teil des Tags zugebracht wird. Unter diesen sechzig Geschenken sind die neun ersten die ansehnlichsten und bestehet ein jedes zuweilen aus tausend Porcelaine-

Körnern. Man gibt dieselben den Verwandten in die Hände, und zwar auf folgende Weise.

Das Oberhaupt erhebet seine Stimme, redet im Namen des Verbrechers und sagt, indem er das erste Geschenk in der Hand hält: »Sehet, hiermit ziehe ich die Axt aus der Wunde und lasse solche aus der Hand desjenigen fallen, welcher die getane Beleidigung rächen wollte.« Bei dem zweiten Geschenk sagt er: »Sehet, hiermit wische ich das Blut von der Wunde ab.« Diese beiden Geschenke dienen dazu, um die Reue des Mörders zu bezeugen, daß er ihn getötet und daß er bereit sein würde, ihm das Leben mit Hintansetzung seines eigenen wiederzugeben, wenn es in seiner Macht stünde. Hierauf setzt er bei dem dritten Geschenk, eben als ob das Vaterland selbst den tödlichen Streich, welcher den Toten getroffen hat, bekommen hätte, hinzu: »Dieses geschiehet, um das Land wieder instandzusetzen.« Bei dem vierten sagt er: »Dieses dienet, um einen Stein über die Öffnung und Trennung der Erde zu legen, welche durch diesen Totschlag ist gemacht worden.« Das ist, sie vermeinen durch diese beiden Geschenke die Herzen und den Willen dererjenigen, welche zerteilet gewesen, wiederum zu vereinigen. Das fünfte Geschenk geschiehet, um die Wege eben zu machen und die Sträuche von denselben hinwegzunehmen, damit man nunmehr wieder in aller Sicherheit, ohne daß man sich vor einem Hinterhalt zu befürchten habe, von einem Ort zu dem andern hin und her gehen könne.

Die vier andern Geschenke werden unmittelbarerweise an die Verwandten selbsten gerichtet. Bei dem fünften sagt er: »Dieses ist, um diejenigen zu trösten und ihre Tränen abzuwischen, welche in Zukunft solche vergießen könnten.« Bei dem sechsten: »Dieses ist, um Tobak zu rauchen, welcher die Tugend hat, diejenigen, welche den meisten Anteil an dieser Mordtat nehmen, zu besänftigen.« Bei dem siebenten: »Dieses ist, um ihnen das Gemüt wieder völlig in Ordnung zu bringen.« Bei dem achten: »Dieses ist, um der Mutter des Getöteten eine Arznei zu geben und sie von der Krankheit, die ihr der Tod ihres Sohnes verursachet hat, wiederherzustellen.« Bei dem neunten endlich setzet er hinzu: »Dieses ist, um ihr eine Matte auszubreiten, auf welcher sie während ihrer Trauer sanfte ruhen kann.«

Die übrigen Geschenke, welche man an eine Stange aufgehängt

hat, sind gleichsam eine Zugabe des Trostes und stellen alle diejenigen Dinge vor, deren sich der Tote bei seinem Leben bedienet hat. Das eine heißt sein Rock, das andere seine Mitasses, seine Schuhe, seine Flinte, seine Pulverbüchse, seine Axt, sein Tobaksbeutel, sein Nachen, sein Ruder usw.

Sobald die Geschenke angenommen sind, so halten sich die Verwandten für völlig befriedigt. Wenn es sich aber zuträgt, daß sie sich vor der Zeit der Genugtuung an dem Mörder oder an einem von seiner Familie rächen, so fällt die ganze Strafe auf ihre Seite zurück. Die ersten werden sodann von ihrer Pflicht losgezählet, und man ist andererseits nunmehr schuldig, ihnen mit ebensovielen Geschenken genugzutun, als sie selbsten würden gegeben haben.

Auf diese unerhörte Weise das Gemüt wieder zu erquicken, machten sich auch anfänglich diese Barbaren von denen Mordtaten frei, welche sie an Franzosen begangen hatten. Allein diese Gewohnheit, die damals kraft einer gezwungenen Staatsklugheit bei den Franzosen gültig war, ist nunmehr nur noch bei den Wilden in Gebrauch.

[...]

Indessen gibt es Fälle, wo das Verbrechen so groß ist, daß man nicht die Absicht hat, den Mörder zu beschützen, sondern wo der Rat sich seiner höchsten Gewalt bedienet und Sorge trägt, seine Strafe anzuordnen. Der Tod meines Algonkins, der sein Weib auf eine so unbarmherzige Weise ersäuft und das Recht des Kalumets übertreten hatte, kann hiervon zu einem Beispiel dienen. Denn wenn in dergleichen Fällen der Rat beschlossen hat, den Schuldigen hinrichten zu lassen, so sticht man ihn auf der Matte selbst mit dem Dolch auf die Weise, wie ich es erzählet habe, tot. Man tut solches auch wohl an dem Eingang der Hütte, welches ein sehr dunkler Ort ist, oder man lockt ihn auch unter einigem Vorwand vor das Dorf hinaus und schlägt ihm einige Schritte vor den Palisaden den Kopf ein.

In Ansehung derjenigen, welche sich aus solchen Ursachen, die man nicht sagen will, in dem Dorf verhaßt gemachet haben, als wenn sie öftere Diebstähle begangen oder die heiligen Bande der Ehe, den Familienfrieden usw. gestöret haben, trägt man Sorge, sich auf diejenige Weise, wie ich in meinem achtundzwanzigsten Hauptstück erzählet habe, von ihnen zu befreien. Man kann also sehen, daß es diesen Völkern an einer ziemlich strengen Gerechtigkeit nicht fehlet, welche die Leute verpflichtet, Ehrfurcht gegeneinander zu haben und auf ihre eigene Aufführung wachsam zu sein, damit sie nicht die gemeine Ruhe und Ordnung stören.

Dieses wird ohne Zweifel genug sein, zu erkennen zu geben, auf was Weise sie sich in ihrem bürgerlichen und peinlichen Verfahren bezeigen. Allein die Art, wie sie ihre Staatssachen abhandeln, verdienet gewißlich nicht weniger die Aufmerksamkeit des Lesers.

[...]

Es war noch nicht acht Uhr des Morgens, als ich einen großen Schrei hörete, den etliche Leute bei ihrem Eintritt in das Dorf taten. Diese Neuangekommenen brachten einen Gaukeler mit sich, der dem Kranken, dessen ich oben gedacht habe, zum Arzt dienen sollte. Und dieser Gaukeler war ebenderjenige, welchen ich schon vorher zu meinem Widersacher gehabt hatte. Dieser böse Mensch war noch mit meiner Verfolgung beschäftiget, als diese jungen Wilden ihn antrafen. Er mußte sehr verwundert sein, wie er mich damals in Gesellschaft meiner Liebsten und der beiden Kanadier sah. Doch er stellte sich (eben als wenn er von dem Charakter, den er zu behaupten hatte, gleichsam schon halb entzucket gewesen) an, als ob er mich nicht kennete. Man führete ihn alsobald in des Kranken Hütte.

Dieser abscheuliche Arzt war nicht sobald in dieselbe hineingetreten, so fiel er mit Ungestüm über den armen Klistierten her, und als er ihn von dem Kopf bis zu den Füßen berochen hatte, fing er an wie ein närrischer Hund zu heulen und sagte, er röche wohl, daß der Kranke den Teufel in dem Leib hätte, er wollte aber denselben bald heraushaben.

Bei diesen Worten erschallete die ganze Hütte von dem erschrecklichen Geschrei und Geheul, welches vornehmlich die Weiber erhuben, die den verfluchten Marktschreier baten, daß er den Manitou oder Teufel, womit, wie er sagte, der Kranke besessen sein sollte, auf das baldigste austreiben möchte. Allein dieser wahre Doktor der Teufelei ließ deswegen keinen geschwinderen Eifer von sich blicken, sondern begehrete erstlich zu essen. Wie ihm nun eine Wildin eine Schüssel mit Fischen gebracht hatte, so schluckte er solche wie ein Vielfraß hinunter und bot nachgehends den Überrest dem elenden Opfer seiner Scharlatanerie an. Dieser arme Geprügelte hatte keinen Lusten zum Essen und war doch gezwungen, aus Gefälligkeit ein wenig zu sich zu nehmen. Er gab aber bei dem ersten Mundvoll alles von sich, was er im Leib hatte. Der Zauberarzt fing hierauf an, aus allen seinen Kräften zu lachen und zu schreien, daß der Teufel Anstalt machte, seinen Mann zu verlassen, welches er damit bewies, daß er das ausgegossene Gespei mit dem Finger herumrührete und daraus die Art des Teufels oder der Zauberei, womit man den Kranken behext hätte, zu erklären behauptete.

Nachdem der Hexenmeister die Beschaffenheit der Bezauberung zu erkennen gegeben hatte, so blieb nun nichts weiters zu tun übrig, als den Kranken von derselben gesund zu machen und von dem Urheber des Übels sein Urteil zu sagen, welches letztere aber nicht so leicht für ihn war. Denn da er ein fremder Gaukeler bei dieser Völkerschaft war, so mochte er vielleicht die Leute dieses Orts, welche in dem Ruf stunden, daß sie sich mit Zaubereien bemengten, noch nicht kennen. Wenn nun sein Urteil auf solche Personen gefallen wäre, welche verdächtig oder verhaßt waren, als deren es jederzeit eine gute Anzahl in den Dörfern gibt, so ist es gewiß, daß man ihm würde geglaubet und daß er dem Volk, welches närrisch genug ist zu glauben, daß er wahrgesagt habe, oder klug genug, sich so zu stellen, ein Vergnügen würde verursachet haben.

Der Gaukeler muß also sehr bekümmert gewesen sein, wo er nicht wenigstens unterwegs aus dem Argwohn seiner Führer einigen Unterricht eingezogen hatte, denn Leute, die dergleichen Handwerk treiben, wissen solches gar geschickt zu tun. Da nun dieser für einen der geschicktesten darunter gehalten wurde, so ist gar leicht zu vermuten, daß er sich ohne Zweifel auch durch solche Vorbereitung werde bestärkt haben. Allein sein Endzweck ging nun nicht mehr dahin.

Dieser Gaukeler nennte sich Jean Maskikik, nach dem Namen einer Pflanze oder eines Krauts, so zur Heilung der Krankheiten gebraucht wird. Ich erfuhr auch nicht eher als in diesem Dorf, und zwar auf eine zufällige Weise, den Namen meiner Wildin. Sie hieß

Cappataganipi. Als ich sie bei diesem Namen nennte, so wurde sie bös auf mich und befahl mir, ich weiß nicht aus was für Ursache, daß ich sie niemals anders als Marie heißen sollte.

Als Maskikik aus der Hütte seines Kranken gegangen war, so führete man ihn in eine Schwitzhütte, die man für ihn gewidmet hatte, damit er sich darin zur Ausübung aller seiner Schelmereien zubereiten könnte. Das Schwitzen ist ein solches Mittel, welches unter den Wilden fast durchgängig gebraucht wird. Sie reinigen sich dadurch von allen überflüssigen Feuchtigkeiten, welche ihre Gesundheit verderbet haben oder ihnen nachgehends Krankheiten verursachen könnten. Es dienet also sowohl für die Kranken als für die Gesunden.

Dieser Ort bestehet aus einer kleinen rund gebauten Hütte, welche sechs bis sieben Fuß hoch ist und sieben bis acht Menschen in sich fassen kann. Sie ist mit Matten, Fellen usw. bedecket, damit sie vor der äußerlichen Luft verwahret sei. Man legt eine gewisse Anzahl Kieselsteine, die man eine lange Zeit in dem Feuer hat liegen lassen, mitten in derselben auf die Erde und hängt über solche einen Kessel voll frisches Wasser, welches darzu dienet, daß man diese Kieselsteine, wenn sie anfangen, ihre Kraft zu verlieren, ein wenig damit benetzet. Die Schwitzenden spritzen sich auch einander mit diesem frischen Wasser in das Gesicht, damit ihnen nicht übel werden möge. Denn dieses Wasser hat nicht sobald besagte Steine berühret, so steigt es mit solchem Dampf auf, daß die Hütte davon ganz angefüllet und die Hitze in derselben um ein großes vermehret wird.

Diejenigen, welche schwitzen sollen, gehen nackend in die Hütte. Wenn sie Platz in derselben genommen haben, so fangen sie an, sich außerordentlich zu bewegen und ein jeder seine Gesänge zu singen. Weil nun diese Gesänge in der Weise und in den Worten öfters gar sehr voneinander unterschieden sind, so kann man leicht glauben, daß sie die widerwärtigste Musik und den unangenehmsten Lärmen machen müssen, den man nur erdenken kann. In einem Augenblick rieselt der Leib dieser Musikanten an allen Orten. Wenn nun ihre Schweißlöcher recht offen sind und der Schweiß am stärksten ist, so begeben sie sich alle singend heraus und laufen und tauchen sich in den Fluß, wenn es Sommer ist, oder wenn es Winter ist, in den Schnee. Die Kranken begnügen sich, daß sie sich mit frischem Wasser begießen lassen. Man sollte denken, daß die einander entgegenstehende heftige Hitze und Kälte sie überwältigen und um das Leben bringen sollte. Und vielleicht würde auch ein anderer ehrlicher Mann sein Leben dabei verlieren; allein die Wilden haben die Erfahrung für sich, daß ihnen solches wohl bekommt.

Die Schwitzhütte, in welcher sich Maskikik befand, war ihrer Bauart nach derjenigen gleich, welche ich soeben beschrieben habe, jedoch mit dem Unterscheid, daß, da diese gänzlich zugemacht sein muß, jene, welche dem Gaukeler zum Heiligtum dienen sollte, von oben her Tag empfing, damit sozusagen der böse Geist daselbst hineinkommen konnte. Dieser böse Mensch hatte beschlossen, daß er seines Verwandten Tod, an dem ich gleichwohl unschuldig gewesen war, an mir rächen wollte. Ehe er sich also in besagte Hütte einschloß, wendete er sich an eben den Wilden, der meine Weste trug, und fragte ihn, an welchem Tag, in welcher Stunde und in welchem Augenblick ich in dem Dorf angelanget wäre. Worauf ihm dann dieser alles aufrichtig sagte, was er nur wußte, ohne dabei den geringsten Umstand von allem meinem Tun zu vergessen.

Als nun dieser Wahrsager so gut unterrichtet war, als er nur hätte wünschen können, so fing er an zu singen und ganz ernsthaft rund um die besagte Wohnung oder Hütte herumzugehen. Er verschloß sich endlich in dieselbe und hatte nichts weiters bei sich als einen Sack, in welchem er gleichwie unsere Taschenspieler alles Werkzeug, so er zu seiner abscheulichen Zauberei nötig hatte, stets mit sich trug; das ist: Er ging niemals ohne sein Oiaron oder seinen Manitou nebst etlichen andern Kleinigkeiten als Köpfen oder Füßen von Mäusen, Maulwürfen, Ratten und Kröten, die man als seine Talismane, worin seine ganze Kraft wohnete, betrachten konnte. Sein Oiaron war nichts anders als ein ausgetrockneter Adler, an dessen Hals die vier Pfoten von einem Kaninchen hingen.

Maskikik war nun allein in dieser Schwitzhütte eingeschlossen und hielt sich beinahe eine Stunde lang so still darin, daß man ihn sich nicht einmal bewegen hörte. Als aber diese Zeit verflossen war, so fing er an, auf eine kleine Trommel zu schlagen und nach dem Laut derselben mit offenem Halse zu singen, wobei er ein so erschreckliches Gelärm erregte, daß in kurzer Zeit das ganze Dorf um seine Hütte herum versammelt war, welche von seiner Bewegung ganz erschüttert schien.

Wie dieses Gelärm ungefähr eine Viertelstunde gedauert hatte, so kam Maskikik wieder zum Vorschein, aber auf eine erschreckliche Weise verstellet. Er war nackend, hatte die Fäuste geschlossen, und die Adern waren ihm als einem, der wahrhaftig vom Teufel besessen ist, angeschwollen. In diesem Zustand drang er durch die Menge derjenigen, welche um ihn her stunden, hindurch und eilete mit starken Schritten nach dem öffentlichen Platz. Sein ganzes Betragen, mit einem Wort, gab mir zu verstehen, daß er rasend sein müßte. Sein mit gelb und schwarz beschmiertes Gesicht und ein guter Teil seines Leibes, auf welchem man, der Vermischung der Farben ungeachtet, eine gemalte Schlange wahrnahm, alles dieses gab ihm ein über alle Maßen häßliches Ansehen. Ich konnte mir gar nicht einbilden, wie er ohne Beihülfe fremder Hände sich auf solche Art habe zurichten können.

Die Spitze des Schwanzes dieser gemalten Schlange schien an der einen Ecke des Mundes dieses Rasenden eingeprägt zu sein, und der Kopf eben dieses Reptils reichte ihm an einen Ort, den mir die Schamhaftigkeit zu nennen verbietet. Das Besondere hierbei war, daß diese Schlange, welche weiß aussah, nur deswegen diese Farbe hatte, damit man ihre verschiedenen Konturen auf dem Leibe dieses Gaukelers desto besser sehen konnte, denn er hatte sich solche wirklich mit Nadeln in die Haut stechen und die Stiche mit Schießpulver einreiben lassen, damit sie allezeit bleiben möchten. Aus dieser Beschreibung kann man urteilen, wie geduldig er müsse gewesen sein, um eine solche Verrichtung, vornehmlich an einem so empfindlichen Ort, auszustehen. Er ist jedoch nicht der einzige, der solche Narrheit begangen hat, denn ich habe zu Quebec einen Kanadier gesehen, der so töricht gewesen, eine gleiche Arbeit an sich verrichten zu lassen.

Als Maskikik mitten auf dem öffentlichen Platz angelanget war, so legte er sich daselbst nahe bei einem kleinen Haufen glühender Kohlen, die noch nicht recht ausgedämpfet waren, nieder. Hier ließ er die Zuschauer beinahe eine Donnerstimme hören, welche aus seinem hohlen Bauch hervorkam. Die ganze Versammlung war aufmerksam auf das, was er sagen würde, und hatte sich in einem großen dreifachen Kreis um ihn herum gestellet. Als nun dieser Bösewicht einige abgebrochene Worte, die fast nichts bedeuteten, ausgesprochen hatte, so fing er an zu singen oder vielmehr zu heulen, und solches dauerte wohl eine halbe Stunde lang. Alle Töne seiner Stimme gingen stoßend heraus, und die Versammlung beantwortete solche auf diejenige Weise, wie sie zu tun pflegen, wenn sie singen helfen.

Sein Geheul hörete nicht eher auf, als bis er merkte, daß ihm der Atem fehlete, und es schien auch, als ob er gänzlich außer Atem gekommen wäre. Als er sich hierauf in den halb glühenden Kohlen herumgewälzet hatte, so geriet er in Entzückung und in ein so wohleingerichtetes Gliederzucken, daß demselben dasjenige, so die Anhänger des Abts Paris auf dem Kirchhof zu St. Medard machen lassen, nie und nimmer beikommen wird. Denn er erhub sich mit solchen Sprüngen und Sätzen in die Luft, welche die klügste und listigste Erfindung in der Teufelskunst oder in der Kunst, die Leute zu betriegen, übertrafen. Mit einem Wort, sie waren fähig, sowohl Schrecken als Verwunderung zu erregen.

Als dieser unheimliche oder jansenistische Tanz geendiget war, so schien es, als ob Maskikik ausruhen wollte, denn er lag auf seinem Rücken. Allein man sah gar bald, wie sich sein Bauch aufblies, sein Mund schäumete und seine Brust allein redete. Man hätte damals meinen sollen, daß er einen Teufel in dem Leib haben müßte, der ihn innerlich bewegte und mit ihm redete. Seine Arme und seine Füße streckten sich aus und schienen sich sogar zu verlängern und ihn größer zu machen, als er wirklich war. Dieses wird vielleicht den Herrn Jansenisten unglaublich vorkommen. Ich kann sie aber als ein Augenzeuge versichern, daß solches die Wahrheit sei und daß ich nichts berichte, als was mehrere Reisende ungefähr auf gleiche Weise schon gesehen haben. Als nun einige Wilden sahen, daß dieser Rasende zu lange in diesem Zustand verblieb, ohne ein einziges Wort zu sprechen, so trugen sie ihn aus Mitleiden in seine Hütte, wo sie ihn ausruhen ließen, bis es Nacht wurde.

Es ist nicht begreiflich, ja es scheint nicht einmal natürlich zu sein, daß ein Mensch sich freiwillig und in so kurzer Zeit in einen solchen Zustand sollte versetzen können. Soviel mich betrifft, so sah ich ihn damals an als einen, der weit kränker ist als derjenige, welchen er gesundmachen wollte. Allein ich muß gestehen, daß ich durch meine törichte Leichtgläubigkeit sehr bin betrogen worden. Denn alle die gewaltsamen und erdichteten Gebärden, welche er machte, geschahen nur deswegen, damit er sein Spiel desto besser verbergen und ihm die List, welche er zu meinem Untergang erdacht hatte, gelingen möchte.

Indessen als dieser boshafte Zauberer in seiner Hütte ausruhete, leisteten ihm zween Algonkins, die seine Freunde waren, Gesellschaft, mit welchen er seine Maßregeln nahm, wie er seine Wut an mir auslassen möchte. Während der Zeit, als sein Gemüt in solcher Bewegung war, beschäftigte sich das ganze Dorf, seine ersten Verordnungen zu vollstrecken, bis auf einige Weiber, die, durch seine Schelmerei betrogen, allezeit um seine Hütte herum auf der Lauer waren, um den günstigen Augenblick auszukundschaften, da er seine Aussprüche erteilen würde.

Seine ersten Verordnungen verpflichteten das Dorf, dem Kranken ein Gastmahl zu halten, so daß alle Wilden dieses Orts mehr als zwo Dritteile des Tags mit Gesängen, Tänzen, Gastereien und mit einem entsetzlichen Gelärm in des Todkranken Hütte zubrachten. Ich habe sogar einige gesehen, welche so heftig ausschweiften, daß sie diesen armen unglückseligen Menschen unter die Arme fasseten und ihn zu gehen nötigten, da indessen andere ihm ein erschreckliches Geheul in die Ohren machten in der Meinung, daß sie dadurch den Teufel, womit dieser Mensch besessen sein sollte, verjagen oder wenigstens betäuben würden. Alles dieses aber diente meiner Meinung nach mehr dazu, dem unglückseligen Kranken den Tod zu verursachen, als ihm etwan einige Erleichterung zu verschaffen. Allein wenn er auch hätte dabei umkommen sollen, so würde er doch diese Probe haben ausstehen müssen, denn der Befehl des Arztes brachte es so mit sich.

Ich muß hier sagen, daß dergleichen Ärzte unter den Wilden sehr außerordentliche Leute sind. Diese Völker bedienen sich derselben nicht eher, als wenn sie die Ursachen der Krankheit, womit ein Kranker befallen ist, nicht wissen. Es sparen alsdann diese Zauberdoktors, zu welchen sie sich wenden, nichts, damit sie ihrem Handwerk ein Ansehen machen mögen. Ihre Wissenschaft erstrecket sich über alles. Sie legen Träume aus und entdecken die heimlichen Wünsche der Seele. Sie weissagen das Zukünftige, den

Gang des Kriegs, einer Reise, die innerlichen Ursachen einer Krankheit, was eine Jagd oder eine Fischerei glücklich machen könne, die durch Diebstahl entwendeten Sachen, die Verhängnisse und Bezauberungen, kurz, alles, was mit der Wahrsagerei einige Verwandtschaft hat, damit bemengen sie sich schlechterdings.

Man hat zum öftern erstaunliche Dinge gesehen, die von ihnen vorausgesagt worden und wo der Ausgang ihre Weissagungen wahrgemacht hat. Allein derjenige Kranke ist unglücklich, der in ihre Hände fällt; denn außer den Bacchusfesten, womit sie ihn betäuben, wie ich durch oben angeführtes Beispiel bewiesen habe, ist ein solcher armer betrübter Mensch ihrem Willen völlig überlassen. Sie blasen ihn auf, saugen und drucken ihn mit einer unsinnigen Gewalttätigkeit an denjenigen Teilen seines Leibes, wo er den größten Schmerzen empfindet, so daß sie mehr das Ansehen und die Verrichtung eines Henkers als eines Arztes an sich haben. Zuweilen lassen sie solche mit sich in die Schwitzhütte hineingehen, auf ein andermal lassen sie dieselben tanzen und spielen. Öfters führen sie dieselben mit langsamen Schritten mitten durch die glühenden Kohlenhaufen in den Hütten, ohne daß sie das Feuer nur im geringsten beschädiget. Kurz, sie machen sie so matt, daß sie vom Gaukeln kränker werden als von ihrer Krankheit selbst. Die Wilden nennen dieselben ›Agotsinnakens‹, das ist: die Sehenden.

75 La Vérendrye bei den Mandans am Missouri (1738)

Am Morgen des 28. [November 1738] kamen wir zu dem Platz, der für das Treffen mit den Mandan bezeichnet worden war. Sie trafen am Abend ein: ein Häuptling mit dreißig Mann und vier Assiniboin. Nachdem der Häuptling von einer Anhöhe herab eine Zeitlang unser Dorf [d. h. das Dorf der Assiniboin] in seiner Ausdehnung gemustert hatte, das sicher ganz beachtlich groß aussah, ließ ich ihn in die Hütte führen, in der ich mich selber befand. Dort war auf der einen Seite ein Platz für ihn vorbereitet worden. Er kam und setzte sich neben mich, und ein paar von seinen Leuten setzten sich in unsere Nähe. Er beschenkte mich dann mit einigen Maiskolben und einer Rolle ihres Tabaks, der nicht gut ist, weil sie ihn nicht wie wir zu bearbeiten verstehen. Er ist ziemlich wie unserer, doch mit dem Unterschied, daß sie ihn nicht anpflanzen und daß sie ihn grün abschneiden und Stengel und Blätter zusammen verwenden. Ich gab ihm ein wenig von meinem [Tabak], den er sehr gut fand [...].

[In der Folge brechen La Vérendrye und seine französischen Begleiter samt der Mehrzahl der Assiniboin-Indianer zu Fuß auf zu einem Besuch des Dorfes der Mandan-Indianer am Missouri. Am vierten Tag ihres Marsches treffen sie auf das Begrüßungskomitee des Mandan-Stammes.]

Gegen Mittag stieß ich in der Nähe eines kleinen Baches auf eine Anzahl von Leuten, die gekommen waren, um uns zu treffen. Sie hatten während des Wartens ein Feuer unterhalten und etwas gekochtes Getreide und Mehl mitgebracht, das sie mit einem Kürbis zu einem Brei vermischt hatten, um für uns alle etwas zu essen zu haben. Zwei Häuptlinge hatten für mich einen Platz am Feuer vorbereitet, doch gaben sie mir zuerst etwas zu essen und zu rauchen, Herr de Lamarque [einer der Begleiter La Vérendryes] traf kurz nach mir ein. Ich bat ihn, sich neben mich zu setzen und zu essen und sich auszuruhen. Wir rasteten volle zwei Stunden. Dann wurde mir bedeutet, daß es Zeit war, weiterzumarschieren. Ich ließ einen meiner Söhne die Fahne, auf der sich in Farbe das Wappen Frankreichs befand, tragen und die Spitze [des Zugs] übernehmen. Die Franzosen ließ ich in Marschformation folgen. Der Sieur Nohan löste meinen Sohn von Zeit zu Zeit beim Fahnentragen ab. Die Mandan wollten mich nicht zu Fuß gehen lassen, sondern boten mir an, mich zu tragen, und ich mußte meine Zustimmung geben, da die Assiniboin in mich drangen und mir versicherten, ich würde sie [die Mandan] verstimmen, wenn ich [ihr Angebot] ablehnte.

In einer Entfernung von vier Arpents vom Fort [der Mandan] wartete auf einer kleinen Erhebung eine Gruppe von älteren Männern des Forts, begleitet von einer großen Zahl von jungen Leuten, um mir die Friedenspfeife zu reichen und mir die beiden Wampunschnüre *(coliers)* zu zeigen, die ich ihnen vor vier oder fünf Jahren geschickt hatte. Sie boten mir und Herrn de Lamarque einen Sitz an. Ich nahm ihre Höflichkeitsbezeugungen entgegen, die im Kern darin bestanden, daß sie ihre Freude über unsere Ankunft ausdrückten. Ich befahl meinem Sohn, dem Chevalier, die Franzosen in einer Linie, die Standarte vier Schritte davor, aufzustellen. Und als die Höflichkeitsbezeugungen vorbei waren, gab ich Befehl, das Fort mit einem dreifachen Salut zu grüßen. Eine große Menge Menschen war zu unserem Treffen gekommen; aber das war nichts im Vergleich zu der Masse, die wir auf den Wällen und entlang den Wassergräben [des Mandan-Forts] erblickten. Ich marschierte in guter Ordnung zum Fort, in das ich am 3. Dezember [1738] um vier Uhr nachmittags einzog, eskortiert von allen Franzosen und Assiniboin.

Ich wurde in die Hütte des Oberhäuptlings geführt, die wirklich geräumig war, aber nicht geräumig genug, um alle die Leute aufzunehmen, die hinein wollten. Die Menge war so groß, daß Assiniboin und Mandan einander auf die Füße traten. Der Raum blieb nur da frei, wo wir uns befanden, ich selber, Herr de Lamarque, sein Bruder und meine Söhne. Ich bat darum, den größten Teil der Leute entfernen zu lassen, um unseren Franzosen mehr Platz zu verschaffen und ihnen Gelegenheit zu geben, ihr Gepäck in Sicherheit zu bringen. Ich sagte ihnen, daß sie noch genug Zeit haben würden, uns in Augenschein zu nehmen. So wurde das Haus geräumt, aber es war bereits zu spät; denn irgend jemand hatte meinen Sack mit den Waren gestohlen, in dem sich alle meine Geschenke befanden. Das war der schwere Fehler eines jener Männer, die ich angeworben hatte und in dessen Obhut ich ihn vor meinem Eintreffen im [Mandan-]Fort gegeben hatte. Er hatte den Sack beim Eintritt in die Hütte abgesetzt, ohne in der großen Menge, die gegen ihn drückte, auf ihn aufzupassen.

Ich war etwas verärgert, nun, nachdem ich [erst kurz vorher] mein Reisegepäck verloren hatte, auch noch um meinen Sack mit den Geschenken gekommen zu sein, die für uns an diesem Ort höchst notwendig waren; es befanden sich für über dreihundert Livres Waren darin. Die Assiniboin schienen darüber stark beunruhigt zu sein und machten sofort große Suchanstrengungen, doch ohne jeden Erfolg. Ihr [der Mandan] Fort besitzt eine große Menge von Kellern, die gut geeignet sind, etwas darin zu verstecken. Der Häuptling der Mandan war wegen des Verlustes offensichtlich stark betroffen. Er sagte zu mir zum Trost, daß es eine

Menge Schlingel unter ihnen gebe; er würde sein Bestes tun, um etwas herauszufinden. Wenn ich das Angebot der Assiniboin hätte annehmen wollen, hätte ich es im Handumdrehen herausgefunden, mit Gewalt. Doch zog ich es vor, einen Verlust hinzunehmen und Ruhe zu bewahren, da ich einen Teil des Winters bei ihnen verbringen wollte, um einige Kenntnis über entferntere Teile [des Landes] zu erhalten [...].

[La Vérendrye versichert bei einer feierlichen Zusammenkunft die Häuptlinge beider Stämme seines Wohlwollens und nimmt sie in den väterlichen Schutz des französischen Königs auf. Inzwischen leben er, seine französischen Begleiter und die sechshundert Assiniboin-Indianer als Gäste der Mandan, deren Vorräte rasch zur Neige gehen.]

Bis jetzt sprachen die Assiniboin nicht davon, aufzubrechen, obwohl sie das Erhandeln all der Dinge, die sie hatten kaufen wollen, wie bemalte Röcke aus Büffelleder, Häute von Hirschen und Rehböcken, welche kunstvoll und sorgfältig mit Pelz- und Federornamenten bestickt waren, bemalte Federn und Pelze, handbestickte Schenkelbinden, Stirnbinden, Gürtel, abgeschlossen hatten. Von allen Stämmen sind sie [die Mandan] die Geschicktesten, was die Behandlung von Leder anlangt, und sie gehen ähnlich geschickt mit Haaren und Federn um; die Assiniboin beherrschen diese Art von Arbeiten nicht. Sie sind zähe Händler und nehmen den Assiniboin alles ab, Gewehre, Pulver, Kugeln, Kessel, Äxte, Messer und Ahlen.

Als sie [die Mandan] sahen, welche Menge Lebensmittel die Assiniboin jeden Tag verbrauchten, und bemerkten, daß [die Vorräte] nicht lange reichen würden, streuten sie das Gerücht aus, daß die Sioux nahe seien; daß mehrere von ihren Jägern auf Spuren von ihnen gestoßen seien. Die Assiniboin fielen darauf herein und beschlossen, in Eile abzuziehen, da sie nicht in einen Kampf verwickelt werden wollten. Ein Mandan-Häuptling gab mir ein Zeichen, zu warten, und [bedeutete mir], daß das Gerücht über die Sioux verbreitet worden sei, um die Assiniboin loszuwerden. Am Morgen des 6. [Dezember 1738] zogen diese alle in großer Hast ab, in dem Glauben, daß die Sioux nahe seien und in Furcht, diese könnten ihnen den Weg abschneiden [...].

[In der Folge lernt La Vérendrye die Mandan einigermaßen

kennen: weniger gut, als er sich vorgestellt hatte; da nämlich sein Dolmetscher in Liebe zu einem Assiniboin-Mädchen entbrannt und ihr in ihr Dorf gefolgt ist, kann er sich nur mühsam verständigen. Im Lauf seines Aufenthalts macht er trotzdem eine Reihe interessanter Beobachtungen.]

Ich gab Befehl, die Hütten zu zählen, und wir fanden heraus, daß es da ungefähr hundertunddreißig gab. Alle Straßen, Plätze und Hütten haben das gleiche Aussehen; oftmals verloren unsere Franzosen die Orientierung, wenn sie herumgingen. Sie [die Mandan] halten die Straßen und Plätze sehr sauber; die Wälle sind eben und breit; die Palisade steht auf Querbalken, die fünfzehnmal kreuzweise in fünfzehn Fuß hohe Posten verzapft sind, sie ist ausgefüttert: dazu nehmen sie unbearbeitete Häute, die sie nur an jenen Stellen, an denen es nötig ist, ganz oben als Ausfütterung anbringen. Außerdem gibt es vier Bollwerke *(bastions)*, und zwar jeweils eines beiderseits der Mittelwälle. Das Fort ist mitten in der Prärie auf einer Erhebung angelegt, es hat einen Wassergraben, der über fünfzehn Fuß tief und fünfzehn bis achtzehn Fuß breit ist. In das Fort gelangt man ausschließlich über Trittbretter *(marches)* oder Balken, die sie einziehen, wenn der Feind sie bedroht. Wenn alle ihre Forts genauso sind, wird man sagen müssen, daß sie für Wilde uneinnehmbar sind. Ihre Befestigung hat überhaupt nichts Primitives *(sauvage)* an sich.

Dieser Stamm hat verschiedenes Blut, weißes und schwarzes. Die Frauen sind ziemlich hübsch, besonders die weißen, sie haben blondes und weißes Haar. Das ist ein außerordentlich arbeitsamer Stamm, sowohl was die Männer wie was die Frauen angeht. Ihre Hütten sind innen sehr groß und besitzen mehrere durch starke Bretter abgeteilte Räume. Nichts liegt herum. Ihr ganzer Besitz hängt in großen Säcken an Pfosten. Ihre Betten sind nach Art von erhabenen Grabmälern gemacht und ganz von Fellen umkleidet. Sie schlafen alle nackt, Mann und Frau. Die Männer gehen stets nackt und tragen nur einen Rock aus Büffelleder, ein großer Teil der Frauen ist ebenfalls nackt wie die Männer, mit dem Unterschied, daß sie ein schmales Lendentuch tragen, das eine Hand breit und einen Fuß lang und nur vorn an einen Gürtel geheftet ist. Diese Art von Sittsamkeit [...] tragen alle Frauen, auch wenn sie einen Rock anhaben, was dazu führt, daß sie sich überhaupt nicht genieren, nicht mit geschlossenen Schenkeln zu sitzen wie alle anderen Frauen der Wilden. Manche von ihnen tragen eine Art Jacke aus sehr weichem Rehleder.

Rehwild gibt es in großer Zahl in der Gegend, es handelt sich um eine sehr kleine Art. Ihr Fort ist sehr gut mit Kellern ausgestattet, wo sie alles lagern, was sie an Getreide, Fleisch, Fett, bestickten Häuten und Bärenfellen besitzen. Sie haben großen Vorrat [an diesen Dingen], die das Geld der Gegend bilden. Je mehr sie davon besitzen, desto reicher kommen sie sich vor. Sie mögen Tätowierungen sehr, aber haben niemals mehr als den halben Körper bemalt, weder Männer noch Frauen. Sie machen recht feine Flechtarbeiten, sowohl Korbschalen wie [tiefe] Körbe. Sie verwenden irdene Töpfe, die sie wie die anderen Stämme verfertigen, in denen sie ihre Mahlzeiten kochen.

Denn sie sind in der Mehrzahl starke Esser, besonders bei Festgelegenheiten. Jeden Tag brachte man mir mehr als zwanzig Platten, Mais, Bucheckern, Kürbisse, und alle gekocht. Herr de Lamarque, der für Festivitäten etwas übrig hatte, ging mit meinen Söhnen beständig zu ihnen. Da ich nicht zu ihnen ging, sandten sie mir meine Platte. Die Männer sind groß und kräftig, behend und sehen zum größten Teil gut aus, haben schöne, sehr freundliche Gesichter: die Frauen haben zum überwiegenden Teil nicht die Gesichtszüge von Wilden; die Männer spielen eine Art Ball auf den Plätzen und auf den Wällen.

2 Die Perspektive der Engländer

76 »Nova Albion«: Die Besitzergreifung des Seefahrers Sir Francis Drake (1540–1596) in Kalifornien (1578)

Die Nachricht davon, daß wir dort waren, verbreitete sich durch das Land, und die Leute, die in der Runde wohnten, kamen herunter, und unter ihnen der König selbst, ein Mann von ansehnlicher Gestalt und anmutigem Äußeren, mit vielen andern großen und kriegerischen Männern.

In der ersten Reihe war ein Mann von ansehnlichem Äußeren, der das Zepter oder den Amtsstab vor dem König hertrug, auf dem zwei Kronen hingen, eine kleinere und eine größere, mit drei Ketten von erstaunlicher Länge: die Kronen waren geknüpft und kunstvoll mit Federn von verschiedenen Farben verarbeitet; die Ketten waren aus einer knochenartigen Substanz gemacht, und nur wenige Personen unter ihnen durften sie tragen.

Als der Zepterträger auf unsere Befestigungen und Zelte zukam, begann er einen Gesang, wobei er den Takt in einem Tanz unterstrich, und das mit würdevollem Gesicht. Ihm folgte der König mit seiner Garde und Personen jeden Standes; sie sangen und tanzten auf gleiche Weise, ausgenommen die Frauen, die zwar tanzten, aber schweigsam blieben. Der General erlaubte ihnen, in das Innere unserer Befestigung einzutreten, wo sie ihren Gesang und Tanz einige Zeit fortsetzten. Als sie das zur Genüge getan hatten, machten sie unserm General Zeichen, daß er sich niedersetzen solle; der König und verschiedene andere Personen hielten ihm mehrere Ansprachen oder richtige Bittgesuche, daß er ihre Provinz und ihr Königreich in seine Hände nehmen und ihr König werden wolle; dabei machten sie Zeichen, daß sie ihm ihr Recht und ihren Titel auf das ganze Land abtreten und seine Untertanen sein wollten.

Das gewöhnliche Volk ließ den König und seine Garde bei unserm General und mischte sich mit den mitgebrachten Opfergaben unter unsere Leute, wobei sie jeden genau ansahen: und diejenigen, an denen sie Gefallen fanden (welches die Jüngsten waren), umringten sie und brachten ihnen ihre Opfer mit kläglichem Weinen und Kratzen dar, wobei sie sich das Fleisch mit den Nägeln vom Gesicht rissen, was eine Menge Blut gab. Doch wir machten ihnen Zeichen, daß uns dies mißfiel, und hielten ihnen die Hände fest, damit sie nicht neue Gewalttaten begingen, und lenkten sie aufwärts zu dem lebendigen Gott, den allein sie verehren sollten. Sie zeigten uns ihre Wunden und erflehten dafür Hilfe von unserer Hand, woraufhin wir ihnen Einreibungen, Pflaster und Salben gaben, die für ihre Beschwerden geeignet waren, und flehten Gott an, ihre Krankheiten zu heilen. Jeden dritten Tag brachten sie uns ihre Opfer, bis sie unsere Meinung verstanden, nämlich daß wir keine Freude daran hatten; dennoch konnten sie uns nicht lange fernbleiben, sondern suchten täglich unsere Gesellschaft auf bis zur Stunde unseres Aufbruchs; dieser Aufbruch schien ihnen so bedauerlich zu sein, daß sich ihre Freude in Trauer verwandelte. Sie baten uns, bei unserer Abwesenheit an sie zu denken, und heimlich brachten sie ein Opfer dar, was uns mißfiel.

Da unsere notwendigen Angelegenheiten geregelt waren, reiste unser General mit seiner Begleitung in das Land hinein zu ihren Dörfern, wo wir Wildherden von tausend in einer Gruppe fanden, meist große Tiere, fett von Gestalt.

Wir fanden, daß das ganze Land ein einziger Kaninchenbau von einer seltsamen Art von Karnickeln [Taschenratten] ist, die Körper in der Größe wie die Berberkaninchen, die Köpfe wie die unserer Kaninchen, die Füße eines Maulwurfs und der Schwanz einer Ratte von großer Länge; unter dem Kinn zu beiden Seiten eine Tasche, in die sie ihre Nahrung sammelten, wenn sie sich den Bauch unterwegs gefüllt hatten. Die Menschen essen die Tiere und halten sehr viel von den Fellen, denn der Mantel ihres Königs war aus diesen gemacht.

Unser General nannte dieses Land *Nova Albion*, und zwar aus zwei Gründen: einmal wegen der weißen Küste und Klippen, die zur See hin liegen, zum andern, weil das Land mit dem unsern, das manchmal so genannt wird, einige Ähnlichkeit aufweist.

Man findet hier keinen Klumpen Erde, der nicht eine beträchtliche Menge Gold oder Silber enthält.

77 »Ein kleines Boot, das auf uns zuruderte...«:
Die erste Begegnung mit Indianern in Virginia (1584)

Wir betrachteten das Land um uns her, das wie dort, wo wir zuerst gelandet waren, sehr sandig und nach der Wasserseite hin sehr niedrig ist, aber so voller Trauben, daß das Meer sie überflutet und von denen wir sowohl dort als auch an andern Stellen, auf dem Sand, auf dem grünen Boden der Hügel, auf den Ebenen, auf jedem kleinen Gestrüpp und auch emporklimmend zu den Wipfeln der hohen Zedern, eine solche Menge fanden, daß ich glaube, auf der ganzen Welt gibt es nicht so eine Fülle. Und selbst ich, der ich jene Teile Europas gesehen habe, die besonders reich daran sind, finde einen solchen Unterschied, daß es unglaublich klingt, wenn man darüber schreibt.

Wir gingen von der See her auf den Gipfel der nächsten Hügel zu, die nur von mittlerer Höhe sind, und von dort aus überblickten wir die See nach beiden Seiten, zum Norden und zum Süden, und fanden nach beiden Seiten kein Ende. Dieses Land [die Outer Banks] erstreckt sich nach Westen. Später stellten wir jedoch fest, daß es nur eine Insel ist, zwanzig Ligen lang und nicht mehr als sechs breit. Von der Bank oder dem Hügel aus, auf dem wir standen, betrachteten wir die Täler unter uns, bewachsen mit schönen Zedern, und als wir unsere Arkebusen abgefeuert hatten, erhob sich unten ein Schwarm von Kranichen (überwiegend weiß) mit einem solchen Geschrei und von so vielen Echos verdoppelt, als ob eine ganze Armee von Männern alle auf einmal riefen.

Diese Insel hat viele schöne Wälder, voller Rotwild, Kaninchen, Hasen und Geflügel, selbst mitten im Sommer in unglaublicher Fülle. Es sind nicht solche Wälder, wie man sie in Böhmen, Moskau oder Hyrkanien findet, dürr und unfruchtbar, sondern die höchsten und rötesten Zedern der Welt, weit besser als die der Azoren oder die von Westindien und vom Lybanus, Kiefern, Zyprus, Sassafras, Lorbeer oder der Baum, der den Mastick trägt, und der Baum, der die Rinde von schwarzem Zimt hat, von dem Kapitän Winter von der Magellanstraße etwas mitbrachte, und viele andere von ausgezeichnetem Geruch und bester Qualität. Wir blieben zwei volle Tage auf dieser Seite der Insel, ehe wir irgendwelche Leute von dem Land sahen. Am dritten Tag erspähten wir ein einziges kleines Boot, das auf uns zuruderte; es saßen drei Personen darin. Dieses Boot kam an die Landseite, vier Arkebusenschüsse von unsern Schiffen entfernt. Zwei von den Leuten blieben darin, während der dritte auf der Strandseite auf uns zukam, und weil wir alle an Bord waren, ging er auf der uns am nächsten liegenden Landspitze auf und ab. Dann ruderten der Admiral, der Steuermann des Admirals, Simon Ferdinando, und der Kapitän Philip Amadas, ich selbst und andere zum Land. Der Bursche wartete auf unser Kommen und zeigte keine Spur von Furcht oder Bedenken. Und nachdem er über vieles gesprochen hatte, was wir nicht verstanden, brachten wir ihn, woran er Gefallen fand, an Bord der Schiffe, schenkten ihm ein Hemd, einen Hut und einige andere Dinge und ließen ihn von unserm Wein und unsern Speisen kosten, was ihm sehr behagte. Nachdem er beide Fahrzeuge besichtigt hatte, verabschiedete er sich und ging wieder zu seinem Boot, das er in einer kleinen benachbarten Bucht zurückgelassen hatte. Kaum war er zwei Bogenschüsse ins Wasser hinausgefahren, als er zu fischen begann, und in weniger als einer halben Stunde hatte er sein Boot so tief beladen, daß es eben noch schwimmen konnte. Damit kam er abermals an die Landspitze und teilte dort seine Fische in zwei Teile und zeigte bei einem Teil auf unsere Schiffe, bei dem andern auf die Pinasse: nachdem er so (wie er es wohl gern wollte) die früher empfangenen Wohltaten vergolten hatte, verschwand er aus unserm Gesichtsfeld.

Am nächsten Tag kamen sie in mehreren Booten zu uns, in einem davon der Bruder des Königs, begleitet von vierzig bis fünfzig Männern, lauter ansehnlichen und freundlichen Leuten, in ihrem Benehmen ebenso manierlich und höflich wie nur ein Europäer. Sein Name war Granganimeo, und der König heißt Wingina, das Land Wingandacoa (und jetzt durch Ihre Majestät Virginia). Sein Kommen ging so vor sich: er entfernte sich völlig von seinen Booten, während der erste Mann von unsern Schiffen am Strand nur ein kleines Stück wegging, und kam zu dem Platz gegenüber den Schiffen, von vierzig Mann gefolgt. Als er den Platz erreicht hatte, breiteten seine Diener eine lange Matte auf dem Boden aus, auf die er sich niedersetzte. Vier andere von seiner Begleitung taten das gleiche. Seine übrigen Männer standen um ihn herum, ein

Stück von ihm entfernt. Als wir mit unsern Waffen zu ihm an den Strand kamen, rührte er sich nicht von der Stelle, ebensowenig einer von den andern vier; sie trauten uns gar nicht zu, daß wir ihnen etwas Böses antun könnten. Sitzenbleibend winkte er uns, wir sollten uns zu ihm setzen, was wir taten. Als wir uns gesetzt hatten, machte er alle Zeichen der Freude und des Willkommens, strich sich über den Kopf und die Brust, dann über unsere, um zu zeigen, daß wir alle eins seien, lächelte und bewies uns, so gut er konnte, alle Zuneigung und Vertrautheit. Danach hielt er uns eine lange Ansprache, worauf wir ihm verschiedene Sachen schenkten, die er freudig und dankbar annahm. Keiner von seinen Begleitern wagte während der ganzen Zeit auch nur ein Wort zu sprechen. Nur die vier, die am andern Ende saßen, sagten einer dem andern sehr leise etwas ins Ohr.

[...]

...am Nordende lag ein Dorf mit neun Häusern, aus Zedernholz erbaut und rundherum mit angespitzten Baumstämmen bewehrt, um Feinde abzuhalten, und der Eingang dazu sehr kunstvoll wie ein Schlagbaum gemacht. Als wir in die Nähe kamen und auf der Wasserseite standen, kam das Weib von Grangyno, dem Bruder des Königs, herausgelaufen, um uns sehr heiter und freundlich zu begrüßen. Ihr Ehemann befand sich gerade nicht im Dorf. Einigen von ihren Leuten gab sie den Befehl, unsere Boote aufs Land zu ziehen, weil die Wellen so hoch schlugen. Andere wies sie an, uns auf ihren Rücken auf trockenen Boden zu tragen, und wieder andere, unsere Ruder ins Haus zu bringen, weil sie fürchtete, sie könnten gestohlen werden. Als wir in den äußeren Raum gekommen waren – sie hatte fünf Räume in ihrem Haus –, veranlaßte sie uns, an einem großen Feuer Platz zu nehmen. Danach nahm sie uns die Sachen ab, wusch sie und trocknete sie wieder. Einige der Frauen zogen uns die Strümpfe aus und wuschen sie, andere wuschen uns die Füße in warmem Wasser, und sie selbst bemühte sich sehr, dafür zu sorgen, daß alles aufs beste bestellt wurde, und beeilte sich, ein Mahl für uns anrichten zu lassen.

Nachdem wir uns so getrocknet hatten, brachte sie uns in den inneren Raum, wo sie Weizenbrei, mit Eiern und Milch angemacht, Wild, gesotten und gebraten, Fisch, gesotten, gekocht und gebacken, Melonen [Kürbis], roh und gekocht, Wurzeln verschiedener Art und allerlei Früchte auf den Tisch stellte, der sich längs durch das Haus zog. Ihr Getränk ist gewöhnlich Wasser, doch solange sich die Trauben halten, trinken sie Wein, und weil sie keine Fässer haben, um ihn das Jahr über aufzuheben, trinken sie Wasser, aber es wird mit Ingwer gekocht und mit schwarzem Zimt und bisweilen mit Sassafras und verschiedenen andern gesunden und medizinischen Kräutern und Bäumen. Wir wurden mit aller Liebe und Freundlichkeit gastlich bewirtet und mit soviel Freigebigkeit, wie sie nur aufbringen konnten. Wir fanden die Menschen sehr gütig, liebevoll und ehrlich, ohne Falsch und Arg; sie lebten wie im Goldenen Zeitalter. Die Erde bringt alles im Überfluß hervor wie gleich nach der Schöpfung, ohne Mühe und Arbeit. Die Menschen sorgen nur dafür, sich gegen die Kälte des kurzen Winters zu schützen, und leben von dem, was ihnen der Boden gewährt. Ihre Speisen sind sehr gut gekocht, und sie machen die Suppen sehr süß; ihre Schüsseln sind aus frischem Holz. Im Innern des Raumes, in dem sie essen, befindet sich ihre Lagerstätte und darin ihr Idol, das sie verehren und von dem sie unglaubliche Dinge erzählen. Während wir aßen, kamen durchs Tor zwei, drei Männer mit Bogen und Pfeilen von der Jagd. Als wir sie sahen, warfen wir uns Blicke zu und wollten nach unsern Waffen greifen. Doch als sie [die Frau Grangynos] unser Mißtrauen bemerkte, war sie sehr erregt und veranlaßte einige von ihren Männern, hinauszulaufen und den andern die Bogen abzunehmen und die Pfeile zu zerbrechen, und dann wurden die armen Burschen zum Tor hinausgeprügelt. Als wir am Abend aufbrachen, weil wir nicht die ganze Nacht warten wollten, war sie sehr traurig und gab uns in unsere Boote unser halb fertiges Abendessen mit, Töpfe und alles, und begleitete uns zu unsern Booten, in denen wir die ganze Nacht lagen und uns ein gutes Stück vom Ufer entfernten. Sie war, als sie unsern Argwohn bemerkt hatte, recht bekümmert gewesen und schickte nun mehrere Männer und dreißig Frauen, die die ganze Nacht am Ufer bei uns saßen und in unsere Boote schickte sie uns feine Matten, damit wir uns vor dem Regen zudecken konnten, dabei benutzte sie viele Worte, um uns zu bitten, in ihrem Haus zu ruhen.

[...]

Hinter dieser Croonoake genannten Insel liegen viele Inseln, überreich an Früchten und andern Gaben der Natur, dazu viele Städte und Dörfer entlang der Seite des Kontinents, einige auf den Inseln, während sich andere weiter ins Land hineinziehen.

Als wir dieses Land zum erstenmal sichteten, glaubten manche, daß das Land, das wir zuerst sahen, der Kontinent sei; doch als wir in den Hafen eingefahren waren, sahen wir vor uns eine andere mächtig lange See, denn dort liegt entlang der Küste eine Reihe von Inseln, zweihundert Meilen lang... und zwischen den Inseln zwei oder drei Einfahrten; wenn man zwischen ihnen eingefahren ist (diese Inseln sind überwiegend sehr schmal, an den meisten Stellen sechs Meilen breit, an manchen Stellen weniger, an einigen mehr), dann erscheint eine andere große See, die an manchen Stellen in der Breite vierzig, an andern fünfzig umfaßt, an einigen Stellen nur zwanzig Meilen, ehe man zum Kontinent gelangt; und in dieser eingeschlossenen See finden sich etwa hundert Inseln von verschiedener Größe, von denen eine sechzehn Meilen lang ist; auf dieser waren wir und fanden sie sehr angenehm, mit fruchtbarem Boden, voll schöner Zedern und verschiedenen andern frischen Bäumen, voller Korinthen, Flachs und vielen andern bemerkenswerten nützlichen Dingen, die zu betrachten wir zu jener Zeit keine Muße hatten. Außer dieser Insel gibt es viele, wie ich schon sagte, einige von zwei, drei, vier, fünf Meilen, manche mehr, manche weniger, die meisten schön und angenehm anzuschauen, voller Rotwild, Kaninchen, Hasen und verschiedenen Tieren und etwa die besten und schmackhaftesten Fische der Welt und in großer Fülle.

78 Beschreibung Virginias und seiner Bewohner (1585)

Alle vorgenannten Erzeugnisse für die Ernährung werden gepflanzt oder gesät, bisweilen auf verschiedenen Feldern und jede Pflanzenart für sich, doch meistens alles zusammen auf einem Feld. Da ich Ihnen einen Begriff von der Fruchtbarkeit des Bodens geben möchte, halte ich es für gut, die Art der Kultivierung und Vorbereitung des Bodens kurz zu beschreiben.

Den Boden reichern sie nie mit Jauche oder Dung oder irgend

etwas an, ebensowenig pflügen sie ihn oder graben ihn um wie wir in England, sondern sie bereiten ihn lediglich auf folgende Weise vor: Wenige Tage, bevor sie säen oder pflanzen, brechen die Männer mit hölzernen Geräten, fast in der Form von Hacke oder Karst mit langem Stiel, die Frauen mit kurzen Schaufeln von etwa einem Fuß Länge und fünf Zoll Breite – die sie im Sitzen benutzen – nur die oberste Schicht des Bodens auf, um das Unkraut, Gras und die alten Maisstoppeln mit den Wurzeln herauszuholen. Nachdem diese ein, zwei Tage zum Trocknen in der Sonne gelegen haben, werden sie zu kleinen Haufen zusammengescharrt, und um die Mühe zu sparen, sie wegzutragen, werden sie zu Asche verbrannt. (Und während manche vielleicht glauben mögen, sie benutzten die Asche, um den Boden zu verbessern, meine ich, daß sie dann entweder die Asche breit verteilen würden, was sie, wie wir sehen, nicht tun, außer wenn die Haufen groß sind, oder sie würden sich besonders bemühen, ihren Mais dort zu stecken, wo die Asche liegt, worauf sie, wie wir feststellen können, ebenfalls nicht achten.) Und das ist die ganze Bodenkultivierung, die sie üben.

Dann geschieht das Pflanzen oder Säen in folgender Weise. Erst ihr Mais: Sie beginnen damit, in einer Ecke des Feldes mit einer Schaufel ein Loch zu machen, in das sie vier Körner legen, wobei sie dafür sorgen, daß diese sich gegenseitig nicht berühren (etwa einen Zoll voneinander entfernt), und bedecken sie dann wieder mit Erde. Und solche Löcher machen sie über das ganze Feld und benutzen sie in dieser Weise, doch mit der Einschränkung, daß die Löcher in Reihen ausgehoben werden, wobei jede Reihe von der andern einen halben Faden oder Yard entfernt ist, und die Löcher innerhalb der Reihe ebensoviel. Auf diese Weise befindet sich ein Yard Boden zwischen jedem Loch. Mit Abweichungen hier und da legen sie Bohnen und Spelt ebenso. An manchen Orten stecken sie zwischen die Pflanzen auch den Samen von *Macócqwer*, *Melden* und *Planta solis*.

[...]

Es gibt ein Kraut, das für sich allein ausgesät und von den Eingeborenen *Uppówoc* genannt wird. In Westindien hat es verschiedene Namen je nach den Orten und Ländern, wo es verwendet wird. Die Spanier nennen es im allgemeinen Tobacco. Die Blätter werden getrocknet und zu Pulver gestoßen. Sie benutzen es, um den Dampf oder Rauch davon durch Pfeifen aus Ton in ihren Magen und Kopf einzusaugen; er purgiert überschüssigen Schleim und andere dicke Humore und öffnet alle Poren und Durchgänge ihres Körpers. Dadurch bewahrt er den Körper nicht nur vor Verstopfungen, sondern beseitigt sie auch in kurzer Zeit, wenn sie nicht schon allzulange gedauert haben. So erhalten sie ihren Körper bemerkenswert gesund und erleben nicht viel von den schrecklichen Krankheiten, an denen wir in England oftmals leiden.

Dieses *Uppówoc* wird unter ihnen [den Indianern] so hoch geschätzt, daß sie meinen, auch ihre Götter seien unglaublich entzückt davon. Deshalb machen sie bisweilen heilige Feuer und schütten etwas von dem Pulver als Opfergabe darauf. Wenn sie auf dem Wasser in einen Sturm geraten, werfen sie, um ihre Götter zu besänftigen, etwas davon in die Luft und ins Wasser. Wenn ein Netz für Fische neu aufgestellt wird, schütten sie etwas dort hinein und in die Luft. Ebenso werfen sie etwas in die Luft, wenn sie Gefahren entgangen sind. Doch das alles tun sie mit seltsamen Gebärden, Stampfen, manchmal mit Tanzen, Händeklatschen, Händefassen, wobei sie zum Himmel hinaufstarren, seltsame Worte plappern und merkwürdige Laute ausstoßen.

[...]

Eichhörnchen, die von grauer Farbe sind, haben wir gefangen und gegessen. Bären sind alle von schwarzer Farbe. Die Bären aus diesem Land haben gutes Fleisch; die Einwohner pflegen in Winterszeiten viele zu erlegen und zu essen, deshalb taten wir es auch bisweilen. Sie werden gewöhnlich auf folgende Weise erlegt: Auf einigen Inseln oder an Orten, wo sie sind und gejagt werden, laufen sie, sobald sie einen Menschen wittern, weg, und wenn man sie dann jagt, klettern sie auf den nächsten Baum, den sie erreichen können, von wo sie mit Pfeilen tot heruntergeschossen werden oder mit solchen Wunden, daß sie danach leicht getötet werden können. Wir haben sie manchmal mit unsern Kalibern heruntergeschossen.

[...]

Ihre Städte sind nur klein und nahe der See, aber sie haben nicht viele. Einige enthalten nur zehn oder zwölf Häuser, die größten, die wir gesehen haben, hatten nur dreißig. Wenn sie eingefriedigt sind, ist es nur mit Baumrinde gemacht, die an Stangen befestigt ist, oder sonst mit Pfählen, die senkrecht und dicht nebeneinander eingeschlagen sind.

Ihre Häuser werden aus dünnen Pfählen errichtet, der obere Teil in gebogener Form so wie viele Lauben in unsern Gärten in England, in den meisten Städten von oben bis unten mit Rinde bedeckt und in einigen mit kunstvollen Matten aus langen Binsen, die von den Spitzen der Häuser bis zum Boden hinunterreichen. Gewöhnlich sind die Häuser doppelt so lang wie breit. An manchen Orten sind sie nur zwölf bis sechzehn Yard lang, und an andern haben wir welche von vierundzwanzig gesehen.

In einigen Teilen des Landes gehört eine einzige Stadt zur Herrschaft eines *Wiroans* oder Oberherrn, in andern zwei bis drei, in manchen sechs, acht oder mehr. Der größte *Wiroan*, mit dem wir bisher zu tun hatten, zählte zwar achtzehn Städte unter seiner Herrschaft, konnte aber nicht mehr als höchstens sieben- bis achthundert kämpfende Männer aufstellen. Die Sprache in jedem Herrschaftsgebiet unterscheidet sich von der jedes andern, und je weiter sie voneinander entfernt sind, desto größer ist der Unterschied.

[...]

Im Verhältnis zu uns sind sie ein armes Volk, und es mangelt ihnen an Geschicklichkeit und Urteilsvermögen, was die Kenntnis und Verwendung unserer Sachen betrifft, denn sie schätzen unsern Tand höher als Dinge von größerem Wert. Nichtsdestoweniger scheinen sie im Umgang mit ihren eigenen Dingen recht scharfsinnig zu sein, wenn man bedenkt, daß ihnen solche Mittel, wie wir sie haben, fehlen. Denn obwohl sie weder solche Werkzeuge und handwerkliche Fertigkeiten noch Wissenschaften und Künste haben wie wir, beweisen sie doch in den Dingen, die sie tun, ausgezeichneten Geist. Und je mehr sie bei angemessener Aufmerksamkeit feststellen werden, daß unsere Kenntnisse und Fertigkeiten die ihren an Vollkommenheit übertreffen, um so eher ist es wahrscheinlich, daß sie unsere Freundschaft und Liebe wünschen und größere Achtung vor uns haben werden, um uns zu gefallen und zu gehorchen. Dabei darf man hoffen, daß sie, wenn eine gute Herrschaft errichtet wird, in kurzer Zeit zu Höflichkeit und zur Annahme der wahren Religion gebracht werden.

Eine gewisse Religion haben sie bereits, wenn sie sich auch weit von der Wahrheit entfernt, doch so, wie sie ist, besteht die Hoffnung, daß sie um so leichter und früher bekehrt werden können.

Sie glauben, daß es viele Götter gibt, die sie *Montoác* nennen, aber von verschiedener Art und Rangordnung: einen einzigen Haupt- und großen Gott, der von aller Ewigkeit her ist und der, wie sie behaupten, bei der Erschaffung der Welt zunächst andere Götter von führendem Rang schuf als Werkzeuge und Instrumente, die er bei der Schöpfung und der folgenden Herrschaft benutzte, und danach Sonne, Mond und Sterne als geringere Götter und als Instrumente für die andern von führendem Rang. Zuerst, so heißt es, wurden die Gewässer geschaffen, aus denen von den Göttern all die verschiedenen Kreaturen gemacht wurden, die sichtbar oder unsichtbar sind.

Von der Menschheit sagen sie, zuerst wurde eine Frau erschaffen, die durch das Wirken eines der Götter empfing und Kinder gebar. Und solcher Art, so heißt es, sei ihr Ursprung. Aber wie viele Jahre oder Zeitalter seither vergangen sind, darüber wissen sie, wie sie sagen, nichts zu berichten, da sie keine Buchstaben oder solche Mittel haben wie wir, um Aufzeichnungen über Einzelheiten aus vergangenen Zeiten zu machen, sondern nur die Überlieferung vom Vater auf den Sohn.

Sie glauben, daß alle Götter von menschlicher Gestalt seien und deshalb stellen sie sie durch Bilder in Menschengestalt dar, die sie *Kewasówak* nennen; wenn es nur einer ist, wird er *Kewás* genannt. Sie stellen sie in eigene Häuser oder Tempel, die sie *Machicómuck* nennen. Dort beten sie sie an, singen und bringen ihnen häufig Opfer dar. In manchem *Machicómuck* haben wir nur einen *Kewás* gesehen, in manchen zwei und in andern drei. Die niedere Art halten sie auch für Götter.

Sie glauben auch an die Unsterblichkeit der Seele, daß die Seele, sobald sie nach dem Leben vom Körper abgeschieden ist, je nach den Werken, die sie getan hat, entweder in den Himmel zum Wohnsitz der Götter getragen wird, um dort ewige Wonne und ewiges Glück zu genießen, oder daß sie in eine große Grube oder Höhle kommt, die sie sich in den fernsten Teilen der Welt nach Sonnenuntergang zu vorstellen; dort brennen sie immerwährend; diesen Ort nennen sie *Popogusso*.

Als Bestätigung für diese Ansicht erzählten sie mir zwei Geschichten von zwei Männern, die kürzlich gestorben und wieder zum Leben erweckt worden seien. Der eine Fall ereignete sich nur wenige Jahre vor unserer Ankunft im Land; es handelte sich um einen bösen Mann, der tot und begraben war; am nächsten Tag sah man, wie sich die Erde des Grabes bewegte, und er wurde wieder ausgegraben. Er gab die Erklärung ab, wo seine Seele gewesen sei, das heißt, sehr nahe daran, ins *Popogusso* zu kommen, wenn ihn nicht einer der Götter gerettet und ihm die Erlaubnis gegeben hätte, zurückzukehren und seine Freunde davon zu unterrichten, was sie tun sollten, um diesem schrecklichen Ort der Qualen zu entgehen.

Der andere Fall ereignete sich in dem gleichen Jahr, in dem wir da waren, jedoch in einer andern Stadt, die etwa sechzig Meilen entfernt von uns lag, und er wurde mir als seltsame Neuigkeit berichtet, daß einer, der tot und beerdigt war, wieder ausgegraben wurde und bewies, daß sein Körper zwar tot im Grab gelegen hatte, daß seine Seele aber lebte und auf einem langen, breiten Weg weit gewandert war. Zu beiden Seiten des Weges wuchsen überaus köstliche und schöne Bäume, die seltenere und ausgezeichnetere Früchte trugen, als er sie jemals gesehen hatte oder zu beschreiben vermochte, und schließlich kam er zu den stattlichsten und schönsten Häusern in deren Nähe er seinen Vater traf, der vor ihm gestorben war und der ihm den dringenden Auftrag gab, seinen Freunden zu erklären, was sie Gutes tun sollten, um die Freuden dieses Ortes zu genießen; wenn er das getan habe, solle er wiederkommen.

Mitte Mai säten wir auf dieser Insel (versuchsweise) an verschiedenen Stellen Weizen, Hafer, Roggen und Spelt, die in vierzehn Tagen neun Zoll und mehr hochgeschossen waren: der Boden ist fett
und kräftig, die obere Kruste von grauer Farbe, aber einen Fuß
oder weniger tief von der Farbe unserer Hanfböden in England,
also für diese und ähnliche Getreide geeignet. Das Säen oder Setzen (nachdem der Boden gesäubert ist) macht nicht mehr Mühe,
als wenn man in einem unserer am besten vorbereiteten Gärten in
England pflanzt oder sät. Diese Insel ist voll von hohen Eichen,
ihre Blätter dreimal so breit wie unsere; Zedern gerade und hoch;
Buchen, Ulmen, Stechpalmen, Walnußbäume im Überfluß, die
Früchte so groß wie die unsern, wie sich aus denen erwies, die wir
unter den Bäumen fanden, wo sie das ganze Jahr hindurch unauf-
gesammelt gelegen hatten; Haselnußsträucher und Kirschbäume,
die sich in Laub, Rinde und Größe nicht von unsern in England
unterscheiden, nur daß die Blüten oder Früchte hier wie bei einer
Weintraube zu vierzig bis fünfzig an einem Stiel hängen; Sassafras-
Bäume im Überfluß auf der ganzen Insel, ein Baum von hohem
Wert und Nutzen; außerdem verschiedene andere Obstbäume,
einige davon mit merkwürdiger Rinde, orangefarben und glatt und
weich wie Samt anzufühlen; in den dichtesten Teilen des Waldes
kann man einen Umkreis von einer Achtelmeile oder mehr über-
blicken. An der Nordwestseite dieser Insel, näher zum Meer hin,
liegt ein stehender See von Süßwasser, fast drei englische Meilen
im Umfang; in der Mitte davon ist eine Stück Waldboden, einen
Morgen groß, nicht mehr. Dieser See ist voll von kleinen Schild-
kröten und wird überaus häufig von Vögeln aller Art besucht, die
hier bereits aufgezählt wurden; sie brüten in großer Fülle, manche
unten am Ufer, andere auf niedrigen Zweigen rund um diesen See.
Die jungen Vögel fangen wir und essen sie mit Genuß. Aber all
diese Vögel sind größer als die in England. Außerdem gibt es auf
jeder Insel fast überall sehr viele Erdnüsse, vierzig zusammen an
einer Wurzel, manche davon so groß wie Hühnereier; sie wachsen
keine zwei Zoll unter der Oberfläche; diese Nüsse fanden wir
ebensogut wie Kartoffeln. Auch verschiedene Arten von Schalen-

tieren, wie Kammuscheln, Meerdatteln, Herzmuscheln, Hummer, Krabben, Austern und Garnelen, außerordentlich gut und sehr groß. Doch ich will Sie nicht mit der Aufzählung der Dinge belästigen, die Gott und die Natur diesen Plätzen geschenkt haben, im Vergleich zu denen der fruchtbarste Teil von ganz England (an sich selbst) nur armselig ist. Wir fuhren in unserm leichten Boot von dieser Insel zum Festland, genau dieser Insel gegenüber, etwa zwei Ligen entfernt, wo wir, als wir an Land kamen, erst eine ganze Weile verharrten, hingerissen von der Schönheit und Zartheit dieses lieblichen Landes; denn außer verschiedenen klaren Seen mit Süßwasser (von denen wir zahllose sahen) gab es große Wiesen mit grünem Gras, und selbst auf den bewaldeten Stellen (ich spreche nur von denen, die ich gesehen habe) stehen die Bäume einzeln und ebenmäßig gewachsen auf grünem grasigem Boden, der etwas höher liegt als die Wiesen, so als ob sich die Natur mit aller Macht in ihrer vollen Schönheit zeigen wollte. Ganz in der Nähe erspähten wir sieben Indianer; und als wir zu ihnen kamen, äußerten sie zunächst ein wenig Furcht; doch als sie von unserm höflichen Verhalten ermutigt worden waren und wir ihnen einige Kleinigkeiten geschenkt hatten, folgten sie uns zu einer Landenge, von der wir geglaubt hatten, sie sei vom Land abgetrennt, doch wir fanden es jetzt anders und bemerkten einen breiten Hafen oder eine Flußmündung, die sich ins Festland hineinzog; da jedoch der Tag schon weit fortgeschritten war, mußten wir zu der Insel zurückfahren, von der wir kamen, und ließen die Erkundung dieses Hafens für eine Zeit mit mehr Muße: An der Güte dieses Hafens – wie auch vieler anderer in jener Gegend – kann wenig Zweifel bestehen, wenn man bedenkt, daß all die Inseln wie auch das Festland (wo wir waren) felsiger Grund und gebrochenes Land waren. Am nächsten Tag entschlossen wir uns, eine Befestigung für uns auf dem kleinen Stück Land in der Mitte des obenerwähnten Sees zu errichten, wo wir ein Haus bauten und mit Riedgras deckten, das in großem Überfluß um diesen See wuchs; zu diesem Bau brauchten wir über drei Wochen.

80 »Grimmige Wilde« und »anständige Indianerkönige«: Kapitän John Smiths Entdeckungsreise zum Potomac (1608)

Wir ließen die *Phenix* am Cape Henry, überquerten die Bai zur östlichen Küste und näherten uns den Inseln, Smiths Inseln genannt. Die ersten Leute, die wir sahen, waren zwei grimmige untersetzte Wilde auf Cape Charles mit langen Stangen wie Wurfspeere mit Knochenspitze; sie fragten uns dreist, was wir seien und was wir wollten, doch nach vielem Hin und Her wurden sie mit der Zeit sehr freundlich und wiesen uns nach Acawmacke, dem Wohnsitz des Werowans, wo wir freundlich aufgenommen wurden; dieser König war der anständigste, sauberste, höflichste Wilde, dem wir begegneten.

Als wir an der Küste entlangliefen und jeden Arm, jede Bucht untersuchten, die als Hafen und Wohnsitz geeignet waren, und viele Inseln in der Mitte der Bai sahen, steuerten wir auf sie zu, doch ehe wir sie erreichen konnten, kam eine so ungewöhnliche Sturmbö mit Regen, Donner und Blitz, daß wir unter großer Gefahr dem unbarmherzigen Wüten dieses ozeanähnlichen Gewässers entflohen.

Da diese östliche Küste aus flachen gebrochenen Inseln bestand und wir das Festland zum größten Teil ohne Süßwasser fanden, liefen wir durch die Limbo-Straße zur westlichen Küste. So breit ist die Bai hier, daß wir die großen hohen Steilufer auf der andern Seite kaum wahrnehmen konnten; vor ihnen ankerten wir in dieser Nacht und nannten das Steilufer Richards Cliffs. Wir segelten dreißig Ligen weiter nach Norden, fanden keine Bewohner, die Küste jedoch mit gutem Wasser, die Gebirge sehr unwirtlich, die Täler sehr fruchtbar, aber die Wälder äußerst dicht, voll von Wölfen, Bären, Hirschen und andern wilden Tieren.

Am 16. Juni steuerten wir in den Fluß Patawomeck [Potomac]; die Furcht war vergangen, und unsere Leute hatten sich erholt, so waren wir alle bereit, uns einige Mühe zu machen, um den Namen dieses neun Meilen breiten Flusses zu erfahren; wir konnten auf dreißig Meilen keine Einwohner sehen, doch dann wurden wir von zwei Wilden einen kleinen gewundenen Bach hinaufgeführt nach Onawmament, wo überall in den Wäldern bis zu dreihundert oder vierhundert Wilde im Hinterhalt lagen, so seltsam bemalt, beschmiert und verkleidet, schreiend, heulend und kreischend, daß wir sie eher für lauter Teufel hielten; sie zeigten sich sehr herausfordernd, und um ihre Wildheit einzudämmen, tat unser Kapitän so, als ob er ihnen ein Gefecht liefern wollte: das Pfeifen der Geschosse über dem Fluß mit dem Echo von den Wäldern verblüffte sie so sehr, daß sie Bogen und Pfeile sinken ließen. (Es wurden Geiseln ausgetauscht.) James Watkins wurde sechs Meilen den Wald hinauf zur Wohnung ihres Königs gesandt; wir wurden von diesen Wilden, von denen wir hörten, sie hätten von Powhatan den Befehl erhalten, uns zu betrügen, freundlich empfangen.

81 Powhatan-Häuptling Wahunsonacock (ca. 1531–1618), regionaler Anführer einiger Algonkin-Stämme (»34 Nationen«), für die Engländer der »Indianer-Kaiser Powhatan« (1612)

Den zu jener Zeit großen Kaiser unter ihnen nennen wir gewöhnlich Powhatan, denn unter diesem Namen wurde er uns bekannt gemacht, als wir zum erstenmal in dieses Land kamen, und so wurde er auch als junger Mann allgemein genannt, da er seinen Namen von dem Land Powhatan übernommen hatte, wo er geboren worden war; es liegt oben an den eben erwähnten Fällen, genau den Inseln gegenüber, im Quellgebiet unseres Flusses.

Größe und Umfang seines Reiches dehnen sich aufgrund seiner Macht und seines Ehrgeizes in der Jugend weiter aus als bei irgendeinem seiner Vorgänger in früheren Zeiten; denn anscheinend herrscht er südlich und nördlich von den Mangoags und Chawonookes, grenzt an Roanoak oder Südvirginia bis nach Tockwogh, einer mit Palisaden eingefriedigten Stadt, die am Nordende unserer Bai bei 40° oder in dieser Gegend liegt, und südwestlich bis Anoeg, dessen Häuser wie die unsern gebaut sind, zehn Tagereisen von uns entfernt, von wo die dort wohnenden Weroances ihm von ihren Waren senden.

Er ist ein stattlicher alter Mann, noch nicht zusammengefallen, wenn auch hart geschlagen von den vielen kalten und stürmischen Wintern, in denen er all die Nöte und die Angriffe auf seinen

Reichtum, der seinen Namen und seine Familie groß gemacht hat, geduldig zu ertragen wußte. Es heißt, er soll knapp achtzig Jahre alt sein. Von großer Statur und gut geformten Gliedern, hat er ein bekümmertes Aussehen, ein rundes, dickes Gesicht mit grauem Haar, das glatt und dünn auf die breiten Schultern hängt, und einige wenige Haare auf Kinn und Oberlippe. In seiner Jugend ist er ein starker und geschickter Wilder gewesen, gelenkig, energisch und von kühnem Geist, wachsam, ehrgeizig und schlau, wenn es darum ging, sein Herrschaftsgebiet zu erweitern, denn außer den Ländern Powhatan, Arrohateck, Appamatuck, Pamunky, Youghtamond und Mattapanient, die er, wie es heißt, geerbt hat, sind alle übrigen vorher genannten und auf der Karte bezeichneten Territorien, die an den Fluß grenzen, an dem wir uns niedergelassen haben... ihm entweder durch Gewalt unterworfen oder aus Furcht abgetreten worden. Er ist grausam gewesen und hat oft Streit gesucht, sowohl mit seinen eigenen Weroances wegen Kleinigkeiten und um ihnen Ehrfurcht vor seiner Macht und Stellung einzuflößen, als auch mit seinen Nachbarn in früheren Tagen, wenn er jetzt auch die Sicherheit und das Wohlbehagen liebt und deshalb auf vernünftigen Friedensbedingungen mit all den großen und unabhängigen Weroances an seinen Grenzen besteht. Außerdem lebt er jetzt auch ruhiger unter seinen eigenen Stämmen. Er läßt unser Tun genau beobachten und ausspähen, und dazu hat er seine Wachen, die jedesmal, wann es auch sei, Alarm geben, wenn eins von unsern Booten, eine Pinasse oder ein Schiff einlaufen oder den Fluß hinab- oder hinaufsegeln.

82 Die Erkrankung der Indianer von Virginia in der Beschreibung des Mathematikers Thomas Harriot (ca. 1560–1621)

Bevor ich ende, möchte ich unter Auslassung anderer ähnlicher Ereignisse noch über ein ungewöhnliches und eigenartiges Begebnis berichten, das alle Einwohner des Landes, die uns kannten oder von uns gehört hatten, zu einer außerordentlichen Verehrung für uns veranlaßte.

Es gab keinen Ort, in dem man nicht irgendwelche heimtückischen Pläne gegen uns ausheckte. Wir sahen indessen von einer Bestrafung oder Rache ab (denn wir wollten die Bewohner um jeden Preis durch Freundlichkeit gewinnen). Jeweils wenige Tage, nachdem wir diese Orte verlassen hatten, begannen dort viele Leute sehr rasch, oft in allerkürzester Zeit, zu sterben – mancherorts gegen zwanzig oder vierzig und einmal gar hundertzwanzig, was angesichts ihrer Zahl sehr viel war. Solche Vorkommnisse gab es unseres Wissens nirgends sonst, nur dort, wo wir uns aufgehalten und die Bewohner irgend etwas gegen uns unternommen hatten; auch traten die Ereignisse immer nach derselben Zeitspanne ein. Die Erkrankung war derart ungewöhnlich, daß man nicht herausfand, worum es sich handelte und wie man sie heilen könnte. Nach den Aussagen der ältesten Einwohner des Landes war seit Menschengedenken nie so etwas geschehen. Diese Feststellung wurde besonders von uns, aber auch von den Einwohnern selbst gemacht. So beobachteten einige der mit uns befreundeten Einheimischen, insbesondere die Wiroan-Indianer, in vier oder fünf Orten nach den gegen uns gerichteten Machenschaften die besagten Vorfälle und gelangten zur Überzeugung, die Erkrankungen seien das Werk unseres Gottes und wir seine Instrumente; sie dachten, wir könnten mit seiner Hilfe ohne Waffen jeden töten und umbringen, ohne ihm nahe zu kommen. Als sie dann erfuhren, daß manche ihrer Feinde uns auf der Reise bedroht und wir uns nicht mit Waffengewalt gerächt hatten, und weil sie aus irgendeinem Grunde fürchteten, wir würden weiterhin niemanden bestrafen, kamen sie mit der Bitte zu uns, wir sollten mit der Hilfe unseres Gottes alle, die uns schlecht behandelt hatten, auf dieselbe Weise sterben lassen; dazu erklärten sie, wie sehr dies uns und auch ihnen zu Ehre und Nutzen gereichen würde, und drückten außerdem die Hoffnung aus, wir möchten ihrem Ersuchen im Namen der von uns versicherten Freundschaft stattgeben.

Wir erwiderten ihnen aber, ihr Anliegen sei gottlos, und versicherten, unser Gott würde solche Gebete und Bitten der Menschen nicht erhören; tatsächlich geschehe immer alles nach seinem Belieben, so wie er es anordne. Um uns als getreue Knechte unseres Gottes zu erweisen, müßten wir ihn eher um das Gegenteil von dem bitten, was sie wünschten: nämlich darum, daß sie und ihre

Feinde friedlich mit uns zusammenleben, seiner Wahrheit teilhaftig werden und ihm rechtschaffen dienen möchten – letzteres indessen wie alles auf eine Weise, die göttlichem Willen und Belieben entspreche, und so, wie Gott es in seiner Weisheit für am besten halte.

Da jedoch die seltsamen Ereignisse so plötzlich und jeweils kurz nach unserer Anwesenheit eintraten und ihren Wünschen entsprachen, dachten sie dennoch, unser Gott handle durch uns und wir würden, indem wir solche Reden führten, die Angelegenheit nur anders darzustellen suchen. Sie kamen deshalb zu uns, um sich auf ihre Weise dafür zu bedanken, daß wir – obschon wir ihnen nichts versprechen wollten – durch Taten ihre Wünsche in Wirklichkeit schon erfüllt hätten.

Dieses erstaunliche Begebnis führte im ganzen Lande zu so seltsamen Meinungen über uns, daß manche Leute nicht wußten, ob sie uns für Götter oder für Menschen halten sollten. Dies um so mehr, als sie während der ganzen Dauer der unerklärlichen Erkrankungen von keinem Todesfall und von keiner besonderen Krankheit unter unseren Leuten hörten. Sie bemerkten auch, daß wir keine Frauen bei uns hatten und uns nicht für die ihrigen interessierten. Manche nahmen darum an, wir seien nicht von Frauen geboren (und infolgedessen nicht sterblich), sondern als Angehörige eines uralten Stammes zur Unsterblichkeit wiedererstanden.

Andere prophezeiten, es würden noch mehr Mitglieder unseres Stammes erscheinen und noch mehr der ihrigen töten, um dann ihre Plätze einzunehmen, denn sie dachten, das sei der Zweck des bereits Geschehenen. Sie stellten sich vor, unsere unmittelbaren Nachfolger würden in der Luft schweben, unsichtbar und körperlos, und auf unser Ersuchen und aus Liebe zu uns die Leute so sterben lassen, wie es eingetreten war – indem sie unsichtbare Kugeln in sie schössen.

83 Die Indianermission des Puritaners John Eliot (1604–1690) bei den Massachusetts-Indianern (1655)

[...] Im übrigen machte sich bei uns große Niedergeschlagenheit und Entmutigung breit auf Grund eines Mißtrauens, das zu tief empfunden wird, obwohl es völlig grundlos ist, daß nämlich selbst diese bekehrten Indianer sich mit den übrigen und mit den Holländern verschworen hätten, um den Engländern Schaden zuzufügen. Zwar blickte der Teil der Leute, die Regierungsverantwortung trugen, mit anderen Augen auf sie, doch war dies für mich nicht der Zeitpunkt, diese Angelegenheit [die Aufnahme der bekehrten Indianer in die Glaubensgemeinschaft] anzusprechen und voranzutreiben, als die Situation so schwierig war. Diese Aufgabe bedarf einer ruhigeren Zeit, und ich werde es als einen Gnadenerweis Gottes ansehen, wenn er dabei – wann immer es ihm gefällt – sein Antlitz auf uns scheinen läßt.

Im letzten Jahr tat ich nun folgendes: Nachdem die Bücher [in denen die Glaubensbekenntnisse der bekehrten Indianer publiziert waren] zur rechten Zeit angekommen waren und in Boston eine große Versammlung abgehalten wurde, von anderen Kolonien wie auch von unseren eigenen, auf der auch die Kirchenbevollmächtigten [der *New England Company*] zugegen waren, hielt ich es für notwendig, diese Gelegenheit zu ergreifen, um den Weg vorzubereiten und zu öffnen und für dieses laufende Jahr bereit zu sein. Also unterbreitete ich ihnen folgenden Vorschlag: Falls man, nachdem sie nun ihre [der bekehrten Indianer] Bekenntnisse gesehen hätten, nach einer weiteren Überprüfung ihrer Kenntnisse herausfinden sollte, daß sie über ein ausreichendes Maß an Verständnis für die grundlegenden Fragen der Religion verfügen, und falls weiter ein hinreichendes Zeugnis ihrer Bekehrung vorliegen sollte, daß sie nach ihrer Erleuchtung in christlicher Manier handeln würden, so daß man Frömmigkeit in ihrem Lebenswandel erkennen kann – ob es dann nicht Gott gemäß sei und für sein Volk annehmbar, daß sie in die Kirchengemeinschaft aufgenommen werden? Worauf mir – und ich preise den Herrn dafür – allgemeine Zustimmung zuteil wurde. [...]

[Im folgenden schildert Eliot die Vorbereitungen für diese Examinierung der bekehrten Indianer.]

Kurz vor dem Termin ergab sich eine sehr große Schwierigkeit, die für sie [die bekehrten Indianer] zu einem Schandfleck hätte werden können, und ich zweifle nicht daran, daß Satan dies auch beabsichtigte; doch der Herr nutzte die Gelegenheit, Glauben und Gebete anzufachen, und wandte das Ganze so in eine andere Richtung. Es trug sich wie folgt zu: Drei von der schlechten Sorte, die es unter denen gibt, die zu Gott beten, die von schlechtem Umgang und anderswie getrieben sind, das zu tun, was sie in ihren Herzen nicht lieben und deren Laster Satan vermehrt, um die bessere Sorte der Schande und Schmach auszusetzen, da ja viele, und sogar einige gute Leute, allzu bereit sind zu sagen, sie seien alle gleich – nun, drei von ihnen hatten einige Quarts Branntwein erstanden (etliche Leute sind nur zu bereit, ihn an sie zu verkaufen – aus einem habgierigen Verlangen nach etwas Gewinn und zum Ärgernis und Kummer der besseren Sorte von Indianern und auch der gottesfürchtigen Engländer), und mit diesem Schnaps machten sie sich nicht nur selbst betrunken, sondern auch ein Kind von elf Jahren, den Sohn von Toteswamp, den sein Vater nach etwas Mais und Fisch zu dem Ort bei Watertown geschickt hatte, wo sie sich aufhielten. Diesem Kind verabreichten sie zunächst zwei Löffel voll von diesem Branntwein, was mehr war, als sein Kopf auszuhalten vermochte; einer von ihnen setzte dann eine Flasche oder ein ähnliches Gefäß an seinen Mund und ließ ihn trinken, bis er sehr benommen war; und dann spielte sich einer von ihnen in herrischer Weise auf und sagte: »Nun werden wir ja sehen, ob dein Vater uns wegen Trunkenheit bestraft (er ist nämlich einer ihrer Häuptlinge), wenn er sieht, daß du dich in unserer Gesellschaft betrunken hast«. Und in diesem Zustand lag das Kind die ganze Nacht über draußen. Sie fingen auch an zu raufen, und sie waren bereits mehrere Male wegen Trunkenheit bestraft worden.

Als Toteswamp davon hörte, empfand er es als eine große Schande; es zerbrach ihm das Herz, und er wußte nicht, was zu tun war. Die übrigen Häuptlinge besprachen die Angelegenheit mit ihm und fanden eine Verflechtung von vielen Sünden:

1. die Sünde der Trunkenheit, und dies nach vielen dafür verhängten Strafen,
2. die Tatsache, daß ein Kind absichtlich betrunken gemacht und es darüber hinaus Gefahren ausgesetzt wurde,

3. ein gewisser Tadel an den Häuptlingen,
4. Rauferei.

Ich erhielt Kunde davon, kurz bevor ich das Pferd bestieg, um nach Natick zu reiten und den Sabbat mit ihnen zu verbringen; es war ungefähr zehn Tage vor der anberaumten Versammlung. Die Nachricht drückte meine Stimmung ungemein, ich erachtete sie als den größten Mißfallensbeweis Gottes, der mich jemals in meiner Tätigkeit traf; ich konnte darin nichts als den Unwillen [Gottes] erkennen, und ich begann an unserer beabsichtigten Arbeit zu zweifeln. Ich wußte nicht, was zu tun war; die Abscheulichkeit der Sünden und die Personen, über die Schande gebracht wurde, ließen gar mein Herz stillstehen. Denn einer der Missetäter, der zwar das geringste Unrecht verübte, war derjenige, der mein Übersetzer war, den ich dazu herangezogen hatte, einen großen Teil der Heiligen Schrift zu übersetzen. Gerade dabei erkannte ich viel von Satans Bosheit, und in Gott sah ich Mißfallen. Wegen dieser und einiger anderer Handlungen von Apostasie zu dieser Zeit erwog ich, ihn von dieser Arbeit auszuschließen, doch der Herr hat nun einen Weg gefunden, um ihn zu demütigen. Aber seine Apostasie zu diesem Zeitpunkt war eine große Prüfung, und ich zog ihn für den Tag unserer Examinierung nicht hinzu, ich beschäftigte an seiner Stelle einen anderen. So hatte es Satan bei diesem ihrem Fehlbetragen auf mich abgesehen; und Toteswamp ist einer der wichtigsten Männer bei unserer Arbeit, wie Ihr – so Gott will – bald Gelegenheit habt zu sehen. [...]

Als ich in Natick anlangte, hielten die Stammesältesten gerade einen Rat darüber [über den Sündenfall] ab. Bald nachdem ich angekommen war, wandten sie sich mit einer Frage in dieser Angelegenheit an mich und trugen mir die ganze Affäre vor, unter viel Erregung und Geschrei. Danach sprach Toteswamp in dieser Sache: Ich bin sehr betrübt über diese Dinge, und nun prüft mich Gott, ob ich Christus mehr liebe oder mein Kind. Sie [die anderen] sagen, sie wollen mich prüfen, aber ich sage, Gott prüft mich. Christus sagt, wer Vater oder Mutter oder Weib oder Kind mehr liebt als mich, ist meiner nicht wert. Christus sagt, ich muß mein Kind bessern, und wenn ich das verweigere, soll ich Christus nicht mehr lieben. Gott trug Abraham auf, seinen Sohn zu töten, und da Abraham Gott liebte, hätte er es getan, wenn Gott ihn davon nicht zurückgehalten hätte. Gott sagt zu mir, Du mußt Dein Kind nur bestrafen [und nicht töten], und wie kann ich vorgeben, Gott zu lieben, wenn ich dem nicht Folge leiste. Diese Dinge sagte er mit vielen Worten, mit großer innerer Erregung und nicht mit trockenen Augen. Als ich ihn so sprechen hörte, konnte auch ich meine Tränen nicht zurückhalten. Als von den anderen vorgebracht wurde, das Kind sei der Sünde weniger schuldig als die, die es trunken gemacht hätten, entgegnete er: Er [sein Sohn] sei sündig, weil er die Sünde nicht gefürchtet habe und weil er seinen [des Vaters] Ratschlägen nicht gefolgt sei, schlechte Gesellschaft zu meiden. Doch er [der Sohn] habe Satan und Sündern mehr getraut als ihm [dem Vater], deshalb verdiene er [der Sohn] Strafe.

Nach solchen Reden verließen mich die Ältesten und kehrten zu ihren Beratungen zurück, mit denen sie beschäftigt gewesen waren, als ich ankam. Sie kamen zu einer Entscheidung und verurteilten die drei Männer, für eine längere Zeit im Gefangenenblock eingesperrt zu sein, um danach an den Schandpfahl gestellt zu werden, wo jeder zwanzig Stockschläge bekommen sollte. Der Junge dagegen sollte nur für kurze Zeit in den Block, und am nächsten Tag sollte er in der Schule, vor den anderen Kindern, von seinem Vater ausgepeitscht werden. Und das Urteil wurde so ausgeführt. Als sie ausgepeitscht werden sollten, band sie der Konstabler nacheinander an den Baum (der anstelle eines Prangers benutzt wurde), wo sie ihre Strafe erhielten. Dann ergriffen die Ältesten das Wort, und einer sagte: Die Strafen für Sünden sind Anweisungen Gottes, sie sind Gotteswerk, und seine Absicht ist, sie so auszuführen, daß sie [die Sünder] bereuen. Und in dieser Weise ermahnte er sie mit weiteren Worten zur Reue und Besserung ihres Lebenswandels. Nach ihm sprach ein anderer: Ihr lernt im Katechismus, daß der Lohn der Sünde in Elend und Unglück in dieser Welt besteht, danach in Tod und ewiger Verdammnis in der Hölle. Nun empfindet ihr Schmerz als Lohn eurer Sünde, und dadurch könnt ihr wahrhaft bereuen und dem Rest [der angedrohten Strafen] entkommen. Und er ermahnte sie auch noch mit weiteren Worten. Nach ihm sprach ein anderer: Hört all ihr Leute (und er drehte sich zu den umstehenden Menschen, ich glaube es waren nicht weniger als zweihundert, große und kleine), das ist Gottes Wille, so soll mit Sündern verfahren werden. Laßt euch das eine

Warnung sein, daß ihr solche Sünden nicht begeht, dann setzt ihr euch solchen Strafen nicht aus. Und er ermahnte die Menschen noch mit weiteren Worten. Noch andere der Ältesten ergriffen das Wort, doch ich verstand nicht alles, was gesprochen wurde, und einige Dinge sind mir entfallen. Doch die, die ich berichtet habe, prägten sich mir ein.

Als ich dann nach Roxbury zurückkam, berichtete ich unserem Ältesten (den ich auch vorher von dem Sündenfall und meinem Kummer darüber in Kenntnis gesetzt hatte) von dem Geschehenen. Er war davon sehr bewegt und pries Gott. Er hob hervor, ihre Sünde sei ein flüchtiger Akt, ohne Dauer und dem Vergessen anheim gegeben. Aber diese Urteile seien ein Ratschlag Gottes und würden weiterwirken und mehr Gutes tun, als ihre Sünden Schlechtes anrichten konnten. Und er öffnete mir die Augen, wieviel Grund ich hatte, für diesen Ausgang des Vorfalls dankbar zu sein.

84 Die Delaware-Indianer als Vertragspartner des Quäkers William Penn (1682)

Dieser Vertrag, der geschlossen wurde am fünfzehnten Tag des Juli, im Jahre unseres Herrn eintausendsechshundertundzweiundachtzig – nach englischer Zählung – zwischen den Indianerhäuptlingen Idquahon, Ieanottowe, Idquoquequon, Sahoppe für ihre Person sowie Okonikon, Merkekowon, Orecton für Nannacussey, Shaurwawghon, Swanpisse, Nahoosey, Tomakhickon, Westkekitt und Tohawwis auf der einen und William Penn, Esq., dem obersten Eigentümer der Provinz Pennsylvania, auf der anderen Seite gibt folgendes zu Urkund: In Anbetracht der und als Gegenleistung für die Geldbeträge und die einzelnen Güter, Waren und Gerätschaften, die hierin im folgenden angeführt und bezeichnet werden, nämlich dreihundertundfünfzig Faden Wampum, zwanzig weiße Decken, zwanzig Faden grober Wollwaren, sechzig Faden gerauhter Halbwollware, zwanzig Kessel – darunter vier große –, zwanzig Flinten, zwanzig Mäntel, vierzig Hemden, vierzig Paar Strümpfe, vierzig Hacken, vierzig Äxte, zwei Fässer Schießpulver, zweihundert Stangen aus Blei, zweihundert Messer, zweihundert kleine Gläser, zwölf Paar Schuhe, vierzig Kupferdosen, vierzig Tabakzangen, zwei kleine Behälter mit Pfeifen, vierzig Scheren, vierzig Kämme, vierundzwanzig Pfund rotes Bleioxyd, einhundert Ahlen, zwei Handvoll Fischhaken, zwei Handvoll Nadeln, vierzig Pfund Gewehrkugeln, zehn Bündel Glasperlen, zehn kleine Sägen, zwölf Abziehmesser, vier Anker Tabak, zwei Anker Rum, zwei Anker Apfelwein, zwei Anker Bier und dreihundert Gulden, die von dem genannten William Penn, seinen Bevollmächtigten oder Rechtsnachfolgern den genannten Indianerhäuptlingen für ihren und ihrer Leute Gebrauch zur freien Verfügung ausgezahlt und geliefert wurden bei und bereits vor der Besiegelung und Übertragung des folgenden, bestätigen die genannten Häuptlinge hiermit, daß sie damit und dadurch voll befriedigt, zufriedengestellt und entschädigt sind; [in Anbetracht dessen und als Gegenleistung dafür] haben die genannten Indianerhäuptlinge als Partner dieses Vertragsdokuments sowohl für und im Namen ihrer eigenen Person als auch für und im Namen der ihnen untergebenen Indianer oder Völkerschaften, für die sie Sorge tragen, dem genannten William Penn, seinen Erben und Rechtsnachfolgern für immer übertragen, veräußert, verkauft und ausgehändigt und hiermit übertragen, veräußern, verkaufen und händigen sie vollständig, unanfechtbar und absolut all jenes Gebiet oder all jene Gebiete aus, die sich in der oben erwähnten Provinz Pennsylvania befinden oder dort liegen, beginnend an einer bestimmten weißen Eiche auf dem Land, das sich jetzt im Besitz von John Wood befindet und von ihm Gray Stones genannt wird, gegenüber den Fällen des Delaware-Flusses, und von dort am Flußufer aufwärts bis an eine Ecke, wo am Ende eines Berges eine mit dem Buchstaben P markierte Fichte steht, und von der besagten Ecke mit der markierten Fichte weiter in westnordwestlicher Richtung am Rand oder Fuß der Berge bis an eine Ecke mit einer weißen Eiche, die mit dem Buchstaben P gekennzeichnet ist und die an dem Indianerpfad, der zu einer Indianersiedlung mit Namen Playwickey führt, und nahe dem oberen Ende eines kleinen Flusses namens Towsissinck steht, und von dort aus in westlicher Richtung an einen kleinen Fluß, der Neshammonys Creek heißt, und den besagten Neshammonys Creek entlang bis an den Delaware- oder Makeriskhickon-Fluß, und dann begrenzt durch den genannten

Hauptfluß, bis zur besagten, oben genannten weißen Eiche auf John Woods Land, dazu alle die Inseln, die unter den verschiedenen Namen Mattinicank-Insel, Sepassincks-Insel und Orecktons-Insel bekannt sind oder so genannt werden und die sich im besagten Delaware-Fluß befinden oder liegen, zusammen mit sämtlichen Inseln, Inselchen, Flüssen, Bächen, Flüßchen, Gewässern, Teichen, Seen, Ebenen, Hügeln, Bergen, Wiesen, Mooren, Sümpfen, Bäumen, Wäldern, Minen, Erzen und mit allen sonstigen Bestandteilen, die zu dem genannten Gebiet oder den genannten Gebieten gehören oder in irgendeiner Weise mit ihm verbunden sind, wie auch mit der Anwartschaft und Anwartschaften, dem Nacherbenrecht und Nacherbenrechten darauf und mit all dem Besitzrecht, Anrecht, Rechtstiteln, dem Nutzen, dem Gebrauch, der Teilhaberschaft, dem Anspruch und den Forderungen welcher Art auch immer, sowohl von ihnen, den genannten Indianerhäuptlingen und Vertragschließenden, als auch von sämtlichen anderen Indianern, die davon betroffen sind oder die irgendeinen Anteil daran haben. Das bezeichnete Gebiet oder die Gebiete, die Inseln und sämtliche weiteren oben genannten Ländereien, die übertragen wurden, mit allen und jeden ihrer dazugehörenden Teile, sollen der genannte William Penn, seine Erben und Rechtsnachfolger für immer haben und besitzen, ausschließlich und auf immer zum eigenen Gebrauch und Nutzen des genannten William Penn, seiner Erben und Rechtsnachfolger. Und jeder einzelne der genannten Indianerhäuptlinge, ihrer Erben und Nachfolger soll und wird hier mit dem genannten William Penn, seinen Erben und Rechtsnachfolgern auf immer das bezeichnete Gebiet oder die Gebiete, Inseln und sämtliche weiteren, obengenannten Ländereien, die übertragen wurden, mit allen und jedem ihrer dazugehörenden Teile garantieren und sie stets verteidigen gegen sie, die genannten Indianerhäuptlinge, ihre Erben und Nachfolger und gegen jeden einzelnen Indianer und sämtliche Indianer, deren Erben und Nachfolger, die irgendein Anrecht, einen Rechts- oder Besitztitel auf oder über die bezeichneten Territorien, die übertragen wurden, oder auf oder über irgendeinen Teil davon beanspruchen oder beanspruchen sollten.

Zum Zeugnis dessen haben die genannten Vertragsparteien auf diesen vorliegenden Vertrag am Tag und im Jahr, wie sie eingangs oben angegeben wurden, 1682, abwechselnd ihre Unterschrift und ihr Siegel gesetzt.

Gesiegelt und überreicht in der Gegenwart von Lasse Cock, Pieowjicom, Richard Noble, Thos. Revell, Kowyockhickon, Attoireham, William Markham, stellvertretender Gouverneur unter William Penn, Esq.

85 Ursachen für den Niedergang der Indianerkultur (1832)

Was die Übersiedlung der verschiedenen Stämme in das Land westlich des Mississippi betrifft, so sind die Regierung und diejenigen Geistlichen, die diesen Plan vornehmlich beförderten, gewiß überzeugt gewesen, daß sie dadurch den Indianern eine Wohltat erzeigten. Auch ich war anfangs dieser Meinung, als ich aber jene verpflanzten Stämme besuchte, die, nachdem sie in ihren früheren Wohnsitzen den Gebrauch der Pflugschar erlernt und Geschmack an den Bequemlichkeiten des zivilisierten Lebens gewonnen hatten, plötzlich zweihundert bis dreihundert Meilen westwärts in die Wildnis versetzt wurden, wo alle ihre Bedürfnisse ihnen von den Kaufleuten um einen acht- bis zehnfachen Preis, als sie früher dafür zahlten, geliefert werden, wo der Verkauf des Branntweins ungehindert stattfindet und wo die Herden der Büffel und anderer wilder Tiere eine beständige Lockung für sie sind, sich dem Vergnügen der Jagd zu ergeben und die Beschäftigung mit dem Ackerbau zu vernachlässigen – seit dieser Zeit habe ich die feste Überzeugung gewonnen, daß jenes System der Übersiedlung nur dazu dient, die Landspekulanten und die Handelsleute zu bereichern – jene, indem sie die von den Indianern verlassenen Ländereien an sich reißen, diese, indem sie die an hundertzwanzigtausend rote Männer gezahlten Jahresrenten in ihre Taschen hinüberzuspielen wissen. Das System mag allerdings dazu geeignet sein, den Wohlstand der zivilisierten Grenzbewohner zu vermehren, aber auf der anderen Seite wird es nur dazu dienen, die Verarmung und den Untergang der roten Männer zu beschleunigen, die das Unglück haben, daß ihre Interessen sich nie mit denen ihrer Nachbarn, der bleichen Gesichter, vereinigen lassen. Dieses Handelssystem und die Blattern sind es gewesen, welche dies arme Volk von der atlantischen Küste bis zu seinem jetzigen Wohnsitz vernichtet haben, und beiden wird wohl nicht Einhalt getan werden, solange diesseits und jenseits der Rocky Mountains noch ein einziger Indianer übrig ist. Von den ersten Ansiedlungen an der atlantischen Küste bis zu denen am Fuß des Felsengebirges haben Hunderte und Tausende von weißen Männern sich auf Kosten der arglosen Kinder der Wildnis zu bereichern gesucht, und es ist ihnen gewöhnlich gelungen. Die Regierungen der Vereinigten Staaten und Großbritanniens haben stets den Pelzhandel auf jede Weise unterstützt und ihn als eine Quelle des Reichtums für beide Nationen betrachtet; aber es kann ihnen wohl nie in den Sinn gekommen sein zu glauben, daß ein solcher Verkehr auch vorteilhaft für die Wilden sei.

Außer den Tausenden, welche täglich und stündlich den Indianern in den Vereinigten Staaten, in Kanada, an den Grenzen von Texas und Mexiko Branntwein, Rum und allerlei unnützen Tand verkaufen, gibt es kühne, bewaffnete Abenteurer in den Rocky Montains und jenseits derselben, von denen tausend im Dienst der Pelzcompagnien der Vereinigten Staaten, eine gleiche Anzahl im Dienst der britischen Faktoreien und die doppelte Zahl in den russischen und mexikanischen Besitzungen sich befinden; alle durchziehen das Gebiet der wildesten Stämme mit der Flinte und anderen, dem einfachen Wilden unbekannten Todeswerkzeugen, um ihn zu schrecken und zu vorteilhafteren Handelsbedingungen zu zwingen, und überall maßen sie sich das Recht an (und suchen es nötigenfalls durch die Überlegenheit ihrer Waffen zu beweisen), auf und an den Flüssen in dem Gebiet der Wilden zu jagen.

Diese Pelzhändler bringen nicht nur den Branntwein und die Blattern in jene entfernte Gegenden, sondern bewaffnen auch einen Stamm nach dem anderen mit Feuergewehren, wodurch sie ihren Nachbarn im Kampf überlegen werden, die sich nun ebenfalls auf diese Weise bewaffnen und dann wieder ihre Feinde im Westen überfallen. Auf diese Weise verliert ein Stamm nach dem andern seine tapfersten Krieger und verschwindet gänzlich, noch ehe die eigene Zivilisation ihn erreicht und eine genaue Kenntnis von ihm erhalten kann.

Ich will hier weder in eine detaillierte Geschichte dieses Systems noch in eine Untersuchung der Motive der dabei beteiligten Personen eingehen, sondern nur bemerken, daß infolge des weiten Transportes der Waren über Berge und reißende Flüsse die armen Indianer diese so teuer bezahlen müssen, daß sie in kurzer Zeit verarmen. Dazu kommt noch, daß sie unglücklicherweise Geschmack am Branntwein und Rum finden, deren übermäßiger Genuß den Indianer viel schneller tötet als den Weißen. Da der Branntwein ihnen von den Weißen geliefert wird, die sie für weiser halten, so betrachten sie den übermäßigen Genuß geistiger Getränke nicht als ein Laster und trinken, solange sie noch die Mittel dazu besitzen. Sind diese erschöpft, so betteln sie um Branntwein, und wenn der ehrenwerte Pionier dann ihr Nachbar wird, so erhalten sie, und zwar mit Recht, den Namen der ›armen, herabgewürdigten, nackten und betrunkenen Indianer‹.

Ich kann keinen besseren Kommentar zu diesem System des Handels geben als einige Stellen aus dem sehr interessanten und beliebten Werk: ›Das Felsengebirge oder Abenteuer im fernen Westen, von Washington Irving.‹ Die darin erzählten Vorfälle sind von dem Kapitän Bonneville offenbar mit großer Aufrichtigkeit mitgeteilt worden. Dieser ausgezeichnete Offizier hielt sich fünf Jahre in der Gegend des Felsengebirges auf, wo er mit mehreren anderen Personen unter einigen der wildesten Stämme jener Gegend Pelzhandel trieb.

›Der würdige Kapitän (sagt der Verfasser) begab sich in jenes Land mit hundertzehn Mann, deren Ansehen und Ausrüstung, halb zivilisiert und halb wild, ein sehr buntes Bild darstellte. Sie durchzogen das Land bis zu den Rocky Mountains, und der Kapitän sagt von den *Nez Percés* und den Flachköpfen, daß sie freundlich gesinnt und in ihrem Verkehr mit den Weißen im höchsten Grade redlich waren. Auch waren sie fromme Leute, daß man sie ein Volk von Heiligen nennen könne.‹

Von den *Wurzelgräbern*, einer Horde der Schlangenindianer in der Nähe des Großen Salzsees, sagt er: ›Sie sind ein einfaches, schüchternes, harmloses Völkchen, das kaum andere Waffen als zur Jagd besitzt. Eines Morgens bemerkte einer von den Trappern des Kapitäns, ein wilder und roher Mensch, daß seine Fallen während der Nacht entwendet waren; er schwur daher, den ersten Indianer, der ihm begegnen würde, zu töten, er möge schuldig oder unschuldig sein. Als er mit mehreren anderen nach dem Lager zurückkehrte, sah er zwei unglückliche Wurzelgräber, die am Fluß mit Fischen beschäftigt waren; er eilte sogleich auf sie zu, schoß einen nieder und warf den blutigen Leichnam in den Fluß.

Als einige Zeit darauf die Trapper des Kapitäns über den Ogdenfluß setzen wollten, bemerkten sie auf dem gegenüberliegenden Ufer eine große Anzahl *Schoschonihs* oder Wurzelgräber, und da sie vermuteten, daß diese feindliche Gesinnungen hegten, so schossen sie auf der Stelle fünfundzwanzig von ihnen nieder. Die übrigen flohen eine kurze Strecke, standen dann still und wandten sich um unter ergreifendem Klagegeschrei. Die Trapper verfolgten diese Unglücklichen, die keinen Widerstand leisteten, sondern voll Entsetzen flohen nach allen Richtungen.‹

Nach diesem Vorfall wanderte die buntscheckige Bande der Trapper nach Monterey an der Küste von Kalifornien und kehrte zu Pferde durch das Land der Wurzelgräber zurück. Der Verfasser entwirft von diesem Zug folgende Schilderung:

›Auf ihrer Reise durch das Land der armen Wurzelgräber scheinen sie miteinander gewetteifert zu haben, wer die größten Schandtaten gegen sie verüben könne. Die Trapper betrachteten diese noch immer als gefährliche Feinde, und die Mexikaner haben sie wahrscheinlich als Pferdediebe geschildert, denn auf andere Weise lassen sich die abscheulichen Grausamkeiten, welche die Trapper nach ihren eigenen Erzählungen dort verübten, nicht erklären – sie jagten die armen Indianer gleich wilden Tieren und töteten sie ohne Gnade – sie warfen ihnen die Schlinge des Lassos um den Hals und schleiften sie so lange auf der Erde hinter sich her, bis sie tot waren.‹

Man ist es übrigens dem Kapitän Bonneville schuldig, zu bemerken, daß alle diese Abscheulichkeiten von seinen Leuten verübt wurden, während er sich mehrere hundert englische Meilen von ihnen entfernt an den Ufern des Großen Salzsees befand. Sowohl er als der Verfasser sprechen in dem Buch ihre große Entrüstung über diese Vorfälle aus.

Während diese Trapper sich im Land der *Rikkarihs* befanden, um Biber zu fangen, wurden in der Nacht einige Pferde gestohlen. Am Morgen ergriffen sie zwei dieser Wilden, die in das Lager kamen und von dem Diebstahl nichts wußten, banden ihnen Hände und Füße, um sie als Geiseln zurückzuhalten, bis die Pferde zurückgegeben seien; geschehe dies nicht, so würden die beiden Gefangenen lebendig verbrannt werden. Um dieser Drohung mehr Nachdruck zu geben, wurde ein Scheiterhaufen errichtet. Die *Rikkarihs* sandten zwei Pferde zurück, da sie aber sahen, daß nur die Zurückgabe aller Pferde das Leben ihrer Gefährten retten könne, so überließen sie diese ihrem Schicksal und zogen ab. Die beiden Unglücklichen wurden darauf angesichts ihrer fortziehenden Landsleute lebendig verbrannt.

›Solche Grausamkeiten verüben die weißen Männer, die sich dem Leben in der Wildnis ergeben, und solche Vorfälle sind es, welche die furchtbaren Wiedervergeltungen von seiten der Indianer hervorrufen. Sollte man von Grausamkeiten der *Rikkarihs* gegen weiße Gefangene hören, so möge man sich an den erwähnten Vorfall erinnern. Einzelne Fälle dieser Art leben in der Erinnerung ganzer Stämme, und es ist eine Ehren- und Gewissenssache, sie zu rächen.‹

Der Verfasser bemerkt ferner, daß die in diesem Werk mitgeteilten Tatsachen dartun würden, wie notwendig es sei, Militärposten zu errichten und eine bewaffnete Macht zur Beschützung der Pelzjäger auf ihren Zügen durch die westliche Wildnis zu halten, um dort einigen Einfluß auszuüben und dem bisherigen System ein Ende zu machen.

Die hier mitgeteilten Grausamkeiten bedürfen keines Kommentars, und es gebührt sowohl dem Verfasser als dem Kapitän der wärmste Dank dafür, daß sie solche freimütig veröffentlicht haben. Würden alle Vorfälle dieser Art in jenen Regionen zur Kenntnis der übrigen Welt gebracht, so würde jeder gefühlvolle Mensch schaudern über die Abscheulichkeiten, die zivilisierte Menschen zu verüben imstande sind. Aber schon aus den oben sowie in früheren Kapiteln mitgeteilten Tatsachen erklärt sich wohl hinlänglich die Abneigung der Wilden gegen die bleichen Gesichter und die große Zahl der an Weißen verübten Mordtaten, die man allgemein der mutwilligen Grausamkeit und der Raublust der Wilden zuschreiben will; wollte man sich indes die Mühe geben, den armen Indianer nach der Ursache zu fragen, so würde es ihm an Gründen wahrlich nicht fehlen. Da es in jenem Land keine Gesetze gibt, welche die gegen die roten Männer verübten Abscheulichkeiten bestrafen, so übernimmt der Indianer selbst die Rache, und die Tötung der Weißen ist in den Augen der Wilden kein Mord, sondern eine Hinrichtung nach dem allgemeinen Gesetz ihres Landes. Auch darf man nicht vergessen, daß alle diese Grausamkeiten in dem Gebiet der Indianer selbst verübt werden, daß diese niemals in dem Gebiet der Weißen jagen, daß sie diesen kein Land entreißen, daß sie nicht die Gräber aufwühlen, welche die Gebeine ihrer Väter, ihrer Frauen und Kinder enthalten.

Ich habe oben gesagt, daß der Handel und die Blattern die Hauptursachen der Vernichtung der Indianer sind. Jeder Stamm, mit dem die Weißen in Berührung gekommen sind, ist von jener Krankheit heimgesucht worden und hat durch sie in wenigen Monaten oft mehr als die Hälfte seiner Mitglieder verloren. Es ergibt sich sowohl aus den Erzählungen noch lebender Personen als aus den Traditionen, daß diese furchtbare Krankheit vor unserer Zeit mehrmals unter den westlichen Stämmen bis über das Felsengebirge hinüber und bis an die Gestade des Großen Ozeans gewütet und ihre Reihen auf eine Weise gelichtet hat, die nur allein dem Allmächtigen bekannt ist.

Herr Parker sagt in der Beschreibung seiner Reise über die Rocky Mountains, daß in den Jahren 1829 bis 1836 von den Indianern unterhalb der Wasserfälle des Columbiaflusses mindestens sieben Achtel oder, wie Dr. Laughlin behauptet, neun Zehntel durch die Blattern getötet worden sind. ›Die Todesfälle waren so zahlreich und so plötzlich, daß die Ufer mit den unbeerdigten Leichen bedeckt waren; ganze Dörfer starben aus und ganze Stämme verschwanden. Diese Sterblichkeit erstreckte sich nicht nur von den Wasserfällen bis an das Meerufer, sondern auch von der Küste Kaliforniens bis weit nach Norden hinauf.‹

Ich bin weit herumgereist und habe alles sorgfältig geprüft, um den Zustand und die Gebräuche dieses unglücklichen Volkes getreu schildern zu können, und wenn man mich, indem ich von den Lesern Abschied nehme, einer Indiskretion oder eines Irrtums beschuldigen sollte, so werde ich mich damit trösten, daß ich wenigstens niemandem Unrecht getan habe. Sollte ich in meinem Eifer, den Indianern nützlich zu werden, hinter meiner Aufgabe zurückgeblieben sein, so wird man mir wenigstens nicht den Vorwurf machen können, daß ich ungerecht gegen sie gewesen bin. Was die oben erwähnten Ursachen des Untergangs der Indianer betrifft, so habe ich ihren zerstörenden Einfluß längs der ganzen Grenze beobachtet, und ich bin der Meinung, daß, solange das bisherige System des Handels und des Branntweinverkaufs unter den Wilden geduldet wird, an eine Verbesserung ihres Zustandes und eine Erhaltung ihrer Rasse nicht zu denken ist. Ich habe den Charakter der Indianer sowohl im Naturzustand als in seiner sekundären (oft fälschlich zivilisiert genannten) Form längs der Grenze sorgfältig studiert. Ich habe sie in allen Phasen beobachtet, und obgleich es ehrenwerte Ausnahmen gibt, mit denen ich zum Teil persönlich bekannt bin, so sind doch die meisten von denen, die an der Grenze leben, wo sie von den Weißen gleich Hunden herumgestoßen und in eine Art von Zivilisation hineingezwängt werden, keineswegs so, wie ich sie gern und mit Stolz zu sehen wünschte, zivilisiert durch das Beispiel guter und moralischer Menschen.

Dies sind die Resultate, die das gegenwärtige Zivilisierungssystem für die wenigen dieses armen unglücklichen Volkes herbeiführt, die das erste Unglück ihres Landes überleben, und in diesem entwürdigten und bemitleidenswerten Zustand endigen die meisten ihr Leben in Armut und Elend, ohne die Kraft, sich zu erheben, auf dem Boden, den sie von Kindheit an bewohnt und von ihren Vätern ererbt haben, während sie die ›bleichen Gesichter‹ zugleich fürchten und hassen, weil durch ihren zerstörenden Einfluß der größere Teil der Freunde und Verwandten der roten Männer ins Grab gesunken ist und denen, die noch übrig sind, nur die traurige Aussicht bleibt, einige Jahre länger zu leben und dann ihr Land und ihr schönes Jagdgebiet ihren Feinden überlassen zu müssen, welche die Gräber aufwühlen und ihre Gebeine auf den Feldern umherstreuen oder in den Museen aufstellen.

86 George Catlin über die Mißverständnisse
    beim Kulturkontakt

Ich habe auf allen meinen Wanderungen unter den Indianern, und namentlich unter den anspruchslosen Mandanern, bemerkt, daß sie weit schwatzhafter und gesprächiger sind als die zivilisierten Völker. Man wird diese Behauptung vielleicht auffallend finden, aber sie ist dennoch wahr. Wer jemals einen Blick in die Wigwams dieses Volkes getan oder eine ihrer Gruppen beobachtet hat, der wird die Überzeugung gewinnen, daß Schwatzen, Plaudern und Erzählen ihre Hauptleidenschaften sind.

Man gehe oder reite an einem schönen Tag nur einige Stunden um dies kleine Dorf herum und betrachte ihre zahllosen Spiele und Unterhaltungen, die von unaufhörlichem Freudengeschrei begleitet sind, oder man gehe in ihre Wigwams und beobachte die um das Feuer versammelten Gruppen, wo Scherze und Anekdoten erzählt werden und fröhliches Gelächter erschallt – und man wird sich überzeugen, daß Lachen und Fröhlichkeit ihnen natürlich sind. Es wäre auch in der Tat auffallend, wenn ein Volk wie dieses, das sonst wenig vom Leben genießt, gerade in dieser Quelle des Vergnügens und der Unterhaltung beschränkt sein sollte. Wenn auch der unentwickelte Zustand ihres Geistes die Zahl ihrer Vergnügungen beschränkt, so sind sie doch auch frei von tausend Sorgen und Plagen, die aus gewinnsüchtigen Beweggründen in der zivilisierten Welt hervorgehen, und sie stehen, nach meiner Ansicht, in dem wirklichen und ununterbrochenen Genuß ihrer natürlichen Fähigkeiten weit über uns.

Sie leben in einem Land und in Gemeinden, wo es nicht gebräuchlich ist, mit Sorgen in die Zukunft zu blicken, und sie wissen nichts von dem Aufwand, den das Leben in der zivilisierten Welt nötig und unerläßlich macht; ihre Neigungen und Fähigkeiten sind daher allein darauf gerichtet, den gegenwärtigen Tag zu genießen, ohne sich düsteren Betrachtungen über die Vergangenheit oder Besorgnissen für die Zukunft zu überlassen. Da sie von den mannigfachen Leidenschaften und Begierden des zivilisierten Lebens noch unberührt geblieben sind, so ist es leicht und natürlich für sie, ihre Gedanken und Unterhaltungen auf die kleinen und unbedeutenden Begegnisse ihres Lebens zu richten. Sie lieben Scherz und Heiterkeit, und die kleinen Späße, wozu ihre eigentümliche Lebensweise ihnen unerschöpflichen Stoff darbietet, werden in ihren kleinen Versammlungen um das Wigwamfeuer mit herzlichem Gelächter und Fröhlichkeit aufgenommen.

Man wird vielleicht meinen, ich verweile zu lange bei diesem Punkt; allein da es sich um einen Irrtum handelt, der allgemein verbreitet ist und der, wenn einmal behoben, eine wesentliche

Schwierigkeit beseitigt, die bisher einer richtigen Würdigung des indianischen Charakters im Wege stand, und da ich der Welt den Indianer in seinem wahren Licht zu zeigen wünsche, so muß ich, bevor ich weitergehe, diese Punkte erledigen. Nur muß man meinen Worten Glauben schenken oder selbst in dieses Land kommen und in diesen wunderlichen Versammlungen Zeuge der unerschöpflichen Scherze und des unauslöschlichen Gelächters sein, statt in Washington den armen verlegenen Indianer anzugaffen, der von seinem ›großen Vater‹ dorthin berufen ist, um mit der Sophistik der zivilisierten Welt um sein Land zu feilschen, das die Gräber und die Jagdgebiete seiner Vorfahren enthält. Dort ist nicht der geeignete Ort, den Charakter des Indianers zu studieren und seine Geschichte zu schreiben. Weil er dort nicht spricht und den köstlichen Trank, den die Hand der weißen Menschen ihm reicht, trinkt, ist er ›ein sprachloses Tier und ein Trunkenbold‹.

Der Indianer ist ein Bettler in Washington, und der weiße Mann ist nicht viel besser im Dorf der Mandaner; der Indianer in Washington ist stumm und verlegen, und ebenso der weiße Mann in dem Dorf der Indianer, und zwar aus demselben Grund – weil er niemand hat, mit dem er sprechen könnte.

Ein wilder Indianer muß, um die zivilisierte Welt zu erreichen, mehrere hundert Meilen auf ungewohnte Art reisen, durch Gegenden, die ihm neu sind, Nahrungsmittel genießen, an die er nicht gewöhnt ist, von Tausenden sich angaffen lassen, mit denen er nicht sprechen kann, und sein Herz bricht ihm, wenn er sieht, wie in dem Land und über den Gebeinen seiner Vorfahren der weiße Mann seinen Reichtum und Luxus genießt. Und hat er endlich das Ziel seiner Reise erreicht, so wird er wie ein Tier im Käfig angestaunt, bekrittelt, bemitleidet und der Welt als stumm, vernunftlos und als Bettler geschildert.

Ein Weißer muß, um in das Dorf zu gelangen, auf Dampfbooten, auf Kanoes, zu Pferde, zu Fuß reisen, Flüsse durchschwimmen, Sümpfe durchwaten, mit den Moskitos kämpfen, seine Mokassins und Beinkleider immer wieder ausbessern, nur von Fleisch leben, den ganzen Weg auf der Erde schlafen und von seinen Freunden träumen, die er verlassen hat; und wenn er halb verhungert, halb nackt und mehr als krank hier ankommt, so muß er um einen Platz zum Schlafen und um etwas Speise betteln; er ist stumm unter Tausenden, die sich um ihn versammeln, um ihn zu betrachten, zu bekritteln, über sein elendes Aussehen zu lachen und ihn, wie alle Weißen ohne Unterschied, für einen Lügner zu erklären. Da dies Volk in seinem Land keine anderen weißen Männer als Pelzhändler sieht und von keinen anderen etwas weiß, so beurteilt es uns alle auf gleiche Weise, glaubt, daß wir alle nur kommen, um zu handeln oder zu tauschen, und nennt uns ohne Unterschied alle Lügner und Pelzhändler.

Man sieht hieraus, daß durch die unglückliche Unwissenheit, worin die Entfernung uns erhält, wechselseitig einer in des anderen Achtung leidet und daß der Geschichtsschreiber, der den Charakter und die Gebräuche eines Volkes richtig schildern will, unter ihm leben muß.

3 Die Perspektive der Indianer

87 Die Delawaren entdecken die englischen Seefahrer unter Kapitän Henry Hudson (ca. 1550–1611)

Vor langer Zeit, als die Indianer noch nichts wußten von solchen Dingen wie Leuten mit einer weißen Haut, erspähten einige von ihnen, die zum Fischen auf das Meer hinausgefahren waren, dort, wo es offener wird, in weiter Entfernung etwas bemerkenswert Großes, das auf dem Wasser schwamm oder trieb und das ihnen noch nie zuvor zu Gesicht gekommen war. Sie kehrten sofort an Land zurück und erklärten ihren Landsleuten, was sie gesehen hatten, und drängten diese, sie zu begleiten und herauszufinden, was es wohl sein könnte. Einige meinten, es sei entweder ein ungewöhnlich großer Fisch oder ein anderes Tier, während andere der Ansicht waren, es müsse irgendein sehr großes Haus sein. Da die Erscheinung sich auf das Land zu bewegte, kamen die Beobachter schließlich überein, daß es – ob der Gegenstand nun ein Tier sei oder nicht oder sonst etwas, das Leben in sich trage – gut wäre, allen Indianern auf den bewohnten Inseln mitzuteilen, was sie gesehen hatten, und sie zu warnen. Demgemäß sandten sie Boten zu Lande und zu Wasser aus, um die Nachricht ihren im ganzen Gebiet verstreuten Häuptlingen zu überbringen, damit sie ihrerseits von überall her die Krieger zusammenrufen konnten. Letztere kamen in großer Zahl und beobachteten selbst die seltsame Erscheinung, die sich auf sie zu bewegte (gegen die Flußmündung oder Bucht); sie schlossen, es müsse ein großes Kanu oder Haus sein, in dem sich Manitou (das große oder höchste Wesen) selbst befinde, der sie wahrscheinlich besuchen wolle.

Unterdessen hatten die Häuptlinge der verschiedenen Stämme auf York Island versammelt und berieten, wie sie ihren Manitou bei seiner Ankunft empfangen sollten. Man hatte alles veranlaßt, um viel Fleisch für ein Opfer zur Hand zu haben; die Frauen waren angewiesen worden, das Beste an Lebensmitteln vorzubereiten; Idole oder Standbilder wurden überprüft und in Ordnung gebracht; außerdem dachte man, ein großer Tanz würde Manitou nicht nur angenehme Unterhaltung bieten, sondern auch, zusammen mit dem dargebrachten Opfer, dazu beitragen ihn zu beruhigen, falls er auf sie böse sein sollte. Auch die Medizinmänner mußten sich an die Arbeit machen, um über die Bedeutung dieser Erscheinung und deren Folgen Auskunft zu geben. Zu ihnen sowie zu den Häuptlingen und den Weisen des Volkes blickten Männer, Frauen und Kinder auf, um Rat und Schutz zu erhalten. Zwischen Hoffnung und Furcht begann ein Tanz.

In diesem Augenblick kamen neue Boten an und meldeten, die Erscheinung sei ein Haus, vielfarbig und voller lebender Kreaturen. Es schien von dem Zeitpunkt an gewiß, daß sich der große Manitou näherte, um eine Art von Spiel zu überbringen, wie es die Indianer noch nicht kannten. Aber bald danach langten weitere Boten an und erklärten, es handle sich um ein großes, mit verschiedenen Farben bemaltes Haus, das voll von Leuten sei, die indessen eine ziemlich andere Hautfarbe aufwiesen als sie selbst; sie seien auch anders gekleidet, einer insbesondere ganz in Rot, dabei handle es sich wohl um Manitou selbst. Bald darauf wurden die Indianer vom Schiff her angerufen, doch in einer Sprache, die sie nicht verstanden; sie riefen aber auf ihre Weise zurück. Viele wollten davonrennen in die Wälder, wurden aber von anderen genötigt zu bleiben, um die Besucher nicht zu beleidigen, die sie hätten ausfindig machen und vernichten können.

Das Haus (oder das große Kanu, wie es manche bezeichnet haben wollten) hielt an, und ein kleineres Kanu kam mit dem rotgekleideten Mann und einigen anderen Männern an Land; einige davon blieben beim Kanu, um es zu bewachen. Die Häuptlinge und die Weisen (oder Berater) hatten einen großen Kreis gebildet, dem sich der rotgekleidete Mann und zwei weitere Männer näherten. Der Mann in Rot grüßte sie in freundlicher Manier, und sie gaben den Gruß gemäß ihren Gewohnheiten zurück. Sie waren erstarrt vor Verwunderung – Verwunderung ob der Hautfarbe (der Weißen) und auch ob der Art ihrer Kleidung, vor allem aber ob der Erscheinung desjenigen, der die rote Kleidung trug, an der etwas Glänzendes, ihnen Unerklärliches, befestigt war. Er muß der große Manitou sein, dachten sie, aber weshalb sollte er eine weiße Haut haben? Daraufhin brachte einer der Diener des (vermutlichen) Manitou einen großen *Hockhack* nach vorne, aus dem eine Flüssigkeit in einen kleinen Becher (oder ein Glas) geleert und dem Manitou übergeben wurde. Er, der Manitou, trank den Becher leer, ließ ihn erneut auffüllen und reichte ihn dem neben ihm stehenden Häuptling zum Austrinken. Dieser nahm den Becher, roch aber nur daran und gab ihn dem nächsten Häuptling weiter, der dasselbe tat. Der Becher machte im ganzen Kreise die Runde, ohne daß jemand dessen Inhalt versuchte. Man war schon nahe dabei, ihn dem rotgekleideten Mann wieder auszuhändigen, als einer der Indianer, ein beherzter Mann und großer Krieger, aufsprang und der Versammlung eine feierliche Rede hielt über die Ungehörigkeit, den Becher voll wieder zurückzugeben: Dieser sei ihnen von Manitou gereicht worden, damit sie ihm zu Gefallen daraus tränken, so wie er es vor ihnen getan habe. Wenn sie ihm aber nun das zurückgäben, was er ihnen angeboten habe, werde dies ihn vielleicht verärgern, worauf er sie vernichten könnte. Und da er der Überzeugung sei, es geschehe zum Wohle des Volkes, daß der Inhalt des angebotenen Bechers getrunken werde, und da niemand willens sei, dies zu tun, tue er es selbst, was immer die Folge sein möge. Es sei besser, ein einziger Mann sterbe, als daß das ganze Volk untergehe. Worauf er den Becher nahm, der Versammlung Lebewohl sagte und ihn leerte. Jedermann blickte auf den entschlossenen Gefährten, um zu sehen, was nun geschehen würde; er begann alsbald zu wanken, und als er schließlich zu Boden fiel, brachen die Indianer in Klagen aus. Er sank in tiefen Schlaf, und sie dachten, er stürbe. Dann aber wachte er wieder auf, sprang auf und erklärte, er habe sich noch nie so glücklich gefühlt wie nach dem Leeren des Bechers. Der Krieger wünschte mehr von der Flüssigkeit, was ihm gewährt wurde. Die gesamte Versammlung folgte bald seinem Beispiel und verfiel dem Rausche.

Nachdem dieser allgemeine Rausch verflogen war (die Weißen hatten unterdessen auf ihrem Schiff gewartet), kam der Mann mit der roten Kleidung wiederum zu den Indianern und verteilte Geschenke unter ihnen, nämlich Glasperlen, Äxte, Hacken, Strümpfe usw. Man war nun miteinander vertraut geworden, und die Weißen gaben den Indianern mit Hilfe von Zeichen zu verstehen, daß sie nun nach Hause zurückkehrten, aber in einem Jahr wiederkämen, mit mehr Geschenken, um eine Weile bei ihnen zu bleiben. Da sie aber nicht leben könnten, ohne zu essen, wünschten sie dann ein Stückchen Land von ihnen, um dort die Kräuter zu ziehen, die sie für ihre Fleischbrühe benötigten.

Nach einem Jahr erschienen die Weißen mit ihrem Schiff wieder und alle freuten sich sehr über das Wiedersehen. Aber die Weißen lachten die Indianer aus, als sie sahen, daß diese nicht wußten, welchen Gebrauch man von Äxten, Hacken usw. macht; die Indianer hatten sich nämlich die ihnen geschenkten Werkzeuge als Schmuck an die Brust gehängt und die Strümpfe als Tabaksbeutel verwendet. Daraufhin steckten die Weißen Griffe in die Werkzeuge und fällten vor den Augen der Indianer Bäume, gruben den Boden auf und zeigten ihnen, wozu die Strümpfe dienten. Hier (so heißt es) brach unter den Indianern ein allgemeines Gelächter darüber aus, daß sie so lange nicht gemerkt hatten, wie man sich dieser wertvollen Geräte bedienen mußte, und daß sie so lange das Gewicht des schweren Metalls um den Hals getragen hatten. Sie sahen nun jeden weißen Mann als einen Manitou an, aber als einen, der dem obersten Manitou – nämlich demjenigen, der die mit Tressen besetzten roten Kleider trug – unterworfen und dessen Diener war.

Die Vertrautheit zwischen ihnen und den Weißen wuchs mit jedem Tag, und letztere schlugen dann vor, bei den Indianern zu bleiben, und baten sie nur um so viel Land, als eine Ochsenhaut bedecken (oder umfassen) könne. Die Ochsenhaut wurde gebracht und auf dem Boden ausgebreitet. Die Indianer erfüllten den Weißen ihre Bitte bereitwillig. Daraufhin nahmen diese ein Messer und begannen an einer Stelle die Haut in einen Strick zu schneiden, der nicht dicker war als der Finger eines kleinen Kindes. Als sie fertig waren, lag der Strick in einem großen Haufen am Boden; die Weißen nahmen ihn, zogen ihn über eine große Entfernung hin auseinander und brachten dann die beiden Enden wieder zusammen. Sie vermieden dabei sorgfältig das Reißen des Strickes, so daß dieser schließlich ein großes Stück Boden umfaßte.

Die Indianer waren überrascht vom überlegenen Verstand der Weißen, wollten sich aber mit ihnen wegen eines kleinen Stück Landes nicht streiten, da sie genug davon hatten. Sie und die Weißen lebten für lange Zeit zufrieden miteinander, obschon letztere von Zeit zu Zeit mehr Land von den Indianern verlangten [...].

88 Die Kriegsrede des Wampanoag-Häuptlings
Metacomet, genannt King Philip (1675)

»Brüder – Ihr habt das weite Land vor Euch, daß der Große Geist unseren Vätern und uns anvertraute; Ihr seht den Büffel und das Rotwild, die uns ernähren. – Brüder – Ihr seht diese Säuglinge, unsere Frauen und Kinder, die von uns Nahrung, Kleidung und Schutz erwarten; und Ihr seht nun den weißhäutigen Barbaren vor Euch, der immer unverschämter und wilder (im Sinne von wahnsinnig) wird; der alle unsere alten Sitten mißachtet; Ihr seht, daß alle Friedensverträge, die von unseren Vätern und uns abgeschlossen wurden, gebrochen sind, und das wir alle auf das Schlimmste beleidigt werden; unsere Ratsfeuerbeschlüsse werden mißachtet, alle unsere alten Sitten; unsere Brüder werden vor unseren Augen ermordet, und ihr Geist schreit nach uns, Rache zu nehmen. Brüder – diese Leute aus der unbekannten Welt werden unsere Wälder abschlagen, unsere Jagdgründe und Äcker zerstören, und uns und unsere Kinder von den Gräbern unserer Väter und von unseren Ratsfeuern vertreiben und unsere Frauen und Kinder versklaven. Brüder – es ist unmöglich, mit diesen weißhäutigen Raubmenschen in Frieden zu leben. Man kann sich nur von ihnen zerstören lassen, oder versuchen, sie selbst zu zerstören. Das ist aber nur möglich, wenn wir einen Krieg nicht so führen, wie wir es gewöhnt sind, sondern wie sie selbst ihn führen, also ein Krieg aus dem Hinterhalt und mit dem Willen, alles, was eine weiße Haut besitzt, zu töten. Brüder – ich weiß, daß wir uns selbst verleugnen müssen, um unschuldige Kinder, Frauen und Schwache umzubringen, die sich nicht wehren können. Aber wir müssen dies tun, denn diese Kinder werden einst Männer, die unsere Frauen und Kinder töten, denn diese Frauen schenken wieder Kindern das Leben, die als Erwachsene unsere Frauen und Kinder töten werden. Wir haben es in der Vergangenheit nicht glauben wollen, aber es ist eine Tatsache: – nur ein toter Weißer ist ein guter Weißer. Brüder – wir müssen uns vereinigen – oder wir werden untergehen.«

89 Grundsätzliche Bemerkungen des Onondaga-Irokesen-Häuptlings Garangula gegenüber französischen Diplomaten, die ihnen den Handel mit den Engländern verbieten wollten (1722)

»Wir haben keinen Franzosen beraubt, es sei denn solche, die Gewehre, Pulver und Blei zu den uns feindlichen Stämmen bringen wollten, weil diese Waffen unsere Leben hätten kosten können. Hierin folgen wir dem Beispiel der Jesuiten, die alle Rumfässer, die man in unsere Forts bringt, sofort verbrennen, damit ihnen betrunkene Indianer nicht die Schädel einschlagen [...].

Die Engländer haben wir an unsere Seen gebracht, damit sie mit uns Handel treiben, ebenso wie die Adirondacks die Franzosen zu unseren Forts gebracht haben, damit wir auch mit ihnen Handel treiben können. Wir sind frei geboren. Wir sind weder von Franzosen noch von Engländern abhängig. Wir gehen wohin wir wollen, und wir handeln mit wem wir wollen. Niemand hat uns zu sagen, wen wir zu empfangen haben und wen nicht. Wenn Eure Verbündeten Eure Sklaven sind, so benützt sie als Sklaven wie Ihr wollt. Befehlt ihnen, nur Euch und sonst niemand zu empfangen. Was ich sage, ist die Stimme der Senecas, Cayugas, Onondagas, Oneidas und Mohawks, die freie Menschen sind. Wir haben als freie Menschen das Kriegsbeil gegen die Franzosen begraben. Aber wenn sie uns drohen, wie man Sklaven droht, so können wir es als freie Menschen auch wieder ausgraben [...].

Und nun, Ohguesse, möchte ich Deine Aufmerksamkeit auf eine Merkwürdigkeit richten, die kein Mensch der Fünf Nationen versteht: Die Franzosen und Engländer streiten um ein Landgebiet, um das sie sehr bald auch sogar Krieg führen werden. Aber dieses Landgebiet gehört uns, den Fünf Nationen, und es ist sowohl von Euch wie auch den Engländern in Friedensverträgen garantiert. Kannst Du mir bitte in Deiner unendlichen Weisheit eine Erklärung dafür geben, wie man sich mit einem anderen um das Eigentum eines Dritten streiten kann?«

90 Die Kriegsrede des Ottawa-Häuptlings Pontiac
(1720–1769)

Es ist wichtig für uns, meine Brüder, daß wir in unserem Land die Nation ausrotten, die nur danach trachtet, uns zu töten. Ihr seht so gut wie ich, daß wir nicht länger unsere notwendigen Waren bekommen können, wie wir sie von unseren Brüdern, den Franzosen, erhielten. Die Engländer verkaufen uns die Handelsware doppelt so teuer wie die Franzosen sie uns verkauften, und ihre Waren taugen nichts. Kaum haben wir Decken gekauft, sind sie schon wieder kaputt. Wenn wir in unsere Winterquartiere aufbrechen wollen, geben sie uns keinen Kredit, wie es die Franzosen, unsere Brüder, taten. Wenn ich zu dem englischen Häuptling gehe, um ihm zu erzählen, daß einige unserer Kameraden tot sind, macht er sich lustig über mich und über Euch, anstatt die Toten zu beweinen, wie es unsere Brüder, die Franzosen, zu tun pflegten. Wenn ich ihn um etwas für unsere Kranken bitte, verweigert er es und erzählt mir, daß er uns nicht braucht. Ihr könnt daran deutlich sehen, daß er unseren Ruin herbeiführen will.

Also, meine Brüder, wir müssen alle schwören, sie zugrunde zu richten! Wir werden auch nicht länger warten; nichts hindert uns. Sie sind sehr wenige, und wir können sie leicht überwältigen. Alle Nationen unserer Brüder führen einen Schlag gegen sie; warum sollten wir nicht dasselbe tun? Sind wir nicht Männer wie sie? Habe ich Euch nicht die Kriegsgürtel gezeigt, die ich von unserem großen Vater, dem Franzosen, erhalten habe? Er sagt uns, wir sollen zuschlagen; warum sollten wir nicht auf seine Worte hören? Wen fürchten wir? Es ist Zeit. Befürchten wir, daß unsere Brüder, die Franzosen, die hier unter uns sind, uns hindern könnten? Sie kennen unsere Absichten nicht, und könnten es nicht, wenn sie wollten. Ihr wißt so gut wie ich, als die Engländer in unser Land kamen, um unseren Vater Belleestre zu vertreiben, haben sie den Franzosen alle Gewehre weggenommen, so daß sie nun keine Waffen haben, um sich zu verteidigen. So ist es. Laßt uns alle zusammen den Schlag führen! Wenn irgendwelche Franzosen für sie Partei ergreifen, werden wir sie genauso schlagen wie die Engländer.

Erinnert Euch, was der Herr des Lebens unserem Bruder, dem

Wolf, gesagt hat. Das geht uns alle genauso an wie sie. Ich habe Kriegsgürtel und Nachrichten an unsere Brüder, die Sauteux von den Saginaw, gesandt, und an unsere Brüder, die Ottawa von Michelimakinak, und an die von der Flußmündung, daß sie sich mit uns vereinigen sollen, und sie werden nicht zögern zu kommen.

Während wir auf sie warten, laßt uns den Angriff beginnen. Es ist keine Zeit mehr zu verlieren, und wenn die Engländer besiegt sind, werden wir sehen, was zu tun ist, und wir werden den Zugang abschneiden, so daß sie nicht in unser Land zurückkommen können.

91 Ansprache des Seneca-Irokesen-Häuptlings Sagoyewatha (1742–1830), genannt Red Jacket, vor dem US-Senat (26.3.1792)

»Brüder! Der Platz auf dem wir einst saßen, war groß, und eurer war sehr klein. Ihr seid nun ein großes Volk geworden, und wir haben kaum noch einen Platz, auf dem wir unsere Decken ausbreiten können. Ihr habt unser Land bekommen, aber ihr seid nicht zufrieden. Ihr wollt uns eure Religion aufzwingen.

Brüder! Ihr sagt, ihr seid ausgesandt, um uns zu zeigen, wie man den Großen Geist nach seinen Wünschen verehrt; und wenn wir uns nicht zu der Religion bekehren lassen, die ihr Weißen lehrt, so würden wir danach unglücklich sein. Ihr sagt, daß ihr recht habt, und wir verloren wären. Woher wißt ihr, daß dies wahr ist? Wir haben erfahren, daß eure Religion in ein Buch geschrieben ist. Wenn es für uns ebenso bestimmt wäre, wie für euch, warum hat der Große Geist es uns nicht gegeben; und nicht erst auch uns, sondern warum hat er unseren Vorvätern nicht die Weisheiten dieses Buches gegeben und sie gelehrt, es richtig zu verstehen? Wir wissen nur, was ihr uns darüber sagt. Wie sollen wir wissen, wann wir glauben können, nachdem wir so oft von Weißen belogen und betrogen worden sind?

Brüder! Ihr sagt, es gibt nur einen einzigen Weg, dem Großen Geist zu dienen und ihn zu verehren. Wenn es also nur diese eine Religion gibt, warum seid ihr Weißen so häufig anderer Meinung darüber? Warum seid ihr nicht alle einig, so ihr doch alle das Buch lesen könnt?

Brüder! Wir verstehen diese Dinge nicht. Wir haben gelernt, daß eure Religion euren Vorvätern gegeben wurde und diese sie, von Vater zu Sohn, weitergegeben haben. Wir haben auch eine Religion, die einst unseren Vorvätern gegeben wurde und uns von diesen überliefert wurde. Also verehren wir den Großen Geist, wie wir es gewöhnt sind. Unsere Religion sagt, daß man für alles Empfangene dankbar sein soll, daß wir uns lieben und achten sollen und nach Eintracht streben. Wir streiten niemals um Religion, weil der Glauben eines Menschen zu ihm persönlich gehört wie seine Stimme, die Farbe seiner Augen und seine Gedanken. Man kann über die Gedanken eines Menschen nicht streiten.

Brüder! Der Große Geist hat uns alle erschaffen. Aber er hat zwischen seinen weißen und roten Kindern große Unterschiede geschaffen. Er hat uns eine andere Hautfarbe gegeben und andere Sitten und Anschauungen. Euch hat er die Gabe der Technik und Künste gegeben, für die er unsere Augen wiederum verschloß. Uns hat er die Liebe zur wildnishaften Natur gegeben, euch aber den Haß und die Angst vor solcher Natur. Wenn er also solch große Unterschiede zwischen uns in sehr vielen Dingen gemacht hat, warum sollten wir daraus nicht schließen können, daß er uns auch eine unterschiedliche Religion gab, entsprechend unserem Verständnis? Der große Geist tut recht. Er weiß, was für seine Kinder das Beste ist. Wir sind zufrieden.

Brüder! Wir haben nicht den Wunsch, eure Religion zu zerstören, oder sie von euch zu nehmen. Wir wollen uns nur unserer eigenen erfreuen. Man hat uns gesagt, daß ihr zu den weißen Leuten dieser Gegend gepredigt habt. Diese Leute sind unsere Nachbarn. Wir sind mit ihnen bekannt. Wir werden eine kleine Weile warten und sehen, welchen Erfolg euer Predigen bei ihnen hat. Wenn wir finden, daß es ihnen gut getan und sie ehrenhaft und weniger geneigt gemacht hat, Indianer zu hintergehen, so werden wir erneut bedenken, was ihr gesagt habt.«

92 Der große Rat der »Fünf Nationen« berät über Krieg und Frieden: Die Kriegsrede des Shawnee-Häuptlings Tecumseh (1768–1813)

»Schlaft nicht länger, oh Choctaws und Chickasaws, in falscher Sicherheit und trügerischer Hoffnung. Unsere großen Landgebiete entgleiten immer mehr unserem Griff. Jedes Jahr werden die weißen Eindringlinge habsüchtiger, erpresserischer, erdrückender und anmaßender. Noch treten und schlagen sie uns nicht wie ihre Schwarzgesichter. Aber wie lange noch wird es dauern, bis sie uns an Pfähle binden und uns auspeitschen und uns zwingen, für sie auf ihren Feldern zu arbeiten? Sollen wir auf diesen Augenblick tatenlos warten oder kämpfen?

Haben wir ihre Absichten nicht klar vor Augen in den Beispielen ihres Verhaltens in der Vergangenheit? Sollen wir die Gebeine unserer teuren Verstorbenen preisgeben, sollen wir warten, bis sie so zahlreich geworden sind, daß es einen Widerstand gar nicht mehr geben kann? Sollen wir uns eines Tages zerstören lassen, *ohne Kampf? Niemals*, sage ich! *Niemals*! Also müssen wir uns zusammenschließen, eine große indianische Einheit bilden und sie an der ganzen Front zurücktreiben. Krieg oder Ausrottung ist unsere einzige Alternative, die wir haben. Welches wählt ihr? Deshalb rufe ich euch jetzt auf, tapfere Choctaws und Chickasaws, euch dem gerechten Versuch anzuschließen, unsere Rasse aus dem Griff unserer treulosen und herzlosen Unterdrücker zu befreien. Die widerrechtliche Besitznahme unseres Landes muß gestoppt werden, oder wir, die rechtmäßigen Eigentümer, werden für immer zerstört und aufhören, als eine Rasse zu existieren. Ich führe nun viele Krieger an und werde vom starken Arm englischer Soldaten unterstützt.

Choctaws und Chickasaws! Ihr gehört zu den wenigen, die sorglos beiseite sitzen. Ihr habt euch wirklich des Rufes erfreut, tapfere Krieger zu sein, aber wollt ihr diesen Ruf lieber der Überlieferung schulden, als der Gegenwart? [...]. Wollt ihr – *könnt* ihr länger untätig bleiben, oh Choctaws und Chickasaws?«

93 Die Gegenargumente des Choctaw-Irokesen-
Häuptlings Pushmataha (1764–1824)

»Wenn wir die Waffen gegen die Amerikaner erheben, so müssen wir dies notwendigerweise gegen unsere täglichen Nachbarn und Mitbürger tun [...]. Diese weißen Amerikaner kaufen unsere Häute, unseren Mais, unsere Baumwolle, unser überzähliges Wildbret, unsere Korbflechtereien und andere Waren, und sie geben uns hierfür in fairem Tauschhandel ihre Kleiderstoffe, ihre Waffen, ihre Werkzeuge, Hilfsmittel und andere Dinge, die wir benötigen, aber selbst nicht herstellen. Es ist wahr, daß wir freundschaftliche Beziehungen zu ihnen unterhalten, aber wer will leugnen, daß sie diese in Fülle erwidern? [...]. Sie haben uns bei der Produktion unserer Ernten geholfen, sie haben viele unserer Frauen zu ihren Ehefrauen gemacht und viele unserer Frauen in ihren Häusern angestellt, wo sie nützliche Dinge lernen, und sie bezahlen sie dafür, sie nützliche Dinge zu lehren. Sie lehren unsere Kinder zu lesen und zu schreiben aus ihren Büchern. Ihr alle erinnert euch der verheerenden Epidemie, die uns letzten Winter überfiel. Während der schwärzesten Stunden haben uns diese Nachbarn, die wir jetzt in tödlichen Kampf verwickeln sollen, großzügige Hilfe geleistet, unsere Kranken versorgt, die Gesundeten gekleidet, die Hungrigen genährt. Und wo gibt es den Choctaw oder Chickasaw, der jemals mit einer wichtigen Bitte nach St. Stephens gegangen ist und mit leeren Händen zurückkehrte? So ergibt es sich, daß sich die Erfahrungen der Shawnees in keiner Weise mit den Erfahrungen, die Indianer in diesem Teil des Landes mit Amerikanern gemacht haben, decken, sondern daß wir – im Gegenteil – unter friedlichen und erfreulichen Bedingungen mit Amerikanern leben, die beiden Teilen zugute kommen.

Ja, meine Stammesfreunde, wir sind stolz darauf, ein gerechtes Volk zu sein, wir begeben uns nicht ohne gerechten Grund und ohne ehrenhafte Absicht auf den Kriegspfad... Hört mich, oh Choctaws und Chickasaws, denn ich spreche für euer Wohlergehen. Es ist nicht Aufgabe und nicht das Recht der von euch gewählten Häuptlinge, diese wichtigen Fragen zu entscheiden. Als ein Volk ist es allein euer Vorrecht, über Krieg oder Frieden zu entscheiden, und als einer eurer Häuptlinge habe ich nur das einfache Recht, euch zu beraten und euch Empfehlungen zu geben. Laßt mich euch deshalb in dieser kritischen Periode ermahnen, nicht eure klare und nüchterne Übersicht zugunsten blinden impulsiven Schwungs zu verlieren, laßt euch nicht von diesem wundervollen Shawnee-Orator in kritiklose Begeisterung versetzen, sondern vertraut auf eure eigene Erfahrung, die Frieden und Glück für euch und eure Frauen, Schwestern und Kinder verzeichnet. Die Zukunft gehört nicht dem, der sich impulsiv für das anderen widerfahrene Unrecht engagiert, sondern dem, der seine Handlungen nach seinen klaren Erfahrungen ausrichtet. Ich achte die Gründe des großen Shawnee-Orators hoch. Sie sind ehrenhaft und würdevoll, und das Recht ist sicherlich auf seiner Seite. Aber seine Gründe sind nicht unsere Gründe. Und wenn das nicht der Fall ist, so kann sein Kampf nicht unser Kampf sein, sein Krieg nicht unser Krieg.«

94 Unerwartete Vorfälle beim Regenzauber der Mandan-Indianer

Wah-kih (der Schild) bestieg zuerst die Hütte bei Sonnenaufgang. Alle Dorfbewohner waren um ihn versammelt und beteten für den glücklichen Erfolg. So stand er den ganzen Tag; aber nicht eine Wolke erschien, der Tag war ruhig und heiß, und bei Sonnenuntergang stieg er herab und ging nach Hause ›seine Medizin war nicht gut‹, und er kann niemals ein Medizinmann werden.

Ihm folgte am nächsten Morgen bei Sonnenaufgang Om-pah (das Elen); sein Körper war ganz nackt und mit gelbem Ton bedeckt, am linken Arm trug er einen schönen Schild, in der rechten Hand eine Lanze und auf dem Kopf die Haut eines Raben. Er schwang seinen Schild und seine Lanze und erhob seine Stimme, aber vergebens, denn beim Untergang der Sonne war der Boden trocken und der Himmel heiter.

Ebenso erfolglos waren die Bemühungen War-rah-pas (der Biber), dem Wak-a-dah-ha-hih (Des weißen Büffels Haar) folgte, ein kleiner, aber schön gewachsener junger Mann. Er trug einen Rock und Beinkleider von dem Fell des Bergschafs, beides reich verziert mit Stachelschweinstacheln und Skalplocken, welch letztere er selbst seinen Feinden geraubt hatte. Am Arm trug er einen Schild von Büffelhaut, dessen Buckel der Kopf des Kriegsadlers bildete und dessen Vorderseite mit ›roten Ketten Blitzes‹ geschmückt war; in der linken Hand hielt er seinen Bogen und einen Pfeil. Er warf eine Feder in die Höhe, um die Richtung des Windes zu erfahren, und sprach dann zu den um ihn versammelten Dorfbewohnern:

»Meine Freunde! Volk der Fasanen! Ihr seht mich hier ein Opfer bringen. Ich werde Euch heute von Eurer Not befreien und Freude unter Euch bringen oder bei Sonnenuntergang von dieser Hütte herabsteigen und alle meine Tage unter Hunden und alten Weibern verbringen. Meine Freunde! Ihr saht, wohin die Feder flog, und ich halte meinen Schild an diesem Tag in die Richtung, woher der Wind kommt – der Blitz auf meinem Schild wird eine große Wolke herbeiziehen, und dieser Pfeil, den ich aus meinem Köcher ausgewählt und mit den Federn des weißen Schwans besetzt habe, wird ein Loch in diese machen. Meine Freunde! Die Öffnung in der Hütte zu meinen Füßen zeigt mir die Medizinmänner, die in der Hütte unter mir sitzen und den Großen Geist anrufen, der auf den Wolken thront und den Winden gebietet! Drei Tage haben sie hier gesessen, meine Freunde, und es ist nichts geschehen, um Eurer Not abzuhelfen. Am ersten Tag kam Wahkih, er konnte nichts tun; er zählte seine Perlen und stieg herab – seine Medizin war nicht gut – sein Name war schlecht und hielt den Regen zurück. Ihm folgte Om-pah; auf seinem Kopf sah man den Raben, der über dem Sturm fliegt, und er bewirkte nichts. Sodann, meine Freunde, kam War-rah-pa; der Biber liegt unter dem Wasser und bedarf nicht des Regens. Meine Feunde! Ich sehe, Ihr seid in großer Not, und noch ist nichts geschehen; dieser Schild gehörte meinem Vater, dem weißen Büffel, und der Blitz auf ihm ist rot, wie Ihr seht; er wurde aus einer schwarzen Wolke entnommen, und diese Wolke wird heute über uns kommen. Ich bin ›Des weißen Büffels Haar‹ [...] und bin der Sohn meines Vaters.«

Auf diese Weise fuhr Wak-a-dah-ha-hih fort, abwechselnd seine Zuhörer und den Himmel anzureden – sich mit den Winden und deren Dschi-bi (Geistern) zu unterhalten und mit den Füßen über den Köpfen der Zauberer zu stampfen, die unter ihm mit ihren Mysterien beschäftigt waren und die Geister der Finsternis und des Lichts anriefen, sie möchten Regen senden und die Herzen der Mandaner erfreuen.

An diesem merkwürdigen Tag landete das Dampfboot ›Yellow Stone‹ auf seiner ersten Fahrt den Missouri hinauf bei dem Dorf der Mandaner, wie bereits in einem früheren Kapitel gesagt worden ist. Ich war als Reisender auf dem Boot, als es in der Entfernung von drei bis vier englischen Meilen vor dem Dorf zwanzig Schüsse aus einer zwölfpfündigen Kanone abfeuerte. Die Mandaner hielten diese Kanonenschüsse für Donner, und der junge Mann auf der Hütte empfing anfangs von allen Seiten Beifallsrufe, die sich durch das ganze Dorf fortsetzten – die Häuptlinge beneideten ihn – die Herzen der Mütter klopften höher, als sie ihre schönen Töchter schmückten, um sie ihm zum Heiraten anzubieten. Der Medizinmann kam aus der Hütte hervor, um ihm den wohlverdienten Titel als Medizinmann oder Doktor zu verleihen – es wurden Kränze gewunden, um seine Stirn zu schmücken, und Adlerfedern und Pfeifen für ihn bereitgehalten – seine Freunde waren fröhlich – seine Feinde standen schweigend, und auf ihren Gesichtern drückte sich Mißmut und Haß aus, und seine ehemaligen Geliebten, die ihn früher abgewiesen, blickten ihn jetzt zärtlich an und schienen ihr Benehmen tief zu bereuen.

Während dieser allgemeinen Aufregung blieb Wak-a-dah-hahih auf der Hütte, wo er die drohendsten Stellungen annahm und seinen Schild in der Richtung des Donners schwang, obgleich nicht eine Wolke zu sehen war, bis er endlich, da er höher stand als die übrigen, zu seinem unaussprechlichen Erstaunen das Dampfboot entdeckte, das die Windungen des Flusses hinauffuhr, während der Dampf stoßweise ausströmte und von dem Verdeck der Kanonendonner erschallte! ›Des weißen Büffels Haar‹ stand regungslos und bleich, er starrte eine Weile hin, wendete sich dann zu den Häuptlingen und den Umstehenden und sagte mit bebenden Lippen: »Meine Freunde, wir werden keinen Regen erhalten! Ihr seht, es sind keine Wolken da; aber meine Medizin ist groß – ich habe ein Donnerboot gebracht! Seht, dort ist es! Der Donner, den ihr hört, kommt aus seinem Mund, und der Blitz, den Ihr seht, ist auf den Wassern!«

Auf diese Nachricht eilten alle auf die Dächer ihrer Wigwams oder an das Ufer, von wo aus sie das Dampfboot zu ihrem großen

Schrecken hinauffahren sahen. Unter dies verwirrte Gedränge von Häuptlingen, Doktoren, Frauen, Kindern und Hunden mischte sich auch Wak-a-dah-ha-hih, der von seinem hohen Standpunkt herabgestiegen war.

Erschreckt durch die Ankunft eines so auffallenden und unerklärlichen Gegenstandes, hielten die Mandaner nur wenige Augenblicke stand, denn auf Befehl der Häuptlinge mußten sich alle innerhalb der Verschanzung des Dorfes begeben und die Krieger sich zur Verteidigung rüsten. In wenigen Augenblicken war das Dampfboot bei dem Dorf angekommen, wo alles wie ausgestorben war; nicht ein einziger Mandaner ließ sich am Ufer sehen. Als das Boot vor Anker gegangen war, kamen bald darauf drei oder vier Häuptlinge mit der Lanze in der einen und der Friedenspfeife in der anderen Hand auf das Verdeck, wo sie zu ihrer großen Freude und Überraschung ihren alten Freund und Agenten, den Major Sandford, erkannten, wodurch ihrer Furcht auf einmal ein Ende gemacht wurde. Die Bewohner des Dorfes, die sogleich hiervon in Kenntnis gesetzt wurden, kamen nun sämtlich ans Ufer, wo das Dampfboot vor Anker lag.

Der ›Regenmacher‹ der durch seine außerordentliche Medizin ein großes Unglück über die Nation heraufbeschworen zu haben fürchtete und sich deshalb verborgen hatte, um der Rache zu entgehen, war der letzte, der ans Ufer kam, wo er sich überzeugte, daß dieser Besuch der weißen Männer ein friedlicher sei und seine Medizin nichts dazu beigetragen habe. Dies beruhigte ihn zwar in bezug auf die Gefahr und die Rache, die er wenige Augenblicke zuvor noch gefürchtet hatte, allein es blieb ihm noch der Kummer und die Schmach, daß seine geheimnisvollen Operationen erfolglos gewesen waren. Er behauptete jedoch überall und gegen jedermann, daß er die Ankunft der weißen Männer vorhergewußt und ihr Erscheinen durch seine Medizin bewirkt habe; er fand indes wenig Gehör, denn alle waren zu sehr mit den Geheimnissen des Donnerbootes beschäftigt. So verging der Tag, bis kurz vor Sonnenuntergang ›Des weißen Büffels Haar‹ (der natürlich mehr als die übrigen auf dergleichen Dinge achtete) eine schwarze Wolke bemerkte, die am Horizont heraufgezogen war und fast gerade über dem Dorf stand. Augenblicklich ergriff er Schild und Bogen, stieg wieder auf die Hütte, richtete das Gesicht und den Schild gegen die Wolke, spannte den Bogen und und befahl der Wolke, näher zu kommen, damit er ihren Inhalt auf die Köpfe und die Maisfelder der Mandaner herabziehen könne. So stand er, bewegte den Schild über seinem Kopf, stampfte mit dem Fuß, und indem er den Pfeil gegen die Wolke schoß, rief er aus: »Meine Freunde, es ist geschehen! Wak-a-dah-ha-hihs Pfeil ist in diese schwarze Wolke eingedrungen, und die Mandaner werden mit dem Wasser des Himmels befeuchtet werden!« Seine Vorhersage traf ein; in wenigen Minuten war die Wolke über dem Dorf, und der Regen fiel in Strömen. Er stand noch einige Zeit, bewegte seine Waffen und seinen Schild gegen den Himmel und rühmte seine Macht und die Wirksamkeit seiner Medizin gegen die Umstehenden, die indes bald in den Wigwams Schutz suchten, worauf er seine Prahlerei beendigte und ganz durchnäßt von der Hütte herabstieg, bereit, die Ehren und Huldigungen, die einem in den Geheimnissen so mächtigen Mann gebührten, sowie den Titel eines Medizinmannes entgegenzunehmen. Dies ist eine von den vielfachen Arten, wie jemand unter den Indianern diesen ehrenvollen Titel erlangen kann.

Dieser Mann hatte ›Regen gemacht‹ und mußte daher ungewöhnliche Ehrenbezeigungen erfahren, da er mehr getan, als ein gewöhnlicher Mensch vermochte. Aller Augen waren auf ihn gerichtet, und alle kamen darin überein, daß er in der Zauberei erfahren, mit dem Großen oder Bösen Geist in naher Verbindung stehen und daher großen und mächtigen Einfluß besitzen müsse, weshalb er auf den Titel eines Doktors oder Medizinmannes begründete Ansprüche habe.

Es ist hierbei zweierlei zu bemerken; erstlich, daß die Mandaner, wenn sie es unternehmen, Regen zu machen, stets ihren Zweck erreichen, weil sie ihre Zeremonien so lange fortsetzen, bis es regnet; zweitens, daß derjenige, welcher einmal ›Regen gemacht hat‹, dies niemals zum zweiten Mal versucht; seine Medizin ist unzweifelhaft, denn er hat sein Meisterstück in Gegenwart des ganzen Dorfes abgelegt, und bei ähnlichen Gelegenheiten überläßt er das Feld anderen jungen Leuten, die sich auf dieselbe Weise auszuzeichnen wünschen.

Während in dieser merkwürdigen Nacht der Regen bis Mitternacht in Strömen herabfiel, der Donner rollte und die Blitze so schnell aufeinanderfolgten, daß der ganze Himmel im Feuer zu stehen schien, schlug ein Blitzstrahl in eine Hütte der Mandaner und tötete ein hübsches Mädchen. Dies gab dem Aberglauben reichliche Nahrung, und es entstand große Aufregung. Die Träume des neuen Medizinmannes wurden gestört, und er sah mit Besorgnis dem kommenden Tag entgegen, denn er wußte, daß er sich dem unwiderruflichen Ausspruch der Häuptlinge und Doktoren unterwerfen müsse, die jedes auffallende und unerklärliche Ereignis mit strenger und abergläubischer Genauigkeit untersuchen und ihre Rache ohne Gnade auf denjenigen fallenlassen, der die unmittelbare Veranlassung desselben ist.

Er betrachtete seinen wohlerworbenen Ruhm als verloren und fürchtete, daß man vielleicht gar sein Leben als Sühne für das vom Blitz erschlagene Mädchen fordern werde, indem man wahrscheinlich deren Tod ihm zur Last legen würde. Er hielt sich selbst für schuldig und glaubte, das Unglück dadurch veranlaßt zu haben, daß er bei der Ankunft des Dampfbootes seinen Posten verließ. Der Morgen kam, und er erfuhr bald durch seine Freunde die Meinung der weisen Männer; er ließ daher seine drei Pferde aus der Prärie holen, bestieg die Medizinhütte und redete die sich versammelnden Bewohner folgendermaßen an: »Meine Freunde! Ich sehe Euch alle um mich, und ich stehe vor Euch; meine Medizin ist groß, wie Ihr seht – sie ist zu groß – ich bin jung, und ich war zu eifrig – ich wußte nicht, wann ich aufhören sollte. Der Wigwam von Mahsisch ist zerstört, und viele Augen weinen um Ko-ka (die Antilope). Wak-a-dah-ha-hih gibt drei Pferde, um die Herzen derjenigen zu erfreuen, die um Ko-ka weinen; seine Medizin war groß – sein Pfeil durchbohrte die schwarze Wolke, und der Blitz kam und das Donnerboot auch! Wer sagt, daß die Medizin von Wak-a-dah-ha-hih nicht stark ist?«

Am Schluß dieser Rede erscholl ein allgemeiner Beifall und ›Des weißen Büffels Haar‹ stieg herab unter die Menge, wo man ihn mit Handschlag begrüßte. Er führt nunmehr den ehrenvollen Namen ›Große Doppelmedizin‹.

95 »Der größte Lügner in der ganzen Welt«: Ein Häuptlingssohn der Assiniboin berichtet von seiner Washington-Reise (1832)

»Wi-jun-jon war ein Krieger der Assiniboins – jung, stolz, schön, tapfer und voll Anstand. Er war Sieger in manchem Kampf gewesen, zahlreiche Skalpe von den Köpfen seiner Feinde schmückten seinen Anzug, und er hatte gerechte Ansprüche auf die höchsten Ehrenstellen des Stammes, denn sein Vater war Häuptling der Nation.

[...]

Dieser junge Assiniboin wurde vom Major Sandford, dem Indianeragenten, auserwählt, um seinen Stamm bei der Gesandtschaft zu vertreten, die sich im Winter des Jahres 1832 unter der Führung des genannten Offiziers nach Washington begab.

Als die Gesandtschaft von der Mündung des Yellowstone-Flusses den Missouri hinabfuhr und die ersten Ansiedlungen der Weißen erreichte, fingen Wi-jun-jon und ein anderer Indianer seines Stammes an, für jedes Haus, an dem sie vorüberkamen, einen Einschnitt in das Rohr ihrer Pfeife zu machen, um bei der Rückkehr ihren Landsleuten zeigen zu können, wie viele Häuser der weißen Männer sie auf ihrer Reise gesehen hätten. Anfangs ging dies ganz gut, aber je weiter sie den Fluß hinabfuhren, um so zahlreicher wurden die Wohnungen, und bald waren nicht nur die Pfeifenrohre, sondern auch die Handgriffe ihrer Kriegskeulen mit Einschnitten bedeckt. Als daher das Boot eines Tages anlegte, stiegen Wi-jun-jon und sein Begleiter ans Land, schnitten sich lange Stäbe, schälten die Rinde ab und begannen nun, die Einschnitte von den Pfeifenröhren und der Kriegskeule auf die Stäbe zu übertragen, zugleich aber auch für jedes Haus, an dem sie vorüberfuhren, ein neues Zeichen hinzuzufügen. Auch diese Stäbe waren bald mit Einschnitten bedeckt und in den nächsten Tagen noch mehrere andere, so daß sie zuletzt nicht wußten, was sie mit ihren Stäben machen sollten, und als sie nun gar St. Louis, eine Stadt von fünfzehntausend Bewohnern, erreichten, da warfen sie nach einer kurzen Beratung alle ihre Stäbe in den Fluß!

Ich befand mich bei der Ankunft der Gesandtschaft in St. Louis und benutzte deren Aufenthalt, um mehrere Indianer zu malen. Der erste war Wi-jun-jon, der nur mit Widerstreben den von dem Major Sandford und von mir an ihn gerichteten Anforderungen nachgab, indem seine Furcht und sein Stolz einen harten Kampf zu bestehen hatten. Er erschien mürrisch in meinem Zimmer, hatte aber glänzende Toilette gemacht. Er trug seine Nationaltracht; die Beinkleider und der Rock waren von dem Fell des Bergschafs, reich mit Stachelschweinstacheln und Skalplocken verziert; darüber hing sein langes Haar in Flechten bis fast auf die Erde; den Kopf bedeckte der Schmuck aus den Federn des Kriegsadlers – sein Mantel war die Haut eines jungen Büffelstiers, auf der seine Kriegstaten abgebildet waren – Köcher und Bogen hatte er umgehängt, und sein Schild war aus der Halshaut des Büffels gemacht.

Nachdem ich ihn und seinen Gefährten gemalt hatte, reisten sie in Begleitung des Majors Sandford nach Washington ab. Dort war Wi-jun-jon überall voran – er war der erste, der dem Präsidenten die Hand reichte – der erste, der ihn anredete, und der letzte, der ihn verließ – aber er war auch nicht unempfindlich gegen den Beifall und die Bewunderung des schönen Geschlechts. Er besuchte die größeren Städte, sah die Forts, die Schiffe, die Kanonen, Dampfboote, Luftballons usw. und kehrte im nächsten Frühjahr nach St. Louis zurück, von wo ich auf meinem ersten Ausflug nach dem Yellowstone-Fluß die Reise in seine Heimat auf demselben Dampfboot mit ihm machte.

Er hatte in Washington sein prächtiges Nationalkostüm gegen einen vollständigen Militäranzug ausgetauscht; vielleicht war dieser ein Geschenk des Präsidenten. Als er auf dem Verdeck des Dampfbootes erschien, trug er einen Rock von feinstem blauem Tuch mit Goldtressen besetzt, auf den Schultern zwei gewaltige Epauletten, um den Hals eine glänzend schwarze Binde, und seine Füße waren in ein Paar wasserdichte Stiefel mit hohen Absätzen gezwängt, wodurch sein Gang unsicher und schwankend wurde.
[...]

Auf dem Kopf trug er einen hohen Biberhut mit breiter Silbertresse und einem zwei Fuß langen roten Federbusch; der steife, gerade Rockkragen reichte ihm bis an die Ohren hinauf, und über den Rücken hing sein langes, mit roter Farbe geschmücktes Haar in Flechten herab. Um den Hals trug er eine große silberne Medaille an einem blauen Band, und an einem breiten über die rechte Schulter gehenden Riemen hing ein breiter Säbel. Die Hände waren mit ziegenledernen Handschuhen bekleidet, in der Rechten trug er einen großen Fächer, in der Linken einen blauen Regenschirm. So hatte man in Washington den armen Wi-jun-jon ausstaffiert, und in diesem Aufputz stolzierte er, das ›Yankee Doodle‹ (Nationallied der Amerikaner) pfeifend, auf dem Verdeck des Dampfbootes umher.

So reiste ich mit diesem neugebackenen Gentleman von St. Louis aus über vierhundert Meilen weit, und ich konnte ihn nie ansehen, ohne zu lachen, denn er sah wirklich aus wie ein gestiefelter Kater!

[...]

Nachdem Wi-jun-jon in seiner Heimat angekommen und die üblichen Begrüßungen unter seinen Freunden vorüber waren, begann er die einfache Erzählung seiner Erlebnisse unter den Weißen; aber seinen Landsleuten erschien alles so unglaublich, daß sie ihn für einen Lügner erklärten. ›Er ist‹, sagten sie, ›unter den Weißen gewesen, die große Lügner sind, und alles, was er dort gelernt hat, ist, daß er zurückkehrt und Lügen erzählt.‹ Er fiel schnell in Ungnade, verlor alle Aussicht auf eine bedeutende politische Stellung, wurde von den Häuptlingen gemieden und als ein verlorenes Glied des Stammes betrachtet. Nur der große Haufe des Stammes lauschte noch am Feuer den Erzählungen des ›vielgereisten Indianers‹.

Am Tag nach seiner Ankunft verfertigte seine Frau sich aus den Schößen, als einem überflüssigen Teil des Rockes (es war ein Frack), ein Paar Beinkleider und aus der silbernen Huttresse ein Paar Strumpfbänder. Den so verkürzten Rock trug nunmehr sein Bruder, während er selbst mit Köcher und Bogen, aber ohne Rock erschien und seine staunenden Freunde sein feines Hemd mit kostbaren Hemdknöpfen bewunderten. Der Säbel behauptete noch immer seinen Platz, aber schon um Mittag vertauschte er seine Stiefel mit Mokassins, und in diesem Aufzug saß er erzählend unter seinen Freunden, wobei er jedoch einem Fäßchen Branntwein, das er aus Washington mitgebracht, so fleißig zusprach, daß ihm endlich die Zunge zu schwer wurde.

Eine seiner Geliebten hatte ihre Blicke auf seine schönen seidenen Tragebänder gerichtet, und am nächsten Tag sah man ihn, Yankee Doodle und Washingtons Marsch pfeifend, mit dem Branntweinfäßchen unter dem Arm nach der Hütte seiner alten Bekanntschaft hinschwanken. Sein weißes Hemd war auf anstößige Weise verkürzt worden – seine blauen, mit Goldtressen besetzten Pantalons waren in ein Paar komfortable Beinkleider verwandelt – dabei hatte er Bogen und Köcher umgehängt, und der breite Säbel, welcher auf der Erde nachschleppte, war ihm zwischen die Beine gekommen und diente ihm so gewissermaßen als Steuer, um ihn sicher über die ›unruhige Oberfläche der Erde‹ hinwegzuführen.

Auf diese Weise waren zwei Tage vergangen, das Fäßchen war leer, und von seinem ganzen stattlichen Anzug war ihm nur noch der Regenschirm übriggeblieben, an dem nun sein ganzes Herz hing und den er bei jedem Wetter mit sich führte, während er übrigens wieder eine Lederkleidung trug. In diesem Aufzug, mit dem Regenschirm als dem einzigen noch übrigen Beweis seiner ehemaligen Größe in der Hand, fing er nun an, in nüchternen Augenblikken seinem Volk einfach und wahr zu erzählen, was er auf seiner Reise im Osten gesehen und erlebt hatte. Aber zum Unglück für ihn war dies alles für sie zu wunderbar und zu unwahrscheinlich, als daß sie es hätten glauben können. Er erzählte der staunenden Menge, die sich stets um ihn versammelte, von der großen Menge Häuser, die er gesehen – von den großen und kleinen Städten mit all ihrem Reichtum und Glanz – von Reisen auf Dampfbooten, Postwagen und Eisenbahnen. Er beschrieb unsere Forts, die Schiffe von vierundsiebzig Kanonen – die großen Brücken – das große Rathaus in Washington und was darin geschehe – die wunderbaren Maschinen in dem Patentbüro, das er die ›größte Medizinhütte‹ nannte, die er jemals gesehen – er schilderte die große Militärparade, die er in New York sah – das Aufsteigen des Luftballons in Castle Garden – die Menge der weißen Menschen, die Schönheit der weißen Squaws (Frauen) – aber dies überstieg so sehr das Fassungsvermögen seiner Zuhörer, daß es ›unmöglich wahr sein konnte‹, und er mußte daher ›der größte Lügner in der ganzen Welt‹ sein.

Er erlangte indes einen Ruhm anderer Art: Man nannte ihn Medizinmann, und zwar einen von der außerordentlichsten Art: denn wer imstande sei, so außerordentliche und sinnreiche Dinge zu ihrer Unterhaltung zu erfinden und heraufzubeschwören, der müsse mehr als ein gewöhnlicher Mensch sein. Seine ›Medizin‹ war jedoch so groß, daß die Häuptlinge und alle ihn als das außerordentlichste Wesen betrachteten und ihm diejenigen Ehrenbezeigungen und Hochachtung erwiesen, die in dem Indianerland denen zuteil werden, die sich durch ihre ›Medizin‹ oder ›Mysterien‹ auszeichnen. Man nannte ihn nicht nur die ›größte Medizin‹, sondern auch die ›Lügenmedizin‹. Allein die Achtung und Bewunderung, die man ihm anfangs bewies, ging bald in Scheu, dann in Furcht und zuletzt in Schrecken über, so daß sie endlich übereinkamen, die Welt von einem Ungeheuer zu befreien, das so übermenschliche Fähigkeiten besitze.

[...]

Der Unglückliche lebte auf diese Weise drei Jahre lang, während welcher Zeit er fortfuhr, alles, was er auf seiner Reise in dem fernen Osten erlebt hatte, zu erzählen, bis seine Medizin so beunruhigend groß wurde, daß sie glaubten, ihn als Zauberer töten zu müssen. Ein junger Mann des Stammes übernahm die Ausführung dieses Vorhabens. Er hatte mit den anderen Verschworenen die feste Überzeugung, daß Wi-jun-jons Medizin zu groß und daß er ein so gewaltiger Lügner sei, daß eine Flintenkugel ihn nicht töten werde. Die Ungewißheit, was zu tun sei, währte mehrere Wochen, bis der junge Mann einen Traum hatte, der alle Schwierigkeiten hob. Er begab sich nämlich, der Vorschrift des Traumes gemäß, in das Fort an der Mündung des Yellowstone-Flusses und trieb sich so lange um das dortige Vorratshaus herum, bis es ihm gelang, den Henkel eines eisernen Topfes zu stehlen, der, wie er glaubte, die erforderlichen Eigenschaften besaß. Er ging nun in den Wald und feilte so lange an diesem Henkel, bis dieser in den Flintenlauf hineinpaßte. Nun kehrte er mit seiner Flinte unter der Büffelhaut wieder in das Fort zurück, stellte sich hinter Wi-jun-jon, der mit dem Pelzhändler sprach, und zerschmetterte ihm den Kopf!

[...]

So endigten die Tage und die Größe und aller Stolz und alle Hoffnung Wi-jun-jons, des Taubeneikopfes. Er war ein tapferer Krieger, der an zweihundert Meilen weit reiste, um den Präsidenten und die großen Städte der zivilisierten Welt zu sehen, und der, weil er bei seiner Rückkehr die Wahrheit und nichts als die Wahrheit erzählte, verachtet und als Zauberer ermordet wurde.«

96 Die Sioux und der »Heilige Entstehungsort der Pfeife«

Auf dem Weg dorthin wurden wir, mein englischer Reisegefährte und ich, von einem Trupp Sioux aufgehalten, weil wir es gewagt hatten, uns dem ›heiligen Entstehungsort der Pfeife‹ zu nähern. Als wir uns an einem ›Traverse des Sioux‹ genannten Ort in der Handelshütte von Le Blanc am St.-Peters-Fluß, noch etwa dreißig Meilen von dem Steinbruch, befanden, sammelte sich ein Haufen Krieger um unsere Wohnung, um uns zu sagen, daß wir Gefangene seien und nicht weitergehen dürften. Zuerst erhob sich Ti-o-kun-hko (der schnelle Mann) und sagte:

»Meine Freunde, ich bin kein Häuptling, aber der Sohn eines Häuptlings – ich bin der Sohn meines Vaters – er ist ein Häuptling – und wenn er weggegangen ist, so ist es meine Pflicht, für ihn zu sprechen – er ist nicht hier – aber was ich sage, ist die Rede seines Mundes. Man hat uns gesagt, daß ihr nach dem Pfeifensteinbruch geht. Wir kommen nun, um zu fragen, zu welchem Zweck ihr dorthin geht und welche Geschäfte ihr dort habt.« (Hier riefen alle »Hau, hau!«, wodurch sie ihre Zustimmung zu dem, was gesagt worden, ausdrücken, denn ›hau‹ bedeutet ›ja‹.) »Brüder – ich bin ein Tapferer, aber kein Häuptling – mein Bogen steht auf dem Gipfel des Sprungfelsens; alle können ihn sehen, und alle wissen, daß Ti-o-kun-hkos Fuß dort gewesen ist.« (Hau, hau!) »Brüder – wir betrachten euch und sehen, daß ihr Tschi-mo-ki-mon-Kapitäne (weiße Offiziere) seid; wir wissen, daß ihr von eurer Regierung abgesandt worden seid, um zu sehen, was jener Ort wert ist, und wir glauben, daß die weißen Männer ihn kaufen wollen.« (Hau, hau!)

»Brüder – wir haben immer gesehen, daß die weißen Männer,

wenn sie in unserem Land etwas erblickten, was sie brauchen können, Offiziere abschicken, um es zu schätzen, und wenn sie es nicht kaufen können, so nehmen sie es auf andere Weise.« (Hau, hau!)

»Brüder – ich spreche stark, mein Herz ist stark, und ich spreche schnell; diese rote Pfeife wurde dem roten Mann von dem Großen Geist gegeben – sie ist ein Teil unseres Fleisches und daher große Medizin.« (Hau, hau!)

»Brüder – wir wissen, daß die weißen Männer gleich einer großen Wolke sind, die im Osten aufsteigt und unser ganzes Land bedecken wird. Wir wissen, daß sie unser ganzes Land haben werden; aber wenn sie uns jemals unseren Pfeifenton nehmen, so werden sie es schwer büßen müssen.« (Hau, hau!)

»Brüder – wir wissen, daß niemals ein weißer Mann in dem Steinbruch des roten Pfeifentons gewesen ist, und unsere Häuptlinge haben oft im Rat beschlossen, daß nie ein weißer Mann dahin gehen soll.« (Hau, hau!)

»Brüder – ihr habt gehört, was ich gesagt habe, und ihr könnt nicht weitergehen, sondern ihr müßt umkehren.« (Hau, hau!)

»Brüder – ihr seht, daß der Schweiß mir vom Gesicht herabläuft, denn ich habe mich angestrengt.«

Hierauf erwiderte ich:

»Meine Freunde, es tut mir leid, daß ihr uns und den Zweck unseres Besuches in eurem Land so sehr verkannt habt. Wir sind keine Offiziere – wir sind von niemandem abgesandt worden – wir sind zwei schlichte Männer, welche reisen, um die Sioux zu sehen, ihnen die Hand zu reichen und zu erforschen, was es Merkwürdiges in ihrem Land gibt. Dieser Mann ist mein Freund, er ist ein Saganosch (ein Engländer).«

Alle schrien jetzt: »Hau, hau, hau!«, sprangen auf, reichten meinem Begleiter die Hand, und mehrere zeigten ihm englische Medaillen, die sie auf der Brust trugen.

»Wir haben gehört, daß der Steinbruch des roten Pfeifentons eine große Merkwürdigkeit ist; wir sind deshalb gekommen, um dorthin zu gehen, und werden uns nicht aufhalten lassen.«

Hier wurde ich von einem schwarzen, grimmig aussehenden Burschen unterbrochen, welcher aufsprang, sein langes, zottiges Haar schüttelte, seine Augen, in denen sich der wütendste Haß kundgab, auf mich richtete und mit der Faust wenige Zoll vor meinem Gesicht herumfuhr, während er folgende Rede hielt: »Bleiche Gesichter! Ihr dürft nicht sprechen, bis wir alle gesprochen haben; ihr seid unsere Gefangenen – unsere jungen Männer (Soldaten) stehen um das Haus herum, und ihr müßt anhören, was wir sagen. Was zu euch gesprochen wurde, ist wahr, ihr müßt umkehren.« (Hau, hau!)

»Wir hörten das Wort ›Saganosch‹, und es macht unsere Herzen froh; wir reichten unserem Bruder die Hand – sein Vater ist unser Vater – er ist unser Großer Vater – er lebt jenseits des großen Sees – sein Sohn ist hier, und wir freuen uns – wir tragen unseren Großen Vater, den Saganosch, auf unserer Brust, und wir halten sein Gesicht glänzend – wir reichen euch die Hand, aber kein weißer Mann war jemals bei der roten Pfeife, und keiner soll jemals dorthin gehen.« (Hau!)

»Ihr seht, daß diese Pfeife (er hielt eine rote Pfeife neben seinen nackten Arm) ein Teil unseres Fleisches ist. Die roten Männer sind ein Teil des roten Steines.« (Hau, hau!)

»Wenn die weißen Männer ein Stück des roten Pfeifensteins hinwegnehmen, so machen sie dadurch ein Loch in unser Fleisch, und das Blut wird immer fließen. Wir werden das Blut nicht stillen können.« (Hau, hau!)

»Der Große Geist hat uns gesagt, daß wir aus dem roten Stein nur Pfeifen machen und daraus zu ihm rauchen sollen.« (Hau!)

»Warum wollen die weißen Männer dorthin gehen? Ihr habt keine gute Absicht; wir wissen, ihr habt keine, und je eher ihr umkehrt, um so besser.« (Hau, hau!)

Nach diesem Redner sprach Mussa (Eisen):

»Meine Freunde, wir wollen euch kein Leid zufügen; ihr habt die Worte unserer Häuptlinge gehört, und ihr seht nun, daß ihr umkehren müßt.« (Hau, hau!)

»Tschan-dih-pah-scha-kah-frih (der rote Pfeifenstein) ist uns von dem Großen Geist gegeben worden, und niemand darf nach seinem Preis fragen, denn er ist Medizin.« (Hau, hau!)

»Meine Freunde, ich glaube, was ihr zu uns gesprochen habt; ich glaube, daß eure Absichten gut sind; aber unsere Häuptlinge haben uns immer gesagt, daß es keinem weißen Mann erlaubt ist, dorthin zu gehen – und ihr könnt nicht dorthin gehen.« (Hau, hau!)

Ein anderer Indianer sagte: »Meine Freunde, ihr seht, ich bin ein junger Mann; ihr seht an meiner Kriegskeule zwei Skalpe von den Köpfen meiner Feinde, meine Hände sind in Blut getaucht, aber ich bin ein guter Mensch. Ich bin ein Freund der Weißen, der Pelzhändler, und sie sind unsere Freunde. Ich bringe ihnen jährlich dreitausend Häute von Bisamratten, die ich mit meinen eigenen Fallen fange.« (Hau, hau!)

»Wir gehen gern nach dem Pfeifenstein und holen uns ein Stück zu unseren Pfeifen; aber wir fragen vorher den Großen Geist. Wenn die weißen Männer dorthin gehen, so werden sie etwas davon nehmen und die Öffnung nicht wieder ausfüllen, und der Große Geist wird beleidigt werden.« (Hau, hau, hau!)

Der nächste Redner ließ sich in folgender Weise vernehmen:

»Meine Freunde, hört mich an! Was ich sagen werde, ist die Wahrheit.« (Hau!)

»Ich brachte ein großes Stück Pfeifenstein mit und gab es einem weißen Mann, um sich eine Pfeife daraus zu machen; er war unser Pelzhändler, und ich wünschte, daß er eine gute Pfeife haben möchte. Als ich das nächste Mal zu ihm kam, war ich unglücklich, denn ich sah, daß er aus dem Stein eine Schüssel gemacht hatte.« (Juch!)

»Auf diese Weise würden die weißen Männer den Pfeifenstein benutzen, wenn sie ihn erhalten könnten. Ein solches Verfahren würde den Großen Geist beleidigen und das Herz des roten Mannes krank machen.« (Hau, hau!)

»Brüder, wir wollen euch kein Leid zufügen – wenn ihr umkehrt, wird es gut für euch und eure Pferde sein – ihr könnt nicht vorwärtsgehen.« (Hau, hau!)

»Wir wissen, daß, wenn ihr nach dem Pfeifenstein geht, der Große Geist auf euch sieht – die weißen Männer denken nicht daran.« (Hau, hau!)

»Ich habe nichts mehr zu sagen.«

Nachdem noch ein Dutzend ähnlicher Reden gehalten worden, erwiderte ich:

»Meine Freunde, ihr habt uns völlig verkannt; wir sind keine Offiziere, wir sind von niemandem abgesandt – die weißen Männer bedürfen der roten Pfeife nicht – es ist nicht wert, sie so weit bis nach Hause mitzunehmen, wenn ihr ihnen auch alles schenken wolltet. Sie bedienen sich nicht dieser Pfeifen – sie wissen nicht, wie sie daraus rauchen sollen.« (Hau, hau!)

»Meine Freunde, ich glaube ebenso wie ihr, daß der Große Geist jenen Ort den roten Männern zu ihren Pfeifen gegeben hat.« (Hau, hau!)

»Ich billige das Verfahren, das ihr beobachtet, um ihn zu erhalten und zu beschützen, und ich werde alles tun, was ein Mann vermag, um die Weißen zu behindern, ihn euch zu nehmen.« (Hau, hau!)

»Aber wir sind gekommen, um ihn zu sehen, und wir können nicht glauben, daß man uns daran hindern wird.«

Hier sprang wieder ein Indianer auf und rief:

»Weißer Mann! Deine Worte sind sehr freundlich; ihr habt irgendeine Absicht, sonst würdet ihr nicht so entschlossen sein zu gehen – ihr habt keine gute Absicht, und je schneller ihr umkehrt, desto besser. Es ist unnütz, noch mehr hierüber zu sagen – wenn ihr es für das beste haltet zu gehen – versucht es. Das ist alles, was ich zu sagen habe.« (Hau, hau!)

Da dieser Indianer während seiner Rede einige Male die Faust dicht vor mein Gesicht hielt, so trat der junge Le Blanc auf ihn zu und sagte ihm, daß, wenn er sich nicht in gebührender Entfernung halte, so werde er ihn sogleich zu Boden schlagen.

Als alle diese Reden gehalten waren, erklärte ich, daß wir dennoch dorthin gehen würden. Am nächsten Morgen bestiegen wir unsere Pferde und ritten, ohne im mindesten belästigt zu werden, mitten durch sie hindurch.

Wie uns Herr Le Blanc erzählte, waren dies die unruhigsten und treulosesten von allen Sioux, die ihm wiederholt mit dem Tod gedroht hatten, und er befürchtete, daß sie einst ihre Drohung ausführen würden. Er riet uns umzukehren, wie sie es verlangt hätten; wir folgten jedoch seinem Rat nicht.

97 Das »Testament« des Sauk- and Fox-Häuptlings Black Hawk (1767–1838) nach dem Ende seines Aufstands (1832)

»Ihr habt mich und alle meine Krieger, die noch leben, gefangengenommen. Es gelang mir nicht, euch zu vertreiben, länger auszuhalten und euch mehr Ärger zu bereiten, bevor ich aufgab. Ich habe so hart gekämpft, wie ich vermochte. Meine Krieger wurden rings um mich getötet. Es war mein Schicksalstag. Es war eine trübe Sonne, die am Morgen aufging und am Abend in einer dunklen Wolke versank und wie ein Feuerball auf uns niederschien. Es war die letzte Sonne, die auf Black Hawk niederschien. Sein Herz ist tot und schlägt nicht länger stark in seiner Brust. Er ist jetzt ein Gefangener der Weißen; die mit ihm tun werden, was ihnen beliebt. Black Hawk hat nichts getan, für das sich ein Indianer schämen müßte. Er hat für seine Landsleute gegen die Weißen gekämpft, die Jahr für Jahr immer zahlreicher kamen, ihnen ihr Land wegzunehmen. Ihr kennt unseren Kriegsgrund. Er ist allen Weißen bekannt. Sie sollten sich schämen, nicht wir. Sie verachten die Indianer und vertreiben sie von ihren Heimen. Die Weißen sprechen schlecht über Indianer und schauen voll Gehässigkeit auf ihn. Aber der Indianer lügt nicht. Indianer stehlen nicht. Ein Indianer, der so schlecht wäre wie ein Weißer, könnte in unserer Nation nicht leben. Er würde getötet und den Wölfen zum Fraß vorgeworfen.

Die Weißen sind üble Vorbilder. Schon ihre Blicke und Bewegungen lügen. Sie lächeln den Indianer an, und betrügen ihn; sie schütteln ihm die Hände, gewinnen sein Vertrauen, um ihn betrunken zu machen und dann zu täuschen. Wir haben sie gebeten, uns in Ruhe zu lassen, sich von uns fernzuhalten, aber sie folgten uns und besetzten unsere Wege und schlängelten sich zwischen uns wie eine Schlange. Sie vergifteten uns mit ihren Berührungen. Wir waren nicht mehr sicher, wir lebten in Gefahr. Wir begannen zu werden wie sie, Heuchler und Lügner, Allesversprecher und Nichtstuer.

Wir beteten zum Großen Geist. Wir gingen zum Großen Weißen Vater. Sein Großer Rat schenkte uns schöne Worte und große Versprechen; aber wir erhielten keine Zufriedenstellung. Die Dinge wurden noch schlechter. Es gab kein Wild mehr in den Wäldern. Opossum und Biber waren geflohen. Die Weißen hatten den Frühling ausgetrocknet, und unser Volk war ohne Nahrung, es konnte sich vor dem Hunger nicht bewahren. Wir beriefen einen Rat ein und entzündeten ein großes Feuer. Der Geist unserer Vorväter erhob sich und sprach zu uns, das Unrecht zu vergelten oder zu sterben. Wir stießen den Kriegsruf aus und entrissen Mutter Erde das Kriegsbeil; unsere Messer waren bereit, und das Herz von Black Hawk schwoll in seiner Brust, als er seine Krieger in die Schlacht führte. Er ist jetzt zufrieden. Er wird in die Welt der zufriedenen Geister eingehen. Er hat seine Pflicht getan. Sein Vater wird ihn treffen und empfehlen. Black Hawk ist ein echter Indianer. Er hat Gefühl für seine Frau, seine Kinder, seine Freunde, aber er sorgt sich nicht um sich selbst. Er sorgt sich für die Nation und für die Indianer. Sie werden leiden. Er beklagt ihr Schicksal.

Die Weißen skalpieren den Kopf nicht, sie tun Schlimmeres – sie vergiften das Herz. Es ist nicht rein und lauter in ihm. Seine Landsleute werden nicht skalpiert, aber in wenigen Jahren werden sie sein wie die Weißen, so daß man ihnen nicht mehr vertrauen kann; und in den weißen Siedlungen werden ebensoviele Polizisten sein wie andere Menschen, um auf sie achtzugeben und in Ordnung zu halten.

Lebe wohl, mein Volk! Black Hawk hat versucht, euch zu bewahren und das euch zugefügte Unrecht zu vergelten. Er hat das Blut einiger Weißer getrunken. Er ist zum Gefangenen geworden, und seine Pläne sind beendet. Er kann nichts mehr tun. Er ist seinem Ende nahe. Seine Sonne sinkt, und er wird sich nie wieder erheben. Nehmt Abschied von Black Hawk!«

98 Die Guerilla-Rede Osceolas vor dem Rat der Seminolen (1835)

»Wo sie stark sind, werden wir nicht sein. Wo sie schwach sind, locken wir sie in den Hinterhalt. Die Natur, das Wasser, der Sumpf, die Winde, das Feuer, das Gift der Pflanzen sind unsere Verbündeten. Wir werden ihnen zeigen, wie es ist, die Natur zum Todfeind zu haben. Wir werden sie töten und sie werden selbst mit brechenden Augen keinen Indianer sehen, der sie tötete. Die US-

Armee ist schwerfällig wie ein überfressener Bär, also müssen wir
schnell wie Coyoten sein. Sie bewegt sich wenig und langsam. Also
werden wir wie die Wellenkreise des Wassers sein, in das man
einen Stein wirft. Sie haben mehr Pulver als wir. Deshalb werden
wir, was wir brauchen, von ihnen holen, und sie in den Sumpf ziehen, wo unsere Pfeile durch die Luftfeuchtigkeit nicht gehindert
aber ihr Pulver naß und unbrauchbar wird. Wir werden ihren
Nachschub abschneiden und vernichten, ihnen Krokodile entge-
genschicken, wenn sie Indianer erwarten. Und während sie sich
ihrer erwehren, töten wir sie aus dem Dschungel. Sie werden
fürchten, daß jeder Busch, jeder Baumzweig, jeder trügerische
Grasteppich eine Todesfalle ist. Wir werden sie behandeln, wie
man gefährliche Raubtiere behandelt. Sie dürfen niemals schlafen, niemals ganz wach sein. Die Furcht muß sie langsam von innen auffressen, bis sie nur noch einen einzigen Gedanken denken
können: weg aus Florida! Tapferkeit ist eine Kriegertugend, aber
in diesem Kampf ist sie für unser ganzes Volk tödlich. Wenn einem
getöteten Seminolen nicht mindestens tausend getötete US-Solda-
ten entgegenstehen, werden wir untergehen. Wir werden sie überall unsichtbar erwarten, in den Bäumen und wie Krokodile im
Wasser, nur durch Röhrchen atmend. Selbst wenn sie neben sich
einen Gefährten atmen hören, dürfen sie niemals sicher sein, ob es
nicht ein Seminole ist. Brüder, unsere Frauen und Kinder werden
wir im Sumpf verbergen, aber sie werden für den Krieg arbeiten
und ihre Augen werden überall sein. Und wenn sie selbst Blut-
hunde benutzen – wir wissen von den Sklavenhändler-Kämpfen,
wie man sie tötet. Brüder, wir müssen alles vergessen was unsere
Vorväter als tapferen Kampf bezeichneten.«

99 »Es war, als wäre Jesus persönlich erschienen«:
    Der Methodistenpfarrer William Apes, ein
    Nachkomme Häuptling Metacomets, rechnet mit
    den Verbrechen der Weißen ab (1836)

»Im Dezember 1620 landeten die ›Pilger‹ dort, wo heute Plymouth
ist, und erbauten, ohne einen Indianer um Erlaubnis zu bitten,
Häuser. Sie machten mit Massasoit, dem Sachem der Wampano-

ags, einen Friedensvertrag (22.3.1621), in dem sich beide Seiten verpflichteten, Friedensbrecher festzunehmen und zu bestrafen. Die Indianer hielten diesen Vertrag vierzig Jahre lang, sie zeigten den Weißen, wie man in ihrem Lande sein Leben fristen konnte, um Nahrung und Schutz für ihre Frauen und Kinder zu finden. Dafür wurden sie als ›Wilde‹ beschimpft. Aber immer wieder mahnten die beiden Häuptlinge Squanto und Samoset die erzürnten jungen Krieger zur Geduld. [...]. Als im Januar 1623 Mister Westons Colony an Hunger zu sterben drohte, mußten sich viele seiner Männer als Diener bei den Indianern verdingen, um Nahrung für ihre Familien zu erarbeiten. Hauptsächlich versorgten sie die Indianer mit Holz und Wasser, wofür sie Mais und Fleisch erhielten. Aber bald stellte sich heraus, daß diese Männer gar nicht für die Indianer arbeiten, sondern nur ihre Vorräte ausspähen wollten, um sie dann zu bestehlen. Als die Indianer sich auf den Friedensvertrag beriefen und die Bestrafung der Diebe verlangten, beschlossen die Weißen, einen von ihnen aufzuhängen, um die Indianer, deren Hilfe sie noch brauchten, zu versöhnen. Nun konnte man sehen, wer die wirklichen ›Wilden‹ waren: Der Mann, der hauptsächlich Indianermais gestohlen hatte, war ein großer, gesunder und athletischer Mann. Deshalb wollten sie ihn verschonen, weil er noch von Nutzen für sie sein konnte. Statt dessen wählten sie einen alten Mann, der krank und lahm war und sich vom Weben mühsam ernährte, und der vollkommen unschuldig war, und hingen ihn an seiner Stelle auf. Oh, zeigt mir auch nur einen einzigen Indianer, der so etwas hätte tun können! Einen anderen Akt von christlicher Humanität beging Captain Standish. Er bereitete ein Fest für die Indianer vor, und als diese sich arglos hinsetzten, ergriffen seine Männer die Messer der Indianer, die diese am Nacken auf dem Rücken trugen und stachen sie ihnen ins Herz. Die schnitten dem Häuptling Wittumumet den Kopf ab, steckten ihn auf einen Pfahl an ihrem Fort und dankten Gott für diese Tat, denn sie glaubten, daß es Gottes Wille sei, so zu handeln [...]. Beide Seiten hatten sich im Vertrag verpflichtet, Vertragsbrüchige der Gegenseite auszuliefern, aber die Pilger waren die ersten, die diese Verpflichtung brachen. Ein Indianer beging Verrat an seinem Volk, aber die Pilger verweigerten seine Herausgabe, weil er ihnen nützlich war. Wer hätte dem alten Sachem übelnehmen können, wenn er nach solchen Vertragsbrüchen Krieg erklärt und die Weißen niedergemacht hätte? Er hätte die Macht dazu gehabt, aber er vergab den Weißen und gewährte ihnen weiter seine Hilfe. Wo gibt es ein Volk, das sich zivilisiert nennt, das so etwas getan hätte? So hat Massasoit, haben seine Indianer bewiesen, daß sie christlicher handelten als Christen, und diese Christen haben bewiesen, daß sie die wirklichen ›Wilden‹ waren [...]. Als es hieß, daß ein gewisser Tisquantum, einer von Coubantants Männern, von Indianern getötet worden sei – später stellte sich heraus, daß es Coubantant selbst war – überfiel Captain Standish mit vierzehn Pilgern um Mitternacht ein Indianerdorf und machte schlafende Männer, Frauen und Kinder nieder. Kann man solche Menschen als ›gute und vertrauenswürdige‹ Menschen ansehen, wie sie es immer verlangen? Ist der Mitternachtsmörder, der heimtückische Mörder, ein guter und vertrauenswürdiger Mensch? Ein Christ und Vorbild? Diese Indianer waren vollkommen unschuldig. Doch wenn Indianer etwas sagen, das die Wahrheit ist, so werden sie als Wilde und brutal bezeichnet.

[...]

»Es ist ein Unterschied, ob ein physisch stärkeres und auch zahlenmäßig überlegeneres Volk ein anderes schwächeres *vertreibt* oder ganz einfach *ausrottet*!

Glücklicherweise haben die Weißen ziemlich lückenlose schriftliche Zeugnisse hinterlassen. Wenn man ihre Interpretationen wegläßt, wenn nur noch die historischen Fakten übrigbleiben, so ergibt sich das Bild einer einzigen ununterbrochenen Folge von kriminellen Schwerverbrechen, die in den Gesetzbüchern alle und ohne Ausnahme mit der Todesstrafe geahndet werden. Daß Regierung und Kirchen nicht nur diese Schwerverbrechen sanktionierten, sondern daran sogar maßgeblich beteiligt waren, und noch sind – ändert nichts daran, daß es Schwerverbrechen sind. Es hat sich klar erwiesen, daß die christliche Lehre, daß die darauf basierenden Gesetze gut sind, aber sie sind nicht Gegenstand ehrlicher Überzeugung und Glaubens, sondern blanker Habgier und Machtpolitik. Es sind Verbrecher, die sich ihrer bedienen, die die Macht, den Reichtum, den Besitz, die Gerichtsbarkeit in der Welt der Weißen seit Menschengedenken an sich gebracht haben und die Lebensweise der Weißen bestimmen. Auch unter den Indianern hat es immer Schufte und Verbrecher gegeben, es gibt sie auch heute noch – aber sie haben keine Macht, sondern werden verachtet. Die Waffen, deren sich die weißen Verbrecher bedienen, sind heimtückisch und verächtlich wie sie selbst es sind: es sind Rum und Pulver und Blei, es sind Vernichtungskrankheiten wie Blattern, Cholera und Typhus, es sind Lüge, Heuchelei, Habgier und Brutalität. Eine Menschenrasse, die solche Waffen nicht kennt, die solche Eigenschaften verachtet, kann auch nicht die Spielregeln kennen, die innerhalb eines solchen Lebens das Überleben garantiert. Sie ist deshalb hilflos. Historiker aber, die nicht einmal Scham über diese Tatsachen empfinden können, sondern sich – blind und taub gegen Wirklichkeit – in eine geistige Welt flüchten, die es gar nicht gibt, sind noch bedauernswertere Geschöpfe als jene Verbrecher, die durchaus wissen was sie tun, wenn sie darüber nachdenken. Sie werden fortfahren, eine Geschichte des Verbrechens als gottgefällige Unvermeidlichkeit dazustellen und dies moralisch rechtfertigen. Was ist schlimmer: wenn ein schlechter Mensch einen Mord begeht? Oder wenn gute Menschen diesen Mord als einen Segen preisen, und damit schlechten Menschen Denkmäler setzen, und zu immer mehr Morden geradezu auffordern? Ich bin ein Indianer und habe mich sehr mit Lebensweise und Glauben der Weißen beschäftigt. Ich bin nicht wehrlos gegen ihre Argumente. Ich beweise Euch allen nach den von Euch anerkannten Regeln, daß Ihr alle Schwerverbrecher seid, weil Ihr Schwerverbrechen begeht, duldet und preist. Das sind die Taten, die Ihr selbst als Geschichte bezeichnet. Demgegenüber wiegen Eure Lippenbekenntnisse überhaupt nichts. Und jetzt stehn Sie auf und sagen Sie, daß auch ich ein Wilder und Barbar bin und ich werde Euch aus Eurer Bibel vorlesen, daß das, was ich gesagt habe, Gott selbst gesagt hat, und daß dann in Euren Augen Euer Gott ein Wilder und Barbar sei.«

100 »Es gibt wenig Gemeinsames zwischen uns«: Die Friedensrede des Suquamish-Häuptlings Seattle (1786–1866) von 1853

»[...] unser Volk sind nur noch wenige. Laßt uns hoffen, daß Feindschaft zwischen den Weißen und uns niemals wiederkehrt, denn wir haben dabei nur alles zu verlieren und nichts zu gewinnen. Die Rache, die Junge nehmen, empfinden sie als Gewinn, selbst wenn sie dabei ihr Leben verlieren. Aber die alten Männer die in Kriegszeiten zu Hause bleiben und die Mütter, die Söhne zu verlieren haben, wissen es besser. Der Große Weiße Vater sagt, daß der Gott der Weißen auch unser Gott ist, daß alle Weißen Brüder des Roten Mannes seien. Nun, die Menschen machen sich ihre Götter nach ihren Vorstellungen, und Brüder entstammen dem gleichen Geist. Deshalb ist euer Gott nicht unser Gott, seid ihr nicht unsere Brüder. Wir sind zwei verschiedene Rassen mit verschiedenem Ursprung und verschiedenen Schicksalen. Es gibt wenig Gemeinsames zwischen uns. Uns ist die Asche unserer Ahnen teuer und ihre Ruhestätten sind uns heilig. Ihr verlaßt die Gräber eurer Vorväter und bedauert es nicht. Eure Religion ist auf Papier geschrieben, unsere Religion ist in den Herzen des Volkes niedergeschrieben. Ihr müßt immer wieder in eurem Buch lesen um euch eurer Religion zu erinnern, bei uns ist sie Bestandteil des Bewußtseins. Eure Toten hören auf euch zu lieben, sobald sie das Tor zur Ewigkeit durchschritten haben. Sie vergessen euch und ihr vergeßt sie. Unsere Toten vergessen niemals diese schöne Welt, die sie hervorgebracht hat. Sie sind ständig um uns und bei uns und nur ihre Körper haben uns verlassen. Die Worte des Großen Weißen Vaters, der uns eine Reservation zuweist, in die wir uns zurückziehen sollen, sind wie eine Naturgewalt. Der Rote Mann hat versucht, vor den Weißen zu fliehen, wie die Morgennebel vor dem erwachenden Sonnenlicht fliehen. Es bedeutet wenig, wo man den Rest seiner Tage verbringt. Unsere Rasse wurde einst geboren, sie war machtvoll und stark und stirbt nun allmählich dahin. Die Nächte unseres Daseins werden länger und dunkler. Wohin der Rote Mann auch geht, überallhin folgen ihm die Schritte seines Vernichters und so bleibt ihm nur noch, sein Schicksal zu erdulden wie ein verwundetes Tier, das entkräftet ist und die Schritte des Jägers hört. Ich sehe dennoch keinen Grund zur Klage. Der Rote Mann hat viele tausend Jahre glücklich gelebt, und war sich dieses Glücks Tag für Tag bewußt. Stamm folgte Stamm und Nationen folgten Nationen, so wie eine Generation der anderen folgt. Es ist ein ständiges Geborenwerden und Vergehen, und Bedauern ist sinnlos. Eure Zeit des Untergangs mag noch entfernt sein, aber sie wird ebenso sicher kommen. Danach mögen wir Brüder sein, man wird sehen. Jeder Teil dieser Erde, die ihr uns zu verlassen gebietet, ist in der Wertschätzung unseres Volkes heilig. Jeder Hügel, jedes Tal, jede Ebene, jede Senke ist mit traurigen und glücklichen Ereignissen und Gefühlen längst vergangener Tage gesättigt. Selbst die Steine, die taub und tot in der Stille der Nacht und in der Wärme des Tages reglos daliegen, haben die Erinnerung an das Leben meines Volkes getrunken. Selbst der Staub, auf dem ihr jetzt steht, ist den vielen tausend Fußtritten meines Volkes mehr verbunden als den euren, denn er hat das Blut unserer Vorfahren getrunken, und er bewahrt heute noch das Salz ihrer bitteren und süßen Tränen, Fett und Asche unserer Lagerfeuer, den Schweiß der Freude und der Ängste, und unsere nackten Füße spüren in ihm eine Vertrautheit, die ihr nie empfinden könnt. Unsere hingegangenen Krieger, zärtlichen Mütter, freundlichen, glückherzigen Mädchen, und selbst unsere kleinen Kinder, die hier lebten und Erfüllung fanden, sind Bestandteil dieser beruhigenden Einsamkeiten geworden, in die sie wie die Gezeiten des Meeres im Geist immer wieder zurückkehren, um ihr Leben ohne die Last des Körpers fortzusetzen. Und wenn der letzte Rote Mann von dieser Erde genommen sein wird, und die Erinnerung an mein Volk zum Mythos unter den Weißen geworden ist, so werden dennoch diese Naturgründe erfüllt sein von den unsterblichen Geistern meines Volkes, und wenn eure Kindeskinder sich auf einem Feld, im Geschäft, zwischen Häusern und auf Überlandstraßen, oder im Schweigen der weglosen Wälder einsam fühlen, so werden sie nicht allein sein, denn nirgendwo auf der Erde gibt es einen Ort, der der Einsamkeit vorbehalten ist. Nachts, wenn die Straßen eurer Städte und Dörfer still sind und verlassen erscheinen, werden sie erfüllt sein mit den Geistern derer, die einst dieses Land liebten. Der Weiße Mann wird niemals allein sein. Die Toten sind nicht ohne Kraft. Die Gefühle der Menschen sind nicht nur im

Leben die starken Impulse, die alle ihre Taten verursachen, sondern sie bleiben über den Tod des Körpers hinaus erhalten und sie konzentrieren sich auf das Land, erfüllen es mit menschlichem Leben. Ihr werdet es erleben, daß euch der Geist des Roten Mannes zu irgendeiner Zeit zu erfüllen beginnt, in euren Kindeskindern, zu einer Zeit, da ihr allgemein vollkommen gefühllos geworden seid, und euch nur noch Haß und Angst zu Taten zwingen, die nicht nur Vernichtung anderer, sondern auch eure eigene zum Ziel hat. In solchen Tagen wird der Geist des Roten Mannes, der alles Lebende mit großer Liebe und Andacht bejahte von euren Kindeskindern langsam Besitz ergreifen und auch in jene dringen, die gar nichts vom Roten Manne wissen.

Deshalb behandelt unser Volk gerecht und versucht, dem Ende unserer Tage mit Geduld entgegenzusehen, denn unsere Vorväter und wir werden ständig um euch sein und warten, bis wir in eurem Charakter ein Samenkorn der Liebe zum Leben pflanzen können. Das aber wird dann der Tod eurer Welt sein.«

V. Anhang

1. Glossar

Aguilar Jerome de, Spanier, der jahrelang als Sklave unter den Mayas lebte, ihre Sprache verstand und Cortés als Dolmetscher diente.

Alexander VI. (1431–1503), Papst spanischer Herkunft, der mit der berühmten Bulle von 1493 die Welt zwischen Spanien und Portugal aufteilte.

Almagro, Diego de (1475–1538), spanischer Conquistador, nahm unter Pizarro an der Eroberung Perus teil und führte 1535–1537 ein Expeditionsheer in das heutige Chile, das sich durch zahllose Greueltaten hervortat. Besiegte nach seiner Rückkehr bei Cuzco den aufständischen Inka Manko Capac II. und verlor den anschließenden Machtkampf gegen die Brüder Pizarro.

Alvarado, Pedro de (ca. 1485–1541), spanischer Conquistador, Kommandant eines Schiffes bei der Yucatan-Expedition des Grijalva, unter Cortés an der Eroberung Mexikos beteiligt. Danach in dessen Auftrag 1524 Eroberung Guatemalas.

Amerigo Vespucci, siehe: Vespucci.

Andagoya, Pascual de (1498–1548), Conquistador und Chronist, gab 1522 den ersten Bericht über das sagenhafte Reich »Pirú«.

Anghiera, Petrus Martyr de (1457–1526), italienischer Gelehrter am spanischen Hof, der die erste Chronik von der Entdeckung und Eroberung der Neuen Welt verfaßte. Er war selbst nie in Amerika, lernte aber als Mitglied des Indienrates die meisten Conquistadoren persönlich kennen.

Apes, William (geb. 1798), Methodistenpfarrer indianischer Herkunft (Pequot), angeblich Nachkomme des Häuptlings Metacomet.

Atahualpa (1502–1533), Inka, Sohn des Huayna Capac. Zunächst Herrscher über den Nordteil des Reiches mit Hauptort Quito, nach der Ermordung seines Bruders Huascar Inka 1532 Alleinherrscher. 1533 von Pizarro in Cajamarca ermordet.

Balboa, Vasco Nuñez de (ca. 1475–1517), spanischer Conquistador, der als erster den Isthmus von Panama überquerte und den Ostrand des Pazifik erreichte, den er, von Norden kommend, »Südmeer« nannte. Wegen angeblicher Verschwörung hingerichtet.

Beau, Claude le (geb. ca. 1705), Offizierssohn und Jurist, wurde 1729 nach Kanada deportiert. Beschließt 1731, durch das Gebiet der Irokesenkonföderation nach Neu-England zu flüchten, um von dort aus zurück nach Frankreich zu gelangen. Als mittelloser Flüchtling war er ganz auf das Wohlwollen der Indianer angewiesen. Später lebte er in den Niederlanden. Von seiner mehrmonatigen Flucht berichtete er 1738 in einem Buch.

Black Hawk (1767–1838), Sauk-and Fox-Häuptling, verlor im Frieden von 1804 alles Land an die USA und kämpfte im Krieg von 1812 auf britischer Seite gegen die USA.

Cabot, John (1450–1499), eigentlich Giovanni Caboto, suchte im Auftrag König Heinrichs VII. von England den Seeweg nach Indien und entdeckte 1497 die Ostküste Nordamerikas.

Cabral, Pedro Alvares (ca. 1468–1520), portugiesischer Seefahrer, nahm 1500 Brasilien für Portugal in Besitz.

Cacama, Herrscher von Tezcoco (1516–1520), mächtigster Vasall des Azteken-Herrschers Motecuhzoma II. zur Zeit der Conquista.

Carlos I., siehe: Karl V.

Cartier, Jacques (1491–1557), französischer Seefahrer.

Casas, siehe: Las Casas.

Catlin, George (1796–1872), Maler und Ethnograph der nordamerikanischen Indianer.

Caunaboa, Aruak-Kazike auf Española, der gegen die spanischen Eindringlinge 1492 Widerstand zu leisten wagte.

Chiapes, Indianerhäuptling am »Südmeer« Panas, der dem Conquistador Vasco Nuñez de Balboa 1513 Widerstand leistete.

Chimpu Ocllo, Inkaprinzessin und Mutter des Chronisten Garcilaso de la Vega, el Inca.

Cieza de Leon, Pedro (ca. 1520–1554), kämpfte auf seiten der königlichen Truppen in Peru gegen den aufständischen Gonzalo Pizarro, Verfasser der »Cronicas del Perú« (1553).

Colombo, Cristoforo, siehe: Kolumbus.

Colón, Cristóbal, siehe: Kolumbus.

Cortés, Hernán (1485–1547), Eroberer Mexikos. Entstammte dem niederen kastilischen Adel, ging 1504 nach »Westindien« und nahm 1511 an der Inbesitznahme Kubas teil. Stellte sich an die Spitze einer Expedition, die 1519 mit 600 Mann nach Mexiko segelte. Er gewann die Bewohner Tlaxcalas zu Bundesgenossen und stürzte den Aztekenherrscher Motecuhzoma II. Ein Aufstand zwang ihn 1520 zum Rückzug aus Tenochtitlán, doch 1521 gelang ihm in erbitterten Kämpfen die endgültige Eroberung der aztekischen Hauptstadt. Kaiser Karl V. ernannte ihn zu seinem Statthalter in »Neuspanien« (Mexiko).

Cauhtémoc, Nachfolger Motecuhzomas II. und letzter legitimer Herrscher der Azteken (1521–1525).

Diaz del Castillo, Bernal (ca. 1496–1584), Chronist der span. Eroberung Mexikos. Teilnehmer an Cortés' Eroberungszug, lebte später in Guatemala.

Drake, Francis (ca. 1540–1596), englischer Seefahrer, »Pirat der Königin«, 1577–80 erste englische Weltumsegelung.

Eliot, John (1604–1690), reiste 1631 nach Neu-England. Missionar bei den Massachusetts-Indianern, deren Sprache, einen Algonkin-Dialekt, er erlernte.

Fonseca, Rodriguez Juan de (1451–1524), Ratgeber der spanischen Könige, Leiter des Indienrats und Erzbischof von Burgos.

Garcilaso de la Vega, el Inca (1540–1616), Sohn eines spanischen Conquistadors gleichen Namens und der Inkaprinzessin Chimpu Ocllo, peruanischer Chronist.

Gilbert, Humphrey (1539–1583), englischer Seefahrer.

Guacanagari (bei Angiera: Guaccanarillo), Aruak-Kazike auf Española, mit dem Kolumbus 1492/93 vor seiner Rückkehr nach Spanien einen Freundschaftsvertrag schloß.

Guarionex, Aruak-Kazike auf Española, der seine Schwester dem Diego Kolumbus zur Frau gab, um die Freundschaft des Christoph Kolumbus zu gewinnen.

Hakluyt, Richard (ca. 1552–1616), englischer Geograph und Publizist, der seit 1589 eine Sammlung von Reiseberichten veröffentlichte.

Harriot, Thomas (ca. 1560–1621), Mathematiker und Chronist der englischen Kolonie Virginia, stand längere Zeit in Diensten Sir Walter Raleighs.

Huascar (gest. 1532), Inkaherrscher und Halbbruder des Atahualpa. Huascar beherrschte von Cuzco aus den zentralen Teil des Reiches, wurde dann jedoch im Auftrag Atahualpas ermordet.

Huayna Capac (1493–1527), Inkaherrscher, unter dem das Reich seine größte Ausdehnung und die Inkakultur ihre höchste Blüte erreichte. Kurz vor seinem Tod erhielt er noch Kunde von der Ankunft der Spanier an der Nordküste des Reiches. Nach seinem Tod brachen Thronfolgekriege zwischen seinen Söhnen Atahualpa und Huascar aus.

Hudson, Henry (ca. 1550–1611), englischer Seefahrer, erkundete 1607 die Ostküste Nordamerikas und entdeckte 1610 die nach ihm benannte Hudson Bay. 1611 wurde er von der Schiffsbesatzung ausgesetzt und blieb verschollen.

Huitzilopochtli, Gottheit der Azteken, von den christlichen Missionaren mit dem Teufel identifiziert.

Ixtlilxochitl II., Prinz von Tezcoco, trat 1519 unter dem Eindruck der Begegnung mit Cortés zum Christentum über.

Karl V. (1500–1558), König von Spanien (1516–1556), Kaiser (1520–1556). Während seiner Regierungszeit wurden die altamerikanischen Großreiche in Mexiko und Peru erobert und die spanische Kolonialherrschaft in Mittel- und Südamerika errichtet.

Kolumbus, Christoph (1451–1506), spanischer Seefahrer italienischer Herkunft. Entdeckte 1492 die Amerika vorgelagerten Inseln (Bahamas, Kuba, Haiti), 1498 Südamerika. Starb in der Überzeugung, den Seeweg nach Indien entdeckt zu haben. Auf ihn geht die Bezeichnung »Indios« für die Einwohner des amerikanischen Doppelkontinents zurück. Sein berühmtes »Bordbuch« ist nicht im Original, sondern nur in einer Abschrift Las Casas' erhalten. Seine Berichte an die katholischen Könige, Isabella von Kastilien und Ferdinand von Aragón, sind getragen von dem Bestreben, die Bedeutung seiner Entdeckungen nach Kräften herauszustreichen.

Lafiteau, Joseph-François (1681–1740), Jesuit und Irokesenmissionar, gilt als einer der Begründer der vergleichenden Völkerkunde. Versuchte, die Theorie eines ursprünglichen Monotheismus zu belegen.

Lahontan, Louis-Armand de (1666–1715), Ethnograph, der die Lebensweise der Irokesen gegen Missionare verteidigte.

Las Casas, Bartolomé de (1474–1566), der »Apostel der Indianer«. Kaufmannssohn aus Sevilla und Begleiter des Kolumbus, der seit 1515 am spanischen Hof für die Menschenrechte der Indianer eintrat. 1522 Eintritt in den Dominikanerorden. Sein »Bericht über die Verwüstung der westindischen Länder« gibt drastische Beispiele von den Grausamkeiten der Conquistadoren. Auf sein langjähriges Wirken hin wurden 1542 die »Neuen Gesetze« erlassen, die Spanier und Indianer rechtlich gleichstellten.

La Vérendrye, Pierre Gaultier de Varennes de, französischer Offizier und Entdeckungsreisender.

Loyola, Martin García de, Neffe des Ignatius von Loyola. Nahm den Inka Tupac Amaru gefangen und heiratete selbst eine Inkaprinzessin.

Manko I. Capac, legendärer Stammvater und Kulturheros der Inkas, Sohn des Schöpfergottes Wiraqocha, soll um 1200 mit seiner Schwester und Gemahlin Mama Ocllo den Sonnenkult eingeführt und die Inka-Dynastie begründet haben.

Manko II. Capac (1515–1545), Sohn des Huayna Capac und von den Spaniern als legitimer Nachfolger Atahualpas eingesetzt, entfesselte 1536 den indianischen Aufstand gegen den spanischen Statthalter Pizarro. Nach der vergeblichen Belagerung Cuzcos und Limas zog er sich in die unzugänglichen Bergtäler der alten Reichsprovinz Anti-Suyu zurück und gründete 1537 den neuen Inkastaat von Vilcabamba, der bis 1572 Bestand haben sollte. Manko Inka wurde von Spaniern ermordet.

Marina, Kazikentochter und Geliebte des Cortés. Sie beherrschte die Sprache der Azteken und diente in Mexiko als Dolmetscherin. Von den Azteken Malintzin genannt, was die Spanier in Malinche umwandelten. Cortés als ihr Herr wurde von den Azteken ebenfalls Malinche genannt.

Marquette, Jacques (1637–1675), Jesuit und Indianermissionar.

Melchior, Indianer aus Yucatan, diente Cortés als Dolmetscher.

Metacomet (ca. 1639–1676), Wampanoag-Häuptling (seit 1660), von den Engländern »King Philip« genannt. Er plante die militärische Vertreibung der Weißen. Wurde 1675 im »King-Philip-War« von den Kolonisten geschlagen.

Moctezuma, Montezuma, Moteczuma, Moteuczoma, siehe: Motecuhzoma.

Motecuhzoma I., erkämpfte während seiner Regierungszeit (1440–1469) die Vormachtstellung der Azteken unter den zentralmexikanischen Stadtstaaten.

Motecuhzoma II. (1466–1520), Aztekenherrscher (1503–1520), Urenkel des Motecuhzoma I. Zu seiner Zeit erlangte das Reich der Azteken die größte Ausdehnung, die unterworfenen Völker empfanden die Azteken jedoch als grausame Fremdherrscher und liefen zum Teil zu den Spaniern über. Motecuhzoma hielt, entsprechend einer alten Prophezeiung über die Rückkehr des Gottes Quetzalcoatl, den Conquistador Hernán Cortés für einen Gott. Als Motecuhzoma II. versuchte, den Aufstand der Azteken gegen die Spanier zu beruhigen, wurde er von seinem eigenen Volk getötet.

Nezahualpilli (1472–1516), Herrscher von Tezcoco vor der Ankunft der Spanier in Mexiko.

Olmedo, Fray Bartolomeo de, Feldgeistlicher und Berater des Cortés.

Ortiz, Diego (gest. 1571), Missionar. Wurde für den plötzlichen Tod des Inkas Titu Cusi Yupanqui verantwortlich gemacht und qualvoll getötet.

Osceola (1804–1838), Seminolen-Häuptling, Anführer eines Seminolenaufstandes, Meister der Guerilla-Taktik.

Oviedo, Fernández Gonzalo de (1478–1557), Gegner des Las Casas und Autor einer beschönigenden Darstellung der spanischen Indianerpolitik.

Paullu Tupac (1518–1549), von Almagro als Gegen-Inka gegen den aufständischen Manko Inka eingesetzt. Er wechselte später zur Pizarro-Partei.

Penn, William (1644–1718), Gründer von Pennsylvania.

Philipp II. (1527–1598), König von Spanien (1556–1598).

Pinzón, Vicente Yañez (ca. 1460–1524), Kommandant der »Nina« bei der ersten Amerikafahrt des Kolumbus 1492. Im Jahr 1500 entdeckte er bei einer Brasilien-Expedition die Amazonas-Mündung.

Pizarro, Francisco (1478–1541), spanischer Conquistador und Eroberer Perus, der geschickt die inneren Gegensätze des Inka-Reiches zu nutzen verstand. Die spanische Kolonial-Administration trat an die Stelle der Inkaherrschaft. Gründete 1535 als neue Hauptstadt Perus Lima. Von Anhängern Almagros ermordet.

Pizarro, Gonzalo (1505–1548), Bruder des Francisco, 1544 Machtergreifung 1548 Hinrichtung.

Pizarro, Hernando (1502–1578), Bruder des Francisco, Mitverursacher der peruanischen Bürgerkriege.

Pizarro, Pedro (1514–1571), Vetter des Francisco Pizarro und Chronist der Eroberung Perus.

Poma de Ayala, Guaman (1567–1615), Sohn eines Ketschua-Kaziken und Verfasser einer Chronik zur peruanischen Geschichte.

Pontiac (1720–1769), Ottawa-Häuptling.

Powathan, siehe: Wahunsonacock.

Pushmataha (1764–1824), Choctaw-Häuptling und Gegner Tecumsehs. Verhielt sich loyal zu den USA, setzte sich in Reden vor Senat und Repräsentantenhaus für sein Volk ein.

Quetzalcoatl, mexikanische Gottheit, Widersacher der blutigen Götter der Azteken und rechtmäßiger Herrscher über Mexiko. Motecuhzoma II. hielt Cortés für den zurückgekehrten Quetzalcoatl.

Raleigh, Sir Walter (1552–1618), englischer Seefahrer und Kolonisator Virginias.

Sagoyewatha (1742–1830), Seneca-Irokesen-Häuptling, von den Amerikanern genannt »Red Jacket«. Berühmter politischer Redner der »Five Nations«, sprach auch vor dem US-Senat. Gegner der Siedler, die seine Familie getötet hatten.

Sahagún, Bernardino de (ca. 1500–1590), Franziskaner, der wie Las Casas überzeugt war vom Eigenwert der indianischen Kultur. Unterrichtete am Kolleg in Tlaltelolco die Söhne indianischer Adeliger. Erlernte das aztekische Náhuatl und sammelte mit Hilfe seiner aztekischen Schüler Zeugnisse der mexikanischen Kultur. Verfasser der »Historia general de las cosas de Nueva España« (1569–1575). Das Werk wurde von der Inquisition verboten und konnte erstmals 1830 veröffentlicht werden.

Sarmiento de Gamboa, Pedro (1532–1592), spanischer Chronist der Eroberung Perus.

Sayri Tupac (1535–1560), als Sohn und Nachfolger des Manko Inka Herrscher von Vilcabamba (abgedankt 1557).

Seattle (1786–1866), Suquamish-Häuptling, berühmt als Philosoph und Redner und deshalb »Sokrates des Nordostens« genannt. Trat für Verständigungspolitik ein. Nach ihm trägt die Hauptstadt des US-Bundesstaates Washington ihren Namen.

Sepúlveda, Juan Gines de (ca. 1489–1573), spanischer Kronjurist und Gegner des Las Casas, nach dessen Ansicht barbarische Völkerstämme von Natur aus zu Sklaven bestimmt waren.

Soto, Hernando de, (gest. 1542), Hauptmann Pizarros bei der Eroberung Perus, später spanischer Statthalter in Florida, starb bei der Erkundung der Mississippi-Mündung.

Tecumseh (1768–1813), Shawnee-Häuptling, der die Indianer zu einem großen Aufstand gegen die Weißen einigen wollte.

Teules, Götter oder gottähnliche Wesen. Bezeichnung der Mexikaner für die Spanier.

Tey Yupanqui, General Manko Inkas, der die Belagerung Limas durch indianische Truppen leitete.

Titu Cusi Yupanqui (1530–1571), Sohn des Manko Inka (gest. 1544) und Enkel des großen Inka Huayna Capac. Herrschte seit 1560 über das Rest-Inkareich um Vilcabamba. Der von ihm in Ketschua verfaßte apologetische Bericht wurde von dem Augustinermönch Marcos García ins Spanische übersetzt. Titu Cusi Yupanqui ging es darum, seine Rechte gegenüber dem spanischen König Philipp II. zu vertreten.

Tupac Amaru I. (gest. 1572), Inkaherrscher, Nachfolger des Titu Cusi Yupanqui im Teilreich von Vilcabamba, das 1572 von den Spaniern erobert wird. Mit seiner Hinrichtung in Cuzco erlischt die Inka-Dynastie. Das Fortwirken des Inka-Mythos wird jedoch deutlich mit dem Indianeraufstand des José Gabriel Condorcanqui von 1780, der sich nach dem letzten Inkaherrscher Tupac Amaru II. nannte.

Valverde, Vicente de (gest. 1543) dominikanischer Feldprediger Pizarros in Cajamarca 1532, später zum Bischof ernannt, trat für die Rechte der Indianer ein.

Verrazzano, Giovanni da, italienischer Seefahrer in Diensten des Königs François I. von Frankreich.

Vespucci, Amerigo (1451–1512), der um 1500 selbst zwei Fahrten nach Westen mitgemacht hatte. Vespucci kam aufgrund seiner Beobachtungen zu der Ansicht, daß es sich bei den entdeckten Ländereien keineswegs um Teile des Orients handeln könne, sondern daß man es hier mit einer »Neuen Welt« (»Mundus Novus«) zu tun habe. Diese Ansicht vertrat er in einem 1504 gedruckten Werk mit diesem Titel, das als einer der ersten gedruckten Reiseberichte rasch mehrere Auflagen erlebte. Der Name *Amerika* wurde durch Mathias Ringmann, einen Schulmeister von Colmar im Elsaß, »erfunden«. In seiner Einleitung zur »Cosmographia« des bekannten deutschen Humanisten und Kartographen Martin Waldseemüller heißt es, ein »vierter Erdteil« sei durch »Americus Vesputius« entdeckt worden und es sei recht und billig, ihn nach seinem Entdecker »Amerige, nämlich Land des Americus, oder America zu nennen, denn auch Europa und Asien haben ihren Namen nach Frauen genommen«.

Villac Humu, hoher Priester der Inka zur Zeit des Manko II. Capac.

Wahunsonacock (ca. 1531–1618), regionaler Anführer einiger Algonkin-Stämme (»34 Nationen«), für die Engländer der »Indianer-Kaiser Powhatan« (1612).

Waldseemüller, Martin (ca. 1470–1521), Humanist. In seiner »Universalis Cosmographia« findet sich 1507 erstmals der neue Begriff »America«.

Wiraqocha, Schöpfergottheit der Inkas. Huayna Capac befürchtete bei den Nachrichten über die Ankunft der Spanier, daß Wiraqocha zurückgekehrt sei.

Xicotenacl, Herrscher von Tlaxcala, der sich 1519 auf die Seite Cortés' stellte, um den Aztekenherrscher Motecuhzoma II. als gemeinsamen Feind zu bekämpfen.

2. *Textnachweis*

1. Columbus (1989) 21–23.
2. Columbus (1989) 23–26.
3. Columbus (1989) 26–27.
4. Columbus (1989) 27–35.
5. Columbus (1989) 52–57.
6. Columbus (1989) 85–99.
7. Anghiera (1972) I, 31–33.
8. Anghiera (1972) I, 63–69.

9. Anghiera (1972) I, 127–128.
10. Schmitt (1984) II, 182–183, nach: Columbus (1956) 303–306.
11. Anghiera (1972) I, 219–222.
12. Diaz (1988) 21–29.
13. Cortés (1975) 43–44, 48–77.
14. Diaz (1988) 205–210, 215–222.
15. Diaz (1988) 215–222.
16. Cortés (1975) 77–80.
17. Cortés (1975) 89–100.
18. Cortés (1975) 268–276.
19. Bibliotheca Laurenziana, Florenz, Codex Florentino (1555/1585).
    Zitiert nach: León-Portilla/Heuer (1986) 11–13.
20. Fernando Alvarado, Tezozómoc, Crónica Mexicayotl (1598).
    Zitiert nach: Léon-Portilla/Heuer (1986) 17–19.
22. Bibliotheca Laurenziana, Florenz, Codex Florentino (1555/1585).
    Zitiert nach: León-Portilla/Heuer (1986) 23–26.
23. Ebd.; Zitiert nach: León-Portilla/Heuer (1986) 28–32.
24. Ebd.; Zitiert nach: León-Portilla/Heuer (1986) 32–35.
25. Ebd.; Zitiert nach: León-Portilla/Heuer (1986) 38, 41–42.
26. Ebd.; Zitiert nach: León-Portilla/Heuer (1986) 43–45.
27. Codex Ramirez (1580); Relación del origen de los indios que habitan
    esta Nueva Espana según sus historias, Mexiko 1944.
    Zitiert nach: León-Portilla/Heuer (1986) 46, 48–49.
28. Ebd.; Zitiert nach: León-Portilla/Heuer (1986) 50–51.
29. Bibliotheca Laurenziana, Florenz, Codex Florentino (1555/1585).
    Zitiert nach: León-Portilla/Heuer (1986) 51, 53–54.
30. Bibliotheca Laurenziana, Florenz, Codex Florentino (1555/1585).
    Zitiert nach: León-Portilla/Heuer (1986) 55–56.
31. Ebd.; Zitiert nach: León-Portilla/Heuer (1986) 57–60.
32. Ebd.; Zitiert nach: León-Portilla/Heuer (1986) 61–62.
33. Ebd.; Zitiert nach: León-Portilla/Heuer (1986) 66–68.
34. Ebd.; Zitiert nach: León-Portilla/Heuer (1986) 71–74.
35. Ebd.; Zitiert nach: León-Portilla/Heuer (1986) 76–79, 83–89.
36. Cantares Mexicanos (1523).
    Zitiert nach: León-Portilla/Heuer (1986) 108–111.
37. Kutscher (1949) 73–107.
38. Anghiera (1972) I, 107–110.
39. Schmitt (1984) II, 172–173, nach: da Costa (Ed.), Os sete Unicos Docu-
    mentos de 1500, Lissabon 1968.
40. Schmitt (1984) II, 177–178, 180–181, nach: Codice Galileiano 292, Flo-
    renz.
41. Anghiera (1972) II, 134–137.
42. Engl/Engl (1975) 32–33, nach: Los cronistas del Perú (1528–1650),
    Lima 1962.
43. Engl/Engl (1975) 69–70, nach: Antonio de Herrera, Historia General,
    Madrid 1953.

44. Schmitt (1984) II, 389–391, nach: Diego de Trujillo, Relación del descubrimiento del Reyno del Perú (1948).
45. Schmitt (1984) II, 394–395, nach: R. Porras Barreuechea (Hg.), Las Relaciones Primitivas de la Conquista del Perú, Paris 1937.
46. Schmitt (1984) II, 397–401, nach: Miguel de Estete, Noticia del Perú, 1572, Quito.
47. Engl/Engl (1975) 113–115, nach: Pedro Pizarro, Relación del descubrimiento, in: Colección de documentos inéditos para la historia de España, Madrid 1842.
48. Engl/Engl (1975) 123, nach: Colección de documentos inéditos para la historia de España, Madrid 1842.
49. Schmitt (1984) II, 408, 410–417, nach: Pedro Sancho de la Hoz, Relación (1898).
50. Engl/Engl (1975) 189–191, nach: Muline el Chileno, in: Los cronistas del Perú.
51. Engl/Engl (1975) 205, nach: Sitio del Cuczco.
52. Engl/Engl (1975) 211–213, nach: Pedro Pizarro, Relación del descubrimiento.
53. Engl/Engl (1975) 216, nach: Colección de documentos inéditos relativos al descubrimiento, conquista y organización de las antiguas posesiones españoles de América y Oceanía, Madrid 1864, 1892.
54. Engl/Engl (1975) 217, nach der Chronik: Sitio del Cuczco.
55. Engl/Engl (1975) 222–224, nach: Pedro Pizarro, Relación del descubrimiento, in: Colección de documentos inéditos para la historia de España, Madrid 1842.
56. Engl/Engl (1975) 230–237, nach: Vicente de Valverde, Colección de documentos inéditos relativos al descubrimiento, conquista y organización de las antiguas posesiones españoles de América y Oceanía, Madrid 1864, 1892.
57. Engl/Engl (1975) 363–366, nach: Fernando de Santillán (1553), in: Tres relaciones de antigüedades peruanas (1879).
58. Engl/Engl (1975) 359–360, nach: Roberto Levillier, Gobernantes del Peru, Madrid 1921.
59. Engl/Engl (1975) 377–380, nach: Marín de Murúa, Historia general del Perú, Madrid 1962.
60. Engl/Engl (1975) 383–384, nach: Colección de documentos inéditos relativos al descubrimiento, conquista y organización de las antiguas posesiones españoles de América y Oceanía, Madrid 1864, 1892.
61. Engl/Engl (1975) 404–405, nach: Colección de documentos inéditos para la historia de España, Madrid 1842.
62. Garcilaso de la Vega (1983) 394–398.
63. Garcilaso de la Vega (1983) 398–401.
64. Titu Kusi Yupanki (1985) 31–35.
65. Titu Kusi Yupanki (1985) 53–62, 69–76.
66. Titu Kusi Yupanki (1985) 92–104 (ohne die Seiten: 95, 99, 101).
67. Titu Kusi Yupanki (1985) 112–133 (ohne die Seiten: 117, 121, 122, 125).

68. Titu Kusi Yupanki (1985) 133–136.
69. Engl/Engl (1975) 357, nach: Guaman Poma de Ayala, La Nueva Cró-
    nica y buen Gobierno, Lima 1956.
70. Quelle: Pierpont Morgan Library, New York, Cellère Codex (1524).
    Zitiert nach: Cumming (1978) 80–84.
71. Quelle: Bibliothèque Nationale, Paris, Collection Moreau No. 841.
    Zitiert nach: Cumming (1978) 84, 92, 95–97.
72. Bitterli (1980) 113–115, nach: Voyages du P. Jacques Marquette, in:
    March of America Facsimile Series, Bd. 28, Ann Arbor 1966.
73. Lahontan (1982) 191–192, 194–195, 201–206.
74. Beau, Claude le, Seltsame und neue Reise zu den Wilden von Nordame-
    rika (1738). Aus dem Französ. übs. v. J. B. Nack, München (C. H. Beck)
    1986, 55–62, 159–163, 251, 254–255, 269–272, 320–324, 377–384.
75. Schmitt (1984) II, 486–490, nach: Journals and Letters of Pierre Gaul-
    tier de Varennes de La Vérendrye (...) Toronto 1927.
76. Quelle: The famous voyage of Sir Francis Drake, in: Richard Hakluyt,
    The Principall Navigations, London 1589.
    Zitiert nach: Cumming (1978) 132.
77. Quelle: The Voyage of Philip Amadas and Arthur Barlowe to Virginia,
    in: Richard Hakluyt, The Principall Navigations, London 1589.
    Zitiert nach: Cumming (1978) 193–194, 198, 200.
78. Quelle: Thomas Harriot, A Briefe and True Report of the New Found
    Land of Virginia, London 1588.
    Zitiert nach: Cumming (1978) 201, 203–204.
79. John Brereton, A Briefe and True Relation of the Discoverie of the
    North Part of Virginia, London 1602.
    Zitiert nach Cumming (1978) 280.
80. Quelle: John Smith, A Map of Virginia, 1612.
    Zitiert nach: Cumming (1978) 281.
81. Quelle: Princeton University, Manuscripts: William Strachey, The Hi-
    storie of Travell into Virginia Britania, 1612.
    Zitiert nach: Cumming (1978) 282–283.
82. Bitterli (1980) 105–107 (Quelle wie Nr. 78).
83. Schmitt (1987) III, 540–543, nach: Collections of the Massachussetts Hi-
    storial Society, Cambridge/Mass. 1834.
84. Schmitt (1987) III, 241–244, nach: K. Karengh (Ed.), Foundations of
    Colonial America, II, New York 1973.
85. Catlin (1979) II, 175–181.
86. Catlin (1979) I, 78–80.
87. Bitterli (1980) 107–110, nach: H. Hudson, Original Documents, London
    1860.
88. Stammel (1989) 86.
89. Stammel (1989) 92–93.
90. Bitterli (1980) 122–123, nach: Elrod, N. (Hg.), Die Wunden der Frei-
    heit, München 1976, 43–44.
91. Stammel (1989) 102–103, nach: Indian Oratory, 45–47.

92. Stammel (1989) 105–107, nach: Vernderwerth, 64.
93. Stammel (1989) 106–107, nach: Congressional Record, 13.6.1921.
94. Catlin (1979) I, 124–129.
95. Catlin (1979) II, 141–146.
96. Catlin (1979) II, 115–119.
97. Stammel (1989) 110–111, nach: Kansas State Historical Collections, 1910.
98. Stammel (1989) 117.
99. Stammel (1989) 75–76, 80.
100. Stammel (1989) 147–149, nach der Niederschrift des Dr. Henry Smith, aufbewahrt von der Seattle Historical Society, Washington.

3. Quellen

Anghiera, Petrus Martyr de, Acht Dekaden über die Neue Welt, übs. von Hans Klingelhöfer, 2 Bde., (Wissenschaftliche Buchgesellschaft) Darmstadt 1973.

Arrowsmith, W. (Hg.), ›Meine Worte sind wie Sterne – sie gehen nicht unter‹. Reden der Indianerhäuptlinge, übs. v. Michael Korth, München (Dianus-Trikont) 1984.

Beau, Claude le, Seltsame und neue Reise zu den Wilden von Nordamerika (1738). Aus dem Französ. übs. v. J. B. Nack, München (C. H. Beck) 1986.

Benzoni, G., Von der Newen Welt und Indianischen Königreichs newe und wahrhaffte History (...), Basel 1579.

Bitterli, U. (Hg.), Die Entdeckung und Eroberung der Welt. Dokumente und Berichte. Erster Band: Amerika, Afrika, München (C. H. Beck) 1980.

Boas, F., Indianische Sagen von der nord-pacifischen Küste Amerikas, Berlin 1895.

Catlin, G., Die Indianer Nordamerikas (1841). Aus dem Amerikanischen von Heinrich Berghaus, 2 Bde., Leipzig/Weimar (Gustav Kiepenheuer Verlag) 1979.

Cieza de Leon, Pedro, Auf den Königsstraßen der Inkas. Aus dem Amerik. übs. von Jarl H. Kosmehl, hg. von Viktor Wolfgang von Hagen, Stuttgart (Steingrüben-Verlag) 1971 (EA = Cieza de Leon, Pedro, Cronica del Peru, Sevilla 1553).

Columbus, Christoph, Bordbuch. Briefe. Berichte. Dokumente. Ausgewählt, eingeleitet und erläutert von Ernst Gerhard Jacob, Bremen (Carl Schünemann Verlag) 1956.

Columbus, Christoph, Schiffstagebuch (1492/93). Aus dem Spanischen übs. v. Roland Erb, Köln (Pahl-Rugenstein) 1989.

Cortés, Hernán, Die Eroberung Mexikos. Eigenhändige Berichte an Kaiser Karl V., 1520–1524. Neu herausgegeben und bearbeitet von Hermann Homann, Tübingen/Basel (Horst Erdmann Verlag) 1975.

Cortés, Hernán, siehe: Litterscheid (1980).

Cumming, W. P. / Skelton, R. A. / Quinn, D. B. (Eds.), Die Entdeckung Nordamerikas (1971), Gütersloh (Prisma) 1978.

Diaz del Castillo, Bernal, Geschichte der Eroberung von Mexiko, Frankfurt/M. (Insel-Verlag) 1988.

Engl, L. / Engl, T. (Hg.), Die Eroberung Perus in Augenzeugenberichten, München (dtv) 1975.

Gamboa, P. Sarmiento de, Geschichte des Inkareichs, hg. von R. Pietschmann, Berlin 1906.

Garcilaso de la Vega, el Inca, Wahrhaffte Kommentare zum Reich der Inka. Deutsch von Wilhelm Plackmeyer, Berlin (Ruetten & Loening) 1983 (EA = Garcilaso de la Vega, Comentarios Reales de los Incas)

Gottfried, J. L. (Hg.), Newe Welt Und Americanische Historien (...), Frankfurt/M. 1631.

Hakluyt, Richard (Ed.), The Principall Navigations, Voyages and Discoveries of the English Nation, 2 Bde., London 1589. (Faksimile-Druck Cambridge 1965).

Hennig, R. (Hg.), Terrae Incognitae, 4 Bde., Leiden 1939.

Koch-Grünberg, T. v. (Hg.), Indianermärchen aus Südamerika, Jena 1920.

Knox, John, An Historical Journal of the Campaigns in North America, 3 Bde., Toronto 1914.

Kutscher, G., (Hg.), Sterbende Götter und christliche Heilsbotschaft. Wechselreden indianischer Vornehmer und spanischer Glaubensapostel in Mexiko 1524. »Colloquios y doctrina christiana« des Fray Bernhardino de Sahagún aus dem Jahre 1564. Spanischer und mexikanischer Text mit deutscher Übersetzung von Walter Lehmann, Stuttgart (Kohlhammer) 1949.

Lafiteau, Joseph-François, Die Sitten der amerikanischen Wilden im Vergleich zu den Sitten der Frühzeit (1723/24), Halle 1752.

Lahontan, L. A. de, Neueste Reisen nach dem mitternächtlichen Amerika, Berlin 1982.

Landa, Fray Bernardino de, Bericht über die Lage der Dinge von Yucatan (1572). Übersetzt und dargestellt von B. Hermanns und H. J. Probst, in: Rätsch (1986) 175–212.

Las Casas, Bartholomę de, Kurzgefaßter Bericht von der Verwüstung der Westindischen Länder (1552), hg. v. Hans Magnus Enzensberger, Frankfurt/M. (Insel-Verlag) 1966.

Lehmann, W., Die Geschichte der Königreiche Colhuacan und Mexiko, Stuttgart 1938.

Lehmann, W. / Kutscher, G. (Hg.), Geschichte der Azteken: Codex Aubin und verwandte Dokumente, Berlin 1981.

Léon-Portilla, M. / Heuer, R. (Hg.), Rückkehr der Götter. Die Aufzeichnungen der Azteken über den Untergang ihres Reiches. Aus dem Nahuatl übersetzt von Angel Maria Garbay, Köln/Opladen (Verlag Friedrich Middelhauve) 1962, Frankfurt/M. (Verlag Klaus Dieter Vervuert) 1986.

Litterscheid, C. (Hg.), Die Eroberung Mexikos. Drei Berichte von Hernán Cortés an Kaiser Karl V. Aus dem Spanischen übs. v. Mario Spiro und C. W. Koppe, Frankfurt/M. 1980.

Litterschied, C. (Hg.), Aus der Welt der Azteken. Die Chronik des Fray Bernardino de Sahagún. Übersetzungen von L. Schultze Jena, E. Seler und S. Dedenbach-Salazar-Sáenz, Frankfurt/Main 1989.

Merian, Mathäus, Dedicatio, in: Gottfried (1631), iii-iv verso.

Monegal, siehe Rodriguez.

Montaigne, Michel de, Von den Menschenfressern, in: Ders., Essais. Aus dem Französischen von J. J. Bode, Frankfurt/M. (Insel-Verlag) 1976.

Popol Vuh. Das heilige Buch der Quiché-Indianer von Guatemala. Nach einer wiedergefundenen alten Handschrift neu übersetzt und erläutert von Dr. Leonhard Schultze Jena, Stuttgart (Kohlhammer) 1944.

Rätsch, C. (Hg.), Chactun. Die Götter der Maya. Quellentexte, Darstellung und Wörterbuch, Köln (Diederichs) 1986.

Rodriguez Monegal, E., Die Neue Welt. Chroniken Lateinamerikas von Kolumbus bis zu den Unabhängigkeitskriegen, Frankfurt/M. 1982.

Sahagún, Fray Bernardino de, Einige Kapitel aus dem Geschichtswerk des Fray Bernardino de Sahagún. Aus dem Aztekischen übersetzt von Eduard Seler, hg. von Caecilie Seler-Sachs, Stuttgart (Verlag Strecker und Schröder) 1927.

Sarmiento de Gamboa, Pedro, Geschichte des Inkareiches (Cuzco 1572), hg. von Richard Pietschmann, Berlin 1906.

Schmid, U., Reise in der Neuen Welt. Warhafftige Historie einer wunderbaren Schiffahrt, welche Ulrich Schmidl von Straubing von 1535 bis 1554 in America oder Neuwelt bei Brasilia oder Rio della Plata getan, Straubing 1567.

Schmitt, E. (Hg.), Dokumente zur Geschichte der europäischen Expansion, 7 Bde., Bd. 1–4, München (C. H. Beck) 1984 ff. (zit. als: DGE) (DGE I: Die mittelalterlichen Ursprünge der europäischen Expansion; DGE II: Die großen Entdeckungen, DGE III: Der Aufbau der Kolonialreiche; DGE IV: Wirtschaft und Handel der Kolonialreiche).

Seler, E. (Hg.), Codex Borgia: Eine altmexikanische Bilderschrift der Bibliothek der Congregatio de Propaganda Fide, 3 Bde., Berlin 1901.

Seler, E. (Hg.), Codex Fejerváry-Mayer: Eine altmexikanische Bilderhandschrift des Free Public Museums in Liverpool, Berlin 1901.

Seler, E. (Hg.), Codex Vaticanus Nr. 3773: Eine altmexikanische Niederschrift der Vatikanischen Bibliothek, 2 Bde., Berlin 1902.

Serle, Ambrose, The American Journal: 1776–1778, San Marino/Calif. 1940.

Smith, J., Unter den Indianern Virginiens, hg. von H. G. Bonte, Leipzig 1926.

Staden, H., Warhaftig Historia und Beschreibung eyner Landtschaft der Wilden/Nacketen/Grimmigne Menschfresser Leuthen in der Newenwelt America gelegen (...), Marburg 1557.

Stammel, H. J., Der Indianer. Legende und Wirklichkeit von A–Z, München (Orbis-Verlag) 1989.

Sterbende Götter, siehe: Kutscher.

Strosetzki, C. (Hg.), Der Griff nach der Neuen Welt. Der Untergang der indianischen Kulturen im Spiegel zeitgenössischer Texte, Frankfurt/M. (Fischer) 1991.

Titu Kusi Yupanki Inka, Die Erschütterung der Welt (1570). Ein Inka-König berichtet über den Kampf gegen die Spanier, hg. und aus dem Spanischen übersetzt von Martin Lienhard, Olten und Freiburg im Breisgau (Walter-Verlag) 1985.

Thwaites, R. G. (Ed.), The Jesuit Relations and Allied Documents: Travels and Explorations of the Jesuit Missionaries in New France 1610–1791, 83 Bde., Cleveland 1896–1901.

Wied, Maximilian Prinz zu, Reise in das Innere Nord-America in den Jahren 1832 bis 1834, Coblenz 1839–1841.

Zimmermann, G. (Hg.), Die Relationen Chimalpahin's zur Geschichte Mexicos; Teil 1: Die Zeit bis zur Conquista, Hamburg 1963.

Wir danken den einzelnen Verlagen für die Abdruckgenehmigung.

4. Literatur

Bakeless, J., The Eyes of Discovery, New York 1961.

Baudet, H., Paradise on Earth: Some Thougths on European Images of Non-European Man, New Haven/London 1965.

Bitterli, U., Die ›Wilden‹ und die ›Zivilisierten‹. Die europäisch-überseeische Begegnung, München 1976.

Bitterli, U., Alte Welt – Neue Welt. Formen des europäisch-überseeischen Kontakts vom 15. bis zum 18. Jahrhundert, München 1986.

Braudel, F., Europa außerhalb Europas, in: Ders. (Hg.), Europa: Bausteine seiner Geschichte, Frankfurt/M. 1989, 123–148.

Colin, S., Das Bild des Indianers im 16. Jahrhundert, Idstein 1988.

Cumming, W. P. / Skelton, R. A. / Quinn, D. B., The Discovery of North America, London 1971.

Davies, N., Bevor Columbus kam. Ursprung, Wege und Entwicklung der alt-amerikanischen Kulturen, Düsseldorf 1976.

Deuel, L. (Hg.), Kulturen vor Kolumbus. Das Abenteuer Archäologie in Lateinamerika. Ein historischer Überblick in Originalberichten, München 1975.

Disselhoff, H. D., Cortés in Mexiko, München 1957.

Erdheim, M., Anthropologische Modelle des 16. Jahrhunderts. Über Las Casas, Oviedo und Sahagún, in: Kohl (1982) 57–67.

Fitzhugh, W. W. (Ed.), Cultures in Contact: The Impact of European Contacts on Native American Cultural Institutions A. D. 1000–1800, Washington and London 1985.

Friedrich, S., Die indianische Autobiographie als literarisches Kunstwerk und ethnologisch-kulturelle Quelle, Frankfurt/M. 1989.

Gareis, I., Religiöse Spezialisten des zentralen Andengebietes zur Zeit der Inka und während der spanischen Kolonialherrschaft, Hohenschäftlarn 1987.

Handbook of Middle American Indians (Ed. R. Wauchope) 7 Bde., Austin 1964 ff. (= HMAI).

Handbook of North American Indians (Ed. W. C. Sturtevant) 20 Bde., Washington 1978 ff. (= HNAI).

Handbook of South American Indians (Ed. J. H. Steward) 7 Bde., Washington 1963 (2. Aufl.) (= HSAI).

Höffner, J., Kolonialismus und Evangelium, Trier 1969 (2. Aufl.).

Hulme, P., Colonial Encounters. Europe and the native Caribbean 1492–1797, London/New York 1986.

Kohl, K.-H. (Hg.), Mythen der Neuen Welt. Zur Entdeckungsgeschichte Lateinamerikas, Berlin 1982.

Konetzke, R., Die Indianerkulturen Altamerikas und die spanisch-portugiesische Kolonialherrschaft, Frankfurt/M. 1965.

Korth, M., Zur Geschichte der Fälschung der Rede von Häuptling Seattle, in: Arrowsmith (1984) 93–95.

Krickeberg, W., Moctezuma II., in: Saeculum 3 (1952) 255–276.

Lanczkowski, G., Götter und Menschen im alten Mexiko, Olten und Freiburg/Br. 1984.

Läng, H., Kulturgeschichte der Indianer Nordamerikas, Göttingen 1989.

Lange, T., Soutanenkaserne oder heiliges Experiment? Die Jesuiten-Reduktionen in Paraguay im europäischen Urteil, in: Kohl (1982) 210–223.

Langenberg, I., Die Vinland-Fahrten. Die Entdeckungen Amerikas von Erik dem Roten bis Kolumbus (1000–1492), Köln/Wien 1977.

Lienhard, M., Titu Kusi Yupanki. Herrscher und Chronist, in: Titu Kusi Yupanki (1985) 9–23.

Lindig, W. / Münzel, M., Die Indianer. Kulturen und Geschichte. Bd. I: Nordamerika (Lindig); Bd. II: Mittel- und Südamerika (Münzel), München 1978 (EA München 1976).

Lindig, W. (Hg.), Lexikon der Völker, München 1986.

Luchesi, E., Von den ›Wilden/Nacketen/Grimmigen Menschfresser Leuthen/in der Newebwelt America gelegen‹. Hans Staden und die Popularität der ›Kannibalen‹ im 16. Jahrhundert, in: Kohl (1982) 71–74.

Mires, F., Im Namen des Kreuzes. Der Genozid an den Indianern während der spanischen Eroberung: theologische und politische Diskussionen, Fribourg/Brig 1989.

Münzel, M., Juppiters wilder Bruder. Der Versuch der Missionare, den Tupinambá und Guaraní einen christlichen Gott zu bringen, in: Kohl (1982) 101–110.

Parkman, F., The Jesuits in North America in the Seventeenth Century, 2 Bde., Boston 1897.

Prem, H. J., Geschichte Alt-Amerikas, München 1989.

Reinhard, W., Geschichte der europäischen Expansion, 4 Bde., Stuttgart 1983 ff.

Reinhard, W. (Hg.), Humanismus und Neue Welt, Weinheim 1987.

Séjourné, L., Altamerikanische Kulturen, Frankfurt/M. 1971.

Straub, E., Der Bellum Justum des Hernán Cortés in Mexiko, Köln 1976.

Strosetzki, C. (Hg.), Der Griff nach der Neuen Welt. Der Untergang der indianischen Kulturen im Spiegel zeitgenössischer Texte, Frankfurt/M. 1991.

Thronton, R., American Indian Holocaust and Survival. A Population History since 1492, Norman (Oklahoma UP) 1987.

Todorov, T., Cortes und Moteczuma: Über Kommunikation, in: Diaz del Castillo (1988) 633–653.

Wachtel, N., The Vision of the Vanquished. The Spanish Conquest of Peru through Indian Eyes, 1530–1570. Translated by Ben and Sian Reynolds, Hassocks 1977 (EA Paris 1971).

Wendorff, R., Die Dritte Welt und die westliche Zivilisation, Opladen 1984.

Raymond Cartier
50mal Amerika
Vor- und Nachwort von Robert Jungk.
Aus dem Französischen von
Leonore Schlaich und Max Harriès-Kester.
520 Seiten mit 31 Abbildungen.
Serie Piper 5101

Dieses Buch des weltbekannten Reporters und langjährigen
Chefredakteurs von »Paris Match« gehört seit vielen Jahren zu den
Standardwerken über die Vereinigten Staaten und liegt jetzt in einer
aktualisierten Neuausgabe vor. Alle 50 Bundesstaaten, von Florida und
Kalifornien bis hinauf nach Alaska, werden in ihren Eigenarten
geschildert. Cartier baut so aus vielen genau beobachteten
Einzelheiten ein Mosaik auf, das »Vereinigte Staaten von Amerika«
heißt. Die Geschichte der USA als Schmelztiegel von Einwanderern aus
vielen Ländern, als Kraftfeld von Politik und Großfinanz wird ebenso
dargestellt wie ihre Gegenwart als Supermacht mit weltweitem
Engagement und großen inneren Problemen. Bei aller Sachlichkeit
und Objektivität liest sich das Buch spannend wie ein Roman, in dem
die Hauptakteure der amerikanischen Geschichte und Gegenwart
lebensvoll ins Bild gebracht werden.

Lust an der Geschichte

Die Eroberung Perus
Ein Lesebuch
Herausgegeben von Lieselotte und Theodor Engl.
446 Seiten. Serie Piper 1318

Unvorstellbare Schätze, Sonnentempel, ein gottähnlicher Herrscher,
eine hochentwickelte Kultur – die Assoziationen stellen sich beim
Stichwort »Inca« sogleich ein, doch Genaueres über dieses
indianische Großreich und seine Eroberung durch Pizarro im
16. Jahrhundert weiß man gewöhnlich nicht. Der vorliegende Band
bietet dem Leser eine Fülle zeitgenössischen Quellenmaterials, das
die Herausgeber Lieselotte und Theodor Engl aus spanischen und
überseeischen Dokumenten zusammengestellt, übersetzt und
kommentiert haben. Durch Augenzeugenberichte wird der Leser
anschaulich und detailliert ins Bild gesetzt über incaische
Zeremonien, Kulthandlungen, Opferungen, Volksbräuche, Jagden
oder indianische Amazonen ebenso wie über die Vorgänge bei der
Eroberung des Reiches und die nachfolgende Vermischung dieser in
Struktur und Abstammung so unterschiedlichen Völker.

PIPER

Frank Niess

Am Anfang war Kolumbus
Geschichte einer Unterentwicklung –
Lateinamerika 1492 bis heute
208 Seiten mit zehn Abbildungen. Kt

Es war ein schlechtes Omen für die »Neue Welt«, daß Kolumbus
und die Konquistadoren in dem Fremden, das sie in Lateinamerika
antrafen, nicht das eigenartig Andere sehen konnten, sondern
Land und Leute nur als Quellen des Reichtums für ihr
Mutterland betrachteten. Aus wirtschaftlichem Eigennutz und
imperialer Arroganz haben die »Katholischen Könige« ihre
Kolonie stiefmütterlich behandelt. Mit Zöllen, Abgaben und
Produktionsverboten wurde die Kolonialwirtschaft behindert. Lokale
und regionale politische Strukturen verfielen in Rivalitäten, die sich
später als Hindernisse auf dem Weg zur Staatlichkeit erwiesen. Die
Unterentwicklung und Abhängigkeit Lateinamerikas sind letztlich
auf die portugiesische und spanische Kolonialherrschaft
zurückzuführen. Auch für Phänomene, die die südamerikanische
Gesellschaft bis heute bestimmen, wie etwa der »machismo«
(Männlichkeitswahn) oder die »violencia« (Gewalttätigkeit), gilt
dies, wie der Autor mit vielerlei historischen Beispielen und
Strukturen illustriert.
Niess zeigt eindrucksvoll, daß sich die heutige desolate politische
Situation Südamerikas erst im Rückblick auf die Geschichte
erschließen läßt. Am Ende wird deutlich, daß die »Neue Welt« ohne
die Begegnung mit der Alten Welt besser dran gewesen wäre.

PIPER